Mirjam Judith Bokhorst
Henoch und der Tempel des Todes

Beihefte zur Zeitschrift für die alttestamentliche Wissenschaft

Herausgegeben von
John Barton, Reinhard G. Kratz, Nathan MacDonald,
Sara Milstein und Markus Witte

Band 530

Mirjam Judith Bokhorst

Henoch und der Tempel des Todes

1 Henoch 14–16 zwischen Schriftauslegung und Traditionsverarbeitung

DE GRUYTER

G

ISBN 978-3-11-070980-3
e-ISBN (PDF) 978-3-11-071036-6
e-ISBN (EPUB) 978-3-11-071042-7
ISSN 0934-2575

Library of Congress Control Number: 2020949536

Bibliografische Information der Deutschen Nationalbibliothek
Die Deutsche Nationalbibliothek verzeichnet diese Publikation in der Deutschen
Nationalbibliografie; detaillierte bibliografische Daten sind im Internet über
http://dnb.dnb.de abrufbar.

© 2021 Walter de Gruyter GmbH, Berlin/Boston
Satz: Meta Systems Publishing & Printservices GmbH, Wustermark
Druck und Bindung: CPI books GmbH, Leck

www.degruyter.com

MIX
Papier aus verantwor-
tungsvollen Quellen
FSC
www.fsc.org   FSC® C083411

Vorwort

Die vorliegende Arbeit wurde im Wintersemester 2019/2020 unter dem Titel „Henoch und der Tempel des Todes. ‚Henochs Vision von den zwei Häusern' (1 Hen 14,8–25) zwischen Schriftauslegung und Traditionsverarbeitung. Mit einer Einführung in die Quellenlage, Neuedition und Übersetzung von 1 Hen 14–16" von der Theologischen Fakultät der Georg-August-Universität Göttingen und der Faculteit Godgeleerdheid en Godsdienstwetenschap der Rijksuniversiteit Groningen als Dissertation angenommen (Double PhD Degree; Verteidigung am 27. Februar 2020). Für den Druck wurde sie leicht überarbeitet.

An erster Stelle gilt mein Dank meinen beiden Doktorvätern, Prof. Dr. Reinhard Gregor Kratz (Göttingen) und Prof. Dr. Mladen Popović (Groningen), die beide das Werden dieser Arbeit engagiert, aufmerksam und kritisch begleitet haben. Prof. Dr. Reinhard Gregor Kratz hat mein Interesse am Antiken Judentum von Anfang an und auf vielfältige Weise unterstützt und gefördert. Von ihm stammt auch die Anregung zu dieser Arbeit. Prof. Dr. Mladen Popović war stets mit Geduld, begeisternder Motivation und einem offenen Ohr für mich und meine Fragen da und erinnerte mich beharrlich, aber immer mit einem Zwinkern daran, den Fokus nicht zu verlieren. Beiden bin ich dankbar für ihre stetige Ermutigung und die Freiheit, meinen eigenen Weg in der Henochforschung zu gehen.

Darüber hinaus gilt mein großer Dank apl. Prof. Dr. Annette Steudel, die mir die spannende Welt von Qumran eröffnete und mir von Anfang an eine gute Lehrerin und Freundin zugleich war; Prof. Dr. Jacques T. A. G. M. van Ruiten, der das Werden meiner Arbeit sehr engagiert begleitete und mit seinen zahlreichen kritischen und pointierten Fragen meine Arbeit vor allem in methodischer Hinsicht bereicherte; Prof. Dr. Loren T. Stuckenbruck, der mir in allen Fragen rund um die altäthiopischen Handschriften mit Rat und Tat zur Seite stand und mit mir sein großes Wissen bereitwillig teilte; Prof. Dr. Eibert J. C. Tigchelaar, der sich sowohl im Winter 2016 in Groningen als auch im Frühjahr 2018 in Leuven sehr viel Zeit für mich nahm, mit mir meine Kapitel, Gedanken und Thesen zum *Wächterbuch* zu diskutieren und meine methodische Herangehensweise zu reflektieren; sowie Prof. Dr. Dr. Lautaro Roig-Lanzillotta, der mich bei der Transkription des Codex Panopolitanus unterstützte.

Zu danken habe ich überdies Prof. Dr. Reinhard Müller, Prof. Dr. Wout van Bekkum, Prof. Dr. Steve N. Mason, Prof. Dr. Dr. Lautaro Roig-Lanzillotta, Prof. Dr. Loren T. Stuckenbruck und Prof. Dr. Eibert J. C. Tigchelaar für ihr Mitwirken in der Prüfungskommission.

Apl. Prof. Dr. Thilo A. Rudnig hat in meinen ersten Studiensemestern mein Interesse und meine Freude an semitischen Sprachen und an der Hebräischen

https://doi.org/10.1515/9783110710366-202

Bibel geweckt. Ich habe so viel von ihm gelernt, sowohl in fachlicher als auch in menschlicher Hinsicht, und ihm viel zu verdanken. Für all seine Förderung, Anteilnahme und Freundschaft danke ich ihm von Herzen!

Für die finanzielle Unterstützung meines Promotionsvorhabens und meiner Auslandsaufenthalte an der Rijksuniversiteit Groningen und KU Leuven bin ich mehreren Institutionen und Organisationen zu Dank verpflichtet: der Akademie der Wissenschaften zu Göttingen im Rahmen des Projektes „Qumran-Wörterbuch", der Deutschen Forschungsgemeinschaft im Rahmen der „DFG Mythos-Forschungsgruppe 2064 STRATA" unter der Leitung von Prof. Dr. Annette Zgoll, der Theologischen Fakultät der Georg-August-Universität Göttingen für die Bereitstellung von Internationalisierungsmitteln sowie dem U4Society Netzwerk für die Gewährung eines „DAAD U4 Mobility Grant". Der „FOR 2064 STRATA" bin ich ebenfalls dankbar für die inhaltlichen und methodischen Impulse sowie für das anregende, interdisziplinäre Diskussionsforum, in dem ich meine Arbeit regelmäßig präsentieren durfte. Zu danken habe ich überdies allen, die an der Drucklegung dieses Buches beteiligt waren: Allen voran den Herausgebern – John Barton, Reinhard G. Kratz, Nathan MacDonald, Sara Milstein und Markus Witte – für die Aufnahme in die Reihe BZAW. Auf Seiten des Verlages halfen Dr. Sophie Wagenhofer, Alice Meroz und Monika Pfleghar. Für das Korrekturlesen danke ich Insa Agena, Peter Bokhorst, PD Dr. Franziska Ede, Pia Federmann, Manuela Rauprich, apl. Prof. Dr. Thilo Alexander Rudnig, Norbert Scheer und Sascha Weinkauf.

Der größte Dank gebührt zum Schluss meiner Familie und meinen Freunden, die in all diesen Jahren, in denen ich wahrscheinlich doch sehr häufig *entrückt* war, für mich da waren und mich auf allen meinen mal mehr und mal weniger realen Reisen unterstützten.

Halle an der Saale, im März 2021   Mirjam Judith Bokhorst

Inhalt

1 Einleitung

In einer kurzen, kryptischen Notiz der *Genesis* wird berichtet, wie Henoch „mit Gott wandelte" und dann „nicht mehr da war, denn Gott hatte ihn genommen" (Gen 5,24). Abgesehen von ein paar genealogischen Angaben weiß dieses hebräische Werk aber nichts mehr von dem Patriarchen zu berichten und lässt den Leser mit seiner Frage, was denn danach mit Henoch passierte, vielmehr allein. Demgegenüber kommt es in den späteren *Henochtraditionen* zu einer breiten Ausgestaltung dieser vorsintflutlichen Figur. Henoch wird hier als Schreiber, Prophet und Weiser dargestellt, der Wissen über beispielsweise die Hintergründe irdischer Geschehnisse, das Handeln der Wächter oder über die Kosmographie erlangt. Die finale Fassung des *Wächterbuches* (1 Hen 1–36), der erste Teil der späteren Textsammlung, die dem Patriarchen Henoch zugeschrieben und für gewöhnlich als *1 Henoch* bzw. *Äthiopisches Henochbuch* bezeichnet wird,[1] gibt dabei als eine der ersten Quellen eine explizite Antwort darauf, was Henoch nach seiner Entrückung macht, und kann damit vermutlich als eine der ältesten Auslegungen des Genesistextes erachtet werden. So beginnt das zwölfte Kapitel des *Wächterbuches* folgendermaßen:

> Vor diesem Geschehen war Henoch hinweggenommen worden, und niemand von den Menschenkindern wusste, wohin er hinweggenommen worden war und wo er war und was aus ihm geworden war. Und all sein Tun war mit den Wächtern und mit den Heiligen in seinen Tagen. (1 Hen 12,1–2)

Mit Ausnahme von der Buchüberschrift des *Wächterbuches*, die das Werk und insbesondere die ersten fünf Kapitel des *Wächterbuches* als Henochs Rede markieren (1 Hen 1,1), wird der Patriarch in 1 Hen 12,1 zum ersten Mal im Verlauf der gesamten Erzählung als tatsächlicher Protagonist genannt. Die Kapitel vor Henochs Entrückung thematisieren dagegen die sogenannte Wächtererzählung (1 Hen 6–11; vgl. Gen 6,1–4), also den Abstieg der Wächter auf die Erde, ihre Vermischung mit den Menschenfrauen und den daraus hervorgehenden Riesen mitsamt der Zerstörung der Erde und Gottes erster Reaktion auf diese Geschehnisse. Damit ist die Erzählfolge des *Wächterbuches* von Henochs Aufnahme in den Himmel und der Vermischung der Engel mit den Menschenfrauen im Vergleich zu *Genesis* genau umgekehrt. Und auffälliger Weise spielen Henoch und seine Entrückung bei der vorangehenden Wächtererzählung keine Rolle – bis jetzt.

---

1 Siehe hierzu ausführlich Kapitel 2 dieser Arbeit.

https://doi.org/10.1515/9783110710366-001

Denn nach seiner Entrückung wird Henoch auf einmal von den Engeln beauftragt, den Wächtern ihre Verurteilung und Bestrafung zu verkünden, die die
Wächter sogleich in Angst und Schrecken versetzen (1 Hen 12). Da die Wächter
selbst nicht mehr zum Himmel reden oder mit ihren Augen aufblicken dürfen
vor Scham über ihre Sünde, bitten sie Henoch, eine Bittschrift für sie zu verfassen und ihr Anliegen vor den Herrn zu bringen (1 Hen 13,1–6). Die Ausführung
der Bestrafung scheint somit noch auszustehen. Die abtrünnigen Wächter hof-
fen, dass Gott sich mit Hilfe von Henochs Intervention doch noch erweichen
lässt und seinen Plan zurücknimmt. Letztendlich geben die ehemals machtvol-
len Wesen aber in ihrem, wie sich noch herausstellen wird, erfolglosen ängstlichen Bitten um Vergebung ein jämmerliches Bild ab.[2] Henoch wird dagegen zu
einer Mittlerfigur zwischen der himmlischen Welt und den Wächtern, die sich
jetzt auf der Erde befinden. Er erlangt damit eine Rolle, die über alles mensch-
lich Mögliche hinausgeht und ursprünglich allein den Engeln zugedacht war.[3]

Während Henoch an den Wassern von Dan, das heißt südlich vom Berg
Hermon, sitzt – er befindet sich also noch oder wieder auf Erden – und die
Bittschrift der Wächter liest, schläft er ein und sieht eine Vision (1 Hen 13,7–8).
Als der Patriarch aufwacht, geht er zu den Wächtern und berichtet ihnen vom
Inhalt seines Traums (1 Hen 13,9–10). Dieser Traumbericht beinhaltet eine Tem-
pel- und Thronsaalvision, in der Henoch in den Himmel emporgehoben und
dort zum zweiten Mal, dieses Mal allerdings von der Gottheit direkt, beauftragt
wird, den Wächtern und ihren Nachkommen das Strafgericht zu verkünden
(1 Hen 14–16). In der Endfassung des *Wächterbuches* ist Henochs Traumbericht
Gottes endgültige Reaktion auf die Bittschrift der Wächter und gleichermaßen
Auftakt seiner kosmischen Reisen, von denen im weiteren Verlauf des *Wächterbuches* berichtet wird (1 Hen 17–19; 21–36) und in denen die Wächter bemerkenswerterweise nur eine marginale Rolle spielen. Damit ist lediglich in 1 Hen 12–16
das Schicksal der Wächter explizit mit der Erzählung von Henoch verknüpft. In
der finalen Fassung des *Wächterbuches* fungieren 1 Hen 12–16 somit als „transitional chapters".[4]

Im Fokus der vorliegenden Untersuchung zum *Wächterbuch* (1 Hen 1–36)
soll eine ganz bestimmte Passage dieser „transitional chapters" stehen, nämlich
„Henochs Vision von den zwei Häusern" (1 Hen 14,8–25). Für gewöhnlich wird
sie als Schau des himmlischen Tempels und Thrones interpretiert und dient in
ihrem jetzigen Kontext der Autorisierung und Legitimation der Offenbarungs-
und Mittlerrolle des Patriarchen. Diese Vision soll im Rahmen des Traumberich-

---

2 Bachmann, *Die Welt im Ausnahmezustand*, 75.
3 Vgl. zum Beispiel 1 Hen 15,2.
4 Collins, „The Apocalyptic Technique," 96–97.

tes (1 Hen 14–16) exemplarisch für das Werk insgesamt in den verschiedenen überlieferten Versionen (Aramäisch, Griechisch und Altäthiopisch) und insbesondere in Bezug auf die Frage nach dem Verhältnis von Schriftauslegung und verarbeiteten Traditionen untersucht werden. Damit konzentriert sich diese Arbeit auf zwei unterschiedliche Problemstellungen: Zum einen stellt sich beim *Wächterbuch* auf Grund seiner komplexen Überlieferungsgeschichte und Quellenlage die Frage, auf welchem *Wächterbuch* eine wissenschaftliche Untersuchung aufbauen kann. Das antike jüdische Werk ist in verschiedenen sprachlichen Fassungen aus unterschiedlichen Zeiten überliefert, wobei die älteste Version, die aramäischen Handschriften vom Toten Meer aus dem 2. und 1. Jahrhundert vor Christus, nur einen fragmentarischen Text bietet. Kann auf Basis dieses heterogenen Zeugnisses ein historischer Archetypus, also eine ursprüngliche endredaktionelle Textgestalt des *Wächterbuches* rekonstruiert werden oder sollten die verschiedenen Fassungen vielmehr als Parallelversionen erachtet werden? Eine genaue Rekonstruktion und Analyse der Überlieferungsgeschichte und Quellenlage sollen veranschaulichen, dass eine historisch-kritisch ausgerichtete Untersuchung nicht auf dem einen *Wächterbuch* – sei es durch einen rekonstruierten Mischtext oder durch einen so bestimmten sekundären oder tertiären Textzeugen repräsentiert – aufbauen kann, sondern stets das gesamte Zeugnis in den Blick nehmen muss, da es keinen Zeugen gibt, der den Ansprüchen einer zuverlässigen Textgrundlage gerecht wird. Daher wird in dieser Arbeit im Anschluss an Stuckenbruck[5] für ein synoptisches Vorgehen plädiert, da nur auf diese Weise sichergestellt werden kann, jede Fassung als ein eigenständiges und kommentierungsbedürftiges Werk zu würdigen und zu verhindern, sich in willkürlichen, hypothetischen Textspekulationen zu verlieren.

Zum anderen liegt ein weiteres Hauptaugenmerk dieser Untersuchung auf der Frage, wie die beiden Häuser, die Henoch während seiner Vision in 1 Hen 14,8–25 erblickt, zu verstehen sind. Wie ist die Tatsache zu erklären, dass in dieser Vision *zwei* unterschiedliche Häuser beschrieben werden, wobei das zweite Haus auch noch größer als das erste ist? Bisher wurden die beiden Häuser im Sinne von Haupthalle und Allerheiligstem gedeutet und der Gedanke der Überbietung generell als etwas abgetan, das jegliche menschliche Vorstellungskraft übersteigt – aber wird dies der Darstellung des Textes gerecht? Welche Bedeutung und Funktion hat die detaillierte Beschreibung der beiden Häuser innerhalb der Vision (1 Hen 14,8–25) sowie innerhalb des Traumberichtes (1 Hen 14–16), insbesondere gegenüber einer gewöhnlichen Thronsaalvision? Für eine bloße Autorisierung und Berufung des Patriarchen wirkt sie nämlich

---

5 Stuckenbruck, *1 Enoch 91–108*. Für die Begründung seines synoptischen Vorgehens siehe ebd., 16–19.

viel zu ausführlich und nahezu überflüssig. In diesem Zusammenhang stellt sich auch die Frage, wie sich Henochs Vision von den zwei Häusern gegenüber anderen Tempeldarstellungen aus der Zeit des Zweiten Tempels verhält. Geht die Beschreibung der beiden Häuser auf eine Auslegung bzw. Exegese von Schriften zurück, die für die Verfasserschaft dieser Passage eine direkte Inspirationsquelle darstellten? Oder wurden hierfür im Wesentlichen gängige antike Tempeltraditionen verarbeitet, sodass sich keine einschlägigen Parallelen finden lassen? Schließlich muss hierbei auch darüber nachgedacht werden, wie Henochs Vision in 1 Hen 14,8–25 gegenüber anderen tempeltheologischen Positionen und insbesondere tempelkritischen Stimmen dieser Zeit einzuordnen ist bzw. inwiefern sie selbst als eine tempelkritische Stimme erachtet werden kann.

Obwohl in der Forschung überwiegend Einigkeit darin besteht, dass die beiden Häuser in Henochs Vision als unterschiedliche Teile eines himmlischen Tempels zu verstehen sind, die in struktureller Hinsicht dem Tempel in Jerusalem entsprechen, werden mit diesem Forschungskonsens die eben skizzierten Fragen nicht hinreichend beantwortet. Da sich die bisherigen Untersuchungen vor allem mit dem Entrückungsgeschehen Henochs und der Thronsaalszene beschäftigen und hierbei die Interpretation der beiden Häuser als einen Tempelkomplex häufig einfach voraussetzen, wurde kaum nach der Bedeutung und Funktion der ausführlichen Beschreibung der beiden Häuser sowie nach den konkreten tempeltheologischen Vorlagen und den theologiegeschichtlichen Entwicklungen gefragt, die diese einzigartige Tempeldarstellung des *Wächterbuches* inspiriert haben und erklären könnten. Eine grundlegende Auseinandersetzung mit dem ungewöhnlichen Visionsinhalt sowie eine tempeltheologische und theologiegeschichtliche Verortung der Häuservision innerhalb des antiken Judentums stehen somit noch aus und sollen im Rahmen der vorliegenden Untersuchung aufgearbeitet werden.

Wie die hier verwendete Bezeichnung für 1 Hen 14,8–25 als „Henochs Vision von den zwei Häusern" bereits vermuten lässt, wird in der vorliegenden Arbeit eine ganz neue Deutung für die ausführliche Schilderung der beiden Häuser, die der Patriarch während seiner himmlischen Vision erblickt, vorgeschlagen. Während die bisherige Forschung noch davon ausging, dass die beiden Häuser unterschiedliche Teile ein und desselben Tempelkomplexes darstellen, wird hier die These vertreten, dass es sich um zwei einander entgegengestellte bzw. sich widersprechende Tempelentwürfe handelt, die auf diese Weise eine explizite Kritik am Zweiten Tempel zum Ausdruck bringen. Hierfür sprechen nicht nur die zweifache, nahezu parallele Struktur in der Beschreibung der beiden Häuser, sondern vor allem die bemerkenswerten Unterschiede in den Details beider Häuser. So wird sich zeigen, dass das erste Haus zwar optisch einem Tempel entspricht, aber seine Bestandteile und sein Inneres wegen ihres paradoxen und angsterregenden Charakters negativ zu verstehen sind; Henoch erblickt in dem ersten Haus vielmehr einen „Tempel des Todes". Demgegenüber kann das zweite Haus, das das erste Haus in seiner Größe überbietet, als der wahre göttliche Tempel erachtet werden, in dem auch im Gegensatz zum ersten Haus die thronende Gottheit zu finden ist. Diese Interpretation der beiden Häuser kann vor dem Hintergrund antiker Tempeltraditionen, insbesondere der prophetischen Literatur der nachexilischen Zeit, erklärt werden und lässt sich auch rezeptionsgeschichtlich, zum Beispiel durch jüngere Werke aus der Henochtradition, bestätigen. Sie macht ebenfalls verständlich, warum in Henochs Vision überhaupt so viel Wert auf eine detaillierte Beschreibung der Häuser gelegt wird und welche Folgen diese Beschreibung für die Wahrnehmung des Zweiten Tempels in Jerusalem hat.

Insgesamt kann diese Arbeit zunächst einmal als ein grundlegender Beitrag zu einem generellen Problem der Henochforschung erachtet werden, nämlich der Frage, in welcher Weise bestmöglich mit dem disparaten Zeugnis des Werkes umgegangen werden und welche sprachliche Fassung und Form Grundlage einer inhaltlichen Untersuchung sein kann. Darüber hinaus wird in der vorliegenden Studie erstmals der konkreten Bedeutung und Funktion der ausführlichen Darstellung der beiden Häuser nachgegangen und die Visionsschilderung theologiegeschichtlich grundlegend verortet. Indem mögliche traditionsgeschichtliche Vorläufer und schriftgelehrte Vorlagen der Häuservision benannt und die ersten Linien der Wirkungsgeschichte dieses Textes nachgezeichnet werden, trägt diese Arbeit bei zur tempeltheologischen Kontextualisierung des *Wächterbuches* innerhalb des antiken Judentums im Zeitalter des Zweiten Tempels sowie zu einer umfassenderen Wahrnehmung der Spannbreite an antiken jüdischen Tempelkonzeptionen und tempelkritischen Stimmen dieser Zeit.

An den beiden genannten Problemstellungen werden bereits die zentralen Forschungsfragen und der Aufbau dieser Untersuchung ersichtlich, die sich mit der Quellenlage des *Wächterbuches* einerseits und Henochs Vision von den zwei Häusern (1 Hen 14,8–25) andererseits beschäftigen wird. Ehe diese beiden Schwerpunkte jedoch genauer betrachtet werden, sollen zunächst die forschungsgeschichtlichen Voraussetzungen geklärt sowie näher auf die Forschungsfragen, den methodischen Ansatz und den Aufbau dieser Arbeit eingegangen werden.

1.1 Forschungsgeschichtliche Voraussetzungen

Die Forschungsgeschichte[6] zum *Wächterbuch* ist im Vergleich zu anderen antiken jüdischen Werken verhältnismäßig jung und darüber hinaus lange Zeit davon geprägt, dass das Werk als ein nicht eigenständiger Bestandteil der Textsammlung *1 Henoch* wahrgenommen und untersucht wurde.[7] Bis ins 19. Jahrhundert nach Christus war das Werk nur über wenige griechische Zitate in christlichen Werken wie dem *Brief des Judas* oder der Weltgeschichte des Georgios Synkellos bekannt[8] und wurde erst mit der Entdeckung drei altäthiopischer Handschriften vom መጽሐፈ፡ሄኖክ፡ „Buch Henochs" durch James Bruce im Jahr 1773, die von Richard Laurence 1821 übersetzt und 1838 transkribiert wurden, sowie mit dem Fund des griechischen Codex Panopolitanus im Jahr 1886/87 der westlichen Wissenschaftswelt umfassend zugänglich.[9] Während bis heute weitere altäthiopische Handschriften in den Klöstern und Kirchen Äthiopiens gefunden werden,[10] stellt die Entdeckung aramäischer Fragmente aus dem 2. und 1. Jahrhundert vor Christus unter den Handschriften vom Toten Meer in den 1950er Jahren und deren Publikation durch Józef T. Milik im Jahr 1976 einen weiteren Meilenstein in der Erforschung des *Wächterbuches* bzw. von *1 Henoch* insgesamt dar.[11] Erstmals in der Forschungsgeschichte wurde Material in der wahrscheinlich ursprünglichen Sprache zugänglich, das sowohl zeitlich als auch räumlich dem mutmaßlichen Archetypus sehr nahestehen muss.

Auf Grund dieser komplexen Überlieferungsgeschichte und dem sukzessiven Bekanntwerden der verschiedenen Versionen stellen texteditorische Arbeiten und Übersetzungen von Anfang an ein wesentliches Arbeitsfeld in der Erforschung des *Wächterbuches* dar, das vor allem wegen der stets wachsenden Zahl altäthiopischer Handschriften sowie neuer, besserer Photos der aramäischen

---

6 Für einen forschungsgeschichtlichen Überblick zu *1 Henoch* insgesamt bzw. zu einzelnen forschungsgeschichtlichen Schwerpunkten vgl. zum Beispiel Charles, *The Book of Enoch*, xxx–xlvi; Tigchelaar, *Prophets of Old*, 134–136.144–151; Nickelsburg, *1 Enoch 1*, 109–125; Wright, *The Origin of Evil Spirits*, 29–47; Bachmann, *Die Welt im Ausnahmezustand*, 3–18.

7 Vgl. auch Bachmann, *Die Welt im Ausnahmezustand*, 3. Für eine ausführliche Beschreibung der Überlieferungsgeschichte und Quellenlage siehe Kapitel 2 dieser Arbeit.

8 Vgl. Jud 6.14–15 und Kapitel 2.2 dieser Arbeit; für Synkellos siehe insbesondere Kapitel 2.2.3 dieser Arbeit.

9 Für einen geschichtlichen Überblick über das *Wächterbuch* bzw. *1 Henoch* vgl. exemplarisch Charles, *The Book of* Enoch, ix–xxvii; Milik, *The Books of Enoch*, 70–135; Bachmann, *Die Welt im Ausnahmezustand*, 3–7; Erho/Stuckenbruck, „A Manuscript History," 87–133.

10 Vgl. Erho/Stuckenbruck, „A Manuscript History," 87–133.

11 Milik, *The Books of Enoch*.

Fragmente noch immer nicht als abgeschlossen gelten kann.[12] In diesem Zusammenhang fällt ebenfalls auf, dass es für das gesamte *Wächterbuch* wie auch für *1 Henoch* trotz zahlreicher Textausgaben noch immer keine Gesamtedition gibt, in der alle Versionen berücksichtigt und nebeneinandergestellt werden. Lediglich für bestimmte Passagen wurden bisher solche Versuche unternommen,[13] sodass eine textkritische Gesamtausgabe des *Wächterbuches* somit immer noch als ein Desideratum erachtet werden kann.[14] Ein wichtiger Schritt in diese Richtung ist die rezente Neuedition der aramäischen Fragmente von Drawnel, die ebenfalls Vergleiche und Diskussionen mit den anderen Versionen beinhaltet.[15]

Ein weiterer großer Schwerpunkt der Forschung liegt auf den Traditionen, die im *Wächterbuch* verarbeitet wurden und in der Wissenschaft gegenüber anderen antiken jüdischen Werken zum Teil als fremdartig oder ungewöhnlich wahrgenommen werden.[16] In zahlreichen traditions- und religionsgeschichtlich ausgerichteten Arbeiten wurde versucht, das Verhältnis zu den sogenannten biblischen Schriften, insbesondere zur *Genesis*, zu klären oder für diejenigen Vorstellungen des *Wächterbuches*, die nicht innerhalb des Referenzrahmens der antiken jüdischen Traditionen erklärt werden konnten, nicht-jüdische Parallelen aus den umliegenden Kulturen zu finden, die das Neue und Andersartige dieses Werkes erhellen sollten.[17] Generell standen bei den bisherigen Untersu-

---

12 Vgl. Wacker, *Weltordnung und Gericht*, 32; Tigchelaar, *Prophets of Old*, 144–151; Nickelsburg, *1 Enoch 1*, 125; Bachmann, *Die Welt im Ausnahmezustand*, 7.
13 Vgl. zum Beispiel Bhayro, *The Shemihaza and Asael Narrative*; bzw. Wacker, *Weltordnung und Gericht*.
14 Vgl. Nickelsburg, *1 Enoch 1*, 125: „A major desideratum is a new critical edition of 1 Enoch based on the forty-nine MSS. now available (almost twice as many as the base of Charles's edition), the citations in the Ethiopic theological literature, and the Greek and Aramaic evidence."
15 Drawnel, *Qumran Cave 4* (2019).
16 Vgl. hierzu und für das Folgende insbesondere Bachmann, *Die Welt im Ausnahmezustand*, 7–8, und Wright, The *Origin of Evil Spirits*, 19–20.
17 Für traditions- und religionsgeschichtliche Arbeiten zum *Wächterbuch* vgl. exemplarisch Grelot, „La Géographie Mythique," 33–39; Borger, „Die Beschwörungsserie Bīt mēseri," 183–196; VanderKam, *Enoch and the Growth*; Kvanvig, *Roots of Apocalyptic*; Bhayro, *The Shemihaza and Asael Narrative*; Kvanvig, *Primeval History*; Drawnel, „The Mesopotamian Background," 14–38; Sanders, *From Adapa to Enoch*. Für eine kurze Übersicht siehe Bachmann, *Die Welt im Ausnahmezustand*, 7–8 bzw. 7 Fußnote 19.
Für Arbeiten zum Verhältnis des *Wächterbuches* zu Gen 6,1–4 bzw. Gen 6–9 vgl. exemplarisch Pomykala, „A Scripture Profile," 263–284; VanderKam, „The Interpretation of Genesis," 129–148; Kvanvig, „The Watcher story," 163–183; Dimant, *From Enoch to Tobit*, 73–89; Wright, *The Origin of Evil Spirits* (insbesondere 97–168). Für eine Übersicht zu Arbeiten zum Verhältnis von Gen 6,1–4 siehe Bachmann, *Die Welt im Ausnahmezustand*, 8 Fußnote 21.

chungen vor allem das Verhältnis des *Wächterbuches* zu Gen 6,1–4 bzw. Gen 6–9, die Henoch-Figur oder die Wächtererzählung im Fokus der Untersuchungen; dabei konzentrierte man sich häufig auf einen der in Frage kommenden Traditionsbestände, das heißt entweder auf jüdisches, mesopotamisches oder griechisches Material.[18] Ein gutes Beispiel ist 1 Hen 22, das für gewöhnlich als eine der ersten ausführlichen Totenreichsbeschreibungen im antiken Judentum erachtet wird.[19] Während Glasson oder Nickelsburg einen griechischen Ursprung für die Vorstellungen in 1 Hen 22 postulieren,[20] sei diese Totenreichsbeschreibung nach Matusova ausschließlich vor einem biblischen Hintergrund zu erklären, sodass das Postulat einer griechischen Beeinflussung von 1 Hen 22 nicht nur hypothetisch, sondern auch unnötig sei.[21] Demgegenüber beschränkt sich Wacker in ihrer Arbeit zu 1 Hen 22 nicht auf einen oder zwei der Traditionskreise, sondern diskutiert sowohl einen möglichen biblischen Hintergrund als auch griechische, ägyptische und mesopotamische Quellen.[22] Nicht nur bei diesem Beispiel sind sich die Forscher uneins. Insgesamt besteht beim *Wächterbuch* wie auch bei der gesamten Textsammlung *1 Henoch* in der traditions- und religionsgeschichtlichen Frage keine übereinstimmende Meinung. Zwar sind sich die Wissenschaftler darin einig, dass verschiedene Traditionen und Stoffe sowohl aus dem antiken Judentum als auch aus den umliegenden Kulturen verarbeitet worden sind; wie diese Beobachtungen jedoch konkret abgeleitet und gedeutet werden müssen, ist immer noch unklar.[23]

Die unterschiedlichen Traditionen im *Wächterbuch* wurden aber nicht nur hinsichtlich ihres möglichen Ursprungs, sondern auch mit Blick auf ihre Rezeption in jüngeren antiken jüdischen und christlichen Werken untersucht.[24] Ein besonderes Interesse liegt auch hier wieder auf der Wächtererzählung und deren Weiterführung[25] sowie auf der Figur Henochs und seiner Entrückung.[26] Darüber hinaus steht das *Wächterbuch* natürlich stark im Fokus der Apokalyptik-

---

18 Vgl. hierzu wieder Bachmann, *Die Welt im Ausnahmezustand*, 7–8.
19 So die Anmerkung zu diesem Kapitel bei Uhlig, *Das äthiopische Henochbuch*, 555.
20 Glasson, *Greek Influence*; Nickelsburg, *1 Enoch 1*.
21 Matusova, „The Post-mortem Division," 149–177.
22 Wacker, Marie-Theres, *Weltordnung und Gericht*.
23 Vgl. Bachmann, *Die Welt im Ausnahmezustand*, 8.
24 Für eine Übersicht solcher Arbeiten siehe Bachmann, *Die Welt im Ausnahmezustand*, 8 Fußnote 20; für eine Übersicht über die Rezeption der Traditionen des *Wächterbuches* bzw. von *1 Henoch* in antiken jüdischen und christlichen Werken siehe Nickelsburg, *1 Enoch 1*, 71–108.
25 Für rezeptionsgeschichtliche Arbeiten/Sammelbände zur Wächtererzählung vgl. exemplarisch Reed, *Fallen Angels*; Stuckenbruck, *The Myth of Rebellious Angels*.
26 Für rezeptionsgeschichtliche Arbeiten zur Henochfigur vgl. exemplarisch Dean-Otting, *Heavenly Journeys*; Himmelfarb, *Ascent to Heaven*.

und Mystikforschung, da es als eine der wesentlichen Wurzeln dieser Gattungen bzw. Strömungen erachtet wird.[27]

Demgegenüber finden sich literar- und redaktionsgeschichtliche Studien, die sich mit dem gesamten *Wächterbuch* als einer eigenständigen Schrift beschäftigen, eher selten.[28] Dies liegt vor allem darin begründet, dass das Werk sehr lange und teilweise immer noch als Bestandteil der Textsammlung *1 Henoch* studiert und in diesem Rahmen literar- und redaktionsgeschichtlich eingeordnet wurde. In den Anfängen der Forschung wurde *1 Henoch* noch als das Werk eines Verfassers mit wenigen späteren Zusätzen[29] oder als Sammlung verschiedener großer Textblöcke erachtet,[30] bei denen unterschiedliche Traditionsstränge zuweilen auch willkürlich verarbeitet worden sein können und daher rigorose Textumstellungen rechtfertigen. Bereits in diesen frühen Arbeiten finden sich jedoch zahlreiche Beobachtungen, die als wichtige Impulsgeber für spätere literar- und redaktionsgeschichtliche Untersuchungen erachtet werden können. So differenzieren bereits Charles und Beer beispielsweise bei 1 Hen 6–11 anhand der beiden Protagonisten Shemihaza und Asael zwei unterschiedliche Traditionsstränge und schreiben dieser Passage, die sie als ein noachisches Stück charakterisieren, gegenüber dem restlichen *Wächterbuch* eine Sonderstellung zu.

Mit dem Fund und der Publikation der aramäischen Fragmente geht entsprechend dem allgemeinen Forschungstrend ebenfalls eine Änderung in der hermeneutischen Herangehensweise an die Frage nach dem Textwachstum von *1 Henoch* einher.[31] Mit Milik wird das *Wächterbuch* erstmals als ein eigenständiges literarisches Werk eines judäischen Autors aus dem 3. Jahrhundert vor Christus betrachtet, der eine ältere schriftliche Quelle (1 Hen 6–19) ohne große Überarbeitung aufnahm und diese in zwei Schritten (1 Hen 17–25; 1 Hen 1–5 + 26–36) ergänzte.[32] Während Milik jedoch noch von verhältnismäßig großen Textblöcken ausging, werden im Anschluss teilweise doch sehr viel ausdifferen-

---

27 Vgl. exemplarisch Bietenhard, *Die himmlische Welt*; Rowland, *The Open Heaven*; Vander-Kam, *Enoch and the Growth*; VanderKam/Adler, *Jewish Apocalyptic Heritage*; Bedenbender, *Der Gott der Welt*; Morray-Jones, *A Transparent Illusion*; Schäfer, *Origins of Jewish Mysticism*; Gruen-wald, *Apocalyptic and Merkavah Mysticism*.
28 Vgl. hierzu und für das Folgende wieder den Überblick bei Bachmann, *Die Welt im Ausnahmezustand*, 9–14, und Wright, *The Origin of Evil Spirits*, 29–37, sowie ausführlich Kapitel 5 dieser Arbeit (insbesondere 326–337).
29 So Dillmann, *Das Buch Henoch*, VI–VIII.
30 So Charles, *The Book of Enoch*, xlvi–lvi, und Beer, „Das Buch Henoch," 224–232.
31 Vgl. Tigchelaar, *Prophets of Old*, 153–154. Vgl. auch Bachmann, *Die Welt im Ausnahmezustand*, 10.
32 Vgl. Milik, *The Books of Enoch*, 22–41 (insbesondere 25–26; 33–41).

ziertere Modelle vorgeschlagen. Diese bleiben allerdings häufig auf eine bestimmte Passage des *Wächterbuches* wie zum Beispiel 1 Hen 6–11 begrenzt.[33] Nach Milik kann Newsoms Entwurf zum Textwachstum von 1 Hen 6–19 als einer der ersten Versuche einer umfassenderen, wenn auch noch nicht vollständigen Untersuchung der Literar- und Redaktionsgeschichte des *Wächterbuches* erachtet werden; Newsom geht jedoch wie ihre Vorgänger noch von größeren, mehr oder weniger kohärenten Textblöcken aus und sieht in 1 Hen 6–11* einen ursprünglich von der Henochtradition unabhängigen Kern, der sukzessive um das Henochmaterial erweitert wurde.[34]

Erst die Analyse von Tigchelaar kann schließlich als ein umfassender Versuch gewertet werden, die Entstehung des *Wächterbuches* in seiner Gesamtheit detailliert zu beschreiben.[35] Mit zahlreichen Beobachtungen und Problematisierungen zum Text und Inhalt plädiert Tigchelaar im Gegensatz zu den früheren Modellen für ein sehr viel komplexeres Wachstumsgeschehen des *Wächterbuches*, lässt hierbei allerdings auch einige Fragen wie etwa zum konkreten Verhältnis von 1 Hen 6–11 und 1 Hen 12–16 offen. Seines Erachtens könnten diese beiden Passagen entweder voneinander unabhängig im Rekurs auf dieselbe Tradition entstanden sein oder aufeinander aufbauen, wobei 1 Hen 12–16 die in dem Fall älteren Kapitel 1 Hen 6–11 relativ frei und selektiv aufgegriffen haben müsste. Demgegenüber entwirft Nickelsburg in seinem Kommentar zu *1 Henoch* ein Modell, das wieder die gesamte Textsammlung *1 Henoch* in den Blick nimmt.[36] So stand nach Nickelsburg am Anfang eine Sammlung von Schriften, die als ein „Enochic testament" entworfen und aus testamentarischem Material zusammengesetzt worden sei, das nun im *Wächterbuch*, im *Astronomischen Buch* und in *Henochs Epistel* zu finden sei. Diese Sammlung sei sukzessive zu einem vollständigen Testament komplettiert, um weitere Passagen wie beispielsweise die Wächtererzählung (1 Hen 6–11) oder die Einleitung (1 Hen 1–5) erweitert und abschließend in diejenige Reihenfolge gebracht worden, wie sie in der Form des *Äthiopischen Henochbuches* zu finden sei.

Alles in allem ist sich die Forschung darin einig, dass das *Wächterbuch* ein gewachsener Text ist, auch wenn häufig noch eine sehr skizzenhafte und einfache Genese mit großen Textblöcken vermutet wird und es viele offene Fragen gibt, beispielsweise in Hinsicht auf den ältesten Kern des Werkes oder die kon-

---

33 Vgl. exemplarisch Hanson, „Rebellion in Heaven," 195–233; Nickelsburg, „Apocalyptic and Myth," 383–405; Molenberg, „A Study of the Roles," 136–146; Dimant, *From Enoch to Tobit*, 73–89; Bhayro, *The Shemihazah and Asael Narrative*, 11–20.
34 Vgl. Newsom, „The Development of 1 Enoch 6–19," 310–329.
35 Vgl. Tigchelaar, *Prophets of Old*, 155–213.
36 Vgl. Nickelsburg, *1 Enoch 1*, 21–36.165–172.229–232.

krete Geschichte seiner Entstehung; infolgedessen gehen die Forschungsmeinungen meist in den Details, aber auch in gewissen Grundsatzfragen auseinander.[37] So ist immer noch unklar, ob bestimmte inhaltliche Unterschiede, wie sie etwa zwischen dem Shemihaza- und Asael-Material deutlich werden, verschiedenen literarischen Strata oder unterschiedlichen Traditionen zuzuordnen sind oder wie das Verhältnis einzelner Passagen zur *Genesis* im Zusammenhang des gesamten Werkes literar- und redaktionsgeschichtlich zu bewerten ist. Des Weiteren scheinen noch immer, wie Nickelsburgs Theorie deutlich macht, die Fragen, wie das ursprüngliche *Wächterbuch* ausgesehen hat, in welchem Umfang es anfänglich vorlag und in welchem Verhältnis es zu den anderen Werken aus der Henochtradition stand, offen zu sein.[38] Damit besteht wie bereits bei der traditions- und religionsgeschichtlichen Frage ebenso bei der Frage nach der Literar- und Redaktionsgeschichte des *Wächterbuches* kein wissenschaftlicher Konsens.

Schließlich bleibt noch das Forschungsfeld, das nach den möglichen Trägerkreisen und Gruppierungen hinter dem *Wächterbuch* fragt. Auch wenn das *Wächterbuch* mehr und mehr als ein eigenständiges antikes jüdisches Werk mit einer eigenen Aussageabsicht erachtet wird, werden bei der Frage nach den Trägerkreisen immer *1 Henoch* bzw. die Henochtraditionen insgesamt als Ausgangspunkt genommen und als Werke einer bestimmten jüdischen Gruppe gedeutet.[39] So beschreibt Bachmann die forschungsgeschichtlichen Tendenzen in dieser Fragestellung folgendermaßen:

> Hat bereits G. H. DIX in den 20er-Jahren des 20. Jh. bezüglich des Trägerkreises der Schriften von ‚religious rebels‘, ‚spiritual revolutionaries‘ und ‚the non-conformists of their day‘ gesprochen, hält ein solcher Tenor bis heute an. Insbesondere bei Verfechtern der These eines so genannten ‚Enochic Judaism‘ finden sich vergleichbare Charakterisierungen einer Henochgruppierung. Hierbei wird postuliert, dass sich im Rahmen der Neuordnung der Priesterklasse nach der Rückkehr aus dem Exil eine priesterliche Oppositionsbewegung gegenüber einer vorherrschenden zadokidischen Bewegung konstituiert habe. Diese Oppositionsbewegung habe für sich nicht mosaische Traditionen, sondern die Henochmythen ins Zentrum gestellt.[40]

---

37 Vgl. Bachmann, *Die Welt im Ausnahmezustand*, 14.
38 Vgl. Bachmann, *Die Welt im Ausnahmezustand*, 14.
39 Vgl. Bachmann, *Die Welt im Ausnahmezustand*, 14.
40 Bachmann, *Die Welt im Ausnahmezustand*, 14–15. Für die Position von Dix verweist Bachmann auf folgenden Aufsatz: Dix, Gregory H. „The Enochic Pentateuch,“ *JThS* 27 (1925): 29–42; für die Verfechter des sogenannten „Enochic Judaism“ vgl. insbesondere Boccaccini, *Beyond the Essene Hypothesis*, 68–79; Boccaccini, *Roots of Rabbinic Judaism*, 89–103, und im deutschsprachigen Raum Bedenbender, *Der Gott der Welt*, 143–200.215–230; Bedenbender, „The Place of Torah,“ 65–79. Vgl. insgesamt auch Nickelsburg, *1 Enoch 1*, 50–53.57–61; Nickelsburg, „Enochic Wisdom,“ 81–94; VanderKam, „The Interpretation of Genesis,“ 129–148. Für

Als wesentliche Gründe für eine solche Einschätzung werden die völlige Abwesenheit des mosaischen Gesetzes und der Bundestheologie, der nicht-israelische Charakter des Protagonisten (Henoch)[41] oder die universale Ausrichtung der Theologie und Sündenlehre angeführt. Das *Wächterbuch*, das nach Boccaccini zwar „in very ancient oral and literary traditions"[42] wurzelt, aber dennoch „a post- and anti-Zadokite phenomenon"[43] sei, zeige nicht nur gegenüber der mosaischen Thora eine ablehnende Haltung, sondern auch gegenüber den zadokidischen Priestern und dem Zweiten Tempel in Jerusalem – für das henochische Judentum sei dies alles durch die Sünde der Wächter, die das Böse und die Unreinheit in die Welt brachten, bestimmt und könne nur durch Gottes Intervention wiederhergestellt werden.[44] Auch wenn es in *1 Henoch* zahlreiche Anspielungen auf *Genesis* und andere Werke der Thora gäbe, demonstriere die Art und Weise der Selbstpräsentation, nämlich als offenbarte Weisheit, die Henoch lange vor der Sinaioffenbarung empfing, dass die Henochtraditionen ihrem Selbstverständnis nach eine Alternative oder gar Konkurrenz zur mosaischen Tradition sein wollen.[45] Für Bedenbender sei es allerdings mit der programmatischen Einleitung in 1 Hen 1–5 mittels der expliziten Bezugnahme auf Dtn 33 und der Erwähnung des Berges Sinai zu einer Annäherung an die mosaischen Traditionen gekommen.[46]

Demgegenüber gibt es auch vorsichtigere Positionen zu dieser Fragestellung. So verweisen etwa Knibb und Stuckenbruck darauf, dass es *1 Henoch* als Textsammlung, wie wir sie in der Form des *Äthiopischen Henochbuches* kennen, zur Zeit des Zweiten Tempels so überhaupt nicht gab; Rückschlüssen auf die Trägerkreise der Henochtraditionen seien damit auf Grund dieser Quellenlage von vornherein gewisse Grenzen gesetzt.[47] Ebenso problematisiert VanderKam diese Quellenlage als Grundlage für solche Hypothesen, da sie nicht nur sehr lückenhaft sei, sondern auch keine eindeutig identifizierbaren historischen Bezugspunkte aufweise und daher klare Kategorisierungen nicht stützen könne;

---

eine kritische Betrachtung dieser verschiedenen Positionen vgl. zum Beispiel Himmelfarb, *A Kingdom of Priests*, 39–41; Bachmann, *Die Welt im Ausnahmezustand*, 170–186; Bachmann, „The Book of the Watchers," 2–23.

41 „Nicht-israelisch" meint hier im Wesentlichen, dass Henoch nicht Teil des Volkes Israel ist, sondern gemäß der Fiktion vor der Sintflut und somit vor der Gründung und Erwählung Israels lebte und wirkte.

42 Boccaccini, *Roots of Rabbinic Judaism*, 95. Vgl. auch Bedenbender, *Der Gott der Welt*, 193.

43 Boccaccini, *Roots of Rabbinic Judaism*, 100.

44 Vgl. Boccaccini, *Beyond the Essene Hypothesis*, 73–74; Bedenbender, *Der Gott der Welt*, 190.

45 Vgl. Bedenbender, „The Place of Torah," 65–79.

46 Vgl. Bedenbender, *Der Gott der Welt*, 175.215–230.

47 Vgl. Knibb, „The Book of Enoch," 37–55; Stuckenbruck, „The Early Traditions," 41–63.

darüber hinaus seien bestimmte Ansichten und Traditionen so weit verbreitet, dass eine eindeutige Einteilung in verschiedene Arten des Judentums dem historischen Befund nicht gerecht würde.[48] Demgegenüber diskutieren Himmelfarb, Piovanelli und Bachmann die (vermeintlichen) anti-mosaischen bzw. nicht-mosaischen Tendenzen des *Wächterbuches* und führen insbesondere die positive Rezeption der *Genesis* und anderer antiker jüdischer Werke sowie das Fehlen eindeutiger Indizien für eine polemische Haltung als Gegenargumente an – ein bestimmter Fokus bzw. ein Schweigen über eine bestimmte Thematik sei längst nicht mit einer ablehnenden oder ignorierenden Haltung gleichzusetzen.[49]

An dieser Forschungsdiskussion zeigt sich erneut, dass das *Wächterbuch* noch immer überwiegend als Bestandteil der Textsammlung *1 Henoch* und weniger als ein eigenständiges Werk wahrgenommen und erforscht wird. Dies deckt sich mit den generellen Tendenzen in der Erforschung dieses Werkes. Während es einerseits detaillierte Einzelstudien zu bestimmten Passagen oder Themen des *Wächterbuches* gibt, in denen die gewonnenen Erkenntnisse kaum in das Gesamtwerk und seine Theologie eingeordnet werden, werden Untersuchungen zur Entstehungsgeschichte oder Theologie noch häufig im Rahmen der gesamten Textsammlung *1 Henoch* und vor allem in Gegenüberstellung zu anderen antiken jüdischen Werken bzw. „Strömungen" realisiert. Als eine wesentliche Ausnahme kann die rezente und wichtige Studie von Bachmann zu Aussagegehalt und Theologie des *Wächterbuches* erachtet werden.[50] Im Anschluss an jüngere, wenngleich noch marginale Tendenzen, die das *Wächterbuch* als ein eigenständiges literarisches Werk würdigen, untersucht Bachmann zentrale Aussagekomplexe wie das Gottesbild, den Geschichtshorizont, die Appellfunktion des Werkes oder die Henochfigur und problematisiert einige gängige Auffassungen zum *Wächterbuch* wie zum Beispiel die Deutung der Wächterengel als Priester oder die These des „henochischen Judentums". Insgesamt betrachtet Bachmann, obgleich sie ein literarisches Wachstum des Werkes für wahrscheinlich hält, das *Wächterbuch* in seiner Endfassung, mit einem religionsgeschichtlichen Interesse und im Sinne einer kommunikativen Größe, die einen Sinnbildungsprozess beabsichtigt.[51] Auf diese Weise „[s]oll der religiös-politische Standort der Verfasserschaft eruiert werden [...]."[52] Damit leistet sie einen we-

---

48 Vgl. VanderKam, „Mapping Second Temple Judaism," 1–20.
49 Vgl. Himmelfarb, *A Kingdom of Priests*, 39–41; Piovanelli, „Sitting by the Waters of Dan," 257–281; Bachmann, *Die Welt im Ausnahmezustand*, 170–186; Bachmann, „The Book of the Watchers," 2–23.
50 Bachmann, *Die Welt im Ausnahmezustand*.
51 Bachmann, *Die Welt im Ausnahmezustand*, 26.
52 Bachmann, *Die Welt im Ausnahmezustand*, 27.

sentlichen Beitrag zur theologischen Verortung des *Wächterbuches* als einem eigenständigen literarischen Werk und Zeugnis des antiken Judentums. Alles in allem gibt es jedoch, wie bereits Bachmann feststellte,[53] in der Erforschung des *Wächterbuches* noch viele offene Fragen wie etwa zum literarischen Wachstum des Werkes oder noch unrealisierte Vorhaben wie zum Beispiel eine kritische Gesamtedition aller Versionen.

Bei diesem Überblick zur Forschungsgeschichte des gesamten *Wächterbuches*, bei dem einige Lücken in der Erforschung dieses antiken jüdischen Werkes deutlich wurden, wurde eine Betrachtung der bisherigen Studien zu Henochs Vision von den zwei Häusern (1 Hen 14,8–25) bzw. zu Henochs Traumbericht (1 Hen 14–16) bislang außer Betracht gelassen, um zunächst einmal einen Gesamteindruck zur generellen Forschungslage und zu den Schwerpunkten der Henochforschung zu ermöglichen. In den bisherigen Untersuchungen zu der Passage, auf die sich die vorliegende Arbeit konzentrieren wird, lassen sich insbesondere zwei Stoßrichtungen ausmachen. Ein Fokus liegt vor allem auf der Frage nach dem Verhältnis der beiden Thronsaalvisionen Dan 7,9–10 und 1 Hen 14,18–23, bei der in jüngeren Diskussionen auch die auffallend ähnliche Beschreibung der Thronsaalszene im *Gigantenbuch* (4Q530 2 ii) miteinbezogen wird.[54] Mittels genauer Textvergleiche, häufig auf Basis der jeweiligen griechischen Fassung, zielen diese Studien darauf, das konkrete Abhängigkeitsverhältnis bzw. die Richtung der Abhängigkeit dieser Texte zu klären, und konzentrieren sich daher besonders auf die Beschreibung des Thrones, der Gottheit und deren direkte Umgebung (zum Beispiel Feuer, Engel). Da die Häuserthematik im Kontext dieser Thronsaalvisionen ein Alleinstellungsmerkmal von 1 Hen 14 ist, bleibt sie in diesen Vergleichen grundsätzlich unberücksichtigt.

Einen anderen Schwerpunkt stellen die formgeschichtlichen bzw. vergleichenden Untersuchungen dar, die sich vornehmlich mit dem Phänomen der Himmelsreise und Himmelsvision Henochs beschäftigen[55] und in rezeptionsgeschichtlicher Perspektive häufig im Zusammenhang mit der Erforschung jüdischer Mystik und ihrer Wurzeln stehen.[56] Darüber hinaus gibt es gelegentlich kürzere Einzelstudien, die sich explizit oder überwiegend mit Henochs Häuser-

---

53 Vgl. Bachmann, *Die Welt im Ausnahmezustand*, 18.
54 Vgl. zum Beispiel Kvanvig, „Henoch und der Menschensohn," 101–133; Kvanvig, „Throne Visions and Monsters," 249–272; Stokes, „The Throne Visions," 340–358; Trotter, „The Tradition of the Throne Vision," 451–466; Davis Bledsoe, „Throne Theophanies, Dream Visions, And Righteous(?) Seers," 81–96.
55 Vgl. zum Beispiel Maier, „Gefährdungsmotiv," 18–40; Dean-Otting, *Heavenly Journeys*; Himmelfarb, *Ascent to Heaven*; Ego, „Denkbilder für Gottes Einzigkeit," 151–188.
56 Vgl. zum Beispiel Morray-Jones, *A Transparent Illusion*; Schäfer, *Origins of Jewish Mysticism*; Gruenwald, *Apocalyptic and Merkavah Mysticism*.

vision in 1 Hen 14,8–25 beschäftigen.[57] Allen diesen Untersuchungen ist gemein, dass sie Henochs Vision in einen engen traditionsgeschichtlichen Zusammenhang zu Ezechiels Visionen (Ez 1–3; 8–11; 40–48) oder zur Beschreibung des Heriodianischen Tempels bei Josephus (*Bell. Jud.* 5.222–224) setzen und die beiden Häuser als zwei unterschiedliche Teile eines himmlischen Tempelkomplexes verstehen, der in seiner Struktur und in seinem Aussehen dem irdischen Tempel in Jerusalem ähnelt. Eine Kritik am irdischen Pendant sei mit dieser Vision daher, so zumindest die vorherrschende Meinung, nicht intendiert. Die Tatsache, dass das zweite Haus das erste in seiner Größe überbietet, bleibt allerdings weitgehend unerklärt und wird stattdessen als etwas Transzendentes oder etwas, das die menschliche Vorstellungskraft übersteigt, verbucht.

In diesem Zusammenhang ist die Arbeit von Esler nicht nur die jüngste Studie zu dieser Thematik, sondern bietet ebenfalls einen gänzlich neuen Interpretationsvorschlag.[58] Indem Esler das *Wächterbuch* weniger als ein „religiöses" denn vielmehr als ein „politisches" Zeugnis versteht, deutet er die Gebäudestruktur in Henochs Vision folglich nicht als einen himmlischen Tempel, sondern als einen königlichen Palast, dessen Beschreibung auf die Paläste achämenidischer und hellenistischer Könige zurückgeführt werden könne. Konkret vergleicht er 1 Hen 14,8–23 mit dem „Palast S" in Pasargadae, der Residenzstadt von Kyros II. im Achämenidenreich, und meint auffällige Parallelen zwischen diesen beiden Gebäudestrukturen feststellen zu können. Wie seine Vorgänger interpretiert er jedoch die beiden Häuser als unterschiedliche Teile eines Gesamtkomplexes und kann damit wie die bisherigen Studien nicht erklären, warum für die beiden vermeintlichen Gebäudeteile jeweils derselbe Begriff (בֵּי „Haus") verwendet wird. Allerdings bietet Esler erstmals eine nachvollziehbare Lösung für das Problem der Größenverhältnisse der beiden Häuser. Seiner Meinung nach befindet sich das zweite Haus nicht – wie bislang in der Forschung angenommen – innerhalb des ersten, sondern grenzt außerhalb direkt an das erste Haus an.

Dieser kurze Überblick verdeutlicht, dass Henochs Vision von den zwei Häusern (1 Hen 14,8–25) abgesehen von Eslers Position überwiegend einheitlich und meist vor dem Hintergrund derselben Texte (zum Beispiel Dan 7; Ez 1–3; 8–11; 40–48; Josephus, *De Bello Judaico*) als himmlische Tempel- und Thronsaalvision gedeutet wird. Damit scheint ein Forschungskonsens nahezu erreicht und eine ausführliche neue Studie zu dieser Passage des *Wächterbuches* obsolet zu sein. In der vorliegenden Arbeit soll jedoch gezeigt werden, dass eine genaue

---

57 Vgl. zum Beispiel Nickelsburg, „Enoch, Levi, and Peter," 575–600; Ego, „Henochs Reise," 105–121; Coblentz Bautch, „The Heavenly Temple," 37–53.
58 Vgl. Esler, *God's Court and Courtiers*.

Textbetrachtung und -analyse sowie eine neue traditions- und rezeptionsgeschichtliche Kontextualisierung eine ganz andere, tempelkritische Interpretation dieser Passage nahelegt.

1.2 Forschungsfragen und Vorüberlegungen zur Arbeit

Vor dem Hintergrund dieser forschungsgeschichtlichen Breite in Bezug auf das *Wächterbuch*, die zahlreichen offenen Fragen sowie den vermeintlich erreichten Konsens zu der im Fokus stehenden Textpassage erscheinen die zentralen Forschungsfragen der vorliegenden Arbeit zunächst einmal als sehr konkret und fokussiert: Warum werden in 1 Hen 14,8–25 zwei unterschiedliche Häuser erwähnt und in dieser ausführlichen Weise beschrieben? Welchen inhaltlichen bzw. theologischen Mehrgewinn bietet diese detaillierte Darstellung gegenüber einer einfachen Thronsaalvision? Lässt sie sich möglicherweise vor einem bestimmten schriftgelehrten oder traditionsgeschichtlichen Hintergrund erklären? Und handelt es sich bei Henochs Vision um einen tempelkritischen Text oder nicht? Bei längerem Bedenken wird jedoch deutlich, dass diese Fragen, die in der bisherigen Forschung zum *Wächterbuch* immer noch nicht hinreichend beantwortet wurden, weit mehr als nur eine einfache Textlektüre implizieren. Sie verlangen ebenfalls eine klare Positionierung sowohl in Hinsicht auf die Frage, welches *Wächterbuch*, das heißt welche sprachliche Form und welcher Umfang, Grundlage einer solchen Untersuchung sein kann, als auch in Bezug auf die Diskussion, wie das *Wächterbuch* bzw. die Henochtraditionen im Kontext antiker jüdischer Schriften einzuordnen und zu untersuchen sind. Auf diese Weise trägt die Beantwortung der zentralen Forschungsfragen nicht nur zum Verständnis der Tempelvorstellung im *Wächterbuch* selbst bei, sondern liefert vor allem auch einen wesentlichen Beitrag zu diesen generellen Problemfeldern der Henochforschung sowie zu einer differenzierteren Wahrnehmung des Gesamtspektrums an Tempelkonzeptionen und tempelkritischen Stimmen im Zeitalter des Zweiten Tempels.

Im Anschluss an die jüngsten Tendenzen der Henochforschung wird das *Wächterbuch* (1 Hen 1–36) in der vorliegenden Arbeit als eine eigenständige Schrift und literarische Größe des antiken Judentums untersucht, die erst überlieferungsgeschichtlich auf Grund des gemeinsamen fiktiven Verfassers sowie ähnlicher Vorstellungen und Themen Teil der späteren Textsammlung *1 Henoch* wurde.[59] Mit einer solchen Wahrnehmung dieses Werkes sind zugleich zwei we-

---

[59] Vgl. Tigchelaar, *Prophets of Old*, 140; Bachmann, *Die Welt im Ausnahmezustand*, 2.19.

sentliche Verhältnisbestimmungen für die nachfolgende Untersuchung gesetzt. Einerseits geht mit der Bestimmung des *Wächterbuches* als einer eigenständigen literarischen Größe eine explizite Abgrenzung zu den anderen Schriften der späteren Textsammlung *1 Henoch* einher. Damit kann und muss es sowohl mit Blick auf seine Komposition und Entstehungsgeschichte als auch hinsichtlich seines Inhaltes zunächst für sich allein gewürdigt und kommentiert werden, bevor es in einen Dialog mit den anderen Werken der Henochtradition treten kann. Andererseits gibt die Charakterisierung des *Wächterbuches* als ein antikes jüdisches Werk auch den möglichen Referenzrahmen und den primären Interpretationshorizont vor, nämlich das antike Judentum. Eine etwaige distanzierte oder gar polemische Haltung des *Wächterbuches* zu gewissen anderen antiken jüdischen Traditionen kann somit nicht Prämisse, sondern allenfalls Ergebnis einer Studie zum *Wächterbuch* sein.

Während der Umfang der Gesamtkomposition des *Wächterbuches* auf diese Weise entsprechend der klassischen Abgrenzung konkret bestimmt ist,[60] lässt sich die Frage nach der sprachlichen Form, die Grundlage einer genauen Analyse und Verhältnisbestimmung dieses Werkes sein kann, so nicht einfach beantworten. Wie der forschungsgeschichtliche Überblick zeigt, fehlt bislang eine umfassende kritische Edition aller Textzeugen und in den gängigen Übersetzungen zum *Wächterbuch* werden ganz unterschiedliche Herangehensweisen an die disparate Überlieferungslage vertreten, die maßgeblich von den jeweiligen Vorentscheidungen und Interessen der Herausgeber geprägt sind. Infolgedessen lassen sich ganz unterschiedliche Übersetzungsstrategien finden, angefangen von der Rekonstruktion eines eklektischen Mischtextes, der einen hypothetischen Archetypus repräsentieren soll,[61] bis hin zur getreuen Wiedergabe eines einzelnen Textzeugens.[62] Die Leser haben es daher jedes Mal mit einer völlig anderen Textgrundlage zu tun, die sich auf Basis der Übersetzung und der Anmerkungen zuweilen nur bedingt erschließen lässt. Eine Studie, die sich eingehend und textbezogen mit dem Inhalt des *Wächterbuches* auseinandersetzen will, muss sich daher auch und vor allem zuerst der Quellenlage widmen. Ohne eine genaue Kenntnis der jeweiligen Eigenheiten und „Eigenwilligkeiten" der einzelnen Textzeugen[63] sind ein angemessener Umgang mit dem disparaten

---

60 Für eine Diskussion dieser Frage vgl. auch Bachmann, *Die Welt im Ausnahmezustand*, 19–25, sowie die Ausführungen über 4Q201 in Kapitel 2.1 dieser Arbeit (insbesondere 38–44).

61 Vgl. exemplarisch die Übersetzungen von Uhlig, *Das äthiopische Henochbuch* (1984), oder von Nickelsburg, *1 Enoch 1* (2001).

62 Vgl. exemplarisch die Übersetzungen von Isaac, „1 (Ethiopic Apocalypse of) Enoch" (1983), oder von Knibb, *The Ethiopic Book of Enoch* (1978).

63 Vgl. hierzu ausführlich Kapitel 2 dieser Arbeit (33–158).

Zeugnis und eine sorgfältige Textanalyse des *Wächterbuches* kaum möglich. Daher wird sich das nächste Kapitel ausführlich der Quellenlage und den Textzeugen widmen, die für eine Studie über Henochs Traumberichtes (1 Hen 14–16) relevant sind.

Gegenstand der vorliegenden Untersuchung zum *Wächterbuch* (1 Hen 1–36) ist eine Passage, die mit der Beschreibung der sogenannten himmlischen Tempel- und Thronsaalvision Henochs ein Thema bietet, das essentiell für das antike Judentum ist und daher auch in vielen Werken aus der Zeit des Zweiten Tempels in ganz unterschiedlicher Weise behandelt wird. Auch wenn im *Wächterbuch* zahlreiche Anspielungen insbesondere zur *Genesis*, aber auch zu anderen antiken jüdischen Schriften zu finden sind, lässt sich die Ausgestaltung dieses Werkes insgesamt und speziell der genannten Passage in vielen Punkten nur indirekt oder überhaupt nicht aus den sogenannten biblischen Büchern oder anderen antiken jüdischen Werken erklären. So konnten zum Beispiel für die Beschreibung der Materialen (Feuer, Eis, Hagelsteine) oder das Größenverhältnis der beiden Häuser zueinander bislang keine überzeugenden Analogien gefunden werden, die die zum Teil paradoxe Darstellung verständlich machen könnten. Selbst die Beschreibung der Tempelstruktur in Henochs Vision, die gemäß der überwiegenden Forschungsmeinung dem irdischen Tempel in Jerusalem entsprechen soll, scheint im Detail mit keinem bestimmten der Tempel übereinzustimmen, die in anderen antiken jüdischen Werken beschrieben werden.[64] Demgemäß werden die Vorstellungen und Stoffe, die sich hier im Besonderen und im *Wächterbuch* allgemein finden, oft als fremdartig oder unvertraut wahrgenommen, sodass für sie häufig ein Ursprung außerhalb des antiken Judentums vermutet wird.[65] Aber wie und vor welchem Hintergrund sind dann die ausführliche Beschreibungen der beiden Häuser und insbesondere ihre Funktion und Intention zu erklären, wenn sie nicht in ihren primären geistigen Entstehungshorizont zu passen scheinen? Wie lässt sich die Tempelkonzeption des *Wächterbuches* dann ins Gesamtbild antiker Tempelvorstellungen im Judentum des Zweiten Tempels und seiner Umwelt einordnen und verstehen?

Die Beantwortung dieser Fragen setzt nicht nur eine gründliche Untersuchung von Henochs Häuservision selbst voraus, die im Wesentlichen auf einer soliden Editions- und Übersetzungsarbeit sowie einer detaillierten Textanalyse aufbaut, sondern muss von Anfang den Dialog mit anderen Tempeltraditionen und Vorstellungen des antiken Judentums suchen. Denn nur so lässt sich feststellen, was das gegebenenfalls Neue und Unbekannte in Henochs Häuservision

---

64 Vgl. Himmelfarb, *Ascent to Heaven*, 15.
65 Vgl. Bachmann, *Die Welt im Ausnahmezustand*, 7; Bachmann, „The Book of the Watchers,“ 23.

überhaupt ist und wie sich die darin geäußerte Tempelvorstellung und das damit verbundene Gottesbild von den Traditionen des antiken Judentums unterscheidet oder auch nicht. Dementsprechend wird bei der nachfolgenden Untersuchung an der traditionsgeschichtlichen Fragestellung angesetzt und versucht, Henochs Vision von den zwei Häusern in Bezug auf die verwendeten Vorlagen, mythischen Traditionen und zeitgeschichtlichen Kontextualisierungen hin zu befragen. Sie geht folglich dem Verhältnis von Schriftauslegung und verarbeiteten Traditionen nach und versucht damit, das *Wächterbuch* in tempeltheologischer Hinsicht innerhalb des antiken Judentums zur Zeit des Zweiten Tempels zu verorten und auf diese Weise zu einem besseren Verständnis der Religionsgeschichte Israels in nachexilischer Zeit und insbesondere dem Ursprung und der Wirkung jüdischer Apokalyptik beizutragen.

Dieser Fokus der Arbeit auf der Darstellung der beiden Häuser in 1 Hen 14,8–25 und ihrer theologiegeschichtlichen Verortung liegt im Wesentlichen in ihrer bisherigen Vernachlässigung in der Forschung begründet. Sowohl die formgeschichtlich als auch überlieferungsgeschichtlich ausgerichteten Untersuchungen scheinen die Deutung der zwei Häuser als eines Tempels schlichtweg vorauszusetzen und weiter kaum nach den tempeltheologischen Vorlagen und traditionsgeschichtlichen Entwicklungen zu fragen, die diese außergewöhnliche Tempelbeschreibung im *Wächterbuch* motiviert haben könnten. Stattdessen werden wieder und wieder das Verhältnis zu Dan 7 oder Ez 1–3 diskutiert oder andere Texte wie beispielsweise Josephus' *De Bello Judaico* als Parallelen herangezogen, die für eine Erklärung des tempeltheologischen Hintergrundes nicht immer unproblematisch sind, ohne dass die bisherigen Thesen und Untersuchungsergebnisse geprüft oder eventuell hinterfragt würden. Lediglich Eslers rezenter Entwurf kann hierbei als eine Ausnahme erachtet werden;[66] er stellt mit seiner neuen Deutung jedoch ebenfalls nicht infrage, dass es sich bei den beiden Häusern um ein Gebäudekomplex handelt, und zieht für seine Erklärung ebenso nicht unbedingt naheliegende Parallelen heran. Mit der vorliegenden Untersuchung soll daher diese Forschungslücke geschlossen sowie Henochs Häuservision in 1 Hen 14,8–25 und damit das gesamte *Wächterbuch* tempeltheologisch innerhalb des antiken Judentums verortet werden.

Eine solche tempeltheologische Verortung muss, wenn sie vollständig sein möchte, auf verschiedene Ebenen zielen. Einerseits fragt sie selbstverständlich nach den traditionsgeschichtlichen Vorläufern und rezipierten Referenztexten, die möglicherweise im Hintergrund der Entstehung dieses Textes stehen könnten. Andererseits muss sie ebenfalls nachgehen, wie dieser Text selbst in seinem

---

66 Vgl. Esler, *God's Court and Courtiers*, (2017).

direkten Umfeld wahrgenommen und rezipiert wurde – immerhin dokumentieren diese wenig späteren Werke eine erste Interpretation und Ergänzung sowie ein erstes Auseinandersetzen mit eventuellen Fragen und/oder (theologischen) Herausforderungen des im Fokus stehenden Textes. Schließlich muss sie die Einbettung und kompositionsgeschichtliche Stellung im Werk selbst untersuchen und danach fragen, was möglicherweise das Einschreiben bzw. die Ergänzung dieser Passage motiviert haben könnte und inwiefern sie dort wiederum aufgegriffen, fortgeschrieben oder ausgelegt wurde.

Insbesondere der letzte Punkt, die kompositionsgeschichtliche Verortung von Henochs Vision der zwei Häuser innerhalb des *Wächterbuches*, ist auf Grund der komplexen Überlieferungslage des Werkes mit großen Schwierigkeiten verbunden, die auch mit Hilfe einer grundlegenden Beschäftigung mit der Quellenlage, wie sie im folgenden Kapitel dieser Arbeit zu finden ist, nicht gelöst werden können. Diese Schwierigkeiten liegen in der Frage begründet, inwiefern es bei dieser Quellenlage überhaupt möglich ist, eine ursprüngliche endredaktionelle Textgestalt des *Wächterbuches* zu rekonstruieren, die wiederum Grundlage einer historisch-kritischen Untersuchung sein kann. Aber selbst wenn eine solche Textgestalt eruiert werden könnte, stieße beispielsweise eine Literarkritik auf formaler Ebene sogleich an ihre Grenzen, denn die zur Verfügung stehenden Textzeugen bieten unzählige syntaktische und sprachliche Spannungen sowie lexikalisch-terminologische Unebenheiten, die im Wesentlichen auf den Übersetzungs- und Überlieferungsprozess zurückzuführen sind und daher wohl kaum als Hinweise auf einen Wachstumsprozess des Werkes gedeutet werden können. Diese Problematik wird durch die in dieser Arbeit vertretenen Herangehensweise an das disparate Zeugnis des *Wächterbuches* – eine synoptische Übersetzung der Textzeugen[67] – nicht aufgehoben, sondern vielmehr noch verschärft, da auf diese Weise die Vorstellung bzw. die Möglichkeit, sich mit Hilfe der Textkritik an einen ursprünglichen endredaktionellen Gesamttext annähern bzw. diesen rekonstruieren zu können, scheinbar aufgegeben wird.

Zunächst einmal wird mit der synoptischen Herangehensweise, die darauf zielt, das historische Zeugnis so zu dokumentieren und zu verstehen, wie es auf uns gekommen ist, keinesfalls bestritten, dass es sich bei dem *Wächterbuch* ursprünglich um ein explizit antikes jüdisches Werk handelt. Allerdings bedeutet das in diesem Fall nicht, dass bei verschiedenen Lesarten der Textzeugen mit Hilfe der Textkritik immer die ursprünglichere oder wahrscheinlichere bestimmt werden kann. Einerseits sind im Fall des *Wächterbuches* die Möglichkeiten einer

---

67 Vgl. hierzu ausführlich insbesondere Kapitel 2.5 dieser Arbeit (152–158).

Textrekonstruktion und einer Gewichtung der Textvarianten und -zeugen insbesondere auf Grund des sehr fragmentarischen Zeugnisses der aramäischen Version sowie der generell eher geringen Zahl an Textzeugen von vornherein gewisse Grenzen gesetzt, zumal auch der lange umstrittene autoritative Status[68] eine weniger getreue Überlieferung des Textes begünstigt hat.[69] Andererseits lässt sich für die Zeit des antiken Judentums, aus der die aramäischen Fragmente des *Wächterbuches* datieren (2. und 1. Jahrhundert vor Christus), grundsätzlich feststellen, dass es so etwas wie einen endredaktionellen Gesamttext in seiner Reinform für viele antike jüdische Werke (noch) nicht gab und eine Stabilisierung bzw. Standardisierung dieser fließenden Texttraditionen möglicherweise erst später im Zuge der Textüberlieferung, wenn überhaupt, einsetzte.[70] Die Folge ist, dass es zu dieser Zeit, wie das handschriftliche Zeugnis vom Toten Meer demonstriert, eine enorme Spannbreite an Textzeugen gibt, bei der nicht jede Variante auf einen Schreibfehler zurückgehen muss, sondern auch eine gleichwertige Alternativlesart darstellen kann.[71] So deutet beispielsweise das pluriforme Textzeugnis der S- und D-Traditionen unter den Handschriften vom Toten Meer, wie Hempel hervorgehoben hat, darauf hin, dass es für diese Werke weder einen Standardtext noch überhaupt ein Bestreben danach gab: „[…] the plurality of texts further indicates that the manuscripts as we have them frequently preserve snapshots of growing, living, or evolving texts. They do not bear witness to a desire to produce a systematic final and/or authoritative document."[72]

Inwiefern das Zeugnis der aramäischen Handschriften des *Wächterbuches* ebenfalls in diese Richtung weist und hier für diese Zeit wie bei anderen Handschriften vom Toten Meer auch von einer gewissen Pluriformität des Textes ausgegangen werden muss,[73] lässt sich dagegen auf Grund des fragmentarischen Erhaltungszustandes kaum feststellen. Jedoch steht, wie im zweiten Kapitel dieser Arbeit gezeigt werden soll, das gesamte Zeugnis des *Wächterbuches*, das heißt der Befund der aramäischen, griechischen und altäthiopischen Handschriften insgesamt, wegen des fließenden Übergangs von Entstehungsprozess

---

68 Die Textsammlung *1 Henoch* erlangte erst im 15. Jahrhundert nach Christus eine zunehmende Akzeptanz innerhalb der äthiopischen Kirche. Vgl. hierzu ausführlich Kapitel 2.3 dieser Arbeit (90–138).

69 Vgl. hierzu auch Bachmann, *Die Welt im Ausnahmezustand*, 25.

70 Vgl. García Martínez, „Biblical Borderlines," 123–138; Brooke, „The Qumran Scrolls," 1–17; Hempel, „Pluralism and Authoritativeness," 204–207.

71 Vgl. auch Brooke, „The Qumran Scrolls," 6–7.

72 Hempel, „Pluralism and Authoritativeness," 205.

73 Vgl. so Milik, *The Books of Enoch*, 22; Uhlig, *Das äthiopische Henochbuch*, 486–487; Knibb, „The Book of Enoch," 32.

und Überlieferungsprozess gewissermaßen in Analogie zu dem Befund der S-
und D-Traditionen.[74] Die Vorstellung eines endredaktionellen Gesamttextes, der
am Anfang einer getreuen Textüberlieferung stand, kann damit für das *Wächterbuch* nur noch als ein hypothetisches, uns entzogenes Konstrukt erachtet werden. Folglich stellen die unterschiedlichen Textzeugen von Anfang an die einzig
sichere und adäquate Grundlage für die Erforschung und Auslegung des *Wächterbuches* dar,[75] auch hat, wie mit Bachmann mit Blick auf die gesamte Quellenlage eingewandt werden könnte, „[d]ieser Befund [...] zur Folge, dass es keine
letzte Gewissheit darüber gibt, wie die Textform genau ausgesehen hat, die man
historisch auswerten möchte."[76]

Eine historisch-kritische Untersuchung des *Wächterbuches* ist damit prinzipiell möglich, ihr sind nur von Anfang mehr Grenzen gesetzt als bei anderen,
besser überlieferten Schriften des antiken Judentums. Diese Grenzen geben sich
vor allem darin zu erkennen, dass für manche Fragen nur Wahrscheinlichkeits-
lösungen gefunden und bestimmte Methodenschritte wie die Literarkritik und
Redaktionsgeschichte nur mit gewissen Einschränkungen ausgeführt werden
können. So kann eine Rekonstruktion der Entstehungsgeschichte des *Wächterbuches* im Wesentlichen nur auf einer tendenzkritischen Analyse aufbauen, die
den unterschiedlichen inhaltlich-theologischen Profilen und Aussagerichtun-
gen in den einzelnen Textbestandteilen nachgeht und in Auseinandersetzung
mit möglichen weiteren literar- und redaktionskritischen Hinweisen eine Unterscheidung der literarischen Ebenen vorzunehmen versucht.[77] Darüber hinaus
ist es bei einer historisch-kritischen Untersuchung des *Wächterbuches* im Vergleich zu anderen, besser bezeugten Werken des antiken Judentums noch viel
wichtiger, nicht nur bei der textkritischen Fragestellung, sondern bei jedem einzelnen Schritt anhand der abweichenden Textüberlieferung zu differenzieren,
da man nur so dem heterogenen Quellenbefund und der komplexen Überlieferungsgeschichte mit den unterschiedlichen historischen und theologischen Kontextualisierungen der Textzeugen gerecht werden kann.

---

74 Vgl. hierzu insbesondere die abschließenden Bemerkungen zur Quellenlage des *Wächterbuches* in Kapitel 2.5 dieser Arbeit (152–158).
75 Vgl. hierzu auch Brooke, „The Qumran Scrolls," 8: „Attention to the individual manuscripts
and their scribes implies that the starting point of the modern discussion of the text should be
the artefactual evidence itself. There is certainly a place for historical exegesis, but the evidence of the scriptural manuscripts from Qumran strongly suggests that the best way to an
understanding of earlier forms of the text is through paying attention to how each generation
of Jewish and Christian traditors of the text has understood and used the text."
76 Bachmann, *Die Welt im Ausnahmezustand*, 25.
77 Vgl. Becker, *Exegese des Alten Testaments*, 57–58; Kratz, „Innerbiblische Exegese," 155–156.

Bevor nun allerdings der Text des *Wächterbuches* selbst und insbesondere Henochs Vision von den zwei Häusern (1 Hen 14,8–25) in den Mittelpunkt dieser Arbeit rücken können, muss vorab auf methodischer Ebene geklärt werden, warum eine solche Verortung eines antiken Textes, wie sie oben beschrieben wurde, sinnvoll und notwendig ist und wie sie methodisch vorzugehen hat. Hierfür sollen im Folgenden einige Überlegungen zu schriftgelehrten Auslegungsprozessen, traditionsgeschichtlichen Vorgängen und ihrem Verhältnis zueinander sowie zu den Konsequenzen, die daraus für das methodische Vorgehen einer Studie zum *Wächterbuch* resultieren, angestellt werden. Ein kurzer Abriss des Aufbaus dieser Arbeit wird diese einleitenden Gedanken abschließen und zum Hauptteil dieser Untersuchung überleiten.

1.3 Zum methodischen Ansatz und Aufbau der Arbeit

Um einen Text der Antike verstehen zu können, bedarf es sowohl sprachlicher Kenntnisse als auch des Verständnisses seiner geistigen Entstehungswelt, da er nicht nur als ein Zeugnis eines Individuums, sondern auch als ein Ausdruck von dessen Kultur, Vorstellungshorizont und Zeit gesehen werden muss.[78] Dementsprechend wird im Rahmen dieser Arbeit davon ausgegangen, dass bei der Abfassung und bei dem Lesen eines Textes bestimmte Vorstellungs- bzw. Wissensbestände relevant waren und mitgedacht wurden, die in dem Text selbst nicht immer expliziert oder angezeigt, jedoch bei der Verfasserschaft und den Adressaten vorausgesetzt werden müssen und mittels eines Schlagwortes, einer Schlüsselaussage oder einer Anspielung an einen anderen Text implizit oder explizit zum Ausdruck kommen.[79]

Solche Vorstellungs- und Wissensbestände können in zweifacher Form präsent sein: in Form von Texten, die rezipiert, ausgelegt und fortgeschrieben werden, sodass sich unter Umständen direkte literarische Abhängigkeiten oder eindeutige Anknüpfungspunkte ausmachen lassen, und bzw. oder als – ebenfalls durch Texte, aber auch durch Erziehung, Umwelt, Lebensvollzug usw. vermitteltes – Wissen, das mit Hilfe der Traditionsgeschichte erhoben wird.[80] Die Tex-

---

78 Vgl. Krüger, „Überlegungen," 243, und Steck, *Exegese*, 124.
79 Vgl. Edenburg, „Intertextuality," 131–148; Kratz, „Innerbiblische Exegese," 126–156; Krüger, „Überlegungen," 234–235; Schmid, *Schriftgelehrte Traditionsliteratur*, 267–284, und Steck, *Exegese*, 131.
80 Vgl. hierzu auch Edenburg, „Intertextuality," 147: „In summation, literary competence is associated with *recall*, and provides the basis for identifying a text outside of its original context, while aural competence depends upon cueing and elicits *recognition* of the familiar, rather than identification of a particular item" (Hervorhebung im Original).

te jedoch müssen der Verfasserschaft in beiden Fällen nicht notwendigerweise physisch zugänglich gewesen sein, sondern können auch aus der Erinnerung oder dem Gedächtnis wiedergegeben worden sein.[81] Darüber hinaus bedeutet eine direkte Schriftrezeption nicht zwangsläufig, dass der Vorlage sklavisch gefolgt wird: „Schriftautorität und Freiheit im Umgang mit der Schrift, literarische Abhängigkeit und Verarbeitung fremder Stoffe, Bewahrung und Aktualisierung des Texts sind keine Gegensätze, sondern bedingen sich gegenseitig im Werden der Bücher."[82] Antike Texte sind auf diese Weise von Anfang an intertextuell angelegt und wollen auch so gelesen werden,[83] auch wenn hierbei nicht immer mit Sicherheit geklärt werden kann, welche Vorlage gegebenenfalls konkret im Hintergrund stand oder inwiefern es sich bei dem jeweiligen Referenztext um eine genetische oder bloß typologische Parallele handelt. Ein antiker Text entsteht somit stets im Spannungsfeld von Schriftauslegung und Traditionsverarbeitung.

Diese Texte und Traditionen, das heißt diese Vorstellungs- und Wissensbestände, stellen keine abgeschlossenen Einheiten oder eindeutige Linien dar, die Schritt für Schritt nachgezeichnet werden könnten. Vielmehr ist eine Tradition nur in ihrer Pluriformität und Vagheit zu erfassen, wobei es vor allem um einzelne Elemente dieser geht, die in verschiedenen Schriften formuliert und dabei weiterentwickelt werden können oder auch nicht. Ähnliches gilt auch für einen schriftlich festgehaltenen Text: So zeigt beispielsweise das vielgestaltige Zeugnis sowohl der sogenannten biblischen als auch anderer antiker jüdischer Handschriften vom Toten Meer, dass der Charakter vieler Texte im Zeitalter des Zweiten Tempels sehr lange nur als fließend innerhalb einer dynamischen Text- und Überlieferungstradition erachtet werden kann,[84] wodurch auch die Grenzen zwischen Entstehung und Rezeption bzw. zwischen ursprünglicher Bedeutung und späterer Auslegung gewissermaßen verschwimmen; der Text, der ältere Traditionen und Schriften rezipiert, kann selbst zur rezipierten Schrift und Tradition werden, auch wenn er noch nicht abgeschlossen ist.[85]

Der neugefasste, fortschreibende bzw. auslegende Text ist hierbei vermutlich nicht als Ersatz für seinen Referenztext verfasst worden. Auch in diesem Fall kann das Zeugnis der Handschriften vom Toten Meer, das ein direktes Ne-

---

81 Neumann, *Schriftgelehrte Hymnen*, 17.
82 Kratz, „Innerbiblische Exegese," 144.
83 Neumann, *Schriftgelehrte Hymnen*, 18.
84 Vgl. hierzu auch Hempel, „Pluralism and Authoritativeness," 193–208; Kratz, „Innerbiblische Exegese," 144–150; Lemmelijn, „Tekstkritiek en 'de Hebreeuwse tekst'," 15–24.
85 Vgl. hierzu ausführlich van Ruiten, „Nomadic Angels," 247–276 (insbesondere 250–259), und auch Kratz, „Innerbiblische Exegese," 127.

beneinander von ausgelegter Literatur und Auslegungsliteratur dokumentiert,[86] als ein Hinweis darauf angeführt werden, dass beide Größen wahrscheinlich vielmehr als sich gegenseitig bereichernd und einander interpretierend wahrgenommen wurden.[87] So wird an Werken wie beispielsweise dem *Jubiläenbuch* deutlich, dass eine Neufassung häufig an den literarischen Entwicklungslinien ihrer Vorlage anknüpft, auf wahrgenommene Probleme, Leerstellen oder theologische Herausforderungen des rezipierten Textes reagiert und auf diese Weise nicht nur einen möglichen Interpretationshorizont für ihre Vorlage eröffnet, sondern retrospektiv auch ein gewisses theologisches Problembewusstsein für das rezipierte Werk schafft.[88] Folglich kann eine Betrachtung der rezeptionsgeschichtlichen Wirkung ebenso wie eine traditions- und religionsgeschichtliche Verortung zu einem besseren Verständnis eines antiken Werkes beitragen.

Dies bedeutet gleichermaßen, dass es nicht der erste Schritt bzw. das primäre Ziel sein kann, lediglich direkte literarische Übereinstimmungen oder Abhängigkeiten zu suchen.[89] Zunächst einmal geht es darum, durch einen Textvergleich herauszufinden, inwiefern Traditionen aufgenommen, weiterentwickelt oder gar modifiziert[90] wurden.[91] Da antike Traditionen für den modernen Leser abgesehen von zum Beispiel Epigraphik, Archäologie oder Kunst im Wesentlichen nur über Literatur greifbar sind, ist die Traditionsgeschichte von vornherein eng mit der Literaturgeschichte verbunden. Allerdings impliziert ein traditionsgeschichtlicher Textvergleich weder die Möglichkeit noch die Wahrscheinlichkeit einer literari-

---

86 Vgl. hierzu exemplarisch das Nebeneinander von Abschriften der *Genesis* (1QGen; 2QGen; 4QGen[a–m]; 6QGen; 8QGen), dem *Jubiläenbuch* (1QJub[a–b]; 2QJub[a–b]; 4QJub[a–i]; 11QJub), dem *Genesisapokryphon* (1QGenAp), „Pseudo-Jubiläen" (4QpsJub[a–c]) und 4QReworked Pentateuch[a–e].
87 Vgl. Kratz, „Innerbiblische Exegese," 137–144.
88 Vgl. hierzu beispielsweise die Figur „Fürst Mastema", die im *Jubiläenbuch* je nach Bedarf der Vorlage und deren Verständnis durch den Verfasser eingeführt wird, um theologische Probleme zu lösen oder schwierig gewordene Verhaltensweisen einzelner Protagonisten zu übernehmen. Demnach kann diese Figur als Verteidiger der bösen Geister, Widersacher auf Erden, Anzweifler von Verheißung und Gehorsam und Schutzpatron der Fremdvölker auftreten und personalisiert und individualisiert hierbei die Anfeindung Israels durch Fremdvölker und Götzendienst. Auf diese Weise kommt es gegenüber der Erzählung, wie sie in *Genesis* und *Exodus* zu finden ist, zu einer Entlastung Gottes, Moses und des Volkes Israel sowie zu einer Dämonisierung der Gefahr, die von dem Pharao und den Ägyptern ausgeht.
89 Vgl. auch Steck, *Exegese*, 125.
90 Der Begriff der Modifikation wird in dieser Arbeit im Sinne einer ganz bewussten Veränderung des Referenztextes im neuen, fortschreibenden bzw. auslegenden Text verwendet. Dies stellt jedoch im Wesentlichen eine etische Wahrnehmung dar. In emischer Perspektive dagegen zielt der Rezeptionsvorgang wahrscheinlich nicht auf eine Veränderung der Vorlage, sondern kann als eine Verdeutlichung und Ergänzung von dem erachtet werden, was in der Vorlage bereits angelegt ist. Vgl. hierzu auch die Ausführungen im vorangehenden Absatz.
91 Vgl. Krüger, „Überlegungen," 238, und Steck, *Exegese*, 143–144.

schen Abhängigkeit, sondern setzt lediglich voraus, dass bestimmte Vorstellungen und Wissensbestände in verschiedenen Texten regelmäßig wiederkehren bzw. verarbeitet worden sein können. Erst in einem weiteren Schritt kann danach gefragt werden, inwiefern es sich bei dieser Traditionsverarbeitung um eine Auslegung, eine Neufassung oder einen Kommentar eines vorgängigen Werkes handelt, also eine direkte literarische Abhängigkeit vorliegt. Hierbei ergeben sich verschiedene Probleme. Einerseits verlangt eine solche Analyse eine Chronologie bzw. Entwicklungslinie bezüglich der untersuchten Traditionen und Texte, die es so allerdings nicht immer oder allenfalls in relativer Hinsicht gibt; andererseits können Vorstellungs- und Wissensbestände auch weit verbreitet und infolgedessen verschiedenen Kreisen zugänglich sein.[92] Eine Lösung hierfür kann zumeist mittels einer von der Text- und Traditionsgeschichte unabhängigen Rekonstruktion historischer und sozialer Gegebenheiten gefunden werden.

Darüber hinaus können aber auch „kulturelle Einflüsse von außen" für bestimmte Vorstellungen in einem Text verantwortlich sein.[93] Ein kultureller Einfluss von außen liegt wahrscheinlich dann vor, wenn in einer Kultur entweder neue Vorstellungen oder Konzepte aufkommen oder bereits existierende eine neue Signifikanz erlangen. Hierbei bedarf es aber neben der chronologischen Vorgängigkeit dieser Vorstellung bzw. dieses Konzeptes in einer anderen Kultur auch eines Kulturkontaktes dieser beiden Kulturen, sodass es zu einem Austausch kommen kann.[94] Dementsprechend muss in diesem Zusammenhang

---

92 Krüger, „Überlegungen," 240–241.

93 Die Bezeichnung „kulturellen Einfluss von außen" ist ein etischer Ausdruck, das heißt, er beschreibt die Perspektive eines außen stehenden Beobachters bezüglich einer bestimmten Kultur. Eine Untersuchung eines kulturellen Einflusses kann daher stets nur aus etischer Perspektive geschehen. Diejenigen, die einem solchen Einfluss unterlagen (das heißt aus emischer Perspektive gesehen), haben ihn wahrscheinlich noch nicht einmal bewusst wahrgenommen. Zudem ergibt sich das Problem der Differenzierung zwischen der primären Einführung bzw. Hervorrufung einer Vorstellung von bzw. durch außen und der Weiterentwicklung bzw. Einverleibung einer solchen Tradition.

94 Vgl. García Martínez, „Iranian Influences," 228. Nach García Martínez („Iranian Influences," bes. 229–232; aufbauend auf Frye, „Qumran and Iran," 167–173) erlauben diese beiden Bedingungen bei ihrer Erfüllung die Möglichkeit einer Beeinflussung einer Kultur durch Vorstellungen einer anderen. Diese Möglichkeit kann aber seines Erachtens zu einer Wahrscheinlichkeit werden, wenn nicht nur generelle Übereinstimmungen zu finden sind, sondern auch eine Vorstellungsähnlichkeit bezüglich bestimmter Details vorliegt. Um aber letztendlich eine Gewissheit hinsichtlich einer Beeinflussung zu erlangen, bedarf es seiner Meinung nach einer Gleichheit eines gesamten spezifischen Details, was zum Beispiel durch eine linguistische bzw. lexikalische Beziehung oder Anknüpfung zum Ausdruck gebracht werden kann. Vgl. insgesamt auch de Jong, „Iranian Connections," 479–500 (insbesondere 485–487).

auch die Frage gestellt werden, ob sich neue Konzepte oder Vorstellungen innerhalb einer Kultur herleiten lassen oder ob solche vielmehr in einer anderen Kultur vorgegeben sind, zu der zur fraglichen Zeit ein Kontakt bestand. Hierbei können beide Möglichkeiten aber auch gleichzeitig zutreffen, das heißt, dass sich Vorstellungen teils aus der eigenen Tradition entwickeln, teils auch von außen initiiert oder vorangetrieben wurden. Mit Blick auf die antike jüdische Kultur scheint es sogar sehr wahrscheinlich, dass es zu einer solchen kombinierten Beeinflussung bzw. Traditionsgeschichte gekommen ist, da nicht nur das Exil und die verschiedenen Hegemonien wie zum Beispiel die der Assyrer, Babylonier, Perser, Ägypter und Griechen, sondern auch das Aramäische als *lingua franca* ab neuassyrischer Zeit[95] und die Kontakte zwischen den Deportierten und der Heimat[96] sicherlich für einen mehr oder weniger intensiven Kulturaustausch gesorgt haben.[97] Dies bedeutet natürlich nicht, dass die Traditionen der umliegenden Kulturen überall und permanent präsent und für jeden zugänglich waren; vielmehr deuten die antiken jüdischen Zeugnisse wie beispielsweise das astronomische und astrologische Material darauf hin, dass Wissen häufig nur selektiv, verzögert oder in bestimmten sozialen Kontexten zugänglich war und ein direkter Austausch nicht unbedingt auf allen Ebenen, insbesondere mit den gebildeten Eliten der umliegenden Kulturen, stattfand.[98] Dennoch ist es sicherlich in anderen Kontexten wie beispielsweise über den Handel oder das Rechtswesen zu Kulturkontakten gekommen, sodass nicht generell der Fehler begangen werden darf, einen Text als eine völlig isolierte Größe einer gewissen Kultur zu betrachten.

Für die nachfolgende Interpretation und Verortung von Henochs Vision von den zwei Häusern (1 Hen 14,8–25) bedeutet dies konkret, dass diese Passage des *Wächterbuches* auf zwei unterschiedlichen Ebenen zu untersuchen ist. In einem ersten Schritt muss 1 Hen 14,8–25 zunächst einmal für sich genommen betrachtet und einer genauen Textanalyse unterzogen werden, die in einer Prüfung der bisherigen Forschungsmeinungen und einer neuen (vorläufigen) Interpretation

---

95 Vgl. zum Beispiel Ben-Dov, *Head of All Years*, 259–266; Ben-Dov, „Scientific Writings," 379–399.

96 Vgl. hierzu beispielsweise die Korrespondenz zwischen Jerusalem und Elephantine bezüglich des Tempels Ende des 5. Jahrhundert vor Christus.

97 Vgl. zum Beispiel Berlejung, „Geschichte," 150.153; de Jong, „Iranian Connections," 485–487; Sanders, *From Adapa to Enoch*, 153–196.

98 Für eine vorsichtige bzw. kritische Bewertung dieses Kulturkontaktes mit weiteren Literaturverweisen zu diesem Thema vgl. zum Beispiel Popović, „Networks of Scholars," 153–193; Waerzeggers, „Locating Contacts," 131–146; Popović, „Ancient Jewish Cultural Encounters," 1–12 (insbesondere 8–12); Popović, „Multilingualism, Multiscripturalism, and Knowledge Transfer," 46–71 (insbesondere 62–66).

des Textabschnittes mündet. Im Rahmen dieser Interpretation werden ausschließlich einzelne Aussagen der Passage mit Hilfe einer Untersuchung ihrer Sprache (Lexikon, Semantik, Wortfeld) und traditionsgeschichtlicher Textvergleiche in ihren ursprünglichen geistigen Zusammenhang und Vorstellungshorizont gesetzt, um diese in ihrer spezifischen Eigenheit besser wahrnehmen zu können und die daraus resultierenden Implikationen für die Bedeutung und Aussage der Passage abzuklopfen. In einem zweiten Schritt muss diese Passage dann als Ganze einem traditions-, rezeptions- und religionsgeschichtlichen Vergleich unterzogen werden, das heißt, sie wird in einen Dialog mit solchen antiken Textzeugen gebracht, in denen ebenfalls Tempelvisionen oder ähnliche Tempelvorstellungen zu finden sind und welche für die Verfasser möglicherweise als Inspirationsquelle gedient haben könnten oder welche selbst diese Passage des *Wächterbuches* als Inspirationsquelle genutzt haben. Hierbei soll nicht nur danach geschaut werden, worin die Darstellungen des *Wächterbuches* den anderen entsprechen, sondern auch danach, worin sich dieses Werk unterscheidet und womöglich etwas Neues bietet. Insgesamt zielen diese Vergleiche vor allem auf ein besseres Verständnis der Besonderheiten und Eigenheiten von Henochs Häuservision und der Tempeltheologie, die darin zum Ausdruck kommt.

Auf beiden Ebenen werden hauptsächlich schriftliche Traditionen herangezogen, die einerseits entweder als ältere oder als zeitlich etwa parallele bzw. unwesentlich jüngere Vergleichsgrößen erachtet werden können und bei denen andererseits auf Grund des gleichen Kulturraumes ein Vorstellungshorizont zu erwarten ist, der demjenigen des *Wächterbuches* nahe kommt bzw. der in der Lage ist, es durch explizitere Aussagen hinsichtlich gewisser Thematiken zu erhellen. In diesem Zusammenhang geht es primär nicht um schriftliche oder mündliche Überlieferungen, die als ältere Überlieferungsstücke in den neuen Text aufgenommen wurden, sondern zunächst einmal um Traditionen, die nicht notwendigerweise als Vorstufe, aber dennoch als Spiegel der geistigen Entstehungswelt des im Fokus stehenden Textes erachtet werden[99] und verschiedenen Gruppen in ganz unterschiedlichen Kreisen und Zeiten zugänglich gewesen sein können.[100] Eine direkte Kenntnis dieser herangezogenen Texte ist bei der Verfasserschaft des *Wächterbuches* zunächst einmal nicht zwingend vorauszusetzen. Erst wenn bei diesem traditionsgeschichtlichen Vergleich deutlich wird, dass die herangezogene Quelle mehr als nur einen möglichen Hintergrund bzw. eine Vergleichsgröße für einen ähnlichen Vorstellungshorizont darstellen könnte, muss auch über die überlieferungsgeschichtliche Frage nachgedacht und

---

99 Vgl. Steck, „Strömungen theologischer Tradition," 293.297.
100 Vgl. Krüger, „Überlegungen," 241.

diskutiert werden, inwiefern diese Quelle als mögliche Vorlage für eine Rezeption oder Modifikation im *Wächterbuch* gedient haben könnte.

Da es sich beim *Wächterbuch* seinem Ursprung nach um eine antike jüdische Komposition aus der Zeit des Zweiten Tempels handelt, ist zu erwarten, dass vor allem Schriften aus dem antiken jüdischen Kontext nicht nur einen größeren Teil der in dem Werk deutlich werdenden Vorstellungs- und Wissensbestände widerspiegeln, sondern letztendlich auch den ursprünglichen und damit unmittelbaren Vorstellungshorizont für das *Wächterbuch* darstellen.[101] Infolgedessen sind diese Schriften für eine traditions- und rezeptionsgeschichtliche Beleuchtung besonders geeignet, sodass sie in dieser Untersuchung überwiegend herangezogen werden sollen. Auf der Ebene des zweiten Schrittes soll der Blick jedoch auch über antike jüdische Schriften hinaus geweitet und Quellen aus den umliegenden Kulturen mit in die Diskussion einbezogen werden. Auf diese Weise kann geprüft werden, inwiefern die Vorstellungen und Traditionen, die in Henochs Häuservision zur Sprache kommen, in ihrer religionsgeschichtlichen Umwelt verwurzelt sind oder möglicherweise als ein tempeltheologisches Spezifikum des *Wächterbuches* erachtet werden können. Eine religionsgeschichtliche Verortung wird vor allem dann von Belang, wenn sich der Referenzrahmen der antiken jüdischen Traditionen für die Erhellung und Erklärung der im *Wächterbuch* gezeichneten Bilder nicht mehr als ausreichend erweist.[102]

Eine Methode, um solche vergleichsrelevanten Texte zu ermitteln, ist die Konkordanz-Arbeit. Auf diese Weise können der Sprachgebrauch und der traditionsgeschichtliche Kontext des Werkes unvoreingenommen untersucht und infolgedessen weitere Belege in anderen Quellen gefunden werden, die entweder den vielleicht nicht immer ganz eindeutigen Wortgebrauch im *Wächterbuch* zu erhellen vermögen oder aber eine vermutete Semantik stützen und damit einen ähnlichen Vorstellungshorizont bieten können. Im Fall des *Wächterbuches* stellt aber die Überlieferungslage des Werkes eine enorme Herausforderung für die Möglichkeiten und Leistungen der Konkordanz-Arbeit dar.[103] Auf Grund des sehr fragmentarischen Charakters der aramäischen Fassung und der generellen Schwierigkeit, wenn nicht teilweise sogar Unmöglichkeit, auf Basis der griechischen und altäthiopischen Übersetzungen das vermutlich ursprünglich in der aramäischen Fassung verwendete Vokabular vorauszusagen, müssen manche der Textverweise oder Vergleiche unter einem Wahrscheinlichkeitsvorbehalt bleiben.

---

101 Vgl. hierzu auch Keel, *Deine Blicke sind Tauben*, 16–17.
102 Vgl. hierzu auch Keel, *Deine Blicke sind Tauben*, 17–18.
103 Siehe hierzu ausführlich Kapitel 2 in dieser Arbeit (33–158).

Während diese Methode mit Blick auf die antiken jüdischen Schriften auf Grund der sprachlichen Nähe zum untersuchten Text und der überschaubaren Größe der Korpora noch gut anzuwenden ist, ergibt sich für den religionsgeschichtlichen Vergleich mit den Traditionen der umliegenden Kulturen ein anderes Bild. Abgesehen von der Frage nach dem Alter und der Verbreitung dieser Traditionen finden sich hier vor allem Probleme hinsichtlich der Quellenlage mit großen, zum Teil unüberschaubaren Korpora und der Sprache. Zwar bieten der Codex Panopolitanus und die Synkellos-Fragmente griechische Versionen des *Wächterbuches*, die einen Vergleich mit anderen griechischen Traditionen sehr viel einfacher machen und Aufschluss darüber geben können, was sich der griechische Übersetzer möglicherweise gedacht haben und welche griechischen Quellen er bei seiner Übertragung im Sinn gehabt haben könnte. Dies kann aber nicht über die Tatsache hinwegtäuschen, dass es sich bei diesen Zeugen um eine Übersetzung einer aramäischen Vorlage handelt, die vielleicht wörtlich sein mag, aber nicht als eine Eins-zu-eins-Übertragung erachtet werden kann, sodass die ursprünglichen Querbezüge eventuell nicht mehr eindeutig zu erkennen bzw. bestimmten sind.

Gleichermaßen erfordern die Größe der ägyptischen, griechischen und mesopotamischen Korpora und der begrenzte Rahmen dieser Arbeit eindeutige und klare Kriterien für die Textauswahl des religionsgeschichtlichen Vergleichs, damit sie nicht dem Zufall und der Willkür ausgeliefert wird. Da eine umfassende Schau der Quellen aus den umliegenden Kulturen weder Ziel dieser Arbeit ist noch innerhalb dieses Rahmens geleistet werden kann, sollen hierfür im Wesentlichen Hinweise und Parallelen, die in der bisherigen Forschungsliteratur zu diesem Thema angeführt werden, überprüft und gegebenenfalls diskutiert, Einführungsliteratur und Überblicksdarstellungen wie etwa Lexika und Wörterbücher konsultiert sowie Experten der jeweiligen Fachbereiche nach einschlägigen Parallelen befragt werden. Auf diese Weise können für den religionsgeschichtlichen Vergleich in jedem Fall die vorherrschenden, weit verbreiteten Vorstellungen und Traditionen der umliegenden Kulturen zur Kenntnis genommen werden, wobei die Auswahl der tatsächlich diskutierten Quellen auf denselben Fragen und Kriterien beruht, wie es auch beim traditionsgeschichtlichen Vergleich der Fall ist.

Insgesamt ergibt sich aus diesen Forschungsfragen und Vorüberlegungen folgender Aufbau der vorliegenden Arbeit: Das nächste Kapitel (Kap. 2) bietet einen grundlegenden Überblick über die Quellenlage des *Wächterbuches*, bei der insbesondere diejenigen Textzeugen ausführlich besprochen werden, die später für die Untersuchung von Henochs Traumbericht (1 Hen 14–16) relevant werden. Dies sind die aramäischen Handschriften (Kap. 2.1), die griechischen Textzeugen (Kap. 2.2) und die altäthiopische Texttradition (Kap. 2.3). Die Einführungen in diese drei sprachlichen Versionen des *Wächterbuches* beinhalten jeweils auch eine neue Edition und eine neue Übersetzung von 1 Hen 14–16, die auf Grund neuerer Photos, einer umfangreicheren Handschriftengrundlage oder problematischer bisheriger Editionen notwendig wurden. Das zweite Kapitel schließt mit einer Synopse der verschiedenen Versionen (Kap. 2.4) und einigen abschließenden Bemerkungen zur synoptischen Herangehensweise ab (Kap. 2.5). In Kap. 3 rückt der Inhalt von Henochs Vision von den zwei Häusern (1 Hen 14,8–25) ins Zentrum der Untersuchung. Auf einen kurzen Überblick über den Traumbericht in 1 Hen 14–16 (Kap. 3.1) und eine eingehende Textanalyse, die sich vor allem auf die Beschreibung der beiden Häuser konzentriert (Kap. 3.2), folgt zunächst eine Darstellung der bisherigen Interpretationen dieser Textpassage (Kap. 3.3.). Anschließend wird ein neuer, intertextuell ausgerichteter Auslegungsversuch vorgestellt, der eine ganz neue, tempelkritische Deutung der Häuservision vorschlägt (Kap. 3.4). Hierfür werden antike jüdische Texte in die Diskussion gebracht, die in den bisherigen Untersuchungen unbeachtet geblieben sind, die Beschreibung und Gegenüberstellung der beiden Häuser allerdings zu erhellen vermögen. Ein kurzes Fazit schließt diese Beobachtungen und Überlegungen zur Häuservision ab (Kap. 3.5).

In Kap. 4 wird Henochs Häuservision in den Dialog mit anderen antiken Tempeltraditionen gebracht und mit Blick auf die verarbeiteten Traditionen sowie die mögliche Rezeption in späteren Texten hin befragt. Lassen sich für den Gedanken der Überbietung und die Gegenüberstellung zweier Häuser traditionsgeschichtliche Vorläufer oder gar direkte Parallelen finden, die in 1 Hen 14,8–25 aufgenommen und verarbeitet wurden (Kap. 4.1. und Kap. 4.2)? Auf welches Verständnis dieser Passage deuten jüngere Texte aus den Henochtraditionen hin, die die Häuservision wahrscheinlich rezipierten (Kap. 4.3. und Kap. 4.4)? Und wie lässt sich 1 Hen 14,8–25 generell religionsgeschichtlich verorten (Kap. 4.5)? Die detaillierten Vergleiche werden aufzeigen, dass die Beschreibung und Gegenüberstellung der beiden Häuser in Henochs Vision in vielen Punkten an ältere Traditionen anknüpft, jedoch mit dem Auseinanderbrechen der Korrespondenz vom himmlischen Urbild des Tempels und seinem irdischen Abbild einen wesentlichen Traditionsbruch vollzieht, der in jüngeren Werken teilweise wieder problematisiert bzw. aufgehoben wird. Des Weiteren können diese Vergleiche die in Kap. 3. aufgestellte These stützen, dass es sich bei den beiden Häusern, die Henoch während seiner Vision sieht, nicht um zwei Teile eines Tempelkomplexes, sondern vielmehr um zwei sich widersprechende Tempelentwürfe handelt. Auf diese Weise demonstriert die traditions-, rezeptions- und religionsgeschichtliche Verortung der Häuservision, dass es sich hierbei um einen explizit tempelkritischen Text handelt.

Während sich die beiden vorangehenden Kapitel (Kap. 3. und Kap. 4) ausschließlich mit der Häuservision an sich bzw. im Horizont antiker Tempeltradition beschäftigen, wird in Kap. 5. nach der literarischen Einbettung von 1 Hen 14,8–25 im Traumbericht (1 Hen 14–16) und im *Wächterbuch* insgesamt (1 Hen 1–36) sowie nach der Entstehungsgeschichte dieses Werkes gefragt. Nach einer Darstellung bisheriger Modelle zum Textwachstum des *Wächterbuches* (Kap. 5.1) werden die Möglichkeiten, inwiefern es sich bei der Häuservision um ein vorgegebenes Traditionsstück handeln könnte (Kap. 5.2), sowie weitere Gedanken zu einer denkbaren Entstehungsgeschichte des Gesamtwerkes diskutiert (Kap. 5.3). Diese Überlegungen werden veranschaulichen, dass die Entstehungsgeschichte des *Wächterbuches* sehr viel komplizierter sein muss, als es in den bisherigen Modellen noch vermutet wurde, und eine detaillierte literarkritische und redaktionsgeschichtliche Untersuchung des *Wächterbuches* als ein weiteres Desiderat der Henochforschung erachtet werden kann. Den Abschluss dieser Arbeit (Kap. 6) bilden eine Zusammenfassung der Ergebnisse (Kap. 6.1) und zwei kurze Ausblicke auf die Fragen, wie das gesamte *Wächterbuch* einerseits tempeltheologisch innerhalb des antiken Judentums (Kap. 6.2) sowie andererseits im Spannungsfeld von Schriftauslegung und Traditionsverarbeitung zu verorten sein könnte (Kap. 6.3).

2 Die Quellenlage

Das sogenannte *Wächterbuch* wird üblicherweise als ein Werk aus der Zeit des Frühjudentums erachtet und in das 3. Jahrhundert vor Christus datiert. Aber das handschriftliche Zeugnis, das eine solche vorchristliche Datierung stützen könnte, ist sehr spärlich. Zwar gibt es aramäische Fragmente einiger weniger Handschriften vom Toten Meer, die vermutlich aus dem 2. und 1. Jahrhundert vor Christus stammen, aber erst christliche Quellen stellen das Hauptzeugnis dieses Werkes dar. Neben zwei fragmentarischen griechischen Zeugen aus dem 6./7. bzw. 11. Jahrhundert nach Christus wird der Text des *Wächterbuches* nur in altäthiopischer Sprache (Gəʿəz) in Handschriften ab dem 15. Jahrhundert nach Christus „vollständig" dargeboten.[1] Dies ist der Tatsache geschuldet, dass das Werk nur in der äthiopischen Kirche, aber sonst in keiner anderen jüdischen oder christlichen Gemeinschaft einen kanonischen Status erlangte. Auf Basis dieser Quellenlage könnte man beim *Wächterbuch* wie auch bei anderen sogenannten jüdischen Pseudepigraphen argumentieren, dass es als ein von Christen tradierter Text gelesen werden muss, der daher Teil der christlichen Literatur ist und auch in einer christlichen Perspektive interpretiert werden sollte.[2] Aber ist ein solcher Ansatz wirklich notwendig bzw. überhaupt angemessen? Wenn man darüber hinaus die verschiedenen Zeugen nebeneinander stellt, kann man einige Varianten, Auslassungen, Glossen und auch Modifikationen feststellen. Können diese Unterschiede als bloße textkritische Varianten erachtet werden, sodass man die verschiedenen Versionen miteinander vergleichen sowie eine kritische Edition und eine zuverlässige Übersetzung im Sinne eines eklektischen Mischtextes herstellen kann? Oder müssen die Versionen auf Grund dieser Unterschiede vielmehr als Parallelversionen erachtet werden, die in einer synoptischen Perspektive studiert und interpretiert werden sollten? Dementsprechend müsste man auch annehmen, dass keiner der heute verfügbaren Textversionen als zuverlässiger Archetypus bzw. als textkritische Vorlage für die anderen Fassungen angesehen werden kann.

---

1 Die Behauptung, das *Wächterbuch* bzw. *1 Henoch* sei nur in Gəʿəz-Manuskripten vollständig erhalten, ist so eigentlich unrichtig bzw. irreführend formuliert, da es voraussetzt, dass das aramäische, griechische und altäthiopische Zeugnis absolut identisch seien. Die Tatsache aber, dass zum Beispiel die einzelnen Werke der Henochtradition im Aramäischen und Griechischen im Gegensatz zu der altäthiopischen Überlieferungslage noch separat zirkulierten oder dass die aramäische Fassung des *Astronomischen Buches* um Einiges länger als die Gəʿəz-Fassung ist, zeigt, dass „vollständig" allenfalls eine relative Aussage sein kann und die verschiedenen Fassungen nicht eins zu eins gesetzt werden können. Vgl. auch Stuckenbruck, „1 Enoch 1: A Comparison," 27 Fußnote 16.
2 Für diese Position siehe insbesondere De Jonge, *Pseudepigrapha of the Old Testament*, 1–68.

https://doi.org/10.1515/9783110710366-002

Um diese Fragen beantworten und einen sinnvollen Umgang mit diesem heterogenen Material vorschlagen zu können, ist es hilfreich und notwendig, sich einen genaueren Blick über die Quellenlage zu verschaffen. Dieses Kapitel bietet daher eine ausführliche Beschreibung der handschriftlichen Bezeugung des *Wächterbuches*. Da der Fokus dieser Arbeit auf 1 Hen 14–16 liegt, werden im Nachfolgenden insbesondere diejenigen Zeugen des *Wächterbuches* dargestellt und diskutiert, die eine Textfassung dieser Kapitel bieten. Dies sind neben den aramäischen Fragmenten die beiden griechischen Zeugen (Codex Panopolitanus, Synkellos-Fragmente) und die altäthiopischen Henochhandschriften. Für die anderen Zeugen des *Wächterbuches* wie zum Beispiel das syrische Fragment von 1 Hen 6,1–6 oder die Zitate im Neuen Testament und in Werken des Frühen Christentums sowie für eine Darstellung der Bezeugung der anderen Schriften aus der Henochtradition sei hingegen auf die gängigen Überblicksdarstellungen verwiesen.[3] Im Zusammenhang mit der Charakterisierung der einzelnen Versionen wird zwar regelmäßig die textkritische Frage aufgeworfen und diskutiert sowie darüber nachgedacht, inwiefern es bei dieser Quellenlage überhaupt möglich ist, von dem einen *Wächterbuch* zu sprechen. Das endgültige Resultat, also die in dieser Arbeit vertretene Herangehensweise, wird jedoch erst in den abschließenden Bemerkungen dieses Kapitels ausgeführt.

Die nachfolgende Beschreibung der Quellenlage des *Wächterbuches* geht chronologisch vor, beginnt also mit dem ältesten Material, den Funden vom Toten Meer, geht dann zu den griechischen Versionen über und endet mit den altäthiopischen Handschriften. Im Rahmen der Darstellungen wird jeweils eine neue Edition von 1 Hen 14–16 mit Übersetzung und Anmerkungen geboten. Diese Neueditionen wurden zum Teil auf Grund neuerer und besserer Photos und – mit Blick auf die altäthiopischen Manuskripte – einer umfangreicheren Quellenlage im Vergleich zu den bisherigen Editionen notwendig, zum Teil aber auch wegen der Unzuverlässigkeit bestehender Textausgaben wie zum Beispiel beim Codex Panopolitanus.[4] Lediglich bei den Synkellos-Fragmenten hat sich die Situation nicht geändert, sodass hier auf eine bestehende Edition zurückgegriffen werden konnte. Den Abschluss dieses Kapitels stellen eine synoptische Übersetzung von 1 Hen 14–16 und ein zusammenfassendes Fazit dar. Diese Synopse soll auch Grundlage der nachfolgenden Untersuchungen sein und dem Leser ermöglichen, die verschiedenen Versionen sowohl jeweils für sich als auch pa-

---

3 Siehe hierzu zum Beispiel Milik, *The Books of Enoch*, 70–135; Knibb, *The Ethiopic Book of Enoch*, 2:6–46; Uhlig, *Das äthiopische Henochbuch*, 470–483; Nickelsburg, *1 Enoch 1*, 9–20; Stuckenbruck, „The Book of Enoch," 15–21; VanderKam/Adler, *Jewish Apocalyptic Heritage*, 8–101 (insbesondere 33–101).

4 Vgl. hierzu auch Drawnel, *Qumran Cave 4*, 20–21.

rallel zu betrachten und zu studieren. Die abschließenden Bemerkungen sollen dagegen den Ertrag und den Nutzen dieses Vorgehens auf den Punkt bringen und dessen Vorteile im Vergleich zu den bisherigen Ansätzen und Studien zum *Wächterbuch* diskutieren.

2.1 Die aramäischen Handschriften

Unter den Handschriften vom Toten Meer wurden Fragmente von fünf verschiedenen Lederhandschriften gefunden, die unterschiedliche Teile des *Wächterbuches* beinhalten.[5] Dies sind 4Q201, 4Q202, 4Q204, 4Q205 und 4Q206.[6] Darü-

---

5 Die erste – eigentlich vorläufige – Edition dieser Handschriften ist die Textausgabe von Milik, *The Books of Enoch* (1976). Dagegen ist eine richtige *editio princeps* aller aramäischen Fragmente in der DJD-Reihe nie erschienen (vgl. hierzu auch Barr, Rezension Milik, *The Books of Enoch*, 526, und Sokoloff, „Aramaic Fragments of Enoch," 216 Anmerkung 1, die in Reaktion auf Miliks Edition noch eine Publikation in DJD erwarten, sowie Drawnel, *Qumran Cave 4*, vii, der dieses Versäumnis in der DJD-Reihe in seinem Vorwort thematisiert). Lediglich ein paar Fragmente von 4Q201, die von Milik nicht ediert wurden, wurden in DJD 36 von Stuckenbruck publiziert (Stuckenbruck, „201 2–8. 4QEnochᵃ (Pl. I)," 3–7 [2000]). Einige Jahre später wurde für eine einzelne Handschrift – 4Q201 – eine *editio princeps* herausgegeben, die von Michaël Langlois versorgt wurde (Langlois, *Le premier manuscrit* [2008]). In Reaktion auf Langlois hat Émile Puech eine Transkription und Übersetzung von 4Q201 mit einigen Korrekturen und Diskussion der Lesungen publiziert (Puech, „Notes sur le manuscrit araméen," 627–649 [2010]), in der er auch Langlois' Anspruch, eine *editio princeps* für 4Q201 geschaffen zu haben, zurückweist, da sie seines Erachtens nicht viel Neues bringe und mehrerer Korrekturen bedürfe (vgl. *ebd.*, 628.649).
Die Forschungslücke wurde jedoch jüngst geschlossen durch die Textausgabe von Drawnel, *Qumran Cave 4* (2019). Drawnel folgt in seiner Textausgabe den Editionsprinzipien, wie sie auch in der DJD-Reihe gelten, und bietet eine Neuedition für die aramäischen Henochfragmente, ausgenommen der Fragmente, die dem *Buch der Giganten* und dem *Astronomischen Buch* (1 Hen 72–82) zugeordnet werden, da diese bereits an anderer Stelle herausgegeben worden sind. Drawnels Neuedition beinhaltet ebenfalls Textrekonstruktionen, Vergleiche mit den anderen Versionen sowie zahlreiche Anmerkungen, um die aramäischen Henochfragmente innerhalb der komplexen Überlieferungsgeschichte bestmöglichst zu kontextualisieren.
Für einen detaillierten Überblick über die aramäischen Handschriften siehe Stuckenbruck, „The Early Traditions Related to 1 Enoch," 41–63, sowie den Abriss bei Drawnel, *Qumran Cave 4*, 1–6. Für einen kurzen Überblick über die Geschichte der Entdeckung und Publikation der aramäischen Fragmente siehe Drawnel, *Qumran Cave 4*, 6–9.
6 Drei der Handschriften beinhalten neben dem *Wächterbuch* noch weitere Werke aus der Henochtradition. Gemäß der handschriftlichen Bezeugung enthält 4Q204 noch Teile aus dem *Buch der Traumvisionen* (1 Hen 83–90), *Henochs Epistel* (1 Hen 91–105) und der *Geburt Noachs* (1 Hen 106–107), während 4Q205 und 4Q206 lediglich noch Fragmente aus dem *Buch der Traumvisionen* (1 Hen 83–90) bieten.

ber hinaus gibt es in der Schøyen-Sammlung noch zwei kleine Fragmente (MS 4612/8 und MS 4612/12), die eine aramäische Fassung von 1 Hen 7,1–5[7] bzw.

Daneben wird in der Forschung auch diskutiert, ob 4Q204 und 4Q206 Teile aus dem *Buch der Giganten* enthalten. So nimmt Milik, *The Books of Enoch*, 178–183.204.310.316–317, auf Grund der Ähnlichkeiten der Hand und des Materials an, dass 4Q204 und 4Q203 (4QBook of Giants[a] ar) nicht nur von demselben Schreiber, sondern auch von derselben Handschrift stammen. Demgegenüber betont Puech, „530–533, 203 1 4QLivre des Géants [b–e] ar,“ 16, dass eine identische Hand und Orthographie nicht notwendigerweise beweisen, dass 4Q203 und 4Q204 zu ein und derselben Rolle gehören. Ebenso ist Stuckenbruck, „203. 4QEnoch Giants[a] ar,“ 9–10, vorsichtiger in der Zuordnung und verweist auf kleinere Unterschiede zwischen 4Q203 und 4Q204 wie zum Beispiel in der Verwendung von *vacats* oder von Hilfslinien. Während er nicht bezweifelt, dass 4Q203 und 4Q204 von demselben Schreiber stammen, geht er auf Grund der Unterschiede aber davon aus, dass es sich um zwei verschiedene Handschriften handelt (so auch Drawnel, *Qumran Cave 4*, 196, im Anschluss an Puech und Stuckenbruck). Schließlich untersucht Tigchelaar, „Notes,“ 193–198, die Kodikologie von 4Q203 und 4Q204 genauer und kommt gegen Puech und Stuckenbruck zu dem Ergebnis, dass es keine kodikologischen Gründe gebe, die gegen Miliks Annahme sprechen, dass man es hier mit einer Handschrift zu tun habe. Vielmehr sei es sehr wahrscheinlich, dass die Fragmente des *Gigantenbuches* (4Q203) Teil von 4Q204 waren, was jedoch noch lange keine Bestätigung von Miliks Henoch-Pentateuch-Theorie sei, da diese Zusammenstellung eher eine Ausnahme darstelle (*ebd.*, 197). Demnach ist wahrscheinlich davon auszugehen, dass es sich bei 4Q203 und 4Q204 um ein und dieselbe Handschrift handelt, die neben dem *Wächterbuch*, dem *Buch der Traumvisionen*, *Henochs Epistel* und der *Geburt Noachs* auch das *Buch der Giganten* beinhaltet.

Eine ähnliche Frage wird ebenfalls bei 4Q206 thematisiert. Nach Milik, *The Books of Enoch*, 227, böten 4Q206 f2 und f3 sehr wahrscheinlich Teile aus dem *Buch der Giganten* (alternativ, wenn auch weniger überzeugend, könnte es sich nach Milik auch um 1 Hen 83 handeln, vgl. Milik, *ebd.*, 238; Milik, „Problèmes de la Littérature Hénochique,“ 337). Stuckenbruck, „206 2–3. 4QEnochGiants[f] ar,“ 42–48, merkt zwar an, dass die Zuordnung dieser beiden Fragmente zu 4Q206 insgesamt in paläographischer Hinsicht nicht eindeutig sei, will sich allerdings wegen der geringen Größe der Fragmente, die seines Erachtens zu wenig Vergleichsmaterial böten, nicht festlegen. Folglich kritisiert er nur Miliks Platzierung der Fragmente, nicht aber deren Zuordnung zu 4Q206, und hält es auch für wahrscheinlich, dass sie vom *Buch der Giganten* stammen. Im Gegensatz dazu betonen Puech, „530–533, 203 1 4QLivre des Géants [b–e] ar,“ 12 Fußnote 14 und 111, und Tigchelaar, „Notes,“ 192, die paläographischen und materiellen Unterschiede von 4Q206 f2 und f3 zu den anderen Fragmenten von 4Q206, die es ihres Erachtens notwendig machten, bei diesen beiden Fragmenten einen ganz anderen Schreiber zu vermuten. Daher fordern sie für diese beiden Fragmente das Siglum 4Q206a (so auch Drawnel, *Qumran Cave 4*, 341, im Anschluss an Puech). Tigchelaar, *ebd.*, ist sich darüber hinaus noch nicht einmal sicher, ob f2 und f3 zu derselben Handschrift gehören. Folglich ist wahrscheinlich anzunehmen, dass 4Q206 im Gegensatz zu 4Q204 keine Fragmente bietet, die dem *Buch der Giganten* zugeordnet werden können, da es sich bei den in Frage kommenden Fragmenten vermutlich um eine andere Handschrift handelt.

7 Bisher gibt es von diesem Lederfragment nur eine Teiledition, die lediglich 1 Hen 7,4 umfasst und von Langlois, „Un manuscrit araméen inédit,“ 101–116, versorgt wurde.

1 Hen 8,4b–9,3a[8] bieten. Die Echtheit der beiden Fragmente aus der Schøyen-Sammlung bzw. ihre Herkunft aus Qumran wird gegenwärtig jedoch stark bestritten.[9]

Milik behauptete in seiner Ausgabe des aramäischen Textes noch, dass die aramäischen Fragmente fünfzig Prozent des Textes des *Wächterbuches* bzw. etwa 30 Prozent des Textes von *1 Henoch* insgesamt abdecken, wie sie durch die altäthiopische Fassung bekannt sind.[10] An dieser Berechnung ist problematisch, dass Milik wahrscheinlich den vollen Umfang seines mit Rekonstruktionen versehenen Textes, aber nicht den tatsächlich erhaltenen und somit geringeren Wortbestand zur Grundlage nahm.[11] Mit Blick auf *1 Henoch* ist heute allgemein anerkannt, dass die aramäischen Handschriften lediglich fünf Prozent des Textbestandes insgesamt bieten.[12] Für das *Wächterbuch* wird eine Zahl in ähnlicher Größenordnung anzunehmen sein. Nichtsdestotrotz können die aramäischen Fragmente des *Wächterbuches* als dasjenige Material gesehen werden, das der endredaktionellen Gesamtfassung dieses Werkes sowohl sprachlich – das *Wächterbuch* wurde ursprünglich vermutlich auf Aramäisch ver-

---

8 Das Papyrusfragment wurde mit der Bezeichnung XQpapEnoch von Eshel/Eshel, „New Fragments from Qumran," 146–157, ediert.

9 Vgl. hierzu vor allem Tigchelaar, „Post-2002 Dead Sea Scrolls," 1–9; Tigchelaar, „Gleanings from the Caves?," 1–6; Davis, „Gleanings from the Cave of Wonders?," 1–26, und umfassend Davis et al., „Nine Dubious 'Dead Sea Scrolls' Fragments," 189–228. So fällt nach Tigchelaar, Davis und Davis et al. (*ebd.*) auf, dass sich die Fragmente aus der Schøyen-Sammlung häufig in der Oberflächenbeschaffenheit und Schrift von den Handschriften vom Toten Meer unterscheiden und im Vergleich mit ihnen auch durch ungleichmäßig bzw. schief ausgerichtete Linien, „Ausbluten" der Tinte, paläographische Anomalien und Inkonsistenzen in der Schrift an den Fragmentenrändern auffallen. Nach Tigchelaar, „Post-2002 Dead Sea Scrolls," 2, gibt es daher zwei Möglichkeiten: „The first that these were fragments from one or more other findplaces, probably found after 1967. The second that at least some, but possibly many of those fragments were inauthentic, that is forgeries." Vgl. auch Davis, „Gleanings from the Cave of Wonders?," 24–25. Es ist zudem merkwürdig, dass in der neuen Edition der Qumran-Handschriften aus der Schøyen-Sammlung keine Textausgaben von MS 4612/8 und MS 4612/12 zu finden sind, sondern diese in einer späteren Publikation herausgegeben werden sollen (vgl. Elgvin/Davis/Langlois, *Gleanings from the Caves*, 62 Fußnote 1) – könnte dies ein Indiz für deren Unechtheit sein oder handelt es sich hierbei nur um einen Zufall? Immerhin wurde MS 4612/12 bereits umfassend ediert. Vgl. auch Tigchelaar, „Gleanings from the Caves?," 1–3. Nach der neuesten Studie von Davis et al. (*ebd.*, insbesondere 209–213.216–220) ist die Echtheit dieser beiden Fragmente des *Wächterbuches* stark zu bezweifeln (so auch Drawnel, *Qumran Cave 4*, 5–6, im Anschluss an Davis et al.).

10 Vgl. Milik, *The Books of Enoch*, 5.

11 Vgl. Uhlendorf/Knibb, Rezension Milik, *The Books of Enoch*, 602.

12 Vgl. Uhlendorf/Knibb, Rezension Milik, *The Books of Enoch*, 601–602.

fasst – als auch zeitlich am nächsten kommt.[13] Milik zufolge ist 4Q201 aus paläographischen Gründen in die erste Hälfte des 2. Jahrhunderts vor Christus zu datieren und damit die älteste erhaltene Handschrift des *Wächterbuches*.[14] Diese frühe Datierung durch Milik wird auch in der neuesten Studie zu 4Q201 von Langlois bestätigt.[15] Die anderen Manuskripte werden gewöhnlich irgendwo ins 2. und 1. Jahrhundert vor Christus datiert, wobei die jüngsten Handschriften aus der früh-herodianischen Zeit (etwa 50–20 vor Christus) stammen.[16] Hiermit bezeugen die aramäischen Fragmente ein mehr oder weniger durchgängiges Interesse am *Wächterbuch* im Judentum zur Zeit des Zweiten Tempels. Es lohnt sich, noch einen genaueren Blick auf 4Q201 zu werfen, da diese Handschrift als ältestes Material des *Wächterbuches* nicht nur paläographisch und kodikologisch einen *terminus ad quem* für die Abfassung dieses Werkes darstellt, sondern auch in orthographischer und linguistischer Hinsicht möglicherweise Aufschluss über die Abfassungszeit dieser Komposition gibt.[17] Hierbei ist davon auszugehen, dass es sich bei 4Q201 nicht um ein Autograph, aber dennoch um eine vollständige Ausgabe des *Wächterbuches* handelt; diese Handschrift bietet Fragmente der ersten fünf Kapitel des *Wächterbuches* (4Q201 f1i = 1 Hen 1,1–6; 4Q201 f1ii = 2,1–5,6), die gemeinhin als der jüngste Teil dieses Werkes erachtet werden und für 4Q201 somit im Wesentlichen das gleiche redaktionelle Stadium wie die griechische und altäthiopische Fassungen bezeugen. Die

---

13 Dies bedeutet aber nicht, dass diese Fragmente identisch mit dem endredaktionellen Gesamttext sind, zumal auch keine der Handschriften als Autograph angesehen werden kann. Vgl. Uhlig, *Das äthiopische Henochbuch*, 482–484.487; Uhlig, „Zur Überlieferungsgeschichte,“ 186; Stuckenbruck, „The Book of Enoch,“ 9; siehe auch Nickelsburg, *1 Enoch 1*, 9. Seit der Entdeckung der aramäischen Fragmente behauptete nur Beyer, *Die aramäischen Texte*, 229–230, mit Bezug auf 1Q19, dass das ursprüngliche *Wächterbuch* auf Hebräisch verfasst worden sei. Seine These basiert auf Miliks Annahme, dass die aramäischen Texte manchmal ins Hebräische übersetzt worden seien und 1Q19 als ein Beispiel hierfür angesehen werden könne (vgl. Milik, *The Books of Enoch*, 59–60). Beyer ändert hierbei lediglich die Reihenfolge der Abhängigkeit. Meiner Meinung nach kann man aber nicht entscheiden, ob die Fassung von 1Q19 früher oder später als die aramäischen Fragmente zu datieren ist, da der Inhalt von 1Q19 zu gering ist, um auf dieser Grundlage zuverlässige Rückschlüsse ziehen zu können (vgl. Stuckenbruck, „The Early Traditions,“ 57). Siehe auch unten.
14 Vgl. Milik, *The Books of Enoch*, 22.140. Für eine ähnliche Datierung siehe auch Beyer, *Die aramäischen Texte*, 227.
15 Vgl. Langlois, *Le premier manuscrit*, 67–68: „[...] une date proche du milieu du second siècle avant notre ère.“
16 Vgl. Milik, *The Books of Enoch*, 22; siehe auch den Überblick bei Uhlig, *Das äthiopische Henochbuch*, 479–481, oder Stuckenbruck, „The Early Traditions,“ 44–56. Die jüngsten Handschriften sind 4Q204 und XQpapEnoch; vgl. Stuckenbruck, „The Early Traditions,“ 47–48.55.
17 Für eine detaillierte Beschreibung der Handschrift siehe auch Drawnel, *Qumran Cave 4*, 59–74.

Gesamtkomposition des Werkes ist somit vor der paläographischen Datierung dieses Manuskripts zu verorten, wobei deren zeitliche Einordnung vor allem für das Verständnis und Studium des Verhältnisses zum Danielbuch im Besonderen und zur Apokalyptik allgemein von Bedeutung ist.[18]

Mit Blick auf die Handschriften vom Toten Meer insgesamt ist 4Q201 vor allem in paläographischer, orthographischer, linguistischer und kodikologischer Perspektive außergewöhnlich. So charakterisiert Milik den Schreiber wie folgt:

> The alphabet of 4QEn[a] is quite archaic and is connected with the semi-cursive scripts ('semi-formal') of the third and second centuries B.C. [...] However, it does not fit very well into the scribal traditions of the Jewish copyists of Judaea or even Egypt; the scribe would perhaps be dependent upon the Aramaic scripts and the scribal customs of Northern Syria or Mesopotamia.[19]

Ähnlich auch Langlois: „le type d'écriture est mixte et peut donc être qualifié de semi-formel. Certains tracés sont plutôt archaïques, mais d'autres montrent une évolution qui ne permet guère de remonter loin avant l'époque hasmonéenne."[20]

Sokoloff, Beyer und Langlois stellten bei 4Q201 ebenso hinsichtlich der Orthographie und Linguistik einen inkongruenten Charakter fest.[21] Sokoloff und Beyer weisen darauf hin, dass sich die Sprache dieser Handschrift enorm von anderen aramäischen Texten und Dialekten unterscheide, und postulieren für 4Q201 daher Phänomene wie Archaismen, Hebraismen oder einen besonderen palästinischen Dialekt bzw. eine spezielle palästinische Orthographie, um die Charakteristika des aramäischen *Henochbuches* zu erklären.[22] Während Beyers

---

18 Vgl. auch García Martínez, *Qumran and Apocalyptic*, 60.69–71, und Stone, „The Book of Enoch and Judaism," 484.

19 Milik, *The Books of Enoch*, 140.

20 Langlois, *Le premier manuscrit*, 67.

21 Vgl. Sokoloff, „Aramaic Fragments of Enoch," 201–203; Beyer, *Die aramäischen Texte*, 227–229, und Langlois, *Le premier manuscrit*, 453.

22 Vgl. Sokoloff, „Aramaic Fragments of Enoch," 201–203; Beyer, *Die aramäischen Texte*, 227–229. Sokoloff kommt bei seiner linguistischen Analyse eher zu mehrdeutigen Ergebnissen, die teilweise mit Miliks paläographischer Analyse im Widerspruch stehen. So fasst er zusammen (Sokoloff, „Aramaic Fragments of Enoch," 202–203): „In sum: The morphological features of 4QEn[a] indicate that it should be placed somewhat after 11QtgJob. Because of the paleographical dating of 4QEn[a] (1st half of the 2nd century B.C.E.), this would then place 11QtgJob earlier than hitherto assumed. On the other hand, the archaic orthographical features which this manuscript shares with the Hermopolis Papyri would seem to suggest an earlier date. Alternatively, we may have in 4QEn[a] a local Palestinian orthography which was employed in the earlier copies of Enoch, but which was displaced on the later ones by that of Standard Literary Aramaic."

Annahme eines besonderen palästinischen Dialekts und seine These, dass das Werk ursprünglich auf Hebräisch verfasst worden sei,[23] meines Erachtens problematisch sind, lässt sich die phonetische und linguistische Inkongruenz, wie Langlois in seiner Studie gezeigt hat, nicht bestreiten.[24] Es ist höchstwahrscheinlich anzunehmen, dass die sogenannten Hebraismen der Tatsache geschuldet sind, dass die Henochtraditionen von *Genesis* oder anderen hebräischen Texten literarisch beeinflusst wurden bzw. der Verfasser absichtlich Hebraismen und Archaismen als stilistisches Mittel nutzte.[25] So entsprechen die phonetischen Charakteristika von 4Q201 nach Langlois den typischen Entwicklungen der späten aramäischen Dialekte, was eine sehr frühe Datierung des Textes eher verbiete. Andererseits gäbe es aber auch archaische Züge, die eher für ein hohes Alter des Werkes sprächen. Dasselbe ergäbe sich auch bei der lexikographischen Analyse. Dementsprechend fasst Langlois zusammen: „Ces disparités pourraient révéler plusieurs phases rédactionnelles à partir de l'époque achéménide, avant d'aboutir au troisième siècle à la forme attestée par notre manuscrit.“[26] Demnach hätten wir mit 4Q201 einen aramäischen Zeugen des *Wächterbuches*, der in vielerlei Hinsicht ein redaktionelles Wachstum demonstriert und die Anfänge des Werkes vor der hellenistischen Zeit vermuten lässt.

Aber Wise erkennt einige Schwierigkeiten sowohl bei Miliks paläographischer Datierung als auch bei Sokoloffs und Beyers linguistischer Kategorisierung.[27] Wise nimmt an, dass 4Q201 eine persönliche Kopie war, also eine Hand-

---

23 Mit dieser These möchte Beyer die Menge an Hebraismen und Wortspiele erklären, die seines Erachtens nur auf Hebräisch Sinn ergäben. Vgl. Beyer, *Die aramäischen Texte*, 229.

24 Hierfür und für das Folgende vgl. Langlois, *Le premier manuscrit*, 453.

25 So zeigte auch Stadel, *Hebraismen*, 95, dass nahezu alle Hebraismen in der aramäischen Henochliteratur auf das Bibelhebräisch als Literatursprache zurückgehen. Hierbei räumt er aber hinsichtlich der Quelle der Hebraismen ein (*ebd.*, 131): „Fast alle der in diese Kategorie fallenden Wörter sind aber auch aus dem späteren Qumran- und Mischna-Hebräischen bekannt. Das Hebräische des Bibeltextes muss also nicht immer die Quelle gewesen sein. Ebenso kommen die beiden anderen Sprachstufen in Betracht, je nachdem, wann die Entlehnung stattfand.“ Mit Blick auf alle aramäischen Texte vom Toten Meer fasst er zusammen, dass der größte Teil der Hebraismen Lehnwörter seien, daneben gebe es ein paar *calques* und hebräisch beeinflusste Orthographie (*ebd.*, 130.138). Auffälligerweise lasse sich in den aramäischen Texten aber nur ein geringer Einfluss auf Morphologie und Syntax finden, was seines Erachtens eher gegen einen intensiven Sprachkontakt einzuwenden ist (*ebd.*, 138). Dementsprechend sei auch das einzige Werk, bei dem er sich auf Grund der großen Anzahl von Hebraismen vorstellen könne, dass es aus dem Hebräischen übersetzt worden sei, das *Testament Qahats* (*ebd.*, 137). Siehe auch Black, „The Fragments of the Aramaic Enoch,“ 19–23.

26 Langlois, *Le premier manuscrit*, 453.

27 Vgl. Wise, „Accidents and Accidence,“ 134–136.

schrift, die nicht von einem professionellen Schreiber angefertigt wurde[28] und nicht öffentlich zirkulierte; die Beachtung von dessen paläographischer und linguistischer Komplexität sei damit hinfällig und der Versuch einer Datierung überflüssig.[29] Wise möchte seine Theorie mit der Tatsache stützen, dass 4Q201 ein Opistograph ist, einem eher seltenen Phänomen unter den Handschriften vom Toten Meer.[30] Der Text der Rückseite ist möglicherweise auf Hebräisch verfasst und könnte eine genealogische Liste der Patriarchen beinhalten, die mit dem Werk der Vorderseite in Verbindung steht.[31] Letztendlich muss aber der genaue Inhalt des *verso* hypothetisch bleiben.

Alles in allem ist es schwierig, diese unterschiedlichen Fakten, Beobachtungen und Hypothesen bezüglich 4Q201 zu bewerten. Zunächst einmal kann man sagen, dass die Tatsache, dass es sich bei dieser Handschrift um ein Opistograph handelt, nicht notwendigerweise nach sich zieht, dass der tatsächliche Inhalt außer Gebrauch geraten ist, sondern allenfalls dieses bestimmte Manuskript.[32] Das Vorhandensein jüngerer Handschriften und die fortlaufende Rezeption des Inhalts in jüngeren Werken unter den Handschriften vom Toten Meer, des Neuen Testaments und des Frühen Christentums weisen vielmehr auf

---

28 So vermutete aber auch schon Milik, *The Books of Enoch*, 141, dass es sich bei 4Q201 vielleicht um eine Schulübung handle, die von einem jungen Schreiber stamme.

29 Wise, „Accident and Accidence," 125.136.151. Um seine Annahme zu stützen, setzt Wise einen diglossalen Hintergrund der aramäischen Handschriften vom Toten Meer voraus, also eine Situation, in der der Schreiber eine Sprache sprach, die sich von dem Dialekt, in dem er schrieb, unterscheidet, sodass der geschriebene Text häufig von Formen gesprochener Sprache durchsetzt ist. Vgl. Wise, „Accident and Accidence," 146.

30 Vgl. Wise, „Accident and Accidence," 130. Ein Opistograph ist eine Handschriftenrolle, die auf beiden Seiten beschrieben ist, also nicht nur *recto*, sondern auch *verso*. Für eine ausführliche Beschreibung dieses Phänomens und eine Liste aller Opistographe unter den Handschriften vom Toten Meer vgl. Tov, *Scribal Practices*, 68–73, und Brooke, „Between Scroll and Codex?," 123–138. Das *verso* von 4Q201 I–III ist unter dem Siglum 4Q338 angeführt (vgl. Tov, „338. 4QGenealogical List?," 290). Es fällt auf, dass das *verso* von 4Q201 nur auf den Fragmenten beschrieben ist, die die Kolumnen I–III beinhalten, aber nicht auf irgendeinem anderen Fragment dieser Handschrift. Zudem handelt es sich hierbei um eine andere Schreiberhand als auf der Vorderseite, die definitiv jünger zu sein scheint (vgl. Brooke, „Between Scroll and Codex?," 128.132). Aber bedeutet dies von vornherein, dass es keine Verbindung zwischen diesen beiden Texten gibt?

31 So Milik, *The Books of Enoch*, 139. Vgl. auch Tov, „338. 4QGenealogical List?," 290. Das einzig lesbare Wort auf dem *verso* ist הוליד und taucht zweimal auf. Milik nimmt auch an, dass der Text auf der Rückseite eine Schulübung war. Dies weise seiner Meinung nach darauf hin, dass der Text der Vorderseite außer Gebrauch geraten war. Vgl. Milik, *The Books of Enoch*, 139.

32 Vgl. Stuckenbruck, „The Early Traditions," 46. Natürlich könnte der Text auf dem *verso* auch eine Verbindung zum Inhalt des *recto* gehabt haben und folglich eine Art Zusatz oder Erweiterung des *Wächterbuches* sein. Letztendlich wissen wir es aber nicht.

das Gegenteil.[33] Darüber hinaus ist eine linguistische und orthographische Analyse auf Grund der inkongruenten Ergebnisse und der relativ kleinen aramäischen Textbezeugung des *Wächterbuches* eher schwierig und muss zum Teil hypothetisch bleiben. Das vorhandene Material ist meines Erachtens zu gering, um sichere Rückschlüsse zu ziehen. Dementsprechend bleibt nur eine sorgfältige paläographische Analyse als Ausgangspunkt. Aber die Hand von 4Q201 ist, wie bereits Milik und Langois aufzeigten,[34] schwer einzuschätzen und lässt sich mit ihrer unregelmäßigen, semikursiven Schrift[35] nicht gut in die paläographischen Entwicklungslinien einordnen, die beispielsweise Cross[36] vor allem für die formelle Schrift zeichnet. Dementsprechend bleibt die paläographische Datierung von 4Q201 schwierig. Es ist wohl mit Milik und Langlois anzunehmen, dass diese Abschrift des *Wächterbuches* wahrscheinlich in der ersten Hälfte des 2. Jahrhunderts vor Christus angefertigt wurde; hierbei handelt es sich jedoch allenfalls um eine relative Datierung.[37]

Schließlich noch ein Blick auf den Inhalt der aramäischen Fragmente allgemein und 4Q201 im Besonderen: Generell demonstrieren die Fragmente vom Toten Meer, dass der Inhalt, die Struktur und der Umfang des *Wächterbuches* im Aramäischen wie im Griechischen und Gəʿəz im Wesentlichen gleich sind.[38] Im Detail betrachtet kann man aber beobachten, dass die aramäischen Fragmente manchmal einen längeren bzw. besseren oder aber auch einen kürzeren Text als die griechische oder altäthiopische Fassung bieten.[39] Darüber hinaus postuliert Stuckenbruck, dass 4Q201 Fragmente beinhalte,[40] die mit keiner bekannten Version von *1 Henoch* korrespondieren, sodass sie, wenn sie wirklich zum *Wächterbuch* gehören, eine andere Textfassung als die griechischen und altäthiopischen Traditionen bezeugen.[41] Dementsprechend fasst Stuckenbruck zusammen: „We are thus reminded that one should not be too quick to assume what exact text the Aramaic stage of the early Enoch tradition contained."[42]

---

33 Für eine kurze Übersicht zur Rezeptionsgeschichte siehe zum Beispiel Stuckenbruck, „The Book of Enoch," 9–21.

34 Siehe oben (37–39).

35 Vgl. auch Langlois, *Le premier manuscrit*, 62; Puech, „La paléographie," 99.

36 Vgl. Cross, „The Development of the Jewish Script," 133–202.

37 Puech, „La paléographie," 99, datiert 4Q201 sogar um 200 vor Christus.

38 García Martínez, *Qumran and Apocalyptic*, 60.

39 Für einen längeren bzw. besseren Text siehe zum Beispiel 4Q206 f1xxii,1–4 = 1 Hen 22,4–5; für einen wahrscheinlich kürzeren Text siehe zum Beispiel 4Q201 f1ii,11–14 = 1 Hen 5,2.4 (1 Hen 5,3 scheint in dieser Handschrift zu fehlen). Für mögliche Erklärungen für diese kürzere Fassung siehe zum Beispiel Milik, *The Books of Enoch*, 149.

40 Bei den fraglichen Fragmenten handelt es sich um 4Q201 f2–f8.

41 Vgl. Stuckenbruck, „201 2–8. 4QEnochᵃ (Pl. I)," 3–7.

42 Stuckenbruck, „The Early Traditions," 45–46.

Auch wenn Stuckenbrucks Rat an sich nachvollziehbar ist, so ist der Ausgangspunkt seiner Argumentation doch problematisch. Die zur Diskussion stehenden
Fragmente (4Q201 f2–f8) können kaum als Zeugnis für eine abweichende Henochtradition angesehen werden, weil sie entweder eine ganze Reihe an Möglichkeiten für eine Identifzierung oder aber auch viel zu wenig Material für eine
Identifizierung überhaupt bieten.[43] Die Möglichkeit, dass ein größerer Teil dieser Fragmente keiner Passage von *1 Henoch* entspricht, geht daher nicht unbedingt darauf zurück, dass sie einen von den bekannten Fassungen abweichenden Text bezeugen, sondern, dass ihr fragmentarischer Zustand keine sichere
Identifikation zulässt.[44] Stuckenbrucks These lässt sich somit zwar weder bestä-

---

43 Vgl. hierzu Langlois' genaue Analyse der einzelnen Fragmente in Langlois, *Le premier manuscrit*, 389–421. So erwägt er bei 4Q201 f2 zum Beispiel, dass es sich hierbei vielleicht um ein
Fragment aus dem *Gigantenbuch* handeln könnte (hierfür und für das Folgende siehe *ebd.*,
395.456–457). Er bemerkt zwar, dass dieses Fragment inhaltlich eigentlich auch an das Ende
von 1 Hen 9 passen könnte, da aber dieser Teil bereits durch andere 4Q201-Fragmente belegt
sei, müsse man entweder eine längere Version dieses Kapitels annehmen oder 4Q201 f2 mit
einer anderen Textstelle identifizieren, in diesem Fall dem *Gigantenbuch*. Anders verhält es
sich bei 4Q201 f6: Auf Basis seiner eigenen Lesung hält er es für unwahrscheinlich, dass dieses
Fragment mit *1 Henoch* zu identifizieren sei (*ebd.*, 410). Andererseits könne es sich hierbei aber
auch um ein Fragment einer anderen Handschrift, die in Hebräisch verfasst und möglicherweise von einem anderen Schreiber kopiert wurde, handeln (*ebd.*, 410). Stuckenbrucks These,
dass 4Q201 Fragmente beinhalte, die nicht zu *1 Henoch* gehören, wäre damit zumindest teilweise richtig. Schließlich noch ein kurzer Blick auf 4Q201 f11 und f10: Nach Langlois könnten
diese Fragmente möglicherweise mit 1 Hen 93,4–6 bzw. 1 Hen 102,7–10, also Teile aus *Henochs
Epistel* (1 Hen 91–105), identifiziert werden (vgl. *ebd.*, 322–323.455–456). Demnach könnte es
sich bei 4Q201 um eine Handschrift handeln, die wie die anderen aramäischen Henochhandschriften von Qumran verschiedene Werke aus der Henochtradition beinhalten. Langlois betont aber mehrfach, dass diese Identifizierungen sehr hypothetisch seien und es gleichermaßen andere Möglichkeiten gebe (vgl. zum Beispiel *ebd.*, 323.339.456).

Puech, „Notes sur le manuscrit araméen," 646–648, weist die eben genannten Identifizie-
rungsvorschläge von Langlois deutlich zurück, weil sie seines Erachtens auf falschen Lesungen beruhen (so bei 4Q201 f2) bzw. einen ganz anderen Text voraussetzen, wie er durch keine
der anderen Fassungen überliefert sei (so bei 4Q201 f11 und f10 mit Blick auf *Henochs Epistel*).
Darüber hinaus spräche auch gegen Langlois' Identifizierungen, dass es kein anderes Fragment von 4Q201 gibt, das sicher ein anderes Werk als das *Wächterbuch* bezeugt (*ebd.*, 646).
Vielmehr sei anzunehmen, dass die zur Diskussion stehenden Fragmente ebenfalls vom *Wächterbuch* stammen.

In Anbetracht dieser Unsicherheiten wäre eine materielle Rekonstruktion von 4Q201 sinnvoll, um das ursprüngliche Verhältnis der einzelnen Fragmente zueinander auf materieller
Ebene festzustellen und vor allem die Position der zur Diskussion stehenden Fragmente aus
einem anderen Blickwinkel zu erörtern.
44 Langlois, *Le premier manuscrit*, 456. Zumal es ja immer auch noch sein könnte, dass die
zur Diskussion stehenden Fragmente zwar vom selben Schreiber, aber von einer anderen
Handschrift stammen (vgl. Langlois, *Le premier manuscrit*, 457).

tigen noch widerlegen. Dennoch mahnt sie zur Vorsicht, das aramäische Zeugnis nicht vorschnell mit den griechischen und altäthiopischen Traditionen gleichzusetzen. Die Frage nach dem genauen Inhalt und Umfang des *Wächterbuches* in der Zeit des antiken Judentums bleibt somit bestehen.

Beim Vergleich der verschiedenen aramäischen Handschriften untereinander wird zuweilen behauptet, dass mit Blick auf das gesamte aramäische Henochmaterial sowohl orthographische als auch textliche Varianten zu finden seien.[45] Meines Erachtens kann man auf Basis dieser Varianten wegen des fragmentarischen Erhaltungszustandes des aramäischen *Wächterbuches* kaum unterschiedliche Rezensionen ausmachen, sondern diese unterschiedlichen Lesarten allenfalls als textkritische Varianten erachten.[46] Dies bedeutet nicht, dass das aramäische *Wächterbuch* kein literarisches Wachstum erfahren hat, sondern lediglich, dass die aramäischen Fragmente vom Toten Meer nicht als Zeugen unterschiedlicher Wachstumsstufen angesehen werden können. Alles in allem bieten sie unschätzbares Material, indem sie einen Eindruck von der wahrscheinlich ursprünglichen Sprache des *Wächterbuches* und einer Fassung vermitteln, die sowohl zeitlich als auch sprachlich dem endredaktionellen Gesamttext nahekommt (sofern denn ein endredaktioneller Gesamttext dieses Werkes in seiner Reinform überhaupt jemals existierte).[47] Dennoch bleibt es berechtigt, diese Fragmente nicht als zuverlässigen endredaktionellen Gesamttext bzw. als textkritische Vorlage der anderen Versionen zu betrachten – nicht nur wegen ihres geringen Textumfangs, sondern auch wegen der wahrscheinlichen textlichen (und redaktionellen?) Unterschiede zu der griechischen und altäthiopischen Tradition.[48]

2.1.1 Methodisches zur Transkription und Übersetzung

Die nachfolgende Transkription und Übersetzung bezieht sich auf Grund des Fokus dieser Arbeit ausschließlich auf die aramäischen Fragmente vom Toten

---

45 Vgl. zum Beispiel Uhlig, *Das äthiopische Henochbuch*, 486–487, oder Knibb, „The Book of Enoch," 32.
46 Vgl. auch Larson, „The Relation between the Greek and Aramaic Texts," 435. Dagegen Milik, *The Books of Enoch*, 22, der wahrnehmbare redaktionelle Änderungen in den aramäischen Handschriften annimmt.
47 Vgl. auch Uhlig, *Das äthiopische Henochbuch*, 487.
48 Anders dagegen zum Beispiel die allgemeine Arbeitshypothese in der Untersuchung von Larson, *The Translation of Enoch*, 230–231, bei der er aber auch die Möglichkeit unterschiedlicher Textstadien einräumt: „[...] we have assumed as a general working hypothesis that the Aramaic *Vorlage* of the Greek translation was identical or nearly identical to the text found in the Qumran Aramaic fragments. In those places where the two texts agree quite closely, this

Meer, die eindeutig den Kapiteln 14–16 des *Wächterbuches* zugeordnet werden können. Dies trifft auf 4Q204 f1vi,9–29 (= 1 Hen 14,1–16) und 4Q204 f1vii,1–2 (= 1 Hen 14,18–20) zu. Lediglich 4Q204 f1vi,13–17 hat eine Parallele in 4Q202 f1vi,5–10, die aber so fragmentarisch ist, dass sie kaum berücksichtigt werden kann.[49] Auf eine kurze Beschreibung der jeweiligen Handschrift folgt eine neue und eigenständige Transkription der Fragmente,[50] an die eine eigene Übersetzung und ein Anmerkungsteil anschließt, in dem paläographisch oder philologisch schwierige Stellen diskutiert werden. Die Zuordnung und Platzierung der Fragmente folgt der Textausgabe von Józef T. Milik.[51] Stellenweise wird aber auf die Schwierigkeiten in Miliks Zuordnung und Platzierung der Fragmente hingewiesen. Im Gegensatz zu Miliks Edition wird auf Rekonstruktionen und Ergänzungen in den Lücken weitgehend verzichtet und nur das transkribiert, was auf den Fragmenten tatsächlich zu lesen ist.[52] Lediglich, wenn die Lesung eines Buchstabens oder Wortes sehr wahrscheinlich ist, wurden diese ergänzt.

Bei der Transkription der aramäischen Fragmente wurden neben Miliks Erstedition auch die Textausgaben von Beyer,[53] Black,[54] Larson,[55] García Martínez/Tigchelaar,[56] Langlois[57] und Drawnel[58] zu Rate gezogen und darüber hinaus Knibbs Lesungen in seinen Anmerkungen zur Übersetzung von *1 Henoch*,[59] die

---

procedure is self-validating. But when the Greek and Aramaic texts diverge significantly, the hypothesis should be questioned and the possibility of some kind of corruption or intentional change must be examined."

49 Hierzu siehe unten die Beschreibung der Handschrift und die Diskussion zu 4Q204 f1vi,16.
50 Basis für die Transkription sind neben den PAM-Bildern die Photos aus der Sammlung *The Leon Levy Dead Sea Scrolls Digital Library (Israel Antiquities Authority)*, abrufbar unter http://www.deadseascrolls.org.il/.
51 Milik, *The Books of Enoch* (1976).
52 Milik wurde mehrfach dafür kritisiert, dass er, vor allem auf Basis der griechischen und altäthiopischen Fassungen, den aramäischen Text selbst in stark fragmentarischen Passagen ergänzte bzw. rekonstruierte. Dies sei nämlich nicht nur überflüssig, sondern auch manchmal irreführend. Vgl. zum Beispiel Barr, Rezension Milik, *The Books of Enoch*, 517–530; Sokoloff, „Aramaic Fragments of Enoch," 198; Stuckenbruck, „Revision of Aramaic–Greek and Greek–Aramaic Glossaries," 14; Uhlendorf/Knibb, Rezension Milik, *The Books of Enoch*, 601–602.
53 Beyer, *Die aramäischen Texte* (1984).
54 Black, *The Book of Enoch* (1985). Nach Larson, *The Translation of Enoch*, 11.28, folgt Black überwiegend Milik, hat aber einige Tippfehler in seiner Edition.
55 Larson, *The Translation of Enoch* (1995). Larson folgt in seiner Transkription der aramäischen Fragmente überwiegend Milik (vgl. *ebd.* 27).
56 García Martínez/Tigchelaar, *Study Edition* (1997).
57 Langlois, „Livre d'Hénoch," 13–95 (2008).
58 Drawnel, *Qumran Cave 4* (2019).
59 Knibb, *The Ethiopic Book of Enoch* (1978).

Korrekturvorschläge zu Miliks Edition von Sokoloff[60] und Stuckenbruck[61] und gelegentlich die Wörterbucheinträge in Cooks *Dictionary of Qumran Aramaic*[62] berücksichtigt. Abweichende Lesungen in diesen Publikationen werden in den Anmerkungen zur Transkription und Übersetzung der einzelnen Fragmente angeführt und kurz diskutiert, wobei keine Vollständigkeit angestrebt wurde. Vielmehr wurden nur die wichtigsten Varianten aufgenommen; abweichende Lesarten in den Lücken, also im rekonstruierten Textbestand, und unterschiedliche Setzung der Circelli wurden zum Beispiel nicht miteinbezogen. Die in der Transkription angegebenen Lücken orientieren sich zwar an den Handschriften, da diese aber zum Teil sehr fragmentarisch sind, wurden vor allem die Lücken mit Blick auf die Kolumnenbreite nur schematisch wiedergegeben und entsprechen daher nicht dem tatsächlichen, nicht mehr rekonstruierbaren Sachverhalt.

Die in der Transkription verwendeten diakritischen Zeichen:

א	Buchstabe, dessen Identität sicher ist
א̇	Buchstabenrest, dessen Identität nicht sicher ist[63]
°	unklarer Buchstabenrest
[ ]	Textlücke im Manuskript; Buchstaben/Wörter innerhalb der eckigen Klammern sind ergänzt, also nicht in der Handschrift erhalten
vacat	unbeschriebener Bereich in einer Zeile

2.1.2 Transkription und Übersetzung der aramäischen Fragmente

4Q202 f1vi,5–10[64] *= 1 Hen 14,4–6(?)*

Nach Milik handelt es sich bei 4Q202 (4QEn^b) um eine eher archaische Handschrift, die vermutlich in die frühe Hasmonäische Zeit zu datieren ist (1. Hälfte

---

60 Sokoloff, „Aramaic Fragments of Enoch," 197–224 (1978–79).

61 Stuckenbruck, „*Revision of Aramaic–Greek and Greek–Aramaic Glossaries*," 13–48 (1990). Nach Larson, *The Translation of Enoch*, 28, folgt Stuckenbruck in seinen Lesungen vor allem Beyer, nach Stuckenbrucks eigenen Angaben (*ebd.* 16) bietet er aber „a fresh reading of the plates".

62 Cook, *Dictionary of Qumran Aramaic* (2015).

63 In der Regel erfolgt die Identifizierung zwar auf epigraphischer Basis, in selten Fällen wird aber auch auf Basis der Grammatik bzw. der zu erwartenden Formulierungen rekonstruiert, wenn noch ein kleiner, nur unsicher zu identifizierender Rest vorhanden ist wie zum Beispiel bei כתב̇ת[in 4Q204 f1vi,19.

64 = 4Q202 frg. 29–32 bei Drawnel, *Qumran Cave 4*, 143.186–189.

oder Mitte des 2. Jahrhunderts vor Christus).[65] Das Manuskript bietet lediglich Fragmente des *Wächterbuches* und erweckt den Eindruck, eine mehr nachlässige Kopie zu sein.[66]

4Q202 f1vi,5–10 wird von Milik als 1 Hen 14,4–6 identifiziert und bietet so eine Parallele zu 4Q204 f1vi,13–17 (siehe unten). Es handelt sich bei 4Q202 f1vi um einen Fragmentenkomplex, der sich aus vier Einzelfragmenten zusammensetzt (nach Milik *f'*, *g'*, *h'* und *i'*).[67] Diese sind aber so klein und fragmentarisch, dass sie meines Erachtens keinen wesentlichen Beitrag zur Kenntnis der aramäischen Fassung leisten können. Die Identifikation und die Platzierung dieser Fragmente sind sehr unsicher und basieren vermutlich auf einem Vergleich mit der griechischen und altäthiopischen Textfassung.[68] Nichtsdestotrotz nimmt 4Q202 f1vi,9 (par. 4Q204 f1vi,16) = 1 Hen 14,6 in der Forschungsdiskussion einen wichtigen Platz ein. Siehe die Anmerkung zu 4Q204 f1vi,16 unten.

4Q204 f1vi,9–29[69] *= 1 Hen 14,1–16*

4Q204 (4QEn^c) wird von Milik in die frühe herodianische Zeit bzw. ins letzte Drittel des 1. Jahrhunderts vor Christus datiert.[70] Die Handschrift beinhaltet neben dem *Wächterbuch* (1 Hen 1–36) auch Teile aus dem *Buch der Traumvisionen* (1 Hen 83–90), *Henochs Epistel* (1 Hen 91–105), der *Geburt Noachs* (1 Hen 106–107) und dem *Gigantenbuch* (= 4Q203) und ist sorgfältig beschrieben.[71] Der Schreiber nutzt häufig großzügige *vacats* und freie Zeilen, um seinen Text zu gliedern.[72] Darüber hinaus werden ׳ und ׀ nicht immer klar differenziert.[73]

4Q204 f1vi besteht aus vier Einzelfragmenten (bei Milik als *g*, *h*, *i* und *j* bezeichnet)[74] und bietet die aramäische Version von 1 Hen 13,6–14,16. In Zeile

---

65 Milik, *The Books of Enoch*, 164. Für eine detaillierte Beschreibung der Handschrift siehe auch Drawnel, *Qumran Cave 4*, 143–149.
66 Vgl. Milik, *The Books of Enoch*, 165.
67 Vgl. Milik, *The Books of Enoch*, 165.177–178.
68 Selbst Milik, *The Books of Enoch*, 178, schreibt zu diesem Fragmentenkomplex: „The identification of the fragments, except perhaps that of *g'*, remains somewhat uncertain." Vgl. auch Larson, *The Translation of Enoch*, 275.
69 = 4Q204 frg. 7 ii; 8; 9 ii und 10 bei Drawnel, *Qumran Cave 4*, 194.226–252.
70 Milik, *The Books of Enoch*, 178. Für eine detaillierte Beschreibung der Handschrift siehe auch Drawnel, *Qumran Cave 4*, 194–203.
71 Vgl. Milik, *The Books of Enoch*, 179.183, und Tigchelaar, „Notes," 197. Für eine Diskussion der Frage, ob 4Q204 auch Teile aus dem *Gigantenbuch* (= 4Q203) beinhaltet, siehe Fußnote 6 in diesem Kapitel (35–36).
72 Vgl. Milik, *The Books of Enoch*, 179.
73 Für weitere Merkmale und Besonderheiten der Handschrift siehe die Beschreibung bei Milik, *The Books of Enoch*, 178–184.
74 Vgl. Milik, *The Books of Enoch*, 182.

13–17 hat sie eine Parallele in 4Q202 (4QEn^b) f1vi,5–10 (siehe oben bzw. die Diskussion zu 4Q204 f1vi,16 = 1 Hen 14,6). Da der Fokus dieser Arbeit auf 1 Hen 14–16 liegt, wurden die ersten acht Zeilen dieses Fragmentenkomplexes (4Q204 f1vi,1–8 = 1 Hen 13,6–10) bei der nachfolgenden Transkription und Übersetzung außer Betracht gelassen.

ספר מלי קושט]א *vacat*	9
א בחלמא די אנה] [	10
ד]י יה]ב [רבא לבניׄ] [לׄמׄל]לה	11
]° מנדע ל]א חלק ו°בד ובא לא]	12
ובחזוה לי[ ]זׄית כלקובל די בע]וׄן	13
ו]בגזירו גז]ר [כון די עוד מן כ]	14
]כון עד כול יומי ע]למא	15
בניהון ובק] [די חביבׄיׄכׄ]וׄן	16
אבדן כלקובל די ב] [וׄן על]	17
אנתון בעין ומתחׄנׄ]יׄן	18
מן כתבא די אנה כתבׄת]	19
לי זעקין וזיקין וב]	20
לעלא ואובלוני ואעׄ]לוׄ]ני בׄ]	21
]י נור סחרין סחור סחׄ]וׄר	22
ד]י אדבקת לביא ר]ב	23
]° תלג אשׄ]אׄ(ו)	24
כ]וׄל כתליהו]ן	25
תׄלגא וכול]	26
]° ונׄפלת]	27
מן דן רב וכולׄ]ה	28
א]כׄל לאחׄוׄיׄה לכו]ן	29

9 *vacat* Buch der Worte der Wahrheit[   ]

10 [   ] in dem Traum, den ich[   ]

11 [wovon gilt:] Der Große hat (es) gegeben den Söhnen [der   ] zu red[en]

12 [   ] Erkenntnis. Mich hat er zugeteilt und gemacht und erschaffen, zu[ ]

13 und in einer Vision mir(?)[ ] entsprechend dem, dass (die) Bitte[   ]

14 und per Beschluss hat er beschlo[ssen   ] dass (nicht) mehr von [   ]

15 [   ]euch während aller Tage der [Ewigkeit/Welt   ]

16 ihre Söhne und in Bezug auf[   ] eurer Geliebten[   ]

17 Vernichtung, dementsprechend(?) [   ] in Bezug auf(?)[   ]

18 ihr bittet und fleht um Erbarmen[   ]

19 aus der Schrift, die ich geschrieben habe[   ]

20 zu mir schrien sie und Kometen und[   ]
21 nach oben und sie brachten mich und lie[ßen] mich eintreten in[   ]
22 [   ]von Feuer umgaben ringsum[   ]
23 [   ] ich gelangte zu einem großen Haus[   ]
24 [   ] Schnee Fundament[(e)   ]
25 [   ]all ihre/seine Wände[   ]
26 [   ]der Schnee und alle[   ]
27 [   ] und ich fiel [   ]
28 [   ] größer als dieses und alles von ihm[   ]
29 [   ]ich vermochte (nicht), euch mitzuteilen[   ]

Anmerkungen

Zeile 12:

לִאֵ֗א: So auch Milik,[75] Larson,[76] García Martínez/Tigchelaar,[77] Langlois[78] und Drawnel.[79] Beyer liest stattdessen כֹּ[נ]מָ֗א „so",[80] während Black ה[וֹאן] hat.[81] Beides ist meines Erachtens weniger wahrscheinlich, da leichte Reste des Kopfes vom ל am rechten Fragmentenrand und, mit Blick auf Black, der Diagonalstrich vom א noch eindeutig erkennbar sind.

לֹא[: So auch Milik,[82] Larson,[83] García Martínez/Tigchelaar,[84] Langlois[85] und Drawnel[86] (wenn auch jeweils mit nachfolgender Ergänzung zu לֹא[וכחה). Dagegen lesen Beyer und Black לִי,[87] was auf Grund des Zierhäkchens am Buchstabenrest links vom ל, das eher auf ein א hindeutet, weniger wahrscheinlich ist.[88]

---

75 Milik, *The Books of Enoch*, 194.
76 Larson, *The Translation of Enoch*, 286.
77 García Martínez/Tigchelaar, *Study Edition*, 1:416.
78 Langlois, „Livre d'Hénoch," 46.
79 Drawnel, *Qumran Cave 4*, 226.
80 Beyer, *Die aramäischen Texte*, 239.
81 Black, *The Book of Enoch*, 335. Knibb, *The Ethiopic Book of Enoch*, 2:95, liest schließlich nur אֹ°[ ] und kann damit außer Betracht bleiben.
82 Milik, *The Books of Enoch*, 194.
83 Larson, *The Translation of Enoch*, 286.
84 García Martínez/Tigchelaar, *Study Edition*, 1:416.
85 Langlois, „Livre d'Hénoch," 46.
86 Drawnel, *Qumran Cave 4*, 228.
87 Beyer, *Die aramäischen Texte*, 239; Black, *The Book of Enoch*, 335.
88 Knibb, *The Ethiopic Book of Enoch*, 2:95, liest schließlich nur ל°[.

Zeile 13:

וּבחזוה לי[: So auch Knibb,[89] Stuckenbruck[90] und Drawnel.[91] Milik,[92] Larson,[93] García Martínez/Tigchelaar[94] und Langlois[95] lesen dagegen לי[וּבחזיה. Da einerseits י und ו in dieser Handschrift nicht immer klar differenziert werden und andererseits ein Lemma חזיה aramäisch so gut wie nicht belegt ist,[96] ist die Lesung von חזוה vorzuziehen. Beyer liest stattdessen וּבחזוה לא[לן „aber im Traumgesicht (schaute ich) dieses".[97] Im Vergleich mit לא[in Zeile 12 fällt auf, dass in Zeile 13 am Kopf des Buchstabenstrichs links vom ל kein Zierhäkchen vorhanden ist, was eher für ein י spricht.

Zeile 14:

ר[גזירו בג[ו: Die Lesung folgt Drawnel,[98] dessen Lesung sich nur in einem Buchstaben von Beyers Vorschlag unterscheidet (ר[גזירן בג[ו).[99] Jedoch ist der Buchstabenrest am Ende des ersten Wortes gegen Beyer und mit Drawnel eher als Kopf eines ו, denn eines ן zu deuten.[100] Dagegen lesen Milik,[101] García Martínez/Tigchelaar[102] und Langlois[103] ובגזירוא] „und in der Entscheidung", was weniger wahrscheinlich ist.[104] Bei dem Buchstaben nämlich, der nach Milik, García Martínez/Tigchelaar und Langlois ein א sein soll, verläuft der diagonale Basisstrich nicht von oben links nach unten rechts, wie es in dieser Handschrift

---

89 Knibb, *The Ethiopic Book of Enoch*, 2:96, wobei Knibb die Kopula nicht liest, das heißt בחזוה לי[.

90 Stuckenbruck, „Revision of Aramaic–Greek and Greek–Aramaic Glossaries," 25.38.

91 Drawnel, *Qumran Cave 4*, 226.

92 Milik, *The Books of Enoch*, 194.

93 Larson, *The Translation of Enoch*, 286.

94 García Martínez/Tigchelaar, *Study Edition*, 1:416.

95 Langlois, „Livre d'Hénoch," 46.

96 Cook, *Dictionary of Qumran Aramaic*, 81, führt zwar 4Q213a f2,16 (בחזות) als Beleg für חזיה an, aber hierbei könnte es sich auch um den *status constructus* von dem femininen Nomen חזו „Erblicken, Sehen" handeln (vgl. Beyer, *Die aramäischen Texte*, 577). Auch wenn Cook mit seiner Bestimmung Recht hätte, so wäre die Schreibung mit ו immer noch die häufigere und damit wahrscheinlichere Lesung.

97 Beyer, *Die aramäischen Texte*, 239–240.

98 Drawnel, *Qumran Cave 4*, 228.

99 Beyer, *Die aramäischen Texte*, 239. Cook, *Dictionary of Qumran Aramaic*, 44, gibt zwar an, in seiner Lesung Beyer zu folgen, bietet aber dieselbe Lesung wie Drawnel.

100 Vgl. Drawnel, *Qumran Cave 4*, 229.

101 Milik, *The Books of Enoch*, 194.

102 García Martínez/Tigchelaar, *Study Edition*, 1:416.

103 Langlois, „Livre d'Hénoch," 46.

104 Larson, *The Translation of Enoch*, 286, und Knibb, *The Ethiopic Book of Enoch*, 2:96, lesen an dieser Stelle lediglich ובגזיר°°°[bzw. בגזיר]°°°[.

für א üblich wäre, sondern setzt in der Mitte des rechten, senkrechten Basisstrichs ein und führt davon ausgehend nach links unten. In 4Q204 ist dies die typische Schreibung von einem ג. Der Buchstabe rechts daneben schließlich ist mit Blick auf den Buchstabenkopf sehr wahrscheinlich ein ז. Vgl. hierzu die Schreibung dieser beiden Buchstaben am Anfang der Zeile. Schließlich liest Black noch בגזיר]תא,[105] ignoriert damit aber die eindeutigen Buchstabenreste bis zum linken Ende des Fragments.

Zeile 16:

[ ]ובק: Auf Basis der Parallele in 4Q202 f1vi,9 wird das Wort in der Regel zu ובק[ניאנא] „und an den Besitztümern" vervollständigt.[106] Nur Beyer und Black ergänzen stattdessen, ohne das Fragment von 4Q202 miteinzubeziehen, zu ובק[טלא דן] „und [diese Ermordung]"[107] bzw. zu ובק[ריהון] „and their flocks",[108] während Knibb die Lücke so wie hier vorgeschlagen leer lässt.[109] Die Lesung von קנין „Besitztümer" an dieser Stelle ist insofern von Bedeutung, als damit die altäthiopische Version (ፕርፅዙዖሙ: „Besitz an ihnen" bzw. „ihre Besitzer"[110]) gegenüber der griechischen Lesart (ὄνησις αὐτῶν „Nutzen an ihnen") gestützt werden könnte. Dennoch ist diese Lesung nicht ganz unproblematisch. In der aus vier Fragmenten zusammengesetzten Kolumne 4Q202 f1vi befindet sich das betreffende Wort am oberen Rand von Fragment *i'* und wird von Milik mit ובק[נ'נ]יא transkribiert.[111] Betrachtet man das Photo, gewinnt man leicht den Eindruck, Milik habe seine Lesung eher hinein- als herausgelesen. Während das zweite נ nachvollziehbar wäre (wobei es genauso gut der Rest von zum Beispiel einem ב sein könnte), verschwindet der vermeintliche Basisstrich vom ק im ל aus der darunter liegenden Zeile, sodass es schwer zu entscheiden ist, wo der eine Buchstabe aufhört und der andere anfängt. Dies ist insofern wich-

105 Black, *The Book of Enoch*, 335.

106 Vgl. Milik, *The Books of Enoch*, 193; Larson, *The Translation of Enoch*, 275; García Martínez/Tigchelaar, *Study Edition*, 1:416; Langlois, „Livre d'Hénoch," 46; Drawnel, *Qumran Cave 4*, 188–189.229–230.

107 Beyer, *Die aramäischen Texte*, 239–240.

108 Black, *The Book of Enoch*, 33.335. Black, *ebd.*, 146, verweist zur Untermauerung seines Vorschlags auf Joh 4,12: οἱ υἱοὶ αὐτοῦ καὶ τὰ θρέμματα αὐτοῦ.

109 Knibb, *The Ethiopic Book of Enoch*, 2:96.

110 Die konkrete Bedeutung von ፕርፅዙዖሙ: ist unsicher, da es nur hier in 1 Hen 14,6 belegt zu sein scheint. Für die Übersetzung von ፕረዖ mit „Besitzer" vgl. den Wörterbucheintrag bei Dillmann, *Lexicon linguae Aethiopicae*, 1221; für die Wiedergabe von ፕረዖ mit „Besitz" vgl. den Wörterbucheintrag bei Leslau, *Comparative Dictionary*, 597. Vgl. auch die Anmerkung zum Wort in Kapitel 2.3.8 dieser Arbeit (mit weiteren Literaturhinweisen).

111 Milik, *The Books of Enoch*, 177.

tig, als am oberen rechten Rand ein kleiner Tintenrest zu sehen ist, der gemäß
Miliks Interpretation zum Kopf vom ק gehören müsste, dafür aber verhältnismäßig tief einsetzt[112] und somit auch ein Basisstrich von einem vorangehenden נ
oder כ sein könnte. An der Stelle schließlich, wo Reste vom ersten נ und vom י
zu sehen sein sollen, sind nur vage Tintenreste erkennbar, die meines Erachtens
keine eindeutige Identifizierung zulassen. Auf Basis der Photographie kann Miliks Lesung weder verifiziert noch falsifiziert werden, sodass sie im Rahmen
dieser Untersuchung außer Betracht bleibt.[113]

Zeile 23:

אדבקת: Vom Konsonantenbestand wäre sowohl ein Afʿel aktiv[114] als auch ein
Afʿel passiv[115] möglich. Die hier vorgeschlagenen Übersetzung bzw. Deutung
als Afʿel aktiv ist nicht ganz unproblematisch. Die Bedeutung „gelangen zu,
erreichen" ist Qumran-Aramäisch vor allem im Grundstamm von דבק belegt
(vgl. zum Beispiel 1QGenAp 19,8.9; 21,1.16 und öfter), zumal Passivkonstruktionen an sich, wenn auch von anderen Verben, in der aramäischen Henochliteratur relativ gut belegt sind (vgl. zum Beispiel 4Q204 f1xii,27.30; f1xiii,25; 4Q205
f1xi,3).[116] Andererseits ist das Afʿel von דבק (sei es nun aktiv oder passiv) in
diesem Korpus nur hier belegt.[117] Im Bibel-Hebräisch kann das Hifʿil von דבק
auch mit Akkusativ und in dieser Bedeutung gebraucht werden.[118] Damit legt

---

112 Vgl. die Schreibung vom ק zum Beispiel in 4Q202 f1iii,4 oder f1iii,15.
113 Vgl. auch Black, *The Book of Enoch*, 146, Anmerkung zu 1 Hen 14,6.
114 Vgl. Levy, *Chaldäisches Wörterbuch*, 1:160, der für das Afʿel von דבק folgende Bedeutung
angibt: „Jem. od. etwas erlangen, erreichen, einholen, eig. an sich schließen" (vgl. hierzu auch
Hebräisch דבק im Hifʿil und die Bedeutung 2 (b) im C-Stamm dieser Wurzel im *CAL* [siehe
http://cal.huc.edu/]). Vgl. hierzu auch die Übersetzungen von Milik, *The Books of Enoch*, 196:
„I drew near" bzw. Maier, *Qumran-Essener*, 2:150: „[bis da]ß ich herankam."
115 Vgl. Sokoloff, „Aramaic Fragments of Enoch," 205; Beyer, *Die aramäischen Texte*, 546;
Gzella, Art. דבק, 189; Cook, *Dictionary of Qumran Aramaic*, 50, und Drawnel, *Qumran Cave 4*,
230.248, die dementsprechend mit „I was brought near" bzw. „ich wurde gebracht" übersetzen.
116 Für die Beobachtung über die Passivkonstruktionen in der Henochliteratur und weitere
Beispiele vgl. Muraoka, *Grammar of Qumran Aramaic*, 115.
117 Der einzige Beleg, den Cook bei Afʿel aktiv anführt (ידבק in 4Q197 f4i,1; vgl. Cook, *Dictionary of Qumran Aramaic*, 50), lässt sich nicht aus dem Konsonantenbestand ableiten und ist
meines Erachtens fraglich, da er von Cooks Ergänzung in der vorangehenden Lücke abhängig
ist.
118 Vgl. zum Beispiel Gen 31,23 oder Ri 20,42 bzw. den Eintrag 2.b) zu Hifʿil in Genesius,
Hebräisches und Aramäisches Handwörterbuch, 153.

sich für unsere Stelle ein Afʿel aktiv nahe.[119] Es lässt sich somit nicht mit Sicherheit sagen, welche Form genau hier an dieser Stelle vorliegt. Darüber hinaus ist sowohl ein Afʿel aktiv als auch ein Afʿel passiv inhaltlich möglich und sinnvoll. Auf Grund der Beleglage[120] ist ein Afʿel aktiv wahrscheinlicher, sodass die hier vorgeschlagene Übersetzung das Verb aktivisch wiedergibt.

Zeile 25:

[כתליהו[ן: So auch Milik,[121] Black,[122] Larson,[123] García Martínez/Tigchelaar,[124] Langlois[125] und Drawnel.[126] Beyer und Stuckenbruck lesen dagegen [כתלוהי],[127] was auch möglich ist, da י und ו in dieser Handschrift nicht differenziert werden. Knibb schlägt beide Lesarten vor.[128]

Zeile 29:

לאחוֹיֹה: Die Lesung folgt Beyer,[129] Stuckenbruck[130] und Drawnel.[131] Dagegen lesen Milik,[132] Larson,[133] García Martínez/Tigchelaar[134] und Langlois[135] לאדמה bzw. Cook[136] לאדמיה, was beides mit „nachzuahmen, zu beschreiben" übersetzt

---

119 Ein Blick auf die griechische oder altäthiopische Fassung hilft in dieser Frage nicht unbedingt weiter, da aramäische Passivkonstruktionen in diesen beiden Übersetzungen durchaus auch aktiv wiedergegeben werden (vgl. zum Beispiel 1 Hen 22,4 und nur mit Blick auf die altäthiopische Fassung auch 1 Hen 22,9.11).

120 Vgl. hierzu die Einträge bei Levy, *Chaldäisches Wörterbuch*, 1:160 und im *CAL* (siehe Fußnote 114 in diesem Kapitel), wo nur Belege für Afʿel aktiv aufgeführt werden.

121 Milik, *The Books of Enoch*, 194.

122 Black, *The Book of Enoch*, 335.

123 Larson, *The Translation of Enoch*, 287.

124 García Martínez/Tigchelaar, *Study Edition*, 1:416.

125 Langlois, „Livre d'Hénoch," 48. Vgl. hierzu auch die Übersetzung von Maier, *Qumran-Essener*, 2:150: „a]lle ihre Wände."

126 Drawnel, *Qumran Cave 4*, 229.

127 Beyer, *Die aramäischen Texte*, 239; Stuckenbruck, „Revision of Aramaic–Greek and Greek–Aramaic Glossaries," 29. Vgl. hierzu auch die Übersetzung von Caquot, „I Henoch," 487: „de tout ses murs."

128 Knibb, *The Ethiopic Book of Enoch*, 2:98.

129 Beyer, *Die aramäischen Texte*, 239.

130 Stuckenbruck, „Revision of Aramaic–Greek and Greek–Aramaic Glossaries," 38.

131 Drawnel, *Qumran Cave 4*, 229.

132 Milik, *The Books of Enoch*, 194.

133 Larson, *The Translation of Enoch*, 287.

134 García Martínez/Tigchelaar, *Study Edition*, 1:416.

135 Langlois, „Livre d'Hénoch," 48.

136 Cook, *Dictionary of Qumran Aramaic*, 56. Darüber hinaus scheint auch Maier, *Qumran-Essener*, 2:150, der mit „etwas vergleichen" übersetzt, die Lesung לאדמה oder לאדמיה vorauszusetzen.

werden kann. Meines Erachtens sind diese Lesungen weniger wahrscheinlich, da die Köpfe von ד und מ anders aussehen (vgl. zum Beispiel מן דן eine Zeile darüber).[137] So ist der Kopf von מ wesentlich schmaler, als die Buchstabenreste hier vorgeben. Schließlich hat Black למחו'א,[138] aber sein vermeintliches מ kann auf Grund des deutlich erkennbaren Diagonalstrichs nur ein א sein.

4Q204 f1vii l,1–2[139] = 1 Hen 14,19–20

Nach Miliks Rekonstruktion besteht 4Q204 f1vii aus drei Einzelfragmenten (bei Milik als *k*, *l* und *m* bezeichnet),[140] die er als Teile der aramäischen Version von 1 Hen 14,18–20 und 1 Hen 15,11(?) identifiziert.[141] Allerdings ist Miliks Zuordnung der Fragmente, insbesondere von *k* und *m*, problematisch. Der aramäische Text dieser Passage ist insgesamt nur sehr fragmentarisch, sodass die Einzelfragmente nicht mit Sicherheit identifiziert und platziert werden können. Fragment *m*, das aus zwei Kolumnen besteht, bietet in der ersten Kolumne, die 1 Hen 15,11 entsprechen soll, lediglich Reste eines einzigen Buchstabens. Auf Fragment *k* sind zwar Reste eines Wortes zu finden, die Milik zu כ[רובי]ן „Cherubim" ergänzt.[142] Jedoch ist seine Lesung, auf die seine Zuordnung des Fragmentes zu 1 Hen 14,8 im Wesentlichen aufbaut, paläographisch nicht haltbar.[143] Daher wird bei der nachfolgenden Transkription und Übersetzung nur Fragment *l* berücksichtigt.

---

137 Für ein ה siehe בחלמא 4Q204 f1vi,10, für י und ו nebeneinander, wenn auch in umgekehrter Reihenfolge, siehe יומי 4Q204 f1vi,15.

138 Black, *The Book of Enoch*, 335.

139 = 4Q204 frg. 11 bei Drawnel, *Qumran Cave 4*, 194.252.

140 Vgl. Milik, *The Books of Enoch*, 182.

141 So Miliks Zuordnung (vgl. Milik, *The Books of Enoch*, 199). Für eine kurze Beschreibung der Handschrift insgesamt siehe *4Q204 f1vi,9–29 = 1 Hen 14,1–16* oben bzw. die Beschreibung bei Milik, *The Books of Enoch*, 178–184.

142 So auch Beyer, *Die aramäischen Texte*, 239; Stuckenbruck, „Revision of Aramaic–Greek and Greek–Aramaic Glossaries," 38; Larson, *The Translation of Enoch*, 294; Langlois, „Livre d'Hénoch," 48; Cook, *Dictionary of Qumran Aramaic*, 119.

143 Vgl. Drawnel, *Qumran Cave 4*, 257–258. Mit Drawnel, *ebd.*, ist noch am ehesten הובל]ת[„ich wurde gebracht" zu lesen. Der Kopf des ersten Buchstabens entspricht dem eines typischen ה. Für ein ר, wie Milik es liest, fehlt das charakteristische Häckchen an der linken Seite des Kopfes. Dagegen ist der Rest des letzten Buchstabens, den Drawnel als ל identifiziert, meines Erachtens zu unspezifisch, um ihn sicher bestimmen zu können. Auf Basis dieser Lesung ordnet Drawnel das Fragment 1 Hen 35,1 zu. Gegen Drawnels Rekonstruktion könnte jedoch eingewandt werden, dass Verben im Kausativstamm sowohl aktiv als auch passiv in 4Q204 für gewöhnlich mit א und nicht mit ה gebildet werden (vgl. Milik, *The Books of Enoch*, 181, und insbesondere אובלת in 4Q204 f1xiii,5 [= 4Q204 frg. 14ii 5 bei Drawnel, *Qumran Cave 4*, 194.266–267]). Letztendlich lässt sich sein Vorschlag weder verifizieren noch falsifizieren.

[שִׁבְּלִין]   1

ת[לְגָּא רב]א   2

1   ]Ströme [
2   v]iel Schn[ee

Anmerkungen

Zeile 1:

שִׁבְּלִין[: So auch Milik,[144] Larson,[145] Langlois,[146] Cook[147] und Drawnel.[148] Beyer liest dagegen יבלין „Bäche",[149] was weniger wahrscheinlich ist, da die Reste des linken Beinchens vom שׁ noch zu erkennen sind.

2.2 Die griechischen Handschriften

Neben den aramäischen Handschriften gibt es zwei zum Teil fragmentarische griechische Textzeugen des *Wächterbuches*, die in einem christlichen Kontext überliefert worden sind.[150] Bei beiden Quellen handelt es sich nicht um unmit-

---

144 Milik, *The Books of Enoch*, 199.
145 Larson, *The Translation of Enoch*, 294.
146 Langlois, „Livre d'Hénoch," 48.
147 Cook, *Dictionary of Qumran Aramaic*, 229.
148 Drawnel, *Qumran Cave 4*, 252.
149 Beyer, *Die aramäischen Texte*, 239–240. Stuckenbruck, „Revision of Aramaic–Greek and Greek–Aramaic Glossaries," 38, schließt sich Beyer in der Wahl des Lemmas an, liest aber יבלין[. Reste vom י sind nach Stuckenbruck demnach nicht mehr vorhanden, sondern als komplett ergänzt zu lesen. Vgl. hierzu auch die Übersetzung von Maier, *Qumran-Essener*, 2:150: „Bäche".
150 Neben den beiden griechischen Zeugen für das *Wächterbuch* gibt es noch zwei weitere griechische Fragmente von anderen Werken aus der Henochtradition: Codex Vaticanus Graecus 1809 (1 Hen 89,42–49) und der Chester-Beatty-Papyrus XII (1 Hen 97,6–107,3). Für eine Beschreibung mit weiteren Literaturhinweisen siehe zum Beispiel Larson, *The Translation of Enoch*, 160–179. Daneben wird in der Forschung diskutiert, ob es sich bei manchen der griechischen Papyrusfragmente aus Höhle 7 von Qumran um Fragmente von *Henochs Epistel* handelt. Inwiefern diese als Zeugen der Henochtraditionen erachtet werden können, wird im nächsten Abschnitt (2.2.1. Griechische Fragmente in Qumran?) diskutiert. Darüber hinaus soll nach Milik, „Fragments grecs," 321–343, Papyrus Oxyrhynchus 2069 ein griechischer Zeuge für 1 Hen 77,7–78,1; 78,8; 85,10–86,2; 87,1–3 sein. Black, *The Book of Enoch*, 420–422; Tiller, *Animal Apocalypse*, 141–142; Uhlig, *Das äthiopische Henochbuch*, 491, und Nickelsburg, *1 Enoch 1*, 13, übernehmen Miliks These. Diese Identifikation wird aber von Knibb, *The Ethiopic Book of Enoch*, 2:20–21, bezweifelt und in der ausführlichen Untersuchung der griechischen Zeugen von Larson, *The Translation of Enoch*, 179–188, bestritten.

telbare Übersetzungen einer semitischen Vorlage, sondern um Zeugen eines längeren Überlieferungsprozesses der Henochtraditionen in einer griechischen Umwelt; dieser Überlieferungsprozess wird zum ersten Mal in Anspielungen und Zitaten zum Beispiel in der *Weisheit Salomos*, in Texten von Philo und im *Neues Testament* wahrnehmbar.[151] Dementsprechend ist es wahrscheinlich, dass das *Wächterbuch* wie andere Werke aus der Henochtradition bereits um die Zeitwende und in den nachfolgenden Jahrhunderten in der griechischen Umwelt im Umlauf war. Aber es ist nicht ganz klar, ob der Autor von zum Beispiel der *Weisheit Salomos* oder Philo bereits einen griechischen Text vorliegen hatten bzw. wann, wo und von wem diese Texte übersetzt worden sind.[152] In jedem Fall weisen die griechischen Versionen eine Vertrautheit mit der Sprache der *LXX* und eine Nähe zur *LXX*-Übersetzung der aramäischen *Daniel*-Kapitel

---

151 Vgl. zum Beispiel Stuckenbruck, „The Book of Enoch," 14–15; Nickelsburg, *1 Enoch 1*, 78–86. Der Verfasser der *Weisheit Salomos* kannte zumindest *Henochs Epistel* (1 Hen 91–105), Philo das *Wächterbuch* (1 Hen 1–36) bzw. eine Zusammenfassung davon. Für Zitate und Anspielungen im Neuen Testament siehe zum Beispiel 1 Kor 11,10; 1 Petr 3,18–22; 2 Petr 2,4–5; Jud 6.14–15; Off 4,1; 12,8 (für eine Übersicht der Zitate und Anspielungen im Neuen Testament und bei den frühen Kirchenvätern siehe Black, *Apocalypsis Henochi Graece*, 10–14). Mit Blick auf die synoptischen Evangelien schreibt Stuckenbruck, „The Book of Enoch," 15: „If we limit ourselves to a possible background in the Book of the Watchers, the Synoptic Gospels share a perspective that considers malevolent beings as responsible for wielding destructive forces against humans while, at the same time, operating out of an already defeated state of being." Dagegen ist die Rezeption der Henochtradition in rabbinischer bzw. nicht-griechischer jüdischer Literatur eher spärlich. Ein Text, der sehr wahrscheinlich Henochtraditionen kannte, ist Targum Pseudo Jonathan zu Gen 6,1–4. VanderKam/Adler, *Jewish Apocalyptic Heritage*, 24, sprechen sogar von einer „Jewish rejection of the book."
152 Vgl. auch Knibb, „Christian Adoption," 401. Stuckenbruck, „The Early Traditions," 14–15, nimmt an, dass sowohl der Verfasser der *Weisheit Salomos* als auch Philo die Henochtraditionen durch eine griechische Übersetzung kennen lernten, die durch Juden angefertigt wurde. So vermutet auch Matusova, „*1 Enoch* in the Context of Philo's Writing," 385–397, dass Philo eine griechische Übersetzung von *1 Henoch* vorliegen hatte, aus der er zum Beispiel in seinen Werken *De Gigantibus* und *Quod Deus sit immutabilis* zitiert. Vgl. ähnlich Larson, „The Relation between the Greek and Aramaic Texts," 437; Nickelsburg, *1 Enoch 1*, 14, und Barr, „Aramaic-Greek Notes (II)," 191. Der früheste handschriftliche Zeuge, der eine griechische Fassung des *Wächterbuches* vorauszusetzen scheint, könnte P.Gen. inv. 187 sein. Die Papyrusseite, die paläographisch vermutlich gegen Ende des 2./Anfang des 3. Jahrhunderts nach Christus zu datieren ist, enthält einen bisher unbekannten, apokalyptischen Text, in dem über eine ins Jenseits reisende Person berichtet wird und der dem *Wächterbuch* narratologisch und hinsichtlich der Geographie sehr nahe steht. Darüber hinaus gibt es auch mit Blick auf das Vokabular Übereinstimmungen, sodass eine Kenntnis der griechischen Fassung des *Wächterbuches* bei der Verfasserschaft von P.Gen. inv. 187 sehr wahrscheinlich ist. Das Werk selbst wurde vermutlich gegen Ende des 1. Jahrhunderts nach Christus verfasst. Für eine Edition, Datierung und Beschreibung von P.Gen. inv. 187 siehe Bagnoud, „P.Gen. inv. 187," 129–153.

auf,[153] was für einen jüdischen Übersetzer in vorchristlicher Zeit sprechen könnte, aber nicht sprechen muss. Zum Teil könnte die sprachliche Nähe der He-
nochtexte zur *LXX*-Übersetzung der aramäischen *Daniel*-Kapitel auch daraus resultieren, dass beide im Gegensatz zu den meisten anderen übersetzten Texten
ursprünglich in derselben Sprache, das heißt Aramäisch, verfasst worden sind.
Die erhaltenen griechischen Zeugen des *Wächterbuches* jedenfalls wurden von
Christen für Christen angefertigt.[154] Darüber hinaus zeigt das griechische Zeugnis des *Wächterbuches* und der Henochtraditionen im Frühen Christentum,[155]
dass diese Werke vor allem in Nordafrika zirkulierten und – obgleich mehr oder
weniger weit bekannt – nicht zur gängigen bzw. offiziellen christlichen Literatur
gehörten.[156] Nach der Zeit von Augustinus verschwand das *Wächterbuch* dann
auch nahezu vollständig im westlichen Christentum.

2.2.1 Griechische Fragmente in Qumran?

Im Zusammenhang mit der Frage, wann, wo und von wem die Henochtraditionen ins Griechische übersetzt worden sind, werden häufig Papyrusfragmente
aus Höhle 7 von Qumran als früheste Zeugnisse einer griechischen Übersetzung
von *Henochs Epistel* bemüht. Den Anstoß für eine solche Identifizierung gab
Gerhard-Wilhelm Nebe in seinem Artikel „*7Q4* – Möglichkeit und Grenze einer
Identifikation" von 1988.[157] In Reaktion auf die Identifikation der 7Q-Fragmente
mit neutestamentlichen Texten stellte Nebe die These auf, dass 7Q4 und 7Q8
genauso gut griechische Zeugen von 1 Hen 103,3–4 und 1 Hen 103,7–8 sein
könnten.[158] Hierbei zog er den griechischen Text des Chester-Beatty-Papyrus als
Vergleichstext heran und datierte diese Fragmente vor 68 vor Christus, das

---

153 Vgl. Barr, „Aramaic-Greek Notes (II)," 191; Larson, *The Translation of Enoch*, 203; Langlois, *Le premier manuscrit*, 477.482. Barr, *ebd.*, fasst schließlich zusammen: „It seems at first
sight probable that the translation of Enoch into Greek belonged to the same general stage
and stratum of translations as the LXX translation of Daniel."
154 Siehe unten.
155 Vgl. zum Beispiel VanderKam/Adler, *Jewish Apocalyptic Heritage*, 33–101.
156 Vgl. VanderKam/Adler, *Jewish Apocalyptic Heritage*, 24–26, und Stuckenbruck, „The Book
of Enoch," 20.
157 Nebe, „*7Q4*," 629–633.
158 Vgl. Nebe, „*7Q4*," 630. Für die mögliche Identifizierung von 7Q8 mit 1 Hen 103,7–8 siehe
ebd., 632–633 Fußnote 26. Für eine Übersicht zur Forschung über diese griechischen Qumran-
fragmente siehe exemplarisch Larson, *The Translation of Enoch*, 188–191.

heißt vor der Zerstörung der Qumran-Siedlung.[159] Aber er relativiert seine Aussage im Prinzip sogleich:

> Es ist vielleicht nicht ausgeschlossen, noch andere Texte als *Henoch* 103,3f und *Numeri* 14,23f (23) zu entdecken, zu denen die Schriftreste von *7Q4* passen könnten. Die Mehrdeutigkeit von *7Q4* verbietet es, von einem neutestamentlichen Text zu sprechen, und wirft die grundsätzliche Frage auf, ob und wann erhaltene Buchstabenreste eines Fragmentes signifikant genug sind für eine eindeutige Identifizierung.[160]

Während Nebe in seiner Identifikation somit noch vorsichtig ist, gilt sie zum Beispiel für Larson, Muro, Puech und Flint als sicher und die textliche Übereinstimmung mit dem Chester-Beatty-Papyrus als evident.[161] Grundlage hierfür ist vor allem Muros kodikologische Beobachtung: Er geht auf Grund der Struktur bzw. der Beschaffenheit der Papyrusfragmente davon aus, dass 7Q4, 7Q8 und 7Q12 nicht nur zu ein und derselben Handschrift gehören, sondern auch einen zusammenhängenden Fragmentenkomplex bilden.[162] Dies werde dadurch gestützt, dass diese Fragmente auch inhaltlich zusammenhängen und den griechischen Text von 1 Hen 103 in der passenden Reihenfolge bieten.[163] Infolgedessen fordert Muro auch die Einführung eines neuen Siglums: 7QEn gr.[164]

---

159 Nebe, „7Q4," 632–633. Im Gegensatz zu Nebe geht Puech, „Sept Fragments Grecs," 322, näher auf die Datierung der 7Q-Fragmente ein. Nach seiner paläographischen Analyse stammen sie aus dem 1. Jahrhundert vor Christus oder aus der 1. Hälfte des 1. Jahrhunderts nach Christus bzw. später.

160 Nebe, „7Q4," 632.

161 Vgl. Larson, *The Translation of Enoch*, 188–191; Muro, „The Greek Fragments," 307–312; Puech, „Notes sur les fragments grecs," 592–600; Puech, „Sept Fragments Grecs," 313–323, und Flint, „The Greek Fragments," 224–233. Larsons Annahme basiert, abgesehen von Nebes Artikel, auf einen Hinweis von R. G. Jenkins, den dieser auf einer Konferenz äußerte, aber nie(?) publizierte (vgl. *ebd.*, 191). Larson selbst liefert dagegen keine eigenen Argumente für die Identifizierung der 7Q-Fragmente mit 1 Hen. Gleichermaßen führt Flint (*ebd.*), der sich Nebe, Muro und Puech anschließt, keine Gründe für eine sichere Identifizierung mit *Henochs Epistel* an, sondern nennt nur Punkte, die seines Erachtens gegen eine Identifizierung der 7Q-Fragmente mit Texten aus dem Neuen Testament sprechen. So seien die Fragmente sehr klein und enthielten nur wenige Buchstaben und Wörter, wobei keiner bzw. keines davon distinktiv genug für eine Identifizierung mit einem NT-Werk sei – diese Argumente können meines Erachtens gleichermaßen gegen ihn und die Identifizierung mit *Henochs Epistel* angeführt werden (siehe unten).

162 Muro, „The Greek Fragments," 307–312. Muros Beobachtungen zur Fragmentenstruktur werden von Puech und Flint geteilt (vgl. Puech, „Sept Fragments Grecs," 314.316; Flint, „The Greek Fragments," 224–233).

163 Muro, „The Greek Fragments," 307–312.

164 Muro, „The Greek Fragments," 312. Dieses Siglum wird von García Martínez/Tigchelaar, *Study Edition*, 2:1162–1163, bereits übernommen.

Gegen diese Identifikation der 7Q-Fragmente mit *Henochs Epistel* haben vor allem Thiede und Nickelsburg Einwände erhoben, jeweils mit ganz unterschiedlichen Argumenten.[165] Thiedes Kritik ist vor allem auf die papyrologische und inhaltliche Analyse fokussiert: Nebes und Muros Analyse scheitere vor allem daran, dass sie das Fragment 7Q4 f2 außer Betracht lassen und 7Q12 sowohl paläographisch als auch kodikologisch nicht zu 7Q4 passt.[166] Darüber hinaus seien Nebes Thesen zu der Schreibung von της in 7Q4 f1,1 fraglich – die getrennte Schreibung eines solchen kleinen Wortes sei in literarischen Papyri unüblich und die Annahme, dass της für ταις stehe, nicht nur ungewöhnlich, sondern auch unwahrscheinlich.[167] Nickelsburg ist dagegen aus zwei anderen Gründen gegenüber einer Identifizierung der 7Q-Fragmente mit *Henochs Epistel* skeptisch. Einerseits seien die Größe der Fragmente und damit die Anzahl der erhaltenen Buchstaben zu gering, sodass die Fragmente im Prinzip kein vollständiges Wort und kaum eine identifizierbare Wortwurzel bieten.[168] Demnach sei jedwede Identifikation äußerst spekulativ.[169] Andererseits sei es in textkritischer Perspektive problematisch, den Chester-Beatty-Papyrus als Vergleichstext und vor allem als Basistext für die Rekonstruktion der 7Q-Fragmente heranzuziehen. Dieser griechische Zeuge biete nämlich einen korrupten und defektiven Text von *Henochs Epistel*, der um Einiges kürzer als die altäthiopische Fassung sei.[170]

---

165 Vgl. Thiede, „Papyrologische Anfragen," 57–72; Thiede, *The Earliest Gospel Manuscript?*, 50–52; Thiede, *The Dead Sea Scrolls*, 152–168, und Nickelsburg, „The Greek Fragments of 1 Enoch," 631–634; Nickelsburg, „Response: Context, Text, and Social Setting," 234–241. Vgl. auch Stuckenbruck, *1 Enoch 91–108*, 7–8 Fußnote 21, der sich Nickelsburg (*ebd.*) anschließt und die Identifikation der 7Q-Fragmente mit 1 Hen äußerst spekulativ findet.

166 Thiede, „Papyrologische Anfragen," 64; Thiede, *The Earliest Gospel Manuscript?*, 50–52; Thiede, *The Dead Sea Scrolls*, 163–164. Nach Thiede sei 7Q12 von einer anderen Hand als 7Q4 geschrieben worden, zumal die Prüfung der Fragmente am Original zeigten, dass die Fasern entgegen Muros Behauptung nicht übereinstimmen.

167 Thiede, „Papyrologische Anfragen," 64; Thiede, *The Earliest Gospel Manuscript?*, 50–52. Thiede, *The Dead Sea Scrolls*, 161, führt schließlich auch an, dass die Identifikation der 7Q-Fragmente mit *Henochs Epistel* sprachlich bzw. chronologisch unwahrscheinlich sei. Seines Erachtens gäbe es nämlich kein Zeugnis für eine Existenz einer griechischen Fassung der Henochtraditionen im 1. Jahrhundert nach Christus. Die Tatsache, dass es sich bei den 7Q-Fragmenten um griechische und nicht um aramäische oder hebräische Texte handelt, spräche daher gegen eine solche Identifikation und mache es wahrscheinlicher, dass es sich hier um ein Werk aus dem Neuen Testament handelt. Im Gegensatz zu Thiedes anderen Kritikpunkten ist diese Annahme meines Erachtens völlig willkürlich und daher nicht haltbar.

168 Nickelsburg, „The Greek Fragments of 1 Enoch," 631–632; Nickelsburg, „Response: Context, Text, and Social Setting," 237–239.

169 Nickelsburg, „The Greek Fragments of 1 Enoch," 631–632; Nickelsburg, „Response: Context, Text, and Social Setting," 237–239.

170 Nickelsburg, „The Greek Fragments of 1 Enoch," 632–633; Nickelsburg, „Response: Context, Text, and Social Setting," 237–239. Wenn man dennoch behaupten möchte, dass die 7Q-

Dem nach dem Chester-Beatty-Papyrus rekonstruierten 7Q-Text von 1 Hen 103,3–
8 fehlen so im Vergleich mit der Gəʿəz-Version zwei Textblöcke von ungefähr
zwanzig bzw. zwölf Wörtern, die vermutlich auf Grund von Homoioteleuton ausgefallen sein müssten.[171] Die altäthiopische Fassung ginge dann auf eine Vorlage
zurück, die wahrscheinlich älter als die 7Q-Fragmente sei und noch einen längeren Text hatte. Alternativ müsse man sonst argumentieren, dass die Kurzfassung,
wie sie der Chester-Beatty-Papyrus und die 7Q-Fragmente bieten, ursprünglicher
als die altäthiopische Tradition sei. Nach Nickelsburg seien demnach die Argumente für eine Identifikation der 7Q-Fragmente mit *Henochs Epistel* insgesamt zu
schwach, um damit ein Vorhandensein griechischer Henochtraditionen in Qumran zu begründen.[172]

Wie auch immer Thiedes Einwände zu bewerten sind,[173] so lässt sich der
erste Kritikpunkt von Nickelsburg an der Identifikation der 7Q-Fragmente mit
Henochs Epistel nicht von der Hand weisen. Der dargebotene griechische Text
ist einfach zu fragmentarisch und mehrdeutig, um ein bestimmtes Werk sicher
zu identifizieren bzw. auszuschließen.[174] Ebenso ist auch Nickelsburgs zweiter
Kritikpunkt ernst zu nehmen. Die Tatsache, dass unter den Handschriften vom
Toten Meer durchaus verschiedenen Fassungen ein und desselben Werkes wie
zum Beispiel von Jeremia gefunden wurden, zeigt zwar, dass unterschiedliche
Versionen eines Textes mehr oder weniger zeitgleich im antiken Judentum im

---

Fragmente den Text von *Henochs Epistel* in der Fassung des Chester-Beatty-Papyrus bieten,
müsse man nach Nickelsburg, „The Greek Fragments of 1 Enoch," 633, behaupten, dass entweder der Chester-Beatty-Papyrus gegenüber der altäthiopischen Fassung den ursprünglicheren
Text bietet oder der altäthiopische Text von einer Vorlage stammt, die älter als die Qumranfrag-
mente ist bzw. von ihnen abweicht. Beides sei nach Nickelsburg aber sehr hypothetisch, zumal
selbst Nebe, „7Q4," 633 feststellen musste, dass 7Q4 „überraschenderweise mit dem Kurztext
des *Chester Beatty Papyrus* [...] übereinstimmt."
171 Hierzu und für das Folgende siehe Nickelsburg, „The Greek Fragments of 1 Enoch," 633.
172 Nickelsburg, „The Greek Fragments of 1 Enoch," 633–634.
173 Während eine getrennte Schreibung von της in der Tat ungewöhnlich wäre, ist die Annahme, dass της für ταις stehe, nicht so unwahrscheinlich, wie Thiede behauptet, zumindest
mit Blick auf griechische Papyri der römisch-byzantinischen Zeit, wo dieser Wechsel durchaus
gelegentlich vorkommt (vgl. Gignac, *A Grammar of the Greek Papyrus*, 1:248). Dagegen müssten
Thiedes paläographische und kodikologische Einwände an den Originalen geprüft werden, um
sie eindeutig bewerten zu können.
174 Natürlich könnte man auch argumentieren, dass die Übereinstimmungen der 7Q-Frag-
mente mit dem Text von *Henochs Epistel*, wie ihn der Chester-Beatty-Papyrus bietet, ein biss-
chen viel für einen Zufall wären und man mit dieser minimalistischen Herangehensweise auch
einige andere Identifikationen von Qumranfragmenten problematisieren müsste. In diesem Zusammenhang stellt sich wieder die Frage (wie sie auch Nebe, „7Q4," 632, aufgeworfen hat),
ob und wann Buchstabenreste charakteristisch und aussagekräftig genug sind, ein Fragment
sicher zu identifizieren. Meines Erachtens sind sie es bei den 7Q-Fragmenten nicht.

Umlauf sein konnten. Dies ändert aber nichts daran, dass eine Rekonstruktion der 7Q-Fragmente auf Basis des Chester-Beatty-Papyrus textkritisch problematisch ist. Eine Identifikation der 7Q-Fragmente bleibt wegen des Erhaltungszustandes und des geringen textlichen Inhalts hypothetisch und nicht sicher nachweisbar. Die Papyrusfragmente aus Höhle 7 von Qumran können nicht mit Sicherheit als früheste griechische Zeugen der Henochtraditionen angesehen werden bzw. bei der Frage, wann, wo und von wem die Henochtraditionen ins Griechische übersetzt worden sind, weiterhelfen.

2.2.2 Der Codex Panopolitanus

Der Codex Panopolitanus wurde Ende des 19. Jahrhunderts nach Christus in einem Grab in Achmim (ehemals Panopolis, Ägypten) gefunden.[175] Es handelt sich hierbei sehr wahrscheinlich um einen christlichen Codex, der im späten 6. bzw. frühen 7. Jahrhundert nach Christus angefertigt worden ist.[176] Der Codex besteht insgesamt aus 33 Bögen, das heißt 66 Seiten, und beinhaltet die Zeichnung eines großen Kreuzes auf der ersten Seite, das *Petrusevangelium* (Seite 2– 10), die *Petrusapokalypse* (Seite 13–19, aber kopfüber eingebunden) und das *Wächterbuch* (Seite 21–66); die Seiten 11, 12 und 20 sind unbeschriftet geblieben.[177] Schließlich wurde am Ende des Codex auf der Innenseite des Bucheinbandes ein Fragment vom *Martyrium des Julian* angeheftet.[178] Es ist bemerkens-

---

175 Nach dem Fundort auch Achmimfragmente genannt. Eine weitere Bezeichnung ist Gizeh-Fragment, weil er nach der Ausgrabung eine Weile in Gizeh aufbewahrt wurde, bevor man ihn nach Kairo brachte.
176 Bouriant war der erste Herausgeber dieser Handschrift und nahm an, dass sie zwischen dem 8. und 12. Jahrhundert nach Christus geschrieben worden ist (vgl. Bouriant, „Fragments grecs," 93). Diese Datierung wurde aber bald von Grenfell/Hunt, *Catalogue général*, 93, zum 5. oder 6. Jahrhundert nach Christus und zuletzt von Kraus/Nicklas, *Das Petrusevangelium*, 29, zum späten 6. Jahrhundert nach Christus (Abschrift) bzw. zum frühen 7. Jahrhundert nach Christus (Zusammenstellung des Codex) korrigiert (so auch van Minnen, „The Greek *Apocalypse of Peter*," 20–21).
177 Vgl. die Beschreibung des Codex bei Bouriant, „Fragment grecs," 94, und rezenter bei van Minnen, „The Greek *Apocalypse of Peter*," 15–39; Coblentz Bautch, „Panopolitanus," 72– 88, und Drawnel, *Qumran Cave 4*, 20–25. Für ein Faksimile des Codex siehe den Appendix von Lods, „L'Évangile et l'Apocalypse de Pierre," und für Photos (nur *Wächterbuch*) siehe http:// ipap.csad.ox.ac.uk/AE/AE01.html (zuletzt abgerufen am 11.08.2015). Die obige Seitenzählung orientiert sich an Lods Faksimile. Demgegenüber bietet die digitale Sammlung *Photographic Archive of Papyri in the Cairo Museum* für das *Wächterbuch* eine andere Zählung. Hiernach befindet sich das *Wächterbuch* auf den Seiten 20–65.
178 Vgl. Bouriant, „Fragment grecs," 94.146.

wert, dass alle Texte im Codex nicht vollständig sind, sondern insbesondere der Anfangsteil und das Ende von jedem dieser literarischen Werke fehlen.[179] Impliziert dies, dass die Texte ursprünglich jeweils separat im Umlauf waren und erst später zusammen gebunden wurden?[180] Oder bedeutet dies vielmehr, dass diese Werke als Exzerpte insbesondere für den Zweck abgeschrieben worden sind, sie mit ins Grab zu geben?[181]

Als erstes fällt auf, dass das *Petrusevangelium* und die *Petrusapokalypse* in diesem Codex von derselben Hand geschrieben worden sind.[182] Des Weiteren weist eine mehr oder weniger ausgeprägte Ornamentierung am Anfang und am Ende der beiden Abschriften darauf hin, dass der Schreiber entweder nur diese Abschnitte der beiden Texte für eine Abschrift zur Verfügung hatte[183] oder – was wahrscheinlicher ist[184] – nur diese Passagen als Exzerpte abschreiben wollte, also selbst ausgewählt hat.[185] Demgegenüber wurden das *Wächterbuch* und das *Martyrium des Julian* im Vergleich zu den beiden petrinischen Werken von zwei anderen Händen geschrieben und haben jeweils keine Ornamentierung.[186]

---

179 Vgl. Bouriant, „Fragment grecs," 94.

180 So zum Beispiel Milik, *The Books of Enoch*, 71.

181 Vgl. zum Beispiel Black, *Apocalypsis Henochi Graece*, 8, der folgendermaßen argumentiert: „The carelessness of the copy, its frequent itacisms, misspellings, omissions, ets., suggests that these texts were transcribed, possibly even in haste, for the sole purpose of inclusion in the grave of a relative or friend. They may have been copied from complete texts or from earlier similar excerpts, put together in this way as a single text."

182 Vgl. Grenfell/Hunt, *Catalogue général*, 93; van Minnen, „The Greek *Apocalypse of Peter*," 20.

183 Dementsprechend hatte der Schreiber eine unvollständige Handschrift bzw. Exzerpte als Vorlage für seine Abschrift. Vgl. so zum Beispiel Larson, *The Translation of Enoch*, 66.

184 Vgl. van Minnen, „The Greek *Apocalypse of Peter*," 19–20.26; Kraus/Nicklas, *Das Petrusevangelium*, 30.

185 Während die Ornamentierung beim *Petrusevangelium* ziemlich ausgeprägt ist (ein großes Kreuz auf dem Deckblatt, ein kleines Kreuz oberhalb des Textes am oberen Rand der ersten Seite und ein kleines Flechtmuster mit drei kleinen Kreuzen unterhalb des Textes am unteren Rand der letzten Seite), sind der Anfang und das Ende der *Petrusapokalypse* nur durch ein kleines Kreuz am oberen Rand der ersten und vorletzten Seite gekennzeichnet (die Tatsache, dass sich das zweite Kreuz auf der vorletzten und nicht auf der letzten Seite befindet, könnte darauf hinweisen, dass der Schreiber ursprünglich ein bestimmtes Exzerpt erstellen und abschreiben wollte, sich aber hinsichtlich des benötigten Platzes verschätzte). Für eine detaillierte Beschreibung siehe van Minnen, „The Greek *Apocalypse of Peter*," 19–22, und Kraus/Nicklas, *Das Petrusevangelium*, 25–31. Die *Petrusapokalypse* ist noch durch zwei weitere griechische und einen altäthiopischen Zeugen belegt. Die altäthiopische Fassung bietet hierbei einen Text, der in Länge und Inhalt von der Fassung des Codex Panopolitanus abweicht. Vgl. zum Beispiel Kraus/Nicklas, *Das Petrusevangelium*, 82–83.

186 Vgl. Grenfell/Hunt, *Catalogue général*, 93.

Demnach handelt es sich bei diesem Codex in jedem Fall um eine Sammlung von Texten verschiedener Schreiber mit unterschiedlichen Stilen. Die Zusammenstellung dieser Textauswahl ist nach Nickelsburg inhaltlich begründet:[187]

> The *Gospel of Peter* refers to the dead to whom Christ preached between his death and resurrection, and it features a sensational narrative about Jesus' resurrection (35–42). The other texts deal with the realm of the dead, the judgment, and the hope of the righteous. Such concerns were eminently appropriate in a book laid in a Christian grave, and it would appear that the codex was compiled for this purpose.[188]

Dementsprechend erfolgte die Zusammenstellung des Codex vermutlich auf Grund der thematischen Überschneidung, wobei aber unklar bleiben muss, ob der Codex tatsächlich als Grabbeigabe oder für einen anderen Zweck zusammengestellt wurde. Für beide Hypothesen gibt es keine eindeutigen Hinweise.[189] Dagegen gibt es Gründe, die für eine ursprünglich separate Verwendung der einzelnen Texte vor der Zusammenstellung des Codex und gegen die These sprechen, dass der Codex in Eile speziell für die Grabbeilegung abgeschrieben worden ist. Neben der Tatsache, dass die Texte von unterschiedlichen Schreibern kopiert worden sind, ist dies vor allem der Erhaltungszustand des *Wächterbuches* und des *Martyriums des Julian*, der darauf hindeuten könnte, dass zumindest diese Werke nicht in Eile nur für die Grabbeilegung kopiert worden sind, sondern ein mehr oder weniger längeres Leben vor dem Codex hatten.[190] Auf der einen Seite gibt es zahlreiche Korrekturen im Text des *Wächterbuches*, die vielleicht von einem zweiten Bearbeiter stammen könnten, vielleicht aber auch vom Schreiber des Haupttextes nachgetragen worden sind.[191] Auf der an-

---

187 Vgl. auch Kraus/Nicklas, *Das Petrusevangelium*, 29.

188 Nickelsburg, „Two Enochic Manuscripts," 254. Darüber hinaus entspricht die Grabbeilegung des Codex seiner Meinung nach dem ägyptischen Brauch des *Totenbuches* (vgl. *ebd.*, 254).

189 Vgl. Kraus/Nicklas, *Das Petrusevangelium*, 30.

190 Vgl. van Minnen, „The Greek *Apocalypse of Peter*," 22.24–26.

191 Typische Korrekturen sind zum Beispiel Nachträge einzelner Buchstaben über der Zeile (vgl. zum Beispiel S. 24, Z. 21 [= 1 Hen 1,6]; S. 29, Z. 17 [= 1 Hen 5,8]; S. 30, Z. 1 und 4 [= 1 Hen 5.8.9]; S. 38, Z. 23 [= 1 Hen 10,10]; S. 44, Z. 9 [= 1 Hen 13,4]; S. 47, Z. 5 [= 1 Hen 14,6]) oder Verbesserung eines Buchstabens (vgl. zum Beispiel S. 31, Z. 14 [= 1 Hen 6,5]; S. 34, Z. 113 [= 1 Hen 9,1]). Vgl. Lods, „L'Évangile et l'Apocalypse de Pierre," 229–230, und Larson, *The Translation of Enoch*, 67–68.71. Lods, *ebd.*, geht auf Grund einer unterschiedlichen Schreibweise der Buchstaben und der Verwendung einer anderen Tinte davon aus, dass es sich bei den Korrekturen um einen späteren Korrektor handelt. Dagegen nimmt Larson, *ebd.*, an, dass die erkennbaren Korrekturen wahrscheinlich eher von demselben Schreiber stammen, der auch den Haupttext geschrieben hat. Problematisch an Larsons Beurteilung ist, dass er vermutlich nur mit dem Faksimile und nicht mit dem Original oder den Photos arbeitete und dadurch Lods Einschätzungen nicht gänzlich prüfen konnte (vgl. hierzu zum Beispiel Larsons Einschät-

deren Seite endet die letzte Zeile der letzten Seite des *Wächterbuches* mit einem Symbol, das in dieser Handschrift regelmäßig als Zeilenfüller fungiert.[192] Dies könnte darauf hinweisen, dass diese Abschrift des *Wächterbuches* ursprünglich vollständig oder zumindest länger war und die letzten Seiten verloren gegangen sind.[193] Das gleiche ist bei dem *Martyrium des Julian* anzunehmen. Die Kopie dieses Textes ist wie die Abschrift des *Wächterbuches* aller Wahrscheinlichkeit nach unvollständig und könnte sogar erst nachträglich in den Codex geklebt worden sein, um den Einband zu stärken.[194] Schließlich ist es nach van Minnen in der späten Antike auch nicht ungewöhnlich, dass Überbleibsel von verschiedenen Handschriften oder eine Auswahl unterschiedlicher Texte zusammen gebunden wurden, um einen neuen Codex zu erstellen.[195] In jedem Fall demonstriert der Codex, dass das *Wächterbuch* mit dem christlichen Glauben vereinbar war[196] und als ein literarisches Werk erachtet wurde, das für sich allein vollständig und verständlich war und mit Blick auf die anderen Henochtraditionen separat zirkulieren konnte.[197]

Die Kopie des *Wächterbuches* im Codex Panopolitanus beginnt mit einer Wiedergabe von 1 Hen 19,3–21,9, die die ersten zweieinhalb Seiten füllt und mitten im Satz von 1 Hen 19,3 einsetzt und mitten im Satz von 21,9 endet. In der Mitte der achten Zeile auf Seite 23 des Codex springt der Text unvermittelt zu 1 Hen 1,1 und läuft dann bis einschließlich 1 Hen 32,6, wobei er hier wieder mitten im Satz abbricht, dieses Mal aber am Ende der Zeile und der Seite. Folglich bietet der Codex Panopolitanus eine Dublette von 1 Hen 19,3–21,9. Darüber hinaus gibt es einen Schreiberwechsel beim Übergang von Seite 50 zu Seite 51, mitten im Satz von 1 Hen 14,22.[198] Der erste Schreiber kopierte die Seiten 21 bis

---

zung zu den von Lods angegebenen Korrekturen (Larson, *The Translation of Enoch*, 67): „None is easily detected from the facsimile" – auf den Photos sind diese deutlich zu erkennen!).

192 Vgl. auch van Minnen, „The Greek *Apocalypse of Peter*," 22; Kraus/Nicklas, *Das Petrusevangelium*, 28.

193 Vgl. auch Milik, *The Books of Enoch*, 71, und van Minnen, „The Greek *Apocalypse of Peter*," 22, der dann resümiert: „Clearly, the person who put the Akhmim codex together had only the first three quires of a larger codex with *1 Enoch* at his disposal. Such codices with incomplete texts are quite common in late antiquity."

194 Vgl. van Minnen, „The Greek *Apocalypse of Peter*," 22–23.24–25. Eine andere Möglichkeit ist laut van Minnen (*ebd.*, 22–23), dass sich die fehlenden Seiten ursprünglich schon im Codex befanden, aber herausgefallen waren, als der Codex im Grab deponiert wurde.

195 Van Minnen, „The Greek *Apocalypse of Peter*," 26.

196 Vgl. Knibb, „Christian Adoption," 402.

197 Vgl. Knibb, „The Book of Enoch," 35, und auch Larson, „The Relation between the Greek and Aramaic Texts," 437–438.

198 Vgl. Bouriant, „Fragments grecs," 94; Grenfell/Hunt, *Catalogue générale*, 93. Nach der Zählung der digitalen Sammlung *Photographic Archive of Papyri in the Cairo Museum* ist der Schreiberwechsel beim Übergang von Seite 49 zu Seite 50 zu finden.

50, „written in a good-sized square uncial of rather irregular appearance", der zweite Schreiber die Seiten 51 bis 66 „in a smaller more regular calligraphic uncial."[199]

Die beiden Schreiber unterscheiden sich nicht nur in paläographischer Perspektive, sondern auch in der Orthographie. Auch wenn beide Schreiber einige Abkürzungen, Ligaturen und orthographische Wechsel teilen und beiden eine generelle Neigung eigen ist, nachlässig und flüchtig zu sein,[200] so scheint der erste Schreiber solche Änderungen und Auslassungen häufiger und willkürlicher zu machen als der zweite Schreiber.[201] Ein Vergleich der beiden Schreiber zeigt auch Unterschiede in Verbformen, Wortwahl und Phrasen, in der Wortreihenfolge und grammatischen Struktur oder in der Hinzufügung bzw. Auslassung von Wörtern.[202] Nichtsdestotrotz sind sich die Texte, die die beiden Schreiber bieten, sehr ähnlich und die Unterschiede in der Dublette sehr gering, sodass es gut möglich ist, dass beide Schreiber dieselbe Vorlage nutzten; die Dublette ginge dann vielleicht auf eine Blattvertauschung in der Vorlage zurück und die Abweichungen zwischen den beiden Schreibern könnten aus der jeweiligen mangelnden Sorgfältigkeit resultieren.[203] Wie dem auch sein mag, so be-

---

199 Grenfell/Hunt, *Catalogue générale*, 93. Vgl. auch van Minnen, „The Greek *Apocalypse of Peter*," 23; Kraus/Nicklas, *Das Petrusevangelium*, 28. Die Handschrift des ersten Schreibers wirkt im Vergleich zu der des zweiten Schreibers sehr unregelmäßig, wenn nicht sogar schlampig, was vermuten lässt, dass der Schreiber nicht nur aus einer anderen Schreiberschule als der zweite Schreiber stammen, sondern auch später als dieser zu datieren sein könnte. Darauf aufbauend könnte man annehmen, dass die Abschrift des zweiten Schreibers ursprünglich vielleicht auch nach vorne hin vollständig gewesen ist und die ersten Seiten wie das Ende verloren gegangen sind, aber durch die Abschrift des ersten Schreibers ersetzt wurden.
200 Zum Beispiel wechselt ει mit ι, ο mit ω, ε mit αι etc., vgl. Bouriant, „Fragments grecs," 110, und Lods, *Le Livre d'Hénoch*, XLIX. Typische Abkürzungen sind zum Beispiel κ̄ς̄ für κύριος, κ̄ῡ für κυριου etc. oder θ̄ς̄ für ὁ θεός, θ̄ῡ für θεοῦ etc., vgl. Lods, „L'Évangile et l'Apocalypse de Pierre," 229. Nach Bouriant, „Fragments grecs," 109, entsprechen aber diese Eigenheiten den Charakteristika anderer ägyptischer griechischer Texte dieser Zeit.
201 Vgl. Lods, *Le Livre d'Hénoch*, XLIX. Lods, *ebd.*, XLVIII, behauptet mit Blick auf den ersten Schreiber, dass „le copiste de G¹ surtout se fait remarquer par sa negligence." Seine Beobachtung basiert vor allem auf dem Vergleich der Dublette (1 Hen 19,3–21,9), wobei er annimmt, dass beide Schreiber dieselbe Vorlage kopierten.
202 Für einen genauen Vergleich der beiden Schreiber siehe Larson, *The Translation of Enoch*, 78–83.
203 Vgl. Lods, *Le Livre d'Hénoch*, XLVII; Larson, *The Translation of Enoch*, 83–85. Milik, *The Books of Enoch*, 71, nimmt dagegen an, dass zwei unterschiedliche Manuskripte der Kopie des *Wächterbuches* im Codex Panopolitanus zu Grunde liegen, die im Umlauf waren, bevor sie in den Codex integriert wurden: „The two different manuscripts of the Book of Watchers (En. 1–36) offered by the Cairo codex are both mutilated. The first (our siglum C') begins at p. 21 with the last words of En. 19:3 [...]. It seems probable to me that C' began right at the beginning (En. 1:1), the early leaves having subsequently been lost. In any case the model which the first

zeugt der Codex Panopolitanus jedenfalls, dass es in Ägypten zu dieser Zeit mehr oder weniger Interesse am *Wächterbuch* gab[204] – dies ist, wie im Nachfolgenden gezeigt wird, eine wichtige Voraussetzung nicht nur in der Geschichte der sogenannten Synkellos-Fragmente, sondern auch für die Entstehung und Entwicklung der altäthiopischen Henochtraditionen.

2.2.3 Die sogenannten Synkellos-Fragmente

Georgios Synkellos[205] war ein byzantinischer Mönch und christlicher Historiker, der Ende des 8. bzw. Anfang des 9. Jahrhunderts nach Christus lebte und im späteren Abschnitt seines Lebens der *synkellos*, das heißt der Berater des Patriarchen von Konstantinopel war.[206] Er hatte sich vorgenommen, eine vollständige Weltgeschichte zu verfassen, die mit der Schöpfung beginnen und in seiner eigenen Zeit enden sollte und an der er vermutlich zwischen 808 und 810 in Konstantinopel schrieb.[207] Synkellos konnte sein Werk aber nicht vollenden, da er vorher starb; seine Chronographie endete ursprünglich mit der Herrschaft des römischen Kaisers Diokletian (285 nach Christus), wurde aber von Theophanes Confessor bis zum Jahr 813 nach Christus fortgeschrieben.[208] Die Handschriften schließlich, die wir von Synkellos' literarischem Werk haben, stammen aus dem 11. Jahrhundert nach Christus.[209]

---

scribe had at his disposal was mutilated and ended with En. 21:9a [...]. In the meantime a complete copy of the same work was found, which the same copyist set about transcribing after the preceding one, without leaving any gap [...]. A second scribe finished this text, which now ends with [...] En 32:6 (our siglum C). It must, however, originally have been complete, the remainder of the text (En. 32:6b–36:4) having filled the first page of the last leaf, subsequently lost, while the second page was left blank apart from the subscription with the title of the work."

204 Wie auch an anderen sogenannten apokryphen Texten. Vgl. hierzu zum Beispiel Kraus, „Bücherleihe im 4. Jh. n. Chr.," 285–296: Kraus diskutiert hier insbesondere *p. Oxy.* LXIII 4365, einen kurzen Brief, in dem eines der *Esra*-Bücher und das *Jubiläenbuch* erwähnt werden. Er nimmt daher an, dass es in Ägypten zu dieser Zeit Gruppen gab, die an den sogenannten apokryphen Texten interessiert waren und sie lasen.

205 Im Folgenden nur noch Synkellos genannt.

206 Für bibliographische Informationen zu Georgios Synkellos siehe zum Beispiel Gelzer, *Sextus Julius Africanus*, 2:176–189.

207 Vgl. Adler, *Time Immemorial*, 4–5, und Adler/Tuffin, *The Chronography of George Synkellos*, XXIX.

208 Vgl. Adler, *Time Immemorial*, 4–5, und Adler/Tuffin, *The Chronography of George Synkellos*, XXIX.

209 Die Bezeugung hierfür ist vor allem durch zwei mittelalterlicher Codices gegeben: Codex Parisinus, Bibl. Nat. Gr. 1711 und 1764 (vgl. Mosshammer, *Georgii Syncelli Ecloga Chronographi-*

Wie schon andere christliche Chronisten vor ihm schrieb Synkellos seine Chronographie mit dem Bestreben nach Vollständigkeit und wollte seinen Lesern den Eindruck von Gelehrsamkeit und Belesenheit vermitteln.[210] Dementsprechend zitierte er ein großes und heterogenes Korpus alter Quellen und historiographischer Werke, insbesondere im Kontext seiner vorsintflutlichen Geschichte.[211] Die Tatsache aber, dass er eine Quelle zitierte, bedeutet nicht notwendigerweise, dass er sie auch für historisch glaubwürdig hielt.[212] Neben Texten aus der christlichen Bibel führte er auch frühjüdische Werke und alte griechische Quellen an, hierunter auch vier Zitate aus dem *Wächterbuch*: die sogenannten Synkellos-Fragmente.[213] Diese Zitate entsprechen 1 Hen 6,1–9,4; 1 Hen 8,4–10,14 und 1 Hen 15,8–16,1 – das vierte Zitat bietet dagegen keinerlei Entsprechung zu irgendeinem Abschnitt der anderweitig bekannten Fassungen des *Wächterbuches*.[214] Das erste Zitat (1 Hen 6,1–9,4) wird gerahmt durch den Titel Ἐκ τοῦ πρώτου βιβλίου Ἐνὼχ περὶ τῶν ἐγρηγόρων „Aus dem ersten Buch von Henoch über die Wächter" und einer Art Zusammenfassung von 1 Hen 9–10 mit folgendem Schluss:

> ... καὶ τὰ ἑξῆς. τότε ὁ ὕψιστος ἐκέλευσε τοῖ ἁγίοις ἀρχαγγέλοις, καὶ ἔδησαν τοὺς ἐξάρχους αὐτῶν καὶ ἔβαλον αὐτοὺς εἰς τὴν ἄβυσσον, ἕως τῆς κρίσεως, καὶ τὰ ἑξῆς.
> καὶ ταῦτα μὲν ὁ Ἐνὼχ μαρτυρεῖ.
>
> ... and so on [summary of 1 En 9]. Then the Most High commanded the holy archangels, and they bound their leaders and cast them into the abyss until the judgment, and so forth [summary of 1 En 10].
> To these things, then, Enoch is witness.[215]

---

ca, VIII–IX). Es gibt natürlich auch mehr und zum Teil ältere Handschriften, aber diese beinhalten nur die Abschnitte, die von Theophanes Confessor geschrieben worden und somit für die Bezeugung des *Wächterbuches*, das in Synkellos Chronographie Teil der Urgeschichte ist, irrelevant sind. Für eine detaillierte Diskussion der Handschriften siehe die Einleitung von Mosshammer, *Georgii Syncelli Ecloga Chronographica*, V–XXX.

210 Vgl. Adler, *Time Immemorial*, 3–7.

211 Vgl. Adler, *Time Immemorial*, 3–7.

212 Vgl. Adler, *Time Immemorial*, 7 Fußnote 25: „Thus, in the antediluvian portion of his chronicle, Syncellos will often quote from sources whose credibility he completely rejects. Among the reasons he names for citing them are 'for the sake of curiosity' (cf. 5.26), or lest someone might deem his work 'incomplete (ἀτελές)' (16.33)."

213 Synkellos zitiert neben dem *Wächterbuch* zum Beispiel auch das *Jubiläenbuch* und das *Leben Adams und Evas* und verweist auch auf die *Babyloniaca* (Berossus) und die *Aegyptiaca* (Manetho).

214 Nach Charles, *The Book of Enoch*, 14 Anmerkung zu 1 Hen 6,2, entspricht das vierte Zitat bei Synkellos einer Passage aus dem *Buch von Noach*, nach Milik, *The Books of Enoch*, 72.317–320, dagegen einer Passage aus dem *Buch der Giganten*. Beides lässt sich weder bestätigen noch widerlegen.

215 Übersetzung nach Adler/Tuffin, *The Chronography of George Synkellos*, 18.

Der Titel des ersten Zitates, auf den die übliche Bezeichnung „Wächterbuch" für den ersten Teil (1 Hen 1–36) des *Äthiopischen Henochbuches* (*1 Henoch*) zurückgeht,[216] erweckt den Eindruck, dass Synkellos bzw. seine Quelle für dieses Zitat vermutlich Kenntnis von anderen Werken hatte, die dem Patriarchen Henoch zugeschrieben wurden.[217] Jedoch ist unklar, um welche Werke es sich hierbei genau handelt.[218] Daneben enthält das erste Zitat auch eine Datierung und Details über die Nachkommenschaft der Riesen, die in den anderen Versionen des *Wächterbuches* fehlen.[219] Beides scheint eine redaktionelle Hinzufügung von Synkellos oder seiner Quelle zu sein.[220] Die verbleibenden drei Zitate (1 Hen 8,4–10,14; 1 Hen 15,8–16,1 und das vierte) werden direkt hintereinander angeführt, wobei die einzelnen Zitate mit Hilfe einer Überleitung voneinander getrennt werden.[221] Wie das erste Zitat sind auch sie von einem Titel und einem Schluss gerahmt.[222]

Nach Adler war Synkellos nicht selbst für die Form und den Umfang dieser Exzerpte aus dem *Wächterbuch* verantwortlich; es war vielmehr Panodorus, ein alexandrinischer Mönch aus dem 5. Jahrhundert nach Christus, von dem Synkellos lediglich indirekte und begrenzte Kenntnis über die Auszüge aus seiner Chronik hatte, der die Zitate aus dem *Wächterbuch* mit einer bestimmten Absicht auswählte und bearbeitete.[223] Demnach bezieht sich Synkellos indirekt auf

---

216 Vgl. zum Beispiel Milik, *The Books of Enoch*, 22; Uhlig, *Das äthiopische Henochbuch*, 506.

217 Vgl. Adler, *Time Immemorial*, 176 Fußnote 59.

218 Theoretisch gibt es hierfür verschiedene Möglichkeiten. Mit Blick auf 1 Hen 37,1, wo die *Bilderreden* mit „die zweite Vision, die er sah" eingeleitet werden, behauptet Milik, *The Books of Enoch*, 78, dass „das erste Buch von Henoch" auf die ursprünglichere Fassung des Henochpentateuchs hinweise, um es von den *Bilderreden* zu unterscheiden, die zu diesem Zeitpunkt noch nicht Teil dessen waren. Adler, *Time Immemorial*, 176 Fußnote 59, weist jedoch zu Recht auf eine sehr ähnliche Formulierung in 1 Hen 108,1: „Ein anderes Buch, das Henoch schrieb." Schließlich könnte man auch noch auf *2 Henoch* oder *3 Henoch* weisen. Für weitere Möglichkeiten und Diskussionen vgl. Milik, *The Books of Enoch*, 77–78, und Adler, *Time Immemorial*, 176.

219 Vgl. Adler/Tuffin, *The Chronography of George Synkellos*, 16 Anmerkung zur Stelle. Die Datierung gibt das Jahr der Weltgeschichte an, in dem diese Ereignisse stattfanden = Anno Mundi 1170. Für die Details über die Nachkommenschaft der Riesen verweisen Adler/Tuffin auf Jub 7,21–22.

220 Adler/Tuffin, *The Chronography of George Synkellos*, 16 Anmerkung zur Stelle.

221 1 Hen 15,8–16,1 wird mit καὶ μεθ' ἕτερα „und nach (einigen) anderen (Worten)" eingeleitet, das vierte Zitat mit καὶ αὖθις „und wiederum."

222 Der Titel für die verbleibenden Zitate ist Ἐκ τοῦ λόγου Ἐνὼχ Τὰ λοιπὰ περὶ ἐγρηγόρων „Aus dem Buch von Henoch. Das Restliche über die Wächter," der Schluss lautet καὶ ταῦτα μὲν ἐκ τοῦ πρώτου βιβλίου Ἐνὼχ περὶ τῶν ἐγρηγόρων „und dies ist aus dem ersten Buch von Henoch über die Wächter."

223 Adler, *Time Immemorial*, 145–158.165–172.176. Nach Adler zitierte Panodorus das *Wächterbuch*, um damit die Urgeschichte zu rekonstruieren (mit dem *Wächterbuch* als Ergänzung zu Moses Bericht) oder um Gen 6 euhemeristisch mit Berossus und Manetho zu verbinden.

Material, das mehr oder weniger aus demselben kulturellen und zeitlichen Kontext stammt wie der Codex Panopolitanus.

2.2.4 Der Charakter der beiden griechischen Fassungen

Mit dem Vorhandensein zweier unterschiedlicher griechischer Zeugen[224] für das *Wächterbuch* stellt sich auch die Frage nach dem jeweiligen Charakter und der Zuverlässigkeit dieser beiden Quellen bzw. danach, ob eine der beiden Fassungen in textkritischer Perspektive der anderen vorzuziehen ist. Damit ist auch die Frage verbunden, ob die verschiedenen griechischen Versionen (GrPan, GrSyn und die griechische Vorlage der altäthiopischen Übersetzung[225]) auf eine gemeinsame (griechische) Vorlage des *Wächterbuches* zurückgehen oder vielmehr als Zeugen verschiedener griechischer Übersetzungen zu verstehen sind.[226]

Vergleicht man die verschiedenen Zeugen miteinander, fallen einige Unterschiede auf, die für unterschiedliche, voneinander unabhängige Traditionen sprechen könnten.[227] So ist GrSyn zum Beispiel durch Interpolationen und inhaltliche Umgestaltungen charakterisiert, die weder in GrPan noch in der aramäischen oder altäthiopischen Version zu finden sind.[228] Nach Adler finde sich in GrSyn sogar die Tendenz „[...] of removing or improving upon theologically offensive passages, especially those that encouraged a supernaturalistic reading of Gen 6.“[229] Demnach werde beispielsweise der Ausdruck οἱ ἐγρήγοροι „die Wächter" gegenüber οἱ ἄγγελοι „die Engel" bevorzugt, um die Geschehnisse „naturalistischer" zu machen (vgl. zum Beispiel in 1 Hen 10,7).[230] Während sich die Tatsache nicht be-

---

224 Im Folgenden mit den Kürzeln GrPan (= Codex Panopolitanus) und GrSyn (= Synkellos-Fragmente) bezeichnet.

225 Siehe näher hierzu die Ausführungen im nächsten Abschnitt „Die altäthiopischen Handschriften" und im Besonderen Fußnote 271 in diesem Kapitel (91).

226 Damit stellt sich für die griechische Übersetzung des *Wächterbuches* bzw. der Henochtraditionen insgesamt dieselbe Frage, die auch im Laufe der Forschungsgeschichte der *LXX* oder anderer antiker Übersetzungen diskutiert wurde: Gibt es eine gemeinsame Urübersetzung, von der alle Zeugen abstammen, oder muss mit einer Vielzahl griechischer Übersetzungen gerechnet werden? Bzw. was hat sich erhalten?

227 Im Folgenden werden lediglich nur ein paar Beispiele genannt, um den Sachverhalt zu veranschaulichen. Für einen ausführlichen Vergleich von GrPan und GrSyn sei auf die Analyse von Larson, *The Translation of Enoch*, 112–160, verwiesen.

228 Wie zum Beispiel die schon oben erwähnte Einfügung von Datierungen. Vgl. auch Larson, *The Translation of Enoch*, 159–160, der bei diesem Sachverhalt auf die GrSyn-Version von 1 Hen 7,1–5 und 8,3 hinweist.

229 Adler, *Time Immemorial*, 180.

230 Vgl. Adler, *Time Immemorial*, 180–181.

streiten lässt, dass der Begriff οἱ ἐγρήγοροι in GrSyn gegenüber GrPan häufiger als οἱ ἄγγελοι verwendet wird, ist Adlers Erklärung hierfür nicht zwingend. Einerseits ist nicht notwendigerweise ein so großer Bedeutungsunterschied zwischen diesen beiden Wörtern anzunehmen,[231] andererseits werden bereits in der aramäischen Fassung beide Begriffe als Äquivalente verwendet.[232] Schließlich könnte auch die GrSyn-Fassung von 1 Hen 7,2 und 8,3 – der Verweis auf die drei Arten, die aus der Liaison der Wächter mit den Menschentöchtern hervorgehen, und das Verschlingen des Fleisches durch die Riesen – gegen eine solche Tendenz bzw. einen solchen systematischen Versuch sprechen, den Bericht über den Fall der Wächter naturalistisch darzustellen.[233] Vermutlich muss bei GrSyn mit einer viel längeren und komplizierteren Überlieferungsgeschichte als bei GrPan gerechnet werden,[234] sodass die Identifizierung einer deutlich wahrnehmbaren, theologisch motivierten Tendenz, die für bestimmte inhaltliche Umgestaltungen verantwortlich ist, ein hypothetisches Unterfangen bleibt.

Demgegenüber hat auch der Text von GrPan einige Veränderungen erfahren, bei denen es sich aber im Gegensatz zu GrSyn weniger um ausgeprägte Neuformulierungen des Textes handelt. Zum Teil hatte die geringe Sorgfalt beim Abschreibeprozess zahlreiche Auslassungen und schwierige bzw. unverständliche Lesungen zur Folge,[235] zum Teil gab es gleichermaßen kleinere textliche Änderungen.[236] So fasst Larson zusammen:

> It is clear, moreover, that G[Pan] has undergone some minor stylistic modifications, such as substituting a singular for a plural verb when the subject is a neuter plural noun, reducing the number of phrases with the Semitic structure 'sons/daughters of …', and perhaps also here and there eliminating the redundant use of paratactic καί by replacing it with other words, and condensing pleonastic phrases combining πνεῦμα and ψυχή. These stylistic changes are not found in G[Syn] which in each case gives the more Semitic and likely more original text.[237]

Neben diesen markanten Unterschieden fällt aber auf, dass beide Zeugen im Wortlaut und in der Wortreihenfolge durchaus übereinstimmen, selbst bei un-

---

231 Vgl. hierzu Larsons Kritik an Adlers These in *The Translation of Enoch*, 101–102.

232 Ein anderes Beispiel für diese theologische Tendenz sei nach Adler in 1 Hen 15,9a zu finden (vgl. Adler, *Time Immemorial*, 180–181). Während GrPan den Ursprung der bösen Geister mit ἀπὸ τῶν ἀνωτέρων beschreibt, bietet GrSyn die Lesart ἀπὸ τῶν ἀνθρώπων. Inhaltlich scheinen beide Lesarten möglich zu sein, wobei die Variante von GrPan von der altäthiopischen Fassung gestützt wird, die an dieser Stelle ለመላዕልት „von oben her" liest.

233 Vgl. Larson, *The Translation of Enoch*, 102–103.

234 Vgl. Larson, *The Translation of Enoch*, 111.

235 Vgl. Wacker, *Weltordnung und Gericht*, 88; Larson, *The Translation of Enoch*, 85–92.160.

236 Vgl. Coblentz Bautch, „Panopolitanus," 79–81.

237 Larson, *The Translation of Enoch*, 160.

semitischen, nicht wörtlichen Wendungen, die nicht auf die Vorlage der Übersetzung zurückgeführt werden können.[238] Wenn man dennoch annehmen möchte, dass GrPan und GrSyn voneinander unabhängig sind und auf zwei unterschiedliche Übersetzungen zurückgehen, könnte das gemeinsame Vokabular dadurch erklärt werden, dass beide Übersetzer jeweils sehr vertraut mit der *LXX* waren.[239] Andererseits könnte dieselbe Übersetzung einfach zwei unterschiedliche Entwicklungen durchlebt haben, wodurch sie sich jeweils sehr veränderte.[240] Wenn dies der Fall ist, so müsste man, wie Langlois unterstrich, annehmen, dass die eine Übersetzung sehr viel früher als die beiden griechischen Zeugen angefertigt wurde, und das Ausmaß der jeweiligen Entwicklung betonen.[241] Darüber hinaus könnten mit einer einzigen Übersetzung, von der alle Zeugen abhängig sind und die sich jeweils unterschiedlich entwickelt hat, auch die Abweichungen der altäthiopischen Fassung zu den beiden griechischen Versionen erklärt werden, ohne sogleich eine andere bzw. aramäische Vorlage vermuten zu müssen.[242]

Der Vergleich von GrPan und GrSyn legt also nahe, mit *einer* griechischen Vorlage zu rechnen, von der sowohl die beiden griechischen Zeugen als auch die altäthiopische Übersetzung abhängig ist.[243] Hierbei ist aber anzunehmen, dass sich diese Zeugen zum Teil ganz unterschiedlich verändert haben und Schreibfehler, Glossen und Auslassungen aufzeigen, jedoch aber auch Übereinstimmungen mit den aramäischen Fragmenten gegen die anderen griechischen Zeugen aufweisen können.[244] Dementsprechend kann man in textkritischer Perspektive keinen der Zeugen gegenüber den anderen von vornherein vorziehen oder ausschließen.[245] Vielmehr müssen die einzelnen Versionen jeweils für sich ernst genommen und gewürdigt und bei jeder Stelle die Frage gestellt werden, ob es sich bei der Abweichung um eine ältere oder jüngere Textvariante, eine

---

238 Vgl. Larson, *The Translation of Enoch*, 192, und auch Charles, *The Book of Enoch*, xvii–xviii.

239 Vgl. Langlois, *Le premier manuscrit*, 482; Coblentz Bautch, „Panopolitanus," 80.

240 Vgl. Langlois, *Le premier manuscrit*, 482.

241 Langlois, *Le premier manuscrit*, 482.

242 Vgl. Langlois, *Le premier manuscrit*, 485.

243 Vgl. Larson, *The Translation of Enoch*, 192; Langlois, *Le premier manuscrit*, 485. Vgl. auch Coblentz Bautch, „Panopolitanus," 82–87.

244 Vgl. Knibb, *The Ethiopic Book of Enoch*, 2:19; Uhlig, *Das äthiopische Henochbuch*, 477–478; Larson, *The Translation of Enoch*, 159; Larson, „The Relation between the Greek and Aramaic Texts," 438–439; Nickelsburg, *1 Enoch 1*, 12–13; Coblentz Bautch, „Panopolitanus," 82–87. Hierbei gibt es aber nicht den einen Zeugen, der im Gegensatz zu den anderen deutlich mehr Übereinstimmungen mit den aramäischen Fragmenten aufweist. Vielmehr ist die Zahl der Entsprechungen in den verschiedenen Versionen in etwa ähnlich.

245 Vgl. Larson, *The Translation of Enoch*, 342–343; Langlois, *Le premier manuscrit*, 481.

inhaltliche Variante oder gar um eine Neuformulierung des Textes bzw. einen komplett anderen Text handelt. Folglich ist es weniger sinnvoll, „das Wächterbuch" bzw. die eine griechische Übersetzung dieses Werkes rekonstruieren zu wollen. Vielmehr sollte man eher von der „Synkellos-Version" oder der „GrPan-Fassung" sprechen, bei denen es sich im Prinzip um Parallelversionen handelt, sowohl zueinander als auch mit Blick auf die aramäischen Fragmente und die altäthiopischen Traditionen.

2.2.5 Methodisches zur Edition und Übersetzung von GrPan und GrSyn

Im Gegensatz zu den aramäischen Fragmenten und den altäthiopischen Handschriften, bei denen eine Neuedition des Textes auf Grund einer im Vergleich zu den bisherigen Textausgaben neuen Ausgangslage notwendig wurde, ist die Situation beim Codex Panopolitanus eine andere. Der Codex ist eigentlich schon gut hundert Jahre bekannt und wurde bereits mehrfach ediert bzw. abgedruckt. Dennoch gibt es keine Ausgabe, die in Gänze zufrieden stellt. Während in der Erstausgabe von Bouriant[246] weder akzentuiert noch punktiert wurde, sind die ihm nachfolgenden Editionen von zahlreichen orthographischen Glättungen und Emendationen geprägt. Bei der rezentesten Ausgabe von Black[247] besteht darüber hinaus das Problem, dass Black seine Emendationen und Konjekturen nur selektiv im Apparat kenntlich gemacht hat, sodass der herausgegebene Text nicht mit dem Wortlaut der Handschrift übereinstimmt und eine genaue Erschließung des Manuskripttextes unmöglich wird.[248] Lediglich Lods bietet in seiner Edition[249] neben einer Akzentuierung und Punktierung einen vollständigen Apparat, durch den alle orthographischen Glättungen ersichtlich werden, und übernimmt keine Konjekturen in den Haupttext, sondern bespricht sie gesondert in seinem Kommentar.[250] Aber auch seine Edition hat ein Manko: Neben einigen Haplographien[251] gibt es ein paar kleinere Fehllesungen, die es unmöglich machen, seine Textausgabe unverändert bzw. unverbessert zu über-

---

246 Bouriant, „Fragments grecs," 91–147 (1892).
247 Black, *Apocalypsis Henochi Graece* (1970).
248 Vgl. Wacker, *Weltordnung und Gericht*, 39 Fußnote 11; Tigchelaar, *Prophets of the Old*, 146. Ein weiteres Problem von Blacks Edition sind die Druckfehler (vgl. Tigchelaar, *ebd.*), die aber in Blacks Übersetzung und Kommentar von *1 Henoch* verbessert wurden (siehe Black, *The Book of Enoch*, 419–422).
249 Lods, *Le Livre d'Hénoch* (1892).
250 Wacker, *Weltordnung und Gericht*, 39 Fußnote 11.
251 Vgl. Bensley, „The Book of Enoch," 130; Lods, „L'Évangile et l'Apocalypse de Pierre," 231–232.

nehmen. Daher wurde für die in dieser Arbeit untersuchten Kapitel eine Neuedition erstellt, die einerseits hinsichtlich der Akzentuierung und Punktierung Lods Ausgabe als Ausgangspunkt nimmt, andererseits aber wesentlich auf einer neuen und eigenständigen Prüfung der Lesungen an der Handschrift beruht.[252] Im Gegensatz zu den meisten bisherigen Editionen werden orthographischen Eigenheiten nicht normalisiert und Fehler nicht emendiert bzw. konjiziert, sondern verbleiben mit einer Markierung im Haupttext und werden erst im Apparat aufgeschlüsselt. Auf diese Weise soll die Mehrdeutigkeit mancher Schreibweisen erkennbar bleiben und dem Leser die Möglichkeit gegeben werden, sich zunächst selbst ein Urteil zu machen. Damit soll auch verhindert werden, dass der tatsächliche Wortlaut der Handschrift mit einem rekonstruierten verwechselt wird.

Unterhalb der Transkription des Codex Panopolitanus befindet sich ein doppelter Apparat: Im ersten Abschnitt des Apparates werden „unorthographisch"[253] oder fehlerhaft geschriebene Wörter akzentuiert, normalisiert und, wenn nötig, emendiert bzw. konjiziert notiert. Hierfür wurde das betreffende Wort im Fließtext mit Häkchen ⌐ ⌐ versehen, die auf diesen Anmerkungsteil verweisen sollen. Bei mehreren Interpretationsmöglichkeiten eines Wortes wird im ersten Abschnitt des Apparates nur diejenige Lesung angegeben, die als die wahrscheinlichere erachtet wird und Grundlage für die Übersetzung sein soll. Eine kurze Diskussion der Möglichkeiten bzw. Erklärung für eine bestimmte Normalisierung, Emendation bzw. Konjektur findet sich dagegen, sofern sinnvoll und relevant, im zweiten Abschnitt des Apparates. Daneben werden im zweiten Abschnitt auch abweichende Lesarten und Emendations- bzw. Konjekturvarianten aus den bisherigen Editionen angeführt. Das betreffende Wort bzw. die betreffende Wendung, zu denen Anmerkungen oder Varianten vorliegen, wurden in der Transkription mit einem hochgestellten lateinischen Kleinbuchstaben (a/b/c/…) versehen, welcher unten im Apparat in Klammern mit nachfolgendem Zitat des betreffenden Wortes bzw. der betreffenden Wendung und den jeweiligen Varianten wieder aufgegriffen wird. Neben der Edition von Lods[254]

---

[252] Basis für die Prüfung sind die Photos aus der digitalen Sammlung *Photographic Archive of Papyri in the Cairo Museum*, abrufbar unter http://ipap.csad.ox.ac.uk/AE/AE01.html. Vgl. hierzu auch Nickelsburgs Vorgehen in seinem Kommentar, der das Faksimile von Lods als Grundlage für den griechischen Text des Codex Panopolitanus nutzt (Nickelsburg, *1 Enoch 1*, 20).

[253] „Unorthographisch" gemessen an den orthographischen Regeln des klassischen Griechisch. In der römisch–byzantinischen Zeit mag die Orthographie des Codex Panopolitanus wahrscheinlich nicht als ungewöhnlich bzw. unorthographisch wahrgenommen worden sein.

[254] Siehe Fußnote 249 in diesem Kapitel (72).

wurden die Textausgaben von Dillmann,[255] Swete,[256] Flemming,[257] Charles,[258] und Black[259] zu Rate gezogen und vereinzelt Anmerkungen und Korrekturvorschläge aus den Kommentaren von Lods,[260] Kuhn,[261] Milik,[262] Black[263] und Nickelsburg[264] berücksichtigt. Abweichende Lesungen in diesen Publikationen werden im Kontext der griechischen Textedition in der Regel nur angeführt und später im Rahmen der nachfolgenden Übersetzung kurz diskutiert. Hierbei wurde aber keine Vollständigkeit angestrebt.

Im Manuskript selbst findet sich keine eigene Vers- und Kapiteleinteilung,[265] sodass sich die Einteilung der nachfolgenden Edition nach der wissenschaftlich gängigen richtet.[266] Auf die Edition folgt eine relativ wörtliche Übersetzung von Kapitel 14–16, die nur in seltenen Fällen Konjekturen berücksichtigt, dies aber auch in den Anmerkungen zur Stelle thematisiert. Die Synkellos-Fragmente werden wie die aramäischen Fragmente und die altäthiopischen Handschriften an

---

255 Dillmann, „Über den neugefundenen griechischen Text," 1039–1054; 1079–1092 (1892).

256 Swete, *The Psalms of Solomon* (1899).

257 Flemming/Rademacher, *Das Buch Henoch* (1901).

258 Charles, *The Ethiopic Version* (1906).

259 Black, *Apocalypsis Henochi Graece* (1970).

260 Lods, „L'Évangile et l'Apocalypse de Pierre," 217–235 (1893).

261 Kuhn, „Beiträge zur Erklärung des Buches Henoch," 240–275 (1921).

262 Milik, *The Books of Enoch* (1976).

263 Black, *The Book of Enoch* (1985).

264 Nickelsburg, *1 Enoch 1* (2001).

265 Lediglich im Bereich von etwa 1 Hen 22,1–25,4 = Seite 58–61 (gemäß der Seitenzählung der digitalen Sammlung *Photographic Archive of Papyri in the Cairo Museum*; dies entspricht den Seiten 59–62 in der Zählung von Lods Faksimile) finden sich Punkte, die in bestimmten Abständen zwischen zwei Wörtern platziert sind. Hierbei fällt auf, dass diese Punktierung zum Teil mit der Einteilung in den altäthiopischen Handschriften übereinstimmt, zum Teil aber viel kleinere Einteilungen als die altäthiopischen Manuskripte bietet, die nicht immer notwendigerweise einen Sinn ergeben, sondern vielleicht daher rühren, dass ein anderer Schreiber diesen Abschnitt des Codex Panopolitanus als Vorlage für ein Exzerpt oder dergleichen nutzte und die Punkte als Hilfsmarkierungen im Abschreibeprozess setzte. Demnach handelte es sich hierbei um keine bewusste Einteilung des Textes. Andererseits fällt auch auf, dass die Punkte immer dazwischen gequetscht wurden und somit ursprünglich nicht eingeplant waren, sondern erst im Nachhinein hinzugefügt wurden. Vgl. auch Lods, „L'Évangile et l'Apocalypse de Pierre," 229. Darüber hinaus finden sich nach Lods, „L'Évangile et l'Apocalypse de Pierre," 229–230, an sehr wenigen Stellen zwischen zwei Wörtern kleinere Lücken, Punkte und Apostrophe, die von den Schreibern selbst stammen. Diese Markierungen seien möglicherweise als Lesehilfe intendiert (zur einfacheren Abtrennung der einzelnen Wörter) und weniger als Sinneinteilung der Sätze zu verstehen.

266 Vgl. hierzu auch die Ausführungen zu dieser Frage im Kapitel über die altäthiopischen Handschriften (siehe 2.3.1. Methodisches zur diplomatischen Edition [94–100] und 2.3.7. Varianten in der Vers- und Kapiteleinteilung [125–129]).

dieser Stelle nicht einbezogen, da es hier wie auch bei den anderen Übersetzungen nicht um eine Rekonstruktion eines hypothetischen, ahistorischen Mischtextes geht. Vielmehr soll der Text von GrPan so übersetzt werden, wie er sich im Manuskript findet, auch wenn dies stellenweise einen ganz anderen Text als in den anderen Zeugen mit sich bringt. Gleiches gilt später auch für die Übersetzung von GrSyn.

2.2.6 Abkürzungsverzeichnis zur Edition und Übersetzung von GrPan

a.	auch
Akk.	Akkusativ
Anm.	Anmerkung
bzw.	beziehungsweise
d.	der/die/das
e.	ein(er/s/...)
emend.	emendieren/emendiert (zu)
erg.	ergänzt
Gen.	Genitiv
Hs.	Handschrift
i.	in/im
i. S. v.	im Sinne von
mögl.	möglicherweise
Nom.	Nominativ
pl.	plural(isch)
sg.	singular(isch)
u.	und
ursprüngl.	ursprünglich
v.	von
Var.	Variante
vermutl.	vermutlich
viell.	vielleicht
Z.	Zeile
⌜ ⌝	Hinweis auf eine Anmerkung im 1. Apparat
a / b / c / ...	Hinweis auf einen Variantenvermerk im 2. Apparat
‖	trennt verschiedene Varianten zu derselben Stelle des Textes
(?)	Lesung ist unsicher
( )	Buchstaben/Wörter so umklammert wurden vom Editor ergänzt
< >	Buchstaben/Wörter so umklammert sind „verderbt" und sollten getilgt werden

Verwendete Kurztitel in der Edition und Übersetzung:

BlackApocalypsis   Black, Matthew, *Apocalypsis Henochi Graece. Fragmenta pseudepigraphorum quae supersunt graeca. Una cum historicorum et auctorum judaeorum hellenistarum fragmentis* (PVTG 3; Leiden: 1970).

BlackBook   Black, Matthew, *The Book of Enoch or 1 Enoch. A New English Edition with Commentary and Textual Notes* (SVTP 7; Leiden: Brill, 1985).

CharlesEthiopic   Charles, Robert H., *The Ethiopic Version of the Book of Enoch. Together with the Fragmentary Greek and Latin Version* (Anecdota Oxoniensia: Texts Documents, and Extracts Chiefly from Manuscripts in the Bodlein and Other Oxford Libraries 11; Oxford: Clarendon Press, 1906).

DillmannGr   Dillmann, Chr. Fr. August, „Über den neugefundenen griechischen Text des Henoch-Buches," *SPAW* 51 (1892): 1039–1054; *SPAW* 53 (1892): 1079–1092.

Flemming   Flemming, Johannes, und Ludwig Rademacher, *Das Buch Henoch* (GCS 5; Leipzig: Hinrichs, 1901).

Kuhn   Kuhn, Gottfried, „Beiträge zur Erklärung des Buches Henoch," *ZAW* 39 (1921): 240–275.

LodsLivre   Lods, Adolphe, *Le Livre d'Hénoch. Fragments grecs découverts à Akhmîm (Haute-Égypte). Publiés avec les variantes du texte éthiopien traduits et annotés* (Paris: Leroux, 1892).

LodsEvangile   Lods, Adolphe, „L'Évangile et l'Apocalypse de Pierre. Le texte grec du Livre d'Énoch," *Mémoires publiés par les membres de la mission archéologique française au Caire* 9:3 (Paris: Leroux, 1893): 217–235.

Milik   Milik, Józef T., *The Books of Enoch. Aramaic Fragments of Qumrân Cave 4* (Oxford: Clarendon Press, 1976).

Nickelsburg   Nickelsburg, George, *1 Enoch 1. A Commentary on the Book of 1 Enoch. Chapters 1–36, 81–108* (Hermeneia; Minneapolis: 2001).

Swete   Swete, Henry B., *The Psalms of Solomon. With the Greek Fragments of the Book of Enoch* (Cambridge: University Press, 1899).

2.2.7 Edition der griechischen Fassung des Codex Panopolitanus

Βίβλος λόγων ⸢δικεοσυνης⸣ καὶ ⸢ελενξεος⸣ ἐγρηγόρων τῶν ἀπὸ τοῦ αἰῶνος, κατὰ 14,1
τὴν ἐντολὴν τοῦ ἁγίου τοῦ μεγάλου ἐν ταύτῃ τῇ ⸢ορασι⸣.

Ἐγὼ ⸢ειδων⸣ κατὰ τοὺς ὕπνους μου ⸢ων⸣ᵃ νῦν λέγω ἐν γλώσσῃ ⸢σαρκεινη⸣ ἐν τῷ 14,2
⸢πνατι⸣ τοῦ στόματός μου, ὃ ἔδωκεν ὁ μέγας τοῖς ⸢ανποις⸣ ⸢λαλιν⸣ ἐν αὐτοῖς καὶ
νοήσει καρδίας,

ὅςᵃ ⸢εκτεισεν⸣ καὶ ⸢εδωεν⸣ ἐκλέξασθαιᵇ ἐγρηγόρους τοὺς υἱοὺς τοῦ οὐρανοῦ. 14,3

Ἐγὼ τὴν ἐρώτησιν ὑμῶν τῶν ⸢ανγελων⸣ᵃ ἔγραψα, καὶ ἐν τῇ ⸢ορασι⸣ μου τοῦτο 14,4
⸢εδιχθη⸣· καὶ οὔτε ἡ ἐρώτησις ὑμῶν παρεδέχθη,

ἵνα μηκέτι εἰς τὸν οὐρανὸν ⸢αναβηται⸣ ἐπὶ πάντας τοὺς αἰῶνας, καὶ ἐν τοῖς δεσ- 14,5
μοῖς τῆς γῆς ἐρρέθη δῆσαι ὑμᾶς εἰς πάσας τὰς γενεὰς τοῦ αἰῶνος,

καὶ ἵνα περὶ τούτωνᵃ ⸢ειδητε⸣ τὴν ⸢απολιαν⸣ τῶν υἱῶν ὑμῶν τῶν ⸢αγαπητων⸣, καὶ 14,6
ὅτι οὐκ ⸢εστε⸣ ὑμῖν ὄνησις αὐτῶν, ἀλλὰ ⸢πεσουντε ενωπιων⸣ ὑμῶν ἐν ⸢μαχερα⸣.

καὶ ἡ ἐρώτησις ὑμῶν περὶ αὐτῶν οὐκ ἔσται οὐδὲ περὶ ὑμῶν. καὶ ⸢υμις κλεοντες⸣ 14,7
καὶ δεόμενοι καὶ μὴᵃ λαλοῦντες πᾶν ῥῆμα ἀπὸ τῆς γραφῆς ἧς ἔγραψα.

καὶ ἐμοὶ ἐφ᾽ ⸢ορασι⸣ οὕτως ⸢εδιχθη⸣· ἰδοὺ ⸢νεφελε⸣ ἐν τῇ ⸢ορασι⸣ ἐκάλουν, καὶ 14,8
⸢ομοχλε⸣ με ⸢εφονουν⸣, καὶ ⸢διαδρομε⸣ τῶν ἀστέρων καὶ ⸢διαστραπε⸣ᵃ ⸢μαι⸣ κατεσπούδαζον καὶ ἐθορύβαζόν ⸢μαι⸣, καὶ ἄνεμοι ἐν τῇ ⸢ορασι⸣ μου ἐξεπέτασάν ⸢μαι⸣
καὶ ἐπῆράν ⸢μαι⸣ ἄνω καὶ ⸢εισηνηνκαν⸣ ⸢μαι⸣ εἰς τὸν ⸢ορανον⸣.

14,1 δικαιοσύνης – ἐλέγξεως – ὁράσει 14,2 εἶδον – ὅ<ν> – σαρκίνη – π̅ν̅α̅τι = πνεύματι –
α̅ν̅ποις = ἀνθρώποις – λαλεῖν 14,3 ἔκτισεν – ἔδωκεν 14,4 ανγελων (erstes ν über d. Z.
erg.) = ἀγγέλων – ὁράσει – ἐδείχθη 14,5 ἀναβῆτε 14,6 ἴδητε – ἀπώλειαν – αγαπητων (η
über d. Z. erg.) = ἀγαπητῶν – ἔσται – πεσοῦνται – ἐνώπιον – μαχαίρᾳ 14,7 ὑμεῖς κλαίοντες
14,8 ὁράσει (3 ×) – ἐδείχθη – νεφέλαι – ὁμίχλαι – ἐφώνουν – διαδρομαὶ – διαστραπαί – μαι =
με (5 ×) – εἰσήνεγκάν – οὐρανόν

14,2 (a) ὅ<ν>: Flemming 36, CharlesEthiopic 35; BlackApocalypsis 28 emend.: ὅ ‖ DillmannGr
1084; Swete 35; Kuhn 252 emend.: ἅ. 14,3 (a) ὅς: Mögl. a. zu ὡς zu emend. (vgl. LodsLivre,
136; DillmannGr 1044.1084; Flemming 36; CharlesEthiopic 35). (b) ἐκλέξασθαι: DillmannGr
1084; Swete 35; Flemming 38; CharlesEthiopic 35; BlackApocalypsis 28 emend.: ἐλέγξασθαι.
14,4 (a) τῶν ἀγγέλων: DillmannGr 1044; CharlesEthiopic 37; Nickelsburg 251: mögl. als Glosse
zu streichen (vgl. Aeth). 14,6 (a) περὶ τούτων: DillmannGr 1044.1084; CharlesEthiopic 37;
Nickelsburg 251 emend.: πρὸ τούτων ‖ Flemming 38 emend.: πρὶν τούτων. 14,7 (a) μή: CharlesEthiopic 37 emend.: μήν. 14,8 (a) διαστραπαί: DillmannGr 1084; Flemming 38 emend.:
ἀστραπαί.

14,9 καὶ εἰσῆλθον μέχρις ἤγγισα ⸢τιχους⸣ οἰκοδομῆς[a] ἐν λίθοις χαλάζης καὶ ⸢γλωσσης⸣[b] πυρὸς κύκλῳ αὐτῶν· καὶ ἤρξαντο ⸢εκφοβιν μαι⸣.

14,10 καὶ εἰσῆλθον εἰς τὰς γλώσσας τοῦ πυρός, καὶ ⸢ηγεισα⸣ εἰς οἶκον μέγαν οἰκοδομημένον ἐν λίθοις χαλάζης. καὶ οἱ τοῖχοι τοῦ οἴκου ὡς ⸢λιθωπλακες⸣, καὶ πᾶσαι ἦσαν ἐκ χιόνος, καὶ ἐδάφη ⸢χιονεικα⸣,

14,11 καὶ αἱ στέγαι ὡς διαδρομαὶ ⸢αστερον⸣ καὶ ἀστραπαί. καὶ μεταξὺ αὐτῶν χερουβὶν πύρινα, καὶ ὁ οὐρανὸς αὐτῶν ⸢υδωρ⸣.

14,12 καὶ πῦρ φλεγόμενον κύκλῳ τῶν ⸢τυχων⸣[a], καὶ θύραι πυρὶ ⸢κεομενοι⸣.

14,13 εἰσῆλθον εἰς τὸν ⸢οι οικον⸣ ἐκεῖνον θερμὸν ὡς πῦρ καὶ ψυχρὸν ὡς χιών· καὶ πᾶσα ⸢τροφη⸣[a] ζωῆς ⸢οκ⸣ ἦν ἐν αὐτῷ. φόβος ⸢μαι⸣ ἐκάλυψεν καὶ τρόμος ⸢μαι⸣ ἔλαβεν,

14,14 καὶ ⸢εμην σιομενος⸣ καὶ ⸢τρεμον⸣, καὶ ἔπεσον. ⸢εθεορουν⸣ ἐν τῇ ⸢ορασι⸣ μου,

14,15 καὶ ἰδοὺ ἄλλην θύραν ἀνεῳγμένην[a] κατέναντί μου· καὶ ὁ οἶκος μείζων τούτου, καὶ ὅλος οἰκοδομημένος ἐν ⸢γλωσσης⸣ πυρός,

14,16 καὶ ὅλος ⸢δειαφερων⸣ ἐν δόξῃ καὶ ἐν ⸢τειμη⸣ καὶ ἐν ⸢μεγαλοσυνη⸣, ⸢ωσται⸣ μὴ δύνασθαί ⸢μαι⸣ ἐξειπεῖν ὑμῖν περὶ τῆς δόξης καὶ περὶ τῆς ⸢μεγαλοσυνης⸣ αὐτοῦ.

14,9 τείχους – γλώσσαις – ἐκφοβεῖν με **14,10** ἤγγισα – λιθόπλακες – χιονικά **14,11** ἀστέρων – υδωρ (ρ über d. Z. erg.) = ὕδωρ **14,12** τοίχων – καιόμεναι **14,13** οι οικον (vermutl. Dittographie auf Grund d. Seitenwechsels) = οἶκον – τρυφή – οὐκ – μαι = με (2×) **14,14** ἤμην σειόμενος – τρέμων – ἐθεώρουν – ὁράσει **14,15** γλώσσαις **14,16** διαφέρων – τιμή – μεγαλωσύνη – ὥστε – μαι = με – μεγαλωσύνης

14,9 (a) οἰκοδομῆς: LodsLivre 31 emend.: οἰκοδομαῖς. (b) γλώσσαις: So emend. a. LodsLivre 31; DillmannGr 1084; CharlesEthiopic 39 ‖ Flemming 38 emend.: γλῶσσαι ‖ Swete 35; BlackApocalypsis 28; Nickelsburg 258: γλώσσης. **14,12** (a) τοίχων: So emend. a. LodsLivre 31; DillmannGr 1085; Flemming 38; CharlesEthiopic 39; Nickelsburg 258 ‖ Dagegen emend. Swete 35; BlackApocalypsis 28 zu τειχῶν. Auf d. ersten Blick scheint beides möglich, unter Berücksichtigung d. Itazismus u. d. damit verbundenen Regelmäßigkeiten i. Vokalwechsel ist d. Deutung als τοίχων wahrscheinlicher. Der Wechsel v. οι zu υ ist ab d. 1. Jh. n. Chr. nämlich sehr gut belegt (vgl. Gignac, *A Grammar of the Greek Papyrus*, 1:197, d. zum Wechsel v. οι zu υ schreibt: „This is the most frequent interchange in the papyri next to interchanges of ει with ι and of αι with ε. It occurs unconditionally from the first century A.D. on."). ει wechselt dagegen eher mit ι oder η (vgl. Gignac, *A Grammar of the Greek Papyrus*, 1:189–191.235.240). Diese Annahme könnte a. durch d. Tatsache gestützt werden, dass d. altäthiopische Fassung i. 14,10 u. 14,12 jeweils አረፍት፡, i. 14,9 dagegen ጥቅም፡ liest, was auf e. ähnliche griechische Vorlage wie GrPan schließen lassen könnte. **14,13** (a) τρυφή: So emend. a. DillmannGr 1044; Flemming 38; Für den Wechsel v. o u. υ vgl. Gignac, *A Grammar of the Greek Papyrus*, 1:293. ‖ Dagegen LodsLivre 31; Swete 36; CharlesEthiopic 39; BlackApocalypsis 28: τροφή. **14,15** (a) ἄλλην θύραν ἀνεῳγμένην: Swete 36; Flemming 38; BlackApocalypsis 28 emend.: ἄλλη θύρα ἀνεῳγμένη.

τὸ ἔδαφος αὐτοῦ ἦν πυρός, τὸ δὲ ⸤ανωτερων⸥ αὐτοῦ ἦσαν ἀστραπαὶ καὶ διαδρο- 14,17
μαὶ ἀστέρων, καὶ ἡ στέγη αὐτοῦ ἦν πῦρ φλέγον.

⸤εθεορουν⸥ δὲ καὶ εἶδον θρόνον ὑψηλόν, καὶ τὸ εἶδος αὐτοῦ ⸤ωσυ⸥ᵃ κρυστάλλι- 14,18
νον, καὶ τροχὸςᵇ ὡς ἡλίου λάμποντος καὶ ὄροςᶜ χερουβίν.

καὶ ὑποκάτω τοῦ θρόνου ἐξεπορεύοντο ποταμοὶ πυρὸς φλεγόμενοι, καὶ οὐκ 14,19
ἐδυνάσθην ⸤ιδιν⸥.

καὶ ἡ δόξα ἡ μεγάλη ἐκάθητο ἐπ' αὐτῷ· τὸ ⸤περιβολεον⸥ αὐτοῦ ὡς εἶδος ἡλίου, 14,20
λαμπρότερον καὶ λευκότερον πάσης χιόνος.

καὶ οὐκ ἐδύνατο πᾶς ἄγγελος παρελθεῖν εἰς τὸν οἶκον τοῦτον καὶ ⸤ειδειν⸥ τὸ 14,21
πρόσωπον αὐτοῦ διὰ τὸ ἔντιμον καὶ ἔνδοξον, καὶ οὐκ ἐδύνατο πᾶσα σὰρξ ⸤ιδιν⸥
αὐτοῦᵃ

τὸ πῦρ φλεγόμενον ⸤κυκλω⸥· καὶ πῦρ μέγα ⸤παριστηκει⸥ αὐτῷ, καὶ ⸤ουδις εγγιζι⸥ 14,22
αὐτῷ. κύκλῳ ⸤μυριε⸥ μυριάδες ⸤εστηκα⸥ ἐνώπιον αὐτοῦ, καὶ πᾶς λόγος αὐτοῦ
⸤εργο̄⸥,

καὶ οἱ ἅγιοι τῶν ἀγγέλων οἱ ⸤ενγιζοντες⸥ αὐτῷ οὐκ ἀποχωροῦσιν νυκτὸς οὔτε 14,23
⸤αφισταντε⸥ αὐτοῦ.

κἀγὼ ἤμην ἕως τούτου ἐπὶ πρόσωπόν μου βεβλημένος καὶ τρέμων. καὶ ὁ ⸤κ̄ς̄⸥ 14,24
τῷ στόματι αὐτοῦ ἐκάλεσέν με καὶ εἶπέν μοι· πρόσελθε ὧδε, Ἐνώχ, καὶ τὸν
λόγον μου ἄκουσον.

καὶ προσελθών μοι εἷς ⸤τον αγιον⸥ ἤγειρέν με καὶ ἔστησέν με καὶ προσήγαγέν με 14,25
μέχρι τῆς θύρας. ἐγὼ δὲ τὸ πρόσωπόν μου κἀγὼᵃ ἔκυφον.

Καὶ ἀποκριθεὶς εἶπέν μοι· ὁ ἄνθρωπος ὁ ⸤αληθεινος⸥, ἄνθρωπος τῆς ἀληθείας, ὁ 15,1
γραμματεύς· καὶ τῆς φωνῆς αὐτοῦ ἤκουσα· μὴ φοβηθῇς, Ἐνώχ, ἄνθρωπος

14,17 ἀνώτερον **14,18** ἐθεώρουν – ὡσεὶ **14,19** ἰδεῖν **14,20** περιβόλαιον **14,21** ἰδεῖν –
ἰδεῖν **14,22** κυκλω (ω über d. Z. erg.) = κύκλῳ – παρειστήκει – οὐδεὶς ἐγγίζει – μυρίαι –
ἑστήκα(σιν) – εργο̄ = ἔργον **14,23** ἐγγίζοντες – ἀφίστανται **14,24** κ̄ς̄ = κύριος **14,25** τῶν
ἁγίων **15,1** ἀληθινός (2×)

14,18 (a) ὡσεὶ: So a. Swete 36; Flemming 40; CharlesEthiopic 39; BlackApocalypsis 29. (b)
τροχὸς: Milik 200 emend.: οἱ τροχοὶ αὐτοῦ. (c) ὄρος: Swete 36; Flemming 40; BlackApocalypsis 29: ὄρος ‖ CharlesEthiopic 39: ὄρος (korrupt für ὄρασις) ‖ DillmannGr 1044.1084: ὄρασις
(emend. aus ὄρας [sic!]) ‖ Milik 200 emend.: ὄροι ‖ BlackBook 149.336 emend.: [ἐγρηγ]όρους/
οὖρους ‖ Nickelsburg 258 emend.: οὖροι.   **14,21** (a) αὐτοῦ: DillmannGr 1084; CharlesEthiopic
41; BlackBook 419 emend.: αὐτόν.   **14,25** (a) κἀγὼ: So a. LodsEvangile 231 ‖ LodsLivre 34;
DillmannGr 1085; Swete 36; Flemming 40; CharlesEthiopic 41; BlackApocalypsis 29: κάτω.

⌜αληθεινος⌝ καὶ γραμματεὺς τῆς ἀληθείας· πρόσελθε ὧδε, καὶ τῆς φωνῆς μου ἄκουσον.

15,2 πορεύθητι καὶ εἶπε τοῖς πέμψασίν σε· ἐρωτῆσαι ὑμᾶς ἔδει περὶ τῶν ⌜ανθρωπω̅⌝, καὶ μὴ τοὺς ἀνθρώπους περὶ ὑμῶν.

15,3 διὰ τί ⌜απελειπεται⌝ τὸν οὐρανὸν τὸν ὑψηλὸν τὸν ἅγιον τοῦ αἰῶνος, καὶ μετὰ ⌜τω̅⌝ γυναικῶν ⌜εκυμηθηται⌝ καὶ μετὰ τῶν θυγατέρων τῶν ἀνθρώπων ἐμιάνθητε καὶ ⌜ελαβεται⌝ ἑαυτοῖς γυναῖκας ὥσπερ υἱοὶ τῆς γῆς ἐποιήσατε καὶ ἐγεννήσατε ἑαυτοῖς τέκνα υἱοὺς γίγαντας;

15,4 καὶ ὑμεῖς ἦτε ἅγιοι καὶ ⌜πνευμα⌝ ζῶντα αἰώνια· ἐν τῷ αἵματι τῶν γυναικῶν ⌜εμιανθηται⌝, καὶ ἐν αἵματι σαρκὸς ⌜εγενησατε⌝ καὶ ἐν αἵματι ἀνθρώπων ἐπεθυμήσα-τε καθὼς καὶ αὐτοὶ ποιοῦσιν σάρκα καὶ αἷμα, οἵτινες ἀποθνῄσκουσιν καὶ ⌜απολ-λυντε⌝.

15,5 διὰ τοῦτο ἔδωκα αὐτοῖς ⌜θηλιας⌝, ἵνα σπερματίζουσιν[a] εἰς αὐτὰς καὶ τεκνώσου-σιν ἐν αὐτοῖς[b] τέκνα οὕτως ἵνα μὴ ⌜εκλειπει⌝[c] αὐτοῖς πᾶν ἔργον ἐπὶ τῆς γῆς.

15,6 ὑμεῖς δὲ ὑπήρχετε ⌜πνευμα⌝ ζῶντα αἰώνια καὶ οὐκ ἀποθνήσκοντα εἰς πάσας τὰς γενεὰς τοῦ αἰῶνος.

15,7 καὶ διὰ τοῦτο οὐκ ἐποίησα ἐν ⌜υμειν θηλιας⌝. τὰ ⌜πνευμα⌝ τοῦ οὐρανοῦ ἐν τῷ οὐρανῷ ἡ κατοίκησις αὐτῶν.

15,8 καὶ νῦν οἱ γίγαντες οἱ γεννηθέντες ἀπὸ τῶν πνευμάτων καὶ σαρκὸς ⌜πνευμα⌝ ἰσχυρὰ ἐπὶ τῆς γῆς, καὶ ἐν τῇ γῇ ἡ κατοίκησις αὐτῶν ἔσται.

15,9 ⌜πνευμα⌝ πονηρὰ ⌜εξελθων⌝ ἀπὸ τοῦ σώματος ⌜αυτω̅⌝, διότι ἀπὸ τῶν ⌜ανοτερων⌝ ἐγένοντο καὶ ἐκ τῶν ἁγίων ἐγρηγόρων ἡ ἀρχὴ τῆς κτίσεως αὐτῶν καὶ ἀρχὴ θε-μελίου· πνεύματα πονηρὰ ⌜κληθησετε⌝.

15,10 ⌜πνευμα⌝ οὐρανοῦ ἐν τῷ οὐρανῷ ἡ κατοίκησις αὐτῶν ἔσται, καὶ τὰ πνεύματα ἐπὶ τῆς γῆς τὰ γεννηθέντα ἐπὶ τῆς γῆς ἡ κατοίκησις αὐτῶν ἔσται.

15,2 ανθρωπω̅ (ω̅ am Zeilenrand erg.) = ἀνθρώπων   **15,3** ἀπελίπετε – τω̅ = τῶν – ἐκοι-μήθητε – ἐλάβετε   **15,4** πνεύμα(τα) – ἐμιάνθητε – εγενησατε = ἐγεννήσατε – ἀπόλλυνται   **15,5** θηλείας – ἐκλείπῃ   **15,6** πνεύμα(τα)   **15,7** ὑμῖν θηλείας – πνεύμα(τα)   **15,8** πνεύμα(τα)   **15,9** πνεύμα(τα) – ἐξῆλθον – αυτω̅ = αὐτῶν – ἀνωτέρων – κληθήσεται   **15,10** πνεύμα(τα)

15,5 (a) σπερματίζουσιν: DillmannGr 1086; Flemming 42; CharlesEthiopic 43 emend.: σπερ-ματίσουσιν. (b) ἐν αὐτοῖς: DillmannGr 1086; Swete 37; Flemming 42; CharlesEthiopic 43; BlackApocalypsis 29 emend.: ἐν αὐταῖς. (c) ἐκλείπῃ: LodsLivre 35: ἐκλείπει.

καὶ τὰ πνεύματα τῶν γιγάντων νεφέλας[a] ἀδικοῦντα, ἀφανίζοντα καὶ ἐνπίπτοντα 15,11
καὶ ⌐συνπαλεοντα⌐ καὶ συνρίπτοντα ἐπὶ τῆς γῆς πνεύματα σκληρὰ γιγάντων, καὶ
δρόμους ποιοῦντα καὶ μηδὲν ⌐εσθειον⌐, ἀλλ᾽ ἀσιτοῦντα καὶ ⌐δειψωντα⌐ καὶ
προσκόπτοντα ⌐πνευμα⌐.

καὶ ⌐εξαναστησι⌐[a] ταῦτα εἰς τοὺς υἱοὺς τῶν ἀνθρώπων καὶ τῶν γυναικῶν, ὅτι 15,12
ἐξεληλύθασιν ἀπ᾽ αὐτῶν

ἀπὸ ἡμέρας σφαγῆς καὶ ἀπωλείας καὶ θανάτου, ἀφ᾽ ὧν[a] τὰ πνεύματα ἐκ πο- 16,1
ρευόμενα ἐκ τῆς ψυχῆς τῆς σαρκὸς αὐτῶν ἔσται ⌐αφανειζοντα⌐ χωρὶς κρίσεως.
οὕτως ⌐αφανησουσιν⌐ μέχρις ἡμέρας ⌐τελιωσεως⌐ τῆς κρίσεως τῆς μεγάλης, ἐν
ᾗ ὁ αἰὼν ὁ μέγας τελεσθήσεται.

καὶ νῦν ἐγρηγόροις τοῖς πέμψασίν σε ἐρωτῆσαι περὶ ⌐αυτω̅⌐, οἵτινες ἐν οὐρανῷ 16,2
ἦσαν.

ὑμεῖς ἐν τῷ οὐρανῷ ἦτε, καὶ πᾶν μυστήριον ὃ οὐκ ἀνεκαλύφθη ὑμῖν καὶ μυστήρι- 16,3
ον τὸ ἐκ τοῦ ⌐θ̅υ̅⌐ γεγενημένον ἔγνωτε, καὶ τοῦτο ⌐εμενυσατε⌐ ταῖς γυναιξὶν ἐν
ταῖς σκληροκαρδίαις ὑμῶν. καὶ ἐν τῷ μυστηρίῳ ⌐τουτο⌐ πληθύνουσιν αἱ ⌐θηλιαι⌐
καὶ οἱ ἄνθρωποι τὰ κακὰ ἐπὶ τῆς γῆς.

εἶπον οὖν αὐτοῖς· οὐκ ἔστιν εἰρήνη. 16,4

15,11 συνπαλαίοντα – ἐσθίον(τα) – διψῶντα – πνεύμα(τα) **15,12** ἐξαναστήσει
16,1 ἀφανίζοντα – ἀφανίσουσιν – τελειώσεως **16,2** αυτω̅ = αὐτῶν **16,3** θ̅υ̅ = θεοῦ –
ἐμηνύσατε – τούτῳ – θήλειαι

15,11 (a) νεφέλας: Flemming 42 emend.: Ναφηλείμ. **15,12** (a) ἐξαναστήσει: DillmannGr 1086
emend.: ἐξαναστήσονται ‖ Flemming 42 emend.: ἐξαναστήσε(ται). **16,1** (a) ἀφ᾽ ὧν: Flemming
44 emend.: Ναφηλείμ (vgl. GrS).

2.2.8 Übersetzung der griechischen Fassung des Codex Panopolitanus

14,1 Buch der Worte der Gerechtigkeit und des Tadels der Wächter(, die) von Ewigkeit (sind), gemäß dem Befehl des großen Heiligen in dieser Vision.

14,2 Ich sah in meinem Schlaf, was ich nun mit fleischlicher Zunge sage, mit dem Atem meines Mundes, den der Große den Menschen gegeben hat, um mit ihnen zu reden, und (mit) dem Verstand des Herzens[a],

14,3 der[a] geschaffen und verliehen hat, auszuwählen[b] die Wächter, die Söhne des Himmels.

14,4 Ich habe eure – der Engel – Bitte aufgeschrieben, aber in meiner Vision wurde dies gezeigt und eure Bitte wurde nicht angenommen,

14,5 sodass ihr nicht mehr in den Himmel aufsteigen werdet für alle Ewigkeiten. Und es ist geboten worden, euch mit Fesseln auf Erden zu binden für alle Generationen der Ewigkeit,

14,6 und dass ihr zuvor die Vernichtung eurer geliebten Söhne sehen werdet, und zwar ohne dass für euch ein Nutzen an ihnen sein wird, sondern sie werden vor euch durch das Schwert fallen.

14,7 Und eure Bitte für sie wird nicht erfüllt werden, noch (die) für euch. Und ihr weint und fleht und sagt kein einziges Wort aus der Schrift, die ich geschrieben habe.

14,8 Und mir wurde in einer Vision Folgendes gezeigt: Siehe, Wolken riefen in der Vision und Nebel rief mich und der Lauf der Sterne und Blitze trieben mich zur

---

14,2 (a) und (mit) dem Verstand des Herzens: Die genaue Zuordnung u. Interpretation dieser Wendung sind unklar. νοήσει καρδίας könnte auf d. gleichen Ebene wie γλώσσῃ σαρκίνῃ bzw. πνεύματι τοῦ στόματός μου stehen („was ich nun mit fleischlicher Zunge sage, mit dem Atem meines Mundes, ... und (mit) dem Verstand des Herzens"), aber a. zu ἐν αὐτοῖς gehören („um mit ihnen und dem Verstand des Herzens zu reden"). Eine weitere Möglichkeit wäre, νοήσει καρδίας zum Nachfolgenden zu ziehen. Vgl. hierzu auch d. Kommentar zur Stelle bei Lods, *Le Livre d'Hénoch*, 135–136. **14,3 (a) der:** Die Hs. liest ὅς, was mögl. a. zu ὡς „wie" zu emendieren ist (= Aeth). Vgl. Dillmann, „Über den neugefundenen griechischen Text," 1044; Lods, *Le Livre d'Hénoch*, 136; Charles, *The Ethiopic Version*, 35 Anm. zum Wort. **(b) auszuwählen:** Die Hs. liest eindeutig ἐκλέξασθαι (vgl. Lods, *Le Livre d'Hénoch*, 29), was Dillmann, „Über den neugefundenen griechischen Text," 1044; Swete, *The Psalms of Solomon*, 35; Charles, *The Ethiopic Version*, 35, u. Black, *Apocalypsis Henochi Graece*, 28, zu ἐλέγξασθαι „zu tadeln" (= Aeth) emendieren (vgl. a. d. Verbesserungsvorschläge im Kommentar zur Stelle bei Lods, *Le Livre d'Hénoch*, 136).

Eile und beunruhigten mich und Winde machten mich in meiner Vision fliegen[a] und hoben mich empor nach oben und brachten mich hinein in den Himmel.

Und ich ging hinein, bis ich nahe einer Mauer[a] war, einem Bauwerk[b] aus Hagel- 14,9 steinen und (aus) Feuerzungen[c] rings um sie[d]. Und sie begannen, mir Furcht einzujagen.

Und ich ging hinein in die Feuerzungen und näherte mich einem großen Haus, 14,10 das aus Hagelsteinen gebaut war und die Wände[a] des Hauses (waren) wie Steintafeln und sie alle waren aus Schnee und (die) Böden (waren) aus Schnee.

Und die Decken (waren) wie der Lauf der Sterne und Blitze und inmitten von 14,11 ihnen (waren) feurige Cherubim und ihr Himmel (war) Wasser[a].

Und flammendes Feuer umgab die Wände und Türen brannten im Feuer. 14,12

Ich ging hinein in jenes Haus(, das) heiß wie Feuer und kalt wie Schnee (war), 14,13 und keine Üppigkeit[a] des Lebens war in ihm. Furcht bedeckte mich und Beben ergriff mich.

14,8 (a) **machten mich ... fliegen:** In d. Hs. steht eigentlich ἐξεπέτασάν με „breiteten mich ... aus"(?). Es könnte sein, dass d. Wurzel ἐκπετάννυμι „ausbreiten" mit d. Wurzel ἐκπέτομαι „fliegen" verwechselt worden ist. Vgl. d. Kommentare zur Stelle u. d. Verweise bei Lods, *Le Livre d'Hénoch*, 138–139; Charles, *The Ethiopic Version*, 37.39 Fußnote 14; Knibb, *The Ethiopic Book of Enoch*, 2:97; Black, *The Book of Enoch*, 146. **14,9** (a) **einer Mauer:** τεῖχος = „Wall, Mauer, Stadtmauer". (b) **einem Bauwerk:** Der Gen. sg. οἰκοδομῆς kann entweder appositionell (= obige Übersetzung) oder als Gen.-Attribut zu τείχους (= „einer Mauer eines Bauwerkes"; vgl. d. Übersetzung bei Milik, *Books of Enoch*, 195) verstanden werden. Letzteres ist aber auf Grund d. Semantik v. τείχους eher unwahrscheinlich (siehe Anm. 14,9 (a); vgl. a. Black, *The Book of Enoch*, 146, Anm. zur Stelle). Nickelsburg, *1 Enoch 1*, 258, hält es dagegen a. für möglich, dass es sich bei οἰκοδομῆς um e. korrupte Abkürzung für οἰκοδομημένου „erbaut" (= Aeth) handelt. Vgl. hierzu ausführlich d. Diskussion i. Kapitel 3.3 dieser Arbeit (192–195). (c) **Feuerzungen:** Die Hs. liest γλωσσης, was entweder i. S. v. γλώσσαις als Dativ pl. (= obige Übersetzung) oder als Gen. sg. verstanden werden könnte. Bei Letzterem könnte γλωσσης e. weiteres Gen.-Attribut zu λίθος „Steine" sein oder auf derselben Ebene wie τείχους „Mauer" stehen („bis ich mich einer Mauer näherte [...] und einer Feuerzunge(, die) rings um sie (war)"). Letztendlich ist d. Interpretation als Dativ pl. mit Blick auf 14,15 (εν γλωσσης πυρος = ἐν γλώσσαις πυρός) d. wahrscheinlichste. (d) **sie:** Die Hs. liest αὐτῶν, also pl., d. auf λίθοις bezogen werden könnte bzw. dadurch ausgelöst wurde (vgl. a. Black, *The Book of Enoch*, 146 Anm. zur Stelle). **14,10** (a) **die Wände:** τοῖχος = „Wand, Mauer eines Hauses". **14,11** (a) **und ihr Himmel (war) Wasser:** Nach Black, *The Book of Enoch*, 147 Anm. zur Stelle, handelt es sich hierbei um e. korrupte griechische Übersetzung v. ursprünglich ועירי שמיא „und die Wächter des Himmels," wie es a. in 1 Hen 13,10 zu finden ist. Vgl. hierzu ausführlich d. Diskussion i. Kapitel 3.1 dieser Arbeit (169–170). **14,13** (a) **Üppigkeit:** Die Hs. liest zwar τροφη, was wörtlich mit „Speise" zu übertragen wäre. Dies kann aber a. e. Schreibvariante für τρυφη sein (vgl. Gignac, *A Grammar of the Greek Papyrus*, 1:293). Da dessen Bedeutung besser i. d. Kontext passt u. a. v. d. altäthiopischen Tradition gestützt wird,

14,14 Und ich war erschüttert und zitternd und ich fiel. Ich sah in meiner Vision:

14,15 Und siehe, eine andere Tür, geöffnet vor mir, und das Haus (war) größer als dieses und gänzlich erbaut aus Feuerzungen.

14,16 Und gänzlich war es außergewöhnlich an Herrlichkeit und an Ehre und an Größe, sodass es mir nicht möglich ist, euch von seiner Herrlichkeit und von seiner Größe zu berichten.

14,17 Sein Boden (war) aus Feuer, höher darüber (waren) hingegen Blitze und der Lauf der Sterne und seine Decke (war) flammendes Feuer.

14,18 Ich schaute aber und sah einen hohen Thron und sein Aussehen (war) wie (etwas) von Eis[a] und ein Rad wie (das) der leuchtenden Sonne und eine Begrenzung[b] (waren) die Cherubim.

---

wird τρυφή „Üppigkeit" übersetzt (vgl. Dillmann, „Über den neugefundenen griechischen Text," 1044; Lods, *Le Livre d'Hénoch*, 140; Charles, *The Book of Enoch*, 33 Anm. zur Stelle; Black, *The Book of Enoch*, 147; Nickelsburg, *1 Enoch 1*, 258 Anm. zur Stelle). Vgl. a. Sirach 14,16: οὐκ ἔστιν ἐν ᾅδου ζητῆσαι τρυφήν „Im Hades gibt es keine Üppigkeit zu erwarten" (τρυφή entspricht Hebräisch תענוג „Wohlleben, Genuss" [SirA 6r:6]). Vgl. hierzu ausführlich d. Diskussion i. Kapitel 3.3 dieser Arbeit (200–204). **14,18** (a) **wie (etwas) von Eis**: Mit Swete, *The Psalms of Solomon*, 36; Charles, *The Ethiopic Version*, 39, u. Black, *Apocalypsis Henochi Graece*, 29, ist ὡσεὶ κρυστάλλινον „wie etwas Eisiges/von Eis" zu lesen (Hs.: ωσυ κρυσταλλινον, dagegen Lods, *Le Livre d'Hénoch*, 32: ὡς κρυστάλλων). Milik, *The Books of Enoch*, 199 schlägt auf Grund v. ωσυ u. d. nachfolgenden Adjektivs vor, zu ὡς ὕ<δωρ> κρυστάλλινον „wie gefrorenes, eisiges Wasser" bzw. ὡς ὕ<αλος> κρυστάλλινον „wie Eiskristallglas" zu ergänzen. Da d. L. ὡσεὶ κρυστάλλινον (mit Emendation v. ωσυ zu ὡσεὶ) durchaus sinnig ist u. Miliks Vorschlag hypothetisch bleibt, ist an d. obigen Übersetzung festzuhalten. Für d. Wendung „und sein Aussehen (war) wie (etwas) von Eis" vgl. a. Num 11,7 (LXX). (b) **eine Begrenzung**: Die Hs. liest οροϲ, was zunächst als ὅρος „Begrenzung" (= obige Übersetzung) oder als ὄρος „Berg" interpretiert werden könnte. Beides scheint schwerlich i. d. Kontext zu passen (nach Uhlig, *Das äthiopische Henochbuch*, 540 Anm. zur Stelle, u. Knibb, *The Ethiopic Book of Enoch*, 2:99 Anm. zur Stelle, sind beide Möglichkeiten sogar sinnlos). Nur Milik, *The Books of Enoch*, 200, glaubt, dass e. ursprüngliches ὅροι i. S. v. „Seiten (des Thrones)" v. e. griechischen Kopisten i. d. sg. ὅρος „Begrenzung" verändert worden sei. Daneben könnte es sich bei οροϲ a. um e. abgekürztes Wort oder e. Schreibfehler handeln. So schlägt Lods, *Le Livre d'Hénoch*, 141, vor, dass οροϲ mögl. e. Kurzform v. οὐρανός „Himmel" sei. Nach Beer, „Das Buch Henoch," 245, könnte es stattdessen e. Verderbnis v. ὄψις „Aussehen" oder ὅρασις „Vision" darstellen. Letzteren Lösungsvorschlag bieten a. Dillmann, „Über den neugefundenen griechischen Text," 1044, u. Charles, *The Ethiopic Version*, 39 Anm. zur Stelle, an. Black, *The Book of Enoch*, 149 Anm. zur Stelle u. 336, u. Nickelsburg, *1 Enoch 1*, 258 Anm. zur Stelle, denken schließlich an e. Verschreibung v. [ἐγρηγ]όρους/οὔρους bzw. οὖροι „Wächter" u. verweisen hierbei auf d. Wörterbucheintrag zu οὖρος i. Liddell/Scott, *A Greek-English Lexicon*, 1274. Nach Black, *ebd.*, war ursprünglich עירין zu lesen. Die Schreibvar. dieser Hs. v. z. B. ορανον für οὐρανόν (14,9) oder οκ für οὐκ (14,13) bzw. τουϲ λογοϲ für τοὺς λόγους (13,10) oder τοϲ εγρηγοροϲ für τοὺς ἐγρηγόρους (13,10) könnten d. These

Und unterhalb des Thrones kamen flammende Ströme von Feuer hervor und 14,19
ich vermochte nicht, hinzuschauen.

Und die große Herrlichkeit saß auf ihm. Ihr Gewand (war) wie das Aussehen 14,20
der Sonne, strahlender und weißer als aller Schnee.

Und kein Engel vermochte, in dieses Haus hineinzugehen und sein Angesicht 14,21
zu sehen wegen der Erhabenheit und Herrlichkeit. Und kein Fleisch vermochte,
(etwas) von ihm[a] zu sehen.

Flammendes Feuer war ringsum und ein großes Feuer stand vor ihm und nie- 14,22
mand näherte sich ihm. Ringsum standen zehntausendmal zehntausend vor
ihm und jedes Wort von ihm (wurde) Tat.

Und die Heiligen der Engel, die sich ihm nähern, entfernen sich nicht des 14,23
Nachts noch verlassen sie ihn.

Ich aber war bis dahin auf mein Angesicht niedergefallen und zitterte. Und der 14,24
Herr rief mich mit seinem Mund und sagte zu mir: „Komm hierher, Henoch,
und höre mein Wort!"

Und einer von den Heiligen kam zu mir, weckte mich und richtete mich auf und 14,25
brachte mich bis zur Tür. Ich aber war (auf) meinem Angesicht und ich beugte
mich[a].

---

v. Nickelsburg u. vor allem v. Black stützen. Vgl. hierzu a. d. Problematisierung dieser Wendung i. Kapitel 3.1 dieser Arbeit (171–172).
14,21 (a) **(etwas) von ihm:** Die Hs. liest αὐτοῦ, also Gen. Dillmann, „Über den neugefundenen
griechischen Text," 1084; Charles, *The Ethiopic Version*, 41, u. Black, *The Book of Enoch*,
336.419, emendieren zu αὐτόν, um für ἰδεῖν e. passendes Akk.-Objekt zu haben. Lods, *Le Livre
d'Hénoch*, 80, zieht αὐτοῦ dagegen zum nachfolgenden τὸ πῦρ u. übersetzt mit „et nulle chair
ne pouvait regarder son feu qui brûlait autour [de lui]." Da d. Kasus i. dieser Hs. häufiger
flexibel angewendet werden, kann davon ausgegangen werden, dass αὐτοῦ hier vermutlich
i. S. v. e. Objekt verstanden wurde. Gleichermaßen könnte natürlich a. d. eigentliche Akk.-Ob-
jekt, v. d. αὐτοῦ als Gen. abhängig wäre, ausgefallen oder ἰδεῖν absolut verwendet worden sein
(wie i. 14,19). In letzterem Fall könnte αὐτοῦ zu κύκλῳ gehören: „Flammendes Feuer war rings
um ihn" (= Aeth?). **14,25** (a) **Ich aber war (auf) meinem Angesicht und ich beugte mich:**
Die Übersetzung ist unsicher. In allen Editionen u. Übersetzungen wird anstelle v. κἀγὼ d.
Adverb κάτω „nach unten" gelesen bzw. vorausgesetzt, wodurch GrPan d. altäthiopischen Fassung (ታሕት፡) entspräche. Zumeist wird es dann mit „Ich aber hatte mein Angesicht nach
unten gebeugt" übersetzt. Neben der Tatsache, dass i. d. Hs. eindeutig e. Γ u. nicht e. T zu lesen
ist, ist bei dieser Übersetzung a. problematisch, dass ἔκυφον intransitiv ist u. τὸ πρόσωπόν
μου eigentlich nicht d. zugehörige Akk.-Obj. sein kann (Lods nimmt daher an, dass ἔκυφον
hier aktivisch zu verstehen ist; vgl. Lods, *Le Livre d'Hénoch*, 143 Kommentar zur Stelle). Letztendlich könnte es sich bei κἀγὼ natürlich a. um e. Abschreibefehler handeln.

15,1 Und er antwortete (und) sagte zu mir: „Wahrhaftiger Mann, Mann der Wahrheit, Schreiber!" Und ich hörte auf seine Stimme: „Fürchte dich nicht, Henoch, wahrhaftiger Mann und Schreiber der Wahrheit! Komme hierher und höre auf meine Stimme!

15,2 Geh und sage denen, die dich geschickt haben: »Ihr solltet für die Menschen bitten, aber nicht die Menschen für euch!

15,3 Warum habt ihr den hohen, heiligen, ewigen Himmel verlassen und mit den Frauen geschlafen und euch mit den Menschentöchtern beschmutzt und euch Frauen genommen? Wie die Söhne der Erde habt ihr gehandelt und euch Kinder, Söhne, (ja) Riesen gezeugt.

15,4 Und ihr wart Heilige und lebendige, ewige Geister[a]. Mit dem Blut der Frauen habt ihr euch beschmutzt und mit dem Blut des Fleisches habt ihr gezeugt und nach dem Blut der Menschen verlangt, wie auch jene Fleisch und Blut hervorbringen, die sterblich und vergänglich sind.

15,5 Deswegen habe ich ihnen Frauen gegeben, damit sie sie schwängern und untereinander[a] Kinder zeugen, so dass es ihnen also an nichts[b] mangelt auf Erden.

15,6 Ihr aber wart lebendige, ewige Geister und unsterblich für alle Generationen der Welt.

15,7 Und deswegen habe ich unter euch keine Frauen geschaffen. Die Geister des Himmels: Im Himmel ist ihre Wohnung.«

15,8 Und nun sind die Riesen, die aus den Geistern und Fleisch gezeugt wurden, mächtige Geister auf Erden und auf Erden wird ihre Wohnung sein.

15,9 Böse Geister sind aus ihrem Körper hervorgegangen, weil sie von den Höheren abstammen und von den heiligen Wächtern ist der Anfang ihrer Erschaffung und der Anfang der Grundlegung. Böse Geister werden sie genannt werden.

15,4 (a) **lebendige, ewige Geister:** In d. Hs. steht πνεῦμα ζῶντα αἰώνια, also πνεῦμα im sg. u. ζῶντα i. pl. Neben ζῶντα legen a. d. pl. Subjekt ὑμεῖς u. d. i. Parallelismus stehende Prädikatsnomen ἅγιοι nahe, πνεῦμα an dieser Stelle pl. zu verstehen. So a. auf Grund d. Kontextes i. 15,6.7.8.9.10.12. **15,5** (a) **untereinander:** Die Hs. liest ἐν αὐτοῖς, was i. d. R. zu ἐν αὐταῖς „mit ihnen (d. h. den Frauen)" emendiert wird, vermutl., damit es d. Altäthiopischen entspricht. Dies ist meines Erachtens aber nicht zwingend, da d. griechische Text a. so sinnig ist. (b) **nichts:** Black, *The Book of Enoch*, 152, nimmt an, dass an dieser Stelle e. ursprüngliches עיבורא „Schwangerschaft" als עובדא = ἔργον missverstanden wurde u. übersetzt dementsprechend mit „that pregnancy should never fail them upon the earth." Auch wenn dieser Satz schwer verständlich bzw. umständlich formuliert ist (vgl. Lods, *Le Livre d'Hénoch*, 146), bleibt Blacks These hypothetisch.

Die Geister des Himmels: Im Himmel soll ihre Wohnung sein. Und die Geister, 15,10
die auf Erden gezeugt wurden: Auf Erden soll ihre Wohnung sein.

Und die Geister der Riesen, die Wolken[a], sind ungerecht, vernichten und fallen 15,11
ein und kämpfen und werfen auf Erden, die erbarmungslosen Geister der Riesen. Und Läufe machen sie[b] und essen nichts, sondern hungern und dürsten
und erregen als Geister Anstoß.

15,11 (a) **die Wolken:** Gemäß der Hs. eigentlich Akk. (νεφέλας) u. könnte somit viell. Objekt
zum nachfolgenden Verb sein. Dementsprechend übersetzt Lods, *Le Livre d'Hénoch*, 81: „Et les
esprits des géants s'attaqueront aux nuage" (vgl. Aeth u. d. Übersetzung v. Dillmann, *Das Buch
Henoch*, 9). In d. Kommentaren zur Stelle wird häufig angenommen, dass es sich hierbei um
e. Fehler für Ναφηλείμ = „die Nefilim" handelt. Vgl. d. Anm. u. Diskussionen bei Bouriant,
„Fragments grecs," 108; Lods, *Le Livre d'Hénoch*, 147–148; Beer, „Das Buch Henoch," 247;
Flemming/Rademacher, *Das Buch Henoch*, 43; Knibb, *The Ethiopic Book of Enoch*, 2:101; Black,
The Book of Enoch, 153.337; Uhlig, *Das Äthiopische Henochbuch*, 544. GrSyn kennt d. Wort
Ναφηλείμ an sich schon (GrSyn 7,1; 16,1), liest aber i. 15,11 νεμόμενα „verteilen, weiden, beherr-
schen", was schwerlich als verderbte Form v. Ναφηλείμ erklärbar ist (vgl. Beer, „Das Buch
Henoch," 147; Black, *The Book of Enoch*, 153). Während d. Var. v. GrSyn z. B. durch e. Verwechs-
lung d. Wurzel רעע „böse sein/handeln" mit רעה „weiden" erklärt werden soll (vgl. Beer, „Das
Buch Henoch," 247; Black, *The Book of Enoch*, 153; vgl. a. Nickelsburg, *1 Enoch 1*, 268 Anm. zur
Stelle), wird für GrPan e. Verwechslung v. מעניν „bedrängen, bedrücken" mit ענניν „Wolken,
Gewölk" als Alternative zu d. Verlesung v. Ναφηλείμ angeboten (vgl. Charles, *The Book of
Enoch*, 36–37; vgl. a. Nickelsburg, *1 Enoch 1*, 268 Anm. zur Stelle). Daneben wird bei d. Var. v.
GrSyn a. vorgeschlagen, dass hier e. sekundäre Verderbtheit e. bereits unverständlichen Textes
vorliege (vgl. Lods, *Le Livre d'Hénoch*, XXX–XXXI Fußnote 1; Knibb, *The Ethiopic Book of
Enoch*, 2:101 Anm. zur Stelle). Neben d. Tatsache, dass keiner d. Vorschläge absolut sicher ist
(Uhlig, *Das äthiopische Henochbuch*, 544 Anm. zur Stelle), kristallisiert sich an diesem Wort d.
Frage nach d. Verhältnis v. GrPan zu GrSyn bzw. deren Vorlage heraus. Wenn hier also ur-
sprünglich Ναφηλείμ zu lesen war, was i. GrPan (u. d. Vorlage v. Aeth) zu νεφέλας verderbt
wurde, muss GrSyn entweder dasselbe (korrupte) Textstadium wie GrPan vor sich gehabt u.
dieses sekundär verändert haben oder auf e. andere Vorlage als GrPan zurückgehen, d. v. d.
Vorlage v. GrPan abweicht u. i. d. nicht Ναφηλείμ zu lesen war. Da GrSyn d. Wort Ναφηλείμ
kennt, wäre es unwahrscheinlich, wenn es gerade an dieser Stelle verderbt worden wäre.
Wenn dagegen ursprünglich nicht Ναφηλείμ, sondern z. B. e. Synonym zu d. nachfolgenden
Verben zu lesen war, ließen sich d. Var. v. GrPan u. GrSyn am ehesten durch zwei unterschied-
liche Vorlagen bzw. griechische Übersetzungen erklären. Wegen d. großen Ähnlichkeit beider
Fassungen zueinander ist aber e. gemeinsame Vorlage u. damit a. d. ursprüngliche Lesung von
Ναφηλείμ mit e. sekundären Veränderung in GrSyn am wahrscheinlichsten. (b) **Und Läufe
machen sie:** Nach Beer, „Das Buch Henoch," 247 Anm. zur Stelle, u. Charles, *The Book of
Enoch*, 37 Anm. zur Stelle, sei δρόμους „Läufe" fehlerhaft für τρόμους „Zittern, Angst, Furcht."
Black, *The Book of Enoch*, 153 Anm. zur Stelle, schlägt dagegen vor, in δρόμους mögl. eine
Fehlübersetzung von רציν „Bedrückung, Gewalttat" zu sehen, die als Derivat d. Wurzel רוν
„laufen, rennen" anstatt v. d. Wurzel רצν „bedrücken" gedeutet wurde (vgl. a. d. Verweis auf
Perles bei Uhlig, *Das äthiopische Henochbuch*, 544 Anm. zur Stelle).

15,12 Und diese werden sich erheben gegen die Söhne der Männer und der Frauen, weil sie von ihnen ausgegangen sind

16,1 seit dem Tag des Mordens und Verderbens und Todes:
Von da an die Geister aus der Seele ihres Fleisches hervorgingen, sollen sie Verderben bringen ohne Gericht. So sollen sie Verderben bringen bis zum Tag der Vollendung des großen Gerichts, an dem die große Welt vollendet wird.

16,2 Und nun zu den Wächtern, die dich geschickt haben, um für sie zu bitten, welche im Himmel waren:

16,3 »Ihr seid im Himmel gewesen und jedes Geheimnis, das euch nicht offenbart wurde, und (jedes) Geheimnis, das von Gott abstammte, kanntet ihr und dieses habt ihr den Frauen in eurer Hartherzigkeit verraten und durch dieses Geheimnis vermehren die Frauen und die Männer das Böse auf Erden.«

16,4 Sage ihnen nun: »Es gibt keinen Frieden!«"

2.2.9 Der griechische Text von Georgios Synkellos (1 Hen 15,8–16,1)

Basis des nachfolgenden griechischen Textes ist die Edition von Mosshammer,[267] die im Prinzip unverändert übernommen wurde. Der griechische Text wurde lediglich entsprechend der gängigen Verseinteilung des *Wächterbuches* gegliedert. Textgrundlage von Mosshammers Edition ist Codex Parisinus, Bibl. Nat. Gr. 1764 (bei Mosshammer Siglum B), dem der zweite wesentliche Zeuge für die sogenannten Synkellos-Fragmente des *Wächterbuches* (Codex Parisinus, Bibl. Nat. Gr. 1711; bei Mosshammer Siglum A) in diesem Textabschnitt überwiegend entspricht. Einzelne Varianten der Handschrift A werden nachfolgend unterhalb des Textes angeführt, für weitere Anmerkungen und Varianten sei auf Mosshammers Apparat verwiesen.

15,8 καὶ νῦν οἱ γίγαντες οἱ γεννηθέντες ἀπὸ πνευμάτων καὶ σαρκὸς πνεύματα πονηρὰ ἐπὶ τῆς γῆς καλέσουσιν αὐτούς, ὅτι ἡ κατοίκησις αὐτῶν ἔσται ἐπὶ τῆς γῆς.

15,9 πνεύματα πονηρὰ ἔσονται, τὰ πνεύματα ἐξεληλυθότα ἀπὸ τοῦ σώματος τῆς σαρκὸς αὐτῶν, διότι ἀπὸ τῶν ἀνθρώπων ἐγένοντο, καὶ ἐκ τῶν ἁγίων τῶν ἐγρηγόρων ἡ ἀρχὴ τῆς κτίσεως αὐτῶν καὶ ἀρχὴ θεμελίου. πνεύματα πονηρὰ ἐπὶ τῆς γῆς ἔσονται.

15,10

---

267 Mosshammer, *Georgii Syncelli Ecloga Chronographica* (1984).

τὰ πνεύματα τῶν γιγάντων νεμόμενα, ἀδικοῦντα, ἀφανίζοντα, ἐμπίπτοντα καὶ 15,11
συμπαλαίοντα καὶ ῥιπτοῦντα ἐπὶ τῆς γῆς καὶ δρόμους ποιοῦντα καὶ μηδὲν
ἐσθίοντα, ⌜ἀλλ᾽ ἀσιτοῦντα⌝ καὶ φάσματα ποιοῦντα καὶ διψῶντα καὶ προσκόπτοντα.

καὶ ἐξαναστήσονται τὰ πνεύματα ἐπὶ τοὺς υἱοὺς τῶν ἀνθρώπων καὶ τῶν γυ- 15,12
ναικῶν, ὅτι ἐξ αὐτῶν ἐξεληλύθασι.

Καὶ ἀπὸ ἡμέρας καιροῦ σφαγῆς καὶ ἀπωλείας καὶ θανάτου τῶν γιγάντων Ναφι- 16,1
λείμ, οἱ ἰσχυροὶ τῆς γῆς, οἱ μεγάλοι ὀνομαστοί, τὰ πνεύματα τὰ ἐκπορευόμενα
ἀπὸ τῆς ψυχῆς αὐτῶν ὡς ἐκ τῆς σαρκὸς ⌜ἔσονται ἀφανίζοντα⌝ χωρὶς κρίσεως,
οὕτως ἀφανίσουσι μέχρις ἡμέρας τῆς τελειώσεως, ἕως τῆς κρίσεως τῆς
μεγάλης, ἐν ⌜ᾗ⌝ ὁ αἰὼν ὁ μέγας τελεσθήσεται, ἐφ᾽ ἅπαξ ὁμοῦ τελεσθήσεται.

2.2.10 Übersetzung des griechischen Textes von Georgios Synkellos

Und nun die Riesen, die aus Geistern und Fleisch gezeugt worden sind: Böse 15,8
Geister wird man sie auf Erden nennen, denn auf Erden wird ihre Wohnung
sein.

Böse Geister werden sie sein, die Geister, die aus dem Körper ihres Fleisches 15,9
hervorgegangen sind, weil sie von den Menschen abstammen, und von den heiligen Wächtern ist der Anfang ihrer Erschaffung und Anfang der Grundlegung.
Böse Geister werden sie auf Erden sein.

15,10

Die Geister der Riesen beherrschen[a], sind ungerecht, vernichten, fallen ein und 15,11
kämpfen und werfen auf Erden. Und Läufe machen sie[b] und essen nichts, sondern hungern[c] und schaffen Trugbilder und dürsten und erregen Anstoß.

Und die Geister werden sich erheben gegen die Söhne der Männer und der Frau- 15,12
en, weil sie von ihnen ausgegangen sind.

Und seit dem Tag, dem Zeitpunkt des Mordens und Verderbens und Todes der 16,1
Riesen, der Nefilim, werden die Mächtigen der Erde, die großen Berühmten, die

---

15,11 ἀλλ᾽ ἀσιτοῦντα: **A**: ἀλλὰ σιτοῦντα. **16,1** ἔσονται ἀφανίζοντα: **A^m**: ὥσπερ ἔσται
ἀφανίζοντα. – ᾗ: **A**: ᾧ. **15,11** (a) **beherrschen:** Siehe d. Kommentar zu GrPan 15,11 (a). (b)
Und Läufe machen sie: Siehe d. Kommentar zu GrPan 15,11 (b). (c) **sondern hungern:** A:
„sondern füttern(?)". **16,1** (a) **werden die Mächtigen der Erde, [...], Verderben bringen
ohne Gericht, so sollen sie Verderben bringen:** A^m: „die Mächtigen der Erde [...]: Wie sie
Verderben bringen werden ohne Gericht, so werden sie Verderben bringen(?)".

Geister, die aus ihrer Seele hervorgingen, wie aus dem Fleisch, Verderben bringen ohne Gericht, so sollen sie Verderben bringen[a] bis zum Tag der Vollendung,
bis zum großen Gericht, an dem die große Welt vollendet wird, (an dem) alles
auf einmal vollendet wird.

2.3 Die altäthiopischen Handschriften

Der Text des *Wächterbuches* ist nur in altäthiopischer Sprache (Gǝʿǝz) als erster
Teil des sogenannten *1 Henoch* (auch *Äthiopischer Henoch*[268]) vollständig überliefert.[269] Aber das Zeugnis und die Überlieferungsgeschichte der altäthiopischen Fassung sind sehr komplex. Generell wird angenommen, dass während
des Aksumitischen Königreiches, insbesondere zwischen dem 4. und 7. Jahrhundert nach Christus, die „biblischen Schriften"[270] aus dem Griechischen ins

---

268 An sich ist die Bezeichnung „Äthiopischer Henoch" irreführend, da die Sprache, in der
1 Henoch in Äthiopien überliefert ist, Gǝʿǝz heißt. „Äthiopisch" als Sprache gibt es dagegen
überhaupt nicht. Vielmehr wird in Äthiopien eine Vielzahl an Sprachen mit jeweils eigenen
Namen gesprochen. Demgegenüber wird Gǝʿǝz nicht mehr gesprochen und stellt nur noch eine
Literatursprache dar. Vgl. hierzu auch Asale, 1 Enoch *in* Jude *and in the EOTC "Canon"*, 158–
159. Da es im Deutschen aber kein Adjektiv für Gǝʿǝz gibt, wird im Rahmen dieser Arbeit stattdessen die Bezeichnung „altäthiopisch" verwendet.
269 *1 Henoch*, wie es in der altäthiopischen Tradition überliefert wurde, wird in der Forschung
in fünf Büchern und zwei Appendizes aufgeteilt. Neben dem *Wächterbuch* (1 Hen 1–36) sind
dies die *Bilderreden* (1 Hen 37–71), das *Astronomische Buch* (1 Hen 72–82), das *Buch der Traumvisionen* (1 Hen 83–90) und *Henochs Epistel* (1 Hen 91–105). Bei den zwei Appendizes handelt
es sich um die *Geburt Noachs* (1 Hen 106–107) und die eschatologische *Mahnrede* (1 Hen 108).
Die einzelnen Bücher waren ursprünglich wohl selbständig und wurden zu unterschiedlichen
Zeiten verfasst. Vgl. hierzu exemplarisch Stuckenbruck, „The Book of Enoch," 7–40.
270 Die Bezeichnung „biblisch"/„Bibel" bzw. „biblischer Kanon" gemäß unserem Verständnis
ist mit Blick auf die altäthiopische Überlieferungslage problematisch, da die äthiopische Kirche bis heute im Prinzip keinen geschlossenen und festen Kanon ausgebildet hat. Vgl. Stuckenbruck, „The Book of Enoch," 23–39, und auch Baynes, „Enoch and Jubilees," 801–803. So fasst
zum Beispiel Asale, „The Ethiopian Orthodox Tewahedo Church," 219–220, mit Blick auf das
Kanonverständnis der Äthiopisch-Orthodoxen Tewahedo Kirche (= EOTC) zusammen: „The
concept of canon, according to the EOTC, is not a list of books with nothing to be added or
removed, but is rather an inclusive collection of ancient sacred books which are traditionally,
historically, theologically, and practically in line with the teaching of the church and actively
promote that teaching. In other words, according to the EOTC, any ancient writing that is
coherent with the dogma of the church can be part of the canon. As a result, the church has
never officially defined what constitutes a canon of Scripture nor fixed which books might
comprise such a list. It is satisfied with the tradition of eighty-one canonical books without
interrogating the number or the value of the eighty-one and without worrying that this number

Gəʿəz übersetzt wurden.[271] Die Handschriften, die wir haben, sind jedoch in der Regel ins 15. Jahrhundert nach Christus und später zu datieren.[272] Unter diesen übersetzten Schriften war auch *1 Henoch*, das auch auf eine griechische Vorlage mit wahrscheinlich ägyptischem Hintergrund zurückgeht.[273]

Für die biblischen Schriften lassen sich drei Hauptphasen der Überlieferung feststellen: der sogenannte Altäthiope (bis zum 13. Jahrhundert nach Christus), die Vulgärrezension (auch syrisch-arabische bzw. erste Rezension; 14. bis 16. Jahrhundert nach Christus) und die akademische Rezension (auch Standardversion bzw. zweite Rezension; ab dem 17. Jahrhundert nach Christus).[274] Während die Vulgärrezension vor allem durch eine Revision bzw. Verbesserung hauptsächlich korrupter Stellen des Textes charakterisiert ist, hatte die akademische Rezension das Ziel, einen grammatisch richtigen und flüssigen Gəʿəz-Text zu erzeugen.[275]

In diesem Zusammenhang ist *1 Henoch* in zweierlei Hinsicht außergewöhnlich: Auf der einen Seite war *1 Henoch* eine lange Zeit in seinem kanonischen

---

is neither unambiguous nor definitive." Vgl. auch Asale, 1 Enoch *in* Jude *and in the EOTC "Canon"*, 178–189.

271 Vgl. zum Beispiel Knibb, *Translating the Bible*, 17–19; Stuckenbruck, „The Book of Enoch," 22–23; Uhlig, *Das äthiopische Henochbuch*, 484–486; Uhlig, „Zur Überlieferungsgeschichte," 185. Knibb, *ebd.*, nennt verschiedene Gründe, warum eine griechische Vorlage sehr wahrscheinlich ist (zum Beispiel die Wortreihenfolge in Entsprechung zur griechischen Version des Alten Testaments, Transliterationen aus dem Griechischen, Fehler, die nur mit Blick auf eine griechische Vorlage erklärt werden können).

272 Vgl. Knibb, *Translating the Bible*, 18. Eventuell gibt es aber noch ältere Handschriften bzw. Schriftzeugnisse.

273 Für eine Diskussion über die Vorlage von *1 Henoch* (das heißt ob es eine griechische oder aramäische Vorlage war) siehe zum Beispiel Knibb, *The Ethiopic Book of Enoch*, 2:37–46; Stuckenbruck, „The Book of Enoch," 22–23. Für den ägyptischen Hintergrund vgl. Stuckenbruck, „The Book of Enoch," 20.22.

274 Vgl. Knibb, *Translating the Bible*, 34–43; Knibb, „The Book of Enoch," 38–39. Die Vulgärrezension scheint auf arabischen Texten (vermutlich der arabischen Version der Peschitta) zu basieren, während die akademische Rezension auf Grundlage der hebräischen Bibel ausgeführt wurde. Für den historischen bzw. politischen Hintergrund dieser Rezensionen siehe zum Beispiel Knibb, *Translating the Bible*, 41–43; Uhlig, „Zur Überlieferungsgeschichte," 188–190.

275 Knibb, „The Book of Enoch," 39, und auch Uhlig, „Zur Überlieferungsgeschichte," 189–190. Tiller, *Animal Apocalypse*, 135, charakterisiert einen Teil der Verbesserungen der zweiten Rezension gegenüber der ersten Rezension folgendermaßen: „First, many of the grammatical improvements, especially corrections of gender and number, are only so-called improvements away from the reading of the archetype and are almost wrong. Second, corrections of case endings are usually correct, necessitated by the carelessness of earlier scribes, though they may disguise a primitive corruption." Dementsprechend schlussfolgert er (*ebd.*, 137), dass die zweite Rezension mit Blick auf Numerus- und Genus-Fragen unzuverlässig sei, während die erste Rezension bei Kasusendungen häufig ein unsicheres Zeugnis biete.

Status umstritten und erlangte erst im 15. Jahrhundert nach Christus unter der Herrschaft von Zarʾa Yaʿqob (1434–1468) eine zunehmende Akzeptanz innerhalb der äthiopischen Kirche.[276] Auf der anderen Seite ist es sehr wahrscheinlich, dass die Revisionen von *1 Henoch* im Gegensatz zu den anderen sogenannten biblischen Texten ohne jegliche textuelle Basis durchgeführt wurden.[277] Dementsprechend hat dieses Schicksal von *1 Henoch* eine textliche Disparität und Instabilität insbesondere mit Blick auf die frühesten altäthiopischen Zeugen hervorgebracht: „Whereas the more numerous manuscripts of the later recension, as a whole, reflect a fairly consistent text that do not vary widely, the older recension manuscripts contain many variants, making the notion of an *Urtext* in Geʿez remote and almost impossible to reconstruct."[278] Tatsächlich können die Handschriften, die der ersten Rezension angehören, fünf oder vielleicht sechs verschiedenen Textfamilien zugeordnet werden, sodass man hier eigentlich nicht von einer richtigen Rezension sprechen kann.[279] Darüber hinaus ist keine Handschrift von *1 Henoch* erhalten, die die Textfassung des Altäthiopen bezeugt. Lediglich Tanasee 9, eine Handschrift aus dem 15. Jahrhundert nach Christus, die häufig beträchtlich von den anderen Handschriften der älteren Textgruppe abweicht, bietet zum Teil Lesungen, die die Textfassung des Altäthiopen widerspiegeln könnten.[280] Folglich gibt es keinen Zeugen, der der Erstübersetzung unverändert nahekommt bzw. diese reflektiert; vielmehr müssen die altäthiopischen Handschriften als verschiedene Stadien der Textüberlieferung sowohl untereinander als auch in Bezug auf die aramäischen und griechischen Zeugen angesehen werden.[281] Über die altäthiopische Henochüberlieferung kann man somit bestenfalls und vereinfacht sagen, dass zwei verschiedenartige Rezensionen, das heißt eine ältere, weniger einheitliche und eine jüngere, häufig standardisierte und verbesserte Stufe, unterschieden werden können (im

---

276 Vgl. zum Beispiel Stuckenbruck, „The Book of Enoch," 23–39; Uhlig, „Zur Überlieferungsgeschichte," 185, und ausführlich Baynes, „Enoch and Jubilees," 799–818.
277 Vgl. Knibb, „The Book of Enoch," 39.
278 Stuckenbruck/Erho, „The Ethiopian Manuscript Tradition," 258. Vgl. auch Stuckenbruck, „The Book of Enoch," 23 Fußnote 62, wo er abschließend zusammenfasst: „The main question to ask regarding the instability of recension I to *1 Enoch* are two-fold: (1) the extent to which the large number of textual variants among the manuscripts was due to political fragmentation that allowed transmission traditions to develop in isolation from one another and (2) whether or not, in the absence of a text, new source materials were found and a secondary translation (from Greek or a cognate Semitic language) was produced."
279 So Loren T. Stuckenbruck in einer persönlichen Kommunikation am 19. 02. 2015.
280 Vgl. Knibb, „The Book of Enoch," 37–38; Uhlig, „Zur Überlieferungsgeschichte," 191.
281 Vgl. Knibb, „The Book of Enoch," 40; Uhlig, *Das äthiopische Henochbuch*, 487.

Folgenden Aeth I und Aeth II).[282] Beide Rezensionen sind aber weder exklusiv noch konsistent, bieten also jeweils keine einheitliche Textfassung und sind nicht immer klar voneinander abzutrennen.[283] Wie ist der Charakter der altäthiopischen Übersetzung vom *Wächterbuch* bzw. von *1 Henoch* einzuschätzen? Die altäthiopischen Schriften insgesamt bieten eine recht wörtliche Übersetzung des Griechischen, wenn auch mit einer geringeren Vielfalt an Vokabular und zum Teil mit mehr oder weniger relativen oder freien Übertragungen des Griechischen ins Gəʿəz.[284] Darüber hinaus unterscheidet sich die altäthiopische Übersetzung häufig im Wortlaut und in den Konstruktionen vom Griechischen, teilweise wegen der Charakteristika der altäthiopischen Sprache, teilweise ohne ersichtlichen Grund.[285] Demzufolge ist es auf Basis der altäthiopischen Übersetzung nicht möglich, das in der griechischen Vorlage verwendete Vokabular vorauszusagen.[286] In Bezug auf *1 Henoch* als Ganzes ist ein aussagekräftiger Vergleich auf Grund der geringen griechischen Bezeugung schwierig zu ziehen, da die griechischen Zeugen insgesamt nur etwa dreißig Prozent des Textes bieten, wie er in der altäthiopischen Fassung bezeugt wird.[287] Beim *Wächterbuch* jedoch ist die griechische Quellenlage, wie oben bereits gezeigt wurde, deutlich besser. Insgesamt weisen die altäthiopischen Handschriften eine enge Beziehung zur griechischen Fassung auf, wie sie im Codex Panopolitanus bezeugt ist, während die Synkellos-Fragmente eher den Eindruck einer anderen Traditions- bzw. Überlieferungslinie erwecken.[288] Beispiele, die diese Einschätzung stützen können, sind 1 Hen 8,1 und 1 Hen 15,10: In beiden Fällen folgen die altäthiopischen Handschriften der Lesart von GrPan sehr genau, während GrSyn entweder einen längeren

---

282 So auch schon Flemming, *Das Buch Henoch*, IX, und Charles, *Ethiopic Version*, xxi–xxiv, die die beiden Stufen Gruppe I und Gruppe II bzw. Text α und Text β nannten.

283 Vgl. zum Beispiel Flemming, *Das Buch Henoch*, IX; Charles, *Ethiopic Version*, xxi–xxiv; Tiller, *Animal Apocalypse*, 129–131.

284 Für eine ausführliche Diskussion des Charakters der altäthiopischen Übersetzung siehe vor allem Knibb, *Translating the Bible*, 55–112.

285 Knibb, *Translating the Bible*, 84.

286 Knibb, *Translating the Bible*, 92.

287 Neben Codex Panopolitanus und den Synkellos-Fragmenten gibt es im Wesentlichen noch zwei weitere griechische Zeugen für *1 Henoch*: Der Chester-Beatty-Papyrus (1 Hen 97,6–107,3) und der Codex Vaticanus Graecus (1 Hen 89,42–49). Vgl. zum Beispiel Uhlig, „Zur Überlieferungsgeschichte," 187.

288 Vgl. zum Beispiel Knibb, *The Ethiopic Book of Enoch*, 2:19–20; Knibb, „The Book of Enoch," 37; Milik, *The Books of Enoch*, 88; Nickelsburg, *1 Enoch 1*, 12; Uhlig, *Das äthiopische Henochbuch*, 486. Vgl. auch Drawnel, *Qumran Cave 4*, 21.26, der auf Grund der Unterschiede zwischen GrPan und GrSyn jedoch einen Schritt weitergeht und vermutet, dass GrSyn auf einem anderen Archetypus als GrPan und Aeth basiert.

(1 Hen 8,1) oder einen kürzeren Text (1 Hen 15,10) bietet.[289] Jedoch gibt es auch Passagen, wo GrPan einen kürzeren oder längeren Text als Aeth hat und textkritisch leicht problematisch ist.[290] Daher ist zu vermuten, dass GrPan nicht mit der griechischen Vorlage identisch ist, die für die aläthiopische Übersetzung verwendet wurde, und in seinem textkritischen Wert gelegentlich geringer als Aeth eingeschätzt werden sollte.[291] Ein abschließendes Urteil kann und soll an dieser Stelle dieser Arbeit aber nicht gefällt werden.

2.3.1 Methodisches zur diplomatischen Edition

In einer Arbeit, die sich mit dem *Wächterbuch* beschäftigt, ist es unvermeidlich, sich mit den altäthiopischen Handschriften selbst zu beschäftigen, denn die bisherigen Editionen bieten keine ausreichende und zufriedenstellende Arbeitsgrundlage. Bislang sind etwa 115 Handschriften von *1 Henoch* bekannt, von denen fünfzehn oder sechzehn Zeugen Aeth I zugeordnet werden können.[292] Ferner sind laut Erho/Stuckenbruck noch weitere Manuskripte in den Bibliotheken der äthiopischen Klöster und Kirchen zu finden, sodass bisher eigentlich nur ein Teil der tatsächlich existierenden Handschriften bekannt und wissenschaftlich erschlossen ist.[293]

Die rezenteste Edition des altäthiopischen Textes von Michael Knibb (1978)[294] stützt sich auf 35 Textzeugen. Mit Blick auf die jetzige Handschriftenlage nutzte Knibb also genau genommen nicht wesentlich mehr Handschriften als Charles für seine Edition von 1906,[295] der Kenntnis von 29 Manuskripten hatte und für seine Textausgabe 23 davon direkt konsultierte.[296] Des Weiteren

---

289 Bei einem Vergleich der beiden griechischen Fassungen von 1 Hen 8,1–2 mit dem (nur fragmentarisch erhaltenen) aramäischen Text (4Q202) wird jedoch deutlich, dass in beiden griechischen Versionen Details gegenüber der aramäischen Fassung fehlen oder hinzukommen. Folglich zeigt sich hier erneut, dass in textkritischer Perspektive keiner der Zeugen gegenüber den anderen von vornherein vorziehen oder ausschließen ist. Für eine ausführliche Diskussion der unterschiedlichen Versionen von 1 Hen 8,1–2 und ihrem Verhältnis zueinander vgl. Coblentz Bautch, „Decoration, Destruction and Debauchery," 79–95.

290 Vgl. zum Beispiel 1 Hen 1,8; 3,1–5,1; 5,8.

291 Vgl. Nickelsburg, *1 Enoch 1*, 18; Coblentz Bautch, „Panopolitanus," 87.

292 Vgl. Stuckenbruck/Erho, „The Ethiopian Manuscript Tradition," 259–260.

293 Erho/Stuckenbruck, „A Manuscript History," 120.

294 Knibb, *The Ethiopic Book of Enoch* (1978).

295 Charles, *The Ethiopic Version* (1906).

296 Vgl. Stuckenbruck/Erho, „The Ethiopian Manuscript Tradition," 258. Im Gegensatz zu Knibb verwendeten Uhlig (1984) und Nickelsburg (2001) jeweils um die fünfzig Handschriften als Textgrundlage für ihre Übersetzung.

nahm Knibb eine Handschrift von Aeth II (Rylands Ethiopic MS 23, 18. Jahrhundert nach Christus) als Textbasis für seine Edition und Übersetzung und begründete seine Entscheidung damit, dass kein Zeuge von Aeth I als Textgrundlage geeignet sei, da diese viele Fehler, Auslassungen und korrigierende Ergänzungen bieten.[297] Eine Handschrift von Aeth I hätte seines Erachtens eine umfangreiche Korrektur des Textbestandes notwendig gemacht und man wäre damit wieder bei einem konstruierten Text angelangt, zumal auch der Wert von Aeth I gegenüber Aeth II überschätzt worden sei.[298] Für seine Edition kollationierte er zwar Zeugen von Aeth I, ließ diese jedoch weniger eine Rolle in der textkritischen Bewertung und Übersetzung spielen, war es doch vielmehr sein Ziel, das Material der wesentlichsten altäthiopischen und griechischen Manuskripte in gesammelter Darstellung und Klarheit bereitzustellen.[299] Insgesamt schien Knibb bei seiner editorischen Arbeit daher eher tendenziös als textkritisch zu argumentieren.[300]

Während die Edition von Knibb auf einem späten, standardisierten Zeugen basiert, sind die ihm vorangehenden Editionen des altäthiopischen Textes von Flemming (1902)[301] und Charles (1906)[302] auf Grund der neuen, umfangreicheren Handschriftenlage mittlerweile überholt.[303] Demnach erscheint eine mög-

---

297 Knibb, *The Ethiopic Book of Enoch*, 2:36. Auch Tiller, *Animal Apocalypse*, 129, sieht die hohe Fehlerzahl der Aeth I-Handschriften als Problem für die Textedition und Übersetzung von *1 Henoch*. Aber im Gegensatz zu Knibb folgt nach Tiller daraus die Notwendigkeit, mit einem eklektischen Text zu arbeiten, der vorrangig auf den Aeth I-Manuskripten und gelegentlich auch auf Aeth II-Zeugen basiert.

298 Knibb, *The Ethiopic Book of Enoch*, 2:36.

299 Hierbei ist es problematisch, dass die Kollationen von zum Beispiel Tanasee 9 in Knibbs Edition des altäthiopischen Textes manchmal fehlerhaft sind, da die Photos, die er nutzte, zum Teil keinen lesbaren Text boten, sodass er den Text rekonstruieren musste, wobei er den Vorgang aber nicht unbedingt angab (Loren T. Stuckenbruck in einer persönlichen Kommunikation am 19. 02. 2015). Vgl. auch Erho, „New Ethiopic witnesses," 89, und Erho/Stuckenbruck, „A Manuscript History," 110, Fußnote 79.

300 Vgl. Stuckenbruck/Erho, „The Ethiopian Manuscript Tradition," 258, und auch VanderKam, Rezension Knibb, *The Ethiopic Book of Enoch*, 412–413.

301 Flemming, *Das Buch Henoch* (1902).

302 Siehe Fußnote 295 in diesem Kapitel (94).

303 Vor Flemming und Charles wurde *1 Henoch* nur noch von Dillmann kritisch ediert, dessen Ausgabe auf fünf Handschriften beruht (Dillmann, *Liber Henoch Aethiopice* [1851]). Die erste Publikation eines altäthiopischen Textes jedoch geht auf Laurence im Jahre 1838 zurück, der hierfür das Manuskript verwendete, das der schottische Diplomat und Entdecker James Bruce von seiner Reise nach Nordafrika 1773 mitbrachte (Laurence, *Libri Enoch Prophetae Versio Aethiopica* [1838]). Für einen historischen Überblick über die altäthiopischen Handschriften von *1 Henoch*, wie sie der westlichen Wissenschaftswelt bekannt und zugänglich wurden, siehe Erho/Stuckenbruck, „A Manuscript History," 89–120.

lichst umfassende, textkritische Neuedition der altäthiopischen Handschriften als Desideratum.[304] Im Rahmen dieser Arbeit kann und soll dies nicht geleistet werden. Vielmehr soll hier ein pragmatischer und dokumentarischer Ansatz verfolgt werden, der dem oben geschilderten komplizierten Textbefund gerecht wird. Demgemäß wird hier für die in dieser Arbeit untersuchten Kapitel eine diplomatische Edition mit den wichtigsten altäthiopischen Textzeugen insbesondere von Aeth I geboten; Zeugen von Aeth II werden hinzugezogen, sofern sie für das Verständnis der altäthiopischen Henochtradition bedeutsame Varianten bieten. Damit ähnelt der hier verwendete methodische Ansatz demjenigen Knibbs insofern, als auch hier kein hypothetischer, ahistorischer eklektischer Archetypus rekonstruiert, sondern vielmehr das wesentliche Material der altäthiopischen Bezeugung von *1 Henoch* dargestellt werden soll. Andererseits unterscheidet er sich von Knibbs Ansatz in zweierlei Hinsicht:

Erstens, im Gegensatz zu Knibbs Edition, dessen Textbasis eine Aeth II-Handschrift ist, dient hier ein Manuskript von Aeth I als Grundlage. Auf diese Weise wird der Kritik an Knibbs Wahl der Basishandschrift Rechnung getragen und der Forschungstendenz rezenter Übersetzungen und Kommentare gefolgt, die sich vor allem auf Manuskripte und Lesungen von Aeth I stützen.[305] Ausgangspunkt der nachfolgenden diplomatischen Edition der in dieser Arbeit untersuchten Kapitel (1 Hen 14–16) ist EMML 7584,[306] eine Handschrift aus dem späten 16. bzw. frühen 17. Jahrhundert nach Christus aus dem Kloster Zuramba (Gondar), die einen relativ intakten und weitgehend zuverlässigen Text von Aeth I bietet und nur sehr vereinzelt Korrekturen in Richtung Aeth II erfahren hat.[307] Damit basiert die Edition zwar nicht auf einer der möglicherweise ältesten

---

304 Vgl. auch Piovanelli, „Enoch Etiopico," 94–95; Uhlig, „Zur Überlieferungsgeschichte," 191; Stuckenbruck, *1 Enoch 91–108*, 22, und Nickelsburg, *1 Enoch 1*, 3.

305 So Black, *Book of Enoch*, 6–7; Isaac, „1 (Ethiopic Apocalypse of) Enoch," 10–11; Stuckenbruck, *1 Enoch 91–108*, 19.27; Tiller, *Animal Apocalypse*, 129; Wacker, *Weltordnung und Gericht*, 39, und in Fällen, wo der Text nur altäthiopisch bezeugt ist auch Nickelsburg, *1 Enoch 1*, 19. Vgl. auch Piovanelli, „Sulla *Vorlage*," 593–594, und die Kritik an Knibbs Edition bei Tigchelaar, *Prophets of Old*, 144–145, und Uhlig, *Das äthiopische Henochbuch*, 490–491. Nur Bhayro, *The Shemihazah and Asael Narrative*, 47, nutzt wie Knibb aus ähnlichen Gründen auch eine Aeth II-Handschrift als Textgrundlage.

306 Aus der Sammlung The Ethiopian Manuscript Microfilm Library (EMML) = The Hill Museum & Manuscript Library, Saint John's Abbey and University, Collegeville, Minnesota (HMML), einsehbar unter (Registrierung erforderlich): https://www.vhmml.org/readingRoom/view/201115.

307 Für diese Datierung siehe Erho/Stuckenbruck, „A Manuscript History," 116–117. Isaac, „1 (Ethiopic Apocalypse of) Enoch," 6; Tiller, *Animal Apocalypse*, 143; Stuckenbruck, *1 Enoch 91–108*, 21–22, und Ben-Dov, Rezension Nickelsburg/VanderKam, *1 Enoch 2*, 144, datierten diese Handschrift zuvor noch ins 15. Jahrhundert nach Christus, während Nickelsburg, *1 Enoch 1*, 17, ins 18. Jahrhundert nach Christus.

Henochhandschriften wie zum Beispiel EMML 8400, Tana 9 oder EMML 2080, nimmt aber dafür einen Zeugen zur Grundlage, der vergleichsweise regelmäßig ist und dessen Aeth I-Lesungen verhältnismäßig breit bezeugt sind. Vor allem diese überwiegende textkritische Stabilität spricht für EMML 7584 und gegen eine der ältesten Henochhandschriften als Editionsgrundlage.

Auch wenn EMML 8400 vermutlich die älteste erhaltene Henochhandschrift ist und aus paläographischen Gründen um das Jahr 1400 nach Christus datiert werden kann,[308] stellt sie wie EMML 7584 einen Textzeugen der Aeth I-Tradition und nicht des Altäthiopen dar. Abgesehen vom Alter der Handschrift gibt es keine textkritischen Gründe, die für einen Vorzug von EMML 8400 gegenüber EMML 7584 als Grundlage der Edition sprechen.[309] Demgegenüber wäre eine Verwendung von Tana 9 oder EMML 2080 als Textgrundlage sogar mit Schwierigkeiten verbunden. Zwar wurde an Knibbs Edition häufig kritisiert, dass er den Wert von Tana 9 unterschätzt habe[310] oder diese Handschrift sogar besser als Grundlage seiner Edition hätte verwenden sollen, da sie nicht nur ältere, sondern auch reichhaltigere Lesungen biete.[311] Tana 9 ist aber in seinem textkritischen Wert umstritten. Während Isaac Tana 9 gegenüber allen anderen Handschriften eine Vorrangstellung einräumt und sie zur Grundlage seiner Übersetzung macht,[312] relativiert Uhlig Isaacs Entscheidung, ohne die Bedeutung von Tana 9 schmälern zu wollen: „Wenn dies meines Erachtens wegen der vielen Varianten aller alten Handschriften zu weit geht, so lassen sich doch Beispiele dafür nennen, dass diese Handschrift an manchen Stellen der glaubwürdigste Zeuge sein dürfte."[313]

Dagegen heben Tiller[314] und Ben-Dov[315] vielmehr die Unregelmäßigkeit bzw. den abweichenden, zum Teil ungewöhnlichen Charakter dieses Manuskripts hervor. Nach Ben-Dov verringere dies sogar eher ihren textkritischen Wert.[316] Schließlich sieht Piovanelli in Tana 9 einen von der übrigen handschriftlichen

---

308 Vgl. Stuckenbruck/Erho, „EMML 8400," 125.

309 Mit Blick auf das gesamte *Äthiopische Henochbuch* könnte als Argument gegen EMML 8400 angeführt werden, dass diese Handschrift *1 Henoch* nicht vollständig bezeugt und einige wenige Kapitel am Ende fehlen.

310 Vgl. exemplarisch Tigchelaar, *Prophets of Old*, 145.

311 Vgl. Berger, Rezension Knibb, 101.

312 Vgl. Isaac, „1 (Ethiopic Apocalypse of) Enoch," 10–11, bzw. Isaac, „New Light," 399–411. Isaac begründet seine Entscheidung damit, dass Tana 9 im Gegensatz zu anderen Handschriften häufig kürzere und schwierigere und damit wahscheinlich ursprünglichere Lesarten biete.

313 Uhlig, „Zur Überlieferungsgeschichte," 191.

314 Vgl. Tiller, *Animal Apocalypse*, 145 Fußnote 13.

315 Vgl. Ben-Dov, Rezension Nickelsburg/VanderKam, 146–147.

316 Vgl. Ben-Dov, Rezension Nickelsburg/VanderKam, 146–147.

Überlieferung (das heißt Aeth I und Aeth II) unabhängigen Zeugen, der für sich allein genommen nicht zum Archetypus führen könne; vielmehr müsse man für eine moderne, zuverlässige Übersetzung neben den aramäischen Fragmenten und den griechischen Versionen die altäthiopische Version, wie sie in Tana 9 und Aeth I, aber nicht in Aeth II überliefert ist, in Betracht ziehen.[317] Wie Tana 9 letztendlich auch zu bewerten ist, so sind die Besonderheit und Einzigartigkeit dieser Handschrift evident. Aber dies macht sie meines Erachtens daher auch zu einer eher schwierigen Textgrundlage.

Während Tana 9 vermutlich Mitte des 15. Jahrhunderts nach Christus enstanden ist, wurde EMML 2080 bisher häufig ins (späte) 15. Jahrhundert nach Christus[318] bzw. ins 15./16. Jahrhundert nach Christus[319] datiert. Andererseits wurde von W. Macomber eine ältere Datierung ins 12./13. Jahrhundert nach Christus vorgeschlagen.[320] Ebenso geht auch Wacker von einer Datierung ins 14. oder sogar 13. Jahrhundert nach Christus aus; sie sieht EMML 2080 als älteste altäthiopische Henochhandschrift an und nutzt sie daher als Textgrundlage ihrer Untersuchung.[321] Auf Grund des paläographischen Befundes, der gegen eine solche frühe Datierung spricht, ist aber davon auszugehen, dass EMML 2080 am ehesten noch ins 16. Jahrhundert nach Christus zu datieren ist und damit nicht zu den ältesten altäthiopischen Henochzeugen gehört.[322] Darüber hinaus ist meines Erachtens auch die Verwendung von EMML 2080 als Textgrundlage nicht ganz unproblematisch. EMML 2080 bietet zwar an sich einen zuverlässigen Basistext von Aeth I, hat aber zahlreiche Korrekturen, Tilgungen und Randnotizen in Richtung Aeth II erfahren. Darüber hinaus enthält diese Handschrift Glossen, die über den Aeth II-Text hinausgehen und vermutlich die äthiopische exegetische Tradition widerspiegeln. Dieser Sachverhalt erschwert meiner Meinung

---

317 Vgl. Piovanelli, „Sulla *Vorlage*," 592–594.
318 Vgl. zum Beispiel Isaac, „New Light," 400; Stuckenbruck/Erho, „The Ethiopian Manuscript Tradition," 264; Tiller, *Animal Apocalypse*, 143.
319 Vgl. Uhlig, *Äthiopische Paläographie*, 420; Stuckenbruck, *1 Enoch 91–108*, 21.
320 Vgl. Haile, *Catalogue of Ethiopian Manuscripts*, 147, wo im Katalogeintrag zu EMML 2080 Macombers Datierung neben dem Vorschlag von Sergew Hable Selassie angeführt wird. Letzterer datiert sie dagegen auch ins 15. Jahrhundert nach Christus.
321 Vgl. Wacker, *Weltordnung und Gericht*, 39. Ebenso nutzt Tiller EMML 2080 als Grundlage für seine Edition der *Tierapokalypse*, folgt dieser Handschrift aber nicht sklavisch, sondern bietet dann einen anderen Text, wenn er eine andere Lesung oder Konjektur für sinnvoller hält (vgl. Tiller, *Animal Apocalypse*, 145).
322 Für diese Datierung siehe Stuckenbruck, „1 Enoch 1: A Comparison," 31; vgl. auch Uhlig, *Äthiopische Paläographie*, 419–420. Die Datierung von EMML 2080 ins 16. Jahrhundert nach Christus bleibt aber auf Grund der mit dieser Handschrift verbundenen Schwierigkeiten unsicher.

nach stellenweise eine Rekonstruktion des Aeth I-Textes und verlangt vielmehr eine doppelte Prüfung der Lesungen.[323]

Zweitens, im Rahmen dieser Arbeit wird im Unterschied zu Knibb nicht auf Textkritik verzichtet. Die diplomatische Ausrichtung der nachfolgenden Edition bedeutet nicht, dass Textkritik als irrelevant oder vernachlässigbar erachtet wird. Vielmehr soll sie dann zum Tragen kommen, wenn sie für die inhaltliche Diskussion des Wächterbuches von Bedeutung ist. Dementsprechend wird der textkritische Befund, sofern interpretatorisch relevant, im Kontext der inhaltlichen Analyse dieser Arbeit erklärt und mit Blick auf die Forschungsmeinungen diskutiert. Auf diese Weise sollen die Versionen, ihre Unterschiede und die textkritische Diskussion für den Leser transparent und nachvollziehbar gemacht werden,[324] kann Textkritik am *Wächterbuch* auf Grund des handschriftlichen Befunds doch immer nur „Wahrscheinlichkeitsergebnisse"[325] erzielen. Die Edition bietet dementsprechend die Basis, auf der im Rahmen dieser Arbeit argumentiert wird, und soll verhindern, dass der tatsächlich existierende Befund mit einem willkürlich rekonstruierten verwechselt wird.[326]

Die nachfolgende Edition bietet auf Grund des Fokus dieser Arbeit nicht den gesamten Text des *Wächterbuches*, sondern nur die für das Thema relevanten Kapitel 14–16. Hierfür wurden neben EMML 7584 noch zwölf weitere altäthiopische Handschriften neu kollationiert und ausgewertet, die in der Textedition von Knibb noch nicht berücksichtigt wurden oder bei denen wie in dem Fall von Tanasee 9 auf Grund neuer Photos mit besserer Qualität eine erneute Kollation sinnvoll erschien.[327] Darüber hinaus wurde auf die von Charles und Knibb kollationierten Handschriften zurückgegriffen.[328] Die Edition strebt aber keine

---

323 Vgl. auch Ben-Dov, Rezension Nickelsburg/VanderKam, 147.

324 Vgl. auch mit Blick auf die verschiedenen sprachlichen Fassungen Stuckenbruck, *1 Enoch 91–108*, 18.

325 Wacker, *Weltordnung und Gericht*, 37.

326 Vgl. auch Stuckenbruck, *1 Enoch 91–108*, 18, und Wacker, *Weltordnung und Gericht*, 38.

327 Für eine Liste und Beschreibung dieser Handschriften siehe Kapitel 2.3.3 dieser Arbeit.

328 Knibb wurde bei seiner Edition dafür kritisiert, dass er Zitate innerhalb der altäthiopischen Literatur nicht berücksichtigt habe (vgl. zum Beispiel Berger, Rezension Knibb, 102–109, und Tigchelaar, *Prophets of Old*, 145; Piovanelli, „Sulla *Vorlage*," 563–564, und Uhlig, *Das äthiopische Henochbuch*, 476, betonen wie bereits vor Knibbs Edition Milik, *Books of Enoch*, 85–87, die Bedeutung der Zitate für eine textkritische Edition). Knibb selbst bestreitet in einem späteren Artikel nicht den Wert dieser Zitate und die Tatsache, dass sie Aeth I stützen, räumt aber ein, dass sie die Wahrnehmung von Aeth I nicht wesentlich zu ändern vermögen und darüber hinaus nicht dabei helfen können, hinter Aeth I zu kommen, das heißt den sogenannten Altäthiopen zu rekonstruieren (vgl. Knibb, „Text-Critical Value," 176–187). Im Rahmen dieser Arbeit werden diese Zitate daher nicht berücksichtigt.

Vollständigkeit hinsichtlich der Handschriften und der Varianten an. Vielmehr werden nur die Abweichungen angeführt, die einen Beitrag für das Verständnis der Überlieferung und des Textes des *Wächterbuches* leisten können. Orthographische Varianten oder offensichtliche Schreibfehler werden daher nicht berücksichtigt.[329]

Die Vers- und Kapiteleinteilung richtet sich der Einfachheit halber nach Charles, der wiederum von Dillmann abhängig ist.[330] Mit Blick auf die Handschriften selbst lässt sich aber feststellen, dass die Einteilung von Versen und Kapiteln von Handschrift zu Handschrift variiert und eine durchgehende Kapitelnummerierung erst in Handschriften ab dem 16. Jahrhundert nach Christus zu finden ist.[331] Die Kapiteleinteilung von *1 Henoch* ist somit wie bei den übrigen biblischen Büchern ein eher junges Phänomen der Textüberlieferung,[332] wobei die gängige wissenschaftliche Einteilung in Verse und Kapitel nicht immer notwendigerweise mit dem handschriftlichen Befund übereinstimmt. Dementsprechend werden einzelne Abweichungen in der Einteilung, die einen anderen Sinn oder ein anderes Verständnis eines Satzes nach sich ziehen, in einem von der Edition des Textes gesonderten Abschnitt angeführt.[333]

---

329 Typische Schreibfehler bzw. -varianten sind zum Beispiel die Verwechslung von bestimmten Konsonanten wie Gutturale oder Laterale, die Nichtdifferenzierung zwischen Vokallängen oder eine ungrammatische Schreibung von Wörtern. Eine Übersicht gibt zum Beispiel Lambdin, *Introduction to Classical Ethiopic*, 13–14. Vgl. auch die einleitenden Anmerkungen bei Knibb, *The Ethiopic Book of Enoch*, 1:xii; Bhayro, *The Shemihazah and Asael Narrative*, 48, und Stuckenbruck, *1 Enoch 91–108*, 27.

330 Vgl. Charles, *Ethiopic Version*, xviii: „The division into 108 chapters was made by Dillmann without MSS. authority, but as it has been followed by all subsequent scholars it is here adopted for the sake of convenience."

331 Vgl. Dillmann, *Das Buch Henoch*, lxii; Charles, *Ethiopic Version*, xviii, und auch Stuckenbruck in einer persönlichen Kommunikation am 22.01.2016. Nach Stuckenbruck findet sich eine durchgängig nummerierte Kapiteleinteilung erstmals bei Cambridge MS aus dem 16. Jahrhundert nach Christus. Im Gegensatz zu den Kapiteln wurden Verseinheiten in den Handschriften zu keiner Zeit nummeriert, sondern lediglich mit Hilfe verschiedener Interpunktionszeichen voneinander abgegrenzt. Hierbei kommt es zum Beispiel ab und zu vor, dass Wörter am Versanfang oder -ende in manchen Handschriften dem vorangehenden bzw. nachfolgenden Vers zugeordnet werden.

332 Vgl. zum Beispiel exemplarisch für die Diversität in der Einteilung mittelalterlicher hebräischer Psalmenhandschriften Yarchin, „Authoritative Shape," 355–370.

333 Vgl. hierzu die Übersicht zur unterschiedlichen Kapiteleinteilung bei Dillmann, *Liber Henoch aethiopice*, Annotationes 37–38.

2.3.2 Aufbau der Edition

Die nachfolgende Edition basiert auf EMML 7584 und gibt diesen Text nahezu identisch wieder. Die altäthiopische Schreibweise wurde nicht normalisiert. Lediglich ganz offensichtliche Schreibfehler wie zum Beispiel Dittographien wurden ausgelassen, um den Lesefluss nicht zu stören und um unnötige Varianten zu vermeiden. Solche Schreibfehler werden unter Kapitel 2.3.6 dieser Arbeit (Anmerkungen zu den Lesungen) aufgeführt. Unterhalb der Transkription von EMML 7584 befindet sich der Apparat, der in einen Anmerkungsteil zu EMML 7584 und einen Variantenteil gegliedert ist.

(1) Der erste Apparat enthält Anmerkungen zu den Lesungen von EMML 7584 wie zum Beispiel Hinweise auf unsichere Lesungen, Korrekturen, Tilgungsmarkierungen oder Ergänzungen. Hierfür wurde das betreffende Wort bzw. die betreffende Wendung im Fließtext mit Häkchen ⌐ ¬ versehen, die auf diesen Anmerkungsteil verweisen sollen. In der Transkription wurde in der Regel die überarbeitete Form eines altäthiopischen Wortes notiert, während der Anmerkungsteil Aufschluss über die Art der Korrektur und die vermutlich ursprüngliche Lesart des Wortes geben soll, sofern diese noch nachvollziehbar sind. Da in EMML 7584 Tilgungen von Buchstaben oder Wörtern überwiegend nicht tatsächlich durchgeführt wurden, sondern vielmehr nur durch Über- und Unterstreichung angezeigt werden, wurden die betreffenden Buchstaben oder Wörter im Fließtext belassen und somit auch mit Blick auf den Variantenvergleich als Bestandteil des Basistextes erachtet (für wenige Ausnahmen siehe hier wiederum die Anmerkungen zu den Lesungen in Kapitel 2.3.6). Ergänzungen am Rand oder über der Zeile wurden der Übersicht halber in den Fließtext integriert und für den Variantenvergleich gleichermaßen als Bestandteil des Textes aufgefasst, wobei die betreffenden Wörter wie die als zu tilgen markierten Bestandteile im ersten Apparat vermerkt wurden.

(2) Im zweiten Apparat werden die Varianten der anderen altäthiopischen Handschriften angeführt, sowohl diejenigen, die für diese Edition selbst kollationiert wurden (Cambridge MS, EMML 1768, EMML 2080, EMML 2436/EMML 2436a, EMML 6281, EMML 8400, EMML 8703, GG 151, Parma 3843, RTM, Tana 9[334]), als

---

[334] Die Handschriften EMML 1768, EMML 2080, EMML 2436/EMML 2436a, EMML 6281, EMML 8400, EMML 8703, GG 151 (bei HMML unter dem Siglum GG 00151), Tana 9 (= EMML 8292) stammen aus der Sammlung The Ethiopian Manuscript Microfilm Library (EMML) = The Hill Museum & Manuscript Library, Saint John's Abbey and University, Collegeville, Minnesota (HMML). Die Photos dieser Handschriften sind größtenteils unter der Website https://www. vhmml.org/readingRoom/ nach Registrierung zugänglich und wurden dort für die nachfolgende Edition eingesehen. Dies trifft jedoch nicht auf die Bilder der Handschriften EMML 8703 und Tana 9 (= EMML 8292) zu. Von diesen beiden Handschriften existieren noch keine Digitali-

auch diejenigen, die aus Charles und Knibbs Texteditionen übernommen wurden (Abb 35, Abb 55, Berl, Bodl 4, Bodl 5, BM 484, BM 485, BM 490, BM 491, BM 492, BM 499, Curzon 55, Curzon 56, Frankfurt MS, Munich 30, Ryl, Ull). Das betreffende Wort bzw. die betreffende Wendung, zu denen Varianten vorliegen, wurden in der Transkription mit einem hochgestellten, lateinischen Kleinbuchstaben (a/b/c/...) versehen, welcher unten im Apparat in Klammern mit nachfolgendem Zitat des betreffenden Wortes bzw. der betreffenden Wendung und den jeweiligen Varianten wieder aufgegriffen wird. Abgesehen von offensichtlichen Schreibfehlern und -varianten wurden im Apparat alle Abweichungen derjenigen Manuskripte notiert, die selbst kollationiert wurden. Demgegenüber wurde nur eine Auswahl an Zeugen und deren Varianten aus Charles und Knibbs Apparaten übernommen (siehe auch die Liste in Kapitel 2.3.3). So wurden zum Beispiel Varianten, die nur von einer oder zwei Handschriften bezeugt werden, häufig nicht mit einbezogen. Folglich werden im Apparat nur die abweichenden Zeugen angeführt; wird eine Handschrift dagegen nicht erwähnt, wird vorausgesetzt, dass sie entweder mit EMML 7584 übereinstimmt oder – was seltener der Fall ist und nur die aus Charles und Knibbs Editionen übernommenen Textzeugen betrifft – eine Einzelvariante darstellt, die nicht in den Apparat übernommen wurde.

Auf die Edition folgen zunächst die Anmerkungen zu den Lesungen und dann die Varianten in der Vers- und Kapiteleinteilung, die der Übersicht halber gesondert und nur in wesentlichen Fällen angeführt werden. Abgeschlossen wird mit einer Übersetzung von EMML 7584 zusammen mit den wichtigsten Varianten aus den anderen Handschriften.

2.3.3 Liste der verwendeten Handschriften

Die nachfolgende Liste bietet eine kurze Beschreibung derjenigen Handschriften, die für die hier gebotene Edition neu kollationiert wurden.[335] Für Textzeu-

---

sate in der HMML-Sammlung. Mit Blick auf Tana 9 wurde daher auf den Mikrofilm „Tanasee 9 * sim" von Ernst Hammerschmidt aus der Sammlung der STAATSBIBLIOTHEK ZU BERLIN – Preußischer Kulturbesitz, Orientabteilung zurückgegriffen. Die Qualität des Mikrofilms ist leider teilweise weniger gut, sodass ich zur Verifikation mancher Lesungen Rücksprache mit Loren T. Stuckenbruck hielt. Die Varianten von EMML 8703 gehen dagegen gänzlich auf Loren T. Stuckenbruck zurück.

Hinsichtlich der Photos der Handschriften Cambridge MS, Parma 3843 und RTM danke ich Loren T. Stuckenbruck herzlich für dessen Rat und Vermittlung.

335 Neben eigenen Beobachtungen vgl. vor allem die Beschreibungen der jeweiligen Handschriften bei Erho/Stuckenbruck, „A Manuscript History," 87–133; Stuckenbruck/Erho, „The Ethiopian Manuscript Tradition," 257–267, und Stuckenbruck, „1 Enoch in Outline."

gen, die bereits an anderer Stelle verwendet bzw. angeführt wurden, sei (auch) auf die Beschreibungen in den jeweiligen Editionen und Kommentaren verwiesen.[336] Darauf folgt zunächst eine Übersichtstabelle, in der diese Handschriften nochmals angeführt werden, nun aber mit ihren Siglen, wie sie in anderen Editionen/Übersetzungen (sofern jeweils vorhanden) und in der nachfolgenden Edition verwendet werden. Daran schließt eine weitere Übersichtstabelle mit denjenigen Handschriften an, deren Kollationen aus Charles und Knibbs Editionen übernommen wurden.

Cambridge University Library Additional 1570
- 16. Jahrhundert nach Christus (1588–1589).
- Pergament mit schwarzer und roter Tinte.
- Drei Kolumnen, 39–40 Zeilen, mit Kapiteleinteilung.
- 1 Hen 1–108 (vollständig); an erster Stelle im Codex, vor Oktateuch, Könige, Sprüche[337], Tagsas[338], Kohelet, Weisheit Salomos, Hiob, Jesaja, Kleine Propheten, Jeremia, Baruch, Klagelieder, Brief des Jeremia, 1 Esra, Susanna, Daniel, Bel und der Drache, Ezechiel.
- Wenige Korrekturen.

EMML 1768
- 15. Jahrhundert nach Christus, Kloster Ḥayq Esṭifanos, Ambassal, Wallo.
- Pergament mit Holzeinband und schwarzer und roter Tinte.
- Zwei Kolumnen, 40–41 Zeilen.
- 1 Hen 1–108 (vollständig); an erster Stelle im Codex, vor 1–3 Makkabäer (äth. Fassung), Jesaja, Himmelfahrt Jesaja, Jeremia, Baruch, Klagelieder, Brief des Jeremia, Paraleipomena Jeremia (4 Baruch), Hiob, 3 Esra (einschl. Nehemiah), 2 Esra, 1 Esra, Ezechiel, Susanna, Daniel, Bel und der Drache, Kleine Propheten, Sprüche, Tagsas, Kohelet, Weisheit Salomos, Hoheslied, Sirach, Judith, Tobit, Esther (gesamtes „AT").
- Am oberen Rand mancher Seiten leichte Wasserflecken, sodass an manchen Stellen die Buchstaben nur sehr schwer bzw. fast gar nicht zu lesen sind.
- Nur selten Nachträge am Rand.

---

336 Knibb, *The Ethiopic Book of Enoch*, 2:23–27; Nickelsburg, *1 Enoch 1*, 17; Stuckenbruck, *1 Enoch 91–108*, 20–26; Tiller, *Animal Apocalypse*, 143; Uhlig, *Das äthiopische Henochbuch*, 472–476.
337 Auch *Messale*. Die Sprüche Salomos sind in der äthiopischen Tradition in *Messale* (Spr 1–24) und *Tagsas* (Spr 25–31) aufgeteilt.
338 Siehe Fußnote 337 in diesem Kapitel (103).

EMML 2080

– 16. Jahrhundert nach Christus, Privatbibliothek Mamher Ḫayla Maryam (Ḥayq Estifanos), Ambassal, Wallo.
– Pergament mit Holzeinband und schwarzer und roter Tinte.
– Zwei Kolumnen, ca. 41 Zeilen.
– 1 Hen 1–108 (vollständig); an erster Stelle im Codex, vor Judith, Esther, Jesaja, Ezechiel, Jeremia, Baruch, Klagelieder, Prophezeiung Jeremias an Paschur, Paraleipomena Jeremia (4 Baruch), Kleine Propheten, Sprüche, Tagsas, Weisheit Salomos, Kohelet. Der Gesamtkodex wurde von mehr als einer Hand kopiert.
– Zahlreiche Tilgungen, Korrekturen und Randnotizen.

EMML 2436 + EMML 2436a

– 17. Jahrhundert nach Christus, Kirche Ankobarr Madḫane ʿAlam, Ankobarr, Shewa.
– Pergament mit Holzeinband und schwarzer und teilweise roter Tinte.
– Drei Kolumnen, 30 Zeilen, mit Kapiteleinteilung (EMML 2436) bzw. 35 Zeilen (EMML 2436a).[339]
– 1 Hen 1–108 (vollständig; am Anfang des Kodex) + 1 Hen 1,1–31,2a (am Ende des Kodex; von einer anderen Hand = EMML 2436a); an erster bzw. letzter Stelle im Codex, dazwischen Oktateuch, Jesaja, Ruth, Daniel.
– Textfassungen von EMML 2436 und EMML 2436a weichen voneinander ab: EMML 2436 bietet einen Text von Aeth I mit leichter Tendenz Richtung Aeth II, während der Text von EMML 2436a eher Aeth II zugeordnet werden muss.[340]
– EMML 2436: Korrekturen, Tilgungen und Randnotizen in Amharisch.
– EMML 2436a: Wenige Korrekturen.

EMML 6281

– 17. Jahrhundert nach Christus, Kirche Addis ʿAlam Maryam, Shewa.
– Pergament mit Holzeinband und schwarzer und roter Tinte.
– Drei Kolumnen, 30–31 Zeilen.
– 1 Hen 1–108 (vollständig); an zweiter Stelle im Codex, nach Qälementos.[341]
– Leichte Beschädigungen durch Wasser.

---

339 Bis auf das erste Mal gibt es in EMML 2436a im Prinzip keine Kapiteleinteilung; dafür sind *vacats* an den Stellen vorhanden, wo eine Kapiteleinteilung zu erwarten wäre.
340 So Loren T. Stuckenbruck in einer persönlichen Kommunikation am 21.02.2016.
341 Das äthiopische Clemensbuch unterscheidet sich von den Clemensbriefen bzw. von der Clementinischen Literatur und stellt vielmehr ein ganz eigenes Werk dar, das nach Clemens I. von Rom benannt wurde.

EMML 7584
- spätes 16./frühes 17. Jahrhundert nach Christus, Kloster Zuramba, Gondar.
- Pergament.
- Drei Kolumnen, 35–40 Zeilen.
- 1 Hen 1–108 (vollständig); an erster Stelle im Codex, vor Hiob, Hoheslied, Sprüche, Kohelet, Esther, Judith, Jesaja, Susanna, Daniel, Jeremia, Baruch, Ezechiel, Kleine Propheten, 1–2 Esra, Sirach.
- Korrekturen durch eine zweite Hand.

EMML 8292 (= Tanasee 9)
- 15. Jahrhundert nach Christus, Tanasee, Kebran.
- Pergament.
- Zwei Kolumnen, ca. 28 Zeilen.
- 1 Hen 1–108 (vollständig); an zweiter Stelle im Codex, nach Jubiläen, vor Ezechiel, Daniel (einschl. Bel und der Drache, vielleicht auch Susanna). Dublette von 1 Hen 78,8b–82,20 (= Tanasee 9a).

EMML 8400
- 15. Jahrhundert nach Christus (paläographisch vermutlich älteste altäthiopische Henochhandschrift).
- Pergament mit schwarzer und roter Tinte.
- Zwei Kolumnen, ca. 25 Zeilen.
- 1 Hen 1–105 (fast vollständig); an zweiter Stelle im Codex, nach Dirsane Gabriel.[342]
- Enthält liturgische Angaben.[343]

EMML 8703
- 16./17. Jahrhundert nach Christus.
- Pergament.
- Zwei Kolumnen, ca. 42 Zeilen.
- 1 Hen 1–108 (vollständig); an erster Stelle im Codex(?), daneben Hiob, 1–3 Könige, Tobit, 1–2 Chronik, Bücher Salomo, Jesaja, Jeremia, Ezechiel, Daniel, Kleine Propheten, Esra, Kohelet.
- Korrekturen und Anmerkungen am Rand.

---

342 Homilien des Erzengels Gabriel.
343 Für eine Beschreibung und Diskussion der liturgischen Angaben vgl. Stuckenbruck/Erho, „EMML 8400," 125–129.

Gunda Gunde 151 (= Mordini 29)

- spätes 15./frühes 16. Jahrhundert nach Christus, Kloster Gunda Gunde, Tigray.
- Pergament mit Holzeinband, Buchmalerei, und schwarzer und roter Tinte.
- Zwei Kolumnen, 28–29 Zeilen, mit Absatzmarkierung (das heißt der Schreiber setzt nach größeren Sinneinheiten nicht den normalen Verstrenner, sondern einen doppelten mit Bindestrich).
- 1 Hen 1–108 (vollständig).

Parma 3843 (= Mordini 198)

- 16. Jahrhundert nach Christus, Kloster Gunda Gunde (jetzt Bibliothek in Parma, Italien).
- Pergament, wobei Einband fehlt, mit schwarzer und roter Tinte.
- Zwei Kolumnen, 24–27 Zeilen.
- 1 Hen 1–108 (vollständig).
- Viele Flüchtigkeitsfehler, im Prinzip keine Korrekturen (wenige Ausnahmen).[344]

Remnant Trust Manuscript

- spätes 15./frühes 16. Jahrhundert nach Christus, genauer Ursprung unklar (möglicherweise Gunda Gunde, jetzt in einer privaten amerikanischen Sammlung).
- Pergament mit Holzeinband und schwarzer und roter Tinte.
- Zwei Kolumnen, 20–21 Zeilen.
- 1 Hen 1–108 (vollständig).
- Kaum Korrekturen.

---

344 Im Bereich von 1 Hen 14,18–19 ist die Tinte stark verschmiert, sodass einzelne Wörter nicht immer vollständig lesbar sind. Das Fehlen notierter Varianten in diesem Abschnitt in der nachfolgenden Edition bedeutet daher nicht notwendigerweise, dass Parma 3843 hier mit EMML 7584 übereinstimmt.

Tab. 1: Siglen der selbst kollationierten Handschriften.

Signatur	Siglum bei:				
	Uhlig[345]	Tiller[346]	Nickels-burg[347]	Stucken-bruck[348]	dieser Edition[349]
Cambridge University Library Additional 1570	Ca	–	Ca	Cambridge Ms.	Cambridge MS
EMML 1768	Co1	bk	1768	EMML 1768	EMML 1768
EMML 2080	Co2	bn	2080	EMML 2080	EMML 2080
EMML 2436	–	–	–	EMML 2436	EMML 2436
EMML 2436a	–	–	–	–	EMML 2436a
EMML 6281	Co5	bv	6281	EMML 6281	EMML 6281
EMML 7584	–	by	7584	EMML 7584	EMML 7584
EMML 8292 (= Tanasee 9)	TS	aa	T⁹	Tana 9	Tana 9
EMML 8400	–	–	–	–	EMML 8400
EMML 8703	–	–	–	–	EMML 8703
Gunda Gunde 151 (= Mordini 29)	–	–	–	–	GG 151
Parma 3843 (= Mordini 198)	–	–	–	–	Parma 3843
Remnant Trust Manuscript	–	–	–	–	RTM

Tab. 2: Die aus Charles und Knibbs Editionen übernommenen Handschriften.[350]

Signatur	Jahrhundert	Siglum bei:		
		Charles	Knibb	Uhlig
Aeth I (ältere Handschriftengruppe der altäthiopischen Henochüberlieferung):				
Abbadianus 35	17. Jh. n. Chr.	u	Abb 35	Pa3
Abbadianus 55	15./16. Jh. n. Chr.	t	Abb 55	Pa4

---

345 Siehe Uhlig, *Das äthiopische Henochbuch*, 475.

346 Siehe Tiller, *Animal Apocalypse*, 143.

347 Siehe Nickelsburg, *1 Enoch 1*, 17.

348 Siehe Stuckenbruck, *1 Enoch 91–108*, 20–25.

349 Bei der Verwendung der vorhandenen Siglen bzw. bei der Einführung neuer Siglen diente Stuckenbrucks System als Vorlage (siehe Fußnote 348 in diesem Kapitel).

350 Für eine Handschriftenbeschreibung bzw. Siglenliste siehe Charles, *Ethiopic Version*, xvii–xxi; Knibb, *The Ethiopic Book of Enoch*, 2:23–27, bzw. Uhlig, *Das äthiopische Henochbuch*, 473–475. Nickelsburg und Tiller verwenden bei den hier genannten Handschriften dieselben Siglen wie Charles (vgl. Nickelsburg, *1 Enoch 1*, 17, bzw. Tiller, *Animal Apocalypse*, 142–143) und Stuckenbruck schließt sich dem System von Knibb an (vgl. Stuckenbruck, *1 Enoch 91–108*, 20 Fußnote 60). Daher wurden diese hier nicht eigens angeführt.

Tab. 2 (fortgesetzt)

Signatur	Jahrhundert	Siglum bei:		
		Charles	Knibb	Uhlig
Berlin Orient Petermann II, Signatur 29	16. Jh. n. Chr.	q	Berl	Be
British Library Orient 485	16. Jh. n. Chr.	g	BM 485	Lo4
British Library Orient 491	17. Jh. n. Chr.	m	BM 491	Lo9
Aeth II (jüngere Handschriftengruppe der altäthiopischen Henochüberlieferung):				
Bodleian Library, MS Orient 531	18. Jh. n. Chr.	a	Bodl 4	Ox 1
Bodleian Library, MS Bruce 74	18. Jh. n. Chr.	b	Bodl 5	Ox 2
British Museum Orient. 484	18. Jh. n. Chr.	h	BM 484	Lo5
British Museum Orient. 490	18. Jh. n. Chr.	k	BM 490	Lo7
British Library Orient 492	18. Jh. n. Chr.	n	BM 492	Lo10
British Library Orient 499	18. Jh. n. Chr.	o	BM 499	Lo11
British Museum Orient. 8822	18. Jh. n. Chr.	d	Curzon 55	Lo1
British Museum Orient. 8823	18. Jh. n. Chr.	e	Curzon 56	Lo2
Frankfurt Orient Rüppel II. 1	18. Jh. n. Chr.	c	Frankfurt MS	Fr
Munich Ethiopic MS 30	17./18. Jh. n. Chr.	y	Munich 30	Mü
Rylands Library Ethiopic MS 23	18. Jh. n. Chr.	p	Ryl	Ma
Ullendorff MS	18. Jh. n. Chr.	–	Ull	Ull

In der nachfolgenden Edition werden die Siglen, wie sie Knibb in seiner Edition verwendet, gebraucht. Charles Edition wurde für die Kollationen der Handschriften Abb 35, Abb 55, Berl, Bodl 4, Bodl 5, BM 484, BM 485, BM 490, BM 491, BM 492 (nur gelegentlich), BM 499, Curzon 55, Curzon 56, Frankfurt MS und Munich 30 (nur gelegentlich[351]) herangezogen, während Knibbs Edition für die Kollationen der Handschriften Abb 35, Abb 55, Berl, Bodl 5, BM 485, BM 491, BM 492, BM 499, Ryl, Ull. In den Fällen, in denen Knibb und Charles in ihren Lesungen voneinander abweichen, wurde in der Regel Knibbs Lesung übernommen. Andernfalls wurde Knibbs Lesung in Klammern nachgestellt. Stimmen alle Handschriften von Aeth I bzw. Aeth II überein, wurde anstatt einer Aufzählung der einzelnen Handschriften das jeweilige Kürzel, das heißt Aeth I bzw. Aeth II notiert.

---

351 Tiller, *Animal Apocalypse*, 143, schreibt zur Kollationierung von Munich 30 (bei Charles y): „Charles frequently fails to cite y, so it is never safe to assume its inclusion in the siglum β." Daher wurde Munich 30 wie BM 492 nur dann übernommen, wenn es in Charles Apparat explizit erwähnt wurde.

2.3.4 Abkürzungsverzeichnis zur Edition und Übersetzung

a.	auch
a. Rd.	am Rand
add.	addit/addunt
adv.	adverbial(er)
Aeth I	ältere Handschriftengruppe der altäthiopischen Henochüberliefe-rung
Aeth II	jüngere Handschriftengruppe der altäthiopischen Henochüberlie-ferung
Akk.	Akkusativ
Altern.	Alternative
and.	andere(n)
Anm.	Anmerkung
Bst.	Buchstabe
bzw.	beziehungsweise
d.	der/die/das
d. h.	das heißt
e.	ein(er/s/...)
erg.	ergänzt
Gen.	Genitiv
Hs.	Handschrift
Hss.	Handschriften
i.	in/im
i. S. v.	im Sinne von
korr.	korrigiert
L.	Lesung
l.	lies
mögl.	möglicherweise
Nom.	Nominativ
o. ä.	oder ähnliches
om.	omittit/omittunt
Ord.	Ordnung
pl.	plural(isch)
s.	siehe
sf.	Suffix
sg.	singular(isch)
st. cstr.	Status constructus

teilw.	teilweise
u.	und
unsich.	unsicher
ursprüngl.	ursprünglich
v.	von
Var.	Variante
vermutl.	vermutlich
viell.	vielleicht
W.	Wort
Worttr.	Worttrenner
Z.	Zeile
zw.	zwischen
⌈ ⌉	Hinweis auf eine Anmerkung im 1. Apparat
a / b / c / …	Hinweis auf einen Variantenvermerk im 2. Apparat
‖	trennt verschiedene Varianten zu derselben Stelle des Textes
1	ursprüngliche Lesart einer Handschrift
2	korrigierte Lesart einer Handschrift
(?)	Lesung ist unsicher
{Ryl}	Weder Knibb noch Charles geben Varianten zu diesem Wort an, sodass nur die Lesung von Ryl notiert wurde

2.3.5 Diplomatische Edition der altäthiopischen Fassung

ዝመጽሐፍᵃ፡ ቃለᵇ፡ ጽድቅᶜ፡ ወዘለፋᵈ፡ ትጉሃንᵉ፡ እለ፡ እምዓለም፡ በከመ፡ አዘዘ፡ ቅዱስ፡ ወቢ.ይᶠ፡   14,1
በይእቲ፡ ራእዩ።

አነᵃ፡ ርኢኩᵇ፡ በንዋየ፡ ዘአነ፡ ይእዜᶜ፡ እትናገርᵈ፡ በልሳንᵉ፡ ዘሥጋ፡ ወበመንፈስፈ፡ ዘወሀበᵍ፡   14,2
ወቢ.ይʰ፡ አፍⁱ፡ ⸢ወወሀበ፡ ወቢ.ይ⸣ʲ፡ ለሰብእᵏ፡ ይትናገሩˡ፡ ቦቱ፡ ወይለብዉᵐ፡ በልብ፡

ከመᵃ፡ ፈጠረᵇ፡ ወወሀበᶜ፡ ለሰብእ፡ ወሊ.ተᵈ፡ ይለብዉᵉ፡ ቃለ፡ አእምሮ።ወሊ.ተኂ፡ ፈጠረᶠ፡   14,3
⸢ወወሀበኂ⸣ᵍ፡ እዝልፎሙʰ፡ ለትጉሃንⁱ፡ ውሉደ፡ ስግ ኣየ፡

14,2 ⸢ዘወሀበ፡ ወቢ.ይ⸣፡ als zu tilgen markiert. 14,3 ⸢ወወሀበኂ⸣፡ sf. ኂ über d. Z. erg., d. h. ursprüngl. ወወሀበ፡

14,1 (a) ዝመጽሐፍ፡ RTM, Tana 9, Berl: ዝመጽሐፈ፡ ‖ EMML 8400: በመጽሐፍ፡ (b) ቃለ፡ Tana 9, Berl, Bodl 4, Bodl 5: ቃላተ፡ ‖ EMML 2080²: mögl. a. ቃላ፡ (zw. W. u. Worttr. e. Bst. getilgt, d. h. EMML 2080¹: ቃላተ፡ (?)). (c) ጽድቅ፡ EMML 2436a: mögl. a. ጽድቁ፡ (d. letzte Bst. steht zugleich i. d. 2. (ቁ) als a. i. d. 6. Ord. (ቅ)). (d) ወዘለፋ፡ BM 485: ወዘለፉ፡ ‖ Tana 9, Berl: ወዘለፈ፡ ‖ EMML 6281: ወእዛለፍ፡ (e) ትጉሃን፡ Tana 9: ለትጉሃን፡ ‖ Berl: ትጉሃን፡ ‖ EMML 6281: ትጉሀን፡ስግዪ፡ (f) ወቢ.ይ፡ EMML 8400: ዓቢ.ይ፡   14,2 (a) አነ፡ EMML 1768, Curzon 55, Munich 30: ወአነ፡ (b) ርኢኩ፡ EMML 8400: ዘርኢኩ፡ ‖ Berl: ርኢከም፡ (c) ይእዜ፡ Berl: add. ርኢኩ፡ወ (d) እትናገር፡ EMML 8703: om. ‖ außer BM 492 alle and. Hss: እነግር፡ (e) በልሳን፡ EMML 2080, EMML 2436, Tana 9, Berl, Bodl 5, BM 492: በልሳንየ፡ (f) ወበመንፈስፈ፡ Cambridge MS: በመንፈስፈ፡ ‖ EMML 6281: ወበመንፈስፈ፡ ‖ EMML 8703, Curzon 55, Munich 30: ወበመንፈስ፡ (g) ዘወሀበ፡ EMML 6281, EMML 8400, GG 151, Parma 3843, BM 491: ዘወሀበኂ፡ ‖ EMML 1768: ወሀበ፡ (h) ወቢ.ይ፡ Cambridge MS, EMML 8400, RTM, Abb 35, Berl, BM 491: ወቢ.የ፡ (i) አፍ፡ Cambridge MS, EMML 2080² (a. Rd. erg.), EMML 2436, EMML 2436a, EMML 8400, EMML 8703, RTM, Abb 35, BM 491, Aeth II: አፈ፡ ‖ EMML 1768: om. (f–i) ወበመንፈስፈ፡ዘወሀበ፡ወቢ.ይ፡አፍ፡   Tana 9: ወበመንፈስ፡አፍ፡ዘወሀበ፡ወቢ.ይ፡ (j) ዘወሀበ፡ወቢ.ይ፡ RTM ዘወሀበ፡ወቢ.ይ፡ ‖ BM 491: ዘወሀበ፡ዕቢይ፡ ‖ GG 151, Abb 55: ዘወሀበ፡ ‖ Berl: ዘወሀበ፡ ‖ Parma 3843: ዘወሀበ፡ ‖ Cambridge MS, EMML 1768, EMML 2080, EMML 2436, EMML 2436a, EMML 8400, EMML 8703, Tana 9, Aeth II: om. (k) ለሰብእ፡ EMML 2436a: add. ከመ፡ (l) ይትናገሩ፡ Parma 3843, Tana 9, BM 491: ይትናገር፡ ‖ EMML 2080²: ይትናገር፡ (ሩ mögl. zu ር korr., d. h. EMML 2080¹: ይትናገሩ፡ (?)) ‖ Bodl 5: add. ለሰብእ፡ (m) ወይለብዉ፡ EMML 1768, EMML 2080, EMML 2436, EMML 2436a, EMML 6281, EMML 8400, Bodl 5: ወይለብው፡ ‖ BM 491: ወይለቡ፡ ‖ Parma 3843: ወሊ.ብዉ፡ (?).   14,3 (a) ከመ፡ Tana 9: add. ውእቱ፡ (b) ፈጠረ፡ Cambridge MS: ፈጠሪ፡ ‖ BM 485: ፈጠሪ፡ ‖ EMML 6281: ፈጠር፡ (c) ወወሀበ፡ Cambridge MS: ወሀበ፡ ‖ EMML 6281, Berl, BM 499: ወወሀበ፡ (d) ወሊ.ተ፡ Cambridge MS, Berl: ወሊ.ተኂ፡ ‖ GG 151, Parma 3843: add. ወሀበ፡ ‖ EMML 2436, EMML 2436a, EMML 8400, Aeth II: om. ‖ EMML 2080²: om. (ursprüngl. mögl. vorhanden, da an dieser Stelle d. Hs. e. W. getilgt wurde) ‖ EMML 8703: ከመ፡ (e) ይለብዉ፡ EMML 1768, EMML 2080, EMML 2436a, EMML 6281, EMML 8400, Parma 3843: ይለብው፡ ‖ Cambridge MS: እለቡ፡ ‖ EMML 2436: ወይለብዉ፡ ‖ BM 484: add. በልብ፡ (f) ፈጠረ፡ Cambridge MS, EMML 2436: ፈጠረኂ፡ ‖ EMML 8400: om. (g) ወወሀበኂ፡ EMML 2080: sf. mögl. erg. ‖ EMML 8400: ወሀበኂ፡ ‖ Cambridge MS, EMML 1768, EMML 6281, RTM, Tana 9, Abb 55, Berl, BM 485, BM 491: ወወሀበ፡ (h) እዝልፎሙ፡ Cambridge MS, EMML 2436a, EMML 8400, Tana 9, Aeth II: እዛለፎሙ፡ (i) ለትጉሃን፡ Cambridge MS, EMML 2080, EMML 2436, EMML 6281, EMML 8400, EMML 8703, GG 151, Parma 3843, Abb 35, Berl, BM 485, BM 491, Aeth II: ለትጉሃን፡

14,4 ⸢አነ⸣[a]፡ ስእለትክሙ[b]፡ ጸሐፍኩ፡ ወበራእይየ[c]፡ ከመዝ[d]፡ ያስተርኢ።እስመ፡ ስእለትክሙ[e]፡
ኢትከውነክሙ፡ ውስተ፡ ኵሉ፡ መዋዕለ[f]፡ ዓለም[g]፡ ወኰነኔ፡ ፍጽምት[h]፡ ላዕሌክሙ፡ ኢይከውነክሙ[i]።

14,5 ወእምይእዜ[a]፡ ኢተዐርጉ[b]፡ ውስተ[c]፡ ሰማይ[d]፡ እስከ፡ ኵሉ፡ ዓለም፡ ወውስተ[e]፡ ምድር፡ ተነግረ[f]፡
ይእስርክሙ[g]፡ በኵሉ፡ መዋዕለ፡ ዓለም[h]።

14,6 ወእምቅድመ፡ ዝንቱ፡ ርኢክሙ[a]፡ ሐጕለ[b]፡ ውሉድክሙ፡ ፍቁራን፡ ወአልብክሙ፡ ጥርያኒሆሙ[c]፡
እለ[d]፡ ይወድቁ፡ ቅድሜክሙ[ef]፡ በሰይፍ፡

14,7 ወስእለትክሙ[a]፡ በእንቲአሆሙ[b]፡ ኢይከውን[c]፡ ወበእንቲአክሙ[d]።ወአንትሙሂ[e]፡ እንዘ፡ ትበክዩ፡
ወታስተብቍዑ[f]፡ ወኢትትናገሩ[g]፡ ወኢምንተኒ[h]፡ ቃለ[i]፡ እምውስተ፡ መጽሐፍ[j]፡ ዘጸሐፍኩ፡

14,4 ⸢አነ⸣፡ über d. Z. erg.

14,4 (a) **አነ፡** Bodl 5, BM 484, Frankfurt MS: **ወአነ፡** ‖ Ryl^2: **ወአነ፡** (**ወ** über d. Z. erg., d. h. Ryl^1: **አነ፡**) ‖ Abb 55: om. (b) **ስእለትክሙ፡** Cambridge MS, EMML 2080, EMML 2436, EMML 2436a, EMML 6281, EMML 8703, BM 491, Aeth II: **ስእለተክሙ፡** (c) **ወበራእይየ፡** RTM, BM 485: **ወበራእየ፡** ‖ Tana 9: **በራኢ፡** (d) **ከመዝ፡** EMML 8703: **ከመ፡** (e) **ስእለትክሙ፡** EMML 6281, BM 485, BM 484, BM 499: **ስእለተክሙ፡** (f) **ኵሉ፡መዋዕለ፡** EMML 1768: **ኵሉ፡ዓለም፡ወመዋዕለ፡** (g) **ዓለም፡** EMML 2436a: om. (h) **ፍጽምተ፡** Cambridge MS, EMML 1768, EMML 2436, EMML 2436a, EMML 8400, EMML 8703, Abb 35, Berl, BM 491, Aeth II: **ፍጽምት፡** ‖ EMML 2080, Tana 9: **ተፈጸመት፡** (i) **ኢይከውነክሙ፡** Ull: **ወይከውነክሙ፡** ‖ Tana 9: **ወኢኮንክሙ** bzw. **ወኢኮንክሞ** (d. letzte Bst. steht zugleich i. d. 2. (**ሙ**) als a. i. d. 7. Ord. (**ሞ**)) ‖ Cambridge MS, EMML 1768, EMML 2080, EMML 2436a, EMML 8400, EMML 8703, GG 151, Parma 3843, RTM: **ወኢይከውነክሙ፡** ‖ EMML 2436^2: **ወኢይከውነክሙ፡ምሕረት፡** ‖ BM 492, Ryl^2: **ወኢይከውነክሙ፡ሰላም፡** ‖ EMML 6281: **ወኢይከውን፡ፍጽምተ፡ላዕሌክሙ፡** **14,5** (a) **ወእምይእዜ፡** EMML 2080: **ወ** über d. Z. erg. ‖ EMML 2436, EMML 6281, GG 151, Parma 3843, Tana 9, BM 491, Ull: **እምይእዜ፡** (b) **ኢተዐርጉ፡** Tana 9^2: **ኢተዐርጉ፡** (**ኢ** über d. Z. erg., d. h. Tana 9^1: **ተዐርጉ፡**) ‖ EMML 1768, Abb 55: **ኢትዐርጉ፡** ‖ BM 485: **ኢተዓረኩ፡** (c) **ውስተ፡** GG 151, Parma 3843, Berl: om. (d) **ሰማይ፡** GG 151, Berl: **ሰማየ፡** (e) **ወውስተ፡** EMML 6281, EMML 8400: **ውስተ፡** (f) **ተነግረ፡** Abb 55: **ተናግረ፡** ‖ EMML 6281, EMML 8400: **ትነግረ፡** ‖ Tana 9^2: **ትንብሩ፡**(?) (**ን** über d. Z. erg.) (g) **ይእስርክሙ፡** EMML 8400: **ይእስሩክሙ፡** (h) **ዓለም፡** EMML 8400: add. **ወውስተ፡ምድር፡** **14,6** (a) **ርኢክሙ፡** EMMl 2080^2: **ርኢክሙ፡** (**ኩ** zu **ክ** korr. u. **ሙ** v. e. and. Hand, d. h. EMML 2080^1: **ርኢኩ፡**(?)) ‖ Ryl^1: **ርኢኰሙ፡** ‖ EMML 6281, EMML 8703, Abb 35^1: **ርኢኩ፡** (b) **ሐጕለ፡** Tana 9: **ኀጕለ፡** (c) **ጥርያኒሆሙ፡** Cambridge MS, EMML 6281, Bodl 4, Bodl 5, BM 484, BM 490, Frankfurt MS, Ryl: **ጥራያኒሆሙ፡** ‖ Curzon 56: **ጥራይነሆሙ፡** ‖ EMML 2436a: **ጥራእያኒሆሙ፡** ‖ EMML 2080^2 (a. Rd. als Altern.?), EMML 2436^2 (a. Rd. als Altern.?), BM 492: **ጥሪትናሆሙ፡** ‖ EMML 8400: **ጥራያኒክሙ፡** ‖ Berl: **ጠራያኒሆሙ፡** ‖ Abb 35: **ጥሩያኒሆሙ፡** ‖ BM 499: **ጥራያኒሆሙ፡ጥሪትናሆሙ፡** (d) **እለ፡** EMML 2080^2, Ryl^2: **እላ፡** (aus ursprüngl. **እለ፡** korr.?) ‖ Cambridge MS, EMML 2436, EMML 2436a, EMML 8703, GG 151, Abb 35, Berl, Aeth II (außer Ryl^1): **አላ፡** ‖ Parma 3843: om. (e) **ይወድቁ፡ቅድሜክሙ፡** EMML 2436a: **ቅድሜክሙ፡ይወድቁ፡** (f) **ቅድሜክሙ፡** Tana 9: **በቅድሜክሙ፡** **14,7** (a) **ወስእለትክሙ፡** Cambridge MS, EMML 6281, BM 485: **ወስእለተክሙ፡** (b) **በእንቲአሆሙ፡** EMML 2080, Abb 55, BM 492, Ull: **በእንቲአክሙ፡** (c) **ኢይከውን፡** Tana 9: **ኢትከውን፡** ‖ EMML 8400: **ኢይከውነክሙ፡** (d) **ወበእንቲአክሙ፡** EMML 8703, Abb 35: **ወበእንቲአክሙሂ፡** ‖ EMML 2436a, Bodl 4, BM 490, Curzon 55, Curzon 56: **ወበእንቲአክሙኒ፡** ‖ Ryl^2: **በእንቲአክሙኒ፡** (**ወ** vor d. W. getilgt, d. h. Ryl^1: **ወበእንቲአክሙኒ፡**) ‖ BM 484, BM 499: **በእንቲአክሙኒ፡** ‖ Cambridge MS, EMML 8400, Berl: **በእንቲአክሙ፡** ‖ Ull: **ወበእንቲአሆሙኒ፡** ‖ EMML 2080: **በእንቲአሆሙ፡** ‖ Abb 55,

ወሊ.ተᵃ ፡ ራእይᵇ ፡ ከመዝᶜ ፡ አስተርአየኒᵈ ፡ ናሁ ፡ ደመናትᵉ ፡ በራእይ ፡ ይዴውዑኒᶠ ፡ ወጊሚᵍ ፡ 14,8
ይዴውዑኒʰ ፡ ወሩጸተ ፡ ከዋክብት ፡ ወመባርቅት ፡ ያጔጕኡኒⁱ ፡ ⸢ወያጽዕቁኒʲ ፡ ወነፋሳት ፡ በራዕይ ፡
ያስርሩኒᵏ ፡ ወያጔጕዑኒ⸣ˡ ፡ ⸢ወአነሥኡኒᵐ ፡ ላዕለ ፡ ውስተ ፡ ሰማይ።

ወቦእኩ ፡ እስከ ፡ እቅርብᵃ ፡ ኀበ ፡ ጥቅም ፡ ዘሕንጹትᵇ ፡ በእብንᶜ ፡ በረድ ፡ ወልሳነᵈ ፡ እሳት ፡ ያአውዴᵉ ፡ 14,9
ወወጠነᶠ ፡ ያፍርሀኒᵍ ፡

14,8 ⸢ወያጽዕቁኒ ፡ ወነፋሳት ፡ በራዕይ ፡ ያስርሩኒ ፡ ወያጔጕዑኒ⸣ : über d. Z. erg. u. L. teilw. unsich. –
⸢ወአነሥኡኒ⸣ : ነ mögl. zu ነ korr., d. h. ursprüngl. viell. ወነሥኡኒ : , አ als zu tilgen markiert, d. h.
l. ወነሥኡኒ :

BM 492: om. (e) ወአነትሙꞋ : EMML 8703, Abb 35: ወአነትሙሰ : ‖ Ryl: ወአነትሙኒ : ‖ EMML 8400,
Tana 9, Ull: አነትሙꞋ : ‖ Abb 55: om. (f) ወታስተብዖው : Cambridge MS, EMML 1768, EMML 2080,
EMML 2436, EMML 2436a, EMML 6281, EMML 8400, EMML 8703, GG 151,{Ryl}: ወታስተበዖው : ‖
RTM²: ወታስተብቀው : (ብ zu በ korr., d. h. RTM¹: ወታስተብዖው :) ‖ Tana 9: ታስተበቀው :
(g) ወኢትትናገሩ : EMML 2080, Bodl 5, BM 492: ኢ.ትትናገሩ : ‖ Abb 55: om. (h) ወኢ.ምንተኒ :
EMML 8703: ወኢ.ምንትኒ : ‖ EMML 2436: ወኢ.ምንተኒ : ‖ Cambridge MS, EMML 6281, GG 151, Parma
3843, RTM, Berl, BM 485, BM 491, Curzon 55: ወኢ.ምንት : ‖ EMML 2436a: ወምንተ : (i) ቃለ :
EMML 2436: ፬ቃለ : (j) መጽሐፍ : EMML 8400: መጻሕፍት :
14,8 (a) ወሊ.ተ : EMML 8703: ወሊ.ተኒ : (b) ራእይ : Tana 9: ርእይ : ‖ Ull: om. (c) ከመዝ : EMML 8400:
ዘከመ : (b–c) ራእይ ፡ ከመዝ : EMML 2436, EMML 2436a, Aeth II (außer Bodl 4, BM 492, Ryl): ከመዝ :
ራእይ : (c–d) ከመዝ ፡ አስተርአየኒ : Tana 9: om. (e) ደመናት : Tana 9: ደመናት : (f) ይዴውዑኒ :
EMML 1768, BM 485, BM 491: ይዴውዓኒ : ‖ EMML 8703² (a. Rd.): ይወስደኒ :(?). (g) ወጊሚ :
EMML 2080²: a. Rd. erg. ‖ EMML 8703²: über d. Z. erg. ‖ GG 151, Parma 3843, RTM: om.
(h) ይዴውዑኒ : EMML 8703: ይጸዑኒ : ‖ Cambridge MS, EMML 2436, EMML 6281, Abb 55, Bodl 4,
Bodl 5, Curzon 55, Curzon 56, Frankfurt MS: ይዴውዐኒ : ‖ EMML 1768, EMML 2080² (a. Rd. erg.),
EMML 2436a, BM 484, BM 490, BM 491, BM 492, Ryl: ይዴውዓኒ : ‖ GG 151, Parma 3843, RTM: om.
(i) ያጔጕኡኒ : EMML 2436a, Bodl 4, Bodl 5, Curzon 56, Frankfurt MS: ያጕጕዑኒ : (j) ወያጽዕቁኒ :
EMML 1768, EMML 2080, EMML 2436, EMML 6281, EMML 8703, GG 151, Parma 3843, RTM,
Tana 9, Berl, BM 485, BM 491: ወያጽዐቁኒ : (k) ያስርሩኒ : Cambridge MS, EMML 1768, Parma 3843,
Tana 9, Abb 35, Abb 55, BM 485, BM 491, Aeth II: ያስርሩኒ : (l) ወያጔጕዑኒ : EMML 2080, BM 485,
Bodl 4: ወያጕጕኡኒ : ‖ Berl: ወአጕጕኡኒ : (m) ወአነሥኡኒ : EMML 2080, GG 151, Parma 3843, RTM,
Aeth I: ወአነሥኡኒ : ‖ EMML 6281, EMML 8703: ወያነሥኡኒ : ‖ EMML 8400: ወያነሥኡኒ : ‖ Cambridge
MS, EMML 2436, EMML 2436a, Aeth II: ወነሥኡኒ : ‖ EMML 1768, Tana 9: om. **14,9** (a) እቅርብ :
BM 485: እቅርበ : ‖ EMML 8400: እበውእ : (b) ዘሕንጹት : EMML 2080²: ዘሕንጹ : (zw. W. u. Worttr. e.
Bst. getilgt, d. h. EMML 2080¹: ዘሕንጹት :(?)). (c) በእብን : Cambridge MS, EMML 2436,
EMML 2436a, EMML 8400, Tana 9, Berl, Aeth II: በእብ : (d) ወልሳነ : Tana 9: ወልሳናተ :
(e) ያአውዴ : Cambridge MS, EMML 1768, EMML 8703, GG 151, RTM, Tana 9, Abb 35, Abb 55, Berl,
BM 491: የዓውዴ : ‖ EMML 2436, EMML 2436a: ያዓውዳ : ‖ Aeth II: የዓውዳ : ‖ EMML 6281: የአውዴ : ‖
EMML 8400: የዐዳ : (f) ወወጠነ : Berl: ወወጠኑ : (g) ያፍርሀኒ : Berl: ያፍርሀኒ : ‖ EMML 8703: ያፈርሀኒ : ‖
Abb 35¹, BM 491: ያፈርሀኒ : ‖ Abb 55: አፍረሀኒ :

14,10 ወበእኩ፡ ውስተ፡ ልሳነ[a]፡ እሳት።ወቀረብኩ፡ ኀበ[b]፡ ቤት[c]፡ ዐቢይ፡ ዘሕኑጸ፡ በእብን[d]፡ በረድ።
ወአረፍተ፡ ውእቱ፡ ቤት[e]፡ ከመ፡ ፀፍፀፈ[f]፡ ሳሌዳተ[g]፡ በእብን[h]፡ ዘእምበረድ[i]፡ ወምድሩ[j]፡ በረድ፡

14,11 ጠፈሩ[a]፡ ከመ[b]፡ ሩጸተ፡ ከዋክብት፡ ወመባርቅት[c]፡ ወማእከሎሙ[d]፡ ⌜ኪሩቤል⌝[e]፡ ዘእሳት።
ወሰማዮሙ፡ ማይ[f]፡

14,12 ወእሳት[a]፡ ዘይነድድ፡ በአውደ[b]፡ አረፍት[c]።ወኖጉቱ[d]፡ ይውዒ[e]፡ በሳት፡

14,13 ወበእኩ፡ ውስተ፡ ውእቱ[a]፡ ቤት፡ ⌜ወሞውቅ⌝[b]፡ ከመ፡ እሳት፡ ወቄ ሪር፡ ከመ፡ በረድ፡ ወኢምንተኒ[c]፡
ፍግዐ[d]፡ ሕይወት[e]፡ አልቦቱ[f]፡ ውስቴቱ[g]፡ፍርሃት[h]፡ ከደነኒ[i]፡ ወረዓድ[j]፡ አኀዘኒ፡

14,14 ወእንዘ፡ እትሃወክ፡ ወእሬዕድ[a]፡ ወደቁ፡ በገጽየ፡ ወእሬኢ[b]፡ በራእይ።

14,11 ⌜ኪሩቤል⌝፡ ን zu ል korr., d. h. ursprüngl. ኪሩቤን፡ **14,13** ⌜ወሞውቅ⌝፡ ው über d. Z. erg., ቁ zu ቅ korr., d. h. ursprüngl. ወሞቁ፡, korr. W. vermutl. i. S. v. ወሞውቅ፡ (= Aeth II) zu verstehen.

14,10 (a) ልሳነ፡ EMML 2080, Tana 9: ልሳናተ፡ (b) ኀበ፡ EMML 2436: ውስተ፡ (c) ቤት፡ Tana 9: ቤተ፡ (d) በእብን፡ EMML 2436, Tana 9, Berl, BM 492, Ull: በእብን፡ (e) ወአረፍተ፡ውእቱ፡ቤት፡ Tana 9: ወአረፍተ፡ውስተ፡ቤት፡ ‖ Bodl 4, BM 484: ወአረፍቱ፡ውእቱ፡ (f) ፀፍፀፈ፡ Tana 9: ፀፍጸፍ፡ (g) ሳሌዳተ፡ Tana 9: ሰሌዳተ፡ ‖ Cambridge MS, EMML 2436a, Aeth II: ሰሌዳ፡ (h) በእብን፡ EMML 1768, Parma 3843, Berl: በእብን፡ ‖ alle and. Hss.: በእብን፡ (i) ዘእምበረድ፡ Tana 9: ዘበረድ፡ ‖ BM 485: ዘእምእብን፡ በረድ፡ (j) ወምድሩ፡ EMML 1768, EMML 6281, GG 151, RTM, Tana 9, Abb 55, Berl: ወምድር፡ ‖ EMML 8400: ወምድር፡ ‖ Parma 3843[2]: ወእምድረ፡ ‖ Abb 35[1]: ወምድሩሰ፡ ‖ BM 485: nur ወ. **14,11** (a) ጠፈሩ፡ Tana 9: ጠፈረ፡ ‖ EMML 2436a: ወጠፈሩ፡ (b) ከመ፡ Tana 9: ወከመ፡ (c) ወመባርቅት፡ EMML 1768: ወመባርቀት፡ ‖ Abb 55: ወመብረቅ፡ (d) ወማእከሎሙ፡ Abb 55, Bodl 5, Frankfurt MS: ወበማእከሎሙ፡ (e) ኪሩቤል፡ EMML 1768, EMML 2080, EMML 6281, EMML 8400, EMML 8703, GG 151, Parma 3843, RTM, Abb 35, Berl, BM 491: ኪሩቤን፡ (f) ወሰማዮሙ፡ማይ፡ EMML 8703: ወሰማዮሙ፡ሰማይ፡ ‖ Tana 9: ወሰመዮሙ፡ማየ፡ ‖ Cambridge MS: ወሰሙ፡ማይ፡ ‖ EMML 1768: om. **14,12** (a) ወእሳት፡ EMML 1768: om. (b) በአውደ፡ EMML 1786: በአውድ፡ (c) አረፍት፡ EMML 2436, EMML 2436a, RTM, Aeth II (außer BM 492): አረፍቱ፡ ‖ EMML 8400, BM 485: አረፍተ፡ ‖ EMML 6281[2]: አረፍተ፡ (ት zu ተ korr., d. h. EMML 6281[1]: አረፍት፡) (d) ወኖጉቱ፡ EMML 6281: ኖጉቱ፡ (e) ይውዒ፡ Tana 9: ይዊዒ፡ **14,13** (a) ውእቱ፡ EMML 8703, Tana 9: om. (b) ወሞውቅ፡ EMML 1768, EMML 2080[1], EMML 6281, EMML 8400, EMML 8703, GG 151, RTM, Tana 9, Abb 55, BM 485, BM 491: ወሞቁ፡ ‖ EMML 2080[2] (a. Rd. als Altern.?), EMML 2436, EMML 2436a, Abb 35, Aeth II: ወሞውቅ፡ ‖ Cambridge MS, Berl: ወሞዉቅ፡ ‖ Parma 3843[2]: ሞቀ፡(?) (ቁ zu ቀ korr.?). (c) ወኢምንተኒ፡ EMML 2080, EMML 2436, EMML 2436a, EMML 8703, Bodl 5, BM 492, Curzon 56, Ryl: ወኢምንትኒ፡ ‖ EMML 1768, GG 151, Parma 3843, RTM, Abb 55, Berl, BM 485: ወኢምንተ፡ ‖ BM 491: ወኢምንት፡ (d) ፍግዐ፡ Parma 3843: ፍግዐ፡ ‖ Cambridge MS, EMML 6281: ግዕዐ፡ ‖ Tana 9: om. (e) ሕይወት፡ EMML 6281: ሕይወተ፡ ‖ EMML 2080, EMML 2436, EMML 2436a, EMML 8400, EMML 8703, Abb 35, Aeth II (außer BM 492): ወሕይወት፡ ‖ Tana 9, BM 492: om. (f) አልቦቱ፡ Cambridge MS, EMML 2436, EMML 2436a, Abb 35, Aeth II: አልቦ፡ ‖ EMML 2080[2]: አልቦ፡ (zw. d. W. u. d. Worttr. e. Bst. getilgt, d. h. EMML 2080[1] viell.: አልቦቱ፡) ‖ Berl: ወአልቦ፡ (g) ውስቴቱ፡ EMML 8400, Bodl 4, Bodl 5: ውስቴታ፡ (h) ፍርሃት፡ EMML 1768, Tana 9: ፍርሁት፡ ‖ BM 491: ወፍርሁት፡ (i) ከደነኒ፡ EMML 8400: ወከደነኒ፡ (j) ወረዓድ፡ EMML 1768, Tana 9: ወሬዐይ፡ ‖ EMML 8400: ረዐድ፡ **14,14** (a) ወእሬዕድ፡ EMML 2436[2]: ወእሬዕድ፡ (ወ über d. Z. erg., d. h. EMML 2436[1]: እርዐድ፡) ‖ BM 485, BM 491: እርዐድ፡ (b) ወእሬኢ፡ EMML 2080: ወርኢኩ፡

ወናሁ፡ ካልእ[a]፡ ቤት፡ ዘየዐቢ፡ እምዝኅቱ[b]።ወኮሎ[c]፡ ⌜ኛኅቱ⌝[d]፡ ር-ኁት[e]፡ በቅድሜየ፡ ⌜ወጎኑጽ⌝[f]፡   14,15
በልሳናተ[g]፡ እሳት፡

ወበኮሉ[a]፡ ይፈደፍድ፡ በስብሐት፡ ወክብር[b]፡ ⌜ወዐበይ⌝[c]፡ እስከ፡ ኢይክል፡ ዘንዋተክሙ[d]፡ በእንተ፡   14,16
ስብሐቲሁ፡ ወበእንተ፡ ዕበዮ[e]።

ወምድሩሰ[a]፡ ዘእሳት[b]፡ ወመልዕልቴሁ[c]፡ መባርቅት[d]፡ ወምርዋጽ፡ ከዋክብት፡ ወጠፈሩኂ፡ እሳት፡   14,17
ዘይነዕድ[e]።

ወነጸርኩ፡ ወርኢኩ[a]፡ ውስቴቱ፡ መንበረ፡ ልዑለ[b]፡ ወራእዩ፡ ከመ፡ አስሐትየ፡ ወከበቡ፡ ከመ፡ ፀሐይ[c]፡   14,18
ዘያበርህ፡ ወቃለ፡ ⌜ኪሩቤል⌝[d]፡

ወእምታሕተ[a]፡ መንበሩ[b]፡ ⌜ዓቢይ⌝[c]፡ ይወዕእ[d]፡ አፍላጊ፡ እሳት፡ ዘይነድድ፡ ወኢይክሎ[e]፡ ርኢየ[f]፡   14,19

14,15 ⌜ኛኅቱ⌝: d. letzte Bst. steht zugleich i. d. 2. (ቱ) als a. i. d. 6. Ord. (ት), d. h. ursprüngl. ኛኅት: (= Aeth I), d. zu ኛኅቱ: (= Aeth II) korr. wurde? – ⌜ወጎኑጽ⌝: ወ über d. Z. erg., d. h. ursprüngl. ጎኑጽ: **14,16** ⌜ወዐበይ⌝: ወ über d. Z. erg., d. h. ursprüngl. ዐበይ: **14,18** ⌜ኪሩቤል⌝: ን zu ል korr., d. h. ursprüngl. ኪሩቤን: **14,19** ⌜ዓቢይ⌝: über d. Z. erg.

14,15 (a) s. unter (a–f). (b) እምዝኅቱ: Cambridge MS, EMML 2080, EMML 2436, EMML 2436a, EMML 6281, EMML 8400, GG 151, Parma 3843, Abb 55, Berl: እምዝኅቱ: ‖ Aeth II: እምዝኅኩ: (c) ወኮሎ: Cambridge MS, EMML 1768, EMML 2080, EMML 2436, EMML 2436a, EMML 8703, RTM, {Ryl}: ወኮሎ: ‖ EMML 6281, EMML 8400: ኮሉ: (d) ኛኅቱ: Cambridge MS, EMML 1768, EMML 8400, GG 151, Parma 3843, RTM, Abb 55, BM 485, BM 491: ኛኅት: ‖ EMML 2080[2]: ኛኅቱ: (ት mögl. zu ቱ korr., d. h. EMML 2080[1]: ኛኅት:(?)) ‖ EMML 6281, EMML 8703, Abb 35[1], Berl: ኛኅታ: (e) ር-ኁት: EMML 6281: ር-ኁታ: ‖ EMML 2080, EMML 2436a, BM 492, Ull: ርጎ-ው: (f) ወጎኑጽ: Cambridge MS, EMML 1768, EMML 2080, EMML 6281, EMML 8400, EMML 8703, GG 151, Parma 3843, RTM, Abb 35[1], Abb 55, BM 485, BM 491: ሕኑጽ: (a–f) ካልእ፡ቤት፡ዘየዐቢ፡ እምዝኅቱ።ወኮሎ፡ኛኅቱ፡ ር-ኁት፡በቅድሜየ፡ወጎኑጽ፡   Tana 9:   ኛኅት፡በቅድሜየ፡ካልእ፡ ቤት፡ዘዘዐቢ፡ እምዝኅቱ፡ወኮሉ፡ሕኑጽ። (g) በልሳናተ: Cambridge MS, EMML 2436a, EMML 6281, EMML 8703, Abb 35, Berl, Aeth II: በልሳን: **14,16** (a) ወበኮሉ: RTM: ወኮሉ: (b) ወክብር: EMML 2436a, EMML 8400, RTM, Berl, BM 491, Bodl 5, BM 484, BM 499, Curzon 55, Curzon 56, Frankfurt MS: ወበክብር: (c) ወዐበይ: Tana 9, BM 491: ዐቢይ: ‖ EMML 2436a, EMML 8400, Berl, BM 492, BM 499, Curzon 56, Ull: ወበዐበይ: (d) ዘንዋተክሙ: EMML 1768, Tana 9, Berl: ዘንዋትክሙ: ‖ Abb 55: ዘነወተክሙ: ‖ BM 491: ዘነወተክሙ: (e) ወበእንተ፡ ዕበዮ: EMML 2436[2]: ወበእንተ፡ዕበዮ: (ዩ zu ዮ korr., d. h. EMML 2436[1]: ወበእንተ፡ ዕበይ:) ‖ EMML 6281: ወበእንተ፡ ዕበዮ: ‖ Ull: ወዕበዮ: **14,17** (a) ወምድሩስ: EMML 6281, EMML 8400, BM 491, BM 492: ወምድርስ: ‖ EMML 2080[2]: ወምድሩስ: (ር zu ሩ korr., d. h. EMML 2080[1]: ወምድርስ:). (b) ዘእሳት: Cambridge MS, EMML 2436a, Parma 3843, Aeth II: እሳት: (c) ወመልዕልቴሁ: Tana 9: መልዕልቴሁ: (d) መባርቅት: Cambridge MS, EMML 2436a, Berl, Aeth II: መብረቅት: ‖ EMML 2436: ዘመባርቅት: ‖ EMML 6281: ወመባርቅት: (e) እሳት፡ዘይነዕድ: Tana 9: ዘእሳት፡ወይነዕድ: **14,18** (a) ወርኩ: EMML 2436, EMML 8400: om. (b) ልዑለ: EMML 6281, Parma 3843, Tana 9, Berl, BM 485, BM 491: ልዑል: (c) ፀሐይ: EMML 2436: ከበበ፡ፀሐይ: (d) ኪሩቤል: EMML 1768, EMML 2080, EMML 6281, EMML 8400, EMML 8703, GG 151, Parma 3843, RTM, Tana 9, Abb 35, Abb 55, Berl, BM 491: ኪሩቤን: **14,19** (a) ወእምታሕተ: EMML 2436, EMML 8400, Tana 9: እምታሕተ: ‖ Cambridge MS, EMML 2436a, Aeth II (außer BM 499): ወእመትሕተ: (b) መንበሩ: EMML 8400, Berl: መንበር: (c) ዓቢይ: EMML 1768, EMML 2080, EMML 2436,

14,20 ⸢ወዐቢየ⸣[a]፡ ስብሐት፡ ይነብር፡ ላዕሌሁ፡ ወዐጽፉሰ[b]፡ ዘይበርህ[c]፡ እምፀሐይ፡ ወይጸዐዱ[d]፡ እምኵሉ፡
በረድ።

14,21 ወኢይክሉ[a]፡ ወኢመኑሂ[b]፡ መላእክት[c]፡ በዊአ፡ ⸢ወራእየ⸣[d]፡ ገጹ[e]፡ ለክቡር፡ ወስቡሕ[f]።⸢ወኢይክሉ⸣[g]፡
ወኢመኑሂ[h]፡ ዘሥጋ፡ ይርአይ[i]፡ ኪያሁ[j]፡

14,22 እሳት[a]፡ ዘይነድድ፡ በአውዱ።ወእሳት፡ ዐቢይ[b]፡ ዘይቀውም[c]፡ ቅድሜሁ።ወአልቦ፡ ዘይቀርብ፡ ኀቤሁ፡
እምእለ[d]፡ አውዱ፡ ትእልፊተ[e]፡ አእላፋት[f]፡ ቅድሜሁ።ወውእቱሰ፡ ኢይፈቅድ፡ ⸢ወውእቱሰ⸣[g]፡
⸢ምክረ⸣[h]፡

14,20 ⸢ወዐቢየ⸣፡ mögl. ይ zu የ korr., d. h. ursprüngl. viell. ወዐቢይ፡ **14,21** ⸢ወራእየ⸣፡ ራ über d. Z. erg. u. soll e. zu tilgen markiertes ር ersetzen; ኢ zu እ korr., d. h. ursprüngl. ወርኢየ፡ – ⸢ወኢይክሉ⸣፡ ወ als zu tilgen markiert, d. h. l. ኢይክሉ፡ **14,22** ⸢ወውእቱሰ⸣፡ als zu tilgen markiert. – ⸢ምክረ⸣፡ ር zu ረ korr., d. h. ursprüngl. ምክር፡

EMML 6281, EMML 8400, EMML 8703, GG 151, Parma 3843, RTM, Tana 9, Aeth I: om. (d) ይወፅእ፡ EMML 2436a, Ryl: ይወፅኡ፡ (e) ወኢይክሉ፡ Cambridge MS, Abb 35[2]: ወኢይክል፡ (f) ርኢየ፡ Cambridge MS, EMML 2436a, EMML 6281, EMML 8400, GG 151, Abb 35, Abb 55, BM 485, BM 491, Bodl 4, BM 490, Ull: ርእየ፡ ‖ EMML 2436: ርእዩቶ፡ ‖ Tana 9, Berl, Bodl 5, BM 484, BM 499, Curzon 55, Curzon 56, Frankfurt MS: ርእዮቶ፡ ‖ EMML 2080[2], Ryl[2]: ርእዮቶ፡ (ዮቶ v. e. and. Hand, d. h. EMML 2080[1], Ryl[1]: ርእየ፡) ‖ Munich 30: ርእዮታ፡
14,20 (a) ወዐቢየ፡ Cambridge MS, EMML 1768, EMML 6281, EMML 8703, GG 151, Parma 3843, RTM, Tana 9, Abb 35[1], Abb 55, Berl, BM 485, BM 491, Munich 30: ወዐቢይ፡ (b) ወዐጽፉሰ፡ EMML 8400: ወዐጽፉ፡ (c) ዘይበርህ፡ EMML 8400[2]: ዘይበርህ፡ (ይ über d. Z. erg.) ‖ EMML 6281: ይበርህ፡ ‖ EMML 2080[2]: ይበርህ፡ (vor d. W. e. Bst. getilgt, d. h. EMML 2080[1] viell.: ዘይበርህ፡) ‖ GG 151, Parma 3843: ዘያበርህ፡ (d) እምፀሐይ፡ወይጸዐዱ፡ EMML 1768: om. **14,21** (a) ወኢይክሉ፡ EMML 2080, EMML 2436a, EMML 6281, EMML 8703, Aeth II (außer Ryl[1]): ወኢይክል፡ ‖ EMML 2436[2], Ryl[2](?): ወኢይክል፡ (ሉ zu ል korr., d. h. EMML 2436[1], Ryl[1](?): ወኢይክሉ፡) ‖ EMML 1768: ወእምኵሉ፡ኢይክሉ፡ (b) ወኢመኑሂ፡ EMML 2436a, Abb 35[2], Munich 30: መኑሂ፡ (c) መላእክት፡ EMML 1768: መላእክተ፡ ‖ EMML 2436, EMML 2436a, Abb 35[2], Aeth II (außer Munich 30): እመላእክት፡ ‖ EMML 2080[2]: እመላእክት፡ (እመ v. e. and. Hand). (b–c) ወኢመኑሂ፡መላእክት፡ GG 151, Parma 3843: መላእክት፡ወኢመኑሂ፡ (d) ወራእየ፡ EMML 1768, EMML 6281, Parma 3843, RTM: ወርኢየ፡ ‖ EMML 2080[2], EMML 8400, EMML 8703, GG 151, Tana 9, Abb 35, Abb 55, Berl, BM 485, BM 492: ወርእየ፡ (e) ገጹ፡ EMML 8400, Tana 9, Berl: ገጸ፡ (Knibb: ገጸ፡). (f) ወስቡሕ፡ EMML 8400: ስቡሕ፡ (g) ወኢይክሉ፡ EMML 1768, EMML 8703, GG 151, Parma 3843, RTM, Abb 35, Bodl 5[1], Frankfurt MS, Munich 30: ወኢይክል፡ ‖ EMML 2080[2], EMML 2436[2]: ወኢይክል፡ (ሉ zu ል korr., d. h. EMML 2080[1], EMML 2436[1]: ወኢይክሉ፡) ‖ Cambridge MS, EMML 2436a, Berl, Bodl 4, Bodl 5[2], BM 484, BM 490, BM 499, Curzon 55, Curzon 56, Ryl: ኢይክል፡ (h) ወኢመኑሂ፡ Bodl 5, Frankfurt MS, Munich 30, Ull: መኑሂ፡ (i) ይርአይ፡ EMML 1768: እርአይ፡ (j) ኪያሁ፡ EMML 2436, EMML 2436a, Bodl 5, BM 484, Curzon 55, Curzon 56, Frankfurt MS, Ryl: add. እሳተ፡ (mögl. a. zu 14,22 Var. (a)). **14,22** (a) እሳት፡ Cambridge MS, EMML 8703, Abb 55: እሳተ፡ ‖ BM 492: ወእሳት፡ (b) ዐቢይ፡ EMML 8400: ዐቢየ፡ (c) ዘይቀውም፡ Cambridge MS, EMML 2080, EMML 2436, EMML 2436a, EMML 6281, EMML 8400, Abb 35, Berl, BM 485, BM 491, Aeth II: ይቀውም፡ ‖ EMML 8703, Tana 9: ይቀውሙ፡ (d) እምእለ፡ EMML 2436a, EMML 8400: እለ፡ (e) ትእልፊተ፡ Tana 9: ትእልፍተ፡ ‖ Berl: አእላፍ፡ (f) አእላፋት፡ Parma 3843: አእላፋተ፡ ‖ Cambridge MS, EMML 2080, EMML 2436a, EMML 6281, Tana 9, BM 485, BM 491, Aeth II (außer BM 499, Curzon 56): ትእልፊት፡ ‖ Berl:

⌜ወቅድስት⌝፡ ⌜ወቅዱሳን⌝[a]፡ እለ፡ ይቀርቡ፡ ኀቤሁ፡ ኢይርሕቁ፡ ሴሊተ[b]፡ ⌜ወመዓልተ⌝[c]፡   14,23
⌜ወኢይትዓተቱ⌝[d]፡ እምኔሁ[e]፨

ወአነ፡ ሀለውኩ፡ እስከ፡ ዝንቱ፡ ዲበ፡ ገጽየ፡ ግልባቤ[a]፡ እንዘ፡ እርዕድ፨ ⌜ወእግዚእ⌝[b]፡ ጸውዐኒ፡   14,24
በአፉሁ[c]፡ ወይቤለኒ[d]፡ ቅረብ፡ ዝየ፡ ሄኖክ፨ ወለቃልየ[e]፡ ቅዱስ[f]፡

ወአንሥአኒ፡ ወአቅረበኒ፡ ኀበ[a]፡ ኖጋት፨ወአነ፡ በገጽየ[b]፡ ታሕተ፡ እኔጽር[c]፨   14,25

ወአውሥአኒ[a]፡ ወይቤለኒ[b]፡ በቃሉ፡ ⌜ስማዕኩ⌝[c]፡ ⌜ወኢትፍራህ⌝[d]፡ ሄኖክ፡ ብእሲ፡ ጻድቅ፡ ወጸሐፌ[e]፡   15,1
ጽድቅ፨ቅረብ፡ ዝየ፡ ወስማዕ፡ ቃልየ[f]፡

_____

14,23 ⌜ወቅስት⌝፡ ወ als zu tilgen markiert, d. h. l. ቅስተ፡ – ⌜ወቅዱሳን⌝፡ ወ über d. Z. erg., d. h.
ursprüngl. ቅዱሳን፡ – ⌜ወመዓልተ⌝፡ über d. Z. erg. – ⌜ወኢይትዓተቱ⌝፡ ዓተ über d. Z. erg., zw. ይ u.
ት steht e. zu tilgen markiertes ሐ, d. h. ursprüngl. ወኢይሐትቱ፡   **14,24** ⌜ወእግዚእ⌝፡ mögl. suffi-
giert, d. h. l. viell. a. ወእግዚኡ፡   **15,1** ⌜ስማዕኩ⌝፡ ኩ als zu tilgen markiert, d. h. l. ስማዕ፡, korr. W.
vermutl. i. S. v. ስማዕ፡ (= Aeth II) zu verstehen. – ⌜ወኢትፍራህ⌝፡ ወ über d. Z. erg., d. h. ursprüngl.
ኢትፍራህ፡

_____

ወትእልፈት፡ ‖ Ull: om. (g) ወውእቱስ፡ EMML 2080²: getilgt! ‖ Cambridge MS, EMML 2436,
EMML 2436a, EMML 8400, EMML 8703, RTM, Tana 9, BM 491, Aeth II: om. (h) ምክረ፡
EMML 1768, EMML 6281, GG 151, Parma 3843, Abb 55, BM 485, BM 491: ምክር፡ ‖ EMML 2080²:
ምክረ፡ (ር zu ረ korr., d. h. EMML 2080¹: ምክር፡).
14,23 (a) ወቅስት፡ወቅዱሳን፡ EMML 6281, Parma 3843: ወቅድስት፡ቅዱሳን፡ ‖ EMML 8400,
EMML 8703, GG 151, RTM, Tana 9, Abb 55, BM 485: ወቅድሳት፡ቅዱሳን፡ ‖ EMML 2080²: ቅድሳት፡
ወቅድሳን፡ (ወ vor ቅድሳት፡ getilgt u. ወ a. Rd. vor ቅዱሳን፡ erg., d. h. EMML 2080¹: ወቅድሳት፡
ቅዱሳን፡) ‖ EMML 2436, EMML 2436a, Abb 35², Aeth II: ቅድስት፡ወቅዱሳን፡ ‖ Cambridge MS, Berl,
BM 491: ቅድስት፡ቅዱሳን፡ ‖ EMML 1768: ወቅድሳት፡ቅድስት፡ቅዱሳን፡ (b) ሴሊተ፡ EMML 1768: ሴሊት፡ ‖
EMML 2080²: ምንተኒ፡ (v. e. and. Hand). (c) ወመዓልተ፡ Cambridge MS, EMML 1768, EMML 2080,
EMML 6281, EMML 8703, GG 151, Parma 3843, Tana 9, Abb 35¹, Abb 55, Berl, BM 485, BM 491:
om. (b–c) ሴሊተ፡ወመዓልተ፡ EMML 2436a, RTM, Curzon 56: መዓልተ፡ወሴሊተ፡ (d) ወኢይትዓተቱ፡
BM 491: ወኢይተአተቱ፡ ‖ EMML 1768, EMML 6281, EMML 8703, RTM, Tana 9, BM 485:
ወኢያሕተቱ፡ ‖ GG 151²: ወኢየሐትቱ፡ (ይ zu የ korr., d. h. GG 151¹: ወኢይሐትቱ፡) ‖ Parma 3843, Berl:
ወኢይሕትቱ፡ ‖ Abb 55: ወኢያሐትቱ፡ ‖ EMML 2080²: ወኢይትዓተቱ፡ (ይትዓ u. ቱ v. e. and. Hand u. ቱ
zu ተ korr.). (b–e) ሴሊተ፡ወመዓልተ፡ወኢይትዓተቱ፡እምኔሁ፨ EMML 8400: እምኔሁ፡ሴሊተ፡ወኢያሐትቱ፡
14,24 (a) ግልባቤ፡ EMML 8400: ግልቡብ፡ ‖ Tana 9: ገልቢብ፡ ‖ Parma 3843: ግልባቦ፡ (b) ወእግዚኢ፡
EMML 8400: ወእንዘ፡እግዚእ፡ (c) ጸውዐኒ፡በአፉሁ፡ EMML 1768: በአፉ፡ጸውዐኒ፡ ‖ alle and. Hss.:
በአፉሁ፡ጸውዐኒ፡ (d) ወይቤለኒ፡ Tana 9: ወይበለኒ፡ ‖ Parma 3843: ወይቤሌኒ፡ (e) ወለቃልየ፡ RTM: ወለቃሊ፡
ቃልየ፡ (f) ቅዱስ፡ Ryl²: ቅዱሰ፡ (ሰ vermutl. zu ስ korr., d. h. Ryl¹: ቅዱስ፡(?)).   **14,25** (a) ኀበ፡ außer
Abb 55 alle and. Hss.: እስከ፡ (b) በገጽየ፡ alle and. Hss.: ገጽየ፡ (c) እኔጽር፡ EMML 8400: ይኔጽር፡
15,1 (a) ወአውሥአኒ፡ Ull: አውሥአኒ፡ ‖ Parma 3843, Tana 9, Abb 55: ወአንሥአኒ፡ (b) ወይቤለኒ፡
Tana 9: ወይበለኒ፡ (c) ስማዕኩ፡ EMML 8400: ወሰማዕኩ፡ ‖ EMML 2436, EMML 2436a, EMML 8703,
Abb 35, Aeth II: ስማዕ፡ ‖ EMML 2080²: ስማዕ፡ (zw. ስማዕ u. Worttr. e. Bst. getilgt, d. h. EMML 2080¹
mögl.: ስማዕኩ፡) ‖ Abb 55: om. (d) ወኢትፍራህ፡ EMML 8703: ወኢተፍራህ፡ ‖ EMML 2080²:
ወኢትፍራህ፡ (ወ erg., d. h. EMML 2080¹: ኢትፍራህ፡) ‖ Cambridge MS, EMML 1768, EMML 2436,
EMML 6281, EMML 8400, GG 151, Parma 3843, RTM, Tana 9, Abb 55, Berl, BM 485, BM 491,
Aeth II (außer Bodl 4, Curzon 56, Ryl¹, Ull): ኢትፍራህ፡ ‖ Ryl²: ኢኢትፍራህ፡ (zw. Worttr. u. ኢትፍራህ፡

15,2 ወሖር[a]፡ በሎሙ[b]፡ ለትጉሃን፡ ሰማይ፡ እለ፡ ፈነዊከ[c]፡ ትስአል፡ በእንቲአሆሙ፡ አንትሙ[d]፡ መፍትው፡
ትስአሉ[e]፡ በእንተ፡ ሰብእ፡ ወአኮ[f]፡ ሰብእ፡ በእንቲአክሙ።

15,3 በእንተ፡ ምንት፡ ኀደግሙ፡ ሰማየ[a]፡ ልዑለ[b]፡ ወቅዱሰ[c]፡ ዘለዓለም[d]፡ ወምስለ፡ አንስት፡ ሰከብክሙ፡
ወምስለ፡ አዋልደ[e]፡ ሰብእ፡ ረኰስክሙ፡ ወነሣእክሙ፡ ለክሙ፡ አንሥተ፡ ወበከመ[f]፡ ውሉደ፡ ሰብእ[g]፡
ገበርክሙ፡ ወወለድክሙ[h]፡ ውሉደ[i]፡ ረዐይተ[j]።

15,4 ወአንትሙሰ፡ ቅዱሳን፡ ወመንፈሳዊያን[a]፡ ⸢ሕያዋነ⸣[b]፡ ⸢ሕይወት⸣[c]፡ ዘለዓለም[d]፡ በዲበ[e]፡ አንስት፡
ረኰስክሙ፡ ወበደመ[f]፡ ሥጋ፡ አውለድክሙ[g]፡ ወበደመ፡ ሰብእ፡ ፈተውክሙ፡ ወገበርክሙ[h]፡ ከመ፡
እሙንቱ፡ ይገብሩ[i]፡ ሥጋ[j]፡ ወደም[k]፡ እሉ[l]፡ እሙንቱ[m]፡ ይመውቱ[n]፡ ወይትሐጐሉ[o]።

15,4 ⸢ሕያዋነ⸣፡ ን zu ነ korr., d. h. ursprüngl. ሕያዋን፡ – ⸢ሕይወት⸣፡ ተ zu ት korr., d. h. ursprüngl. ሕይወተ፡

---

e. Bst. getilgt, d. h. Ryl[1]: ወኢትፍራሀ፡). (e) ወጸሐፌ፡ EMML 8400: ወጸሐፌ፡ ‖ Tana 9: ጸሓፌ፡ (f) ቃልየ፡ EMML 2080[2]: ነገረ፡ ቃልየ፡ (zw. ነገረ u. Worttr. e. Bst. getilgt, d. h. EMML 2080[1]: ነገረተ፡ ቃልየ፡ (?)).
15,2 (a) ወሖር፡ EMML 2080, EMML 2436, EMML 2436a, Abb 35, BM 491, Aeth II: ወሑር፡ (a–b) ወሖር፡ በሎሙ፡ Tana 9: ወበሎሙ፡ (c) ፈነዊከ፡ EMML 1768, EMML 2080, EMML 2436, EMML 6281, EMML 8400, EMML 8703, Parma 3843, Bodl 5: ፈነውከ፡ ‖ BM 491: ፈነወከ፡ ‖ Berl: ተፈኖከ፡ ‖ Cambridge MS, Tana 9: ተፈነውከ፡ (d) አንትሙ፡ EMML 6281, Parma 3843: ወአንትሙ፡ (e) መፍትው፡ ትስአሉ፡ EMML 6281: ትስአሉ፡ መፍትው፡ (f) ወአኮ፡ Cambridge MS, EMML 2080, EMML 2436, EMML 6281, EMML 8400, BM 485, BM 491, Bodl 5, BM 484, BM 499, Frankfurt MS: አኮ፡ ‖ Ryl[2]: አኮ፡ (vor አኮ፡ e. Bst. getilgt, d. h. Ryl[1]: ወአኮ፡). **15,3** (a) ሰማየ፡ Parma 3843: ሰማይ፡ (b) ልዑለ፡ Parma 3843, Tana 9, Berl: ልዑል፡ (c) ወቅዱሰ፡ EMML 8400: ወቅደሰ፡ ‖ Parma 3843, Berl: ወቅዱስ፡ ‖ Tana 9: ቅዱስ፡ ‖ EMML 2436: ወምቅዋመ፡ ቅዱሰ፡ (d) ዘለዓለም፡ BM 485: ዘዘለዓለም፡ ‖ EMML 8400: ለዓለም፡ (e) ሰከብክሙ፡ ወምስለ፡ አዋልደ፡ RTM: om. (f) ወበከመ፡ EMML 1768, EMML 2080, EMML 2436, EMML 2436a, EMML 6281, EMML 8400, EMML 8703, GG 151, RTM, Tana 9, Abb 35, Abb 55, BM 485, BM 491, Aeth II (außer Curzon 55, Munich 30): ወከመ፡ ‖ Cambridge MS, Parma 3843, Berl, Curzon 55, Munich 30: ከመ፡ (g) ሰብእ፡ EMML 1768: ምድረ፡ ‖ außer EMML 2436, EMML 6281, Ull alle and. Hss.: ምድር፡ (h) ወወለድክሙ፡ Abb 55: ወለድክሙ፡ ‖ Tana 9: ወውሉድክሙ፡ (i) ውሉደ፡ Tana 9: ወውሉደ፡ ‖ Berl: om. (j) ረዐይተ፡ EMML 1768, EMML 8703, Tana 9, Abb 35[2]: ረዐይት፡ ‖ Abb 55: ረዓይቶ፡ **15,4** (a) ቅዱሳን፡ ወመንፈሳዊያን፡ EMML 1768, EMML 2436, EMML 6281, EMML 8400, EMML 8703, GG 151, Parma 3843, RTM, Tana 9, Abb 35, Abb 55, BM 485, BM 491: ቅዱሳን፡ መንፈሳዊያን፡ ‖ Cambridge MS, EMML 2436a: መንፈሳዊያን፡ ወቅዱሳን፡ ‖ Berl, Aeth II: መንፈሳዊያን፡ ቅዱሳን፡ (b) ሕያዋነ፡ EMML 1768, EMML 6281, EMML 8400, Parma 3843, Tana 9, Abb 35, Bodl 4, Munich 30: ሕያዋን፡ (c) ሕይወት፡ EMML 1768, EMML 8400, EMML 8703, GG 151, Parma 3843, Tana 9, BM 485: ሕይወተ፡ (d) ዘለዓለም፡ EMML 8400: ለዓለም፡ ‖ BM 485: ዘዓለም፡ (e) በዲበ፡ EMML 2080: በኀበ፡ ‖ Tana 9: ወበዲበ፡ (f) ወበደመ፡ EMML 8400: ወደመ፡ (g) አውለድክሙ፡ Parma 3843: ወለድክሙ፡ ‖ EMML 8400[2]: ወአውለድክሙ፡ (h) ወገበርክሙ፡ Tana 9: om. (i) ይገብሩ፡ Tana 9, Berl: ይግበሩ፡ ‖ EMML 1768: ገበርክሙ፡ ይገብሩ፡ (j) ሥጋ፡ EMML 2080, BM 491: ዘሥጋ፡ ‖ EMML 8400[2]: ዘሥጋ፡ (ዘ über d. Z. erg., d. h. EMML 8400[1]: ሥጋ፡). (k) ወደም፡ EMML 2436, EMML 2436a, Tana 9, Aeth II: ወደመ፡ ‖ Cambridge MS[2]: ወደመ፡ (ም zu መ korr., d. h. Cambridge MS[1]: ወደም፡). (l) እሉ፡ außer Berl, BM 484 alle and. Hss.: እለ፡ (m) እሙንቱ፡ Tana 9: om. (n) ይመውቱ፡ Berl: om. (o) ወይትሐጐሉ፡ Tana 9: ወይተኀጐሉ፡ ‖ Berl: ይትኀጐሉ፡

በእንተዝ[a]፡ ወሀብክዎሙ[b]፡ አንስትያ[c]፡ ከመ፡ ይዝርኡ፡ ላዕሌሆን[d]፡ ወይትወለድ[e]፡ ውሉደ[f]፡ ⸢በላዕሌሆን⸣[g]።ከመ፡ ከማሁ[h]፡ ⸢ኢይትገበር⸣[i]፡ ግብር[j]፡ ⸢ላዕሌሆን⸣[k]፡ በዲበ[l]፡ ምድር።   15,5

ወአንትሙሰ፡ ቀዳሚ፡ ኮንክሙ፡ መንፈሳዊያን[a]፡ ሕያዋን[b]፡ ሕይወተ[c]፡ ዘለዓለም፡ ዘኢይመውት[d]፡   15,6
ለኩሉ[e]፡ ትውልደ[f]፡ ዓለም[g]፡

ወበእንተዝ[a]፡ ኢረሰይኩ፡ ለክሙ፡ አንስትያ[b]፡ እስመ፡ ⸢ለመንፈሳዊያን⸣[c]፡ ሰማይ[d]፡ ውስተ፡ ሰማይ፡   15,7
መኃድሪሆሙ[e]።

15,5 ⸢በላዕሌሆን⸣፡ mögl. als zu tilgen markiert. – ⸢ኢይትገበር⸣፡ ኢ፡ als zu tilgen markiert; ትገበር v. e. and. Hand, d.h. l. ይትገበር፡ – ⸢ላዕሌሆን⸣፡ als zu tilgen markiert. **15,7** ⸢ለመንፈሳዊያን⸣፡ ለ über d. Z. erg. u. ኅ zu ን korr., d.h. ursprüngl. መንፈሳያን፡

15,5 (a) በእንተዝ፡ Cambridge MS, EMML 2436a, EMML 8703, Parma 3843, RTM, Abb 35[2], Abb 55, Aeth II: ወበእንተዝ፡ ‖ EMML 2080: በእንተ፡ዝንተ፡ ‖ Berl: በእንተ፡ዘ (b) ወሀብክዎሙ፡ Parma 3843, Berl: ወሀብክዎምዎሙ፡ ‖ EMML 6281: ወሀበክሙ፡ (c) አንስትያ፡ EMML 6281, EMML 8400: አንስተ፡ (d) ላዕሌሆን፡ EMML 2436: በላዕሌሆን፡ (e) ወይትወለድ፡ EMML 2436, EMML 2436a, Abb 35, Aeth II: ወይትወለዱ፡ ‖ EMML 6281: ወይለደ፡ (f) ውሉደ፡ Cambridge MS, EMML 2436, EMML 2436a, EMML 8400, EMML 8703, Tana 9, Abb 35, BM 491, Aeth II: ውሉድ፡ ‖ EMML 2080: ወልድ፡ (g) በላዕሌሆን፡ Bodl 5: ዘላዕሌሆን፡ ‖ EMML 8400: add. በዲበ፡ምድር። (h) ከመ፡ከማሁ፡ Tana 9: ከማሁ፡ ከመ፡ ‖ EMML 6281: ከማሁ፡ ‖ EMML 8400: ወከማሁ፡ (i) ኢይትገበር፡ EMML 1768, EMML 6281, EMML 8703, GG 151, Parma 3843, RTM, Abb 55, BM 485: ኢ.ይንትግ፡ ‖ Abb 35[1]: ወኢ.ይንትግ፡ ‖ Abb 35[2]: ኢ.ይነትግ፡ ‖ EMML 8400[2]: ይነትግ፡ ‖ Tana 9: ኢ.ይትጎኒግ፡ ‖ Cambridge MS, EMML 2080[2], EMML 2436, EMML 2436a, Aeth II: ይትገበር፡ (j) ግብር፡ Tana 9: ግብረ፡ (k) ላዕሌሆን፡ EMML 1768, EMML 2436, EMML 6281, EMML 8703, GG 151, Parma 3843, RTM, Abb 35, Abb 55, BM 485: በላዕሌሆን፡ ‖ EMML 2080: በላዕሌሆሙ፡ ‖ Tana 9: በላዕሌከሙ፡ ‖ EMML 2436a: በላዕለ፡ ‖ Cambridge MS, Berl, BM 491, Aeth II: om. (l) በዲበ፡ EMML 2436a: om. **15,6** (a) መንፈሳዊያን፡ EMML 2436a, EMML 6281, GG 151, Abb 35, BM 485, BM 491, Aeth II: መንፈሳዊያነ፡ ‖ EMML 2080[2], EMML 2436[2]: መንፈሳዊያን፡ (ን zu ነ korr., d.h. EMML 2080[1], EMML 2436[1]: መንፈሳዊያን፡). (b) ሕያዋን፡ Tana 9, BM 491: om. ‖ außer EMML 8400 alle and. Hss.: ሕያዋን፡ (c) ሕይወተ፡ Cambridge MS, EMML 1768, EMML 2080, EMML 2436, EMML 2436a, EMML 8703, GG 151, RTM, Abb 35, Abb 55, Berl, BM 491, Aeth II: ሕይወት፡ (d) ዘኢይመውት፡ EMML 1768, BM 491: ወኢይመውት፡ ‖ Tana 9: ወዘኢ.ትመውት፡ (e) ለኩሉ፡ GG 151, Bodl 5, BM 484, BM 499: በኩሉ፡ (f) ትውልደ፡ EMML 2080[2]: ትውልደ፡ (ድ zu ደ korr., d.h. EMML 2080[1]: ትውልድ፡) ‖ EMML 1768, EMML 8400, Parma 3843, Berl: ትውልድ፡ (g) ዓለም፡ Berl: ዘዓለም፡ **15,7** (a) ወበእንተዝ፡ Cambridge MS, EMML 2436a, Berl, BM 484, BM 490, BM 492, BM 499, Munich 30, Ryl: በእንተዝ፡ ‖ Frankfurt MS: ወበእንተ፡ዝንቱ፡ ‖ Bodl 5: በእንተ፡ዝንቱ፡ (b) ለክሙ፡አንስትያ፡ EMML 6281: ለክሙ፡አንስተ፡ ‖ EMML 2436a: አንስቲያ፡ ለክሙ፡ (c) ለመንፈሳዊያን፡ EMML 1768, EMML 2436, EMML 8400, EMML 8703, GG 151, RTM, Tana 9, Abb 35, Abb 55, BM 485, BM 491: መንፈሳዊያን፡ ‖ EMML 6281, Parma 3843, Berl: መንፈሳዊያን፡ ‖ EMML 2080[2]: መንፈሳዊያን፡ (ኅ zu ን korr., d.h. EMML 2080[1]: መንፈሳያን፡) ‖ Cambridge MS, EMML 2436a, Aeth II (außer Munich 30): መንፈሳዊያንስ፡ ‖ Munich 30: ለመንፈሳዊያንስ፡ (d) ሰማይ፡ EMML 2436: ሰማይስ፡ ‖ EMML 2080[2]: getilgt! ‖ Cambridge MS, EMML 2436a, Aeth II: om. (e) መኃድሪሆሙ፡ EMML 8400: መኃደሪሆሙ፡ ‖ Cambridge MS, EMML 2436, EMML 2436a, EMML 6281, Abb 35[2], BM 491, Aeth II: ማኅደሪሆሙ፡ ‖ EMML 2080[2]: መኃደሪሆሙ፡ (ድ zu ደ korr., d.h. EMML 2080[1]: መኃድሪሆሙ፡).

15,8 ወይእዜኒ፡ ረዐይት[a]፡ እሉ[b]፡ ተወልዱ፡ እምነፍሳት[c]፡ ወሥጋ[d]፡ መናፍስት[e]፡ እኩያን[f]፡ ይሰመይ[g]፡ በዲበ፡ ምድር፡ ወውስት[h]፡ ምድር[i]፡ ይከውን፡ መኃድሪሆን[j]፡

15,9 ወነፍሳት[a]፡ እኩያን፡ ወዕሉ፡ ⌈እምሥጋሆሙ⌉[b]፡ እስመ፡ እመዕልት[c]፡ ተፈጥሩ፡ እምቅዱሳን፡ ትጉሃን[d]፡ ኮኑ[e]፡ ቀዳሚቶሙ።ወቀዳሚ[f]፡ መሰረት[g]፡ መንፈሰ[h]፡ እኩይ[i]፡ ይከውኑ[j]፡ በዲበ፡ ምድር፡ ወመንፈሰ[k]፡ እኩያን[l]፡ ይሰመይ[m]።

15,9 ⌈እምሥጋሆሙ⌉፡ ሥጋሆሙ v. e. and. Hand.

15,8 (a) ረዐይት፡ EMML 6281: ረዐይተ፡ ‖ Tana 9: ዝረዓይት፡ (b) እሉ፡ alle and. Hss.: እለ፡ (c) እምነፍሳት፡ BM 485: እምነፍሳተ፡ ‖ Cambridge MS, EMML 2080, EMML 2436, EMML 2436a, EMML 8703, GG 151, RTM, Abb 35², Abb 55, BM 491, Aeth II: እምነፍስት፡ ‖ Abb 35¹: እምነፍስተ፡ ‖ Parma 3843, Tana 9: እመናፍስት፡ ‖ EMML 6281, Berl: እመናፍስት፡ ‖ EMML 8400: እምነ፡ መንፈሳዊን፡ (d) ወሥጋ፡ Parma 3843²: ወሥጋ፡ (ወ über d. Z. erg., d. h. Parma 3843¹: ሥጋ፡) ‖ EMML 6281, Abb 35¹, Berl: ሥጋ፡ (e) መናፍስት፡ EMML 2080, BM 485: መንፈሳተ፡ ‖ EMML 1768: መናፍስት፡ ‖ Tana 9: ወመናፍስተ፡ ‖ Berl: ወመናፍስት፡ (f) እኩያን፡ EMML 2436, EMML 2436a, Tana 9, Abb 35², Aeth II: እኩያን፡ (g) ይሰመይ፡ Cambridge MS, EMML 2436a, EMML 6281, EMML 8400, EMML 8703, RTM, Tana 9, Abb 35, Berl, BM 491, Aeth II: ይሰመዩ፡ ‖ EMML 2080², EMML 2436²: ይሰመዩ፡ (ይ zu የ korr., d. h. EMML 2080¹, EMML 2436¹: ይሰመይ፡). (h) ወውስተ፡ EMML 2436, RTM: ውስተ፡ ‖ Tana 9: እስመ፡በዲበ፡ ምድር፡ ወውስተ፡ ‖ Cambridge MS: om. (i) ምድር፡ BM 491: ምድሪሆሙ፡ ‖ Cambridge MS: om. (j) መኃድሪሆን፡ EMML 1768, EMML 8703, GG 151, RTM, Tana 9, Abb 55, Berl, BM 485: መኃድሪሆሙ፡ ‖ Cambridge MS, EMML 2436, EMML 2436a, EMML 6281, Abb 35, BM 491, Aeth II: ማኅደሪሆሙ፡ ‖ EMML 8400: መኃደሪሆሙ፡ ‖ EMML 2080²: መኃድሪሆሙ፡ (ድ zu ደ korr., d. h. EMML 2080¹: መኃድሪሆሙ፡). **15,9** (a) ወነፍሳት፡ EMML 8400: ነፍሳት፡ ‖ EMML 2436a, EMML 8703, Abb 35, Bodl 4, Bodl 5, BM 484, BM 490, Curzon 56, Frankfurt MS, Ryl: ወነፍሳት፡ ‖ EMML 1768, GG 151, RTM, Berl: ወነፍስተ፡ ‖ Tana 9: ወመናፍስት፡ ‖ EMML 2080, EMML 2436: መናፍስት፡ (b) እምሥጋሆሙ፡ EMML 6281: እምሥጋሆን፡ ‖ Abb 55: እመኃድሪሆሙ፡ ወእምሥጋሆሙ፡ (c) እመዕልት፡ GG 151: እመዕልተ፡ ‖ Tana 9, Berl: እምዕለተ፡ ‖ EMML 8703: መልዕልት፡ (d) ትጉሃን፡ Tana 9: ትጉሃን፡ (e) ኮኑ፡ EMML 8703²: über d. Z. erg. ‖ EMML 2080²: ኮነ፡ (ኮ zu ነ korr., d. h. EMML 2080¹: ኮነ፡) ‖ EMML 6281: ወኮኑ፡ (f) ወቀዳሚ፡ EMML 2436: ወቀዳሚት፡ ‖ Abb 55: ወቀዳሚ፡ ‖ Tana 9: ቀዳሚ፡ ‖ EMML 8400: om. (g) መሰረት፡ EMML 1768, GG 151, Parma 3843, RTM, Tana 9, Abb 55, BM 491: መሰረተ፡ (h) መንፈሰ፡ EMML 8703, Abb 55, Berl, BM 491: መንፈሰ፡ ‖ EMML 8400: ወመንፈሰ፡ ‖ BM 499: መናፍስተ፡ ‖ EMML 2080²: መናፍስት፡ (ursprüngl. vermutl. sg.). (i) እኩይ፡ Cambridge MS, EMML 2436, EMML 2436a, Abb 35², BM 491, Aeth II (außer Bodl 5, BM 492, BM 499): እኩይ፡ ‖ Abb 55: እኩያን፡ ‖ BM 492, BM 499: እኩያን፡ ‖ EMML 2080²: እኩያን፡ (ursprüngl. vermutl. sg.). (j) ይከውኑ፡ Cambridge MS, EMML 6281, EMML 8400, Tana 9, BM 485: ይከኑ፡ (k) ወመንፈሰ፡ Bodl 4: ወመንፈሰ፡ ‖ Cambridge MS, EMML 8703, Parma 3843: መንፈሰ፡ ‖ EMML 6281: ወመንፈሳተ፡ ‖ EMML 2080²: ወመናፍስት፡ (ursprüngl. vermutl. sg.). (l) እኩያን፡ EMML 8400, Tana 9, BM 499, Ull: እኩያን፡ ‖ EMML 2080²: እኩይን፡ (ን zu ነ korr., d. h. EMML 2080¹: እኩያን፡). (j–l) ይከውኑ፡በዲበ፡ ምድር፡ወመንፈሰ፡እኩያን፡ EMML 2436, Berl: om. (m) ይሰመይ፡ Cambridge MS, EMML 2436, EMML 2436a, EMML 6281, EMML 8400, EMML 8703, RTM, Tana 9, Abb 35, BM 491, Aeth II: ይሰመዩ፡ ‖ EMML 2080²: ይሰመዩ፡ (ይ zu የ korr., d. h. EMML 2080¹: ይሰመይ፡).

መናፍስተ[a] ፡ ሰማይ ፡ ውስተ ፡ ሰማይ[b] ፡ ይከውን[c] ፡ መኃድሪሆሙ[d]፡፡ ወመናፍስተ[e] ፡ ምድር ፡ ዘተወልደ[f] ፡   15,10
በዲበ ፡ ምድር ፡ ውስተ ፡ ምድር ፡ መኃድሪሆሙ[g]፡፡

ወመንፈሰ ፡ ረዮትኒ[a] ፡ ደመናተ[b] ፡ እለ ፡ ይገፍዑ[c] ፡ ⌈ወይማስኑ⌉[d] ፡ ወይወድቁ ፡ ወይትባእሱ[e] ፡   15,11
ወይደቅቁ[f] ፡ ዲበ ፡ ምድር ፡ ወጐዘነ[g] ፡ ይገብሩ ፡ ወኢምንተኒ[h] ፡ ዘይበልዑ[i] ፡ እክለ[j] ፡ ወኢይጸምኡ[k] ፡
ወኢይትዐወቁ[l] ፡

15,11 ⌈ወይማስኑ⌉ ፡ ወ als zu tilgen markiert, d. h. l. ይማስኑ ፡

15,10 (a) መናፍስተ ፡ EMML 1768, EMML 8703, GG 151, RTM, BM 485: መንፈሳተ ፡ ‖ EMML 8400: መንፍስተ ፡ ‖ Cambridge MS, EMML 2436a, Abb 35, Berl, Aeth II: ወመናፍስተ ፡ ‖ EMML 2080²: ወመመናፍስተ ፡ (ወ erg., d. h. EMML 2080¹: መናፍስተ ፡). (b) ውስተ ፡ ሰማይ ፡ Cambridge MS, Berl: om. (c) ይከውን ፡ EMML 2436a: om. (d) መኃድሪሆሙ ፡ Cambridge MS, EMML 2436, EMML 2436a, EMML 6281, Abb 35, BM 491, Aeth II: ማኅደሪሆሙ ፡ ‖ EMML 2080², EMML 8400: መኃደሪሆሙ ፡ ‖ Berl: ማኅደሮሙ ፡ (c–d) ይከውን ፡ መኃድሪሆሙ ፡ GG 151, Parma 3843: መኃድሪሆሙ ፡ ይከውን ፡ (e) ወመናፍስተ ፡ EMML 1768, EMML 6281, GG 151, RTM, Abb 35, Abb 55, BM 485: ወመንፈሳተ ፡ ‖ EMML 8703: መንፈሳተ ፡ (f) ዘተወልደ ፡ GG 151, Parma 3843: ወዘተወልደ ፡ ‖ EMML 2436, EMML 6281, EMML 8400, RTM, Tana 9: ዘተወልዱ ፡ ‖ EMML 2436a, Aeth II: እለ ፡ ተወልዱ ፡ ‖ EMML 2080²: እለ ፡ ተወልዱ ፡ (እለ ፡ v. e. and. Hand u. ደ zu ዱ korr., d. h. EMML 2080¹ mögl.: ዘተወልደ ፡). (e–f) ወመናፍስተ ፡ ምድር ፡ ዘተወልደ ፡ በዲበ ፡ Cambridge MS: ወዲበ ፡ (g) መኃድሪሆሙ ፡ Cambridge MS, EMML 2436, EMML 2436a, Abb 35, BM 491, Aeth II: ማኅደሪሆሙ ፡ ‖ EMML 2080²: ማኅደሪሆሙ ፡ (EMML 2080¹: መኃድሪሆሙ ፡) ‖ EMML 8400: መኃደሪሆሙ ፡ ‖ Ull: ይከውን ፡ ማኅደሪሆሙ ፡
15,11 (a) ረዮትኒ ፡ EMML 2080: ረዓይታን ፡ ‖ Tana 9, Bodl 5, BM 484, Curzon 55, Curzon 56, Frankfurt MS: ረዮት ፡ ‖ Ryl²: ረዮት ፡ (zw. ረዮት u. Worttr. e. Bst. getilgt, d. h. Ryl¹: ረዮትኒ ፡ (?)). (b) ደመናተ ፡ EMML 6281: ደመናት ፡ ‖ Berl: ወደመናትኒ ፡ (c) እለ ፡ ይገፍዑ ፡ EMML 8400: እለ ፡ ገፍዑ ፡ ‖ EMML 8703: እለ ፡ ይፈግዑ ፡ ‖ Tana 9: ይትጋፈዑ ፡ እለ ፡ (d) ወይማስኑ ፡ Cambridge MS, EMML 6281, Berl, BM 485: ወያማስኑ ፡ ‖ EMML 2436, EMML 2436a, EMML 8703, Tana 9, Abb 35, Aeth II: ይማስኑ ፡ ‖ EMML 2080²: ይማስኑ ፡ (ወ vor d. W. getilgt, d. h. EMML 2080¹: ወይማስኑ ፡). (e) ወይትባእሱ ፡ Cambridge MS, EMML 2080, EMML 2436, EMML 2436a, EMML 6281, EMML 8703, Abb 35, Abb 55, BM 485, BM 491, Aeth II (außer Bodl 4, Curzon 56): ወይትበአሱ ፡ ‖ Tana 9: ወይትከወሱ ፡ ‖ EMML 8400: ወይማስኑ ፡ (f) ወይደቅቁ ፡ Cambridge MS, EMML 2436, EMML 2436a, Aeth II (außer Bodl 5, BM 484, BM 492): ወይደቅቁ ፡ ‖ EMML 2080²: ወያደቅቁ ፡ (ይ zu ያ korr., d. h. EMML 2080¹: ወይደቅቁ ፡) ‖ BM 485: ወይደቀቁ ፡ ‖ Tana 9, Berl: ወይወድቁ ፡ (g) ወጐዘነ ፡ Berl: ወሐዘነ ፡ ‖ EMML 1768: ወአሐዘ ፡ (h) ወኢምንተኒ ፡ EMML 2436, EMML 8703, BM 491, Bodl 4, Curzon 55, Munich 30: ወኢምንትኒ ፡ ‖ Abb 55: ወኢምንተ ፡ ‖ GG 151, Parma 3843: add. አልቦሙ ፡ እንከ ፡ (i) ዘይበልዑ ፡ Berl, BM 485: ዘይበልዕ ፡ (h–i) ወኢምንትኒ ፡ ዘይበልዑ ፡ EMML 8400: ወኢይበልዑ ፡ (j) እክለ ፡ BM 491: ወኢእክለ ፡ ‖ Abb 55: እለ ፡ (k) ወኢይጸምኡ ፡ BM 491, Bodl 5, Munich 30: ወይጸምኡ ፡ (l) ወኢይትዐወቁ ፡ Berl: ወኢይትዓወቅ ፡ ‖ Tana 9: ወኢይትዐቀፉ ፡

15,12 ⸢ወኢ.ይትነሥኡ⸣ᵃ፡ እሎንቱᵇ፡ ነፍሳትᶜ፡ ⸢ዲበ⸣፡ ውሉደ፡ ሰብእ፡ ወዲበᵈ፡ አንስትᵉ፡ እስመ፡ ወፅኡᶠ፡

16,1 አመ፡ መዋዕለᵃ፡ ቀትል።ወሙስናᵇ፡ ወሞተᶜ፡ ⸢ረዐይትኒ⸣ᵈ፡ እንተ፡ ኀበ፡ ወአየᵉ፡ ⸢ወመንፈሳትᶠ፡ እመናፍስትᵍ፡ ሥጋሆሙᵸ፡ ⸢ለይኩያን⸣ⁱ፡ ዘይማስን፡ ዘንበለ፡ ኮነኔ፡ ከማሁ፡ ዘይማስንʲ፡ እስከ፡

15,12 ⸢ወኢ.ይትነሥኡ⸣፡ ኢ. über d. Z. erg., d. h. ursprüngl. ወይትነሥኡ፡ – ⸢ዲበ⸣፡ über d. Z. erg. **16,1** ⸢ረዐይትኒ⸣፡ ታ zu ት u. ዊ zu ኒ korr., d. h. ursprüngl. ረዐይታዊ፡ – ⸢ወመንፈሳት⸣፡ ወ mögl. als zu tilgen markiert, d. h. l. መንፈሰት፡ – ⸢ለይኩያን⸣፡ ይ v. e. and. Hand. – ⸢ኮሉ፡እምትጉሃን⸣፡ als zu tilgen markiert.

15,12 (a) ወኢ.ይትነሥኡ፡ EMML 1768, EMML 8400, EMML 8703, GG 151, RTM, Abb 35[1], Abb 55, BM 491: ወይትነሥኡ፡ ‖ EMML 2080[2]: ወኢ.ይትነሥኡ፡ (ኢ.ይ v. e. and. Hand) ‖ Parma 3843: ወኢ.ይን/ሥኡ፡ (b) እሎንቱ፡ Abb 55: እሎንቱ፡ ‖ EMML 1768, EMML 2080, EMML 6281, GG 151, Parma 3843, RTM: እሉንቱ፡ ‖ EMML 8703, Abb 35: እላንቱ፡ ‖ EMML 2436, Tana 9: እሙንቱ፡ (c) ነፍሳት፡ Cambridge MS, EMML 2080, EMML 2436, Tana 9, Berl: ነፍስት፡ ‖ EMML 6281, GG 151, Parma 3843, Abb 55, BM 485: ነፍሳተ፡ (d) ወዲበ፡ Tana 9: በዲበ፡ (e) አንስት፡ BM 485: አንስተ፡ (f) ወፅኡ፡ Berl, Bodl 5, Frankfurt MS: መጽኡ፡ **16,1** (a) አመ፡መዋዕለ፡ EMML 6281: አመ፡ዕለተ፡ ‖ Tana 9: እመዋዕለ፡ ‖ Parma 3843, Berl: እመዋዕለ፡ (b) ወሙስና፡ Abb 55: ወመስነ፡ ‖ EMML 2080: om. (c) ወሞተ፡ Tana 9, Berl: ወሞቱ፡ (d) ረዐይትኒ፡ Parma 3843: ረዐይትኒ፡ ‖ EMML 2080[2]: ረዐይትኒ፡ (ታ zu ት u. ን zu ኒ korr., d. h. EMML 2080[1]: ረዐይታን፡) ‖ Tana 9: ረዓይታን፡ ‖ Abb 55: ረዐይታዊ፡ (e) ወአየ፡ Cambridge MS, EMML 2436, EMML 2436a, EMML 8400, EMML 8703, Tana 9, Abb 35, Berl, BM 491, Aeth II: ወአየ፡ (f) ወመንፈሳት፡ Tana 9: ወመናፍስት፡ ‖ EMML 2080, EMML 2436a, RTM, Abb 35, Abb 55, Bodl 4, Bodl 5, BM 484, BM 490, Curzon 55, Frankfurt MS: መንፈሳት፡ ‖ EMML 1768, EMML 8703, GG 151: መንፈሳተ፡ ‖ EMML 2436, EMML 8400, BM 491, Curzon 56, BM 499[2], Ryl: መናፍስተ፡ ‖ Cambridge MS, EMML 6281, BM 485: መናፍስተ፡ ‖ Parma 3843: መንፈስተ፡ ‖ Berl: መንፈሰ፡ ‖ Munich 30: መንፈሰ፡ (g) እመናፍስት፡ Cambridge MS, EMML 6281: እመናፍስተ፡ ‖ Tana 9: እመንፈሰ፡ ‖ EMML 2080, EMML 2436a, Parma 3843, Aeth II (außer BM 492, Curzon 56, Munich 30): እምነፍስት፡ ‖ EMML 8400, BM 485: እምነፍስተ፡ ‖ EMML 1768, EMML 2436, EMML 8703, GG 151, BM 492, Curzon 56, Munich 30: እምነፍሳት፡ ‖ RTM: እምነፍሳተ፡ ‖ Abb 35: እመናፍስት፡መናፍስት፡እከይ፡ይሰመዩ፡ ‖ Abb 55, BM 491: om. (h) ሥጋሆሙ፡ EMML 6281: ሥጋሆን፡ ‖ Tana 9: ወሥጋሆሙ፡ ‖ Berl: ወዘሥጋሆሙ፡ ‖ Abb 55: እምሥጋሆሙ፡ (i) ለይኩያን፡ Abb 55: ለእኩያን፡ ‖ Ull: ይኩን፡ ‖ EMML 2080[2]: ለይኩን፡ (EMML 2080[1] viell.: ለይኩያን፡) ‖ alle and. Hss.: ለይኩን፡ (j) ዘይማስኑ፡ außer Abb 55 alle and. Hss.: ይማስኑ፡ (k) ተፋጸሜተ፡ EMML 1768, EMML 2080, EMML 2436, EMML 2436a, EMML 8703, GG 151, Parma 3843, RTM, Tana 9, Abb 35, Abb 55, Berl, Bodl 4, BM 484, BM 490, BM 499, Curzon 56, Ryl: ተፍጸሜት፡ ‖ BM 491: ፍጸሜ፡ ‖ Bodl 5, Curzon 55, Frankfurt MS: ኮነኔ፡ (l) በቢ.ይ፡ Cambridge MS, EMML 2080, EMML 2436a, EMML 8400, RTM, Aeth II: ዓባይ፡ (m) በቢ.ይ፡ EMML 2436: በባይ፡ ‖ EMML 2436a, Berl, BM 485, BM 492: om. (n) ይትፈጸም፡ Cambridge MS, EMML 2080, EMML 2436, EMML 2436a, EMML 6281, EMML 8400, EMML 8703, Abb 35, BM 485, BM 491, Aeth II: ይትፈጸም፡ (o) ወረሲዓን፡ EMML 6281[2]: a. Rd. erg. ‖ Tana 9: ወረሲዓን፡ ‖ EMML 1768: ወረሲዓኒ፡ ‖ Cambridge MS, BM 491, Curzon 55, Munich 30: om. (p) ኮሉ፡እምትጉሃን፡ EMML 1768, EMML 6281[2] (a. Rd.), GG 151, Parma 3843, RTM: ኮሉ፡ይትፈጸም፡እምትጉሃን፡ ‖ Berl: ኮሉ፡ይትፈጸም፡እምትጉሃን፡ ‖ EMML 8703, Abb 35: ኮሉ፡ይትፈጸም፡እምትጉሃን፡ ‖ Tana 9, Abb 55: ኮሉ፡ይትፈጸም፡ ‖ EMML 8400: ኮሉ፡ይትፈጸም፡ ‖ BM 485: ኮሉ፡ይትፈጸም፡እምትጉሃን፡ወረሲዓን፡ኮሉ፡እምትጉሃን፡ ‖ EMML 2080[2]: getilgt? (bis zum nächsten W. mehrere Wörter getilgt, d. h. EMML 2080[1]: ኮሉ፡ይትፈጸም፡እምትጉሃን፡(?)) ‖ Cambridge MS, EMML 2436, EMML 2436a, BM 491, Aeth II: om.

ዕለተ፡ ተፍጻሜተ[k]፡ ዐቢይ[l]፡ እምዓለም፡ ዐቢይ[m]፡ ይትፌጸም[n]፡ እምትጉሃን፡ ወረሲዓን[o]፡ ⸢ኵሉ፡
እምትጉሃን⸣[p]።

ወይእዜኒ፡ ለትጉሃን፡ እለ፡ ፈነዉከ[a]፡ ትስአል[b]፡ በእንቲአሆሙ፡ እለ፡ ቀዲሙ፡ በሰማይ፡ ሀለዉ[c]። 16,2

ወይእዜኒ፡ አንትሙ[a]፡ በሰማይ፡ ሀለውክሙ፡ ወኅቡኣተ[b]፡ ዓዲ፡ ⸢ኢተከሥቱ⸣[c]፡ ለክሙ፡ 16,3
⸢ወምኑናነ⸣[d]፡ ምሥጢረ[e]፡ አእመርክሙ፡ ወዘንተ፡ ዜነውክሙ[f]፡ ለአንስት፡ በጽንዐ[g]፡ ልብክሙ[h]።
ወበዝንቱ[i]፡ ምሥጢር[j]፡ ⸢ያበዝኃ⸣[k]፡ አንስት[l]፡ ወሰብእ[m]፡ እኪተ[n]፡ በዲበ[o]፡ ምድር፡

በሎሙ፡ እንከሰ፡ አልብክሙ፡ ሰላም[a]። 16,4

16,3 ⸢ኢተከሥቱ⸣፡ ኢ als zu tilgen markiert u. ተ zu ቱ korr., d. h. ursprüngl. ኢተከሥተ፡ u. l. jetzt ተከሥቱ፡ – ⸢ወምኑናነ⸣፡ ን zu ነ korr., d. h. ursprüngl. ወምኑናን፡ – ⸢ያበዝኃ⸣፡ ይ zu ያ korr., d. h. ursprüngl. ይበዝኃ፡

16,2 (a) ፈነዉከ፡ Cambridge MS, EMML 1768, EMML 2080, EMML 2436, EMML 6281, EMML 8400, EMML 8703, Abb 35, BM 485, BM 491, Bodl 5: ፈነውከ፡ ‖ Parma 3843: ፈነወከ፡ ‖ Berl: ተፈነውከ፡ ‖ Tana 9: ተፈነውክሙ፡ (b) ትስአል፡ Tana 9: ትስአሉ፡ (c) ሀለዉ፡ EMML 2080, EMML 2436, EMML 6281, EMML 8400, Parma 3843, Bodl 5: ሀለው፡ **16,3** (a) አንትሙ፡ EMML 2436a, Aeth II: አንትሙሰ፡ ‖ EMML 2436[2]: አንትሙሰ፡ (ሰ a. Rd. erg., d. h. EMML 2436[1]: አንትሙ፡) ‖ RTM: አንትሙ፡ እለ፡ (b) ወኅቡኣተ፡ EMML 2080, EMML 2436, EMML 2436a, Abb 35, Berl, BM 485, BM 491, Aeth II: ወኅቡኣት፡ (c) ኢተከሥቱ፡ Cambridge MS, EMML 1768, EMML 6281, EMML 8703, Aeth I, BM 492: ኢተከሥተ፡ ‖ EMML 2080, BM 499, Ull: ኢተከሥታ፡ ‖ Tana 9: ኢይትከሰት፡ ‖ RTM: ተከሥተ፡ (d) ወምኑናነ፡ Cambridge MS, EMML 2436, EMML 2436a, EMML 8400, EMML 8703, Parma 3843, Tana 9, Abb 35, Aeth II: ወምኑነ፡ ‖ EMML 2080[2]: ወምኑነ፡ (EMML 2080[1] mögl. ወምኑናነ፡) ‖ Berl: ወምኑናተ፡ ‖ EMML 1768: ለምኑናን፡ ‖ Abb 55: ምኑን፡ (e) ምሥጢረ፡ EMML 2080[2]: ምሥጢረ፡ (ር zu ረ korr., d. h. EMML 2080[1]: ምሥጢር፡) ‖ EMML 1768, Berl: ምሥጢር፡ ‖ EMML 6281: ወምሥጢረ፡ (f) ዜነውክሙ፡ EMML 8400: ዜንውክሙ፡ ‖ EMML 2436: ዜኖክሙ፡ ‖ EMML 6281: ዜነውከ፡ ‖ Parma 3843[2]: ዜና፡ ዘነወክሙ፡ (g) በጽንዐ፡ Parma 3843: በጻንዐ፡ ‖ Tana 9: ጽንዐ፡ (h) ልብክሙ፡ EMML 6281: አቡክሙ፡ (i) ወበዝንቱ፡ EMML 8400, EMML 8703, Abb 35: ወበእንተ፡ ዝንቱ፡ (j) ምሥጢር፡ Tana 9: ምሥጢረ፡ (k) ያበዝኃ፡ EMML 1768, GG 151, Parma 3843, RTM, Abb 55: ይበዝኅ፡ ‖ EMML 2080, EMML 6281, EMML 8400, Abb 35, BM 485, BM 491, Bodl 4, BM 490, Munich 30: ያበዝኅ፡ ‖ Cambridge MS, Berl: ያበዝኅ፡ ‖ Tana 9: ያበዝኁ፡ (l) አንስት፡ EMML 6281, EMML 8400, GG 151, Parma 3843, Tana 9, BM 485: አንስተ፡ (m) ወሰብእ፡ EMML 1768, GG 151, RTM: ወሰብአ፡ ‖ BM 485: ሰብእ፡ (n) እኪተ፡ BM 485: እኪይተ፡ ‖ EMML 8400, EMML 8703, RTM: እኪት፡ ‖ Berl: እኩያት፡ (o) በዲበ፡ EMML 6281: ዘዲበ፡ **16,4** (a) ሰላም፡ Cambridge MS, EMML 1768, EMML 8400, EMML 8703, GG 151, Parma 3843, RTM, Tana 9, Berl: ሰላመ፡

2.3.6 Anmerkungen zu den Lesungen in der Edition

Kap. 14

14,9: Entsprechend der Handschrift beginnt der Vers eigentlich mit ወቦእኩ፡ እስከ፡ ኀበ፡ እቀርብ፡ ኀበ፡ ጥቅም፡, also mit zwei unterschiedlichen Präpositionen nach dem ersten Verb. Hierbei ist aber ኀበ፡ (das erste von beiden in diesem Vers) als zu tilgen markiert und kann als Schreibfehler erachtet werden (vermutlich Dittographie auf Grund aberratio oculi). Da es auch in allen anderen Handschriften fehlt, wurde es in der Edition der Übersicht und Korrektheit halber nicht übernommen.

14,19: ዘይነድድ፡ Gemäß der Handschrift ist eigentlich ዘይነደድ zu lesen, was aber unorthographisch ist und daher sicherlich als Flüchtigkeitsfehler angesehen werden kann, zumal der Schreiber diese Verbform an anderer Stelle richtig zu schreiben weiß (vgl. zum Beispiel 14,12.17.22).

14,21: ወራእየ፡ Gemäß der Handschrift ist eigentlich ወራርእየ zu lesen, wobei das ራ über der Zeile ergänzt ist, das ር als zu tilgen markiert und ein ኢ zu እ verbessert wurde. Dementsprechend stand ursprünglich vermutlich ወርኢየ, das zu ወራእየ korrigiert wurde.

14,23: ወኢይትዓተቱ፡ Entsprechend der Handschrift ist eigentlich ወኢይሐትዓተቱ zu lesen, wobei das ሐ als zu tilgen markiert und ዓተ über der Zeile ergänzt wurde. Folglich stand ursprünglich vermutlich ወኢይሐትቱ, das zu ወኢይትዓተቱ korrigiert wurde.

Kap. 15

15,9: Gemäß der Handschrift lautet der Vers eigentlich: ወነፍሳተ፡ እኩያን፡ ወፀኡ፡ እምሥጋሆሙ፡ ⌜ወነፍሳተ፡ እኩያን፡ ወፀኡ፡ እምጋሆሙ⌝፡ እስመ፡ እመልዕልተ፡ ተፈጥሩ፡ እምቅዱሳን፡ ትጕኅን፡ ኮኑ፡ ቀዳሚቶሙ።ወቀዳሚ፡ መሰረት፡ መንፈሰ፡ እኩይ፡ ይከውኑ፡ በዲበ፡ ምድር፡ ወመንፈሰ፡ እኩያን፡ ይሰመይ።

Die Wendung ⌜ወነፍሳተ፡ እኩያን፡ ወፀኡ፡ እምጋሆሙ⌝፡ ist beim zweiten Mal als zu tilgen markiert. Diese kann als eindeutiger Schreibfehler (Dittographie) erachtet werden und fehlt auch bei allen anderen Handschriften, sodass sie in der Edition der Übersicht und Korrektheit halber nicht übernommen wurde.

15,12: Entsprechend der Handschrift wurde ወዲበ፡ doppelt geschrieben und ist beim ersten Mal als zu tilgen markiert. Auch hier handelt es sich um einen offensichtlichen Schreibfehler (Dittographie), der in allen anderen Handschriften fehlt, sodass ወዲበ፡ in der Edition der Übersicht und Korrektheit halber nur einfach notiert wurde.

2.3.7 Varianten in der Vers- und Kapiteleinteilung

Schon Dillmann beschreibt in der Einleitung zu seiner Übersetzung des Henochbuches die Heterogenität und Instabilität der Verseinteilung in den altäthiopischen Handschriften:

> Die Abyssinier haben in ihrer Bibel keinerlei Verseintheilung und -Bezeichnung; auch
> haben sie in Beziehung auf die Abtheilung der Sätze keinerlei feste Überlieferung. Das
> Zeichen für das Ende eines Satzes wird nach freiem Belieben des Schreibers gesetzt; oft
> freilich stellt der Sinn seine Anforderungen in dieser Beziehung so unzweideutig, dass
> verschiedene Schreiber in der Setzung des Zeichens für das Satzende zusammenstimmen;
> in den weitaus meisten Fällen aber weicht jede Handschrift von der andern ab, und voll-
> ends die neueren Schreiber, von denen die meisten der europäischen Bibelhandschriften
> stammen, setzen in ihrer großen Unwissenheit das Zeichen des Satzendes oft auf die mög-
> lichst ungeschickteste Weise.[352]

Wenn auch Dillmanns Verseinteilung in seiner Übersetzung von einer Großzahl
der nun bekannten Manuskripte zum Teil bestätigt wird, ändert die neue Handschriftenlage gut 150 Jahre später diesen von ihm skizzierten Befund nicht wesentlich. Auf der einen Seite wurden in den Handschriften Interpunktionszeichen schon vermehrt an die Stellen gesetzt, die der gängigen Einteilung des
Henochbuches entsprechen.[353] Auf der anderen Seite aber weichen die Manuskripte in ihrer Textgliederung gleichermaßen voneinander und von der gängigen Einteilung ab und bieten zum Teil auch kleinere oder größere Sinneinheiten
als die üblichen. In der Mehrzahl zieht dies kein anderes Verständnis des Textes
nach sich. Jedoch gibt es auch Fälle, in denen ein großer Teil der Handschriften
in der Abgrenzung des Textbestandes gegenüber der üblichen Einteilung übereinstimmt. Diese sollen nun hier angeführt werden.

Da in den bisherigen Editionen abgesehen von Dillmanns Addendum zur
Kapiteleinteilung[354] die Einteilung in Verse und Kapitel nicht thematisiert wurde, basieren die nachfolgenden Varianten lediglich auf den dreizehn selbst kollationierten Handschriften und auf Ryl.[355] Bei jeder Variante wird zunächst die
wissenschaftlich gängige Einteilung mit dem altäthiopischen Wortbestand wie-

---

352 Dillmann, *Das Buch Henoch*, LXII.

353 Statistisch könnte man mit Blick auf 1 Hen 14–16 sagen, dass circa zwei Drittel der hier
herangezogenen Handschriften in etwa der Hälfte der Fälle genau mit der gängigen Verseinteilung dieser Kapitel übereinstimmt.

354 Siehe Dillmann, *Liber Henoch aethiopice*, 37–38 in den Annotationes.

355 Ryl konnte hier miteinbezogen werden, da Knibb diese Handschrift als Grundlage seiner
Edition photographisch abdrucken ließ, sodass auch die in der Handschrift gesetzten Interpunktionszeichen im Gegensatz zu anderen Manuskripten zugänglich sind.

dergegeben, wie er in EMML 7584 zu finden ist,[356] bevor im Anschluss daran
die Varianten hierzu angeführt werden, teilweise mit leicher Abänderung des
Wortlautes, sofern dieser für das Verständnis der Variante einen Beitrag leistet.
Da hier der Schwerpunkt auf den Varianten in der Verseinteilung liegt, stimmt
der Wortlaut der angeführten Verse nicht notwendigerweise mit dem Wortbestand der jeweils angegebenen Handschriften überein. Hierfür sei vielmehr auf
die Edition verwiesen.

Übergang 14,2–3

14,2 አነ፡ ርኢኩ፡ በንዋየየ፡ ዘአነ፡ ይእዜ፡ እትናገር፡ በልሳን፡ ዘሥጋ፡ ወበመንፈስየ፡ ዘወሀበ፡ ዐቢይ፡ አፍ፡ ለሰብእ፡ ይትናገሩ፡ ቦቱ፡ ወይለዐዉ፡ በልብ፡

14,3 ከመ፡ ፈጠረ፡ ወወሀበ፡ ለሰብእ፡ ወሊተ፡ ይለብዉ፡ ቃለ፡ አእምሮ፡ ወሊተኒ፡ ፈጠረ፡ ወወሀበኒ፡ እዝልፎሙ፡ ለትጉሃነ፡ ውሉደ፡ ሰማይ፡

Einteilung gemäß Cambridge MS, EMML 2436a, EMML 7584, EMML 8400,
EMML 8703, GG 151, Parma 3843, RTM, Ryl:

አነ፡ ርኢኩ፡ በንዋየየ፡ ዘአነ፡ ይእዜ፡ እነግር፡ በልሳን፡ ዘሥጋ፡ ወበመንፈስየ፡ ዘወሀበ፡ ዐቢይ፡ አፈ፡ ለሰብእ፡ ይትናገሩ፡ ቦቱ፡ ወይለዐብዉ፡ በልብ፡ ከመ፡ ፈጠረ፡ ወወሀበ፡ ለሰብእ፡ ይለዐዉ፡ ቃለ፡ አእምሮ።

ወሊተኒ፡ ፈጠረ፡ ወወሀበኒ፡ እዝልፎሙ፡ ለትጉሃነ፡ ውሉደ፡ ሰማይ፡

Einteilung gemäß Tana 9:

አነ፡ ርኢኩ፡ በንዋየየ፡ ዘአነ፡ ይእዜ፡ እነግር፡ በልሳንየ፡ ዘሥጋ፡ ወበመንፈሰ፡ አፍ፡ ዘወሀበ፡ ዐቢይ፡ ለሰብእ፡ ይትናገር፡ ቦቱ፡ ወይለዐዉ፡ በልብ፡ ከመ፡ ውእቱ፡ ፈጠረ፡ ወወሀበ፡ ለሰብእ።

ወሊተ፡ ይለዐዉ፡ ቃለ፡ አእምሮ፡ ወሊተኒ፡ ፈጠረ፡ ወወሀበ፡ እዛለፎሙ፡ ለትጉሃነ፡ ውሉደ፡ ሰማይ።

EMML 1768 und EMML 6281 setzen erst nach 1 Hen 14,4a den nächsten Verstrenner, EMML 2080 am Ende von 1 Hen 14,5 und EMML 2436 am Ende von
1 Hen 14,6.

Übergang 14,22–23

14,22 እሳት፡ ዘይነድድ፡ በአውዱ፡ ወእሳት፡ ዐቢይ፡ ዘይቀውም፡ ቅድሜሁ፡ ወአልቦ፡ ዘይቀርብ፡ ኀቤሁ፡ እምእለ፡ አውዱ፡ ትእልፊተ፡ አእላፋት፡ ቅድሜሁ፡ ወውእቱስ፡ ኢይፈቅድ፡ ወውእቱ፡ ምክር፡

14,23 ወቅድስተ፡ ቅዱሳን፡ እለ፡ ይቀርቡ፡ ኀቤሁ፡ ኢይርሕቁ፡ ሌሊተ፡ ወመዓልተ፡ ወኢይትዐተቱ፡ እምኔሁ።

---

356 Der Wortbestand wurde auf Grund der Korrekturen, die in EMML 7584 zu finden sind,
und mit Blick auf die Varianten der anderen Handschriften leicht modifiziert.

Einteilung gemäß RTM:

እሳት፡ ዘይነድድ፡ በአውዱ።
ወእሳት፡ ዐቢይ፡ ዘይቀውም፡ ቅድሜሁ።=።
ወአልቦ፡ ዘይቀርብ፡ ኀቤሁ፡ እምእለ፡ አውዱ፡ ትእልፊተ፡ አእላፋት፡ ቅድሜሁ።ወውእቱስ፡ ኢየፈቅድ፡ ምክረ።
ወቅድሳት፡ ቅዱሳን፡ እለ፡ ይቀርቡ፡ ኀቤሁ፡ ኢይርሐቁ፡ ማዕለተ፡ ወሌሊተ፡ ወኢየአትቱ፡ እምኔሁ።=።

Einteilung gemäß EMML 1768, EMML 2080[1],[357] EMML 6281, EMML 7584, EMML 8400, EMML 8703, GG 151, Parma 3843, Tana 9:

እሳት፡ ዘይነድድ፡ በአውዱ፡ ወእሳት፡ ዐቢይ፡ ዘይቀውም፡ ቅድሜሁ።
ወአልቦ፡ ዘይቀርብ፡ ኀቤሁ፡ እምእለ፡ አውዱ፡ ትእልፊተ፡ አእላፋት፡ ቅድሜሁ።

ወውእቱስ፡ ኢይፈቅድ፡ ወውእቱስ፡ ምክር፡ ወቅድስተ፡ ቅዱሳን፡ እለ፡ ይቀርቡ፡ ኀቤሁ፡ ኢይርሐቁ፡ ሌሊተ፡
ወኢየአትቱ፡ እምኔሁ።

Einteilung gemäß Cambridge MS, EMML 2436,[358] Ryl:

እሳት፡ ዘይነድድ፡ በአውዱ፡ ወእሳት፡ ዐቢይ፡ ይቀውም፡ ቅድሜሁ፡ ወአልቦ፡ ዘይቀርብ፡ ኀቤሁ፡ እምእለ፡ አውዱ፡
ትእልፊተ፡ ትእላፋት፡ ቅድሜሁ።

ወውእቱስ፡ ኢይፈቅድ፡ ምክረ፡ ቅድስተ፡ ወቅዱሳን፡ እለ፡ ይቀርቡ፡ ኀቤሁ፡ ኢይርሐቁ፡ ሌሊተ፡ ወመዓልተ፡
ወኢይትዐተቱ፡ እምኔሁ።

Einteilung gemäß EMML 2436a:

እሳት፡ ዘይነድድ፡ በዐውዱ፡ ወእሳት፡ ዐቢይ፡ ይቀውም፡ ቅድሜሁ፡ ወአልቦ፡ ዘይቀርብ፡ ኀቤሁ፡ እለ፡ በዐውዱ።
ትእልፊተ፡ ትእልፊት፡ ቅድሜሁ፡ ወውእቱስ፡ ኢይፈቅድ፡ ምክረ፡ ቅድስተ።
ወቅዱሳን፡ እለ፡ ይቀርቡ፡ ኀቤሁ፡ ኢይርኀቁ፡ መዓልተ፡ ወሌሊተ፡ ወኢይትአትቱ፡ እምኔሁ።

Übergang 15,12–16,1

ወይትነሥኡ፡ እሎንቱ፡ ነፍሳት፡ ዲበ፡ ውሉደ፡ ሰብእ፡ ወዲበ፡ አንስት፡ እስመ፡ ወፅኡ፡   15,12

አም፡ መዋዕለ፡ ቀትል፡ ወሙስና፡ ወሞተ፡ ረዐይትኒ፡ እንተ፡ ኀበ፡ ወፅአ፡ ወመንፈሳት፡ እምናፍስት፡   16,1
ሥጋሆሙ፡ ለይኩያን፡ ዘይማስን፡ ዘእንበለ፡ ኩነኔ፡ ከማሁ፡ ዘይማስኑ፡ እስከ፡ ዕለተ፡ ተፍጻሜተ፡
ዐቢይ፡ እምዓለም፡ ዐቢይ፡ ይትፈጸም፡ እምትጉሃን፡ ወረሲዓን፡ ኩሉ፡ እምትጉሃን።

---

357 EMML 2080[1] setzt im Gegensatz zu den anderen Handschriften nach እምኔሁ፡ keinen Verstrenner, sondern zieht 1 Hen 14,24a (ወእለ፡ ሀለውኩ፡ እስከ፡ ዝንቱ፡ ዲበ፡ ገጽየ፡ ግልባቤ፡ እንዘ፡ እርአድ።) noch hinzu (vgl. hierzu auch EMML 2436). In einem Korrekturvorgang wurde nicht nur der Wortbestand von EMML 2080 Aeth II angeglichen, sondern auch ein weiterer Verstrenner in der letzten der drei Sinneinheiten gesetzt: ወውእቱስ፡ ኢይፈቅድ፡ ምክረ፡ ቅድሳተ። (vgl. hierzu auch die Einteilung bei EMML 2436a).
358 EMML 2436 setzt im Gegensatz zu Cambridge MS und Ryl nach እምኔሁ፡ keinen Verstrenner, sondern zieht 1 Hen 14,24a (ወአነ፡ ሀለውኩ፡ እስከ፡ ዝንቱ፡ ዲበ፡ ገጽየ፡ ግልባቤ፡ እንዘ፡ እርአድ።) noch hinzu (vgl. hierzu auch EMML 2080).

Einteilung gemäß EMML 7584:

ወይትነሥኡ፡ እሎንተ፡ ነፍሳት፡ ዲበ፡ ውሉደ፡ ሰብእ፡ ወዲበ፡ አንስት፡ እስመ፡ ወፅኡ፡ አም፡ መዋዕለ፡ ቀትል።

ወሙስና፡ ወሞተ፡ ረዐይትኒ፡ እንተ፡ ጎበ፡ ወፅአ፡ ወመንፈሳት፡ እመናፍስት፡ ሥጋሆሙ፡ ለይኩያን፡ ዘይማስን፡ ዘእንበለ፡ ኮነኬ፡ ከማሁ፡ ዘይማስኑ፡ እስከ፡ ዕለተ፡ ተፍጻሜት፡ ዐቢይ፡ እምዓለም፡ ዐቢይ፡ ይትፈጸም፡ እምትጉሃን፡ ወረሲዓን፡ ኩሉ፡ እምትጉሃን።

Einteilung gemäß Cambridge MS, EMML 2436, EMML 2436a, EMML 8703, GG 151, Parma 3843, RTM,[359] Tana 9,[360] Ryl:[361]

ወይትነሥኡ፡ እሎንተ፡ ነፍሳት፡ ዲበ፡ ውሉደ፡ ሰብእ፡ ወዲበ፡ አንስት፡ እስመ፡ ወፅኡ፡ አም፡ መዋዕለ፡ ቀትል፡ ወሙስና።

ወሞተ፡ ረዐይትኒ፡ እንተ፡ ጎበ፡ ወፅአ፡ መንፈሳት፡ እምነፍስት፡ ሥጋሆሙ፡ ለይኩያን፡ ዘይማስን፡ ዘእንበለ፡ ኮነኬ፡ ከማሁ፡ ዘይማስኑ፡ እስከ፡ ዕለተ፡ ተፍጻሜት፡ ዐቢይ፡ እምዓለም፡ ዐቢይ፡ ይትፈጸም፡ እምትጉሃን፡ ወረሲዓን፡ ኩሉ፡ እምትጉሃን።

Einteilung gemäß EMML 1768:[362]

ወይትነሥኡ፡ እሉንተ፡ ነፍሳት፡ ዲበ፡ ውሉደ፡ ሰብእ፡ ወዲበ፡ አንስት፡ እስመ፡ ወፅኡ፡ አም፡ መዋዕለ፡ ቀትል፡ ወሙስና፡ ወሞተ፡ ረዐይትኒ፡ እንተ፡ ጎበ፡ ወፅአ፡ መንፈሰት፡ እምነፍሳት።

ሥጋሆሙ፡ ለይኩን፡ ዘይማስን፡ ዘእንበለ፡ ኮነኬ፡ ከማሁ፡ ይማስኑ፡ እስከ፡ ዕለተ፡ ተፍጻሜት፡ ዐቢይ፡ እምዓለም፡ ዐቢይ፡ ይትፈጸም፡ እምትጉሃን፡ ወረሲዓኒ፡ ኩሉ፡ ይትፈጸም፡ እምትጉሃን።

Einteilung gemäß EMML 8400:[363]

ወይትነሥኡ፡ እሎንተ፡ ነፍሳት፡ ዲበ፡ ውሉደ፡ ሰብእ፡ ወዲበ፡ አንስት፡ እስመ፡ ወፅኡ፡ አም፡ መዋዕለ፡ ቀትል፡ ወሙስና፡ ወሞተ፡ ራዓይትኒ፡ እንተ፡ ጎበ፡ ወጽኡ፡ መናፍስት፡ እምነፍስት፡ ሥጋሆሙ፡ ለይኩን፡ ዘይማስን፡ ዘእንበለ፡ ኮነኬ።

ከማሁ፡ ይማስኑ፡ እስከ፡ ዕለተ፡ ተፍጻሜተ፡ ዓበይ፡ እምዓለም፡ ዐቢይ፡ ይትፈጸም።እምትጉሃን፡ ወረሲዓን፡ ኩሉ፡ ይትፈጸም።

---

359 RTM setzt im Gegensatz zu den anderen Handschriften noch einen weiteren Verstrenner nach ኮነኬ፡ in der zweiten Sinneinheit: ወሞተ፡ ረዐይትኒ፡ እንተ፡ ጎበ፡ ወፅአ፡ መንፈሳት፡ እምነፍስት፡ ሥጋሆሙ፡ ለይኩያን፡ ዘይማስን፡ ዘእንበለ፡ ኮነኬ። (vgl. hierzu auch die Einteilung bei EMML 8400).

360 Tana 9 setzt im Gegensatz zu den anderen Handschriften noch einen weiteren Verstrenner nach ወፅኡ፡ in der zweiten Sinneinheit: ወሞተ፡ ረዐይትኒ፡ እንተ፡ ጎበ፡ ወፅኡ።

361 Ryl setzt im Gegensatz zu den anderen Handschriften noch einen weiteren Verstrenner nach እምነፍስት፡ in der zweiten Sinneinheit: ወሞተ፡ ረዐይትኒ፡ እንተ፡ ጎበ፡ ወፅኡ፡ መንፈሳት፡ እምነፍስት። (vgl. hierzu auch die Einteilung bei EMML 1768).

362 Vgl. auch die Einteilung bei Ryl (siehe Fußnote 361 in diesem Kapitel).

363 Vgl. auch die Einteilung bei RTM (siehe Fußnote 359 in diesem Kapitel).

Einteilung gemäß EMML 2080:

ወኢይትነሥኡ፡እሉንቱ፡ነፍስት፡ዲበ፡ውሉደ፡ሰብእ፡ወዲበ፡አንስት፡እስመ፡ወፅኡ፡አሞ፡መዋዕለ፡ቀትል፡
ወሞተ፡ረዕይታን፡እንተ፡ጎበ፡ወፅአ፡መንፈስት፡እምነፍስት፡ሥጋሆሙ፡ለይኩን፡ዘይማስን፡ዘኢንበለ፡ኮነ፡፡
ከማሁ፡ይማስኑ፡እስከ፡ዕለተ፡ተፍጻሜት፡ዐባይ፡እምዓለም፡ዐቢይ፡ይትፌጸም፡እምትጉሃን፡ወረሲዓን፡፡

2.3.8 Übersetzung der altäthiopischen Fassung

Das Vorgehen bei der Übersetzung der altäthiopischen Fassung der in dieser Arbeit untersuchten Kapitel entspricht dem Prinzip der diplomatischen Edition und basiert auf derselben Begründung.[364] Auch bei der Übersetzung soll kein hypothetischer, ahistorischer eklektischer Archetypus rekonstruiert werden. Vielmehr soll eine Übersetzung des Haupttextes EMML 7584 zusammen mit den wichtigsten Varianten aus den anderen altäthiopischen Handschriften präsentiert werden, wobei die textkritische Diskussion im Rahmen dieser Arbeit durchgeführt wird. Die aramäischen Fragmente und die griechischen Versionen werden bei dieser Übersetzung daher nicht einbezogen. Auf diese Weise widerspricht dieses Vorgehen rezenten Ansätzen, die als Aufgabe einer Übersetzung die Rekonstruktion des Archetypus bestimmen.[365] Gleichermaßen könnte die nachfolgende Übersetzung den Eindruck erwecken, dass immer die Edition herangezogen werden muss, um herauszufinden, inwiefern die dargebotene Übersetzung die beste altäthiopische Lesart reflektiert.[366] Aber auch hier besteht nicht die Absicht, EMML 7584 isoliert darzustellen oder einem hypothetischen Originaltext unkommentiert nahe zu kommen, sondern das vorhandene altäthiopische Material in Übersetzung transparent zu dokumentieren und Unterschiede für den Leser anschaulich zu machen.

Die Übersetzung hat das Ziel, EMML 7584 relativ wörtlich wiederzugeben, und orientiert sich hierbei überwiegend an der ursprünglichen Lesart der Handschrift. Korrekturen im Manuskript sowie Varianten der anderen Handschriften werden dann berücksichtigt, wenn die ursprüngliche Lesart syntaktisch schwierig, verderbt oder weniger ursprünglich erscheint. Diese Fälle werden kurz in

---

364 Siehe Kapitel 2.3.1 „Methodisches zur diplomatischen Edition".

365 Vgl. Uhlig, *Das äthiopische Henochbuch*, 490–491; Caquot, „I Henoch," 467, und Nickelsburg, *1 Enoch 1*, 4, die auf Basis von insbesondere Aeth I unter Zuhilfenahme von Aeth II und der aramäischen und griechischen Versionen einen Archetypus rekonstruieren wollen. Demgegenüber stehen Stuckenbruck, *1 Enoch 91–108*, 19, und Tiller, *Animal Apocalypse*, 129, deren Übersetzung auf einem eklektischen Text aus lediglich den altäthiopischen Zeugen basiert.

366 Vgl. hierzu auch die Kritik an Knibbs Übersetzung durch Tigchelaar, *Prophets of the Old*, 148.

den Anmerkungen unterhalb der Übersetzung angeführt. Demgegenüber werden klare Schreibfehler und eindeutig falsche Kasusendungen in EMML 7584 nicht thematisiert, sondern kommentarlos korrekt übersetzt – Manuskripte von Aeth I bieten insbesondere mit Blick auf Kasusendungen häufig ein unsicheres Zeugnis, sodass eine Besprechung solcher Varianten den Anmerkungsteil unnötig belasten würde.[367] Varianten anderer Handschriften, die nicht in die Übersetzung des Haupttextes eingeflossen sind, aber dennoch als bedeutsam erachtet werden, werden im Anmerkungsteil gleichermaßen angeführt. Bei der Auswahl der Varianten wurde aber keine Vollständigkeit angestrebt.

14,1 Dieses Buch ist das Wort der Gerechtigkeit[a] und die Zurechtweisung der Wächter, die von Ewigkeit sind, wie es der Heilige und Große in jener Vision befohlen hat.

14,2 Ich sah in meinem Schlaf, was ich nun verkünde mit fleischlicher Zunge[a] und mit meinem Odem[b], den der Große in den Mund[c] gegeben hat, den der Große den Menschen gegeben hat[d], dass sie damit reden und mit dem Herzen verstehen,

14,3 wie[a] er die Menschen und mich geschaffen und ihnen und mir verliehen hat[b], das Wort der Erkenntnis zu verstehen.

---

367 Vgl. Tiller, *Animal Apocalypse*, 135.

14,1 (a) **Dieses Buch ist das Wort der Gerechtigkeit:** Tana 9, Berl: „Dies ist das Buch der Worte der Gerechtigkeit" ‖ RTM: „Dies ist das Buch des Wortes der Gerechtigkeit" ‖ EMML 2080[1](?), Bodl 4, Bodl 5: „Dieses Buch sind die Worte der Gerechtigkeit". **14,2** (a) **mit fleischlicher Zunge:** EMML 2080, EMML 2436, Tana 9, Berl, Bodl 5, BM 492: „mit meiner fleischlichen Zunge". (b) **und mit meinem Odem:** EMML 8703, Curzon 55, Munich 30: „und mit dem Odem" ‖ Tana 9: „und mit dem Odem des Mundes" (s. Anm. 14,2 (c)). (c) **in den Mund:** EMML 7584 u. einige and. Hss. lesen አፉ፥, was syntaktisch schwierig ist. Die Übersetzung folgt d. Mehrzahl d. Hss., die አፉ፡ lesen ‖ Tana 9 zieht አፉ፡ vor d. Relativpartikel zu ወበመንፈሰ፡ „und mit dem Odem des Mundes, den ...". (d) **den der Große in den Mund gegeben hat, den der Große den Menschen gegeben hat:** EMML 6281, GG 151, Parma 3843, BM 491: „den der Große mir in den Mund gegeben hat, den er (EMML 6281, BM 491: der Große) den Menschen gegeben hat" ‖ Abb 55, Berl: „den der Große in den Mund gegeben hat, den er den Menschen gegeben hat" ‖ Cambridge MS, EMML 1768, EMML 2080, EMML 2436, EMML 2436a, EMML 8400, EMML 8703, Aeth II: „den der Große den Menschen in den Mund gegeben hat" ‖ Tana 9: „den der Große den Menschen gegeben hat" (s. a. Anm. 14,2 (c)). **14,3** (a) Die Übersetzung basiert auf d. Verseinteilung, wie sie in EMML 7584 u. and. Hss. zu finden ist (s. d. Var. zur Verseinteilung oben; vgl. a. d. Anm. zur Stelle bei Knibb, *The Ethiopic Book of Enoch*, 2:95). Die Übersetzung gemäß d. gängigen Verseinteilung lautet: „Wie er die Menschen und mich geschaffen und ihnen und mir verliehen hat, das Wort der Erkenntnis zu verstehen, so hat er auch mich geschaffen und mir verliehen, dass ich die Wächter, die Söhne des Himmels, tadle." (b) **wie er die Menschen und mich geschaffen und ihnen und mir**

Und mich wiederum hat er geschaffen und (mir)[c] verliehen, dass ich die Wächter, die Söhne des Himmels, zurechtweise.

Ich[a] habe eure Bitte aufgeschrieben, aber in meiner Vision erschien es also, dass eure Bitte euch nicht gewährt wird für alle Tage der Ewigkeit und das Gericht über euch vollendet ist und euch nichts gewährt wird[b]. 14,4

Und[a] von nun an werdet ihr nicht (mehr) in den Himmel hinaufsteigen bis in alle Ewigkeit, sondern auf Erden[b], ist geboten worden[c], soll man euch binden für alle Tage der Ewigkeit. 14,5

Aber zuvor sollt ihr die Vernichtung eurer geliebten Söhne gesehen haben und ihr werdet keinen Besitz an ihnen[a] haben, die[b] sie vor euch durch das Schwert fallen. 14,6

Und eure Bitte für sie wird nicht erfüllt, noch für euch[a]. Aber ihr wiederum weint und fleht, aber werdet kein einziges Wort aus der Schrift sprechen[b], die ich geschrieben habe. 14,7

Und mir erschien eine Vision folgendermaßen[a]: Siehe, Wolken riefen mich in der Vision und Nebel rief mich. Und der Lauf der Sterne und Blitze trieben mich 14,8

---

verliehen hat: EMML 2080[2], EMML 2436, EMML 2436a, EMML 8400, Aeth II: „wie er die Menschen geschaffen und ihnen verliehen hat." (c) **mir:** Sf. in EMML 7584 über d. Z. erg. ‖ Cambridge MS, EMML 1768, EMML 6281, RTM, Tana 9, Abb 55, Berl, BM 485, BM 491: om. Sf.
14,4 (a) **Ich:** In EMML 7584 über d. Z. erg. ‖ Bodl 5, BM 484, Frankfurt MS, Ryl[2]: „Und ich". (b) **und euch nichts gewährt wird:** So d. meisten Hss. ‖ EMML 7584 liest demgegenüber: „nichts wird euch gewährt" (om. Kopula) ‖ BM 492, Ryl[2]: „und ihr werdet keinen Frieden haben" ‖ EMML 2436[2]: „und ihr werdet kein Erbarmen haben" ‖ EMML 6281: „und es wird über euch nicht vollendet werden"(?) ‖ Ull: om. Negation. **14,5** (a) **Und:** EMML 2080[1], EMML 2436, EMML 6281, GG 151, Parma 3843, Tana 9, BM 491, Ull: om. (b) **auf Erden:** Die syntaktische Einordnung d. Ortsangabe ist unsicher. Alternativ könnte man a. übersetzen: „und auf Erden ist geboten worden, euch zu binden." Vgl. d. Anm. zur Stelle bei Uhlig, *Das äthiopische Henochbuch*, 537. (c) **ist geboten worden:** Tana 9: „sollt ihr bleiben"(?). **14,6** (a) **keinen Besitz an ihnen:** Die Bedeutung d. Wortes ist unsicher. Für e. Diskussion siehe d. Anm. zur Stelle z. B. bei Knibb, *The Ethiopic Book of Enoch*, 2:96–97; Uhlig, *Das äthiopische Henochbuch*, 538, oder Drawnel, *Qumran Cave 4*, 244. Knibb, *ebd.*, nimmt aber an, dass die altäthiopischen Übersetzer חזוה mögl. mit חדה verwechselt haben und übersetzt daher „and you will not be able to enjoy them." (b) **die:** Cambridge MS, EMML 2080[2], EMML 2436, EMML 2436a, EMML 8703, GG 151, Abb 35, Berl, Aeth II (außer Ryl[1]) lesen አላ፡ „sondern" anstatt der Relativpartikel ዘላ፡ **14,7** (a) **noch für euch:** Einige Hss. fügen e. verstärkende Partikel hinzu („auch, wiederum"). (b) **Aber ihr wiederum weint und fleht, aber werdet kein einziges Wort aus der Schrift sprechen:** Die genaue Bedeutung d. Satzes ist schwer zu rekonstruieren. Vgl. d. verschiedenen Übersetzungen u. d. Diskussion zur Stelle bei Uhlig, *Das äthiopische Henochbuch*, 538. **14,8** (a) **Und mir erschien eine Vision folgendermaßen:** Tana 9 liest d. Versanfang wie folgt: ወሊተ፡ ርእየ፡ ናሁ፡ ደመናተ፡ Isaac, „1 (Ethiopic Apocalypse of) Enoch," 20, geht davon aus,

zur Eile und bedrängten mich[b], und die Winde in der Vision machten mich fliegen und trieben mich zur Eile und sie hoben mich empor[c] nach oben in den Himmel.

14,9 Und ich ging hinein, bis ich mich einer Mauer näherte, die aus Hagelsteinen[a] erbaut war, und eine Feuerzunge[b] umgab sie und sie begann[c], mir Furcht einzujagen.

14,10 Und ich trat hinein in die Feuerzunge[a]. Und ich näherte mich einem großen Haus, das aus Hagelsteinen[b] erbaut war. Und die Wand jenes Hauses war wie ein Mosaikboden aus Steinen[c], die aus Hagel waren, und sein Boden war (aus) Hagel[d].

14,11 Seine Decke[a] war wie der Lauf der Sterne und Blitze und inmitten von ihnen waren feurige Cherubim. Und ihr Himmel war Wasser[b].

14,12 Und flammendes Feuer umgab die Wand[a], und seine Tür brannte im Feuer.

14,13 Und ich ging hinein in jenes Haus und es war heiß wie Feuer und kalt wie Eis und keine Lebensfreude war in ihm[a]. Furcht bedeckte mich und Beben ergriff mich.

14,14 Und wie ich erschüttert war und zitterte, fiel ich auf mein Angesicht. Und ich sah in einer Vision:

---

dass d. Versanfang korrupt ist u. übersetzt d. Text verbessert mit „And behold I saw the clouds: (And they ...)“. (b) **und bedrängten mich:** EMML 1768, EMML 2080, EMML 2436, EMML 6281, EMML 8703, GG 151, Parma 3843, RTM, Tana 9, Berl, BM 485, BM 491: „und drängten/trieben mich“. (c) **und sie hoben mich empor:** So EMML 7584[1] ‖ EMML 7584[2] sowie Cambridge MS, EMML 2436, EMML 2436a, Aeth II: „und sie nahmen mich“ ‖ EMML 1768, Tana 9: om.
14,9 (a) **aus Hagelsteinen:** Cambridge MS, EMML 2436, EMML 2436a, EMML 8400, Tana 9, Berl, Aeth II: „aus Hagelstein“ (sg.). (b) **eine Feuerzunge:** Tana 9: „Feuerzungen“ (pl.). (c) **und sie begann:** Berl: „und sie begannen“ (pl.). **14,10** (a) **die Feuerzunge:** EMML 2080, Tana 9: „die Feuerzungen“ (pl.). (b) **aus Hagelsteinen:** EMML 2436, Tana 9, Berl, BM 492, Ull: „aus Hagelstein“ (sg.). (c) **aus Steinen:** EMML 7584 liest im Gegensatz zu allen and. Hss. „aus Stein“ (sg.). (d) **(aus) Hagel:** Das hinter „Hagel“ stehende Wort in 14,9–10 ist jeweils በረድ፡, d. i. d. Regel mit „Hagel“ u. nur eher selten mit „Schnee“ übersetzt werden kann. Mit Blick auf d. Aramäische (vgl. תלג in 4Q204 f1vi,24.26) u. d. Griechische (vgl. für diese Stelle χιονικά in GrPan) läge zwar d. Übersetzung „Schnee“ nahe, wäre dann aber eher e. v. außen herangetragene Deutung. Lediglich in 14,20, wo es um d. Weiße als Vergleichspunkt geht, wurde በረድ፡ d. Verständlichkeit halber mit „Schnee“ übersetzt (vgl. Dillmann, *Das Buch Henoch*, 8). **14,11** (a) **Seine Decke:** Tana 9: „Die Decke“. (b) **Und ihr Himmel war Wasser:** Tana 9: „und er nannte sie Wasser“. **14,12** (a) **die Wand:** EMML 2436, EMML 2436a, RTM, Aeth II: „seine Wand“. **14,13** (a) **und keine Lebensfreude war in ihm:** EMML 2080, EMML 2436, EMML 2436a, EMML 8400, EMML 8703, Abb 35, Aeth II: „und keine Freude und kein Leben waren in ihm“ ‖ BM 492: „und keine Freude war in ihm“ ‖ Tana 9: „und nichts war in ihm“.

Und siehe, ein anderes Haus, das größer als jenes[a] war, und die Tür[b] war völlig 14,15
offen vor mir und[c] es war aus Feuerzungen[d] erbaut[e].

Und in allem war es außergewöhnlich an Herrlichkeit und Pracht und Größe, 14,16
dass es mir nicht möglich ist, euch von seiner Herrlichkeit und von seiner Größe
zu berichten.

Und sein Boden[a] wiederum war aus Feuer und oberhalb von ihm waren Blitze[b] 14,17
und die Laufbahn der Sterne und auch seine Decke war flammendes Feuer.

Und ich blickte auf und sah darin einen hohen Thron und sein Aussehen war 14,18
wie Reif und sein Umkreis wie die Sonne, die leuchtet, und die Stimme der
Cherubim[a].

Und unterhalb des Thrones[a] kamen Ströme von flammendem Feuer hervor und 14,19
man vermochte nicht[b], hinzuschauen[c].

Und die große Herrlichkeit[a] saß darauf, und ihr Gewand aber war leuchtender 14,20
als die Sonne und weißer als aller Schnee[b].

14,15 (a) **als jenes:** Cambridge MS, EMML 2080, EMML 2436, EMML 2436a, EMML 6281,
EMML 8400, GG 151, Parma 3843, Abb 55, Berl: „als dieses". (b) **die Tür:** So EMML 7584[1] ‖
EMML 7584[2] sowie EMML 2080[2], EMML 2436, EMML 2436a, EMML 6281, EMML 8703, Abb 35,
Berl, Aeth II: „seine Tür". (c) **und:** So EMML 7584[2] ‖ EMML 7584[1] sowie Cambridge MS,
EMML 1768, EMML 2080, EMML 6281, EMML 8400, EMML 8703, GG 151, Parma 3843, RTM,
Aeth I (außer Berl): om. (d) **aus Feuerzungen:** Cambridge MS, EMML 2436a, EMML 6281,
EMML 8703, Abb 35, Berl, Aeth II: „aus einer Feuerzunge" (sg.). (e) **Und siehe, ein anderes
Haus, das größer als jenes war, und die Tür war völlig offen vor mir und es war aus
Feuerzungen erbaut:** Tana 9: „Und siehe, eine Tür war vor mir. Ein anderes Haus, das größer
als jenes war, und alles war aus Feuerzungen erbaut". **14,17** (a) **Und sein Boden:**
EMML 2080[1], EMML 6281, EMML 8400, BM 491, BM 492: „und der Boden". (b) **waren Blitze:**
Cambridge MS, EMML 2436a, Berl, Aeth II: „war der Blitz" (sg.). **14,18** (a) **und die Stimme
der Cherubim:** Die Bedeutung dieser Phrase ist unklar (vgl. Uhlig, *Das äthiopische Henochbuch*, 540). Dillmann, *Das Buch Henoch*, 109, denkt hierbei an d. „Rauschen von Cherubstimmen." Vgl. a. d. Anm. zur Stelle bei Knibb, *The Ethiopic Book of Enoch*, 2:99. Nickelsburg,
1 Enoch 1, 257–258, nimmt an, dass e. ursprüngl. ዐቃቤ: „Hüter, Beschützer" zu ወቃሊ: (obige
Übersetzung) verderbt wurde, u. übersetzt daher: „and its guardians were cherubim." Charles,
The Book of Enoch, 34, Milik, *The Books of Enoch*, 200, sowie Black, *The Book of Enoch*, 149,
suchen d. Fehler dagegen in d. griechischen Fassung. Vgl. hierzu a. d. Problematisierung dieser Wendung i. Kapitel 3.1 dieser Arbeit (171–172). **14,19** (a) **des Thrones:** So EMML 7584[1] ‖
EMML 7584[2] sowie Cambridge MS, EMML 2436a, Aeth II: „des großen Thrones". (b) **und man
vermochte nicht:** Cambridge MS, Abb 35[2]: „und ich vermochte nicht". (c) **hinzuschauen:**
EMML 2080[2], EMML 2436, Tana 9, Berl, viele Aeth II-Hss.: „ihn anzuschauen". **14,20** (a) **die
große Herrlichkeit:** So EMML 7584[1] ‖ EMML 7584[2] sowie EMML 2080, EMML 2436,
EMML 2436a, EMML 8400, Abb 35[2], Aeth II (außer Munich 30): „der Große an Herrlichkeit".
(b) **als aller Schnee:** Wörtlich eigentlich „Hagel." Siehe aber Anm. 14,10 (d).

14,21 Und keiner von den Engeln vermochte, einzutreten, noch das Angesicht des Erhabenen und Herrlichen zu schauen[a]. Und keiner aus Fleisch vermochte, ihn zu sehen[a].

14,22 Flammendes Feuer[a] war rings um ihn und ein großes Feuer stand vor ihm. Und niemand von denen, die um ihn waren, näherte sich ihm: Zehntausendmal zehntausend waren vor ihm. Aber er wiederum brauchte nichts, war er nämlich (selbst) Rat[b]

14,23 und das Heilige der Heiligen[a] (= die Allerheiligsten?), die in seiner Nähe waren, entfernten sich nicht bei Nacht[b] und verließen ihn nicht.

14,24 Und ich war bis dahin mit einem Schleier auf meinem Angesicht gewesen[a], wobei ich zitterte. Und der Herr rief mich mit seinem Mund und sagte zu mir: „Komm hierher, Henoch, und zu meinem heiligen Wort!"

14,25 Und er ließ mich aufstehen und brachte mich bis zur Tür. Ich aber blickte mit meinem Gesicht nach unten.

14,21 (a) **noch das Angesicht des Erhabenen und Herrlichen zu schauen:** So EMML 7584[1] ‖ EMML 7584[2] sowie Cambridge MS, EMML 2080[1], EMML 2436, EMML 2436a, BM 491, Aeth II (außer BM 492): „Und den Anblick seines Angesichtes, der erhaben und herrlich ist, vermochte keiner aus Fleisch sehen." (b) **ihn zu sehen:** EMML 2436, EMML 2436a, Bodl 5, BM 484, Curzon 55, Curzon 56, Frankfurt MS, Ryl: add. አሳት፥ = adv. Akk. „wegen des Feuers" oder st. cstr. (u. somit zu 14,22 zugehörig) „ein Feuer (flammendes Feuers)? Der Verstrenner, d. in EMML 2436 u. EMML 2436a direkt auf አሳት፥ folgt, u. d. Position d. Wortes in Ryl (ergänzt am rechten Zeilenende, d. mit ኢየ፥ abschließt, u. nicht am nächsten Zeilenanfang, d. mit አሳት፥ beginnt) sprechen eher für e. Zuordnung zu 14,21. In d. Übersetzungen dagegen wird es i. d. R. zu 14,22 gezogen (Vgl. z. B. die Anm. zur Stelle bei Uhlig, *Das äthiopische Henochbuch*, 540, oder d. Übersetzung bei Dillmann, *Das Buch Henoch*, 9: „Ein Feuer von flammendem Feuer", bzw. Knibb, *The Ethiopic Book of Enoch*, 2:99: „A sea of fire"). **14,22** (a) Siehe Anm. 14,21 (c). (b) **Aber er wiederum brauchte nichts, war er nämlich (selbst) Rat:** So EMML 7584[1]. Die Bedeutung u. d. Einteilung d. Schlusses v. 14,22 u. d. Beginns v. 14,23 sind unsicher (s. hierzu d. zahlreichen Var., auch zur Verseinteilung) ‖ EMML 8400, EMML 8703, RTM, Tana 9: „aber er wiederum brauchte keinen Rat" ‖ EMML 7584[2] sowie Cambridge MS, EMML 2080[2], EMML 2436, EMML 2436a, Aeth II (mit Hinzuziehen d. Anfangs v. 14,23): „Aber er wiederum brauchte keinen heiligen Rat. (Und die Heiligen ...)". **14,23** (a) **und das Heilige der Heiligen:** So EMML 7584[1] ‖ EMML 2080[1], EMML 8400, EMML 8703, GG 151, RTM, Tana 9, Abb 55, BM 485: „und die Heiligkeit der Heiligen" ‖ EMML 7584[2] sowie Cambridge MS, EMML 2080[2], EMML 2436, EMML 2436a, Aeth II ziehen d. erste Wort zu 14,22 u. setzen mit „Und die Heiligen" neu ein (s. a. Anm. 14,22 (b)) ‖ Vgl. a. d. Anm. zur Stelle bei Nickelsburg, *1 Enoch 1*, 258–259. (b) **bei Nacht:** So EMML 7584[1] ‖ EMML 7584[2] sowie EMML 2436, EMML 2436a, RTM, Aeth II: „bei Nacht und bei Tag" (einige a. umgestellt). **14,24** (a) **Und ich war bis dahin mit einem Schleier auf meinem Angesicht gewesen:** Parma 3843(?), Tana 9: „Und ich war bis dahin auf meinem Angesicht gewesen, verhüllt".

Und er antwortete mir[a] und sprach zu mir. Ich hörte auf seine Stimme[b]: „Fürch- 15,1
te dich nicht[c], Henoch, gerechter Mann und Schreiber der Gerechtigkeit. Komme hierher und höre auf meine Stimme!

Und gehe, sage[a] zu den Wächtern des Himmels, die dich geschickt haben, um 15,2
für sie zu bitten: »Es geziemt euch, für die Menschen zu bitten, und[b] nicht den
Menschen für euch.

Warum habt ihr den hohen, heiligen und ewigen Himmel verlassen und mit 15,3
den Frauen geschlafen und euch mit den Menschentöchtern verunreinigt und
euch Frauen genommen und wie die Menschenkinder[a] gehandelt und Riesensöhne gezeugt?

Während ihr doch heilig und geistig[a], des ewigen Leben teilhaftig wart, habt 15,4
ihr euch an den Frauen verunreinigt und mit dem Blut des Fleisches gezeugt
und nach dem Blut der Menschen verlangt. Und ihr habt gehandelt, wie sie –
Fleisch und Blut – es tun[b], die sie sterblich und vergänglich sind.

Deswegen[a] habe ich ihnen Frauen gegeben, damit sie sie schwängern und Kin- 15,5
der von ihnen erhalten sollen[b], damit ihnen dementsprechend nichts auf Erden
fehlt[c].

15,1 (a) **Und er antwortete mir:** Parma 3843, Tana 9, Abb 55: „Und er richtete mich auf“.
(b) **Und er antwortete mir und sprach zu mir. Ich hörte auf seine Stimme:** So EMML 7584[1] ‖
EMML 7584[2] sowie EMML 2080[2], EMML 2436, EMML 2436a, EMML 8703, Abb 35, Aeth II: „Und
er antwortete mir und sprach zu mir mit seiner Stimme: Höre!“. (c) **Fürchte dich nicht:** So
EMML 7584[1] ‖ EMML 7584[2] sowie EMML 2080[2], EMML 2436a, EMML 8703, Abb 35, Bodl, 4,
Curzon 56, Ryl[1], Ull: „und fürchte dich nicht“ (s. a. Anm. 15,1 (b)). **15,2** (a) **Und gehe, sage:**
Tana 9: „Und sage“. (b) **und:** Cambridge MS, EMML 2080, EMML 2436, EMML 6281,
EMML 8400, BM 485, BM 491, Bodl 5, BM 484, BM 499, Frankfurt MS, Ryl[2]: om. **15,3** (a) **die
Menschenkinder:** außer EMML 2436, EMML 6281, EMML 7584, Ull alle and. Hss.: „die Kinder
der Erde“. **15,4** (a) **heilig und geistig:** EMML 1768, EMML 2436, EMML 6281, EMML 8400,
EMML 8703, GG 151, Parma 3843, RTM, Tana 9, Abb 35, Abb 55, BM 485, BM 491: „heilig, geis-
tig“ ‖ Cambridge MS, EMML 2436a: „geistig und heilig“ ‖ Berl, Aeth II: „geistig, heilig“. (b) **Und
ihr habt gehandelt, wie sie – Fleisch und Blut – es tun:** EMML 2080, EMML 8400[2], BM 491:
„Und ihr habt gehandelt, wie sie aus Fleisch und Blut es tun“ ‖ Cambridge MS[2], EMML 2436,
EMML 2436a, Aeth II: „Und ihr habt Fleisch und Blut hervorgebracht, wie sie es tun, (die...)“ ‖
Tana 9: „wie sie, die sie Fleisch und Blut hervorbringen“. **15,5** (a) **Deswegen:** Cambridge
MS, EMML 2436a, EMML 8703, Parma 3843, RTM, Abb 35[2], Abb 55, Aeth II: „Und deswegen“.
(b) **und Kinder von ihnen erhalten sollen:** Cambridge MS, EMML 2436, EMML 2436a,
EMML 8400, EMML 8703, Tana 9, Abb 35, BM 491, Aeth II: „und durch sie Kinder geboren wer-
den“. (c) **damit ihnen dementsprechend nichts auf Erden fehlt:** So EMML 1768, EMML 6281,
EMML 8703, GG 151, Parma 3843, RTM, Abb 35, Abb 55, BM 485 (und EMML 7584[1](?)) ‖
EMML 7584[2] sowie Cambridge MS, EMML 2080[2], EMML 2436, EMML 2436a, Berl, BM 491,
Aeth II: „wie solche Dinge (EMML 2080[2], EMML 2436: add. ihretwegen) auf Erden zu geschehen
pflegen“ ‖ Tana 9: „dementsprechend, damit euch nichts auf Erden vorenthalten wird“.

15,6 Ihr aber wart zuvor geistig, des ewigen, unsterblichen Leben teilhaftig für alle Generationen der Welt.

15,7 Und[a] deswegen habe ich für euch keine Frauen geschaffen, denn die Geistigen des Himmels: Im Himmel (ist) ihre Wohnung[b].«

15,8 Aber nun die Riesen, die gezeugt worden sind aus Seelen und Fleisch[a], werden böse Geister auf Erden genannt werden und auf Erden[b] wird ihre Wohnung sein.

15,9 Und böse Seelen[a] (= Wesen?) sind aus ihrem Fleisch hervorgegangen, denn von oben[b] her wurden sie geschaffen, von den heiligen Wächtern war ihr Anfang. Und die erste Grundlegung werden böse Geister auf Erden sein und böse Geister werden sie genannt werden[c].

15,10 Die Geister des Himmels[a]: Im Himmel[b] soll ihre Wohnung sein. Und die Geister der Erde, die auf Erden geboren wurden: Auf Erden ist ihre Wohnung.

15,11 Und die Geister der Riesen wiederum, die Wolken[a], sind gewalttätig und[b] werden verderben[c] und fallen und sie werden (miteinander) kämpfen[d] und zerstö-

---

15,7 (a) **Und:** Cambridge MS, EMML 2436a, Berl, Bodl 5, BM 484, BM 490, BM 492, BM 499, Munich 30, Ryl: om. (b) **denn die Geistigen des Himmels: Im Himmel (ist) ihre Wohnung:** So EMML 7584[1] ‖ EMML 7584[2]: „denn für die Geistigen ist der Himmel im Himmel ihre Wohnung" ‖ EMML 6281, Parma 3843, Berl: „denn die Geistigen: Der Himmel im Himmel ist ihre Wohnung" ‖ Cambridge MS, EMML 2080[2], EMML 2436a, Aeth II: „denn die Geistigen wiederum (haben) im Himmel ihre Wohnung" ‖ Munich 30: „denn für die Geistigen wiederum ist im Himmel ihre Wohnung". **15,8** (a) **aus Seelen und Fleisch:** Abb 35[2]: „aus Seelen des Fleisches" ‖ Parma 3843[2], Tana 9: „aus Geistern und Fleisch" ‖ EMML 6281, Berl: „aus Geistern des Fleisches" ‖ EMML 8400: „aus Geistigen und Fleisch" ‖ Cambridge MS, EMML 2080, EMML 2436, EMML 2436a, EMML 8703, GG 151, RTM, Abb 35[2], Abb 55, BM 491, Aeth II: „aus Körper und Fleisch". (b) **und auf Erden:** Tana 9: „denn auf Erden und innerhalb der Erde". **15,9** (a) **Und böse Seelen:** EMML 8400: „Böse Seelen" ‖ EMML 1768, GG 151, RTM, Berl: „Und böse Körper" ‖ Tana 9: „Und böse Geister" ‖ EMML 2080, EMML 2436: „Böse Geister". (b) **von oben:** Tana 9, Berl: „von dem Tag an, da (sie geschaffen wurden)". (c) Die Struktur d. Verses ist vereinzelt schwer zu greifen, sodass d. obige Übersetzung d. Verseinteilung von EMML 7584 folgt. Die altäthiopischen Hss. bieten zahlreiche Var., vor allem in Kasus, Status u. Numerus einzelner Wörter, sodass a. e. and. Verseinteilung möglich wäre, wie z. B.: „von den heiligen Wächtern war ihr Anfang und die erste Grundlage. Böse Geister werden sie auf Erden sein und böse Geister werden sie genannt werden." Isaac, „1 (Ethiopic Apocalypse of) Enoch," 21–22, übersetzt so z. B. auf Basis v. Tana 9: „Evil spirits have come out of their bodies. Because from the day that they were created from the holy ones they became the Watchers; their first origin is the spiritual foundation. They will become evil upon earth and shall be called evil spirits." **15,10** (a) **Die Geister des Himmels:** Cambridge MS, EMML 2080[2], EMML 2436a, Abb 35, Berl, Aeth II: „Und die Geister des Himmels". (b) **Im Himmel:** Cambridge MS, Berl: om. **15,11** (a) **die Wolken:** Das Wort steht eigentlich im Akk. (nur EMML 6281 u. Berl lesen Nom.) u. könnte Obj. zum nachfolgenden Verb (ይገሥዑ፡) sein: „(Und die Geister der Riesen wiederum)

ren^e auf Erden und schaffen Leid. Und sie verzehren nichts an Speise und dürsten nicht^f und sie sind nicht wahrzunehmen^g.

Und diese Seelen^a (= Wesen?) werden sich erheben^b gegen die Söhne der Männer und gegen die Frauen, denn sie gingen hervor^c   15,12

in den Tagen^a des Tötens und Verderbens.   16,1

---

bedrücken die Wolken." Hierbei müsste angenommen werden, dass d. Relativpartikel አለ፡, d. zw. d. Obj. u. d. Verb steht, e. griechische Partizipialkonstruktion umschreibt (was durchaus e. gängige Übersetzungstechnik im Gəʿəz ist; vgl. a. d. Übersetzung bei Dillmann, *Das Buch Henoch*, 9: „Und die Geister der Riesen, welche auf die Wolken sich stürzen"). Letztendlich scheint d. altäthiopische Text an dieser Stelle verderbt, was schon im Griechischen seinen Ursprung haben könnte (vgl. GrPan: νεφέλας). Flemming/Rademacher, *Das Buch Henoch*, 43, sehen darin folglich e. Missverständnis für Ναφηλείμ= „die Nefilim." Vgl. hierzu a. d. Diskussionen zur Stelle bei Charles, *The Book of Enoch*, 36–37; Knibb, *The Ethiopic Book of Enoch*, 2:101; Uhlig, *Das äthiopische Henochbuch*, 544. (b) **und:** So EMML 7584^1 ‖ EMML 7584^2 sowie EMML 2080^2, EMML 2436, EMML 2436a, EMML 8703, Tana 9, Abb 35, Aeth II: om. (c) **werden verderben:** Intransitive Bedeutung! ‖ Cambridge MS, EMML 6281, Berl, BM 485: „werden Verderben schaffen" (transitiv). (d) **und sie werden (miteinander) kämpfen:** Tana 9: „und sie werden beunruhigt sein" oder „und sie werden sich vermischen"(?) Bedeutung des Verbes an dieser Stelle unklar. Isaac, „1 (Ethiopic Apocalypse of) Enoch," 22, übersetzt mit „be excited" ‖ EMML 8400: „und sie werden verderben". (e) **und zerstören:** Tana 9, Berl: „und fallen". (f) **und dürsten nicht:** BM 491, Bodl 5, Munich 30: om. Negation. (g) **und sie sind nicht wahrzunehmen:** Tana 9: „und sie stolpern nicht (finden keine Hindernisse)" ‖ Berl: „und es ist nicht wahrzunehmen".
15,12 (a) **Und diese Seelen:** Cambridge MS, EMML 2080, EMML 2436, Tana 9, Berl: „Und diese Körper"(?). (b) **werden sich erheben:** So EMML 7584^1 ‖ EMML 7584^2 sowie Cambridge MS, EMML 2080^2, EMML 2436, EMML 2436a, EMML 6281, Tana 9, Abb 35^2, Berl, BM 485, Aeth II: „werden sich nicht erheben". (c) **sie gingen hervor:** Berl, Bodl 5, Frankfurt MS: „sie kamen".
16,1 (a) **in den Tagen:** Parma 3843, Tana 9, Berl: „von den Tagen (des Tötens ...) an". (b) **die Riesen:** So EMML 7584^2 ‖ EMML 7584^1 sowie Abb 55: „riesig"(?). (c) **Und die Riesen wiederum starben:** Die Verseinteilung richtet sich nach d. Mehrzahl d. Hss. (s. a. d. Var. zur Verseinteilung oben) u. zieht „in den Tagen des Tötens und Verderbens" zu 15,12. In d. gängigen Übersetzungen dagegen wird „in den Tagen..." als Kapitelanfang v. 16,1 u. ጞት፡ (wie ቀትል፡ u. መብስ፡) nominal u. als Gen.-Attribut zu አመ፡ መዋዕል፡ gedeutet; am Ende v. 15,12 wird in Entsprechung zu GrPan „von ihnen" ergänzt. Vgl. z. B. Uhlig, *Das äthiopische Henochbuch*, 544: „..., weil sie (von ihnen) ausgegangen sind. (16,1) Von den Tagen des Umbringens, Verderbens und des Todes der Riesen an, ..." Für e. verbale Deutung v. ጞት፡ könnte a. d. Var. in Tana 9 u. Berl sprechen, d. beide ጞቱ፡ lesen (= G Perfekt 3.m.pl.). (d) **die Geister:** So EMML 7584^2 ‖ EMML 7584^1 sowie Tana 9: „und die Geister". (e) **aus den Seelen:** So EMML 1768, EMML 2436, EMML 8703, GG 151, RTM, BM 492, Curzon 56, Munich 30 ‖ EMML 7584 sowie Cambridge MS, EMML 6281, Tana 9, Abb 35, Berl: „aus den Geistern" ‖ EMML 2080, EMML 2436a, EMML 8400, Parma 3843, BM 485, Aeth II (außer BM 492, Curzon 56, Munich 30): „aus den Körpern". (f) **Ihr Fleisch:** Die meisten Hss. setzen mit „Ihr Fleisch" neu ein, lesen also d. vorangehende Wort im st. abs. Dagegen ist ሥጋሆሙ፡ in Cambridge MS, EMML 6281, EMML 8400, RTM, BM 485

Und die Riesen[b] wiederum starben[c], wo auch immer die Geister[d] aus den See-len[e] (= Wesen?) ausgingen. Ihr Fleisch[f] soll zugrunde gehen ohne Gericht. So sollen sie zugrunde gehen, bis der Tag der großen Vollendung[g] über die große Welt vollendet werden wird an den Wächtern und Frevlern[h], (ja) gänzlich wird es vollendet an den Wächtern[i].

16,2 Und nun aber zu den Wächtern, die dich geschickt haben, um für sie zu bitten, welche früher im Himmel waren:

16,3 »Und nun aber ihr: Ihr seid im Himmel gewesen und die verborgenen Dinge waren euch noch nicht offenbart[a]. Aber verwerfliche Geheimnisse[b] kanntet ihr und dies habt ihr den Frauen in eurer Hartherzigkeit mitgeteilt. Und durch die-ses Geheimnis vermehren[c] die Frauen und Männer das Böse auf Erden.«

16,4 Sage ihnen also: »Ihr habt keinen Frieden!«"

Gen.-Attribut zum vorangehenden Wort („ihres Fleisches") ‖ Tana 9: „Und ihr Fleisch". (g) **der großen Vollendung:** Bodl 5, Curzon 55, Frankfurt MS: „des großen Gerichts". (h) **und Frev-lern:** Cambridge MS, EMML 6281[1], BM 491, Curzon 55, Munich 30: om. (i) **(ja) gänzlich wird es vollendet an den Wächtern:** So EMML 1768, EMML 2080[1](?), EMML 6281[2], EMML 8703, GG 151, Parma 3843, RTM, Abb 35, Berl ‖ EMML 7584[1]: „gänzlich an den Wächtern" ‖ EMML 8400, Tana 9, Abb 55: „gänzlich wird es vollendet" ‖ BM 485: „gänzlich wird es vollen-det an den Wächtern und Frevlern, gänzlich an den Wächtern" ‖ EMML 7584[2] sowie Cambridge MS, EMML 2080[2], EMML 2436, EMML 2436a, BM 491, Aeth II: om.
16,3 (a) **waren euch noch nicht offenbart:** So EMML 7584[1] ‖ EMML 7584[2] sowie RTM: „waren euch bereits offenbart". (b) **verwerfliche Geheimnisse:** Cambridge MS, EMML 2080[2], EMML 2436, EMML 2436a, EMML 8400, EMML 8703, Parma 3843, Tana 9, Abb 35, Abb 55, Aeth II: „ein verwerfliches Geheimnis". (c) **vermehren:** So EMML 7584[2] ‖ EMML 7584[1] liest ፀንጽ፥ (also intransitiv), was syntaktisch schwierig ist.

2.4 Synopse der verschiedenen Versionen

Die nachfolgende Synopse bietet lediglich die Übersetzungen der aramäischen, griechischen und altäthiopischen Fassung von 1 Hen 14–16 und ist im Gegensatz zu den vorangehenden Einzelübersetzungen nicht mit Anmerkungen versehen.[368] Sie soll die vorangehenden Einzelübersetzungen dementsprechend auch nicht ersetzen, sondern dem Leser vielmehr eine einfache Zusammenschau ermöglichen und die Ähnlichkeiten, vor allem aber auch die Unterschiede ersichtlich machen. Die jeweiligen Übersetzungen sind somit identisch mit denjenigen, die in den vorangehenden Abschnitten dargeboten wurden; demgemäß wurden keine Angleichungen oder Korrekturen durchgeführt, um die verschiedenen Fassungen hinsichtlich einzelner Varianten zu harmonisieren. Schließlich ist es nur auf diese Weise möglich, ein klares Bild der einzelnen Versionen im Vergleich zueinander zu bekommen.

Die Synopse bietet die Übersetzungen nicht Vers für Vers untereinander,[369] sondern ist tabellarisch angeordnet, je nach Quellenlage mit zwei oder drei Spalten. Dabei wurde versucht, die Ähnlichkeiten und Unterschiede mit Hilfe von unterschiedlichen Hervorhebungen zu klassifizieren (siehe unten).[370] Diese Markierungen sind aber in gewisser Weise inkonsequent gesetzt, zum Teil, weil sie natürlich auf meiner subjektiven Wahrnehmung beruhen, zum Teil, weil manche scheinbaren Unterschiede auf bestimmte Übersetzungstechniken bzw. die Eigenheiten der jeweiligen Sprache zurückgehen und somit eigentlich keine Varianten an sich darstellen können. Ein Beispiel für einen solchen scheinbaren Unterschied ist die Umsetzung des griechischen Artikels im Gə'əz durch ein Suffix der 3. Person singular. In manchen Fällen wie zum Beispiel in 1 Hen 14,19, wo es sich klar um einen solchen Fall handelt, wurde das Suffix dementsprechend auch im Sinne eines bestimmten Artikels übersetzt, ist somit in der Über-

---

368 Anmerkungen wären in diesem Zusammenhang ein Vorgriff auf den hierauf folgenden, inhaltlichen Teil dieser Arbeit, in dem textkritische Fragen und Probleme, sofern inhaltlich relevant, diskutiert werden. Daher wird an dieser Stelle davon abgesehen, um nicht eine unnötige Doppelung zu erzeugen.

369 So zum Beispiel in den Studien von Wacker, *Weltordnung und Gericht*, und Bhayro, *The Shemihazah and Asael Narrative*.

370 Die nachfolgende synoptische Vorgehensweise und Kennzeichnungen der Ähnlichkeiten und Unterschiede bauen auf dem System auf, das Jacques van Ruiten in seinen Studien zum *Jubiläenbuch* verwendet (für eine Beschreibung seiner Vorgehensweise vgl. zum Beispiel van Ruiten, *Primaeval History*, 5–7). Die Kennzeichnungen gehen hierbei aber teilweise über van Ruitens System hinaus, da sie im Gegensatz zum Vergleich des *Jubiläenbuches* mit *Genesis* nicht auf zwei, sondern stellenweise auf drei verschiedenen Fassungen abgestimmt werden mussten.

setzung nicht ersichtlich, in anderen Fällen, wo nicht unbedingt eindeutig ist, ob das Suffix auf diese Übersetzungstechnik zurückgeht oder nicht, wurde es zwar als Possessivpronomen übersetzt, der Unterschied zur griechischen Fassung aber auf Grund dieser Unsicherheit nicht markiert. Ähnlich verhält es sich zum Beispiel auch bei griechischen Partizipien, die im Gəʿəz häufig durch eine *ḥ*-Konstruktion wiedergegeben werden. Eine weitere Schwierigkeit für den Vergleich birgt die Fragmentarizität der aramäischen Fassung, vor allem in den Fällen, in denen sich die griechische und altäthiopische Version unterscheiden. In solchen Fällen basieren die Hervorhebungen in der Synopse lediglich auf einem Vergleich dieser beider Versionen ohne Berücksichtigung einer möglichen aramäischen Textform der zur Diskussion stehenden Passage. Alles andere wäre auch reine Spekulation.

Die in der Synopse verwendeten Kennzeichnungen für Ähnlichkeiten und Unterschiede:

normale Schrift	die Textzeugen stimmen mehr oder weniger wörtlich miteinander überein bzw. sind synonym
Kursivschrift	Wordvarianten, die nicht synonym sind und bei denen es sich nicht um Zusätze oder Auslassungen handelt
Unterstreichung	Varianten in der Wortreihenfolge, das heißt Umstellungen von Wörtern oder Sätzen
Kapitälchen	Zusätze, die nur in *einem* Textzeugen im Gegensatz zu allen anderen Textzeugen zu finden sind
Kursive Kapitälchen	Zusätze, die in *zwei* Textzeugen im Gegensatz zu einem dritten anderen Textzeugen zu finden sind

Aramäisch

14,1 Buch der Worte der *Wahrheit*[

] *in dem Traum, den ich*[ ]

14,2 [

wovon gilt:]
Der Große hat (es) gegeben den Söhnen [der
] zu red[en
]

14,3 [

] *ERKENNTNIS.*

Codex Panopolitanus

Buch der Worte der *Gerechtigkeit* und des Tadels der Wächter(, die) von Ewigkeit (sind), gemäß dem Befehl des großen Heiligen in *dieser Vision.*

Ich sah in meinem Schlaf, was ich nun mit fleischlicher Zunge sage, mit dem *Atem meines Mundes,*

den der Große den Menschen gegeben hat, um *mit ihnen zu* reden, und (mit) dem *Verstand* des Herzens,

Altäthiopisch

DIESES Buch IST das Wort der *Gerechtigkeit* und die Zurechtweisung der Wächter, die von Ewigkeit sind, wie es der Heilige UND Große in *jener Vision* befohlen hat.

Ich sah in meinem Schlaf, was ich nun verkünde mit fleischlicher Zunge UND mit *meinem* Odem, DEN DER GROSSE *in den Mund* GEGE-BEN HAT, den der Große den Menschen gegeben hat, dass sie *damit* reden und mit dem Herzen *verstehen,*

WIE ER DIE MENSCHEN UND MICH GESCHAFFEN UND IHNEN UND MIR VERLIEHEN HAT, DAS WORT DER ER-KENNTNIS ZU VERSTEHEN.

MICH hat er zugeteilt UND GEMACHT und erschaffen, zu[ ]	der geschaffen und verliehen hat, *auszuwählen* die Söhne des Himmels.	UND *MICH* wiederum hat er geschaffen und (MIR) verliehen, dass ich die Wächter, die Söhne des Himmels, *zurechtweise*.
14,4 [ ] und in einer Vision mir(?)[ ] entsprechend dem, dass (die) Bitte[ ] UND DURCH BESCHLÜSSE HAT ER BE-SCHLO[SSEN]	Ich habe eure – DER ENGEL – Bitte aufgeschrieben, aber in meiner Vision wurde dies gezeigt und eure Bitte wurde nicht angenommen,	Ich habe eure Bitte aufgeschrieben, aber in meiner Vision erschien es also, dass eure Bitte euch nicht gewährt wird FÜR ALLE TAGE DER EWIGKEIT UND DAS GERICHT ÜBER EUCH VOLLENDET IST UND EUCH NICHTS GEWÄHRT WIRD.
14,5 [ ] *dass* (nicht) mehr von [ ]]euch während aller *Tage* der [Ewigkeit/Welt]	*sodass* ihr nicht mehr in den Himmel aufsteigen werdet für alle Ewigkeiten. Und es ist geboten worden, euch MIT FESSELN auf Erden zu binden für alle *Generationen* der Ewigkeit,	*Und von nun an* werdet ihr nicht (mehr) in den Himmel hinaufsteigen bis in alle Ewigkeit, sondern auf Erden, ist geboten worden, soll man euch binden für alle *Tage* der Ewigkeit.

14,6

[   ] ihre
Söhne und in Bezug auf[
] eurer Geliebten[
] VERNICHTUNG.

und DASS ihr zuvor die Vernichtung eurer geliebten Söhne sehen werdet, und zwar ohne dass für euch ein Nutzen an ihnen sein wird, sondern sie werden vor euch durch das Schwert fallen.

Aber zuvor sollt ihr die Vernichtung eurer geliebten Söhne gesehen haben und ihr werdet keinen Besitz an ihnen haben, die sie vor euch durch das Schwert fallen.

14,7

Dementsprechend(?) [   ]
in Bezug auf(?)[   ] ihr bittet
und fleht um Erbarmen[
] aus der Schrift,
die ich geschrieben habe.

Und eure Bitte für sie wird nicht erfüllt werden, noch (die) für euch. Und ihr weint und fleht und sagt kein einziges Wort aus der Schrift, die ich geschrieben habe.

Und eure Bitte für sie wird nicht erfüllt, noch für euch. Aber ihr wiederum weint und fleht, aber werdet kein einziges Wort aus der Schrift sprechen, die ich geschrieben habe.

14,8

[
] zu mir schrien sie
und Kometen und[

] nach oben UND
SIE BRACHTEN MICH UND
LIE[SSEN] MICH EINTRETEN in[
]

in
den Himmel.

Und mir wurde in einer Vision Folgendes gezeigt: Siehe, Wolken riefen in der Vision und Nebel rief mich und der Lauf der Sterne und Blitze trieben mich zur Eile und beunruhigten mich und Winde machten mich in MEINER Vision fliegen und hoben mich empor nach oben UND BRACHTEN MICH HINEIN in den Himmel.

Und mir erschien eine Vision folgendermaßen: Siehe, Wolken riefen mich in der Vision und Nebel rief mich. Und der Lauf der Sterne und Blitze trieben mich zur Eile und bedrängten mich, und die Winde in der Vision machten mich fliegen UND TRIEBEN MICH ZUR EILE und sie hoben mich empor nach oben in den Himmel.

14,9	[ ]von Feuer umgaben ringsum[ ]	Und ich ging hinein, bis ich nahe einer Mauer war, einem Bauwerk aus Hagelsteinen und (aus) Feuerzungen rings um sie. Und sie begannen, mir Furcht einzujagen.	Und ich ging hinein, bis ich mich einer Mauer näherte, die aus Hagelsteinen erbaut war, und eine Feuerzunge umgab sie und sie begann, mir Furcht einzujagen.
14,10	[ ] ich gelangte zu einem großen Haus [	Und ich ging hinein in die Feuerzungen und näherte mich einem großen Haus, das aus Hagelsteinen gebaut war und die Wände des Hauses (waren) wie Steintafeln und sie alle waren aus Schnee und (die) Böden (waren) aus Schnee.	Und ich trat hinein in die Feuerzunge. Und ich näherte mich einem großen Haus, das aus Hagelsteinen erbaut war. Und die Wand jenes Hauses war wie ein Mosaikboden aus Steinen, die aus Hagel waren, und sein Boden war (aus) Hagel.
14,11 [...]	] Schnee Fundament(e)]	Und die Decken (waren) wie der Lauf der Sterne und Blitze und inmitten von ihnen (waren) feurige Cherubim und ihr Himmel (war) Wasser.	Seine Decke war wie der Lauf der Sterne und Blitze und inmitten von ihnen waren feurige Cherubim. Und ihr Himmel war Wasser.
14,12	[ ]all ihre/seine Wände[ ]	Und flammendes Feuer umgab die Wände und Türen brannten im Feuer.	Und flammendes Feuer umgab die Wand, und seine Tür brannte im Feuer.
14,13	[ ]der Schnee und alle[	Ich ging hinein in jenes Haus(, das) heiß wie Feuer und kalt wie Schnee (war), und keine Üppigkeit des Lebens war in ihm. Furcht be-	Und ich ging hinein in jenes Haus und es war heiß wie Feuer und kalt wie Eis und keine Lebensfreude war in ihm.

14,14	[ ]] und ich fiel [ ]	deckte mich und Beben ergriff mich. Und ich war erschüttert und zitternd und ich fiel. Ich sah in MEINER Vision:	Furcht bedeckte mich und Beben ergriff mich. Und wie ich erschüttert war und zitterte, fiel ich AUF MEIN ANGESICHT. UND ich sah in einer Vision:
14,15	[ ] größer als dieses und alles von ihm[ ]	Und siehe, eine andere Tür, geöffnet vor mir, und das Haus (war) größer als dieses und gänzlich erbaut aus Feuerzungen.	Und siehe, ein anderes Haus, das größer als jenes war, und die Tür war völlig offen vor mir und es war aus Feuerzungen erbaut.
14,16	[ ]ich vermochte (nicht), euch mitzuteilen[ ]	Und gänzlich war es außergewöhnlich an Herrlichkeit und an Ehre und an Größe, sodass es mir nicht möglich ist, euch von seiner Herrlichkeit und von seiner Größe zu berichten.	Und in allem war es außergewöhnlich an Herrlichkeit und Pracht und Größe, dass es mir nicht möglich ist, euch von seiner Herrlichkeit und von seiner Größe zu berichten.
14,17	[...]	Sein Boden (war) aus Feuer, höher darüber (waren) hingegen Blitze und der Lauf der Sterne und seine Decke (war) flammendes Feuer.	UND sein Boden wiederum war aus Feuer und oberhalb von ihm waren Blitze und die Laufbahn der Sterne und auch seine Decke war flammendes Feuer.
14,18	[	Ich schaute aber und sah einen hohen Thron und sein Aussehen (war) wie	UND ich blickte auf und sah DARIN einen hohen Thron und sein Aussehen war wie

14,19

Reif und sein Umkreis wie die Sonne, die leuchtet, und *die Stimme der Cherubim.*

(etwas) von Eis und ein Rad wie (das) der leuchtenden Sonne und *eine Begrenzung* (waren) die Cherubim.

]

14,20

Und unterhalb des Thrones kamen Ströme von flammendem Feuer hervor und *man* vermochte nicht, hinzuschauen.

Und unterhalb des Thrones kamen flammende Ströme von Feuer hervor und *ich* vermochte nicht, hinzuschauen.

]Ströme [

]

Und die große Herrlichkeit saß darauf, UND ihr Gewand aber war   leuchtender als die Sonne und weißer als aller Schnee.

Und die große Herrlichkeit saß auf ihm. Ihr Gewand (war) WIE DAS AUSSEHEN der Sonne, strahlender und weißer als aller Schnee.

v]iel

Schn[ee]

Codex Panopolitanus

14,21 Und kein Engel vermochte, IN DIESES HAUS hineinzugehen und sein Angesicht zu sehen WEGEN *der Erhabenheit und Herrlichkeit.* Und kein Fleisch vermochte, (etwas) von ihm zu sehen.

14,22 Flammendes Feuer war ringsum und ein großes Feuer stand vor ihm und niemand näherte sich ihm. *Ringsum* standen zehntausendmal zehntausend vor ihm *und jedes Wort von ihm (wurde) Tat.*

Altäthiopisch

Und keiner von den Engeln vermochte, einzutreten, noch das Angesicht *des Erhabenen und Herrlichen* zu schauen. Und keiner aus Fleisch vermochte, ihn zu sehen.

Flammendes Feuer war rings um IHN und ein großes Feuer stand vor ihm. Und niemand *von denen, die um ihn waren,* näherte sich ihm: Zehntausendmal zehntausend waren vor ihm. *Aber er wiederum brauchte nichts, war er nämlich (selbst) Rat*

14,23	Und *die Heiligen der Engel*, die sich ihm nähern, entfernen sich nicht des Nachts noch verlassen sie ihn.	und *das Heilige der Heiligen* (= die Allerheiligsten?), die in seiner Nähe waren, entfernten sich nicht bei Nacht und verließen ihn nicht.
14,24	Ich aber war bis dahin auf mein Angesicht *niedergefallen* und zitterte. Und der Herr rief mich mit seinem Mund und sagte zu mir: „Komm hierher, Henoch, und *höre mein Wort!*"	Und ich war bis dahin *mit einem Schleier* auf meinem Angesicht gewesen, wobei ich zitterte. Und der Herr rief mich mit seinem Mund und sagte zu mir: „Komm hierher, Henoch, und *zu meinem heiligen Wort!*"
14,25	UND EINER VON DEN HEILIGEN KAM ZU MIR, WECKTE MICH und richtete mich auf und brachte mich bis zur Tür. Ich aber *war* (auf) meinem Angesicht *und ich beugte mich.*	Und er ließ mich aufstehen und brachte mich bis zur Tür. Ich aber *blickte* mit meinem Gesicht *nach unten.*
15,1	Und er antwortete (und) sagte zu mir: „WAHRHAFTIGER MANN, MANN DER WAHRHEIT, SCHREIBER!" UND ich hörte auf seine Stimme: „Fürchte dich nicht, Henoch, *wahrhaftiger* Mann und Schreiber der *Wahrheit!* Komme hierher und höre auf meine Stimme!	Und er antwortete mir und sprach zu mir. Ich hörte auf seine Stimme: „Fürchte dich nicht, Henoch, *gerechter* Mann und Schreiber der *Gerechtigkeit.* Komme hierher und höre auf meine Stimme!
15,2	Geh UND sage denen, die dich geschickt haben: »Ihr solltet für die Menschen bitten, aber nicht die Menschen für euch!	UND gehe, sage zu DEN WÄCHTERN DES HIMMELS, die dich geschickt haben, UM FÜR SIE ZU BITTEN: »Es geziemt euch, für die Menschen zu bitten, und nicht den Menschen für euch.
15,3	Warum habt ihr den hohen, heiligen, ewigen Himmel verlassen und mit den Frauen geschlafen und euch mit den Menschentöchtern	Warum habt ihr den hohen, heiligen UND ewigen Himmel verlassen und mit den Frauen geschlafen und euch mit den Menschentöch-

beschmutzt und euch Frauen genommen? Wie die Söhne der Erde habt ihr gehandelt und euch KINDER, Söhne, (ja) Riesen gezeugt.

15,4 Und ihr wart Heilige und lebendige, ewige Geister. MIT DEM BLUT der Frauen habt ihr euch beschmutzt und mit dem Blut des Fleisches habt ihr gezeugt und nach dem Blut der Menschen verlangt, wie auch jene Fleisch und Blut hervorbringen, die sterblich und vergänglich sind.

15,5 Deswegen habe ich ihnen Frauen gegeben, damit sie sie schwängern und untereinander Kinder zeugen, so dass es ihnen also an nichts mangelt auf Erden.

15,6 Ihr aber wart lebendige, ewige Geister und unsterblich für alle Generationen der Welt.

15,7 Und deswegen habe ich unter euch keine Frauen geschaffen. Die Geister des Himmels: Im Himmel ist ihre Wohnung.«

Synkellos

15,8 Und nun sind die Riesen, die aus Geistern und Fleisch gezeugt worden sind: *Böse* Geister *WIRD MAN SIE* auf Erden *NENNEN*.

Codex Panopolitanus

Und nun sind die Riesen, die aus den Geistern und Fleisch gezeugt wurden, *mächtige* Geister

---

tern verunreinigt und euch Frauen genommen und wie die Menschenkinder gehandelt und euch Riesensöhne gezeugt?

15,4 Während ihr doch heilig und geistig, des ewigen Leben teilhaftig wart, habt ihr euch an den Frauen verunreinigt und mit dem Blut des Fleisches gezeugt und nach dem Blut der Menschen verlangt. UND IHR HABT GEHANDELT, wie sie – Fleisch und Blut – es tun, die sie sterblich und vergänglich sind.

15,5 Deswegen habe ich ihnen Frauen gegeben, damit sie sie schwängern und Kinder von ihnen erhalten sollen, damit ihnen dementsprechend nichts auf Erden fehlt.

15,6 Ihr aber wart ZUVOR geistig, des ewigen, unsterblichen Leben teilhaftig für alle Generationen der Welt.

15,7 Und deswegen habe ich für euch keine Frauen geschaffen, DENN die Geistigen des Himmels: Im Himmel (ist) ihre Wohnung.«

Altäthiopisch

Aber nun die Riesen, die gezeugt worden sind aus Seelen und Fleisch, *WERDEN* *böse* Geister auf Erden *GE-*

15,9	Böse Geister WERDEN SIE SEIN, DIE GEISTER, die aus DEM KÖRPER IHRES FLEISCHES hervorgegangen sind, weil sie von den Menschen abstammen, UND von den heiligen Wächtern ist der Anfang ihrer ERSCHAFFUNG und Anfang der Grundlegung. BÖSE GEISTER WERDEN SIE AUF ERDEN SEIN.	und auf Erden wird ihre Wohnung sein. Böse Geister sind aus IHREM KÖRPER hervorgegangen, weil sie von den Höheren abstammen UND von den heiligen Wächtern ist der Anfang ihrer ERSCHAFFUNG und der Anfang der Grundlegung. BÖSE GEISTER WERDEN SIE GENANNT WERDEN.	NANNT WERDEN und auf Erden wird ihre Wohnung sein. Und böse Seelen (= Wesen?) sind aus IHREM FLEISCH hervorgegangen, denn von oben her wurden sie geschaffen, von den heiligen Wächtern war ihr Anfang. Und die erste Grundlegung werden BÖSE GEISTER AUF ERDEN SEIN UND BÖSE GEISTER WERDEN SIE GENANNT WERDEN.
15,10		DIE GEISTER DES HIMMELS: IM HIMMEL SOLL IHRE WOHNUNG SEIN. UND DIE GEISTER, DIE AUF ERDEN GEZEUGT WURDEN: AUF ERDEN SOLL IHRE WOHNUNG SEIN.	DIE GEISTER DES HIMMELS: IM HIMMEL SOLL IHRE WOHNUNG SEIN. UND DIE GEISTER DER ERDE, DIE AUF ERDEN GEBOREN WURDEN: AUF ERDEN IST IHRE WOHNUNG.
15,11	Die Geister der Riesen beherrschen, sind ungerecht, vernichten, fallen ein und kämpfen und werfen auf Erden.	UND die Geister der Riesen, die Wolken, sind ungerecht, vernichten UND fallen ein und kämpfen und werfen auf Erden, DIE ERBAR-MUNGSLOSEN GEISTER DER	UND die Geister der Riesen wiederum, die Wolken, sind gewalttätig UND werden verderben UND fallen und sie werden (miteinander) kämpfen und zerstören auf Erden

NEN, denn auf Erden wird ihre Wohnung sein.

Und *Läufe machen sie und essen nichts, sondern hungern* UND SCHAFFEN TRUGBILDER *und dürsten und erregen* Anstoß.	RIESEN. Und *Läufe machen sie und essen nichts, sondern hungern* und dürsten und *erregen* ALS GEISTER *Anstoß.*	und *schaffen Leid. Und sie verzehren nichts an Speise* und dürsten NICHT und *sie sind nicht wahrzunehmen.*
15,12 Und *DIE GEISTER* werden sich erheben gegen die Söhne der Männer und der Frauen, weil sie *VON IHNEN* ausgegangen sind.	Und *DIESE* werden sich erheben gegen die Söhne der Männer und der Frauen, weil sie *VON IHNEN* ausgegangen sind.	Und *DIESE SEELEN* werden sich erheben gegen die Söhne der Männer und GEGEN die Frauen, denn sie gingen hervor
16,1 UND seit dem Tag, DEM ZEITPUNKT des Mordens und Verderbens und *Todes* DER RIESEN, DER NEFILIM, WERDEN DIE MÄCHTIGEN DER ERDE, DIE GROSSEN BERÜHMTEN, die Geister, die aus ihrer Seele hervorgingen, *wie aus dem Fleisch, Verderben bringen* ohne Gericht, so sollen sie *Verderben bringen* bis zum Tag der Vollendung, BIS zum großen *GERICHT,* an dem die große Welt vollendet wird,	seit dem Tag des Mordens und Verderbens und *Todes:*	in den Tagen des Tötens und Verderbens. Und *DIE RIESEN* wiederum *starben,*
(AN DEM) ALLES AUF EINMAL VOLLENDET WIRD.	*VON DA AN* die Geister aus der Seele ihres Fleisches hervorgingen, sollen sie *Verderben bringen* ohne Gericht. So sollen sie *Verderben bringen* bis zum Tag der Vollendung des großen *GERICHTS,* an dem die große Welt vollendet wird.	*WO AUCH IMMER* die Geister aus den Seelen ausgingen. *Ihr Fleisch* soll *zugrunde gehen* ohne Gericht. So sollen sie *zugrunde gehen,* bis der Tag der großen Vollendung
		über die große Welt vollendet werden wird AN DEN WÄCHTERN UND FREVLERN, *(JA) GÄNZLICH WIRD ES VOLLENDET AN DEN WÄCHTERN.*

Codex Panopolitanus

16,2 Und nun zu den Wächtern, die dich geschickt haben, um für sie zu bitten, welche im Himmel waren:

16,3 »Ihr seid im Himmel gewesen und *jedes Geheimnis*, das euch nicht offenbart wurde, und (jedes) Geheimnis, *das von Gott abstammte*, kanntet ihr und dieses habt ihr den Frauen in eurer Hartherzigkeit verraten und durch dieses Geheimnis vermehren die Frauen und die Männer das Böse auf Erden.«

16,4 Sage ihnen nun: »*Es gibt keinen Frieden!*«

Altäthiopisch

Und nun aber zu den Wächtern, die dich geschickt haben, um für sie zu bitten, welche FRÜHER im Himmel waren:

»UND NUN ABER IHR: Ihr seid im Himmel gewesen und *die verborgenen Dinge* waren euch noch nicht offenbart. Aber *verwerfliche* Geheimnisse kanntet ihr und dies habt ihr den Frauen in eurer Hartherzigkeit mitgeteilt. Und durch dieses Geheimnis vermehren die Frauen und Männer das Böse auf Erden.«

Sage ihnen also: »*Ihr habt* keinen Frieden!«

2.5 Abschließende Bemerkungen

Nachdem die verschiedenen Zeugen der in dieser Arbeit zentral stehenden Kapitel (1 Hen 14–16) in den ersten drei Abschnitten jeweils für sich dargestellt, ediert, übersetzt und kurz kommentiert wurden, wurden sie zum Abschluss dieses Kapitels in einer Synopse zusammengebracht. Die Gründe für das synoptische Vorgehen klangen in den jeweiligen Einleitungen zu den einzelnen Fassungen des *Wächterbuches* bereits mehrfach an und nehmen im Wesentlichen Stuckenbrucks synoptischen Ansatz in seiner Arbeit zu 1 Hen 91–108 als Ausgangspunkt.[371] Stuckenbruck begründet dabei sein Vorgehen in dreifacher Weise:

> (1) The synoptic presentation of parallel translations illustrates differences between the versions for the reader [...]. (2) The format chosen here also underscores, in principle, the integrity of each version. [...] However, though to some degree the eclectic text and translation are the inevitable result of text-critical analysis, the presentation of parallel translations comes closer to providing texts which actually existed and are less a product that depends on the validity of the many choices made by an editor. (3) For the commentary itself, the principled integrity of existing versions, barring an obvious text-critical explanation, conveys that *each* of the parallel versions warrant comment.[372]

Ähnlich ist auch das Ziel dieser Arbeit, dem Leser mit Hilfe des synoptischen Ansatzes die Möglichkeit zu geben, die verschiedenen Fassungen sowohl jeweils für sich als auch parallel zu studieren und dabei die Übereinstimmungen zwischen den verschiedenen Versionen, aber auch die jeweiligen Eigenheiten wahrzunehmen. So soll dieses im Prinzip dokumentarische Vorgehen dabei helfen, jeder Fassung als ein eigenständiges und damit kommentierungsbedürftiges bzw. kommentierungswürdiges Werk Beachtung zu schenken, und zugleich verhindern, in willkürliche, hypothetische Textspekulationen abzudriften, wie sie zum Beispiel bei dem Ziel, einen eklektischen Mischtext zu erstellen, auftreten könnten.

Damit reagiert dieses synoptische Vorgehen auf zwei Probleme, die die handschriftliche Bezeugung des *Wächterbuches* mit sich bringt: Einerseits gibt es keinen Zeugen, der den Ansprüchen einer zuverlässigen Textgrundlage gerecht wird. Während zwar zum Beispiel die ältesten Textzeugen, die aramäischen Handschriften, sowohl sprachlich als auch zeitlich am nächsten am sogenannten hypothetischen endredaktionellen Gesamttext stehen und damit

---

[371] Stuckenbruck, *1 Enoch 91–108*. Für die Begründung seines synoptischen Vorgehens siehe *ebd.*, 16–19.

[372] Stuckenbruck, *1 Enoch 91–108*, 17 (Hervorhebung im Original).

prädestiniert wären, als Ausgangspunkt einer Untersuchung zu fungieren, sind gerade diese viel zu fragmentarisch, um darauf aufbauend das gesamte *Wächterbuch* zu studieren und zu bewerten. Nur für einzelne Passagen wäre dies vielleicht möglich, wobei aber nicht vergessen werden darf, dass manche der aramäischen Fragmente nur auf Basis der griechischen oder altäthiopischen Version identifiziert und zugeordnet werden konnten.[373] Demgegenüber ist auch die griechische Fassung, wie sie der Codex Panopolitanus bietet, oder die altäthiopische Tradition, sei diese durch eine einzelne Handschrift oder durch einen erstellten Mischtext repräsentiert, weniger als Arbeitsgrundlage geeignet. Indem man sich hier beinahe willkürlich auf einen Textzeugen beschränkte, werden eine Diskussion und ein Vergleich der verschiedenen Fassungen, auf deren Grundlage die frühjüdischen Henochtraditionen aus der Zeit des Zweiten Tempels und gleichermaßen die Charakteristika der jeweiligen Übersetzungen bzw. Traditionsstufen herausgearbeitet werden können, unmöglich.[374] Eine Arbeit, die lediglich auf einen einzelnen sekundären oder tertiären Textzeugen basiert ist, verwehrt folglich Differenzierungen zwischen treuer Übersetzung der Vorlage, Fehlern durch Missverständnisse, freien Übertragungen, interpretierenden Modifikationen, Hinzufügungen und Auslassungen und muss damit unpräzise bleiben.[375]

Andererseits wäre die Arbeit mit einem aus allen Zeugen erstellten Mischtext für das *Wächterbuch* in historisch-kritischer Perspektive gleichermaßen fragwürdig. Auf diese Weise würde nämlich eine hypothetische Grundlage geschaffen, die historisch so nie existierte und die vor allem auf der subjektiven Meinung des Herausgebers beruhte, da jeder die vorhandenen Daten letztendlich unterschiedlich bewertet und somit vermutlich einen anderen Text rekonstruiert. Darüber hinaus wäre es problematisch, dass die einzelnen Verse bzw. Passagen des erstellten Mischtextes je nach Quellenlage auf ganz unterschiedlichen Textzeugen aufbauten, da von der aramäischen Version und zum Teil auch von der griechischen Version nur eine fragmentarische Fassung des *Wächterbuches* vorliegt. Jede Stelle des erzeugten Mischtextes hätte somit sowohl in qualitativer als auch in quantitativer Hinsicht eine ganz eigene Ausgangssituation; im Gegensatz zu antiken jüdischen Werken wie etwa *Genesis*, die in jeder sprachlichen Fassung „vollständig" bezeugt sind, wäre der textkritisch erstellte Mischtext des *Wächterbuches* in sich gewissermaßen inhomogen. Die verschiedenen Zeugen für das *Wächterbuch* bieten zwar mehr oder weniger denselben Text, sodass man von einer bestimmten Kontinuität in der Überlieferung und

---

373 Vgl. auch Wacker, *Weltordnung und Gericht*, 36–37.
374 Vgl. auch Wacker, *Weltordnung und Gericht*, 36–37.
375 Vgl. auch Wacker, *Weltordnung und Gericht*, 36–37.

einem frühjüdischen Ursprung der *Wächterbuch*-Traditionen ausgehen kann. Dies kann aber nicht über die Tatsache hinwegtäuschen, dass die verschiedenen Zeugen stellenweise mehr als nur bloße textkritische Varianten bieten und manche ihrer Modifikationen bestimmte historische oder theologische Umstände reflektieren.[376] Folglich kann der Charakter des Textes des *Wächterbuches* wie auch der von jeder anderen frühjüdischen Schrift, wenngleich auch für einen viel längeren Zeitraum, nur als fließend innerhalb einer dynamischen Text- und Überlieferungstradition erachtet werden, dessen endredaktioneller Gesamttext letztendlich ein hypothetisches, uns entzogenes Konstrukt bleiben muss.[377] Oder anders gesagt: Die Quellen- und Überlieferungslage des *Wächterbuches* bringt das Problem mit sich, dass sich Entstehungsprozess und Überlieferungsprozess im Prinzip überlappen und Textkritik und Literarkritik (wenn auch sozusagen in sekundärer und tertiärer Stufe) teilweise nicht mehr klar voneinander getrennt werden können.[378] Die Erstellung bzw. Darbietung eines Mischtextes setzte nicht nur eine Gleichwertigkeit der verschiedenen Zeugen und die Möglichkeit, dem sogenannten „Original" überhaupt nahekommen zu können, voraus, die es beide so nicht gibt, sondern raubte dem Leser auch jegliche Chance, Einsicht in die historischen und theologischen Kontextualisierungen der jeweiligen Zeugen, in ihr Verhältnis zueinander und vor allem in die textkritischen Diskussionen und Entscheidungen zu bekommen.[379]

Mit Hilfe einer synoptischen Herangehensweise kann dagegen das tatsächliche Zeugnis viel klarer dokumentiert und dargestellt werden, wodurch auch eine Verwechslung des real existierenden Befundes mit einem willkürlich rekonstruierten verhindert werden kann. Des Weiteren können so die unterschiedlichen Lesungen jeweils für sich als Zeugnis bestimmter Texttraditionen erachtet werden,[380] die vielleicht zwar nicht unbedingt einen frühjüdischen Ursprung haben mögen, aber dennoch über einen eigenen historischen und theologischen Wert verfügen.[381] Hierfür kann Aeth II als ein gutes Beispiel herangezogen werden, denn in dieser jüngeren Handschriftengruppe wird eine Tendenz

---

376 Vgl. hierzu auch Tillers Einschätzung mit Blick auf die Zeugen der Tierapokalypse = 1 Hen 85–90 (Tiller, *Animal Apocalypse*, 127): „The real problem is not one of translation errors but of recensional modifications and errors in transcription in all three languages."
377 Vgl. hierzu auch Lemmelijns Charakterisierung der Textkritik und ihrer Aufgabe im Hinblick auf das hebräische Alte Testament in: Lemmelijn, „Tekstkritiek en 'de Hebreeuwse tekst'," 19.
378 Vgl. hierzu auch Kratz, „Innerbiblische Exegese," 144–150.
379 Vgl. auch Brooke, „The Qumran Scrolls," 13–14.
380 Vgl. auch Lemmelijn, „Tekstkritiek en 'de Hebreeuwse tekst'," 22.
381 Sofern es sich natürlich nicht um Fehler und Missverständnisse handelt. Vgl. insgesamt auch Brooke, „The Qumran Scrolls," 14.

offenbar, einen stellenweise als unverständlich wahrgenommenen Text mit Hilfe kleiner Änderungen wie zum Beispiel einer anderen Satzeinteilung oder Vokalisierung wieder verständlich zu machen, wenn ihn dadurch sogar nicht inhaltlich bzw. theologisch zu aktualisieren.

Natürlich könnte man an dieser Stelle einwenden, dass man das *Wächterbuch* mit einem solchen Ansatz nicht als einen explizit frühjüdischen Text behandelt und diskutiert, sondern vielmehr als ein christliches Zeugnis, da man versucht, das historische Zeugnis so zu verstehen, wie es auf uns gekommen ist. Darauf ist aber zu antworten, dass man nur dann die frühjüdischen Traditionen des *Wächterbuches* analysieren und interpretieren kann, wenn man weiß, was wirklich einen Ursprung im Zeitalter des Zweiten Tempels hat und was dagegen eher auf die Übersetzer und Tradierer dieses Werkes zurückgeht. Folglich muss man klar differenzieren zwischen einer bereits im Frühjudentum angelegten Tradition und dem, was vermutlich eher auf einen späteren, vielleicht christlichen Einfluss zurückgeht. Schließlich handelt es sich bei dem *Wächterbuch* lediglich rezeptionsgeschichtlich, aber nicht entstehungsgeschichtlich um ein Produkt der christlichen Kirche.

Demgegenüber können aber mit Hilfe der synoptischen Darstellung nicht diejenigen Schwierigkeiten gelöst werden, die das heterogene altäthiopische Zeugnis des *Wächterbuches* mit sich bringt. Während hier in dieser Arbeit wie auch in anderen vergleichenden Studien zum *Wächterbuch* wie zum Beispiel von Wacker[382] oder Bhayro[383] eine ganz bestimmte Handschrift als Ausgangspunkt genommen wurde (in dieser Arbeit EMML 7584), ist Stuckenbrucks Übersetzung der altäthiopischen Fassung in seiner Arbeit zu 1 Hen 91–108 eklektisch ausgerichtet und basiert vor allem auf Zeugen der älteren Handschriftengruppe (= Aeth I).[384] Im Prinzip haben beide Vorgehen ihre Berechtigung, gleichermaßen wie sie auch illegitim sind. Die Edition der altäthiopischen Handschriften in dieser Arbeit demonstriert nämlich, dass die Manuskripte maximal vereinfacht zwei Textrezensionen zugeordnet werden können. Zwar kann man schematisch eine ältere, weniger einheitliche und eine jüngere, häufig standardisierte und verbesserte Stufe unterscheiden (Aeth I und Aeth II). Beide Handschriftengruppen sind aber weder exklusiv noch konsistent, bieten also jeweils keine einheitliche Textfassung und sind nicht immer klar voneinander abzutrennen. In manchen Fällen wie zum Beispiel EMML 7584, EMML 2080 oder Abb 35 kön-

---

382 Wacker, *Weltordnung und Gericht* (1982). Wacker nimmt EMML 2080 als Basistext (vgl. *ebd.*, 39).

383 Bhayro, *The Shemihaza and Asael Narrative* (2005). Bhayros Basistext ist EMML 6686 (vgl. *ebd.*, 47).

384 Vgl. Stuckenbruck, *1 Enoch 91–108*, 19.

nen die mehr oder weniger starken Tendenzen in Richtung Aeth II eindeutig als sekundäre Korrekturen identifiziert werden.[385] In anderen Handschriften wie zum Beispiel Cambridge MS oder EMML 2436,[386] die stellenweise auch eine Aeth II-Färbung aufweisen, obwohl sie generell eher Aeth I zuzuordnen sind, gehören die vereinzelten Aeth II-Lesungen zum Basistext. Demnach handelt es sich hierbei nicht um eine *nachträgliche* Kontamination. Die Übergänge dieser beiden „Textrezensionen" sind somit vielmehr als fließend zu charakterisieren und durch eine umfassende gegenseitige Kontamination gekennzeichnet, sodass manche Handschriften nicht ganz eindeutig zugeordnet werden können.

Ähnlich verhält es sich mit der Frage nach Textfamilien innerhalb der älteren Handschriftengruppe (Aeth I). Uhlig und Tiller haben zwar den Versuch unternommen, Textfamilien zu identifizieren und nennen vier bzw. drei verschiedene, lose Untergruppen, die mehrfach gegenüber den anderen Zeugen einen gemeinsamen Text bieten.[387] Nach Uhlig sind dies (1) Abb 35, Abb 55 und EMML 6281 (hierzu kann man nach Stuckenbruck vielleicht auch noch EMML 2080 und EMML 7584 zählen[388]), (2) Abb 55 und EMML 2080, (3) Tana 9 und Berl und (4) BM 485, BM 491 und Abb 35.[389] Dagegen sehen Tillers Gruppen wie folgt aus: (1) BM 485, BM 491 und Berl, (2) Abb 35 und Abb 55 und (3) EMML 1768, EMML 6281 und EMML 7584.[390] Hierbei betont Tiller jedoch, dass es auf Grund der gegenseitigen Kontaminationen zwischen Aeth I und Aeth II nicht möglich sei, ein Stemma der Handschriften zu erstellen.[391] Neben den von Uhlig und Tiller genannten Familien könnte man auf Basis der für diese Arbeit erstellten Edition tentativ noch eine weitere Gruppe bestehend aus GG 151, Parma 3843 und RTM nennen.

Aber die Versuche, einzelne Familien innerhalb von Aeth I auszumachen, sind meines Erachtens nicht unproblematisch. Neben der Tatsache, dass es bei Uhligs Einteilungen zuweilen Überlappungen gibt, bieten einige dieser Hand

---

385 Natürlich handelt es sich nicht in allen Fällen, in denen die Lesungen dieser Handschriften Aeth II entsprechen, um nachträgliche Verbesserungen. Auffällig ist aber, dass EMML 7584 teilweise und EMML 2080 großzügig in Richtung Aeth II überarbeitet wurden. Für den Charakter von Abb 35 vgl. Knibb, *The Ethiopic Book of Enoch*, 2:36.

386 Nach Stuckenbruck, *1 Enoch 91–108*, 21–22, handelt es sich bei EMML 2436 sogar eher um eine Aeth II-Handschrift, die stellenweise Charakteristika von Aeth I aufweist. Dementsprechend sortiert er sie auch unter den Aeth II-Handschriften ein (*ebd.*, 25).

387 Vgl. Uhlig, *Das äthiopische Henochbuch*, 489; Tiller, *Animal Apocalypse*, 135.

388 Vgl. Stuckenbruck, *1 Enoch 91–108*, 22.

389 Uhlig, *Das äthiopische Henochbuch*, 489.

390 Tiller, *Animal Apocalypse*, 135.

391 Tiller, *Animal Apocalypse*, 135.137.

schriften zahlreiche Eigenheiten,[392] die eine enge Beziehung einzelner Manuskripte zu ihren Familien in Frage stellen könnten. Darüber hinaus fällt auf,
dass Uhlig und Tiller zwar manche Handschriftenpaare identisch zusammen-
stellten (Abb 35 und Abb 55 bzw. BM 485 und BM 491), aber ebenso unterschiedliche Zuordnungen einzelner Manuskripte vornahmen wie zum Beispiel bei Berl
oder EMML 6281. Meines Erachtens kann aber auch die Zuweisung von Abb 35
und Abb 55 zu ein und derselben Familie bezweifelt oder in diesem Zusammenhang immerhin die Frage aufgeworfen werden, wie groß die Zahl der Übereinstimmungen zweier oder mehrerer Handschriften in ihren Abweichungen letztendlich sein müssen, um sie einer Gruppe zuzuordnen. In 1 Hen 14–16 scheint
mir die Nähe von Abb 35 und Abb 55 zueinander zumindest nicht markanter zu
sein als zu anderen Handschriften. Die Gruppierungen von Aeth I-Zeugen sind
folglich nicht nur komplex, sondern bringen meiner Meinung nach auch eine
große Unsicherheit mit sich.

Diese Ergebnisse, vor allem deren Diskrepanzen, lassen dementsprechend
nach den textkritischen Kriterien fragen, die mit Blick auf das altäthiopische
Zeugnis adäquat und anwendbar und auch in der Lage sind, verlässliche Resul-
tate zu liefern. Oder noch kritischer formuliert: Dieser Befund wirft die Frage
auf, ob man mit Blick auf die altäthiopische Quellenlage nicht eigentlich Ab-
stand nehmen müsste von den klassischen Vorgehensweisen des Edierens, da
weder die Prinzipien der diplomatischen Edition noch die der kritischen Edition
anwendbar zu sein scheinen. Einerseits gibt es weder den einen besten Textzeugen, noch kann man Familien und damit eine Stemma ausmachen. Andererseits
kann ein eklektischer Mischtext dem komplizierten Handschriftenbefund nicht
gerecht werden, weil er die Unterschiede zwischen der älteren, weniger einheitlichen und der jüngeren, häufig standardisierten Handschriftengruppe nivel-
lierte. Im Prinzip müsste man auch hier überlegen, ob ein synoptischer Ansatz
bestehend aus Aeth I auf der einen Seite und Aeth II auf der anderen Seite nicht
angemessener wäre.

Abschließend muss festgehalten werden, dass es sich bei den hier genannten Beobachtungen und den soeben aufgeworfenen Fragen um Hypothesen
handelt – für fundierte, endgültige Ergebnisse müsste mit einer viel umfangreicheren Textgrundlage, das heißt dem gesamten *Wächterbuch*, wenn nicht sogar
mit dem gesamten *Äthiopischen Henochbuch* gearbeitet und das Verhältnis der
einzelnen Handschriften viel genauer und mit Blick auf das gesamte Werk untersucht werden. Beides kann im Rahmen einer Arbeit, die vielmehr inhaltlich

---

392 Vgl. Stuckenbruck, *1 Enoch 91–108*, 22. Stuckenbruck nennt hier Berl, EMML 6281 und
Abb 55 als Beispiele.

auf das *Wächterbuch* und zudem auf wenige Kapitel ausgerichtet ist, aber nicht geleistet werden.

3 Henochs Vision von den zwei Häusern (1 Hen 14,8–25)

Henochs Vision von den zwei Häusern wurde in der bisherigen Forschung immer als eine Schilderung eines großen himmlischen Tempelkomplexes verstanden, der in seiner Struktur und seinem Aussehen mehr oder weniger den Tempeldarstellungen wie zum Beispiel in Ez 40–48 oder 1 Kön 6 entspricht. Demnach werden die beiden beschriebenen Häuser nicht wörtlich im Sinne eines Gebäudes an sich, sondern als unterschiedliche Teile desselben Tempelgebäudes gedeutet: Das erste Haus entspreche der Haupthalle, während das zweite Haus als das Allerheiligste zu verstehen sei, in dem sich der Thron Gottes befinde. Aber wird diese Interpretation der Darstellung im Text gerecht? Wird in Henochs Vision tatsächlich *ein* himmlischer Tempelkomplex beschrieben, der aus unterschiedlichen Teilen besteht? Oder handelt es sich hierbei vielmehr um zwei unterschiedliche Häuser, die zweier unterschiedlicher Interpretationen bedürfen? In diesem Zusammenhang stellt sich auch die Frage, welche Bedeutung und (zusätzliche) Funktion die ausführliche Schau der beiden Häuser in 1 Hen 14,8–25 haben könnte – gegenüber einer klassischen Thronsaalvision wie zum Beispiel in Dan 7,9–10 oder 1 Kön 22,19–22, die der Autorisierung und Berufung des Protagonisten dient, stellt sie ein erhebliches Plus dar und wirkt an dieser Stelle des Traumberichtes doch eher überflüssig. Warum hat der Verfasser von 1 Hen 14,8–25 also so viel Wert auf eine detaillierte Beschreibung zweier Häuser gelegt, die jedoch für den Plot der Gesamterzählung scheinbar nur wenig austrägt?

Im Folgenden soll der Fokus zunächst auf einer genauen Textanalyse liegen, die dann Grundlage und Ausgangspunkt einer neuen Überprüfung und Bewertung von Henochs himmlischer Häuservision und der klassischen Interpretation des Traumbildes als ein himmlischer Tempel ist. Hierfür sollen in einem weiteren Schritt die bisherigen Forschungsmeinungen kurz dargestellt werden. Bei der darauffolgenden Interpretation werden vor allem die Frage nach dem Verhältnis der beiden Häuser und die daraus resultierenden Konsequenzen für die Interpretation dieser Passage im Vordergrund stehen. In diesem Zusammenhang sollen auch andere antike jüdische Quellen herangezogen werden, die in der bisherigen Auslegung von Henochs Vision weniger beachtet wurden, aber einen hilfreichen und aufschlussreichen Hintergrund für das Verständnis dieser Passage bieten. Hierbei werden insbesondere die Tempeltheologien der Prophetenbücher *Haggai* und *Sacharja* eine bedeutsame Rolle einnehmen. Daneben soll gezeigt werden, dass die bisherigen Interpretationen aus verschiedenen Gründen problematisch sind und dem Textbefund nicht gerecht

https://doi.org/10.1515/9783110710366-003

werden. Stattdessen ist davon auszugehen, dass 1 Hen 14,8–25 Visionen zweier unterschiedlicher Tempelentwürfe bietet, die als einander gegenübergestellt gelesen werden müssen und als Kritik an jeglichem Versuch verstanden werden können, das himmlische Haus Gottes (auf Erden) zu kopieren. Während das erste Haus als Sinnbild für den irdischen, defizitären Tempel verstanden werden kann, stellt das zweite Haus den wahren, himmlischen Wohnort der Gottheit dar. Wie in anderen antiken jüdischen Texten wird somit auch hier eine Kritik am Zweiten Tempel sichtbar. Bevor es allerdings zur Analyse und Interpretation der Häuservision (1 Hen 14,8–25) kommt, soll noch ein kurzer Blick auf den Inhalt und die Struktur des Traumberichtes (1 Hen 14–16) geworfen werden, um die direkte kontextuelle Einbettung dieser Passage zu klären.

3.1 Inhalt und Aufbau des Traumberichtes (1 Hen 14–16)

Henochs Traumbericht (1 Hen 14–16) besteht aus drei unterschiedlichen Teilen, wobei aber nur mit Blick auf die Abgrenzung des ersten Abschnittes ein wissenschaftlicher Konsens besteht. Dieser wird in 1 Hen 14,1–7 gesehen. Demgegenüber finden sich in der Forschung für das Ende des zweiten Abschnittes bzw. für den Anfang des dritten Abschnittes zum Teil unterschiedliche Vorschläge. So endet zum Beispiel nach Nickelsburg der zweite Abschnitt, die Vision Henochs, bereits in 14,23.[1] Der dritte Abschnitt, „the Oracle", beginne demnach in 1 Hen 14,24,[2] wobei 1 Hen 14,24–15,1 als Übergangsverse zwischen der Vision und dem Redeteil fungieren.[3] Die Übergangs- und Vorbereitungsfunktion von 1 Hen 14,24–25 lässt sich mit Blick auf den Redeteil in 1 Hen 15,1–16,4 nicht bestreiten, gehört meines Erachtens aber formal noch zur Visionserfahrung des Protagonisten. Wie in Dan 10,7–10 oder Ez 1,28b–2,2[4] stellt die Verhaltensweise des Protagonisten in 1 Hen 14,24–25 eine Reaktion auf das in der Vision Geschehene und Erlebte dar und bringt damit die Visionsschilderung, den zweiten Abschnitt des Traumberichtes, zu einem eindeutigen Abschluss.[5] Dies wird im Vergleich von Henochs Traumbericht mit der Gattung „prophetische Visionsschilderung" und unter Betrachtung der für diese Gattung spezifischen sprachlichen Gliederungsmerkmale deutlich, wie sie Behrens in seiner Monographie

---

1 Nickelsburg, *1 Enoch 1*, 251–275. Vgl. auch Dillmann, *Das Buch Henoch*, 109; Ego, „Denkbilder für Gottes Einzigkeit," 163.
2 Nickelsburg, *1 Enoch 1*, 267.
3 Nickelsburg, *1 Enoch 1*, 270.
4 Vgl. Behrens, *Prophetische Visionsschilderungen*, 324.
5 Vgl. hierzu ausführlicher die Textanalyse von 1 Hen 14,8–25 unten.

Prophetische Visionsschilderungen im Alten Testament. Sprachliche Eigenarten, Funktion und Geschichte einer Gattung beschrieben hat.[6]

Nach Behrens sei eine prophetische Visionsschilderung in der Regel zweigeteilt und bestehe aus einer Visionsschilderung und einem Dialog- bzw. Redeteil. Beide Teile werden durch bestimmte sprachliche Elemente eingeleitet. So beginne der Visionsteil prinzipiell mit einer Bemerkung des Sehens, während der erste Gegenstand der Vision mit הנה eingeleitet werde. In Henochs Traumbericht finden sich diese beiden Elemente in 1 Hen 14,8 und markieren damit den expliziten Beginn von Henochs Vision. Demgegenüber werde der Dialog- bzw. Redeteil durch eine Form von אמר eingeleitet, wobei der erste Redebeitrag stets ein direkter Sprechakt, ausgedrückt durch einen Imperativ oder eine Frage, sei. Diese Merkmale finden sich in Henochs Traumbericht in 1 Hen 15,1–2, wo Gott das Wort ergreift und Henoch mit mehreren Imperativen direkt anspricht. Lässt man den Titel und die Einleitung (1 Hen 14,1–7) außer Betracht, entspricht Henochs Traumbericht in seiner finalen Fassung folglich dem klassischen Aufbau einer prophetischen Visionsschilderung, wie sie zum Beispiel auch in Jes 6,1–11; Ez 1,1–2,8a oder Dan 8–12 zu finden ist.[7]

Folglich ergibt sich für Henochs Traumbericht folgende dreiteilige Gliederung:[8] a) In der Reaktion, die Henoch den Wächtern auf die in Auftrag gegeben Bittschrift mitteilt, greifen die Überschrift und die Einleitung das negative Urteil Gottes vorweg (1 Hen 14,1–7).[9] Gott lehnt die Bittschrift der Wächter trotz Henochs Intervention ab. Henoch muss erneut das ewige Urteil über die Wächter verkünden, das ihnen die Rückkehr in den Himmel für alle Zeit verbietet und auch die Vernichtung ihrer Söhne beinhaltet. Henochs auserwählte Rolle als Tadler der Wächter wird hierbei schöpfungstheologisch begründet.

b) In 1 Hen 14,8 nimmt der Traumbericht thematisch gesehen eine radikale Wendung: Nicht mehr die Wächter, ihre Vergehen und ihre Verurteilung stehen im Fokus der Rede Henochs, sondern seine Visionen von seiner Entrückung in den Himmel (1 Hen 14,8–25). Nachdem Henoch von Naturgewalten in den Himmel emporgehoben wurde, sieht er zwei unterschiedliche Häuser, die bisher als himmlischer Tempel interpretiert wurden. Diese Visionen können insgesamt sowohl als Klimax von 1 Hen 12–16 als auch als Antwort auf Henochs Verschwinden erachtet werden. An dieser Stelle wird nämlich zum ersten Mal im

---

6 Behrens, *Prophetische Visionsschilderungen* (2002). Vgl. hierzu und für das Folgende insbesondere das II. Kapitel, 32–75.
7 Vgl. dazu auch die jeweiligen Kapitel in Behrens, *Prophetische Visionsschilderungen*.
8 Vgl. auch Newsom, „The Development of 1 Enoch 6–19," 318; Coblentz Bautch, „The Heavenly Temple," 38–42.
9 Bachmann, *Die Welt im Ausnahmezustand*, 75.

Verlauf der Erzählung ausformuliert, wohin Henoch nach seiner Entrückung gelangt.

c) Auf die Visionsschilderung erfolgt ein Redeteil (1 Hen 15,1–16,4): Gott spricht Henoch direkt an und fordert ihn auf, den Wächtern seine Botschaft zu übermitteln. Die Wächter werden darin angeklagt, dass sie wider ihre Natur und die göttliche Ordnung gehandelt haben. Sie haben sich wie Menschen verhalten und sich fortgepflanzt. Darüber hinaus werden sie beschuldigt, den Menschen himmlische Geheimnisse verraten zu haben, die nicht für diese bestimmt waren. Mit dieser Wissensvermittlung haben die Wächter eigenmächtig agiert und die Menschen damit zum bösen Handeln verleitet.[10] Daher kann es nur ein abschließendes und kurzes Urteil über die Wächter geben: Sie werden keinen Frieden haben (1 Hen 16,4). Mit dieser Urteilsverkündung endet Henochs Traumbericht.

3.2 Und mir erschien eine Vision – Eine Textanalyse

Henochs sogenannte Thronsaalvision besteht aus zwei Einzelvisionen, in denen jeweils ein Haus beschrieben wird (1 Hen 14,8–14a und 1 Hen 14,14b–25). Bei diesen beiden Einzelvisionen fällt auf, dass die gesamte Beschreibung eine zweifache, nahezu parallele Struktur aufweist, bei der es bemerkenswerte Unterschiede gibt. Beide Teile beginnen jeweils mit einer Visionseinleitung, bieten dann eine detaillierte Beschreibung eines Hauses und seines Inneren und enden mit einer Reaktion des Protagonisten (siehe Tabelle 3).[11]

Entsprechend werden beide Häuser unter Verwendung desselben Wortschatzes mit Blick auf Größe, Fußboden, Decke, Tür und Material der einzelnen Bestandteile beschrieben.[12] Darauf folgen jeweils eine Darstellung des Inneren

---

10 Bachmann, *Die Welt im Ausnahmezustand*, 77.

11 Vgl. auch Kvanvig, „Henoch und der Menschensohn," 102.

12 Esler, *God's Court and Courtiers*, 120–124, übersetzt und deutet 1 Hen 14,8–25 (insbesondere 1 Hen 14,10–11 gegenüber 1 Hen 14,17) in einer solchen Weise, dass diese zweifache, nahezu parallele Struktur in der Beschreibung der beiden Häuser nicht mehr zu erkennen wäre. Seine Interpretation basiert im Wesentlichen auf der griechischen Version (GrPan), die er in textkritischer Hinsicht für vertrauenswürdiger als die altäthiopische Fassung hält. So zieht er in 1 Hen 14,10–11 in zwei Fällen einen nur in der griechischen Version bezeugten Plural (ἐδάφη und στέγαι) gegenüber einem in der altäthiopischen Fassung vorliegenden Singular (ምድፉ und መሉፉ) vor und betont überdies, dass bei der Übersetzung der Textlogik Rechnung getragen werden müsse. Da sich Henoch im Gegensatz zu 1 Hen 14,17, wo die beiden zur Diskussion stehenden Wörter zur Beschreibung des Inneren des zweiten Hauses verwendet werden, noch außerhalb des Hauses befinde, können diese beiden Wörter nicht wie in 1 Hen 14,17 als „Boden" bzw. „Decke" verstanden werden – Henoch könne auf Grund seiner Position nämlich

des Hauses und eine Reaktion von Henoch. Hierbei ist es bemerkenswert, dass die Reihenfolge der dargestellten Elemente mehr oder weniger identisch ist und die Häuser nur ein einziges Mal miteinander korreliert werden, nämlich in Bezug auf ihre Größe: Das zweite Haus ist größer als das erste (1 Hen 14,15). Davon abgesehen gibt es keinen anderen Hinweis darauf, wie die beiden Häuser miteinander in Beziehung stehen. Darüber hinaus bieten die beiden Einzelvisionen mittels der Visionseinleitung und der Reaktion des Protagonisten jeweils einen klaren Anfang und Abschluss (1 Hen 14,8 und 14,13b–14a bzw. 1 Hen 14,14b und 14,24–25). Sie können folglich inhaltlich eindeutig voneinander abgegrenzt werden und erwecken damit den Eindruck zweier ähnlicher, aber unterschiedlicher Gebäude und weniger zweier miteinander zu korrelierenden Gebäudeteile.[13] In

---

noch gar nicht wissen, wie der Boden bzw. die Decke des ersten Hauses aussehe –, sondern müssten als „Fundamente" („groundworks") bzw. „Obergemächer" („upper storeys") gedeutet werden. Diese Übersetzung von ἐδάφη entspräche auch dem aramäischen Befund, wo höchstwahrscheinlich אׁש[ן „Fundamente" zu lesen gewesen sei. Folglich übersetzt Esler die betreffenden Stellen in 1 Hen 14,10–11 mit „[...] and the groundworks were of snow. And the upper storeys were like shooting stars and flashes of lightning [...]", wohingegen in 1 Hen 14,17 mit „Its floor (ἐδάφος) was of fire, and its upper part (ἀνώτερον) was flashes of lightning and shooting stars and its ceiling (στέγη) was a flaming fire" (ebd., 126 bzw. 130).

Eslers Interpretation ist meines Erachtens nicht unproblematisch. Einerseits ignoriert er völlig den schwierigen textkritischen Charakter der griechischen Fassung (vgl. hierzu ausführlich die Beschreibung dieses Textzeugen in Kapitel 2.2.2 dieser Arbeit [61–66]) und unterschätzt gleichzeitig den Wert der altäthiopischen Version. So muss bei GrPan einerseits mit Fehlern und schwierigen Lesungen, andererseits aber auch mit stilistischen Modifikationen gerechnet werden, sodass die altäthiopische Fassung für manche Stellen durchaus den besseren Text bietet. Darüber hinaus kann die aramäische Version den durch GrPan bezeugten Plural nicht bestätigen, da er dort auf Grund der Textlücke in Entsprechung zur griechischen Fassung lediglich rekonstruiert wurde. Infolgedessen setzt Esler in der Numerus-Frage eine größere textkritische Sicherheit voraus, als es sie mit Blick auf die komplizierte Überlieferungsgeschichte des *Wächterbuches* überhaupt gibt. Andererseits nivelliert er mit seiner Übersetzung die offensichtlichen Stichwortverbindungen zwischen den Beschreibungen der beiden Häuser, wie sie sowohl in der griechischen als auch altäthiopischen Fassung zu finden sind (da beide Versionen als recht wörtliche Übersetzungen ihrer jeweiligen Vorlage charakterisiert werden können, ist wahrscheinlich auch zu vermuten, dass es diese Stichwortverbindungen bereits in der aramäischen Fassung gab). Selbst wenn daher in der Übersetzung zwischen den beiden jeweiligen Belegen hinsichtlich des Numerus oder semantisch zu nuancieren wäre, änderte dies nichts an der Tatsache, dass in jeder sprachlichen Version dieselben Lemmata zur Beschreibung der einzelnen Bestandteile der Häuser verwendet werden. Folglich ist es meiner Meinung nach unwichtig, ob sich der Protagonist bei der Beschreibung des jeweiligen Hauses innerhalb oder außerhalb des Gebäudes befindet – die genannten Elemente bleiben dieselben. Eine semantische Nuancierung in der Übersetzung, wie Esler sie auf Basis der griechischen Fassung vorschlägt, wäre daher mit Blick auf die Gesamtkomposition dieser Passage irreführend.

13 Vgl. Gruenwald, *Apocalyptic and Merkavah Mysticism*, 73.

Tab. 3: Struktur und Inhalt von Henochs Häuservision (1 Hen 14,8–25).

Das erste Haus (14,8–14a)[14]		Das zweite Haus (14,14b–25)	
Visionseinleitung		*Visionseinleitung*	
14,8	„Und mir erschien eine Vision folgendermaßen: Siehe, …" **Entrückung in den Himmel**	14,14b	„Und ich sah in einer Vision: Und siehe …"
Beschreibung des Hauses		*Beschreibung des Hauses*	
14,9	**Mauer aus Hagelsteinen umgeben von Feuer** Angstreaktion		
14,10	ein großes Haus	14,15	ein Haus größer als das erste eine offene Tür
	Wand aus Hagelsteinen	14,16	**Herrlichkeit und Größe des Hauses** Reaktion des Beeindruckt Seins[15]
14,11	Boden aus Hagel Decke wie Sterne und Blitze	14,17	Boden aus Feuer oberhalb des Bodens Sterne und Blitze
	inmitten von ihnen sind Cherubim		Decke aus Feuer
14,12	**ihr Himmel ist Wasser Wand umgeben von Feuer Tür, brennend im Feuer**		
Das Innere des Hauses		*Das Innere des Hauses*	
14,13	Henoch geht hinein		
		14,18	**hoher Thron Aussehen** wie Eis + **Umkreis** wie Sonne Stimme der Cherubim
	heiß wie Feuer + **kalt** wie Eis	14,19	**Ströme von flammendem Feuer**
		14,20	**große Herrlichkeit Gewand leuchtender** als die Sonne und **weißer** als der Schnee
	keine Lebensfreude	14,21–23	Engel/Menschen können **nicht** hineingehen **Feuer und Engel umgeben Gott**
Reaktion des Protagonisten		*Reaktion des Protagonisten*	
14,13–14a	Angstreaktion Niederfallen	14,24–25	Zittern Prostration **Gott spricht Henoch an**

---

14 In der folgenden Übersicht sind diejenigen Punkte fettgedruckt, die nur in einer der beiden Hausbeschreibungen erwähnt werden; diejenigen Punkte, die unterstrichen sind, tauchen in beiden Abschnitten auf, aber an jeweils unterschiedlichen Stellen der Beschreibung und können auch unterschiedliche Bedeutungen/Aussagen haben.

15 Henoch ist nicht in der Lage, die Herrlichkeit und Größe des Hauses zu beschreiben. Vgl. auch 1 Hen 14,19 (GrPan) und 1 Hen 14,21.

diesem Zusammenhang drängt sich natürlich die Frage auf, wo die zweite Vision stattfindet bzw. in welcher Beziehung sie zur ersten Vision steht. Handelt es sich bei Henochs himmlischer Thronsaalvision um zwei unterschiedliche Visionen, die nacheinander berichtet werden, oder findet die zweite Vision innerhalb der ersten statt, sodass sie schließlich als Teil dieser erachtet werden kann? In Entsprechung zur zweiten Möglichkeit hält es Nickelsburg für wahrscheinlich, dass Henoch, noch immer auf seinem Angesicht liegend, vom ersten Haus durch die offene Tür in das zweite Haus hineinblickt, die Inhalte beider Visionen also aufeinander zu beziehen sind:

> One could interpret the passage to be referring to a house within a house, as in *3 Enoch* 1:1, in which case one would have the paradox of a house larger than the house in which it stands. But the reference here first to the door suggests that Enoch is looking through that door into a second house to which it is the entry.[16]

Meines Erachtens ist dies aber wenig wahrscheinlich. So zeigt zum Beispiel die Vision von der Herrlichkeit Jahwes in Ez 1,4–2,8a gleichermaßen eine Unterteilung in Einzelvisionen, die jeweils mit ראה neu eingeführt werden (Ez 1,4.15.27), wobei sich bei den ersten beiden Malen ein הנה-Satz direkt anschließt (Ez 1,4.15, vgl. 1 Hen 14,8.14b–15). Nach Behrens sei Ezechiels Vision somit – zumindest auf synchroner Ebene – „formal und inhaltlich dreigeteilt", zugleich aber „trotz ihrer Dreiteilung [als] eine Einheit" zu verstehen.[17] In der Endfassung jedenfalls verleiht die Eröffnungsformulierung mit ראה und הנה in Ez 1,15 dem Nachfolgenden den Wert eines neuen, eigenen Gegenstandes.[18] Ähnliches lässt sich in Ez 10 beobachten: Sowohl in 10,1 als auch in 10,9 markiert וארא והנה als Gliederungselement einen Neueinsatz, gehört aber formal gesehen noch zu der Entrückungsvision, die in Ez 8,2 beginnt.[19] Die Eröffnungsformulierung mit ראה und הנה wird im *Ezechielbuch* folglich als Marker verwendet, um eine Visionsschilderung formal und inhaltlich zu unterteilen und um Einzelvisionen nebeneinander zu stellen. Für Henochs Traumbericht legt sich daher Ähnliches nahe. Auch hier ist es wahrscheinlich, dass die Visionseinleitung in 1 Hen 14,14b–15 als Gliederungselement eines Neueinsatzes fungiert und die Gesamtvision in

---

16 Nickelsburg, *1 Enoch 1*, 264 Fußnote 18. Nickelsburg setzt bei seiner Argumentation die Reihenfolge von Tür und Haus voraus, wie sie GrPan und Tana 9 bezeugen. Vgl. so auch Esler, *God's Court and Courtiers*, 127–129.
17 Behrens, *Prophetische Visionsschilderungen*, 187.188; aber nach Behrens „[...] kann hier nicht abschließend geklärt werden, ob diese Dreiteilung auch Zeichen für literarische Uneinheitlichkeit ist" (*ebd.*, 187 Fußnote 12).
18 Vgl. Zimmerli, *Ezechiel 1–24*, 27.
19 Vgl. Behrens, *Prophetische Visionsschilderungen*, 233.239.

einzelne Abschnitte unterteilt, also die Vision vom ersten Haus und die Vision vom zweiten Haus formal und inhaltlich nebeneinander stellt. Henoch sieht folglich die zweite Vision nicht innerhalb der ersten, sondern wie bereits die erste von dem Ort aus, wo er eingeschlafen war.

Henochs Bericht von seinen beiden Visionen beginnt mit der einmaligen Schilderung seiner Entrückung in den Himmel mit Hilfe von verschiedenen Naturkräften (1 Hen 14,8). Diese Schilderung erinnert sowohl an Elijahs Entrückung in den Himmel im Sturmwind (2 Kön 2,11) als auch an den Beginn von Ezechiels Vision von der Herrlichkeit Jahwes, die mit der Schau von Sturmwind, Wolken und Feuer einsetzt (Ez 1,4).[20] Bemerkenswerter ist aber die Nähe zu Jer 10,13 par. 51,16:[21]

לקול תתו המון מים בשמים ויעלה נשאים מקצה ארץ ברקים למטר עשה ויוצא רוח מאצרתיו:

> Erhebt er die Stimme, finden sich Wassermassen am Himmel ein, und Wolken lässt er aufsteigen vom Ende der Erde, zum Regen schafft er Blitze, und den Wind holt er hervor aus seinen Kammern.

Jahwe erscheint hier als machtvoller Sturm- und Wettergott, dem die verschiedenen Naturphänomene wie Nebel, Blitze, Regen und Wind unterstellt sind; sein Auftreten muss durch die kontextuelle Einbindung dieses Verses im Spannungsfeld zwischen heilvoller Schöpfungstheophanie und entmachtender Gerichtstheophanie verstanden werden.[22] In Henochs Bericht von seiner Entrückung werden ebenfalls Wolken, Nebel, Blitze und Winde neben anderen Phänomenen sowie die Motive des Rufens und Heraufbringens genannt, wobei auffälliger Weise nicht die Gottheit, sondern die Naturphänomene selbst Subjekt ihres Handelns sind. Während in *Jeremia* von Anfang an klar ist, dass Jahwe Wind und Wetter wirkt und sie somit Ausdruck seiner Theophanie sind,[23] wird dies in Henochs Traumbericht lediglich implizit gesagt. Einerseits sind die in 1 Hen 14,8 beschriebenen Wetter- und Himmelsphänomene in traditionsgeschichtlicher Hinsicht offenkundig mit der Theophanie eines Wettergottes verbunden.[24] Sie können wie in Jer 10,13 par. 51,16 als universal sichtbare Außen-

---

20 Vgl. hierzu auch das Antworten Jahwes aus dem Sturm in Hiob 38,1; 40,6. Für weitere Stellen, die möglicherweise anklingen, vgl. Nickelsburg, *1 Enoch 1*, 261–262 Anmerkung zur Stelle.
21 Vgl. Ps 135,7.
22 Vgl. Weippert, *Schöpfer des Himmels*, 30–31, und Fischer, *Jeremia 1–25*, 385–386.
23 Vgl. Podella, *Das Lichtkleid JHWHs*, 170: „Donner, Blitz, Wolken und Sturmwind bilden nach Jer 10,10.12–13 die erkennbare Außenseite Gottes. Nicht eine anthropomorphe Gestalt, sondern die Wirkzeichen einer Wettergottheit zeigen das Handeln dieses Gottes weithin sichtbar an."
24 Vgl. zum Beispiel Ex 19,16, 20,21, Ps 18,10 u. ö. Vgl. Nickelsburg, *1 Enoch 1*, 261.

seite des Wettergottes verstanden werden, der als König im Himmel thront und dessen Handeln durch diese Phänomene auf Erden erfahrbar wird.[25] Bemerkenswert ist hierbei die Einordnung der Laufbahn der Sterne in die Reihe der Wetter- und Himmelsphänomene, wodurch ihre Geschöpflichkeit und Unterordnung betont wird. Somit erscheinen die Wolken, der Nebel, die Sterne, Blitze und Winde in Henochs Vision auf den ersten Blick zwar als eigenständig handelnde Phänomene, können letztendlich aber bereits als kosmischer Hinweis auf die Gottheit und damit als Ausdruck göttlichen Handelns erachtet werden, das auf diese Weise auf Erden sichtbar und erfahrbar wird.[26]

Andererseits werden Begriffe, die später im Zusammenhang mit der Beschreibung der Herrlichkeit Gottes verwendet werden (1 Hen 14,15–23), schon in diesem Auftaktvers genannt. Der Lauf der Sterne und die Blitze, die Henoch in 14,8 zur Eile antreiben, sind zentraler Bestandteil des zweiten Hauses (14,17) und leiten die Beschreibung des Thrones und der Herrlichkeit Gottes ein. Ihre Erwähnung in 14,11 in der Darstellung des ersten Hauses kann dagegen gleichermaßen im Sinne eines Verweises verstanden werden, da sie dort lediglich abgebildet und nicht tatsächlich vorhanden sind. Die Decke des ersten Hauses ist nämlich nur *wie* der Lauf der Sterne und die Blitze, also ein Abbild des Himmels, während sie im zweiten Haus *real* oberhalb des Bodens sind und auf diese Weise den Thron und die Gottheit umgeben. Das zweite Haus ist damit „lebendiger Himmel" und Tempel zugleich, wobei die Sterne und Blitze wie das Licht in Ps 104,2 als göttliche Umhüllung erscheinen. Retrospektiv wird auf diese Weise deutlich, dass bereits bei der Schilderung von Henochs Entrückung die Herrlichkeit Gottes der eigentliche Zielpunkt bzw. zentraler Gegenstand von Henochs Vision ist und seine Entrückung von Anfang an auf die Theophanie hinausläuft, wie sie im Zusammenhang mit dem zweiten Haus beschrieben wird.

Neben der Tatsache, dass Henochs Entrückung mit Hilfe der Naturkräfte nur einmal am Anfang der Beschreibung des ersten Hauses erwähnt wird, gibt es andere wichtigere Unterschiede zwischen den beiden Häusern und ebenso variiert Henochs Verhalten erheblich. Zunächst einmal ist das Material bei beiden Häusern unterschiedlich. Das erste Haus ist aus Hagelsteinen erbaut (14,10); die Mauer, die es umgibt, seine Wände und sein Fußboden bestehen ebenfalls aus Hagelsteinen bzw. Schnee (14,9.10), wobei alles von Feuer umgeben ist oder im Feuer brennt (14,9.12). Folglich brennt auch seine Tür im Feuer (14,12). Auf diese Weise erweckt das erste Haus einen paradoxen und zugleich furchterregenden Eindruck.[27] Das zweite Haus ist dagegen gänzlich und nur aus Feu-

---

25 Vgl. Podella, *Das Lichtkleid JHWHs*, 171.
26 Vgl. auch Ps 104,2–4.7 und Podella, *Das Lichtkleid JHWHs*, 232–240.268–269.
27 Vgl. auch Nickelsburg, *1 Enoch 1*, 262.

er (14,15.17) und von Herrlichkeit, Pracht und Größe geprägt (14,16). Lediglich die Tür brennt nicht im Feuer wie die Tür des ersten Hauses,[28] sondern steht weit offen (14,15), sodass sie einen Einblick in das Haus ermöglicht, ohne dass man es betreten muss.[29] Zugleich könnte der Grund, warum die Tür geöffnet ist oder sogar sein muss, der sein, dass es für Henoch einfach unmöglich ist, das Gebäude zu betreten, wie es in 14,21 mit Blick auf alle Engel und fleischliche Wesen beschrieben wird.[30] Dem entspräche auch die Tatsache, dass es nach 14,25 nicht Henoch selbst, sondern einer der Engel (GrPan) bzw. Gott (Aeth) ist, der den Patriarchen zur Tür bringt. Wäre die Tür des zweiten Hauses folglich verschlossen, wäre Henoch nicht in der Lage, das Innere des Hauses zu sehen. Demgemäß bringt bereits der erste Satz in der Beschreibung des zweiten Hauses implizit eine gewisse Unerreichbarkeit des Inneren zum Ausdruck. Auffälliger Weise spielen Mauern oder Wände in der Darstellung des zweiten Hauses keine Rolle. Während die Wände des Hauses in der Beschreibung offensichtlich durch das flammende Feuer und die Engel, die den Thron umgeben, ersetzt wurden (14,22), scheint so etwas wie eine Außenmauer in der Konzeption des zweiten Hauses noch nicht einmal zu existieren.

Des Weiteren unterscheiden sich die beiden Häuser mit Blick auf ihr Inneres. So fällt beim ersten Haus auf, dass die Decke *wie* die Laufbahn der Sterne und Blitze ist und sich inmitten von ihnen feurige Cherubim befinden (14,11).[31] Auf Grund der Präposition des Vergleichs erscheint die Decke des ersten Hauses lediglich als Abbild oder Nachbildung des Himmels, da sie nicht tatsächlich aus diesen astronomischen Phänomenen besteht, sondern nur so aussieht. Damit entspricht es zunächst einmal mesopotamischen und ägyptischen Tempelbauten der Antike, in denen Abbildungen des Himmelsgewölbes weit verbreitet waren und die häufig als Abbild des Kosmos konstruiert wurden.[32] So sollte auch nach Josephus der Vorhang im herodianischen Tempel „Abbild des Alls" sein, auf dessen Gewebe das ganze sichtbare Himmelsgewölbe aufgestickt war.[33] Darüber hinaus ist davon auszugehen, dass es sich bei den in 14,11 erwähnten

---

28 Vgl. 1 Hen 14,12.

29 Vgl. Lods, *Le Livre d'Hénoch*, 140; Charles, *The Book of Enoch*, 34. Vgl. auch Josephus, *Bell. Jud.* 5.208: „Das erste Tor des Tempelgebäudes […] hatte keine Türflügel. Damit sollte nämlich zur Darstellung gelangen, dass der Himmel, obzwar verborgen, so doch nicht verschlossen ist" (Übersetzung: Michel/Bauernfeind 1963).

30 Vgl. Charles, *The Book of Enoch*, 34; Black, *The Book of Enoch*, 148.

31 Vgl. GrPan: αἱ στέγαι ὡς διαδρομαὶ ἀστέρων καὶ ἀστραπαί, bzw. Aeth (Lesung nach EMML 7584): ጠፈሩ፡ ከመ፡ ሩጸተ፡ ከዋክብት፡ ወመባርቅት፡

32 Vgl. zum Beispiel Assmann, *Ägypten*, 45; Janowski, „Der Himmel auf Erden," 229–260; Gäckle, *Allgemeines Priestertum*, 148; Ambos, *Mesopotamische Baurituale*, 47–50.

33 *Bell. Jud.* 5.212–214.

Cherubim in Analogie zu den Himmelsphänomenen um Abbildungen handelt, sie also nicht tatsächlich anwesend sind.[34] Im Gegensatz zu den Cherubim ist nicht ganz klar, was der in 14,11 erwähnte „Wasserhimmel" bedeutet und worauf das Suffix der 3. m. pl. zu beziehen ist.[35] Die Korrelation von Himmel und Wasser ist Weltvorstellungen der antiken Levante an sich nicht fremd,[36] nur wirkt es hier innerhalb der Beschreibung des ersten Hauses befremdlich und wurde deshalb bislang zum Teil übertragen ausgelegt bzw. als korrupt erachtet. So schreibt zum Beispiel Dillmann dazu: „*Wasserhimmel* heisst das, was über den Cherubim ist, seiner Durchsichtigkeit wegen."[37] Dagegen erinnere der „Wasserhimmel" nach Bartelmus sehr an Gen 1, wo der Himmel ein „schützendes Gewölbe über der Erde" sei, das die Chaoswasser zurückhalte.[38] Dies stehe aber in Spannung zur generellen Vorstellung des Himmels in 1 Hen 14 als Wohnort Gottes, bei der vermutlich nicht anzunehmen sei, „[...] daß hier das Weltbild von P vorausgesetzt wäre."[39] Auf diese Weise komme es seiner Meinung nach in der Henochliteratur insgesamt zu einem Ineinanderfließen bzw. Abgleichen von eher unterschiedlichen Konzepten des Himmels.

Zwar bemerkt Bartelmus meines Erachtens zu Recht, dass in 1 Hen 14, zumindest so, wie es auf uns gekommen ist, verschiedene Konzepte des Himmels zur Sprache kommen und 14,11 stark an das Weltbild von P erinnert – innerhalb antiker jüdischer Texte kommt es nämlich nur in Gen 1,6–8; Ps 148,4 und Jub 2,4 zu einer direkten Inbeziehungsetzung von שמים (bzw. רקיע „der Himmelsfeste") und מים, wobei in Ps 148 und Jub 2 jeweils Gen 1 rezipiert wurde. Dabei sollte aber nicht vergessen werden, dass der unmittelbare Nahkontext von 1 Hen 14,11

---

34 Vgl. hierzu auch exemplarisch 1 Kön 6,29:

ואת כל־קירות הבית מסב קלע פתוחי מקלעות כרובים ותמרת ופטורי צצים מלפנים ולחיצון:

Und alle Wände des Hauses versah er rundum mit Schnitzwerk-Reliefs von Cherubim, Palmen und Blumenkelchen, innen und außen.

Vgl. auch Ex 26,1.31; 36,8.35; 1 Kön 6,32.35; Ez 41,17–20. Dagegen nimmt zum Beispiel Esler, *God's Court and Courtiers*, 199, an, dass es sich bei den Cherubim eher um lebendige Wesen handelt.

35 Vgl. auch Gruenwald, *Apocalyptic and Merkavah Myticism*, 73 Fußnote 20, und Morray-Jones, *A Transparent Illusion*, 108–109.

36 Vgl. Bartelmus, „*šāmajim* – Himmel," 94–96, und auch Gen 1,6–8; Ps 148,4; Jub 2,4.

37 Dillmann, *Das Buch Henoch*, 109. Vgl. hierzu auch die Übersetzung von Charles, *The Book of Enoch*, 33: „and their heaven was (clear as) water." Black, *The Book of Enoch*, 147, könnte sich zwar ausgehend von der vorhandenen Textbasis Charles' Interpretation vorstellen, hält es aber für wahrscheinlicher, dass die Stelle bereits in der griechischen Fassung verderbt wurde und ursprünglich vermutlich ועירי שמיא „celestial watchers" zu lesen war.

38 Bartelmus, „*šāmajim* – Himmel," 94–96.121.

39 Bartelmus, „*šāmajim* – Himmel," 121.

eine starke visuelle Ausrichtung hat, also mehr auf das Aussehen bzw. die Gestaltung der Decke des ersten Hauses zielt und weniger auf die Konstruktion eines Weltbildes. Wie die Laufbahn der Sterne, die Blitze und die Cherubim handelt es sich bei dem Wasserhimmel höchstwahrscheinlich auch um etwas, das abgebildet ist oder wie der Schnee bzw. die Hagelsteine und das Feuer als Bauelement fungiert. Hierbei könnte das Suffix der 3. m. pl. in Analogie zur direkt vorangehenden Aussage über die Cherubim auch auf den Lauf der Sterne und die Blitze bezogen werden, sodass der Himmel zunächst einmal als der Bereich bzw. die Atmosphäre erscheint, in der sich die himmlischen Phänomene und Lebewesen befinden oder sie sogar vielmehr abgebildet sind. Des Weiteren unterscheidet sich 1 Hen 14,11 von Gen 1,6–8, Ps 148,4 und Jub 2,4 insofern, als in der Beschreibung des ersten Hauses „Himmel" und „Wasser" gleichgesetzt werden, während sich das Wasser gemäß der P-Tradition oberhalb der Himmelsfeste befindet, also davon unterschieden wird. Nimmt man daher im Gegensatz zu Black den Wortlaut des Textes ernst, kann man entweder nur eine bewusste Änderung des traditionellen Bildes annehmen oder es ganz wörtlich verstehen, wonach die Decke, die als Himmelsnachbildung konzipiert ist, tatsächlich aus Wasser zu bestehen scheint.[40]

Das Abbild des Alls in den antiken Tempeln ist natürlich als Realität gedacht, das heißt, das Bild repräsentiert die himmlische Realität. Das könnte hier beim ersten Haus auch so sein, wenn nicht die Vergleichspartikel „wie" stünde, was darauf hindeutet, dass hier die übliche Gleichung Abbild = Realität zugunsten einer Differenzierung Abbild „wie" (im ersten Haus) und Realität (im zweiten Haus) eingeführt würde. Denn mit dieser Charakterisierung der Decke als Abbild des Alls weicht das erste Haus insofern von der Beschreibung des zweiten Hauses ab, als dessen Decke tatsächlich aus flammendem Feuer besteht

---

[40] Die Beschreibung der Decke des ersten Hauses mit den Cherubim und dem Wasserhimmel erinnert ein wenig an Ez 1,22.26 und Ez 10,1, wonach sich oberhalb der Cherubim eine Feste (רקיע) befindet, die wie ein furchterregender Kristall aussieht bzw. über der etwas wie ein Saphir-ähnlicher Thron zu sehen ist. Die Idee der Feste, die nach Gen 1,8 Himmel genannt wird, findet sich in ähnlicher Weise auch in Ex 24,10: Unter den Füßen Gottes ist etwas wie ein Gebilde aus Lapislazulisteinen, das klar wie der Himmel ist. Reflektiert der sogenannte Wasserhimmel in 1 Hen 14,11 vielleicht diese Vorstellung der Feste, der eine eindeutige Himmelskonnotation eigen ist und die sich zwischen irdischer Welt und dem göttlichen Thron befindet? Bemerkenswert wäre aber dann, dass in der Beschreibung des ersten Hauses in 1 Hen 14,11 und in Henochs Vision überhaupt kein einziges Mal Lapislazuli (ספיר) als Bauelement erwähnt wird, obwohl es nach Ex 24; Ez 1 und 10 ein wesentlicher Baustoff des himmlischen Heiligtums und nach Jes 54,11 und Tob 13,17 des neues Jerusalems ist (vgl. auch Hartenstein, „Wolkendunkel und Himmelsfeste," 139–140.). Demnach müsste es sich in 1 Hen 14,11 um eine bewusste Abänderung dieses Bildes handeln, bei der das Element des tiefblauen Edelsteins Lapislazuli durch das eher gewöhnliche und farblose Wasser ersetzt worden sei.

und die Laufbahn der Sterne und die Blitze sich zwischen Fußboden und Decke befinden (14,17). Die Laufbahn der Sterne und die Blitze sind an der Decke des zweiten Hauses also nicht abgebildet, sondern existieren wirklich in diesem Haus. Oder anders gesagt: Das zweite Haus ist lebendiger, realer Kosmos, das erste Haus lediglich dessen Nachbildung.

In diesem Zusammenhang ist es aber schwierig, die Aussage über die Cherubim in 14,18 zu deuten, da diese Stelle textkritisch problematisch ist und die Bedeutung sowohl in GrPan als auch in Aeth nicht ganz klar wird. Während GrPan ΚΑΙ ΟΡΟΣ ΧΕΡΟΥΒΙΝ liest, was vor allem mit Blick auf das zweite Wort (ΟΡΟΣ) eine Vielzahl an Lesarten und Interpretationen zulässt, hat Aeth ወቃለ፡ ኪሩቤ፡, was zunächst einmal inhaltlich opak erscheint. Dementsprechend wurde die Stelle in den bisherigen Übersetzungen und Kommentaren stark diskutiert und häufig emendiert. So schlagen Black und Nickelsburg beispielsweise vor, an dieser Stelle in GrPan καὶ οὔρους χερουβίν zu lesen.[41] Nach Black gebe οὔρους ein ursprüngliches עירין wieder; er räumt aber gleichermaßen auch die Möglichkeit ein, dass in Aeth die ursprüngliche Lesart erhalten geblieben sein könnte.[42] Nickelsburg nimmt dagegen an, dass die Lesung ወቃለ „und die Stimme" in Aeth korrupt ist und ursprünglich in Entsprechung zu GrPan ዑቃቤ „Wächter/Hüter" zu lesen war.[43] Blacks und Nickelsburgs Vorschlag ist mit Blick auf die römisch-byzantinische Orthographie dieser Handschrift durchaus möglich, zumal auch Nickelsburgs Emendation der altäthiopischen Fassung nicht allzu abwegig scheint, wenn man einen Blick auf Henochs Himmelsreise in den Bilderreden wirft. Dort heißt es in der altäthiopischen Fassung von 1 Hen 71,7:

---

41 Black, *The Book of Enoch*, 149 Anmerkung zur Stelle und 336, und Nickelsburg, *1 Enoch 1*, 258 Anmerkung zur Stelle, denken hierbei an eine Verschreibung von [ἐγρηγ]όρους/οὔρους bzw. οὖροι „Wächter" und verweisen in diesem Zusammenhang auf den Wörterbucheintrag zu οὖρος in Liddell/Scott, *A Greek-English Lexicon*, 1274.
Bereits vor Black und Nickelsburg gab es zahlreiche andere Vorschläge. So schlägt Lods, *Le Livre d'Hénoch*, 80.141, vor, dass ορος möglicherweise eine Kurzform von οὐρανὸς „Himmel" sei und übersetzt dementsprechend „et [son] ciel (?) c'étaient des Chérubins". Nach Beer, „Das Buch Henoch," 245, könnte es stattdessen eine Verderbnis von ὄψις „Aussehen" oder ὅρασις „Vision" darstellen. Folglich übersetzt Beer: „um ihn herum war etwas, das der leuchtenden Sonne glich und das Aussehen von Keruben hatte." Letzteren Lösungsvorschlag bieten auch Dillmann, „Über den neugefundenen griechischen Text," 1044, und Charles, *The Ethiopic Version*, 39 Anmerkung zur Stelle, an. Für weitere Möglichkeiten siehe auch die Anmerkung zur Stelle in der Übersetzung von GrPan in dieser Arbeit (84).
42 Vgl. Black, *The Book of Enoch*, 149 Anmerkung zur Stelle und 336.
43 Vgl. Nickelsburg, *1 Enoch 1*, 258 Anmerkung zur Stelle.

ወአውዱ፡ ሱራፌል፡ ወኪሩቤል፡ ወአፍኀን፡ እሉ፡ እሙንቱ፡ እለ፡ ኢ.ይነውሙ፡ ወየዓቅቡ፡ መንበረ፡ ስብሐተ፡ ዚአሁ።[44]

Und rings umher (waren) Serafim, Cherubim und Ofanim; das sind die, die nicht schlafen und die den Thron seiner Herrlichkeit bewachen.

Dennoch verwundert diese Interpretation von ΟΡΟΣ als οὖρους bzw. [ἐγρη-γ]όρους, da das Wort vom altäthiopischen Übersetzer offensichtlich nicht erkannt wurde und die altäthiopischen Zeugen einstimmig die Lesung *ወቃል* „und die Stimme" bieten, sofern sie nicht eine andere Vorlage als GrPan hatten. Dass die Lesart von Aeth, auch wenn sie vielleicht sekundär sein könnte, nämlich nicht ganz so abwegig sein muss, zeigt die Nähe zu Ez 10,5 (vgl. auch Ez 1,24):

וקול כנפי הכרובים נשמע עד־החצר החיצנה כקול אל־שדי בדברו:

Und das Geräusch der Flügel der Cherubim war bis in den äußeren Vorhof zu hören, wie die Stimme von El-Schaddai, wenn er spricht.[45]

Auf Grund der Unterschiede zwischen GrPan und Aeth und der Schwierigkeiten in der Deutung der jeweiligen Lesart kann die genaue Bedeutung der Aussage über die Cherubim in 14,18 meines Erachtens letztendlich nicht eindeutig bestimmt werden. Dennoch liegt es nahe, dass bei den Cherubim im zweiten Haus analog zu den Himmelsphänomenen an reale Wesen gedacht ist. Jedenfalls scheint es sich bei ihnen definitiv nicht um Abbildungen an der Decke handeln, wie es beim ersten Haus der Fall war.[46]

Darüber hinaus ist die Beschreibung des Inneren der beiden Häuser verschieden. Hierbei fällt die Beschreibung des Inneren beim ersten Haus denkbar knapp aus und bietet innerhalb eines kurzen Satzes zwei unterschiedliche De-

---

44 Text: Knibb, *The Ethiopic Book of Enoch*, 1:211.

45 Vgl. auch die Anmerkung zur Stelle bei Dillmann, *Das Buch Henoch*, 109: „Rauschen von Cherubstimmen."

46 Vgl. hierzu auch die unterschiedlichen Cherubim-Konzepte, die in Ez 8–11 zum Ausdruck kommen. Einerseits handelt es sich bei den Cherubim in Ez 8–11 um lebendige Wesen, die mit den Wesen aus Ez 1,5–26 identifiziert werden, sich außerhalb des Tempels befinden und die Mobilität des Thrones garantieren (Ez 10,1c.3a.5.9bcd.15a.16ab.18b.19ab.20d; 11,22a), andererseits sind sie Teil des Tempelinventars, sie sind also Ornamente oder Statuen, die innerhalb des Heiligtums zu finden sind (Ez 9,3a; 10,2cd.4a.6b.7[a]b). Hierbei können die Cherubim und die Räder, die einen lebendigen Thron von geflügelten Wesen darstellen, als Ablösung des irdischen Thrones mit den Cherubim-Statuen aus Holz und Ausdruck der Unabhängigkeit Jhwhs vom Jerusalemer Tempel erachtet werden. Für diese Unterscheidung siehe Hiebel, *Ezekiel's Vision Accounts*, 105–108.128. Darüber hinaus nennt Hiebel eine weitere Kategorie, die ihres Erachtens eine spätere Glosse darstellt und die beiden anderen Konzepte mischt (Ez 10,7ad.8).

tails (14,13): Einerseits ist es im Haus „heiß wie Feuer und kalt wie Eis", folglich wird hier das bisher implizierte Paradoxon expliziert;[47] andererseits ist „keine Lebensfreude" in ihm.[48] Die paradoxe Gleichzeitigkeit von Hitze und Kälte widerspricht der eigentlichen Intention eines Hauses in der antiken Levante, das dem Menschen Zuflucht sowohl vor der Mittagshitze als auch vor der nächtlichen Kälte bieten soll.[49] Das Haus, das Henoch nun als erstes in seiner Vision besucht, setzt den Besucher stattdessen verzehrenden Wechselwirkungen extremer Temperaturunterschiede aus, die alles andere als lebensfreundlich sind. Gleichermaßen ist die Aussage der Abwesenheit von Lebensfreude im Vergleich mit anderen Tempelbeschreibungen sehr ungewöhnlich, da der Tempel im antiken Denken generell als Ort und Quelle des Lebens, der Fülle und des Gedeihens verstanden wird.[50] Dieser Sachverhalt wird durch den Umstand unterstrichen, dass Henoch abgesehen von der Gebäudestruktur letztendlich niemanden und nichts im ersten Haus sieht. Dort ist weder ein Engel oder ein anderes (himmlisches) Wesen noch irgendeine Art von Inventar. Vielmehr scheint es komplett leer zu sein – im Umkehrschluss bedeutet dies, dass es dort auch keinen Thron gibt. Kann man daraus bereits eine negative Konnotation des ersten Hauses ableiten?

Demgegenüber wird das Innere des zweiten Hauses breit beschrieben (14,18–23). Henoch sieht einen hohen Thron mit der großen Herrlichkeit (14,18.20), Ströme flammenden Feuers, die unterhalb des Thrones hervorkommen (14,19), und flammendes Feuer und zahlreiche Engel, die ihn umgeben (14,21–23). Das Innere des zweiten Hauses ist, wie bereits das ganze Haus insgesamt (vgl. 14,16), durch Herrlichkeit, Pracht und Größe charakterisiert und von einer gewissen Unnahbarkeit und Unbeschreiblichkeit gekennzeichnet. Beides wird unmittelbar am Anfang, kurz nachdem der Patriarch das zweite Haus und dessen offene Tür erblickt hat, durch Henochs Unfähigkeit, das Haus und seine Herrlichkeit, Pracht und Größe in Gänze zu beschreiben, angedeutet (14,16) und durch die mehrfache Verwendung von Negationen und Vergleichspartikeln innerhalb der konkreten Beschreibung des göttlichen Thrones und der Herrlichkeit Gottes ausgeführt.[51] Auf

---

47 Nickelsburg, *1 Enoch 1*, 263.

48 Für die Möglichkeit, auch die griechische Version in diesem Sinne zu deuten, siehe die Anmerkung zur Übersetzung von GrPan in Kapitel 2.2.8 dieser Arbeit (83–84). Für die Varianten in Aeth, die meines Erachtens sekundär sind, siehe den Apparat zur Edition bzw. zur Übersetzung in Kapitel 2.3.5 bzw. 2.3.8. dieser Arbeit (114 bzw. 132).

49 Vgl. auch Gen 31,40 und Jer 36,30. Die großen Temperaturunterschiede haben zum Beispiel zur Folge, dass sich die Leiche des Königs (Jer 36,30) schneller zersetzen wird.

50 Eine ausführlichere Diskussion dieser Aussage findet sich in Kapitel 3.4 dieser Arbeit (200–204).

51 Vgl. Nickelsburg, *1 Enoch 1*, 260.

der einen Seite vermag Henoch (GrPan) bzw. man (Aeth) *nicht*, zum Thron hinzu-schauen (14,19), es vermag *kein* Engel, einzutreten noch Gott anzuschauen, wie auch *keiner* vom Fleisch ihn sehen kann (14,21) und *keiner* von denen, die die Gottheit umgeben, nähert oder entfernt sich von ihr (14,22.23) – in der Darstellung des ersten Hauses wurde hingegen nur ein einziges Mal eine Negation verwendet: nämlich in Henochs Beobachtung, dass es im ersten Haus keine Lebensfreude gibt (14,13). Auf der anderen Seite wird das Aussehen des Thrones und der Herrlichkeit Gottes mit Hilfe der Vergleiche nur indirekt bzw. umschreibend-annähernd beschrieben. Das Aussehen des Thrones ist *wie* Eis, sein Rad *wie* die leuchtende Sonne (14,18) und das Gewand der großen Herrlichkeit ist leuchtender *als* die Sonne und weißer *als* aller Schnee (14,20). Hierbei fällt auf, dass zur Beschreibung des Thrones und der Gottheit nahezu das gleiche Wortfeld wie beim Inneren des ersten Hauses verwendet wird, aber mit dem Fokus auf einem ganz anderen Aspekt. Während es beim Feuer und Eis im ersten Haus um die physische Qualität und ihre körperliche Wahrnehmung ging, bei der die Auswirkungen dieser beiden Elemente – Hitze und Kälte – als unangenehm empfunden werden (14,13), steht bei den Vergleichen in 14,18 und 14,20 der visuelle Eindruck, also das Aussehen vom Eis, dem Schnee und der Sonne und der dadurch evozierte Ausdruck der Reinheit im Mittelpunkt.

Die Beschreibung des Inneren des zweiten Hauses steht folglich von Anfang an unter einem gewissen Vorbehalt, der im Verlauf der Schilderung immer mehr erhärtet wird. Die hoch thronende Gottheit und ihr Ort sind für alle nicht nur unerreichbar, sondern auch unbeschreiblich und alles Bekannte übersteigend. Während die „via negationis" und die umschreibende Redeweise somit die absolute Fassbarkeit des Inneren des zweiten Hauses verhindern und damit letztendlich die Transzendenz Gottes wahren,[52] erscheint das erste Haus ohne diese Stilmittel als völlig beschreibbar und zugänglich. Dies spiegelt sich auch, wie jetzt gezeigt werden soll, in Henochs jeweiliger Verhaltensweise.

Henochs Verhalten und seine unterschiedlichen Reaktionen auf die beiden Häuser sind äußerst bemerkenswert. Beim ersten Haus spielt der Patriarch eine sehr aktive Rolle: Er geht hinein, nähert sich erst der Mauer (14,9), dann, die Feuerzungen durchschreitend, dem Haus (14,10) und betritt es schließlich (14,13).[53] Folglich bewegt er sich von außen nach innen in das erste Haus hinein. Aber davon abgesehen ist er innerhalb seiner himmlischen Visionen kein weiteres Mal Subjekt eines Verbes der Bewegung. In der Vision vom zweiten Haus ist Henoch vollkommen passiv und tritt als Subjekt nahezu in den Hintergrund. Lediglich in 14,18 wird erwähnt, wie er aufblickt und den Thron schaut.

---

52 Vgl. auch Ego, „Henochs Reise," 120.
53 Vgl. Nickelsburg, „Enoch, Levi, and Peter," 580; Nickelsburg, *1 Enoch 1*, 259.

Im Zusammenhang mit dem zweiten Haus gibt es somit keine eigenen Bewegungen des Patriarchen.[54] Wegen der offenen Tür müsste er ja noch nicht einmal eintreten, um einen Einblick in das Innere zu gewinnen, oder aber er vermag es wie die Engel (14,21) einfach nicht, sodass er nur aus der Ferne schauen kann. In jedem Fall wird im Gegensatz zum ersten Haus eine Distanz zwischen dem Patriarchen und dem Inneren des zweiten Hauses, der thronenden Gottheit, erzeugt,[55] die von ihm selbst nicht aufgelöst werden kann. So kulminiert Henochs Passivität in 14,25: Henoch wird hier Objekt des Handelns eines Engels (GrPan) bzw. Gottes (Aeth) und wird aufgerichtet und zur Tür gebracht.

Ebenso verhält es sich mit seinen Reaktionen auf die Häuser. In der Beschreibung des ersten Hauses stellt Henochs Angstreaktion sowohl die Rahmung als auch den Kulminationspunkt dar. Bereits als der Patriarch an die Mauern gelangt, beginnt er sich zu fürchten (14,9). Nachdem er das gesamte Haus gesehen hat, haben ihn Angst und Beben völlig ergriffen, sodass er [Aeth: auf sein Angesicht] fällt (14,13b–14a). In der finalen Fassung des *Wächterbuches* wird diese Art der Reaktion nur noch drei weitere Male beschrieben. Zweimal wird die Reaktion der Wächter auf Gottes Gericht mit denselben Worten der Angst und des Bebens charakterisiert (1 Hen 1,5; 13,3)[56] und Henoch reagiert selbst ein weiteres Mal in einer sehr ähnlichen Weise, als er das Gefängnis der Wächter erblickt (1 Hen 21,2.7–9).[57] Folglich scheint diese Art der Angstreaktion zumindest in der Endfassung des *Wächterbuches* eindeutig mit der Vorstellung des Gerichts und der Bestrafung assoziiert zu sein. In Einklang damit handelt es sich beim Niederfallen Henochs weniger um eine Prostration, wie es die altäthiopische Fassung vielleicht suggerieren mag. Der Zusatz በገጽየ „auf mein Angesicht" gegenüber GrPan wurde vermutlich eingefügt, um das Niederfallen in 14,14a mit der Aussage über Henochs Prostration in 14,24–25 zu harmonisieren. Dort heißt es nämlich, dass Henoch ἕως τούτου እስከ፡ ዝጐቱ፡ „bis dahin/bisher" auf seinem Angesicht niedergefallen (GrPan) bzw. mit einem Schleier auf seinem Angesicht bedeckt war (Aeth). Der Ausgangspunkt der mit „bis dahin/bisher" ausgedrückten Handlung wurde wahrscheinlich im Laufe des Überlieferungsprozesses mehr und mehr in 14,14a gesehen und die Visionen von den beiden Häusern als ein zusammenhängender Sachverhalt erachtet, sodass in der altäthiopischen Fassung von 14,14a በገጽየ „auf mein Angesicht" eingefügt wurde,

---

54 Vgl. auch Kvanvig, „Henoch und der Menschensohn," 103.
55 Black, *The Book of Enoch*, 148.
56 Sowohl in 1 Hen 14,13b–14a als auch in 1 Hen 1,5 und 13,3 werden zur Beschreibung der Angstreaktion φόβος + τρόμος + λαμβάνω bzw. ፍርሀት+ረዓድ+አኀዘ/ነሥአ verwendet.
57 Die in 1 Hen 21 überwiegend verwendeten Wörter sind φοβερός (und Derivate) und δεινός bzw. ፍርሀት, ግሩም und ደንጊ.

um das Niederfallen eindeutig positiv zu konnotieren und einen eindeutigen Handlungsbeginn für die eher resultative Aussage in 14,24 zu bieten. Ohne diesen Zusatz in 14,14a kann das Niederfallen als Folge auf die Angst, das Beben und das Zittern Henochs gleichermaßen als eine Reaktion des puren Entsetzens gewertet werden.[58] Die adverbiale Bestimmung ἕως τούτου አስከ፡ ዝነቱ፡ „bis dahin/bisher" in 14,24 kann dagegen auch so gedeutet werden, dass es Henochs Verhalten innerhalb der Vision vom zweiten Haus prinzipiell und retrospektiv als Prostration klassifizieren soll, ohne dabei einen klaren Ausgangspunkt benennen zu wollen.[59] Damit sind der Zusatz der altäthiopischen Fassung und die positive Konnotation als Prostration in 14,14a höchstwahrscheinlich sekundär – das Niederfallen Henochs in Reaktion auf die Erscheinung des ersten Hauses impliziert damit nicht notwendigerweise Gottesfurcht und Anbetung und kann folglich auch negativ verstanden werden.

In Entsprechung zu Henochs Passivität mit Blick auf sein Bewegen tritt seine Reaktionsweise auf das zweite Haus gleichermaßen hinter der Erscheinung und Beschreibung des Ortes selbst zurück. Zweimal wird im Zusammenhang mit der Beschreibung des zweiten Hauses seine Unfähigkeit zur Sprache gebracht. Er scheitert daran, von der Herrlichkeit und Pracht des Hauses zu berichten (14,16) sowie aufzuschauen, als er vor dem Thron steht (14,19). Henochs abschließende Reaktion, seine Prostration und sein Zittern, mündet in seiner Wiederaufrichtung durch einen Engel bzw. durch Gott, um seinen Auftrag und die Botschaft an die Wächter zu empfangen (14,24–25; vgl. 15,1–16,4). Aber die enorme Angst, wie er sie noch beim ersten Haus erfahren hat, bleibt ihm beim zweiten Haus erspart. Während also seine Wahrnehmung und Reaktion in der Vision vom ersten Haus sehr prominent sind, rückt seine Person in der Vision vom zweiten Haus stark in den Hintergrund.[60] Auf diese Weise verlagert sich der Fokus von der subjektiven und körperlichen Erfahrung und Einbezogenheit des Protagonisten, die im Bericht vom ersten Hauses von zentraler Bedeutung sind, zu der mehr objektiven und allgemeinen Darstellung von Gottes Herrlich-

---

58 Vgl. hierzu auch 1 Sam 28,20, wo es heißt, dass Saul vor Entsetzen und Schrecken fällt.
59 Darüber hinaus könnte auch der Sinn von 14,24 in der griechischen und infolgedessen auch in der altäthiopischen Fassung im Vergleich zu der aramäischen Fassung verändert worden sein. Zur Harmonisierung der Aussagen von 14,14a und 14,25 wurde aus einem vielleicht ursprünglichen momentanen Vorgang des Niederfallens ein eher resultativer Zustand des niedergefallen Seins gemacht, da ein erneutes Niederfallen Henochs in 14,24 als Spannung zu dem in 14,14a Gesagten bzw. als redundant empfunden wurde.
60 Man könnte beinahe sagen, dass Henochs Reaktion auf das zweite Haus keinen inhärenten Wert hat, sondern lediglich der Betonung und Hervorhebung des beeindruckenden Charakters des göttlichen Wohnortes dient.

keit, Pracht und Unerreichbarkeit, welche die Beschreibung des zweiten Hauses charakterisieren.

3.3 Ein Tempel aus zwei Häusern? – Bisherige Interpretationen

Seit den ersten Kommentaren zum *Wächterbuch* werden die beiden Häuser, die Henoch in seinen Visionen sieht, als unterschiedliche Teile von ein und demselben himmlischen Tempelkomplex interpretiert, dessen Struktur und Aussehen dem irdischen Tempel in Jerusalem ähnelt; die Vision insgesamt soll jedoch Ez 1 nachempfunden sein.[61] Nach der Meinung der Mehrheit soll der himmlische Tempelkomplex eine zweifache Struktur aufweisen, wobei sich das zweite Haus im Inneren des ersten Hauses befindet. So wird das erste Haus vor allem anfangs als אולם bzw. πρόναος „Vorhof" (vgl. 1 Kön 6,3; Ez 40,48),[62] später jedoch überwiegend als היכל bzw. τέμενος „Hauptraum" des Tempels (vgl. 1 Kön 6,17; Ez 41,1) gedeutet,[63] während das zweite Haus häufig als דביר (vgl. 1 Kön 6,5) bzw. קדש הקדשים (vgl. 1 Kön 6,16; Ez 41,4) „das Allerheiligste" des Tempels verstanden wird.[64] Lediglich Charles und Black interpretieren das zweite Haus als „Palast Gottes", was ihrer Identifikation des ersten Hauses als „Vorhof" ent-

---

61 Vgl. Dillmann, *Das Buch Henoch*, 109; Lods, *Le Livre d'Hénoch*, 139–140; Beer, „Das Buch Henoch," 245; Charles, *The Book of Enoch*, 33; Maier, „Gefährdungsmotiv," 22–36; Gruenwald, *Apocalyptic and Merkavah Mysticism*, 71–76; Nickelsburg, „Enoch, Levi, and Peter," 576–581; Dean-Otting, *Heavenly Journeys*, 39–58; Black, *The Book of Enoch*, 147–148; Newsom, *Songs of the Sabbath Sacrifice*, 60; Himmelfarb, *Ascent to Heaven*, 9–28; Nickelsburg, *1 Enoch 1*, 259–266; Ego, „Denkbilder für Gottes Einzigkeit," 160–168; Ego, „Henochs Reise," 105–121; Suter, „Temples and the Temple," 203; Coblentz Bautch, „The Heavenly Temple," 38–42, und Morray-Jones, *A Transparent Illusion*, 107–109. Vgl. auch Kvanvig, „Henoch und der Menschensohn," 101–133.

62 Vgl. Dillmann, *Das Buch Henoch*, 109; Beer, „Das Buch Henoch," 245; Charles, *The Book of Enoch*, 33, und Black, *The Book of Enoch*, 147.

63 Vgl. Maier, „Gefährdungsmotiv," 23; Nickelsburg, „Enoch, Levi, and Peter," 580; Newsom, *Songs of the Sabbath Sacrifice*, 60; Himmelfarb, *Ascent to Heaven*, 14; Nickelsburg, *1 Enoch 1*, 263; Coblentz Bautch, „The Heavenly Temple," 39, und Suter, „Temples and the Temple," 203. Vgl. auch Ego, „Denkbilder für Gottes Einzigkeit," 165; Ego, „Henochs Reise," 115. Ego nutzt hierbei nicht explizit den Terminus היכל bzw. τέμενος, interpretiert aber das erste Haus auf Basis von 1 Kön 6,2–5 und Jes 6,4 u.ö. als „Hauptraum".

64 Vgl. Dillmann, *Das Buch Henoch*, 109; Beer, „Das Buch Henoch," 245; Maier, „Gefährdungsmotiv," 23; Nickelsburg, „Enoch, Levi, and Peter," 580; Dean-Otting, *Heavenly Journeys*, 49; Newsom, *Songs of the Sabbath Sacrifice*, 60; Himmelfarb, *Ascent to Heaven*, 14; Nickelsburg, *1 Enoch 1*, 263; Ego, „Denkbilder für Gottes Einzigkeit," 160–168; Ego, „Henochs Reise," 105–121; Coblentz Bautch, „The Heavenly Temple," 39, und Suter, „Temples and the Temple," 203.

spricht:[65] Gemäß der Beschreibung des Salomonischen Tempels in 1 Kön 6 ist der Vorhof nämlich kein integraler Bestandteil von הבית „dem Haus", welches hier als Tempel oder Palast Gottes im eigentlichen Sinne verstanden wird. Der Begriff בי „Haus" (14,10.15)[66] wird somit in allen bisherigen Interpretationen als Bezeichnung eines jeweils bestimmten Gebäudeteils und nicht als Gebäude an sich aufgefasst.

Während Nickelsburg im Vergleich mit der dreifachen Struktur des Salomonischen Tempels (Vorhof, Hauptraum und Allerheiligstes) bemerkt, dass in Henochs Bericht vom himmlischen Tempel lediglich eine zweifache Struktur beschrieben werde (Hauptraum und Allerheiligstes) und dort folglich kein אולם existiere,[67] wollen Maier und Himmelfarb für 1 Hen 14 in gleicher Weise eine dreiteilige Architektur finden.[68] Sie stimmen mit Nickelsburg und anderen[69] in der Interpretation der beiden Häuser als היכל und דביר überein, schreiben aber der in 14,9 erwähnten Außenmauer eine eigenständige Funktion zu. Nach Maier separiere sie einfach den Vorhof,[70] während Himmelfarb, die die griechische Fassung von 14,9 als Ausgangspunkt nimmt, diese Mauer als ein drittes, tatsächlich erwähntes Gebäude erachtet: „In the Ethiopic it is simply a wall. In the Greek text, however, Enoch passes through a *building* of hailstones and fire. The Greek, then, provides a heavenly structure that matches a three-chambered temple quite nicely."[71] Demnach umfasse der himmlische Tempelkomplex, den Henoch in seinen Visionen besucht, laut Maier und Himmelfarb neben Haupthalle und Allerheiligstem auch einen Vorhof und ist damit entsprechend zum irdischen Pendant in Jerusalem aufgebaut.

Dagegen modifiziert Suter Himmelfarbs These. Seiner Meinung nach grenze diese Mauer generell einen größeren Hof oder *temenos* ab, in dem sich letztend-

---

65 Vgl. Charles, *The Book of Enoch*, 34, und Black, *The Book of Enoch*, 147–148.

66 Im aramäischen Text von 14,15 ist בַ selbst nicht erhalten, aber sehr wahrscheinlich zu lesen. So rekonstruiert Milik, *Books of Enoch*, 194, auch in Entsprechung zur griechischen und altäthiopischen Fassung: וביא אוחרן די] מן דן רב].

67 Vgl. Nickelsburg, *1 Enoch 1*, 263.

68 Vgl. Maier, „Gefährdungsmotiv," 23; Himmelfarb, *Ascent to Heaven*, 14. Vgl. hierzu auch Morray-Jones, *A Transparent Illusion*, 30.108.

69 Siehe Fußnote 63 bzw. 64 in diesem Kapitel (173).

70 Vgl. Maier, „Gefährdungsmotiv," 23. Vgl. auch Dean-Otting, *Heavenly Journeys*, 49.

71 Himmelfarb, *Ascent to Heaven*, 14 (Hervorhebung im Original). Ferner schreibt sie zur Mauer (ebd., 119–120 Fußnote 29): „The fact that the Greek uses *oikodomē*, building, for the first structure but *oikos*, house, for the other two, could point to the difference between the two inner chambers, where cultic activity takes place, and the vestibule, which serves to separate the sanctuary proper from the area outside and which is not the scene of such activity."

lich das Heiligtum befinde.[72] Was den himmlischen Tempel in 1 Hen 14 mit dem irdischen Tempel in Jerusalem verbinde, sei weniger die genaue Gestaltung des Tempels im Sinne eines zwei- oder dreiteiligen Heiligtum als vielmehr die Beschreibung des göttlichen Thrones. Diese sei zwar von Ezechiels Thronwagenvision beeinflusst, gehe aber letztendlich auf den Salomonischen Tempel in Jerusalem zurück.

Einen völlig neuen Interpretationsansatz hat jüngst Esler vorgebracht, der im *Wächterbuch* weniger ein „religiöses" als vielmehr ein „politisches" Zeitzeugnis sieht.[73] In Abgrenzung zu allen bisherigen Deutungsversuchen von 1 Hen 14 als himmlischen Tempelkomplex versteht er die in Henochs Vision beschriebene Struktur als königlichen Palast, für dessen Beschreibung die Paläste der achämenidischen und hellenistischen Könige sehr wahrscheinlich als Vorbild gedient haben. Grundlage dieser Annahme ist ein exemplarischer Vergleich von 1 Hen 14,8–23 mit dem „Palast S" in Pasargadae, der von Kyros II. gegründeten Residenzstadt des Achämenidenreiches. Hierbei lassen sich seines Erachtens auffällige Ähnlichkeiten in der Gebäudestruktur feststellen. So müsse man in beiden Fällen zunächst eine Mauer passieren, um Zugang zum königlichen Palast zu erhalten; des Weiteren bestünde das jeweilige Bauwerk aus zwei miteinander verbundenen Elementen, bei dem der erste Gebäudeteil gegenüber dem zweiten eine niedrigere und kleinere Struktur darstelle und der zweite, größere Gebäudeteil die Thronhalle des Königs sei.[74] Diese Deutung liege auf einer Linie mit der Gesamtaussage des *Wächterbuches*. Die Wächtererzählung stelle nämlich keinen Sündenfall gegenüber Gott im kultischen Sinne, sondern vielmehr eine politische Rebellion gegen einen königlichen Herrscher dar,

---

72 Vgl. hierzu und für das Folgende Suter, „Temples and the Temple," 203. Suter, *ebd.*, 202–203, kritisiert in diesem Zusammenhang Himmelfarbs Interpretation der griechischen Fassung bzw. hält sie auf Grund der Fehlerhaftigkeit dieser Version für sehr unwahrscheinlich. Siehe ausführlich dazu die Diskussion von Himmelfarbs These im nächsten Abschnitt dieses Kapitels (insbesondere 192–195).
73 Vgl. hierzu und für das Folgende die Monographie von Esler, *God's Court and Courtiers* (2017), insbesondere 136–152. Entsprechend fasst Esler, *ebd.*, 204, seine Deutung des *Wächterbuches* folgendermaßen zusammen: „It is to this non-temple, Enochic scribal group then, that our thanks are due for the composition of 1 Enoch 1–36. That its author or authors depicted heaven not in terms of the temple in Jerusalem, but as a court with its king and courtiers, is an inevitable reflection of their lack of connection with the temple, indeed of their conflict with the scribes who were so connected. Yet the Enochic scribes were still Judeans and still familiar with Israelite tradition. Probably through work carried out for the Seleucid and then Hasmonean administrations, they were actively part of the wider world of Judean and other ethnic groups. Accordingly, when describing God in his heaven they naturally looked to kings, courts and courtiers with whom they were familiar."
74 Vgl. hierzu vor allem Esler, *God's Court and Courtiers*, 150–151.

wie es in der politischen Welt der antiken Königreiche häufiger vorkam. Denn hätte der Verfasser des *Wächterbuches* die Absicht gehabt, kultische Vergehen oder den Himmel als Tempel zu beschreiben oder generell ein „religiöses" Werk zu schreiben, hätte er dies auch explizit und eindeutig getan, wie es beispielsweise beim *Testament Levis* oder den *Sabbatopferliedern* der Fall sei.[75]

Die Frage, wie die beiden Häuser miteinander in Beziehung stehen bzw. wie der Umstand, dass das zweite Haus größer als das erste sei, verstanden werden muss, hat abgesehen von Eslers Auslegungsversuch bisher nur wenig Beachtung gefunden. Zuweilen wird angenommen, dass sich das zweite Haus irgendwie innerhalb des ersten befinde und Henoch, noch immer auf seinem Angesicht liegend, durch die offene Tür in das zweite Haus hineinschaue.[76] Davon abgesehen wird der Aspekt der Größe, vor allem beim zweiten Haus, selten thematisiert. Nickelsburg schreibt vielmehr generell über Henochs himmlische Visionen: „The author's imagery stresses the otherness of this realm. Here fire and snow can coexist. Things are larger than life. God dwells in a house greater than the great one to which it is annexed."[77] In ähnlicher Weise argumentiert Suter. Seiner Meinung nach sei die Größe ein Index von Heiligkeit „[...] in making the *devir*, the throne room of the temple, larger and more magnificent than the *hekhal*, where the opposite ratio was the case in the various earthly temples."[78] Folglich könnte man eigentlich sagen, dass dieses Faktum unerklärlich und für den Menschen unvorstellbar sei, ist dieser Tempel ja von Gott und nicht von Menschen gegründet. Einen anderen Erklärungsversuch bietet Ego: Die Aussage, dass das zweite Haus größer als das erste sei, könnte ihre Wurzeln in dem Umstand haben, dass das Allerheiligste geographisch gesehen höher als der Hauptraum lag.[79] Sie äußert aber unmittelbar ihre Bedenken: „[...] vielleicht sollte man die Analogie zum irdischen Tempel aber auch nicht überstrapazieren."[80] Demzufolge gibt es bisher keine zufriedenstellende Antwort, die dieses Faktum in Henochs himmlischen Visionen annähernd beleuchtet oder gar plau-

---

75 Vgl. Esler, *God's Court and Courtiers*, 23–27.191.
76 Vgl. Gruenwald, *Apocalyptic and Merkavah Mysticism*, 73; Nickelsburg, *1 Enoch 1*, 263–264, insbesondere Fußnote 18; Coblentz Bautch, „The Heavenly Temple," 40. So ähnlich auch Esler, *God's Court and Courtiers*, 150–151: Nach Esler liege Henoch ebenfalls im ersten Haus und schaue durch die offene Tür ins zweite Haus, nur, dass sich das zweite Haus seiner Meinung nach nicht innerhalb des ersten befinde, sondern direkt an es angrenze. Damit umgeht er auch die Problematik, dass das zweite, größere Haus irgendwie innerhalb des ersten zu lokalisieren sei.
77 Nickelsburg, *1 Enoch 1*, 260.
78 Suter, „Temples and the Temple," 216.
79 Ego, „Denkbilder für Gottes Einzigkeit," 165; Ego, „Henochs Reise," 116.
80 Ego, „Denkbilder für Gottes Einzigkeit," 165; Ego, „Henochs Reise," 116.

sibel erklärt. Stattdessen wird es einfach als etwas Unerklärliches, Transzendentes oder die menschliche Vorstellungskraft Übersteigendes erklärt.

Das Material, aus dem vor allem die Mauern und das erste Haus insgesamt erbaut sind, wird in der Forschung demgegenüber breit diskutiert. Das Nebeneinander von Feuer und Hagelsteinen bzw. Schnee, wie es Henoch in seiner Vision im *Wächterbuch* erlebt, ist im Kontext antiker jüdischer Tempelbeschreibungen nahezu einzigartig und nicht einfach zu erklären. Die Koexistenz dieser Materialen wird häufig als etwas erachtet, das nur im Himmel möglich sei,[81] und das Reinste, Hellste und Transzendenteste zum Ausdruck bringen solle.[82] Meistens wird dieses Nebeneinander mit einer Abhängigkeit von Ezechiels Vision von der Herrlichkeit Gottes (Ez 1),[83] im Vergleich mit Josephus' Beschreibung des irdischen Tempels in Jerusalem (*Bell. Jud.* 5)[84] oder aber – ähnlich wie Josephus – mit dem schneebedeckten Gipfel des Berges Hermon erklärt.[85] Nickelsburg will sich bei seinem Deutungsversuch nicht wirklich festlegen und nennt daher mehrere Alternativen. So verweist er zunächst einmal auf Ez 1 als eine Möglichkeit, die Koexistenz von Hagel, Feuer und Blitzen zu erläutern – diese Phänomene seien eventuell Ezechiels Thronvision generell entlehnt und in 1 Hen 14 systematisiert worden; gleichermaßen könnten sie seiner Meinung nach aber auch der gängigen Bildwelt eines Hagel- und Blitzsturms bzw. einer Theophanie entnommen sein oder aber auch die äußere Erscheinung des Berges Hermon wiederspiegeln.[86] Dieser sei auf seinem Gipfel mit Schnee und Eis bedeckt, von heftigen Winden und Wolken umgeben und ziemlich kalt.[87]

Dagegen knüpft zum Beispiel Kvanvig konkret an die Phrase הקרח הנורא in Ez 1,22 an, um die Polarität von Feuer und Eis in Henochs Vision begreiflich zu machen.[88] Normalerweise werde das Wort הנורא als Partizip Nif'al von ירא „sich fürchten" erklärt, aber mit „aramäischen Augen" gelesen könne man es

---

81 Vgl. zum Beispiel Nickelsburg, „Enoch, Levi, and Peter," 582; Himmelfarb, *Ascent to Heaven*, 15, und Coblentz Bautch, „The Heavenly Temple," 40.

82 Vgl. Dillmann, *Das Buch Henoch*, 109, und Lods, *Le Livre d'Hénoch*, 139. Vgl. auch Ego, „Denkbilder für Gottes Einzigkeit," 165; Ego, „Henochs Reise," 115.

83 Vgl. zum Beispiel Gruenwald, *Apocalyptic and Merkavah Mysticism*, 72; Nickelsburg, „Enoch, Levi, and Peter," 582; Kvanvig, „Henoch und der Menschensohn," 113; Morray-Jones, *A Transparent Illusion*, 107–109.

84 Vgl. Maier, „Gefährdungsmotiv," 35; Himmelfarb, *Ascent to Heaven*, 15.

85 Vgl. Nickelsburg, *1 Enoch 1*, 261; Suter, „Why Galilee?," 206–207; Suter, „Temples and the Temple," 204.

86 Vgl. Nickelsburg, „Enoch, Levi, and Peter," 582; Nickelsburg, *1 Enoch 1*, 261–262.

87 Vgl. Nickelsburg, *1 Enoch 1*, 261. Für den Hermon als Hintergrund von 1 Hen 14 vgl. später auch Suter, „Why Galilee?," 206–207; Suter, „Temples and the Temple," 204 (siehe unten).

88 Vgl. Kvanvig, „Henoch und der Menschensohn," 106.113. Für den Verweis auf Ez 1,22 vgl. auch Gruenwald, *Apocalyptic and Merkavah Mysticism*, 72.

auch als das aramäische Wort für „Feuer" נורא interpretieren.[89] Folglich schließt Kvanvig:

> So gelesen, wird das רקיע כעין הקרח הנורא zu ‚ein Gewölbe wie brennendes Eis'. [...] Wir finden also, dass die Elemente der Polarität Eis – Feuer in Hen, auch in Ezech vorliegen: Die brennenden himmlischen Gestalten; das Gewölbe in Ezech als *qaraḥ* ‚Kristall' oder ‚Eis' charakterisiert; und weiter als *nora'*, das man aramäisch als ‚das Feuer' lesen kann. Die Henochtradenten haben aus diesen Elementen eine neue, spekulative Konzeption gemacht.[90]

Einen anderen Lösungsansatz wählte Maier, gefolgt von Himmelfarb.[91] Seiner Meinung nach gehe es bei der Beschreibung der Mauern und des ersten Hauses nicht um die physische Qualität des Feuers und des Schnees, sondern vielmehr um den visuellen Eindruck dieser Materialen.[92] In diesem Sinne erklärt Maier die paradoxe Koexistenz von Feuer, Eis und Schnee, reduziert auf ihre visuelle Qualität, mit Hilfe von Josephus Schilderung des Herodianischen Tempels in *Bell. Jud.* 5.222–224, wo es heißt:

> Die äußere Gestalt des Tempels bot alles, was sowohl die Seele als auch das Auge des Beschauers in großes Erstaunen versetzen konnte. Denn der Tempel war überall mit massiven Goldplatten belegt, und mit Beginn des Sonnenaufgangs strahlte er einen ganz feurigen Glanz von sich aus, so daß die Beschauer, sogar wenn sie durchaus hinsehen wollten, ihre Augen wie von den Sonnenstrahlen abwenden mußten. In der Tat erschien er den nach Jerusalem kommenden Fremden wie eine schneebedeckte Bergkuppe, denn wo man ihn vergoldet hatte, war er blendend weiß. Auf dem Dachfirst trug das Tempelgebäude spitze Stangen aus Gold, damit es durch keinen Vogel, der sich dort niederlassen wollte, beschmutzt würde.[93]

Gemäß der Beschreibung von Josephus konnte der Tempel, der aus weißen Steinen erbaut und nahezu überall mit Gold überzogen war, von ferne oder im Licht der Sonne betrachtet daher schnell den Eindruck eines schneebedeckten oder feurigen Ortes erwecken – und genau dieser Sachverhalt könnte nach Maier im *Wächterbuch* reflektiert worden sein.[94] Dass es problematisch ist, 1 Hen 14 mit einer deutlich jüngeren Quelle verständlich zu machen, erkannte auch Himmelfarb und versuchte daher, Maiers Annahme folgendermaßen zu stützen: „Of course Josephus, who is here describing Herod's temple, wrote perhaps three

---

89 Vgl. Kvanvig, „Henoch und der Menschensohn," 113.
90 Kvanvig, „Henoch und der Menschensohn," 113.
91 Vgl. Maier, „Gefährdungsmotiv," 34–35; Himmelfarb, *Ascent to Heaven*, 15.
92 Vgl. Maier, „Gefährdungsmotiv," 34.
93 Übersetzung: Michel/Bauernfeind, Josephus, *De Bello Judaico*, 141.
94 Vgl. Maier, „Gefährdungsmotiv," 34–35.

centuries after the Book of the Watchers. But the cosmological symbolism of Josephus's account has ancient roots, and it may be that this description draws on earlier praise of the temple."[95] Beide Darstellungen könnten folglich als Streiflichter einer gemeinsamen Tempeltradition gesehen werden, wobei der himmlische Tempel, wie er in Henochs Vision beschrieben wird, dem irdischen Tempel in Jerusalem nicht nur in bloßer Struktur, sondern auch in seiner visuellen Erscheinung entspreche; diese Korrespondenz sei aber nicht exakt, sondern eher lose, da der himmlische Tempel den irdischen natürlich übersteige.[96]

Schließlich bietet noch Suter, im Anschluss an eine der Thesen von Nickelsburg,[97] einen weiteren Erklärungsversuch. Seiner Meinung nach sei der Berg Hermon nicht nur Entstehungsort der Henochtraditionen und damit des *Wächterbuches*, sondern diene mit seinem schneebedecktem Gipfel und den ihn umgebenden meteorologischen Erscheinungen auch als Inspirationsquelle für die Vision des himmlischen Tempels in 1 Hen 14.[98] Die Ähnlichkeit, die sich zwischen der Tempelbeschreibung im *Wächterbuch* und Josephus Darstellung des Herodianischen Tempels finden lassen, begründet er im Gegensatz zu Himmelfarb weniger mit einer gemeinsamen Tempeltradition, die eng mit einem kosmologischen Symbolismus verbunden ist, sondern vielmehr mit dem Bezug beider Werke zum Berg Hermon, der in beiden Fällen als Ausgangspunkt des Tempelberichts angesehen werden könne: „What the passage from Josephus has in common with the link to Mount Hermon is the association of temple and sacred mountain. For that matter, in comparing visual effect of the temple to a snow-capped mountain, Josephus can only have had Mount Hermon in mind from the standpoint of the region."[99] Mit dieser Erklärung reduziert Suter das Feuer, den Schnee und die Hagelsteine, die Henoch in seiner Vision des ersten Hauses sieht, nicht nur auf ihren visuellen Aspekt, wie es Maier und Himmelfarb letztendlich taten, sondern bietet damit auch einen Deutungsrahmen für die taktile Wahrnehmung dieser Naturphänomene. Aber wie wurden bisher in diesem Zusammenhang die Abwesenheit von Freude im ersten Haus und die damit verbundene Angst von Henoch gedeutet?

Generell kann man sagen, dass diese Aussage in 14,13 als eine Situation der Lebensgefahr verstanden wird, sozusagen als *mysterium tremendum*, auf das das *mysterium fascinosum* von Gottes Thron (14,15–23) folgt: „To ascend to the

---

95 Himmelfarb, *Ascent to Heaven*, 15.
96 Himmelfarb, *Ascent to Heaven*, 16.
97 Siehe oben.
98 Suter, „Why Galilee?," 206–207; Suter, „Temples and the Temple," 204. Vgl. auch Nickelsburg, *1 Enoch 1*, 261 (siehe oben).
99 Suter, „Temples and the Temple," 205.

heavenly temple is a cause of sheer terror rather than joy. This is no visit to the paradise of delight."[100] Henochs Niederfallen auf seine Knie sei als Prostration vor Gott zu verstehen, wie es bei Ezechiel der Fall ist, wenngleich Ezechiels Prostration niemals mit Zittern und Angst verbunden sei.[101] Der Unterschied zu Ezechiels Verhalten sei aber nicht unbegründet: „The Book of the Watchers [...] emphasizes the intensity of the visionary's reaction to the manifestation of the divine" und folglich betont es auch „[...] the glory of God's heavenly temple by making it, rather than the vision of God himself, the cause of Enoch's fear."[102] Die erschreckende und furchterregende Erscheinung des ersten Hauses sei also Grund und Ursache von ehrfürchtigem Beben und in gewisser Weise positiv auf die göttliche Präsenz zurückzuführen, da sie Gottes Größe und Herrlichkeit repräsentiere.

Alles in allem sind sich die Forscher darin einig, dass die Mauer und die beiden Häuser, die Henoch in seiner Vision sieht, unterschiedliche Teile eines größeren Gesamtkomplexes darstellen. Abgesehen von Esler, der diesen Gesamtkomplex als einen königlichen Palast versteht,[103] wird dieser generell als Gottes himmlischer Tempel gedeutet, der in seiner Struktur und seinem Aussehen dem irdischen Pendant in Jerusalem nahekommt. Der Terminus „Haus" wird hierbei an beiden Stellen in Henochs Vision durchweg im Sinne eines bestimmten Gebäudeteils des Tempels[104] und nicht als ein Gebäude an sich verstanden. Das erste Haus wird demnach häufig als היכל „Haupthalle" interpretiert, das zweite als דביר bzw. קדש הקדשים „Allerheiligstes," wobei es zuweilen als innerhalb des ersten Hauses liegend gedacht wird und Henoch durch seine offene Tür hineinblicken kann, während er noch im ersten Haus auf seinem Angesicht liegt. Die furchterregende Erscheinung des ersten Hauses wurde dabei sozusagen positiv gedeutet, da es auf die Größe und Herrlichkeit Gottes zurückgehe. Das paradoxe Nebeneinander von Feuer und Hagelsteinen bzw. Schnee wurde mit verschiedenen Erklärungsmodellen bedacht. So wurde zum Beispiel Ez 1 generell oder auch konkret auf eine Phrase bezogen, Josephus' Beschreibung des Herodianischen Tempels oder der Berg Hermon mit seinem schneebedeckten Gipfel und den ihn umgebenden Naturerscheinungen als

---

100 Nickelsburg, *1 Enoch 1*, 263. Vgl. auch Dillmann, *Das Buch Henoch*, 109; Lods, *Le Livre d'Hénoch*, 139; Maier, „Gefährdungsmotiv," 34; Himmelfarb, *Ascent to Heaven*, 16; Esler, *God's Court and Courtiers*, 127.

101 Vgl. Himmelfarb, *Ascent to Heaven*, 16. Nach Morray-Jones, *A Transparent Illusion*, 108, könnte es sich dagegen bei der Angst Henochs vielleicht auch um einen Reflex auf das Wort נורא in Ez 1,22 handeln.

102 Himmelfarb, *Ascent to Heaven*, 16.

103 Siehe oben bzw. vgl. insbesondere Esler, *God's Court and Courtiers*, 136–152.

104 Bzw. nach Esler im Sinne eines bestimmten Gebäudeteils des Palastes.

mögliche Ausgangspunkte für die Darstellung in Henochs Vision herangezogen. Bemerkenswerterweise bekam das Faktum, dass das zweite Haus größer als das erste sei, nur wenig Beachtung und wurde in der Regel als etwas abgetan, das jegliche menschliche Vorstellungskraft übersteigt. Eine befriedigende Erklärung der einzelnen Elemente wurde hingegen bisher noch nicht gefunden. Ein Versuch, dieses Problem im Einzelnen und Henochs himmlische Visionen im Ganzen zu erklären sowie die bisherigen Interpretationen zu prüfen, soll nun im nächsten Abschnitt dieses Kapitels unternommen werden.

3.4 Ein anderes Haus, größer als jenes – Ein neuer Auslegungsversuch

Die bisherigen Interpretationen von Henochs himmlischer Vision sind meines Erachtens aus ganz unterschiedlichen Gründen problematisch. Im Folgenden werden daher einige dieser Interpretationsansätze diskutiert, ihre Defizite benannt und ein neuer Auslegungsversuch präsentiert, der zu einem besseren Verständnis dieser Passage des *Wächterbuches* führen soll. Abschließend soll gezeigt werden, dass die beiden Häuser in Henochs Vision als zwei unterschiedliche Gebäude mit unterschiedlichen Funktionen innerhalb ihres inhaltlichen Kontextes verstanden werden müssen und weniger als verschiedene Bereiche eines großen himmlischen Tempel- oder gar Palastkomplexes erachtet werden können, in dem sie eher künstlich miteinander korreliert werden müssten.

Allem voran steht die Schwierigkeit in der Deutung der beiden Häuser als jeweils unterschiedliche Gebäudeteile eines himmlischen Tempels.[105] Sowohl im Bibel- als auch Qumran-Hebräisch und -Aramäisch bezeichnet das Wort בית bzw. בי niemals einen Teil eines Gebäudes oder selbst eines Tempels, wenn es absolut oder determiniert verwendet wird; lediglich im *status constructus* mit einem spezifizierenden Genitiv-Attribut kann בית bzw. בי ein bestimmtes Ge-

---

[105] Da Esler, auch wenn er 1 Hen 14,8–25 im Gegensatz zu den anderen Forschungsmeinungen als Beschreibung eines königlichen Palastes und nicht eines himmlischen Tempels deutet, die Mauer und die beiden Häuser letztendlich wie die anderen Forscher als Bestandteile eines einzigen größeren Gebäudekomplexes auffasst (vgl. insbesondere Esler, *God's Court and Courtiers*, 136–152), gilt die nachfolgende Kritik auch für seinen Interpretationsversuch, wenn sie auch mit Blick auf die Einzelheiten seiner These nicht weiter ausgeführt wird. Denn egal, ob der Gesamtkomplex als Tempel oder Palast gedeutet wird, die Problematik in der Interpretation der beiden Häuser als unterschiedliche Gebäudeteile, die über ihre unterschiedliche Größe in architektonischer Hinsicht miteinander korreliert werden, bleibt dieselbe.

bäude oder Teile bzw. Räume eines Gebäudes bezeichnen.[106] Im Bibel-Hebräisch können בית und היכל synonym verstanden werden, sofern היכל im Sinne von „Palast" oder „Tempel" verwendet wird.[107] Dies ist aber in der Beschreibung des Salomonischen Tempels in 1 Kön 6 (vgl. Ez 40–43) nicht der Fall. Hier bezeichnet בית immer den Tempel generell (zum Beispiel 1 Kön 6,1.2.14), während היכל niemals im Sinne von „Tempel" verwendet wird, sondern lediglich den „Hauptraum" meint (zum Beispiel 1 Kön 6,3.5).[108] Folglich kann בית den Salomonischen Tempel als Ganzen umschreiben, aber nicht היכל in der ganz bestimmten Bedeutung des Hauptraumes. Mit Blick auf Henochs himmlische Vision bedeutet dies zunächst einmal, dass das erste Haus generell schon im Sinne des Wortes היכל verstanden werden könnte, aber eben nur in der Bedeutung von „Palast" oder „Tempel".

Darüber hinaus findet sich kein Beleg dafür, dass בית und דביר bzw. קדש הקדשים austauschbar verwendet werden können. Aber es lohnt ein genauer Blick auf die Tempelbeschreibung der *Chronikbücher*. Bemerkenswerterweise findet sich das Wort דביר, das in der Tempelbeschreibung der *Königebücher* elf Mal verwendet wurde, nur in vier der korrespondierenden Passagen der *Chronikbücher*; stattdessen wurde es häufig durch die Wendung בית קדש הקדשים ersetzt (zum Beispiel 2 Chr 3,8.10), was eine Kombination des Wortes בית und dem P-Terminus für das Innerste des Tempels, also קדש הקדשים (zum Beispiel Ex 26,33; Num 4,19), ist und sprachlich als etwas ziemlich Einzigartiges im Bibel-Hebräisch angesehen werden kann.[109] Auf den ersten Blick scheint es also doch eine Verbindung zwischen dem Wort für „Haus" und dem inneren, heiligen Teil des Tempels zu geben. Doch gilt es zu bedenken, dass das Wort בית im Laufe der Zeit eine eher reduzierte semantische Funktion angenommen hat; folglich stellt Hurvitz mit Blick auf die chronistische Phrase בית קדש הקדשים fest: „The pattern בֵּית-χ is generally very common in the Aramaic dialects and RH, often replacing CBH expressions that do not contain the *nomen regens* בית

---

106 Vgl. hierzu die hebräischen und aramäischen Wörterbucheinträge zu בית bzw. בי zum Beispiel in Gesenius, *Handwörterbuch*, 95–89.898; Koehler/Baumgartner, *Hebräisches und Aramäisches Lexikon*, 1:119–120; 2:1679–1680; Cook, *Dictionary of Qumran Aramaic*, 33; Kratz/Steudel/Kottsieper, *Hebräisches und Aramäisches Wörterbuch*, 1:269–273. Für Beispiele für die Verwendung im Sinne eines bestimmten Gebäudes oder eines Teiles davon siehe zum Beispiel Jer 36,22; Amos 3,15; Esth 2,3; 7,8.
107 Vgl. Ottosson, Art. היכל, 409–410.
108 Vgl. Ottosson, Art. היכל, 409–410.
109 Vgl. Hurvitz, *Linguistic Study*, 138–141. Der Terminus דביר verschwindet im mischnischen Hebräisch und Targum-Aramäisch nahezu vollständig und wird stattdessen fast ausnahmslos durch die Wendung בית קדש הקדשים oder in den Targumim gelegentlich durch בית הכפרת ersetzt.

[...]. In many cases, בית may be rendered *place of* ... [...]."[110] Nach Hurvitz nahm die Verwendung dieses Schemas in spät-biblischer Zeit bedeutend zu und es wurden von den Meturgemanen aramäische Entsprechungen übernommen.[111] Selbst im *Wächterbuch* kann man dieses Phänomen beobachten. So liest die aramäische Fassung von 1 Hen 22,4 (= 4Q206 f1xxii,1): והא אלן אנון פחתיא לבית עגנה[ן] „Und siehe, dies sind die Gruben als Ort ihrer Einkerkerung."[112] Schaut man zurück auf die Bezeichnung in den *Chronikbüchern*, so kann man festhalten, dass das Wort בית für sich genommen keinen Bezug zum Allerheiligsten hat oder gar dessen Bedeutung in sich trägt. Mit Hinsicht auf Henochs himmlische Vision kann daher gesagt werden, dass eine Verknüpfung des zweiten Hauses mit dem Allerheiligsten des Tempels auf semantischer Ebene eher unwahrscheinlich ist, da dem Wort בית „Haus" jedwedes spezifizierende Genitiv-Attribut fehlt, das es als solches verstehen lassen könnte, zumal bereits das erste Haus mit genau demselben Terminus umschrieben wurde. Die gängige Interpretation von Henochs himmlischer Vision setzt aber gerade voraus, dass die beiden erwähnten Häuser in zwei unterschiedlichen Weisen ausgelegt werden müssen, obwohl in beiden Fällen der gleiche Begriff verwendet und kein expliziter Hinweis auf einen bestimmten Tempelteil gegeben wird.

Stattdessen werden die beiden Häuser auf eine andere Weise näherbestimmt, wodurch sie gleichzeitig auch das einzige Mal zueinander in Beziehung gesetzt werden. Während das erste in 14,10 als ביא ר[ב] οἶκον μέγαν ቤተ፡ ዐቢየ፡ „großes Haus" bezeichnet wird, wird das zweite über den Vergleich zum ersten definiert: Es ist מן דן רב [...][113] ὁ οἶκος μείζων τούτου ቤተ፡ ዘየዐቢ፡ እምውእቱ፡ „ein Haus größer als jenes". Abgesehen von der Verwendung des Terminus „Haus" in beiden Fällen und dem Vergleich über die Größe gibt es keinen anderen Hinweis darauf, wie sich diese beiden Häuser direkt zueinander verhalten bzw. wie dieser Vergleich zu verstehen ist. In antiken jüdischen Texten ist die aramäische Phrase בי רב „ein großes Haus" (1 Hen 14,10) bzw. das hebräische Äquivalent בית גדול nicht sehr häufig belegt. Neben einem eher fragmentarischen aramäischen Beleg in 4Q581 f1_2,2 ist die hebräische Entsprechung, jeweils mit dem

---

110 Hurvitz, *Concise Lexicon*, 69. Die Abkürzungen RH und CBH stehen für „Rabbinic Hebrew" (Rabbinisches Hebräisch) und „Classical Biblical Hebrew" (klassisches Bibel-Hebräisch); vgl. Hurvitz, *Concise Lexicon*, 1–2.

111 Hurvitz, *Concise Lexicon*, 61. Ähnliche Beispiele zu dem oben Genannten sind zum Beispiel בית מקדש (2 Chr 36,17), בית הקדש (1 Chr 29,3), בית הכפרת (1 Chr 28,11) und בית מנוחה (1 Chr 28,2). Für einen Überblick und eine Diskussion dieser Wendungen siehe Hurvitz, *Concise Lexicon*, und insbesondere Hurvitz, „Terms and Epithets," 165–183.

112 Die griechische und altäthiopische Fassung liest entsprechend οἱ τόποι bzw. መካናት.

113 Milik, *Books of Enoch*, 194, vervollständigt den aramäischen Text auf Basis der griechischen und altäthiopischen Version zu: [ובֿיא אוחרן די] מן דן רב.

bestimmten Artikel, nur in Am 6,11 und 2 Chr 3,5 bezeugt. Die Wendung הבית הגדול steht in Am 6,11 im Parallelismus zu הבית הקטן und kann deswegen sicherlich als Bestandteil eines Merismus verstanden werden: Es geht hier um alle – große und kleine – Häuser Samarias, die beim Schlag Jahwes zerstört werden und nicht um das Gotteshaus.[114] Demgegenüber ist der Beleg in 2 Chr 3,5 in der chronistischen Neufassung der Salomonischen Tempelbeschreibung zu finden. Auf Grund dieser Kontextualisierung ist sie für die Stelle in Henochs Vision äußerst interessant und soll daher genauer betrachtet werden.

הבית הגדול in 2 Chr 3,5 wird normalerweise im Sinne des Tempelhauptgebäudes oder der Haupthalle verstanden[115] – der Terminus היכל, der in den *Königebüchern* an dieser Stelle der Tempelbeschreibung zur Benennung der Haupthalle gebraucht wird, wird im chronistischen Bericht über den Bau des Tempels selbst (2 Chr 3,1–14) nicht verwendet, sondern taucht erst in der Darstellung der Tempelausstattung auf (2 Chr 3,15–5,14). Dies wirft die Frage auf, ob in den *Chronikbüchern* dieselbe Differenzierung zwischen den beiden Begriffen בית und היכל gemacht wurde, wie sie in den *Königebüchern* zu finden ist. Es könnte sich bei 2 Chr 3,5 möglicherweise um eine Neufassung oder, wie Lynch konstatiert, „an unreflective adaption of the more awkward rendering in 1 Kgs 6:17"[116] handeln, wo beide Termini auf den ersten Blick gleichgesetzt werden.[117] 1 Kön 6,17 ist aber textkritisch äußerst problematisch,[118] sodass auch fraglich ist, welchen genauen Wortlaut die Verfasser der *Chronikbücher* vor sich hatten. Darüber hinaus lässt sich in den *Chronikbüchern* eine enge Korrelation zwischen Gott und der Idee des Tempels über den Gedanken der Größe feststellen, sodass zur weiteren Beleuchtung von zunächst 2 Chr 3,5 und schließlich von Henochs himmlischer Vision ein Blick auf die chronistische Tempeltheologie insgesamt geworfen werden soll.

Eine wichtige Passage für die chronistische Tempeltheologie ist 2 Chr 2,4:

והבית אשר־אני בונה גדול כי־גדול אלהינו מכל־האלהים:

Und das Haus, das ich baue, ist groß, denn unser Gott ist grösser als alle Götter.

Die Größe des Hauses, das heißt des Tempels, den Salomo bauen wird, ist direkt auf die Größe, wenn nicht sogar auf die Vormachtstellung Gottes bezogen:

---

114 Vgl. Fleischer, „Das Buch Amos," 223, und auch Am 3,15, wo es um בית החרף „das Winterhaus" und בית הקיץ „das Sommerhaus" geht, die im göttlichen Gericht zerstört werden.

115 Vgl. hierzu die gängigen Bibelübersetzungen.

116 Lynch, *Monotheism and Institutions*, 129.

117 Der Text von 1 Kön 6,17 lautet: וארבעים באמה היה הבית הוא ההיכל לפני.

118 Siehe vor allem die *LXX* und die *Vulgata*, wo das Wort בית höchstwahrscheinlich ausgelassen wurde, und auch die Umstellung in der Wortreihenfolge in der *Peschitta*.

Das Haus für Gott wird groß sein, weil Gott den andern Göttern überlegen ist. Dieser Vers drückt damit mehr als eine bloße Beziehung des irdischen Tempels zu Gott aus; der Tempel hat Anteil an Gottes Größe und Überlegenheit, sodass eine Art Kongruenz zwischen diesen beiden Entitäten besteht.[119] Abgesehen von 2 Chr 2,4 wird der Terminus גדול in den *Chronikbüchern* einige weitere Male als ein wichtiges und unterscheidendes Merkmal des Tempels verwendet, das ihn in einzigartiger Weise mit Gott in Beziehung setzt.[120] Auf diese Weise entsteht eine enge Wechselbeziehung zwischen בית und גדול.[121] Und gerade diese enge Wechselbeziehung könnte die Beschreibung des Tempelbaus in 2 Chr 3 und insbesondere die Wendung in 2 Chr 3,5 geprägt haben.[122] Die Phrase הבית הגדול könnte zwar vielleicht das Tempelhauptgebäude oder die Haupthalle im engeren Sinne bezeichnen, doch sie ist in jedem Fall noch viel mehr Ausdruck der Größe von Gottes Haus und der exklusiven Tempeltheologie der *Chronikbücher*.

Jedoch handelt es sich bei dieser Wechselbeziehung zwischen der Gottheit und seinem Tempel über die Größe, wie sie in 2 Chr 2,4 beschrieben wird, nicht um eine absolute. Bereits im nächsten Vers (2 Chr 2,5) wird eine gewisse Reserviertheit mit Blick auf die menschlichen Möglichkeiten, ein Haus für Gott zu bauen, zum Ausdruck gebracht, da der Tempel als Menschenwerk Gott nicht vollständig fassen oder ihn auf diesen Ort reduzieren kann.[123] So stellt Lynch fest:

> The temple was a manifestation of the utterly supreme and uncontainable God *yet* it was made by a human. In this sense, Chronicles shares with anti-idol texts an anxiety over *purely* human-made divine representations. In response, Chronicles (a.) downplays Solomon's claim to the status of temple-builder, (b.) emphasizes the temple's 'iconic' role, and (c.) draws attention to Yhwh's hand in creating the temple.[124]

Nach den *Chronikbüchern* ist Gottes Überlegenheit und schöpferische Kraft die Quelle, durch die allein der Mensch fähig wird, ihm ein Haus zu bauen.[125] Mit Blick auf Henochs himmlische Vision ist demgemäß nicht 2 Chr 3,5 mit dem Parallelausdruck הבית הגדול die signifikantere Passage, sondern vielmehr 2 Chr 2,4 mit der Korrelation von Gott und seinem Haus über den Gedanken der Größe: Das Haus (הבית) ist groß (גדול), aber Gott ist dadurch ausgezeichnet,

---

119 Vgl. Lynch, „Divine Supremacy," 330–331.333.
120 Siehe zum Beispiel 1 Chr 22,5; 29,1; vgl. 1 Chr 16,25; 29,11–12. Vgl. Lynch, *Monotheism and Institutions*, 129.
121 Vgl. Lynch, *Monotheism and Institutions*, 129.
122 Vgl. Lynch, *Monotheism and Institutions*, 129.
123 Vgl. Lynch, *Monotheism and Institutions*, 110–113; Lynch, „Divine Supremacy," 332–333.
124 Lynch, „Divine Supremacy," 333 (Hervorhebung im Original).
125 Vgl. Lynch, *Monotheism and Institutions*, 113.

dass er größer als die anderen Götter, das heißt als alle anderen ist (מן גָּדוֹל).
Oder anders gesagt: Der irdische Tempel mag groß sein, aber das Göttliche ist
größer und darin nicht fassbar. Eine ähnliche Verwendungsweise von הַבַּית
„das Haus", גָּדוֹל „groß" und schließlich der Vergleichspartikel מן „(größer) als"
findet sich abgesehen von dem Beleg in den *Chronikbüchern* nur noch ein einziges weiteres Mal, und zwar im Zusammenhang mit der Kritik des Propheten
Haggai am ärmlichen Zustand des Tempelbaus in Jerusalem.[126] Der Tempel sei
seiner Meinung nach eine Ruine, wie nichts, aber zugleich Hoffnungszeichen
für kommenden Segen. So proklamiert der Prophet in Hag 2,9a:

גָּדוֹל יִהְיֶה כְּבוֹד הַבַּיִת הַזֶּה הָאַחֲרוֹן מִן־הָרִאשׁוֹן אָמַר יְהוָה צְבָאוֹת

> Die künftige Herrlichkeit dieses Hauses wird größer sein als die frühere!, spricht der HERR
> der Heerscharen.

Da sich הָרִאשׁוֹן sowohl auf כְּבוֹד als auch auf הַבַּיִת הַזֶּה beziehen kann, kann
der Versteil alternativ auch folgendermaßen übersetzt werden: „Die Herrlichkeit
des künftigen Hauses wird größer sein als die des früheren, spricht der HERR
der Heerscharen."[127] Auch wenn sich erstere Möglichkeit inhaltlich von Hag 2,3
her nahelegt, ergibt sich damit von vornherein eine generelle Bedeutungsoffenheit des Verses, die unterschiedliche Interpretationen ermöglicht und wahrscheinlich ebenfalls genügend Raum für die Interessen antiker Ausleger bot.

Hag 2,9a, der wie die Parallele zu 2 Chr 2,4 in der Literatur zu 1 Hen 14
bisher übersehen wurde, steht im Kontext der Zerstörung des Ersten Tempels[128]
und der Verheißungen hinsichtlich der Zukunft des Zweiten Tempels und seiner
Herrlichkeit.[129] In seiner Kritik nennt der Prophet als Grund für den desolaten
Zustand des Tempels den Bruch des Bundes durch das Volk; im Gegensatz zu
ihren Häusern liege der Tempel verödet dar.[130] Daher ruft er das Volk auf, den
Tempel wiederaufzurichten,[131] und beschreibt dabei das Besondere an der Herr-

---

126 Vgl. hierzu sonst noch 1Q21 f1,2, wo ebenso ein Überbietungsgedanke zum Ausdruck
kommt, wenn auch nicht mit Blick auf zwei unterschiedliche Häuser, sondern auf zwei König-
tümer, die miteinander verglichen werden: [מלכות] מלכות רבא מן כהנותא. Auf Grund des
fragmentarischen Kontextes kann leider nicht mehr über diese Stelle gesagt werden.
127 Siehe hierzu auch die unterschiedlichen Interpretationen des hebräischen Textes in der
LXX (διότι μεγάλη ἔσται **ἡ δόξα** τοῦ οἴκου τούτου **ἡ ἐσχάτη** ὑπὲρ τὴν πρώτην, λέγει κύριος
παντοκράτωρ·) und der *Vulgata* (magna erit gloria **domus istius novissimae** plus quam pri-
mae dicit Dominus exercituum). Vgl. Hallaschka, *Haggai und Sacharja*, 61 Fußnote 319.
128 Hag 1,8–9; 2,3.
129 Hag 2,6–9. Vgl. Hallaschka, *Haggai und Sacharja*, 55–75.
130 Vgl. Hallaschka, *Haggai und Sacharja*, 29.34–35.132.
131 Vgl. Hag 1,8.

lichkeit des zukünftigen Tempels: Die Herrlichkeit (כבוד) dieses Hauses (הבית) wird alles Frühere übertreffen (גדול מן). Gemäß der finalen Fassung von *Haggai* geht die zukünftige Herrlichkeit des Tempels auf die Schätze zurück, die die גוים hineinbringen (Hag 2,6–7), was aber vermutlich eine spätere Interpretation des Textes ist.[132] Entsprechend der ursprünglicheren Fassung des Prophetenwerkes ist der כבוד stattdessen Gottes herrlicher, den Tempel füllender Präsenz zuzuschreiben.[133] Folglich ist der Tempel nach *Haggai* derzeitig eine Ruine, wird aber künftig auf Grund der göttlichen Präsenz voller Herrlichkeit sein.

Die Betrachtung der tempeltheologischen Spitzenaussagen in 2 Chr 2,4 und Hag 2,9a hat bemerkenswerte Entsprechungen zu den Aussagen über die beiden Häuser in Henochs himmlischer Vision aufgedeckt. So werden in allen drei Quellen die Schlüsselwörter בית, גדול (bzw. ihre aramäischen Äquivalente ביא und רב) und die Präposition מן verwendet, um zwei Entitäten mit Blick auf ihre Größe zu vergleichen. Hierbei ist in allen drei Fällen die zweite Entität auf Grund ihres direkten Bezuges zur Gottheit bzw. dessen Herrlichkeit die größere von beiden, die der anderen überlegen ist bzw. diese übertrifft. Wie der Tempel und Gott in den *Chronikbüchern* und der frühere, nun zerstörte und der künftige, mit der Herrlichkeit Gottes erfüllte Tempel in *Haggai* werden die beiden Häuser im *Wächterbuch* auch mit Blick auf ihre Größe in Beziehung gesetzt. So ist das erste Haus (בי) groß (רב) [1 Hen 14,10], aber das zweite Haus (בי) ist größer als (רב מן) das vorherige [1 Hen 14,15], höchstwahrscheinlich auf Grund der Präsenz der großen Herrlichkeit (δόξα bzw. ስብሐት[134]) [1 Hen 14,16.20–21]. Bereits nach diesem Vergleich mit 2 Chr 2,4 und Hag 2,9a lässt sich festhalten, dass die beiden Häuser, die Henoch in seinen Visionen sieht, eher als zwei unterschiedliche Gebäude einander gegenübergestellt als innerhalb eines Tempelkomplexes miteinander korreliert werden müssten. Dies bedeutete, dass die beiden Häuser nicht unterschiedliche Teile von ein und demselben Gebäude, sondern zwei entgegengesetzte, sich vielleicht widersprechende Bilder oder Entwürfe eines Tempels darstellen – der Begriff בי „Haus" wäre in beiden Fällen folglich keine „Chiffre" für einen bestimmten Teil eines einzelnen Gebäudes, sondern schlicht und einfach der Tempel als solcher.[135] Diese Vermutung wird auch von der oben in der Textanalyse geäußerten Beobachtung gestützt, dass die gesamte Beschreibung in 14,8–25 eine zweifache, nahezu parallele Struktur aufweist und die beiden Häuser letztendlich mehr oder weniger identisch aufgebaut sind.

---

132 Vgl. Hallaschka, *Haggai und Sacharja*, 60.67.73.
133 Vgl. Hag 2,3.9a und Hallaschka, *Haggai und Sacharja*, 73.121.
134 Das aramäische Pendant hierzu ist nicht erhalten.
135 Vgl. hierzu auch Nickelsburg, „Enoch, Levi, and Peter," 580 Fußnote 19.

In diesem Zusammenhang fällt ebenfalls auf, dass die Aussage über die zwei Häuser in 1 Hen 14 dem Vergleich in Hag 2,9a sehr viel näher steht als der Aussage in 2 Chr 2,4. Hierbei spielt auch die generelle Bedeutungsoffenheit von Hag 2,9a eine wesentliche Rolle. Durch diese Bedeutungsoffenheit ist der Vergleich des früheren und des künftigen Zustandes in Hag 2,9a nicht notwendigerweise auf כבוד „Herrlichkeit" zu beziehen, sondern kann genauso gut mit הבית „das Haus" verknüpft werden. Demnach sind es sowohl im *Wächterbuch* als auch in *Haggai* zwei Häuser, die direkt zueinander in ein Größenverhältnis gesetzt werden. Demgegenüber werden im chronistischen Werk zwei unterschiedliche Entitäten – Tempel und Gott – nebeneinander gestellt, wobei der tatsächliche Vergleich zwischen der Gottheit und den anderen Göttern vollzogen wird. Abgesehen von den zur Sprache gebrachten Begriffen gleichen sich die Aussagen in 1 Hen 14 und Hag 2,9a auch darin, dass es jeweils die beiden Häuser sind, die kontrastiv gegenübergestellt und auf diese Weise tatsächlich miteinander verglichen werden. In beiden Fällen überbietet das zweite Haus das erste. Dagegen handelt es sich in 2 Chr 2,4 zunächst einmal um eine Korrelation, in der der irdische Tempel in positiver Weise mit der Gottheit in Beziehung gesetzt wird. Bei dem anschließenden Vergleich der Götter spielt das Haus aber keine Rolle. Die auffallenden Ähnlichkeiten im Vokabular, in der Art des Vergleichs und im Gedanken der Überbietung, die sich so in keinen anderen antiken jüdischen Texten finden lassen, legen daher die Vermutung nahe, dass Henochs Vision von den zwei Häusern in 1 Hen 14,8–25 in Abhängigkeit von der prophetischen Tempelproklamation in Hag 2,9a entstanden sein könnte.

Des Weiteren ist Himmelfarbs Lesung des Wortes οἰκοδομῆς „Gebäude" und ihre anschließende Interpretation der Mauer als eine dritte Struktur des Tempels, das heißt als Vorhof, meiner Meinung nach problematisch, da sie damit die textlichen Schwierigkeiten und Semantik der griechischen Fassung dieser Stelle übergeht.[136] Wie der griechische Text von GrPan jetzt vorliegt, kann das

---

136 Vgl. hierzu und für das Folgende auch die Kritik an Himmelfarb, die Suter, „Temples and the Temple," 202–203, in ähnlicher Weise äußert. Vgl. auch Esler, *God's Court and Courtiers*, 116–118, der zwar auch wie Suter textkritische Gründe gegen Himmelfarb anführt, als Hauptargument aber inhaltliche Gründe nennt: So sei das Hauptproblem, dass die Mauer, die Himmelfarb als äußere Struktur des Tempels interpretiere, im Gegensatz zu antiken jüdischen Heiligtümern physisch nicht mit den beiden Häusern zusammenhänge, sondern sich vielmehr in einer größeren Distanz zu ihnen befinde. Dies spräche eindeutig dagegen, die erste Struktur als Gebäude und damit als Vorhof des Tempels zu interpretieren.

Da der Text des *Wächterbuches* keine konkreten Angaben zu den genauen Verhältnissen der einzelnen architektonischen Elemente und den Distanzen zwischen ihnen macht, sind Eslers inhaltliche Argumente meines Erachtens gegenüber den eindeutig zu benennenden textkritischen Schwierigkeiten von Himmelfarbs These leicht tendenziös. Insbesondere die Interpretation einer räumlichen Distanz zwischen Mauer und erstem Haus bloß auf Basis der Aus-

Wort οἰκοδομῆς (Genitiv Singular) entweder als eine Apposition zu τείχους „Mauer" („eine Mauer, ein Gebäude von") oder als ein dazu gehöriges Genitiv-Attribut („eine Mauer eines Gebäudes") verstanden werden.[137] Letztere Deutung ist bereits auf Grund der Semantik des Wortes τεῖχος und dem weiteren Verlauf des Textes eher unwahrscheinlich[138] – der Begriff τεῖχος bezeichnet normalerweise eine Mauer im Sinne einer Stadt- oder äußeren Schutzmauer und weniger die Mauer eines Gebäudes,[139] zumal der spezifische griechische Terminus zur Bezeichnung einer Hauswand bzw. einer Gebäudemauer, also τοῖχος, im folgenden Satz verwendet wird: οἱ τοῖχοι τοῦ οἴκου „die Wände des Hauses" (14,10; vgl. 14,12). Durch den Gebrauch von ጥቅም in 14,9 und አረፍት in 14,10 und 14,12 bezeugt die altäthiopische Fassung eine ähnliche semantische Differenzierung und stützt damit das griechische Verständnis. Während ጥቅም wie τεῖχος überwiegend mit „Mauer, Festungsmauer, Festung, Burg" übersetzt werden kann, kann አረፍት sowohl eine „(Haus-)Wand" (griechisch τοῖχος) als auch eine „Mauer" (griechisch τεῖχος) bezeichnen.[140] Damit werden in beiden Versionen zwei semantisch deutlich voneinander differenzierbare Termini verwendet, um die unterschiedlichen Arten der Mauern innerhalb der Struktur, die Henoch in seiner Vision vom ersten Haus sieht, zu beschreiben. Sowohl in der griechischen als auch in der altäthiopischen Version handelt es sich bei der in 14,9 erwähnten Mauer kaum um die eines Gebäudes im Sinne eines Bauwerkes mit Räumen, Dach und Wänden, sondern vielmehr um die einer schützenden, umgebenden Struktur.[141]

Hinzu kommt, dass die Lesung des Wortes οἰκοδομῆς in textkritischer Hinsicht schwierig, wenn nicht sogar völlig unsicher ist, sodass der Ausgangspunkt

---

sage, dass sich Henoch einem Gebäude nähert, lässt sich auf Grundlage des Textes weder verifizieren noch falsifizieren. Daher werden diese inhaltlichen Punkte Eslers in der nachfolgenden Kritik an Himmelfarb nicht berücksichtigt.

137 Für Letzteres vgl. auch die Übersetzung von Milik, *Books of Enoch*, 195.

138 Vgl. auch Black, *Book of Enoch*, 146–147.

139 Es kann auch im Sinne einer Festung oder Burg und ganz selten (und wahrscheinlich als eine Ausnahme) auch im Sinne einer befestigten Stadt oder als eine Mauer eines Tempels oder eines Hauses verstanden werden. Vgl. den Wörterbucheintrag zu τεῖχος in Lidell/Scott, *A Greek-English Lexicon*, 1767. Vgl. auch den Gebrauch von τεῖχος in der *LXX*, wo es zur Bezeichnung der Jerusalemer Stadtmauer verwendet werden kann (so zum Beispiel in 1 Kön 2,35; 5,14; 9,15; 2 Kön 14,13).

140 Vgl. den jeweiligen Wörterbucheintrag bei Dillmann, *Lexicon linguae Aethiopicae*, 1222–1223 bzw. 746.

141 In der *LXX* ist die Kombination von τεῖχος und οἰκοδομή nur ein einziges Mal bezeugt, nämlich in 1 Makk 16,23: τῆς οἰκοδομῆς τῶν τειχῶν „der Bau der Mauern." Das Wort οἰκοδομή wird hier im Sinne des Hergangs des Bauens und weniger als das Resultat („Bauwerk") verstanden, sodass diese Stelle zum Verständnis von 1 Hen 14,9 letztendlich nichts beitragen kann.

von Himmelfarbs These als durchaus fragwürdig erscheint. Gemäß dem Zeugnis von GrPan folgen auf das Wort οἰκοδομῆς die Präposition ἐν und das Material, woraus die Mauer bzw. das Gebäude sind (λίθοις χαλάζης). Dies könnte man frei vielleicht mit „eine Mauer, ein Gebäude *aus* Hagelsteinen" übersetzen. Die Verwendung der Präposition ἐν nach dem Substantiv οἰκοδομῆς ist aber ziemlich ungewöhnlich und nicht leicht zu übersetzen; stattdessen erwartete man mit Blick auf das Substantiv eher einen *genitivus materiae*. Ferner bietet die altäthiopische Version eine leicht andere Lesart: ጥቅም፡ ዘሕንጹት፡ በአእባነ፡ በረድ፡ „eine Mauer, die aus Hagelsteinen erbaut war." Auf das Wort ጥቅም „Mauer" folgt nicht wie in GrPan ein weiteres Substantiv, sondern eine Partizipialkonstruktion[142] zusammen mit der Präposition በ und der Angabe des Materials der Mauer. Genau dieselbe Wendung[143] findet sich zwei weitere Male innerhalb von Henochs himmlischen Visionen. In 14,10 wird beschrieben, wie sich Henoch einem großen Haus nähert, das aus Hagelsteinen erbaut ist, in 14,15, wie er ein Haus erblickt, das aus Feuerzungen erbaut wurde. In beiden Fällen liest die griechische Fassung ebenso eine Partizipialkonstruktion, gefolgt von der Präposition ἐν und der Angabe des Materials: ἤγγισα εἰς οἶκον μέγαν οἰκοδομημένον ἐν λίθοις χαλάζης (14,10) bzw. ὁ οἶκος μείζων τούτου, καὶ ὅλος οἰκοδομημένος ἐν γλώσσαις πυρός (14,15). Die große Übereinstimmung der griechischen und altäthiopischen Fassungen in diesen beiden Fällen legt es nahe, dass die griechische Vorlage der altäthiopischen Version von 14,9 eine vergleichbare Lesung wie GrPan in 14,10 und 14,15 bot, also anstelle des problematischen Substantivs οἰκοδομῆς wahrscheinlich ein Partizip Medium/Passiv von οἰκοδομέω las.

Diese Annahme wird von zwei weiteren Beobachtungen gestützt. Auf der einen Seite erklärt die Lesung des Partizips die seltsame Verwendung der Präposition ἐν, die wahrscheinlich als eine Übersetzung der aramäischen Präposition ב zur Angabe des Materials erachtet werden kann.[144] Auf der anderen Seite muss GrPan als ein in textkritischer Hinsicht eher problematischer Zeuge eingestuft werden. Es finden sich einige Abkürzungen, Ligaturen und orthographische Wechsel und eine generelle Neigung der beiden Schreiber, nachlässig und flüchtig zu sein.[145] Das Ergebnis ist ein griechischer Text mit gelegentlichen

---

142 Entsprechend der altäthiopischen Grammatik handelt es sich hierbei streng genommen um ein Verbaladjektiv im Sinne eines Partizips Perfekt Passiv.

143 Die Wendung besteht aus der Relativpartikel ዘ, einer passiven Verbalform von ሐነጸ, der Präposition በ und der Angabe des Materials.

144 Vgl. auch 1 Kön 6,15.16; 15,22; Hab 2,12; Mi 3,10.

145 Vgl. Lods, *Le Livre d'Hénoch*, XLIX, und ausführlich dazu die Beschreibung der Handschrift in Kapitel 2.2.2 dieser Arbeit (61–66).

Auslassungen oder schwierigen bzw. unverständlichen Lesarten.[146] Dem entsprechend schreibt auch Nickelsburg über diese Lesung von GrPan: „The simplest solution is to take ⅏ᵃ οἰκοδομῆς as a corrupt abbreviation for οἰκοδομημένου (= E).“[147] Die Lesung von οἰκοδομῆς im Einzelnen und Himmelfarbs Interpretation im Ganzen steht daher auf einer schwachen Grundlage. Ebenso ist Maiers Annahme, dass die Mauer den Vorhof abtrenne, auf Grund der Wortbedeutung von τεῖχος bzw. ጥቅም problematisch.[148]

Der Semantik von τεῖχος bzw. ጥቅም nach ist das erste Haus von einer Art Stadt- oder Schutzmauer umgeben, die aus Hagelsteinen erbaut und von Feuer umgeben ist. Darüber hinaus gibt der Text selbst keine weiteren Hinweise. Dem entspricht aber, dass das Wort בי in 14,10 als Bezeichnung für den Tempel insgesamt zu verstehen ist, der im Verlauf der Vision nicht weiter in einzelne Bestandteile wie zum Beispiel אולם, היכל oder דביר differenziert wird, sondern als Gesamtbegriff stehen bleibt. Beides macht es nun äußerst unwahrscheinlich, die in 14,9 erwähnte Mauer als ein Element eines Tempelkomplexes zu verstehen, das darin eine bestimmte Funktion wie zum Beispiel die Abgrenzung eines Vorhofes erfüllt. Dementsprechend ist am ehesten mit Suter davon auszugehen, dass diese Mauer keinen direkten Bezug zur Architektur des ersten Hauses hat, sondern generell etwas Größeres als eine Tempelmauer darstellt. Vielmehr ist anzunehmen, dass diese Mauer als Stadtmauer (Jerusalems) zu verstehen und die Vision vom ersten Haus nicht nur auf ein bestimmtes Tempelbild, sondern auch auf die Stadt zu beziehen ist, in der sich dieser Tempel befindet.[149] Es stellt sich allerdings die Frage, wie dies gedanklich mit der Tatsache zu vereinbaren ist, dass sich diese Mauer zusammen mit dem ersten Haus letztendlich wie das zweite Haus im Himmel befindet.

Im Zusammenhang mit dem zweiten Haus wird demgegenüber keine Mauer oder Entsprechendes erwähnt. Stattdessen liegt der Fokus hier auf dem Thron und der auf ihm sitzenden Gottheit, die gänzlich von Feuer und Engel umgeben werden. Kann man daraus schlussfolgern, dass das zweite Haus generell „mauerlos" ist, oder ist die Mauer im Zusammenhang mit diesem inhaltlichen Fokus so belanglos, dass sie schlicht und einfach nicht erwähnt wurde? Auf Grund der starken Kontrastierung der beiden Häuser ist das Fehlen der Mauer beim zweiten Haus so markant, dass es unwahrscheinlich ist, dass sie rein zufällig

---

146 Vgl. Larson, *The Translation of Enoch*, 85–92.160. Als Beispiele für schwierige Lesarten in GrPan vgl. zum Beispiel 1 Hen 14,18 oder 15,11.

147 Nickelsburg, *1 Enoch 1*, 258.

148 Vgl. auch Suter, „Temples and the Temple," 202–203.

149 Vgl. hierzu zum Beispiel auch 1 Kön 3,1; 9,15; 2 Chr 36,19, wo das Haus der Gottheit und die Mauer Jerusalems zusammen mit dem Königspalast in einer Aufzählung erwähnt werden.

fehlt. Auch hierfür scheint es eine Spenderstelle zu geben, die bislang wenig Beachtung gefunden hat:[150] Der Gedanke eines offenen Ortes ohne Mauern, aber von schützendem Feuer umgeben und in dessen Mitte sich Gottes Herrlichkeit befindet, erinnert nämlich an das Heilsversprechen in Sach 2,8–9, dem nach Jerusalem wegen der großen Zahl ihrer Bewohner ein offener Ort[151] bleiben soll, den Gott selbst beschützen will, indem er für die Stadt eine Mauer aus Feuer wird.[152] Nach *Sacharja* kommt es damit zu einer göttlichen Überbietung der von Menschen gebauten, steinernen Schutzmauer der Stadt.[153] Auf diese Weise wird in Jerusalem dasjenige charakteristische Element – die Stadtmauer – aufgehoben, das in einer antiken Stadt schützend zwischen innerhalb und außerhalb des Ortes differenziert.[154] Ferner fasst Lux mit Blick auf Sach 2,8–9 zusammen:

> So symbolisieren die ‚Feuermauer' und JHWHs ‚Herrlichkeit' nicht nur seine äußere und innere Anwesenheit in und um die göttliche Residenzstadt Jerusalem herum, sondern auch seine heilvolle, lichte Präsenz sowie sein aggressiv-unheilvolles Vorgehen gegen die Feinde der Stadt und gegen ganz Israel.[155]

Gottes Präsenz in seiner Herrlichkeit und im Feuer als Begleiterscheinung seiner Theophanie macht also jedwedes von Menschen geschaffene Bauwerk obsolet. Kann man das Faktum, dass das zweite Haus in Henochs Vision ebenso keine gebaute Mauer zu haben scheint, gleichermaßen deuten, also das Fehlen einer Mauer darin begründet sehen, dass das Haus wegen der Anwesenheit der Herr-

---

150 Zwar verweist Suter, „Temples and the Temple," 206, im Zusammenhang seiner Diskussion des Feuers als Strukturelement des Tempels auf Sach 2. Er will hiermit aber nicht die „Mauerlosigkeit" des zweiten Hauses erklären, sondern vielmehr die Präsenz des Feuers in 1 Hen 14 generell, die er als universales Symbol göttlicher Präsenz deutet. Er differenziert folglich nicht zwischen dem Feuer, das die Mauern und Wände des ersten Hauses umgibt, und dem Feuer, das das zentrale Bauelement des zweiten Hauses darstellt, sondern nutzt Sach 2 lediglich dazu, seine These zu stützen, dass die Hagelsteine und das Feuer in 1 Hen 14 denselben visuellen Eindruck evozieren sollen wie zum Beispiel die Edelsteine in anderen Beschreibungen des himmlischen Jerusalems (vgl. Suter, „Temples and the Temple," 205–206). Die Bezugnahme auf Sach 2, wie sie oben im Rahmen dieser Arbeit vorgeschlagen wird, kann daher als ein neuer Ansatz in der Auslegung von 1 Hen 14 angesehen werden.
151 Das in Sach 2,8 verwendete Wort lautet פרזות, das so viel wie „offenes Land, offener Ort" im Gegensatz zu einer ummauerten Stadt bedeutet. Vgl. Gesenius, *Handwörterbuch*, 658.
152 Die Idee der schützenden Feuermauer könnte wiederum auf die Vorstellung der Wolken- und Feuersäule in der Exoduserzählung zurückgehen (vgl. zum Beispiel Ex 13,21–22; 40,34–38; Num 9,15–23; 10,11–12.34–36). Vgl. Hallaschka, *Haggai und Sacharja*, 181.
153 Vgl. Lux, *Prophetie und Zweiter Tempel*, 95.
154 Lux, *Prophetie und Zweiter Tempel*, 95.
155 Lux, *Prophetie und Zweiter Tempel*, 98.

lichkeit Gottes, die von Strömen flammenden Feuers umgeben ist, schlichtweg keiner Schutzmauer bedarf?

Bevor die Frage nach der Bedeutung und Funktion der beiden Häuser innerhalb Henochs himmlischer Vision weiter thematisiert und ein möglicher Lösungsansatz vorgeschlagen wird, sollen zunächst der Blick geweitet und die beiden Häuser im Hinblick sowohl auf ihr jeweiliges Material und Inneres als auch auf Henochs Verhalten und Reaktion betrachtet werden. Hierbei soll geprüft werden, ob der weitere Textbefund die bisher vorgebrachte Vermutung stützt, dass es sich bei den beiden Häusern aus Henochs Vision um zwei entgegengesetzte Entwürfe des Tempels handelt, und welche weiteren Hinweise das Werk selbst gibt, wie das direkte Nebeneinander der beiden Häuser erklärt werden kann. Der Schwerpunkt der nachfolgenden Diskussion soll dabei vor allem auf der Beschreibung des ersten Hauses liegen, da sich an dessen Verständnis die Richtigkeit der hier vorgeschlagenen These entscheidet und damit die bisherigen Interpretationen widerlegt werden können.

Bislang wurden die Verbindung von Feuer und Schnee bzw. Hagelsteinen und das angsteinflößende Innere des ersten Hauses positiv ausgelegt, da beides in der Regel auf die Präsenz der Herrlichkeit Gottes zurückgeführt wurde. Eine positive Deutung dieser Elemente ist auf den ersten Blick naheliegend, sofern man sich auf ihre visuelle Erscheinung konzentriert, wie es zum Beispiel auch Maier oder Himmelfarb tun.[156] So wird der Schnee auf Grund seiner Farbe als Ausdruck der Reinheit erachtet,[157] während das Feuer integraler Bestandteil von Theophanien sein kann,[158] als Wärme- und Lichtspender eine Notwendigkeit des Lebens darstellt[159] oder die Art und Weise beschreibt, wie Gott das ihm dargebrachte Opfer verzehrt.[160] Es ist anzunehmen, dass vor allem diese positiven Konnotationen bei Ezechiels Vision von der Herrlichkeit Gottes (Ez 1) und Josephus Beschreibung des Heriodianischen Tempels (*Bell. Jud.* 5) mitschwingen sollen. Aber eine Beschränkung auf den visuellen Aspekt wird meines Erachtens der Beschreibung des ersten Hauses in Henochs Vision insofern nicht gerecht, als es hier auch und vielleicht sogar primär um die taktile Wahrnehmung dieser Naturphänomene geht. So sagt Henoch vom Inneren des Hauses nicht, dass es wie Feuer glänze oder weiß wie Schnee sei, sondern, dass es dort *heiß* wie Feuer und *kalt* wie Eis sei (1 Hen 14,13). Es geht hier also entgegen

---

156 Siehe oben unter der Darstellung der bisherigen Interpretationen.

157 Vgl. zum Beispiel Jes 1,18; Ps 51,9; Dan 7,9. Hierbei handelt es sich aber stets um den Vergleich „weiß(er) wie Schnee" (כשלג bzw. משלג).

158 Vgl. zum Beispiel Gen 15,17; Ex 3; 19,18; 24,17; Ez 1; Sach 2,9; Dan 7,9–10.

159 Vgl. zum Beispiel Jes 44,15; Sir 39,26.

160 Vgl. zum Beispiel Lev 9,24; 1 Kön 18,38; 2 Chr 7,1 (vgl. 2 Chr 7,3).

Maier und Himmelfarb nicht um den visuellen Eindruck des Hauses, sondern um das darin herrschende, paradoxe Klima. Lediglich Suter und teilweise auch Nickelsburg bieten mit ihrem Erklärungsversuch, bei dem sie den schneebedeckten Berg Hermon mitsamt den ihn umgebenden meteorologischen Erscheinungen als Hintergrund für die Beschreibung des ersten Hauses in Anspruch nehmen, eine mögliche Antwort auf die Frage, wo dieser Gedanke aus 1 Hen 14 seinen Ursprung haben könnte.[161] Bei diesem Erklärungsversuch kommt meines Erachtens aber das lebensfeindliche Moment des Visionsbildes zu kurz. Die widersprüchliche Wahrnehmung Henochs vom Klima des ersten Hauses steht dem eigentlichen Sinn eines Gebäudes der antiken Levante entgegen, das dem Menschen mit Blick sowohl auf die Mittagshitze als auch auf die nächtliche Kälte ein Zufluchtsort sein soll.[162] Stattdessen setzt ihn das erste Haus extremen Temperaturunterschieden aus, die man im Prinzip auf dessen Bausubstanz – Feuer und Schnee bzw. Hagelsteinen – zurückführen kann. Und gerade in Hinblick auf ihre Substanz bzw. den Effekt, den diese Elemente mit sich bringen, können Feuer, Hagel und Schnee eine durchaus negative Konnotation haben.[163]

Als Wetterphänomene stellen Hagel und Schnee in der Regel etwas Bedrohliches dar, da sie Kälte und Zerstörung mit sich bringen. So heißt es in Hiob 38,22–23, dass Schnee und Hagel für die Zeit der Bedrängnis, des Kampfes und der Schlacht aufgespart werden und hierbei als ein Gerichtswerkzeug Gottes fungieren. Eine ähnliche Assoziation findet sich in 1 Hen 34; 76,1–14 (insbesondere 76,11–12) und Sir 43,17: Schnee und Hagel sind eine Plage, die Schaden und Zerstörung mit sich bringen wie Heuschrecken.[164] Gleichermaßen ist Feuer nicht nur Bestandteil von Theophanien, sondern auch Demonstration und Instrument von Gottes Zorn und Gericht.[165] In Texten wie zum Beispiel Lev 10,2; Num 11,1–3; 16,35 oder Ps 18,9 geht von Gott verzehrendes Feuer als Ausdruck

---

161 Vgl. Nickelsburg, *1 Enoch 1*, 261; Suter, „Why Galilee?," 206–207; Suter, „Temples and the Temple," 204.

162 Vgl. auch Gen 31,40 und Jer 36,30. Darüber hinaus könnte man auch noch auf eine eher junge, aber nicht weniger interessante hebräische Quelle verweisen, in der der gesamte Kosmos und folglich auch die Scheol beschrieben werden. Bemerkenswerterweise wird das Klima in der Scheol dort sehr ähnlich geschildert:

שאול חציה אש וחציה ברד ורשעים שבתוכה כשהם יוצאים מן האש לחוץ אותם ברד
וכשיוצאים מן הברד דולק אותם האש

„Und die Scheol ist halb aus Feuer und halb aus Hagel. Wenn die Gottlosen, die sich in ihrer Mitte befinden, das Feuer verlassen, bedrängt sie der Hagel, und wenn sie den Hagel verlassen, verbrennt sie das Feuer" (סדר רבה דבראשית Abschnitt כה).

163 Vgl. hierzu und für das Folgende auch Köckert, „Theophanie des Wettergottes," 209–226.

164 Vgl. auch Ex 9,13–35; Ps 18,14–16; 147,17.

165 Vgl. zum Beispiel Jes 66,15–16; Dan 7,11; 1 Hen 90,26.

seines Zorns aus, um den Frevler zu bestrafen oder zu vernichten.[166] Darüber hinaus kann Gottes Zorn sogar eine Kombination von Feuer, Hagel und anderen Plagen mit sich bringen.[167] Bemerkenswerterweise findet sich eine Verbindung von בית in der Bedeutung des Tempels und der Vorstellung des brennenden Feuers nur in Beschreibungen von der Zerstörung des Ersten Tempels.[168] Mit Blick auf die Beschreibung des ersten Hauses in Henochs Vision kann aus diesen Beobachtungen gefolgert werden, dass die Materialen der Wände und des Hauses insgesamt wahrscheinlich einen negativen Ursprung haben, nämlich in Gottes Zorn und Gericht. Die Mauern und Wände aus Schnee bzw. Hagel symbolisierten damit weder Reinheit noch Fruchtbarkeit,[169] sondern Kälte und Lebensferne. Das lodernde Feuer, das alles umgibt, wäre nicht Bestandteil einer Theophanie – hierfür fehlt schlichtweg der Bezug zur Gottheit, der nur beim zweiten Haus gegeben ist –, sondern Ausdruck von Gericht und Zerstörung.

Dass die Materialen des ersten Hauses negativ konnotiert sein können, bedeutet nicht notwendigerweise, dass seine Ähnlichkeiten zu Josephus' Tempelbeschreibung oder die generelle Nähe zu Tempelvorstellungen bestritten werden muss. Vielmehr demonstrieren die weiteren Unterschiede zwischen den beiden Häusern, dass in der Beschreibung des ersten Hauses vermutlich bewusst auf Elemente des irdischen Tempels angespielt wird – aber mit dem Ziel, ihn implizit als defizitär zu kritisieren. Die bisher geäußerte Vermutung, dass es sich um zwei entgegengesetzte Entwürfe des Tempels handelt, wird von zwei weiteren Beobachtungen zum ersten Haus gestützt.

Zum ersten unterscheiden sich die beiden Häuser mit Blick auf ihr Inneres. In der Textanalyse klang bereits mehrfach an, dass dem ersten Haus im Vergleich zum zweiten Haus ein grundlegender Abbildcharakter eigen ist. Während die Himmelsphänomene und -wesen im zweiten Haus tatsächlich vorhanden sind und als lebendige göttliche Umhüllung erachtet werden können, sind sie im ersten Haus wie in einem irdischen Tempel lediglich abgebildet. Das erste Haus ist folglich nur Abbild des Alls, während das zweite Haus realer, lebendi-

---

166 Vgl. auch Gen 19,24; Ex 9,23; Jes 29,6; 30,27; Ez 22,19–22. Vgl. hierzu auch die negative Konnotation des Feuers in der Vision von der Herrlichkeit Gottes in Ez 1,4–28, die bereits in Entsprechung zum restlichen Buch auf Gericht und Untergang verweist (vgl. Hiebel, *Ezekiel's Vision Accounts*, 238–240).

167 Vgl. Jes 30,30; Ez 38,22.

168 Vgl. 2 Kön 25,9–10; 2 Chr 36,19; Jes 64,9–10. In Entsprechung zum Schicksal des Ersten Tempels soll der Zweite Tempel nach 1 Hen 91,9 auch im Feuer verbrannt werden. Die Verbrennung ist dabei nicht nur logische Konsequenz auf die Ungerechtigkeiten, die in Verbindung mit dem Zweiten Tempel erfolgt sind, sondern auch Ausdruck von Gottes Gericht.

169 Vgl. hierzu zum Beispiel 1 Kön 6,29.32: Die Vegetationsmotivik, die in die Tempelwände und -türen hinein geschnitzt werden, sollen auf den Garten Eden und damit auf Fruchtbarkeit und Leben verweisen.

ger Kosmos ist. Außergewöhnlicher als dieser Abbildcharakter ist aber die Aussage über das Innere des ersten Hauses, dass dort keine Lebensfreude sei. Diese Tatsache ist insofern befremdlich, als er beträchtlich von der antiken Idee des Tempels als Ort der Quelle von Leben, Fruchtbarkeit und Gedeihen abweicht.[170] Nach antiken jüdischen Quellen ist der Tempel oder das Zelt der Begegnung gewöhnlich mit der כבוד יהוה „Herrlichkeit Jahwes",[171] seiner ענן „Wolke",[172] שוליו „dem Saum seines Gewandes"[173] oder gar mit Jahwe selbst gefüllt.[174]

Bereits Charles wies in diesem Zusammenhang auf einen Gedanken aus dem Buch *Jesus Sirach* hin, in dem dasselbe griechische Wort wie in der GrPan-Fassung von 1 Hen 14,13, nämlich τρυφή, auch in Kombination mit einer Negation verwendet wird.[175] Dort heißt es in Sir 14,16: כי אין בשאול לבקש תענוג (SirA 6r:5–6), ὅτι οὐκ ἔστιν ἐν ᾅδου ζητῆσαι τρυφήν, was Smend mit „denn in der Hölle kann man keinem Genuss nachgehen" übersetzt.[176] Das Zitat steht in einem Kontext, in dem es um die Wertschätzung des Lebens und der Schöpfung Gottes angesichts des ungewissen Schicksals des Todes geht.[177] Der Ort des Todes ist hierbei nach *Jesus Sirach* mit der Abwesenheit von תענוג bzw. τρυφή verbunden. Auf den ersten Blick könnte man auf Basis von Sir 14,16 mit Bezug auf die Aussage von 1 Hen 14,13 schlussfolgern, dass das erste Haus in Henochs Vision auf Grund der Abwesenheit von Lebensfreude gleichermaßen ein Ort fern von jeglichem Genuss sei. Aber liegt hier überhaupt dieselbe Verwendungsweise des Wortes τρυφή vor? Sowohl das hebräische תענוג als auch das griechische τρυφή sind in Sir 14,16 sehr wahrscheinlich im Sinne von „Genuss, Vergnügen, Schwelgerei" zu verstehen und bezeichnen damit ein „behagliches Genussleben",[178] das einer Existenz in der Scheol absolut fremd ist.[179] Diese profan-griechische Verwendungsweise von τρυφή, wie sie sich in *Jesus Sirach* findet und die auch eine deutlich negative Konnotation haben kann, ist abgesehen von zwei *Daniel*-Belegen[180] in der *LXX* so nicht bezeugt. Stattdessen wird τρυφή dort überwiegend positiv verwendet und steht bemerkenswerterweise in

---

170 Vgl. hierzu exemplarisch Van Leeuwen, „Cosmos, Temple, House," 399–421; Ambos, *Mesopotamische Baurituale*, 47.
171 Vgl. zum Beispiel Ex 40,34–35; 1 Kön 8,11; Ez 43,5.
172 Vgl. zum Beispiel 1 Kön 8,10; 2 Chr 5,13; Ez 10,4.
173 Vgl. Jes 6,1.
174 Vgl. Ps 11,4; Hab 2,20.
175 Vgl. Charles, *The Book of Enoch*, 33. Vgl. auch Nickelsburg, *1 Enoch 1*, 263.
176 Smend, *Die Weisheit des Jesus Sirach*, 26.
177 Vgl. Nickelsburg, *1 Enoch 1*, 263.
178 Vgl. Kronholm, Art. ענג, 232.
179 Vgl. auch Sir 6,28; 11,27; 37,29; 41,1, und die Verwendung von תענוג zum Beispiel in Spr 19,10; Koh 2,8 (vgl. Kronholm, Art. ענג, 232) bzw. von τρυφή in Dan 4,31(LXX); 4,32(LXX).
180 Siehe hierzu die vorangehende Fußnote.

enger Beziehung zu dem Wort עֵדֶן.[181] Das Wort τρυφή (bzw. dessen Derivate) gibt in der *LXX* weitgehend das hebräische Substantiv עֵדֶן wieder, sofern dieses nicht als Ortsbezeichnung verstanden und daher transkribiert wurde.[182] So wird beispielsweise das hebräische מִגַּן־עֵדֶן in der griechischen Fassung von Gen 3,23 mit ἐκ τοῦ παραδείσου τῆς τρυφῆς übersetzt.[183] In der *LXX*-Fassung der *Genesis* wird der Garten Eden folglich als ein angenehmer Ort der Freude und Üppigkeit verstanden, der dem harten und entbehrungsreichen Leben außerhalb des Paradieses gegenübersteht.[184] Mit Blick auf den Beleg in 1 Hen 14,13 gilt es daher zu überlegen, ob das Wort τρυφή hier auch im Sinne der *LXX* verwendet wurde und folglich implizit einen Bezug zum Garten Eden und seinen paradiesischen Umständen zum Ausdruck bringen soll. Die Vertrautheit des griechischen Übersetzers des *Wächterbuches* mit der *LXX*[185] könnte für eine solche bewusste Wahl dieses Lemmas sprechen. Dies hätte zur Folge, dass es sich bei dem ersten Haus gemäß 1 Hen 14,13 um alles andere als einen paradiesischen Ort voller Leben und Fruchtbarkeit handelt. Vielmehr wäre es eine Art „Anti-Eden".

Der negative Bezug auf den Garten Eden durch die Verwendung des Wortes τρυφή in Kombination mit einer Negation könnte durch eine weitere Beobachtung in anderen antiken jüdischen Traditionen über Henoch bestärkt werden. Demnach wird Henoch bei seiner endgültigen Entrückung nicht in den Himmel, sondern in den Garten Eden gebracht, wo er dann als Schreiber der Gerechtigkeit tätig wird.[186] Im *Jubiläenbuch* wird der Garten Eden darüber hinaus als ein

---

181 Vgl. Kedar-Kopfstein, Art. עֵדֶן, 1095. Vgl. hierzu auch Leonhardt-Balzer, „Philo and the Garden of Eden," 244–257. Leonhardt-Balzer beschreibt in diesem Aufsatz die Schwierigkeiten, die Philo bei der Assoziation des Garten Edens mit dem Wort τρυφή hat, da sein Verständnis von τρυφή, das dem Profan-Griechischen entspricht, seinem Empfinden nach in starker Spannung zur Idee des Garten Edens steht und daher in der *Genesis* entgegen der normalen Wortbedeutung anders interpretiert werden muss.

182 Vgl. Kedar-Kopfstein, Art. עֵדֶן, 1095, und Gen 3,23.24; 49,20; Ps 36,9; 139,11; Jer 51,34; Ez 28,13; 31,9.16.18; Joel 2,3. Das Wort kann aber auch in Entsprechung zu תִּפְאֶרֶת (Spr 4,9); תַּעֲנוּג (Spr 19,10; Hld 7,7; Mi 2,9) oder מַעֲדַנִּים (Klgl 4,5) stehen. Vgl. hierzu auch Nickelsburg, *1 Enoch 1*, 263 Fußnote 16.

183 Vgl. Gen 3,24.

184 Vgl. Leonhardt-Balzer, „Philo and the Garden of Eden," 247.

185 Vgl. hierzu auch die Ausführungen zum Charakter der beiden griechischen Fassungen in Kapitel 2.2.4 dieser Arbeit (69–72).

186 Vgl. hierzu explizit 1 Hen 60,8; Jub 4,23; implizit 1 Hen 87,3 (vgl. hierzu vor allem Tiller, *Animal Apocalypse*, 248–250; Nickelsburg, *1 Enoch 1*, 374). Darüber hinaus könnte man eine weitere Verbindung von Henoch und dem Garten Eden darin sehen, dass seine Frau gemäß jüngeren Traditionen Edna heißt (1 Hen 85,3; Jub 4,20), was im Hebräischen als ein Femininum zu עֵדֶן oder als dessen aramäisches Äquivalent im *status determinatus* gedeutet werden kann (vgl. Milik, *The Books of Enoch*, 42; Uhlig, *Das äthiopische Henochbuch*, 679 Anmerkung zu 1 Hen 85,3).

heiliger Ort erachtet, der dem Herrn gehört und womöglich im Sinne des Tempels, wenn nicht sogar des Allerheiligsten, verstanden werden kann.[187] Dieser gedankliche Zusammenhang von Garten Eden und Tempel wird andererseits in der Ausgestaltung eines Tempels ausgedrückt, indem die Vegetationsmotivik in den Dekorationen des Tempelinneren auf Fruchtbarkeit und ewiges Leben und folglich auf den Garten Eden verweist.[188]

Spätestens bei der Frage nach der aramäischen Fassung von 1 Hen 14,13 wird die Überlegung, dass bei dem Wort τρυφή auch die Idee des Gartens Eden anklingen könnte, allerdings problematisch. Im Aramäischen ist das Wort עדן so gut wie nicht bezeugt[189] und bei den beiden Qumran-Aramäischen Belegen[190] wird diskutiert, ob es sich hierbei nicht um einen Hebraismus handelt, der dem Bibel-Hebräischen עדן entlehnt sei.[191] Dies macht es natürlich nicht unmöglich, auch für die aramäische Fassung von 1 Hen 14,13 die Lesung dieses Lemmas anzunehmen, könnte aber auch darauf hindeuten, dass dieser Bezug erst bei der Übersetzung ins Griechische hergestellt wurde, oder das Wort τρυφή schließlich doch eher profan-griechisch verstanden werden müsste. In diesem Zusammenhang lohnt sich aber noch ein Blick auf Ps 36. Der Psalm dient insgesamt der Veranschaulichung des Reichtums der Güte Gottes und stellt in den Versen 9–10 den Tempel als Ort der Segensfülle und Jahwe als Quelle des Lebens und des Lichts heraus:

ירוין מדשן ביתך ונחל עדניך תשקם:
כי־עמך מקור חיים באורך נראה־אור:

Sie laben sich am Überfluss deines Hauses, und am Strom deiner Wonnen tränkst du sie. Denn bei dir ist die Quelle des Lebens, in deinem Licht sehen wir das Licht.

Vergleicht man diese beiden Verse mit 1 Hen 14,13, so fällt auf, dass das Haus in diesem Psalm nicht nur Ursprung von Überfluss und Wonnen für die Gerechten ist, sondern für sie auch als Wohnort der Gottheit die Quelle des Lebens und den Ort des Lichts darstellt. Dem allem widerspricht aber die Aussage in 1 Hen 14,13, dass in dem ersten Haus gerade nun keine Freude bzw. Wonne des

---

187 Jub 3,8–14; 4,26 und 8,19. Vgl. van Ruiten, „Eden and the Temple," 75–79; Gäckle, *Allgemeines Priestertum*, 149.

188 Vgl. hierzu exemplarisch 1 Kön 6,29.32; Ez 47,1–12, und auch Assmann, *Ägypten*, 45; Janowski, „Der Himmel auf Erden," 245; Gäckle, *Allgemeines Priestertum*, 149.

189 Siehe hierzu den Wörterbucheintrag עדן im *CAL*, wo nur die beiden qumran-aramäischen Belege aufgeführt werden.

190 1QGenAp 11,12 und 11QtgHiob 27,6 (vgl. Hiob 36,11 [MT]).

191 Vgl. hierzu vor allem Stadel, *Hebraismen*, 26–27, der auch die bisherige Forschungsdiskussion zu diesen beiden Belegen zusammenfasst.

Lebens sei. Ein Blick auf die griechische Fassung dieser beiden Verse verdeutlicht diesen Gegensatz. So heißt es dort:[192]

μεθυσθήσονται ἀπὸ πιότητος τοῦ οἴκου σου καὶ τὸν χειμάρρουν τῆς τρυφῆς σου ποτιεῖς αὐτούς
ὅτι παρὰ σοὶ πηγὴ ζωῆς ἐν τῷ φωτί σου ὀψόμεθα φῶς.

In der griechischen Fassung des Psalms finden sich die beiden selben Schlüsselbegriffe, die in 1 Hen 14,13 die markante Wendung τρυφή ζωῆς οὐκ ἦν ἐν αὐτῷ ausmachen. In Vers 9 steht τῆς τρυφῆς σου als griechisches Äquivalent zu עֶדְנְךָ und in Vers 10 ζωῆς, das dem hebräischen חַיִּים entspricht. Demnach ist gerade das, was im ersten Haus aus Henochs Vision abwesend ist, gemäß der Vorstellungswelt von Ps 36 zentraler Bestandteil eines Hauses, in dem die Gottheit wohnt.

Der Blick auf Ps 36 zeigt somit zweierlei: Einerseits ist von einer positiven Konnotation des Wortes τρυφή auszugehen, das der Semantik nach am ehesten der Verwendungsweise in der *LXX* entspricht. Demnach geht es in 1 Hen 14,13 wahrscheinlich weniger um Lebensgenuss oder ein behagliches Genussleben, wie es gemäß der *Sirach*-Stelle der Scheol fremd ist, sondern vielmehr um den Gedanken des Überflusses, der Wonne und der Lebensfreude, die im direkten Bezug zur Gottheit als ihren Quellort stehen. Dies sagt aber nichts darüber aus, ob im Aramäischen ursprünglich עֵדֶן bzw. ein Derivat hiervon zu lesen war, wodurch ein expliziter Bezug zum Garten Eden hergestellt wurde, oder vielmehr ein sinnverwandtes Lemma, das im Griechischen mit τρυφή übertragen werden konnte. Andererseits zeigt der Vergleich mit Ps 36, dass die Aussage in 1 Hen 14,13 der gängigen Tempelauffassung eindeutig widerspricht, da das Vorhandensein der üblichen Tempelattribute negiert und das Haus abgesehen von der Gebäudestruktur als leer beschrieben wird. Anstatt von Engeln oder anderen (himmlischen) Wesen, einem Thron oder gar einer Gottheit sieht Henoch nichts und niemanden und bemerkt an diesem Ort vielmehr die Hitze, Kälte und Abwesenheit von Lebensfreude. Dies bekräftigt nicht nur den negativen Eindruck des ersten Hauses, der sich bereits in den zuvor behandelten Beobachtungen und Punkten herauskristallisierte, sondern demonstriert auch, dass dieser Ort eigentlich alles andere als ein Haus Gottes ist.

In diesem Zusammenhang lohnt erneut ein Blick auf *Haggai* und seinen Vergleich vom früheren mit dem zukünftigen Tempel. In Hag 2,3 stellt der Prophet dem Volk folgende rhetorische Frage:

---

192 = Ps 35,9–10 (LXX).

מי בכם הנשאר אשר ראה את־הבית הזה בכבודו הראשון ומה אתם ראים אתו עתה הלוא
כמהו כאין בעיניכם:

Wer von euch ist noch übrig, der dieses Haus in seiner früheren Herrlichkeit gesehen hat? Und wie seht ihr es nun? Ist es in euren Augen nicht wie nichts?[193]

Die frühere Herrlichkeit des Tempels wird hier mit der miserablen derzeitigen Situation verglichen – der Tempel ist jetzt wie nichts (כאין) – und zugleich mittels der Schlüsselwörter הבית הזה „dieses Haus,“ כבוד „Herrlichkeit“ und ראשון „frühere“ in ein Verhältnis zu seinem zukünftigen Zustand gesetzt, wie er in Hag 2,7.9 beschrieben wird: Der künftige Tempel wird dann voller Herrlichkeit sein.[194] Mit Blick auf den Tempel findet sich in *Haggai* folglich nicht nur ein ähnlicher Überbietungsgedanke wie in 1 Hen 14, sondern gewissermaßen auch eine vergleichbare Auffassung von der „Kondition“ der gegenübergestellten Häuser. So ist nach *Haggai* das gegenwärtige Haus eine Ruine, wie nichts (Hag 1,4; 2,3), aber das künftige Haus wird auf Grund der göttlichen Präsenz voller Herrlichkeit sein (Hag 2,7.9). Die beiden Häuser in Henochs himmlischer Vision sind ganz ähnlich charakterisiert. Das erste Haus hat eine furchterregende Erscheinung, sein Material kann als Zeugnis von Gottes Zorn und Gericht gedeutet werden und sein Inneres birgt keine Quelle der Lebensfreude; das zweite Haus ist dagegen von Herrlichkeit, Größe und Pracht gekennzeichnet und Ort des göttlichen Thrones.

Zum zweiten unterscheidet sich Henochs Reaktion auf die Erscheinung des ersten Hauses erheblich von seiner Reaktion auf das zweite Haus und ist von einer enormen Angst und Schrecken geprägt. In der bisherigen Forschung wurde diese Angstreaktion positiv ausgelegt, obwohl dies nicht die einzige Interpretationsmöglichkeit für Henochs Gefühlsäußerung ist. Wie bereits in der Textanalyse gezeigt wurde, ist Henochs Niederfallen in 14,14a keine Prostration wie in 14,24–25, sondern ein Fallen aus purem Entsetzen.[195] Diese Art der Angstreaktion ist in der finalen Fassung des *Wächterbuches* eindeutig mit der Vorstellung des Gerichts und der Bestrafung verbunden. So werden die Reaktionen der Wächter auf Gottes Gericht und von Henoch beim Anblick des Gefängnisses der Wächter mit denselben Worten beschrieben.[196] Aber auch in anderen antiken

---

193 In diesem Zusammenhang könnte man auch auf diejenigen Passagen in *Ezechiel* verweisen, in denen beschrieben wird, wie die Herrlichkeit Gottes den Tempel bzw. Jerusalem verlässt (zum Beispiel Ez 10,18–22; 11,22–25). Dort findet sich aber keine explizite Erwähnung, dass etwas nicht (mehr) im Tempel vorhanden ist.

194 Vgl. Hallaschka, *Haggai und Sacharja*, 55.

195 Der Zusatz אפני „auf mein Angesicht“ in Aeth ist höchstwahrscheinlich sekundär (siehe die Diskussion oben in der Textanalyse von 1 Hen 14,8–25).

196 Vgl. 1 Hen 1,5; 13,3; 1,2.7–9. Für eine ausführlichere Darstellung siehe die Textanalyse von 1 Hen 14,8–25 unter Kapitel 3.1 dieser Arbeit (insbesondere 175–176).

jüdischen Texten können Angst und Schrecken (vgl. 1 Hen 14,13) und Zittern und Beben (vgl. 1 Hen 14,14a) Reaktionen auf Gottes Zorn und Gericht[197] oder seine militärischen Aktionen[198] sein, sodass auch in 1 Hen 14 davon auszugehen ist, dass Henoch nicht aus Gottesfurcht von Angst und Beben ergriffen wird, sondern auf Grund der Tatsache, dass das vor ihm stehende erste Haus vielmehr Ausdruck und Zeugnis von Gottesferne und Gericht gegen die Frevler und Feinde Gottes ist. Hierzu passt auch, dass Henoch das erste Haus betreten kann (14,13), während dies beim zweiten nicht einmal den Engeln möglich ist (14,21). Das erste Haus erscheint somit als ein profaner, betretbarer Ort, das zweite dagegen als heilige, unzugängliche Wohnstätte der Gottheit.[199]

Nimmt man alles: die Probleme der bisherigen Interpretationen, die oben vorgetragenen Beobachtungen und die genannten Parallelen (besonders Hag) zusammen, erscheint es sehr unwahrscheinlich, dass Henoch in seinen himmlischen Visionen einen zwei- oder gar dreiteiligen Tempel sieht, der in seiner Struktur und in seinem Aussehen dem irdischen Tempel in Jerusalem entspricht. Vielmehr haben unsere Untersuchungen mehr und mehr bestätigt, dass es sich bei den beiden Häusern, die Henoch in seiner Vision sieht, eher um zwei entgegengesetzte, sich widersprechende Tempelentwürfe bzw. -zustände handelt als um zwei miteinander zu korrelierende Teile ein und desselben Tempels. So zeigte sich, dass das erste Haus auf den ersten Blick zwar optisch dem Wohnsitz Gottes entspricht, aber seine Materialen und sein Inneres auf Grund ihres paradoxen und angsterregenden Charakters negativ zu verstehen sind. Bei der Laufbahn der Sterne und den Blitzen sowie den Cherubim handelt es sich lediglich um Abbildungen, wie sie zwar in einem irdischen Tempel der Antike üblich sind. Im Vergleich mit dem zweiten Haus, in dem diese Himmelsphänomene real anwesend sind, wird aber deutlich, dass es nicht die wirkliche Wohnstätte der Gottheit sein kann. Ebenso sind hier Schnee, Eis und Feuer nicht Ausdruck von Reinheit und Transzendenz, sondern von Zerstörung und Gericht. Die Gleichzeitigkeit von Hitze und Kälte und die Abwesenheit von Lebensfreude

---

197 Vgl. zum Beispiel Jes 13,13; 19,16; 24,18; Jer 10,10; 4,24; Ps 18,8–9 (vgl. auch Jes 6,1–4 und Steck, „Bemerkungen zu Jesaja 6," 157 Fußnote 22). Eine interessante Passage ist Jes 33,14(–16): Der Sünder, erschrocken und von Zittern ergriffen, muss zugeben, dass lediglich der Gerechte Gottes Gericht überlebt, ohne vom Feuer verzehrt zu werden.
198 Vgl. zum Beispiel Ex 15,16; Dtn 2,25; 11,25.
199 Vgl. hierzu auch Ezechiels Verhalten während der Schauung des Zweiten Tempels (Ez 40–48): Der Prophet folgt dem Mann mit dem Messrohr, der ihm den Tempel zeigt, überall hin, nur in das Allerheiligste nicht (Ez 41,3–4, wo auffälliger Weise ובא mit dem Mann mit dem Messrohr als Subjekt anstelle des ansonsten anderweitig verwendeten ויביאני mit Ezechiel als Objekt zu lesen ist (zum Beispiel Ez 40,17.28.32; 41,1; 44,4). Vgl. hierzu Hiebel, *Ezekiel's Vision Accounts*, 198.203.

machen das erste Haus zu einem Ort der Lebensfeindlichkeit und damit der Gottesferne.

Dies spiegelt sich in Henochs Verhalten und enormer Angstreaktion. Wegen der Profanität des Ortes kann er es mühelos betreten und erlebt bei dessen Anblick pures Entsetzen, wie es im *Wächterbuch* sonst nur noch in Reaktionen auf Gottes Gericht und Urteil zu finden ist. Sein Niederfallen im ersten Haus ist entgegen bisheriger Forschungsmeinungen nicht als Prostration zu verstehen, sondern Folge seiner ängstlichen Erschütterung. Demgegenüber erscheint das zweite Haus als der wahre Ort von Gottes Herrlichkeit, der dem ersten Haus als bloßes Abbild überlegen und in allem außergewöhnlich ist. Im Vergleich zum ersten Haus sind die mehrfache Verwendung von Negationen, Henochs Distanz zum Thron und seine Passivität hinsichtlich jeglicher Bewegung bemerkenswert – auf diese Weise wird eine implizite Unerreichbarkeit und Unbeschreiblichkeit der Gottheit und ihres Ortes zum Ausdruck gebracht. Henoch kann daher auch nur mit Staunen und respektvollem Niederknien reagieren.

Die Gegenüberstellung der beiden Häuser wird an der Stelle, wo sie das einzige Mal zueinander in Beziehung gesetzt werden (14,15), insbesondere im Lichte der tempeltheologischen Aussagen des *Haggaibuches* auf den Punkt gebracht: Das zweite Haus ist größer als das erste. Hierbei ist davon auszugehen, dass die Verfasserschaft von 1 Hen 14,8–25 vermutlich nicht nur die hebräischen Schlüsselwörter בית „Haus," גדול „groß" und den Komparationsmarker מן „(größer) als" aus Hag 2,9a in ihr aramäisches Werk übernahm, sondern vor allem auch den dahinter stehenden Überbietungsgedanken zweier Tempelzustände, wie er in Hag 2 insgesamt zum Ausdruck kommt. Dem prophetischen Werk nach sei das Haus Gottes seinerzeit wie nichts, eine Ruine, aber der künftige Tempel werde in seiner Herrlichkeit sogar größer als der frühere sein, da Gott ihn mit Herrlichkeit füllen werde. Das zweite Haus aus Henochs Vision übertrifft in gleicher Weise das erste mit Blick auf seine Größe und ist voller Herrlichkeit, während sich im ersten Haus noch nicht einmal ein Thron findet. Im *Wächterbuch* hat jedoch eine wesentliche Modifikation stattgefunden. Während in Hag 2,9a der *frühere* irdische Tempel mit dem *zukünftigen* irdischen Tempel mit Blick auf die Herrlichkeit verglichen wird,[200] geht es in 1 Hen 14 um zwei Häuser, die vermutlich während *derselben* Himmelsreise geschaut werden und daher in unmittelbarer Nachbarschaft zueinander liegen, sodass Henoch sie nacheinander durchschreiten bzw. besuchen kann. Im Gegensatz zu den zwei Häusern in *Haggai* werden die beiden aus Henochs Vision also nicht in ein explizites temporales Verhältnis zueinander gesetzt. Wie passt diese Darstel-

---

200 Vgl. hierzu die auffällige Gegenüberstellung von אחרון und ראשון.

lung aber zum Ziel der Kontrastierung dieser beiden Häuser in Henochs Vision? Geht es wie in *Haggai* um ein und denselben Tempel in unterschiedlichen Phasen und Zuständen, die in zeitlicher Abfolge zueinander stehen, oder um eine zustandsbeschreibende Gegenüberstellung eines defizitären (irdischen?) Tempels und des idealen (himmlischen?) Heiligtumes? Und was sind schließlich die Konsequenzen, die sich aus dieser Kontrastierung ergeben?

Zunächst einmal ist es unwahrscheinlich, dass es sich bei den beiden Häusern in Henochs Vision wie in *Haggai* um ein und denselben Tempel handelt, der mit Blick auf einen früheren und einen zukünftigen Zustand verglichen wird. Einerseits bietet der Text selbst keine Marker, die die beiden Häuser in ein temporales Verhältnis zueinander setzen. Man könnte hier zwar annehmen, dass die Häuser durch die textliche Reihenfolge, in der sie erwähnt werden, auch in eine zeitliche Abfolge gesetzt werden. Die kontrastierende Darstellung, die doch zum Teil sehr statischen Beschreibungen der beiden Häuser und die Art und Weise, wie sie miteinander in Beziehung gesetzt werden, erwecken aber vielmehr den Eindruck einer Gleichzeitigkeit. Dies wird auch durch die Tatsache bestärkt, dass in Henochs Vision die beiden Häuser als solche und nicht wie in Haggai zwei unterschiedliche Maße an Herrlichkeit als konkrete Referenzpunkte des Vergleichs benannt werden. Andererseits bietet das *Wächterbuch* (1 Hen 1–36) anders als zum Beispiel die *Tierapokalypse* (1 Hen 85–90) oder die *Zehnwochenapokalypse* (1 Hen 93,1–10; 91,11–17) keinen vollständigen historischen Abriss der Geschichte Israels und zeigt auch in seiner Ausgestaltung der Henochfiktion wenig Interesse an der historischen Verortung geschichtlicher Größen. Die Vorstellung eines Ersten wie auch eines Zweiten Tempels, die irdisch und/oder chronologisch zu verorten wären, ist diesem Werk daher völlig fremd.[201] Stattdessen wird in Henochs Vision von den beiden Häusern „lediglich" die (Prä-)Existenz eines idealen, vollkommenen Tempels zur Sprache gebracht, der einem defizitären, uneigentlichen Gotteshaus entgegengestellt ist.

Der Abbild-Urbild-Charakter, der durch die Art und Weise dieser Gegenüberstellung des ersten und des zweiten Hauses zum Ausdruck gebracht wird, lässt sich vielmehr als ein Verwerfen der Idee verstehen, dass die Gottheit auch an einem anderen Ort als in ihrem eigentlichen Heiligtum gegenwärtig ist. Das erste Haus sieht zwar auf den ersten Blick wie der Tempel aus, ist letztendlich aber defizitär, da es weder als Ort der Lebensfreude, Fülle und Gottesnähe er-

---

201 Bei dem in 1 Hen 25,3–6 beschriebene Heiligtum handelt es sich um ein eschatologisches Ideal, das womöglich den zukünftigen Tempel in Jerusalem darstellt. In dieser Passage wird aber nichts darüber gesagt, wie die Verfasserschaft den Tempel zum Beispiel zu ihrer Zeit wahrnahm. Vgl. auch Knibb, „Temple and Cult," 404.

achtet werden kann noch an die Herrlichkeit, Pracht und Größe des zweiten Hauses, das heißt des wahren Tempels, herankommt. Das erste Haus ist folglich nicht in der Lage, der Gottheit eine Wohnstätte zu sein. Dieser Gedanke erinnert an die teilweise doch sehr explizite Kritik am Zweiten Tempel, wie sie in manchen anderen antiken jüdischen Werken zur Sprache gebracht wird, demnach die Idee eines irdischen Wohntempels der Gottheit in Reaktion auf die Katastrophe von 587/586 vor Christus rigoros abgelehnt wird.[202] Infolgedessen hat sich Jahwe, der transzendente Gott, in den Himmel zurückgezogen.[203] Der Zweite Tempel hat im Anschluss daran sowohl positive als auch negative Umdeutungen erfahren. Einerseits bleibt er Gebetsstätte,[204] andererseits wird er gänzlich verworfen. Gemäß der Darstellung in der *Tierapokalypse* wollten die Wildschweine den Bau des Zweiten Tempels von Anfang an verhindern; diejenigen, die ihn aber bauten und schließlich verunreinigten, waren blinde Schafe, sodass der Tempel nur dem Namen nach und nicht wirklich der Ort war, wo der Herr der Schafe zu finden ist (1 Hen 89,72–73). Der Zweite Tempel ist demnach defizitär, verunreinigt und als Wohnort für die Gottheit inadäquat (vgl. auch 1 Hen 91,9).[205] Ebenso wird der gegenwärtige Tempel im *Jubiläenbuch* und im

---

202 Vgl. hierzu vor allem Rudnig, „»Ist denn Jahwe nicht auf dem Zion?«," 267–286 (für die Verwerfung der Vorstellung von Jahwes Präsenz im irdischen Temple vgl. insbesondere 282–283). Rudnig unterscheidet insgesamt mehrere unterschiedliche Konzeptionen zur Verarbeitung der Katastrophe von 587/586 vor Christus (Festhalten an der Zionstheologie, Konditionierung der Gegenwart Gottes, *šem-* und *kābôd*-Theologie, Ablehnung der Idee einer irdischen Wohnstatt) und hält abschließend fest (*ebd.*, 284): „Die hier vorgestellten Konzeptionen reflektieren nicht einfach eine lineare Entwicklung, die von der Idee von Jahwes direkter Gegenwart im Tempel bis zu seinem Wohnen im Himmel führt. Jahwe zieht nicht einfach vom Jerusalemer Tempel in den Himmel um. Sondern der Befund ist um vieles differenzierter. Denn einerseits zeigen die Texte, daß die Konzeptionen über mehrere Jahrhunderte parallel existiert haben. Und andererseits stellen die Konditionierung von Jahwes Gegenwart (vgl. etwa Ez 43,7b–9; Dtn 6,12f) sowie die *šem-*(Namens-) und die *kābôd*-(Herrlichkeits-) Theologie ja gerade ernsthafte Versuche dar, die Vorstellung von Jahwes Präsenz zu erhalten."
203 Vgl. zum Beispiel 1 Kön 8,27.30.32.34 und öfter; Jes 66,1, und Rudnig, „»Ist denn Jahwe nicht auf dem Zion?«," 282–283. Vgl. auch Sach 2,5–17 (vgl. Lux, Prophetie und Zweiter Tempel, 211–214 [insbesondere 214 Fußnote 108]). Des Weiteren fällt auch bei der Beschreibung der Vollendung und Einweihung des Zweiten Tempels in Esra 6,13–18 auf, dass in diesem Kontext überhaupt nicht erwähnt wird, dass die Herrlichkeit Gottes einzieht oder sein Name dort wohnen wird (vgl. hierzu auch 2 Chr 6,21). Ebenso berichtet Josephus vom Allerheiligsten, dass sich in ihm überhaupt nichts befände (*Bell. Jud.* 5.219), und scheint damit die Konzeption, dass Jahwe nur noch im Himmel wohnt, widerzuspiegeln.
204 Vgl. 1 Kön 8,30–54; Jes 56,7; 64,10; 2 Chr 6,21.
205 Vgl. Steck, *Israel und das gewaltsame Geschick*, 155–156; Suter, „Temples and the Temple," 208–210; Tiller, *Animal Apocalypse*, 39.340; Dimant, *From Enoch to Tobit*, 124; Gäckle, *Allgemeines Priestertum*, 165–167. Gemäß der *Tierapokalypse* repräsentiert aber auch der Erste Tempel nicht das absolute Ideal. Auch wenn er heilig und rein ist, ist Gottes Präsenz dort doch

Abschlusskapitel des *Tobitbuches* (Tob 14) in einer negativen Weise charakterisiert. Auf Grund seiner Verunreinigung ist der Tempel im *Jubiläenbuch* als heiliger Ort ungeeignet (Jub 1,10; 23,21).[206] Wie in der *Tierapokalypse* gibt es in diesem Werk neben dem Garten Eden, der als der frühere heilige Wohnort Gottes angesehen wird (Jub 3,12; 4,26; 8,19), ein eschatologisches Ideal, das alles Bisherige überbietet und den defizitären Zustand des Zweiten Tempels unterstreicht (Jub 1,17.27.29; vgl. 1 Hen 90,28–38).[207] In Tob 14 wird der Zweite Tempel als vorläufige und defizitäre Übergangslösung erachtet, der gegenüber dem Salomonischen Tempel und dem eschatologischen Ideal weder als göttliche Wohnung charakterisiert ist noch in seiner Errichtung auf das göttliche Wirken zurückgeht.[208] Erst mit der eschatologisch erwarteten Rückkehr aus dem Exil und der Wiedervereinigung des gesamten Volkes kann es wieder einen Tempel geben, der Wohnort Gottes ist und die Einheit Israels repräsentiert.[209]

Demgegenüber wird der Zweite Tempel in der *Zehnwochenapokalypse* (1 Hen 93,1–10; 91,11–17) im Gegensatz zum Ersten Tempel überhaupt nicht erwähnt; stattdessen wird die gesamte nachexilische Zeit als eine Zeit der Apostasie verurteilt.[210] In ähnlicher Weise wird in der *Gemeinderegel*[211] die Institution des Zweiten Tempels nur indirekt kritisiert (vgl. 1QS 8,4–10; 9,3–6; 11,8): „Im Sinne der Substitution des als verunreinigt und korrupiert verstandenen Jerusalemer Kultes übernahm nun während der ‚Zeit des Frevels‘ die Gemeinschaft selbst kultische Funktionen, die seither an das Jerusalemer Heiligtum gebunden waren."[212] Folglich geht es in 1QS nicht um ein dauerhaftes, sondern lediglich

---

im Vergleich zum Exodus und dem Neuen Jerusalem weniger unmittelbar, da er lediglich auf dem Turm (= Tempel) steht (1 Hen 89,50), aber nicht unter den Schafen weilt, wie während der Wüstenwanderung und im Neuen Jerusalem (1 Hen 89,16–35 bzw. 90,28–38), zumal er den Ersten Tempel zusammen mit den Schafen und der Stadt preisgibt (1 Hen 89,51–58). Vgl. hierzu vor allem Tiller, *Animal Apocalypse*, 49–50.

206 Vgl. van Ruiten, „Visions of the Temple," 216–218; Gäckle, *Allgemeines Priesterum*, 162–164.

207 Vgl. van Ruiten, „Visions of the Temple," 218; Gäckle, *Allgemeines Priesterum*, 162–164.

208 Vgl. Biberger, „Unbefriedigende Gegenwart," 272–275. Während der Salomonische Tempel und das eschatologische Ideal jeweils als ὁ οἶκος τοῦ θεοῦ „Haus Gottes" bezeichnet werden, wird der Zweite Tempel in Tob 14,5 nur ὁ οἶκος „das Haus" genannt, der οὐχ ὡς τὸν πρῶτον „nicht wie der erste," also dem Salomonischen Tempel ist. Des Weiteren fällt auf, dass der Bau des Zweiten Tempels mit einer aktiven Wendung beschrieben wird, wohingegen der Bau des Salomonischen Tempels und des eschatologischen Ideals passiv formuliert wird. Vgl. hierzu vor allem Biberger, „Unbefriedigende Gegenwart," 272.

209 Vgl. Biberger, „Unbefriedigende Gegenwart," 274.

210 Vgl. Steck, *Israel und das gewaltsame Geschick*, 153; Knibb, „Temple and Cult," 408; Stuckenbruck, *1 Enoch 91–108*, 133.137–139; Gäckle, *Allgemeines Priestertum*, 164–165.

211 1QS; 4QS$^{a–j}$ (= 4Q255–264); 5QS (= 5Q11).

212 Gäckle, *Allgemeines Priestertum*, 167.

um ein vorläufiges Ersetzen des kritisierten Tempels durch die Gemeinschaft (*Yaḥad*), bis das Heiligtum wiederhergestellt wird – Tempel und Kult *an sich* bleiben demnach positiv konnotiert und werden nicht kritisiert.[213] Ähnliches ist wahrscheinlich auch bei den *Sabbatopferliedern*[214] anzunehmen, in denen die Vorstellung eines himmlischen Tempels entworfen und die fehlende Partizipation am Kult des irdischen Tempels durch die Gemeinschaft des Beters am himmlischen Kult kompensiert wird.[215] Allen hier genannten Werken ist somit eine explizite Kritik am Zweiten Tempel gemein, wobei aber unterschiedliche Kompensationsstrategien deutlich werden, den defizitären Zustand des Tempels bzw. die fehlende Partizipation an dessen Kult zu überwinden. Insgesamt bezeugen sie damit für das Zeitalter des Zweiten Tempels eine gewisse Spannung, wenn nicht sogar einen bestimmten Widerspruch zwischen einer wahrgenommenen Unzulänglichkeit des irdischen Tempels und einer großen Wertschätzung der Idee des Tempels als Haus Gottes, dem ein universaler Anspruch eigen ist, sodass jegliche Kritik eigentlich als eine indirekte bzw. relative erachtet werden muss.[216]

Im Horizont dieser tempelkritischen Texte liegt es nahe, die Darstellung der beiden Häuser in Henochs Vision als Kontrastierung des fehlerhaften irdischen Zweiten Tempels in Jerusalem mit dem idealen himmlischen Heiligtum zu verstehen. 1 Hen 14,8–25 bietet dabei für sich betrachtet eine Zustandsbeschreibung, die das Auseinanderbrechen der traditionellen Vorstellung einer direkten Korrespondenz zwischen dem idealen Heiligtum und seinem irdischen Abbild signalisieren soll. Dementsprechend geht Henochs Vision von den beiden Häusern noch einen Schritt weiter als die Tempeltheologien der *Chronikbücher* und des *Haggaibuches*. Während in den *Chronikbüchern* trotz einer gewissen Reserviertheit gegenüber den menschlichen Möglichkeiten, ein Haus für die Gottheit bauen zu können, an einer Korrelation des irdischen Tempels und Gott festgehalten wird und es in *Haggai* letztendlich derselbe irdische Tempel ist, der nun zwar einer Ruine gleicht, in Zukunft aber von der Herrlichkeit Gottes gefüllt sein wird, kann die Gegenüberstellung der beiden Häuser im *Wächterbuch* als Kritik an jeglichem Versuch verstanden werden, das Haus Gottes überhaupt zu kopieren. Der Zweite Tempel in Jerusalem wird folglich harsch kritisiert und als

---

213 Vgl. Brooke, „Ten Temples," 424; Gäckle, *Allgemeines Priestertum*, 167–169. Für eine Übersicht über die verschiedenen Tempelkonzeptionen unter den Handschriften vom Toten Meer vgl. zum Beispiel Brooke, „Ten Temples," 417–434.

214 4QShirShabb[a–h] (= 4Q400–407); 11QShirShabb (= 11Q17); MasShirShabb.

215 Vgl. Brooke, „Ten Temples," 428–429.

216 Vgl. hierzu den Überblick bei Gäckle, *Allgemeines Priestertum*, 142–177.

defizitär erachtet; Gott wohnt stattdessen in seinem himmlischen Heiligtum und zwar nur dort.[217]

Hierbei können das Element der Mauer, das nur im Rahmen der Beschreibung des ersten Hauses erwähnt wird, und sein leeres, thronloses Inneres als weitere Hinweise auf den irdischen Zweiten Tempel in Jerusalem erachtet werden. Auf der einen Seite spiegelt die Mauer dasjenige charakteristische Element, das zum Schutz einer *irdischen* Stadt absolut notwendig ist und zwischen innerhalb und außerhalb des Ortes differenziert, und kann daher vermutlich als Verweis auf Stadtmauer Jerusalems verstanden werden. In der Darstellung des zweiten Hauses wird demgegenüber keine Mauer oder etwas dem Entsprechendes erwähnt. Dies könnte einfach daraus resultieren, dass das zweite Haus als himmlischer Wohnort der Gottheit auf Grund seiner herrlichen Präsenz nicht eines solchen Schutzelementes bedarf. Auf der anderen Seite zeigt das leere, thronlose Innere des ersten Hauses, das von Hitze, Kälte und Abwesenheit von Lebensfreude gekennzeichnet ist, an, dass Gott selbst nicht (mehr) im irdischen Tempel anwesend ist und sich stattdessen in den Himmel zurückgezogen hat.[218] Die Gottheit ist nicht (länger) im irdischen Tempel zu finden; das irdische Gotteshaus ist schlichtweg leer.[219] Im Gegensatz dazu erscheint das zweite Haus auf Grund der realen Anwesenheit der meteorologischen Phänomene, die die Gottheit umgeben und im ersten Haus lediglich abgebildet waren, als lebendiger Himmel.[220]

Wenn Henochs Vision von den beiden Häusern nun aber als eine Gegenüberstellung eines defizitären *irdischen* Tempels und eines idealen *himmlischen* Heiligtums zu verstehen sind, wie ist dann das direkte Nebeneinander dieser beiden Gebäude im Himmel zu erklären? Zumindest legt dies 1 Hen 14,8 nahe, wonach Henoch von den Winden nach oben emporgehoben und in den Himmel hineingebracht wird.[221] Hierbei darf jedoch nicht vergessen werden, dass die

---

217 Vgl. hierzu, wenn auch von der klassisches Interpretation von 1 Hen 14 als ein himmlischer Tempelkomplex ausgehend, Schäfer, *Origins of Jewish Mysticism*, 66: „It does not postpone the true and perfect Temple to the eschatological future but rather move it into heaven, where it can be visited and observed, and compared with the deficient earthly Temple." Demgegenüber spricht sich Himmelfarb, *Ascent to Heaven*, 15–16, dagegen aus, dass in 1 Hen 14 irgendeine Art von Unzufriedenheit mit dem Zweiten Tempel ausgedrückt wird: „Rather, the loose correspondence of heavenly temple to earthly seems to reflect the belief that the heavenly temple so transcends the earthly that the correspondence cannot be exact" (*ebd.*, 16).
218 Vgl. hierzu wieder auch Esra 6,13–18; *Bell. Jud.* 5.219.
219 Vgl. hierzu wieder auch Schäfer, *Origins of Jewish Mysticism*, 66.
220 Vgl. hierzu auch die Tempelvorstellung in den *Sabbatopferliedern*.
221 Vgl. Aram: [ ]נִי בֹ[לוֹ]נִי ואעְ[לוֹנִי ואובלוֹנִי; und GrPan: καὶ ἐπῆράν με ἄνω καὶ εἰσήνεγκάν με εἰς τὸν οὐρανόν (Aeth dagegen nur: ⵨ⵏⵥⵓⵉⵣ ⵍⵓⵍ ⵓⵙⵜ ⵙⵒⵖⵣ⚬).

zwei Häuser Teil einer visionär geschauten transzendenten Wirklichkeit sind und nicht durch die anfängliche Entrückung Henochs in den Himmel, sondern durch ihre detaillierte Beschreibung indirekt als die einerseits irdische und andererseits himmlische Ausführung eines Tempels bestimmt werden können. Dies verdeutlicht auch der Begriff „Vision", der im ersten Vers der Visionsschilderung dreimal auftaucht. In der Überschrift charakterisiert dieser Begriff zunächst das gesamte folgende Geschehen als eine visionäre Gesamterfahrung[222] und betont innerhalb der im Anschluss beschriebenen Entrückung, dass das nun Erlebte und Geschaute Teil einer der alltäglichen Wirklichkeit enthobenen Realität ist, in der die Grenzen zwischen Himmel und Erde verschwimmen, wenn nicht sogar aufgehoben werden.[223] Henochs Entrückung in den Himmel ist demnach vor allem Zugang zu einem visionären Raum, wie es in ähnlicher Weise auch bei Ezechiel in Ez 8,3 beschrieben wird: Indem Geist Ezechiel zwischen Himmel und Erde emporhebt und nach Jerusalem bringt, bekommt der Prophet Einblick in eine andere Wirklichkeit. Die göttlich gewirkte Ortsveränderung erklärt damit zwar in beiden Fällen, wie ein Visionsgeschehen „technisch" initiiert wird; letztendlich geht es aber um die in der Vision selbst verkündigten Inhalte. Hierfür sprechen auch die Art und Weise, wie die Entrückung Henochs geschildert wird. So treten die Wetter- und Himmelsphänomene in 1 Hen 14,8 nicht nur als sichtbare Außenseite der Gottheit auf, die die Entrückung veranlassen, sondern sie verweisen ebenfalls von Anfang an auf die Schau der Herrlichkeit Gottes im zweiten Haus als den eigentlichen Zielpunkt der Vision (1 Hen 14,17).

Des Weiteren bedeutet die Tatsache, dass Henoch in den Himmel entrückt wird und er die beiden Häuser in einem transzendenten Raum erblickt, nicht notwendigerweise, dass keinerlei Beziehung zwischen dem Visionsinhalt und der irdischen Realität besteht. Vielmehr ist es so, dass das in der Vision Erblickte absolut verbindlich für die irdische Wirklichkeit sein und irdische Ereignisse oder Gegebenheiten visionär vorgreifen oder gar direkt thematisieren kann.[224] So bietet die detaillierte Beschreibung des ersten Hauses meines Erachtens zahlreiche Elemente, die vor allem als Hinweise auf ein irdisches Heiligtum und

---

222 Vgl. so auch Ez 1,1; 8,3; 11,24; 40,2; Dan 8,1–2.

223 Vgl. hierzu Förg, *Ursprünge der alttestamentlichen Apokalyptik*, 100–132.331–406, der die Visionen in *Daniel* und *Ezechiel* auf diese Weise charakterisiert.

224 In diesem Zusammenhang könnte man beispielsweise auf die Vision in Dan 7 verweisen, in der Daniel erst vier Tiere erblickt, die aus dem aufgewühlten Meer aufsteigen und als vier irdische Könige gedeutet werden können, dann den Alten an Tagen, der sich zum Gericht setzt, und schließlich den Menschensohn, der auf den Wolken des Himmels daherkommt. Die direkt aufeinanderfolgenden Visionsinhalte spielen eigentlich auf unterschiedlichen Ebenen und sind doch strikt auf das künftige Schicksal der irdischen Geschichte bezogen.

damit als Kritik am Zweiten Tempel in Jerusalem verstanden werden können, während die Ausgestaltung des zweiten Hauses zusammen mit der thronenden Herrlichkeit auf den wahren Tempel, der sich offensichtlich im Himmel befindet, hindeutet. Das direkte Nebeneinander der beiden Häuser in Henochs Vision muss daher auf der Deutungsebene nicht zwingend als Spannungsmoment oder Widerspruch wahrgenommen werden. Damit ist auch die Beantwortung der Frage, ob sich die beiden Häuser auf Grund der Entrückung Henochs in den Himmel ebenfalls nebeneinander im Himmel befinden müssen, meines Erachtens obsolet.

3.5 Fazit

Alles in allem haben die vorangehenden Ausführungen gezeigt, dass eine detaillierte, intertextuell ausgelegte Textanalyse eine ganz andere Deutung von Henochs Vision von den zwei Häusern (1 Hen 14,8–25) nahelegt, als bisher in der Forschung angenommen wurde. Der zweifache, nahezu parallele Aufbau in den Beschreibungen der beiden Häuser, die auffälligen Unterschiede in den Gebäudedetails und in Henochs Verhaltensweisen sowie die herangezogenen Parallelen machen deutlich, dass es sich bei diesen beiden Häusern wohl kaum um unterschiedliche Gebäudeteile eines einzigen Tempels handeln kann. Stattdessen ist davon auszugehen, dass Henoch in seiner Vision zwei entgegengesetzte Tempelentwürfe sieht, die auf den defizitären irdischen Tempel in Jerusalem einerseits und das ideale Heiligtum im Himmel andererseits zu beziehen sind. Hierfür spricht bereits die Tatsache, dass für beide Gebäude derselbe Begriff, nämlich בי „Haus", verwendet wird, der in antiken jüdischen Texten, sofern absolut verwendet, nie einen bestimmten Teil eines Gebäudes bezeichnet, sondern ein „Haus" in seiner Gesamtheit meint. Des Weiteren fällt etwa auf, dass dem ersten Haus anders als dem zweiten Haus nur ein Abbildcharakter eigen ist, es durch Abwesenheit von Lebensfreude sowie lebensfeindlichen Umständen (Kälte/Hitze) charakterisiert ist und bei Henoch von Anfang an eine enorme Angstreaktion auslöst. Insgesamt demonstriert diese kontrastierende Schilderung der beiden Häuser damit eine explizite Kritik am Zweiten Tempel in Jerusalem.

Eine solche Wahrnehmung und Interpretation dieser Passage erklärt ebenfalls die bemerkenswerte Ausführlichkeit in der Beschreibung der Häuservision gegenüber einer gewöhnlichen Thronsaalvision. Anders als beispielsweise in Jes 6 oder Ez 1–3 geht es bei Henochs Vision nicht (nur) um die Legitimation des Protagonisten, sondern auch um die kategoriale Gegenüberstellung der himmlischen und irdischen Welt, die eine „Entkoppelung" von der sichtbaren

Präsenz der Gottheit auf der Erde und ihrer Wirkmächtigkeit[225] sowie ein Aufgeben der traditionellen Idee von einer direkten Korrespondenz zwischen dem idealen Heiligtum und seinem irdischen Abbild zur Folge hat. Hierauf deutet insbesondere der Überbietungsgedanken in 1 Hen 14,15 hin, der in seiner Ausformulierung vermutlich auf die Tempeltheologie *Haggais* zurückgeht. Generell zeigt die intertextuelle Betrachtung, dass die Beschreibungen der beiden Häuser und des Protagonisten in den Details mit vielen bekannten Bildern und Traditionen des antiken Judentums operieren. Inwiefern es allerdings schriftgelehrte Vorlagen oder traditions-, religions- und rezeptionsgeschichtliche Parallelen für die gesamte Tempeltheologie in 1 Hen 14,8–25 gibt, soll im nächsten Kapitel untersucht werden.

---

225 Vgl. so Leuenberger, „Wo hockt Gott?," 259–272 (insbesondere 266), zu Ps 115.

4 Henochs Vision von den zwei Häusern im Horizont antiker Tempeltraditionen

> Der Versuch, den himmlischen Pallast und Thron Gottes zu beschreiben V. 9–23, ausführlicher als 71,5 ff., ist als ein gelungener zu bezeichnen, und der Zweck, einen Eindruck von der überschwänglichen unnahbaren Herrlichkeit der Wohnung des ewigen Gottes zu geben, wird erreicht. Er ruht auch, wie so vieles andere im B. Henoch, zum Theil auf biblischem Grunde: Jes. 6. Hez. 1 u. 10. Dan. 7,9, 10. schwebten ihm in manchen einzelnen Zügen vor; auch die Stoffe, die er in der Beschreibung dieser Wohnungen benutzt, um ihre unsagbare Reinheit und Helle, ihre Unnahbarkeit und ihren Glanz anschaulich zu machen, sind meist schon in jenen Vorbildern zu gleichem Zwecke verwendet.[1]

Mit diesen Worten verweist bereits August Dillmann 1853 im ersten Kommentar zum *Henochbuch* auf drei ganz bestimmte antike jüdische Werke, die seiner Meinung nach als der wesentliche Hintergrund von Henochs Vision von den beiden Häusern in 1 Hen 14,8–25 angesehen werden müssen. Diese drei Texte – *Jesaja*, *Ezechiel*, und *Daniel* – tauchen seitdem immer wieder in den Auslegungen dieser Passage des *Wächterbuches* auf und bestimmen dabei häufig den Schwerpunkt der Diskussion und Interpretation dieser Textstelle.[2] In diesem Zusammenhang werden daneben zwar auch andere Thronsaalvisionen wie beispielsweise 1 Kön 22,19–22, 1 Hen 71,1–17 oder Off 4,1–11 angeführt, der Fokus der Untersuchungen liegt aber vor allem auf dem Verhältnis von 1 Hen 14 zu Ez 1; 8–11; 40–48 und Dan 7,9–10. Während *Ezechiel* in der Regel als Vergleichsgröße für die Beschreibung des Himmelaufstieges, der Beteiligung des Protagonisten, des Tempels und des Cherubim-Thrones herangezogen wird,[3] kristallisiert sich an Dan 7,9–10 vor allem die Frage nach der literarischen Abhängigkeit der Thronratsdarstellung in 1 Hen 14,18–23, bei der in den jüngeren Diskussionen auch die Thronsaalvision aus dem *Gigantenbuch* (4Q530 2 ii) hinzugezogen wird.[4]

---

1 Dillmann, *Das Buch Henoch*, 109.
2 Vgl. hierzu und für das Folgende zum Beispiel Beer, „Das Buch Henoch," 245; Charles, *The Book of Enoch*, 34; Himmelfarb, *Ascent to Heaven*, 9–20; Uhlig, *Das äthiopische Henochbuch*, 540; Nickelsburg, „Enoch, Levi, and Peter," 576–582; Nickelsburg, *1 Enoch 1*, 259–266.
3 Vgl. hierzu vor allem Himmelfarb, *Ascent to Heaven*, 9–20; Nickelsburg, „Enoch, Levi, and Peter," 576–582; Nickelsburg, *1 Enoch 1*, 259–266.
4 Vgl. hierzu zum Beispiel Kvanvig, „Henoch und der Menschensohn," 101–133; Kvanvig, „Throne Visions and Monsters," 249–272; Stokes, „The Throne Visions," 340–358; Trotter, „The Tradition of the Throne Vision," 451–466; Davis Bledsoe, „Throne Theophanies, Dream Visions, And Righteous(?) Seers," 81–96.

https://doi.org/10.1515/9783110710366-004

In traditionsgeschichtlicher Hinsicht wurde damit der Darstellung Henochs und des Thrones bisher viel Beachtung geschenkt,[5] weniger aber der konkreten Tempelstruktur und insbesondere der Tatsache, dass 1 Hen 14,8–25 eine Beschreibung von *zwei* Häusern bietet, die einen nahezu parallelen Aufbau und bemerkenswerte Unterschiede aufweisen. Liest man Himmelfarbs Ausführungen zum himmlischen Tempel in 1 Hen 14, so scheint es dafür einen ganz einfachen Grund zu geben: „While it is clear that the heavenly temple of 1 Enoch 14 corresponds to the earthly temple, it does not seem to correspond in detail to any particular temple described in the Hebrew Bible."[6] So fällt auch bereits auf den ersten Blick auf, dass ein großer Teil der in der Diskussion von 1 Hen 14 angeführten Werke wie zum Beispiel 1 Kön 22,19–22; Dan 7,9–10; 4Q530 2 ii oder Off 4,1–11 eine Beschreibung des göttlichen Thrones und der ihn umgebenden Ratsversammlung bieten, das Haus der Gottheit bei alledem aber keine Rolle zu spielen scheint bzw. einfach nicht erwähnt wird. Demgegenüber handelt es sich bei den Tempeldarstellungen in 1 Kön 6 und *Bell. Jud.* 5 weniger um Visionsschilderungen, in denen ein Protagonist in die göttliche Sphäre entrückt wird und die auf eine theologische Aussage hinzielen, sondern vielmehr um architektonische Bauberichte des irdischen Tempels in Jerusalem. Lediglich Jes 6 und die Thronwagen- und Tempelvisionen in *Ezechiel* (Ez 1; 8–11; 40–48) bringen beides, also Tempel und Thron, in ihren Visionsschilderungen zusammen und werden dementsprechend häufig im Zusammenhang mit 1 Hen 14 thematisiert. Ein traditionsgeschichtlicher Vergleich mit Blick auf diese Thematik scheint demnach eigentlich obsolet, zumindest innerhalb eines antiken jüdischen Referenzrahmens. Aber ist dem wirklich so?

Die vorangehende Textanalyse und Interpretation von 1 Hen 14,8–25 haben gezeigt, dass die beiden Häuser in Henochs Vision nicht wie bisher als unterschiedliche Teile ein und desselben Tempelkomplexes, sondern als zwei entgegengesetzte Tempelentwürfe verstanden werden müssen. Damit ergibt sich eine völlig neue und andere Ausgangslage für den traditionsgeschichtlichen Vergleich. Nicht mehr Werke, die lediglich einen einzelnen Tempel und im Idealfall anschließend eine thronende Gottheit beschreiben, müssen als traditionsgeschichtliche Parallelen gesucht und für einen Vergleich herangezogen werden,

---

5 Zum (einseitigen) Fokus der bisherigen Forschung vgl. exemplarisch die Aussage über 1 Hen 14,8–25 bei VanderKam, *Enoch and the Growth*, 134: „In many ways *1 Enoch* 14:8–25 is a pastiche of biblical phrases and motifs that have been drawn primarily from 1 Kgs 22:19–22, Isaiah 6, and Ezekiel 1 (also 8 and 10); later examples can be found in Daniel 7 and Revelation 4, and some of the vocabulary also appears in 4Q*Serek Šîrôt 'Ôlat Haššabbāt*." Keine dieser genannten Stellen erklärt aber das Nebeneinander der beiden Häuser.
6 Himmelfarb, *Ascent to Heaven*, 15.

sondern vielmehr solche Quellen, die unterschiedliche Tempelauffassungen oder gar eine direkte Gegenüberstellung zweier Tempelentwürfe zur Sprache bringen. Die „klassisch" herangezogenen Texte wie *Jesaja*, *Ezechiel* (mit Schwerpunkt auf Ez 1) oder *Daniel* kommen für einen solchen traditionsgeschichtlichen Vergleich folglich nicht mehr infrage; ein traditionsgeschichtlicher Vergleich, der sich auf die Gegenüberstellung der beiden Häuser und die dahinterstehenden Vorstellungs- und Wissensbestände konzentriert, ist damit alles andere als obsolet.

Im Folgenden soll Henochs Vision von den beiden Häusern (1 Hen 14,8–25) daher in einen erneuten Dialog mit anderen antiken Textzeugen gebracht werden. Hierbei sollen vor allem solche Texte für einen traditions-, rezeptions- und religionsgeschichtlichen Vergleich herangezogen und thematisiert werden, in denen bestenfalls auch zwei Tempel miteinander verglichen bzw. einander gegenübergestellt werden. Innerhalb des antiken jüdischen Referenzrahmens ist dies bei *Haggai* und den Tempelvisionen *Ezechiels* (Ez 8–11 und 40–48) der Fall. Da *Haggai* bereits im Zusammenhang mit dem neuen Auslegungsversuch von Henochs Vision von den beiden Häusern breit thematisiert wurde,[7] soll an dieser Stelle lediglich ein zusammenfassender Überblick gegeben werden, der die wesentlichsten Vergleichspunkte anführt und diskutiert. Ein Schwerpunkt soll stattdessen auf den Tempelvisionen *Ezechiels* liegen, die im Rahmen dieser Arbeit bisher noch nicht ausführlich besprochen wurden, aber als ein sehr wichtiger traditionsgeschichtlicher Hintergrund dieser Passage des *Wächterbuchs* erachtet werden können. Sowohl Hag 2 als auch *Ezechiels* Tempelvisionen werden deutlich machen, dass die Gegenüberstellung zweier Tempel, wie sie in Henochs Vision ausformuliert wird, in traditionsgeschichtlicher Hinsicht kein neuer Gedanke ist, sondern seine Vorläufer, wenngleich mit einer anderen Ausrichtung, eben in diesen Werken findet.

Während mit Hilfe von *Haggai* und *Ezechiel* der traditionsgeschichtliche Hintergrund von Henochs Vision in 1 Hen 14,8–25 erhellt wird, soll der anschließende rezeptionsgeschichtliche Vergleich klären, wie die beiden Häuser aus Henochs Traum und die damit verbundene harsche Tempelkritik in späteren antiken jüdischen Werken wahrgenommen bzw. rezipiert wurden. So wird beispielsweise eine weitere Verbreitung dieser gewissen Tempelskepsis ebenso an einem anderen Werk der *Henochtradition*, nämlich der *Tierapokalypse* ersichtlich. Einerseits bietet dieser Text in 1 Hen 87,3 einen sehr knappen Parallelbericht zu 1 Hen 14, andererseits bezeugt er eine markante Tempeltheologie, die mit 1 Hen 90,28–38 offensichtlich ein eschatologisches Ideal ohne Tempel entwirft. Die Tempelpassagen der *Tierapokalypse* vermögen Henochs Vision von

---

7 Siehe Kapitel 3.4 dieser Arbeit (insbesondere 190–192.203–204.206–207).

den beiden Häusern insofern zu erhellen, als sie als Zeugen derselben Tradition gewissermaßen dieselben Vorstellungs- und Wissensbestände reflektieren und reformulieren. Daher sollen sie im Rahmen dieser traditionsgeschichtlichen Untersuchung auch betrachtet und in Diskussion mit 1 Hen 14,8–25 gebracht werden.

Ähnliches gilt auch für die Schilderung von Henochs Himmelsreise in den *Bilderreden* (1 Hen 71). Dillmann vermutete noch, dass Henochs Vision der beiden Häuser in 1 Hen 14,8–25 eine Nachahmung und Ausführung von 1 Hen 71 sei und daher als ein späterer Zusatz zu *1 Henoch* erachtet werden könne.[8] Demgegenüber wird diese Passage in der heutigen Forschung als deutlich jünger als die im Fokus stehende Textstelle des *Wächterbuches* eingeschätzt und häufig als ein *rewriting* von 1 Hen 14 angesehen, wobei 1 Hen 71 in seiner Beschreibung des himmlischen Tempels bemerkenswerterweise nur ein einziges Haus bietet. Folglich stellt sich hier die Frage, ob der Verfasser von 1 Hen 71 die Tatsache, dass in 1 Hen 14 zwei unterschiedliche Häuser beschrieben werden, nicht erkannt, einfach ignoriert oder gar kreativ modifiziert hat. Andererseits kann die Darstellung des himmlischen Tempels in 1 Hen 71 gewissermaßen als Prüfstein erachtet werden, ob und inwiefern die hier vorgelegte Interpretation von 1 Hen 14,8–25 als Vision zwei entgegengestellter Tempelentwürfe, insbesondere unter der rezeptionsgeschichtlichen Perspektive, haltbar ist.

Schaut man hingegen auf eine mögliche Rezeption der Zwei-Häuser-Thematik außerhalb der Henochtraditionen, ergibt sich ein völlig anderes Bild. Zwar finden sich in manchen rabbinischen Texten Gegenüberstellungen des Ersten und Zweiten Tempels, bei denen die Unterschiede zwischen diesen beiden aufgelistet werden.[9] Während diese Listen jedoch in keinerlei Zusammenhang zur Darstellung in 1 Hen 14,8–25 stehen, konzentrieren sich andere rabbinische Werke wie beispielsweise die Hekhalot-Literatur vielmehr auf die Beschreibung der sieben Himmel mit ihren verschiedenen himmlischen Hallen, Räumen und Palästen, die in positiver Weise aneinander anschließen. Wiederum in manchen anderen rabbinischen Werken findet sich mit dem Gedanken der Entsprechung von himmlischem und irdischem Heiligtum genau das Gegenteil zur Aussage von Henochs Häuservision.[10] Abgesehen von den eben erwähnten Henochtradi-

---

8 Vgl. Dillmann, *Das Buch Henoch*, XXXV–XXXVI.

9 So werden beispielsweise im Babylonischen Talmud im Traktat Yoma 21b folgende fünf Dinge genannt, die es im Ersten Tempel gab, aber im Zweiten Tempel fehlten: אלו חמשה דברים שהיו בין מקדש ראשון למקדש שני ואלו הן ארון וכפורת וכרובים ואש ושכינה ורוח הקדש ואורים ותמים „Dies sind die fünf Dinge, die den Ersten Tempel vom Zweiten Tempel unterscheiden, und dies sind: die Lade mit der Deckplatte und den Cherubim, das Feuer, die Schechina, der Heilige Geist und die Urim und Tummim". Vgl. HldR 8,9.

10 Vgl. hierzu vor allem die Arbeit von Ego, *Im Himmel wie auf Erden* (1989).

tionen, wo eine Kenntnis von 1 Hen 14,8–25 eindeutig vorausgesetzt werden kann, bleibt es infolgedessen fraglich, inwiefern das Bild der Gegenüberstellung eines positiven und negativen Tempelentwurfs bzw. der Überbietungsgedanke des *Wächterbuches* in jüngeren jüdischen Werken rezipiert worden ist. Damit wird der nachfolgende rezeptionsgeschichtliche Vergleich auf die beiden einschlägigen Parallelen aus der Henochtradition beschränkt bleiben.

In einem abschließenden Schritt soll der Blick geweitet und auf nicht-jüdische Parallelen aus den umliegenden Kulturen geschaut werden. Mit Hilfe eines exemplarischen religionsgeschichtlichen Vergleichs wird auf der einen Seite nach möglichen Vorläufern und mythischen Traditionen gefragt, an die Henochs Vision, die Gegenüberstellung zweier Häuser oder der damit verbundene Überbietungsgedanke religionsgeschichtlich möglicherweise anschließt; auf der anderen Seite soll vor diesem Hintergrund verdeutlicht werden, worin 1 Hen 14,8–25 neue Akzente setzt und womöglich von althergebrachten tempel-theologischen Vorstellungen abweicht. Der Schwerpunkt wird hierbei auf meso-potamischen Quellen wie *Enkis Reise nach Nippur*, dem Kyros-Zylinder und den Bauinschriften Tukultī-Ninurtas I. liegen.[11] Diese Quellen werden sehr gut ver-anschaulichen, dass diese Passage des *Wächterbuches* in vielen Punkten an alt-orientalische Vorstellungen und Wissensbestände anknüpft, mit Blick auf den Gedanken der Korrespondenz von himmlischem Urbild und irdischem Abbild jedoch markant abweicht.

Insgesamt ist es das Ziel dieses traditions- und religionsgeschichtlichen Ver-gleichs, die in dieser Arbeit vorgeschlagene Interpretation von Henochs Häuser-vision in 1 Hen 14,8–25 mit Hilfe der Vorstellungs- bzw. Wissensbestände ihrer geistigen Entstehungswelt zu prüfen und gegebenenfalls zu modifizieren. Passt die Deutung der beiden Häuser als zwei einander gegenübergestellte Tempel-entwürfe in das Bild der antiken (jüdischen) tempeltheologischen Vorstellungs-welt oder legt der traditions- und religionsgeschichtliche Kontext viel eher die klassische Interpretation der Häuser als unterschiedliche Teile eines Tempel-komplexes nahe? Alles in allem wird sich zeigen, dass die Vergleiche mit den herangezogenen Quellen aus dem unmittelbaren Vorstellungshorizont und Ent-stehungskontext des *Wächterbuches* die Vermutung bekräftigen, dass in He-nochs Traumbericht zwei unterschiedliche Tempelentwürfe beschrieben wer-den – auch diese Quellen kennen bzw. äußern den Gedanken der Überbietung oder der Gegenüberstellung zweier Tempelentwürfe, wenn auch (noch) nicht in der Radikalität von Henochs Häuservision. Um dies zu veranschaulichen, sollen

---

11 Für eine Begründung dieser Eingrenzung siehe die einleitenden Worte in Kapitel 4.5 dieser Arbeit (310–311).

die herangezogenen Werke und Texte zunächst für sich betrachtet werden, damit die ihnen eigene Tempeltheologie erfasst und charakterisiert werden kann, bevor diese dann in einen Dialog mit 1 Hen 14,8–25 gebracht wird. Auf diese Weise soll auch sichergestellt werden, dass Henochs Häuservision vor dem Hintergrund anderer antiker Tempeltraditionen betrachtet wird und nicht andere antike Tempeltraditionen vor dem Hintergrund von Henochs Häuservision.

4.1 Größer als früher – *Haggai*

4.1.1 Die Tempelkritik in *Haggai*

Gemäß der Tempeltheologie des nachexilischen Propheten *Haggai* ist der noch nicht wieder erbaute Tempel bzw. der sich hinziehende Tempelneubau der wesentliche Grund für die gesamte, insbesondere agrarische Notlage des Volkes Israel.[12] Diese gegenwärtige Notlage liegt im Treuebruch des Volkes mit Jahwe und dem dadurch provozierten Strafhandeln Jahwes begründet (Hag 1,6.8–11; 2,15a–17); sie lässt sich aber durch einen Tempelneubau, der die göttliche Präsenz mittels seinem כבוד irdisch wieder ermöglicht, zu einer Situation des Segens und des Heils kehren.[13] Folglich ruft der Prophet das Volk auf, das Haus der Gottheit wiederaufzurichten (Hag 1,8), und verheißt ihm eine glorreiche Zukunft (Hag 2,7.9); der Tempel wird damit trotz seiner aktuell desolaten Verfassung zum Hoffnungszeichen.[14] Zentral steht hierbei ein grundlegender Überbietungsgedanke, der auf einem grundsätzlichen Vergleich des früheren, gegenwärtigen und künftigen Zustandes des Tempels aufbaut. Während der Tempel (בית) im Gegensatz zu den getäfelten Häusern des Volkes gegenwärtig verwüstet daliegt (Hag 1,4.9) und im Unterschied zu seiner früheren Herrlichkeit wie nichts ist (Hag 2,3), wird seine zukünftige Herrlichkeit (כבוד) größer als (גדול מן) dessen frühere Herrlichkeit sein, sie also in jeglicher Hinsicht überbieten (Hag 2,9a). Mit Hilfe der Begriffe ראשון, עתה und אחרון (Hag 2,3.9) werden die Aussagen über den Tempel zwar in ein eindeutiges temporales Ver-

---

12 Leuenberger, *Haggai*, 78–79.

13 Vgl. Leuenberger, *Haggai*, 77–79; Hallaschka, *Haggai und Sacharja*, 132. Nach der finalen Fassung von *Haggai* geht die künftige Herrlichkeit des Gotteshauses auf die Schätze zurück, die die גוים hineinbringen (Hag 2,6–7). Dies ist aber vermutlich eine spätere Auslegung des Textes. Gemäß der ursprünglicheren Fassung des Buches ist der כבוד stattdessen Gottes herrlicher, den Tempel füllender Präsenz zuzuschreiben. Vgl. Hallaschka, *Haggai und Sacharja*, 60.67.73.121.

14 Vgl. Hallaschka, *Haggai und Sacharja*, 132.

hältnis zueinander gesetzt. Zugleich liegt aber eine wesentliche und überdies bemerkenswerte Denkvoraussetzung in der Kontinuität und „Selbigkeit" des Tempels, also in der Tatsache, dass „man gemäß Haggai nur von dem *einen* Tempel in unterschiedlichen Phasen und Zuständen sprechen kann".[15] Diese Selbigkeit des Tempels wird insbesondere in Hag 2,3 deutlich, wo die Wendung הבית הזה בכבודו הראשון „dieses Haus in seiner früheren Herrlichkeit" zu finden ist.[16] Obgleich es in diesem prophetischen Werk ein ausgeprägtes Interesse am Tempelneubau gibt, kommt es zu keiner konkreten Thematisierung bzw. Ausformulierung einer Architektur, Größe oder Ausgestaltung des Gotteshauses: „Offenkundig ist es dem Haggaibuch in erster Linie um das bloße ›Dass‹ des Tempelneubau(beginn)s zu tun, dem pauschal und ohne inhaltliche Spezifizierung eine gloriose Zukunft beschieden wird."[17] Insgesamt dominieren vielmehr die Kritik am ärmlichen Zustand des Tempels, die Aufforderung zum Neubau und die damit verbundene Heilsverheißung das Thema des Werkes – ohne Tempel kann die von Jahwe herbeigeführte Mangelsituation nicht überwunden werden und ist kein gelingendes, gesegnetes Leben möglich (Hag 1,6.9–11; 2,15a–17.19).[18]

4.1.2 Der Überbietungsgedanke in Hag 2,9a und 1 Hen 14,15

Obwohl es also in den tempeltheologischen Aussagen des Propheten *Haggai* zu keiner Beschreibung des Gotteshauses, seines Inneren oder der Reaktion des Protagonisten kommt, findet sich hier ein auffälliger und im Kontext antiker jüdischer Werke nahezu einzigartiger Überbietungsgedanke, der mit Blick auf das verwendete Vokabular und die Art des Vergleichs sehr große Ähnlichkeiten zu Henochs Vision von den beiden Häusern in 1 Hen 14,8–25 aufweist.[19] So werden in beiden Werken zwei Häuser bzw. Häuserzustände (בית in Hag 2,9a und בי in 1 Hen 14,10.15) hinsichtlich ihrer Größe (גדול bzw. רב jeweils in Kombination mit der Präposition מן) verglichen. Hierbei ist das zweitgenannte Haus

---

15 Leuenberger, *Haggai*, 161 (Hervorhebung im Original). Vgl. auch *ebd.*, 116.
16 Vgl. Leuenberger, *Haggai*, 116.
17 Leuenberger, *Haggai*, 80.
18 Vgl. Hallaschka, *Haggai und Sacharja*, 86; Leuenberger, *Haggai*, 80.83.
19 Dieser Überbietungsgedanke findet sich innerhalb des antiken jüdischen Referenzrahmens in dieser Weise nur in diesen beiden Werken. Siehe hierzu auch die Ausführungen zu Hag 2 innerhalb des Auslegungsversuches von 1 Hen 14,8–25 in Kapitel 3.4 dieser Arbeit (insbesondere 190–192).

auf Grund seines direkten Bezugs zur Herrlichkeit Gottes dem vorangehenden Haus überlegen und überbietet es in jeglicher Hinsicht:

גָּדוֹל יִהְיֶה כְּבוֹד **הַבַּיִת** הַזֶּה הָאַחֲרוֹן **מִן־**הָרִאשׁוֹן אָמַר יְהוָה צְבָאוֹת

Die künftige Herrlichkeit dieses Hauses wird größer sein als die frühere!, spricht der HERR der Heerscharen.

bzw.

Die Herrlichkeit des künftigen Hauses wird größer sein als die des früheren, spricht der HERR der Heerscharen. (Hag 2,9a)[20]

[ ] אדבקת **לביא ר**[**ב** [

[...] καὶ ἤγγισα εἰς **οἶκον μέγαν** [...]

[...] መቅረብኩ፡ ኀበ፡ ቤት፡ ዐቢይ፡ [...]

[...] und ich näherte mich einem großen Haus [...] (1 Hen 14,10)

[[ ] **מן דן רב** [ ]

καὶ ἰδοὺ [...] ὁ **οἶκος μείζων** τούτου [...] καὶ ὅλος διαφέρων ἐν δόξῃ καὶ ἐν τιμῇ καὶ ἐν μεγαλωσύνῃ, ὥστε μὴ δύνασθαί με ἐξειπεῖν ὑμῖν περὶ τῆς δόξης καὶ περὶ τῆς μεγαλωσύνης αὐτοῦ.

ወናሁ፡ ካልእ፡ ቤት፡ ዘየዐቢ፡ እምግኁሙ፡[...]ወበኵሉ፡ ይፈድፍድ፡ በስብሐት፡ ወክብር፡ ወዕበይ፡ እስከ፡ ኢይክል፡ ዘንፈትክሙ፡ በእንተ፡ ስብሐቲሁ፡ ወበእንተ፡ ዕበዩ፡፡

Und siehe, ein anderes Haus, das größer als jenes war [...] Und in allem war es außergewöhnlich an Herrlichkeit und Pracht und Größe, dass es mir nicht möglich ist, euch von seiner Herrlichkeit und von seiner Größe zu berichten. (1 Hen 14,15a.16)[21]

Dieser Überbietungsgedanke impliziert eine wesenhafte Verschiedenheit der einander gegenübergestellten Häuser bzw. Häuserzustände, die sowohl qualitative als auch quantitative Dimensionen umfasst.[22] Einerseits liegt nach *Haggai* das gegenwärtige Haus verwüstet da (חרב; Hag 1,4.9) und ist verglichen mit seiner früheren Herrlichkeit wie nichts (כְּאַיִן; Hag 2,3). Dieser Zustand des Tempels verunmöglicht jegliche Art von gelingenden, gesegneten Lebensverhältnissen und ist vielmehr eng mit Jahwes strafendem Wirken verknüpft, das für die Notlage des Volkes und des Landes verantwortlich ist. Andererseits erfüllt Jah-

---

20 Zu den unterschiedlichen Übersetzungsmöglichkeiten und der damit einhergehenden Bedeutungsoffenheit von Hag 2,9a siehe die Ausführungen in Kapitel 3.4 dieser Arbeit (insbesondere 190–192).
21 Übersetzung folgt dem altäthiopischen Text. Für eine Übersetzung der griechischen Version siehe Kapitel 2.2.8 dieser Arbeit (84).
22 Vgl. auch Leuenberger, *Haggai*, 161.

we das leere Haus zukünftig mit Herrlichkeit (כבוד; Hag 2,7.9), die gemäß der ursprünglichen Fassung des Prophetenwerkes auf die göttliche Präsenz im Tempel, sekundär auf das Kommen der Völkerschätze zurückgeht.[23] Damit geht eine umfassende Segenswende einher, die ein gelingendes Leben (wieder) ermöglicht. Die beiden Häuser in Henochs Vision werden in ähnlicher Weise beschrieben: Das erste Haus hat eine angsteinflößende Erscheinung, das Feuer, die Hagelsteine und der Schnee, die als „Baumaterial" fungieren, können als Zeugnis von Gottes Zorn und Gericht gedeutet werden und sein Inneres birgt keine Quelle der Lebensfreude (1 Hen 14,9–14a) – ein gelingendes, gesegnetes Leben ist hier somit auch nicht möglich; demgegenüber ist das zweite Haus von Herrlichkeit Größe und Pracht charakterisiert und Ort, an dem die große Herrlichkeit thront (1 Hen 14,15–20).

Neben den Gemeinsamkeiten im Überbietungsgedanken und in der Verbindung der Häuser bzw. ihrer Zustände mit dem göttlichen Strafwirken einerseits und der göttlichen Herrlichkeit andererseits gibt es gewichtige tempeltheologische Unterschiede zwischen diesen beiden antiken jüdischen Werken. So ist in *Haggai* von einer Kontinuität und Selbigkeit des Tempels auszugehen, der in verschiedenen Phasen und Zuständen beschrieben und diesbezüglich zeitlich verortet wird. Demgegenüber geht es im *Wächterbuch* zunächst einmal um zwei unterschiedliche Häuser, die während eines Visionszusammenhangs geschaut und in kein explizites temporales Verhältnis zueinander gesetzt werden. Anders als bei *Haggai* fehlen eindeutige temporale Marker, die ein Nacheinander oder gar eine Identität der beiden Häuser suggerieren könnten. Zwar könnte die narrative Abfolge der beiden Einzelvisionen insbesondere vor dem Hintergrund der Tempeltheologie *Haggais* auch eine temporale Abfolge implizieren. Aber die kontrastierende Darstellung, die doch zum Teil sehr statischen Beschreibungen der beiden Häuser und die Art und Weise, wie sie miteinander in Beziehung gesetzt werden, erwecken trotz der Nähe zu *Haggai* vielmehr den Eindruck einer Gleichzeitigkeit und wesenhaften Differenz der Häuser. Dies wird insbesondere an den jeweiligen Referenzpunkten der Vergleiche deutlich. In *Haggai* wird, schaut man vom Kontext her, eigentlich nicht der Tempel als solcher, sondern vielmehr das unterschiedliche Maß an Herrlichkeit in den jeweiligen Tempelzuständen verglichen.[24] Jedoch ermöglicht es die Bedeutungsoffenheit des Verses, den Vergleich auch auf הבית „das Haus" zu beziehen und den Tempel selbst in

---

23 Vgl. Hallaschka, *Haggai und Sacharja*, 73.
24 So sind die temporalen Marker ראשון und אחרון in Hag 2,9a in Entsprechung zu Hag 2,3 nicht auf das Haus als solches (הבית הזה), sondern auf die Herrlichkeit (כבוד) zu beziehen. Vgl. auch Leuenberger, *Haggai*, 150.160–161.

den Fokus zu rücken.[25] In Henochs Vision geht es dagegen ausdrücklich um eine Gegenüberstellung der geschauten Häuser. Nicht eine künftige Herrlichkeit ist größer als eine frühere (wie in Hag 2,9a von Hag 2,3 her gelesen), sondern das eine *Haus* größer als das andere (1 Hen 14,15). Die Verschiedenheit der Häuser wird überdies von dem nahezu parallelen Aufbau der Einzelvisionen einerseits und den feinen, theologisch aber sehr bedeutsamen Unterschieden zwischen den beiden Häusern andererseits unterstrichen.

Des Weiteren fallen das ungleiche Interesse an architektonischen Beschreibungen und die verschiedenen Stoßrichtungen des Überbietungsgedankens auf. Im Gegensatz zu dem prophetischen Werk, das auf keinerlei architektonische Merkmale wie Größe, Material oder Ausgestaltung des Gotteshauses eingeht und sich auf das bloße „Dass" des Tempelneubaus konzentriert, bietet Henochs Vision eine ausführliche Darstellung der beiden Häuser, in der jeweils Größe, Fußboden, Decke, Tür, Material und Inneres der Häuser sowie eine Reaktion des Protagonisten beschrieben werden. Dieses äußerst unterschiedliche Interesse an architektonischen Informationen hängt eng mit der Intention des Überbietungsgedankens im jeweiligen Werk zusammen. So steht der Überbietungsgedanke in *Haggai* insbesondere vor dem Hintergrund der agrarischen Notlage und der Kritik am desolaten, ärmlichen Zustand des gegenwärtigen Tempels und buchstabiert die Hoffnung auf eine allumfassende Segenswende aus, die mit dem Beginn des Neubaus eintreten soll. Für die Aussageabsicht des Textes ist jegliches architektonische Detail folglich absolut irrelevant. Demgegenüber veranschaulicht der Überbietungsgedanke im *Wächterbuch* das Auseinanderbrechen der traditionellen Vorstellung einer direkten Korrespondenz zwischen dem himmlischen Heiligtum und seinem irdischen Abbild. Nur mit Hilfe der verschiedenen architektonischen Details können der Urbild-Abbild-Charakter der beiden beschriebenen Häuser zum Ausdruck gebracht werden und damit auch das Verwerfen der Idee, dass die Gottheit auch an einem anderen Ort als in ihrem himmlischen Heiligtum gegenwärtig ist. Oder überspitzt gesagt: Die architektonischen Details explizieren erst den Überbietungsgedanken.

4.1.3 Fazit

Der Vergleich mit den tempeltheologischen Aussagen des *Haggaibuches* trägt demgemäß in zweierlei Weise zur Erhellung von Henochs Vision von den beiden Häusern (1 Hen 14,8–25) bei. Einerseits bestärkt er die Annahme, dass es

---

25 Vgl. so schon die *Vulgata*.

sich bei den beiden Häusern in Henochs Vision nicht um Teile ein und desselben Tempelkomplexes, sondern um zwei unterschiedliche Tempelentwürfe handelt, die als einander gegenübergestellt gelesen werden müssen. Auch wenn der Überbietungsgedanke in *Haggai* im Gegensatz zum *Wächterbuch* von einer Kontinuität und Selbigkeit des Tempels ausgeht und in eine völlig andere Stoßrichtung zielt, macht er deutlich, dass die im Vergleich angeführten Referenzgrößen zwingend als grundlegend verschieden gedacht werden müssen. In *Haggai* wird diese Verschiedenheit insbesondere durch die zeitlichen Relationsbegriffe ראשון, עתה und אחרון (Hag 2,3.9) verdeutlicht, die die unterschiedlichen Tempelzustände in ein temporal qualifiziertes Verhältnis setzen.[26] Während dort aber die im Tempel präsente Herrlichkeit als Vergleichsgröße des Überbietungsgedankens fungiert, geht das *Wächterbuch* einen Schritt weiter und rückt den Tempel an sich in den Fokus des Vergleichs und damit des Überbietungsgedankens. Dadurch wird gegenüber *Haggai* auch jedwede zeitliche Differenzierung obsolet, da es nun um das Prinzip des Gotteshauses schlechthin geht. Allerdings ist die Akzentverschiebung im Überbietungsgedanken auf Grund der Bedeutungsoffenheit des Verses schon implizit in Hag 2,9a angelegt, sodass *Haggai* das Neue, das das *Wächterbuch* ausformuliert, gewissermaßen bereits in sich trägt.

Andererseits verdeutlicht und unterstreicht der traditionsgeschichtliche Vergleich mit *Haggai* die Bedeutung und Intention der architektonischen Angaben in Henochs Vision von den beiden Häusern. Während in *Haggai* die Architektur und Ausgestaltung des Tempels im Zusammenhang mit der Kritik am derzeitigen Zustand des Tempels und dem Aufruf zum Neubau keine Rolle spielen, ist die detaillierte Beschreibung der beiden einzelnen Häuser im *Wächterbuch* nicht nur sehr markant, sondern auch inhaltlich und argumentativ von immenser Wichtigkeit. Denn die architektonischen Details und der Überbietungsgedanke in Henochs Vision bedingen und erklären sich im Prinzip gegenseitig. Auf der einen Seite machen die architektonischen Angaben neben der Anwesenheit von Thron und Herrlichkeit deutlich, worin die Überbietung des ersten Hauses durch das zweite Haus besteht. So entspricht das erste Haus auf den ersten Blick zwar optisch dem Wohnsitz einer Gottheit, aber seine Bauart, seine Ausgestaltung und sein Inneres sind auf Grund ihres abbildhaften, paradoxen und angsterregenden Charakters negativ zu verstehen. Dies wird beispielsweise an der Laufbahn der Sterne und den Blitzen sowie den Cherubim ersichtlich. Im ersten Haus handelt es sich bei diesen Himmelsphänomenen lediglich um Abbildungen, während sie im zweiten Haus real anwesend sind.

---

26 Vgl. auch Leuenberger, *Haggai*, 160–161.

Dadurch erscheint das zweite Haus als lebendiger, realer Kosmos, das erste Haus bloß als dessen Imitat. Auf der anderen Seite setzt erst der Überbietungsgedanke die beiden Häuser und damit die unterschiedlichen architektonischen Aussagen in ein explizites Verhältnis. Für sich genommen und ungeachtet der negativ zu verstehenden Charakteristika könnte das erste Haus gemäß dem antiken Denken als Realität und damit als wahrer Wohnort der Gottheit verstanden werden, da es als Abbild zunächst einmal die himmlische Realität repräsentiert. Indem nun aber die beiden Häuser mit Hilfe des Überbietungsgedankens in ein hierarchisches Verhältnis gesetzt werden, kommt es nicht nur zu einer Auflösung der Gleichung Abbild = Realität zugunsten einer Differenzierung Abbild „wie" (im ersten Haus) und Realität (im zweiten Haus), sondern auch zu einem Aufgeben der Idee von einer irdischen Wohnstatt der Gottheit. Damit geht das *Wächterbuch* einen massiven Schritt weiter als die Tempeltheologie *Haggais*, da es den irdischen Tempel nicht mehr nur kritisiert, sondern ihn vielmehr gänzlich in Frage stellt.

Nimmt man abschließend alles: die auffallenden Ähnlichkeiten im Überbietungsgedanken und dem dafür verwendeten Vokabular, aber auch die genannten Unterschiede in der Stoßrichtung und dem architektonischen Interesse zusammen, erscheint es als sehr wahrscheinlich, dass diese beiden Werke nicht nur in einem engen theologie- und geistesgeschichtlichen Zusammenhang stehen, sondern dass Henochs Vision von den zwei Häusern in 1 Hen 14,8–25 sogar auch in Abhängigkeit von der prophetischen Tempelproklamation in Hag 2,9a entstanden sein könnte. Nur in diesen beiden Werken kommt es zu solchen tempeltheologischen Spitzenaussagen und zu einer Ausformulierung eines solchen Überbietungsverhältnisses, sodass das Buch *Haggai* wesentlich zum Verständnis von Henochs Vision in 1 Hen 14,8–25 und seinem traditionsgeschichtlichen Hintergrund beiträgt. Aber lassen sich auch Parallelen finden, in denen anders als in *Haggai* konkrete(re) Beschreibungen unterschiedlicher Tempel(zustände) einander gegenübergestellt werden? Um der Klärung dieser Frage einen Schritt näher zu kommen, soll nun als Nächstes ein Blick auf die Tempelvisionen im *Ezechielbuch* geworfen werden.

4.2 Der defizitäre und der ideale Tempel – *Ezechiel*

4.2.1 Die Tempelvisionen in *Ezechiel* (Ez 8–11; 40–48)

Das exilisch-nachexilische[27] *Ezechielbuch* bietet in seiner Gesamtfassung vier große Visionen (Ez 1,1–3,15; 8–11; 37,1–14; 40–48),[28] die auf Grund ihrer gemeinsamen Terminologie und Schlüsselmotive in einem engen Zusammenhang ste-

---

[27] Mit Blick auf die Entstehung und Genese des *Ezechielbuches* werden in der Forschung verschiedene Positionen vertreten, von einer Einheitlichkeit des Werkes bis hin zu einem komplizierten redaktionellen Wachstum (für eine Übersicht siehe exemplarisch Rudnig, *Heilig und Profan*, 5–35; Konkel, *Architektonik*, 14–22; Hiebel, *Ezekiel's Vision Accounts*, 4–8). Ausgehend von der Methodik der historisch-kritischen Exegese und der damit zusammenhängenden diachronen Betrachtungsweise wird in dieser Arbeit beim *Ezechielbuch* wie bei anderen antiken jüdischen Texten ein genereller Wachstumsprozess angenommen; hierbei ist wahrscheinlich von einer exilischen Grundschicht auszugehen, die bis in nachexilische Zeit fortgeschrieben wurde (vgl. auch Rudnig, *Heilig und Profan*, 28–35; Konkel, *Architektonik*, 3–4; Hiebel, *Ezekiel's Vision Accounts*, 40–46). Auf Grund des traditionsgeschichtlichen Schwerpunktes des nachfolgenden Vergleichs und der Tatsache, dass die Endfassung des *Ezechielbuches* dem *Wächterbuch* insgesamt höchstwahrscheinlich vorausgeht, besteht hier weder die Notwendigkeit noch das Interesse, der Frage nach dem redaktionellen Wachstum des *Ezechielbuches* detaillierter nachzugehen bzw. sich einem der in der Forschung vertretenen Modelle anzuschließen. Daher sei an dieser Stelle lediglich auf die hierfür spezifische Forschungsliteratur verwiesen.

[28] Für diese Auswahl und Gattungszuordnung vgl. exemplarisch Behrens, *Prophetische Visionsschilderungen*, 183–271, und die gesamte Monographie von Hiebel, *Ezekiel's Vision Accounts*. Nach Behrens handelt es sich bei Ez 1,1–3,15 aber genau genommen um „zwei vollständige, ursprünglich voneinander unabhängige prophetische Visionsschilderungen" (Ez 1,4–2,8a und 2,9–3,9), die erst sekundär miteinander verbunden worden sind (*ebd.*, 206). Ähnliches ist seines Erachtens für Ez 8–11 anzunehmen. Auch hierbei handle es sich um einen Komplex verschiedener Texte, die erst später zu einer literarischen Einheit verbunden worden sind (*ebd.*, 210). Anders verhält es sich bei Ez 40–48: Innerhalb dieses Buchteils, der „insgesamt als irgendwie ‚visionär' verstanden werden will", kann seiner Meinung nach nur Ez 43,1–9 als prophetische Visionsschilderung erachtet werden (*ebd.*, 36 Fußnote 10). Behrens selbst bietet aber weder für Ez 43,1–9 im Einzelnen noch für Ez 40–48 insgesamt auf Grund des Rahmens seiner Arbeit keine Analyse (vgl. *ebd.*, 76 Fußnote 1). Auch Hiebel, *Ezekiel's Vision Accounts*, 171, räumt ein, dass nicht alles in Ez 40–48 als wirklich visionär erachtet werden könne; ihrer Meinung nach übersehe Behrens aber, indem er sich auf Ez 43,1–9 als Visionsschilderung beschränke, dass seine eigenen Kriterien auch auf andere Passagen dieses Buchteils zutreffen, nämlich auf Ez 40,1–4; 43,1–12; 44,1–2.4–6 und 47,1–12 (vgl. *ebd.*, 171, insbesondere Fußnote 1). Wie auch immer diese Detailfragen genau zu klären sind, so ist es für die vorliegende Untersuchung ausreichend, dass Ez 40–48 in seiner Endfassung als ein großer Visionsbericht verstanden werden kann, der mit Hilfe der Datierung und Ortsveränderung des Propheten in Ez 40,1 als ein neuer literarischer Abschnitt gekennzeichnet wird (vgl. hierzu auch Hiebel, *Ezekiel's Vision Accounts*, 171).

hen und dem gesamten Werk eine übergreifende Struktur verleihen.[29] Während die erste Vision (Ez 1,1–3,15) von der Berufung des Propheten und seiner ersten Schauung der Herrlichkeit Jahwes berichtet, handeln die späteren Visionen von der Verunreinigung des Tempels durch das Volk Israel mit anschließendem Auszug der Herrlichkeit Jahwes (Ez 8–11), der Wiedererweckung der Totengebeine (Ez 37,1–14) und dem neuen Tempel mit der Rückkehr der Herrlichkeit Jahwes (Ez 40–48). Hierbei kann die Vision vom neuen Tempel (Ez 40–48) nicht nur als Abschluss, sondern auch als finaler Höhepunkt und Konkretion bzw. Erfüllung der Heilsweissagungen des gesamten *Ezechielbuches* erachtet werden.[30] Abgesehen von der verhältnismäßig kurzen Vision der Totengebeine in Ez 37 handelt es sich bei diesen Berichten um breit ausgestaltete, komplexe Visionsgeschehen, die in der Erscheinung des כבוד der Gottheit[31] und der damit verbundenen Reaktion, dem Niederfallen des Propheten,[32] einen wesentlichen thematischen Zusammenhang finden. Weitere charakteristische Merkmale dieser Visionen sind das Kommen/Fallen der Hand Jahwes auf den Propheten[33] und die „göttlich bewirkte Ortsveränderung"[34] Ezechiels vom Fluss Kebar in Babylon zum konkreten Ort seiner Schauung.[35]

Die beiden Tempelvisionen in Ez 8–11 und Ez 40–48 stehen hierbei in einem ganz besonderen Verhältnis. Indem in beiden Visionsberichten, die allein schon über die allgemeine Tempelthematik eng miteinander verbunden sind, über die Frage nach der göttlichen Gegenwart im Heiligtum nachgedacht wird und hierbei zwei gegensätzliche Vorstellungen – Abwesenheit und Anwesenheit des כבוד Jahwes – entfaltet werden, erzeugen diese nicht nur „ein buchübergreifendes Beziehungsgeflecht", sondern können auch als negativ und positiv ausformulierte Entsprechungen zueinander erachtet werden.[36] Dies wird durch weitere Analogien und Wechselbezüge unterstrichen.[37] So sind bereits der Anfang und die Struktur der beiden Visionen auffallend ähnlich. In beiden Visionsgeschehen wird Ezechiel „in göttlichen Gesichten" (במראות אלהים Ez 8,3; 40,2)

---

29 Vgl. Zimmerli, *Ezechiel 1–24*, 40*; Rudnig, *Heilig und Profan*, 55–56; Hiebel, *Ezekiel's Vision Accounts*, 1.

30 Vgl. Rudnig, *Heilig und Profan*, 58–63; Konkel, „Die zweite Tempelvision," 170–175.

31 Ez 1,28; 3,12.23; 8,4; 9,3; 10,4.18.19; 11,22.23; 43,2.4.5; 44,4.

32 Ez 1,28; 3,23; 43,3; 44,4.

33 Ez 1,3; 3,14.22; 8,1; 33,22; 37,1; 40,1. Vgl. Rudnig, *Heilig und Profan*, 55.

34 Rudnig, *Heilig und Profan*, 37 Fußnote 3.

35 Ez 3,12–15; 8,3; 11,1.24; 37,1; 40,1.2; 43,5. Vgl. Rudnig, *Heilig und Profan*, 55.

36 Rudnig, *Heilig und Profan*, 57.92. Vgl. auch Hiebel, *Ezekiel's Vision Accounts*, 230.

37 Vgl. hierzu und für das Folgende vor allem Rudnig, *Heilig und Profan*, 57–58, und Hiebel, *Ezekiel's Vision Accounts*, 230. Siehe auch die bereits oben genannten Ähnlichkeiten zwischen den Visionen.

nach Jerusalem[38] gebracht (בוא Hif'il mit Akkusativobjekt; Ez 8,3; 40,1.2) und erlebt dort eine Führungsvision durch den Tempel.[39] Bei der Führungsvision wird er jeweils von außen nach innen bis vor das Allerheiligste gebracht, das er beide Male aber nicht betritt (vgl. Ez 8,16; 41,3–4). Die göttlich bewirkte Ortsveränderung sowie das konsequente Führen durch die Tempelanlagen lassen Ezechiel als völlig passiv und von Jahwe abhängig erscheinen.[40] Hierbei gibt es aber zwei bemerkenswerte Ausnahmen. Auf der einen Seite geht Ezechiel einmal selbst aktiv in einen Innenbereich des Ersten Tempels, als er sich die Abscheulichkeiten ansehen soll, die Israel im Heiligtum verübt (Ez 8,9–10).[41] Auf der anderen Seite folgt der Prophet dem Mann mit dem Messrohr, der ihm den neuen Tempel zeigt, überall hin, nur in das Allerheiligste nicht (Ez 41,3–4).[42] Während der Mann mit dem Messrohr dieses betritt und ausmisst, muss Ezechiel draußen warten und es von dort aus beobachten.[43] Der Zutritt zum Allerheiligsten ist damit prinzipiell möglich, aber beschränkt.[44]

Ein weiteres verbindendes Element beider Visionen ist das Thema der kultischen Reinheit. Ez 8,5–18 schildert in Entsprechung zum Weg des Propheten vom nördlichen Tor Jerusalems zum Inneren des Tempels vier Gräueltaten Israels, mit denen das Volk das Heiligtum Jahwes kultisch mehr und mehr verunrei-

---

38 Während dies in Ez 8,3 explizit gesagt wird, kann die Ortsangabe (העיר „die Stadt") in Ez 40,1.2 nur als ein impliziter Hinweis auf Jerusalem verstanden werden.
39 Vgl. hierzu vor allem Ez 8,2 und 40,3, wo das Subjekt genannt wird, das Ezechiel in beiden Visionen durch den Tempel führt (Rudnig, *Heilig und Profan*, 58). Die Führung des Propheten wird in beiden Visionen insbesondere mit בוא Hif'il und Ezechiel als Akkusativobjekt zum Ausdruck gebracht (vgl. zum Beispiel Ez 8,7.14.16; 40,17.28.32.35.48; 41,1, wobei das Verb in Ez 8 mit der *nota accusativi*, in Ez 40–41 hingegen mit direktem Objektsuffix konstruiert ist). Vgl. Hiebel, *Ezekiel's Vision Accounts*, 194–195.
40 Vgl. Hiebel, *Ezekiel's Vision Accounts*, 267–271.
41 בוא Qal mit Ezechiel als Subjekt!
42 בוא Qal mit dem Mann als Subjekt anstelle des sonst in Ez 40–48 üblichen בוא Hif'il + Suffix mit dem Mann als Subjekt und Ezechiel als Objekt. Vgl. hierzu auch Hiebel, *Ezekiel's Vision Accounts*, 195. Daneben gibt es mit Ez 40,6 noch eine weitere, analoge Ausnahme, bei der בוא Qal mit dem Mann als Subjekt verwendet wird und der Prophet diesem nicht folgt; diese Ausnahme lässt sich nach Hiebel, *ebd.*, aber dadurch erklären, dass Ezechiel gemäß Ez 40,1 bereits an diesem Ort ist, der Mann mit dem Messrohr narrativ aber erst später hinzustößt. Folglich gelangen im Gegensatz zu Ez 41,3–4 beide Protagonisten an den beschrieben Ort, wenn auch in einer anderen Reihenfolge, sodass Ez 40,6 für die obige Diskussion weniger relevant ist.
43 Vgl. hierzu auch Ez 43,4–6, wo sich Ezechiel beim Wiedereinzug des כבוד in das Haus im inneren Vorhof, also außerhalb des Hauses befindet, und dort einen hört, der aus dem Haus zu ihm spricht. Auch hier muss Ezechiel also draußen bleiben und hat keinen Zugang zu dem konkreten Ort, an dem die Gottheit weilt.
44 Hiebel, *Ezekiel's Vision Accounts*, 203.

nigt.[45] Bei der Beschreibung dieser Gräueltaten klingt wiederholt das Bilder- und Fremdgötterverbot aus Moses Abschiedsrede in Moab an, wie es in Dtn 4,15–19 ausformuliert wird und dessen Nichtbeachtung die Tilgung und Zerstreuung des Volkes Israels nach sich zieht (Dtn 4,25–27). So auch in Ez 8–11: Die in Ez 8 beschriebenen Gräueltaten rufen schließlich den Zorn Jahwes hervor, der nicht nur ein vernichtendes Gericht über sein Volk zur Folge hat (vgl. zum Beispiel Ez 9,5–8; 11,7–11), sondern auch die Zerstörung seines eigenen Hauses sowie den Auszug seines כבוד aus dem Tempel über den Berg im Osten nach sich zieht (Ez 9,3a; 10,4.18; 11,22–23). Hierbei fällt auf, dass das göttliche Gericht genau von dort ausgeht, wo auch die Gräueltaten Israels am schlimmsten sind, nämlich dort, wo die Gottheit selbst wohnt, direkt im Heiligtum, und von dort aus in die Stadt hinausströmt (Ez 9,6–7); damit verläuft der Weg des göttlichen Gerichts genau entgegengesetzt zu demjenigen Ezechiels.[46] Als ein wesentliches Vernichtungselement im göttlichen Gericht erscheint das Feuer, das zwischen den Cherubim hervorgenommen und über die gesamte Stadt gestreut wird (Ez 10,2.6.7). Insgesamt erklärt Ez 8–11 auf diese Weise, wie es 587 vor Christus zu der Zerstörung des Tempels in Jerusalem und der Zerstreuung des Volkes Israel kommen konnte: Jahwe selbst hat seinen Tempel und sein Volk auf Grund der kultischen Verunreinigung und Abgötterei preisgegeben.[47]

Schaut man von Ez 8–11 aus auf die zweite Tempelvision in Ez 40–48, so können die kultische Verunreinigung des Ersten Tempels durch die Gräueltaten des Volkes und die dadurch hervorgerufene, mit Gericht und Unheil verbundene Abwesenheit des כבוד Jahwes als Negativ zur Reinheit des visionären Zweiten Tempels und seines Kultes sowie zur heilvollen und segensbringenden Anwesenheit seines כבוד verstanden werden.[48] Auf Ezechiels Führung durch den neuen Tempel (Ez 40–42), die in den Wiedereinzug des כבוד Jahwes und seinem Versprechen, für immer in der Mitte seines Volkes zu wohnen, mündet (Ez 43), folgen zahlreiche Rechtssatzungen, die Fragen des Tempelkultes, der sozialen Gerechtigkeit und der Aufteilung des Landes thematisieren und die künftige Reinheit von Ort und Kult garantieren sollen (Ez 44–48).[49] Hierin eingebettet ist die Vision vom Heil und Fruchtbarkeit bringenden Tempelstrom (Ez 47,1–12), die als positives Gegenstück zu Ez 9 erachtet werden kann:

> In the same way as the abandonment of Jerusalem signified death and destruction that, not by accident, commenced at the temple (Ezek 9), so YHWH's dwelling in the temple

---

45 Vgl. auch Zimmerli, *Ezechiel 1–24*, 211.
46 Vgl. Zimmerli, *Ezechiel 1–24*, 228.
47 Vgl. Rudnig, *Heilig und Profan*, 57.
48 Vgl. Rudnig, „Ez 40–48," 530.
49 Vgl. auch Rudnig, *Heilig und Profan*, 57; Konkel, „Die zweite Tempelvision," 154–155.

conveys healing and prosperity, which is symbolized by the river that flows from the temple door through the desert of Judah to the Dead Sea, bringing life and fertility everywhere.[50]

Auch hier geht das göttliche, dieses Mal aber heilvolle Wirken vom Innersten des Heiligtums aus und verbreitet sich von dort im ganzen Land, erneut entgegengesetzt zum Weg des Propheten. In der zweiten Tempelvision geht es dabei aber weniger um eine architektonische Beschreibung des Heiligtums, sondern vielmehr um eine theologische Gesamtaussage, die eine rigorose Kultkritik beinhaltet und ein eindeutiges theologisches Programm verfolgt. Zum Schutz vor einer erneuten kultischen Verunreinigung des Heiligtums hat die Architektur den Zweck, לְהַבְדִּיל בֵּין הַקֹּדֶשׁ לְחֹל „zwischen Heilig und Profan zu scheiden" (Ez 42,20b).[51] Zugleich wird in der finalen Fassung des *Ezechielbuches* im Rahmen des buchübergreifenden Beziehungsgeflechts eine כבוד-Konzeption ersichtlich, wonach der Auszug des כבוד über den Berg im Osten und sein Einzug von Osten her in einem engen Korrespondenzverhältnis stehen und Jahwes Gegenwart nicht (mehr) an sein Heiligtum gebunden, sondern davon unabhängig ist.[52] „Seine Gegenwart gilt nicht mehr bedingungslos."[53] Sie setzt nun die Reinheit seines Heiligtums voraus (Ez 43,7–9).[54]

Neben diesen zahlreichen Wechselbezügen und Korrespondenzen weist die zweite Tempelvision (Ez 40–48) aber auch markante Unterschiede gegenüber der ersten (Ez 8–11) auf. Während die erste Tempelvision mit einer eindeutigen Schlussnotiz endet, welche die Rückkehr des Propheten zu den Verbannten am Fluss Kebar und die Mitteilung des Geschauten berichtet (Ez 11,24–25),[55] verweilt die zweite Tempelvision und damit das gesamte *Ezechielbuch* in der Schauung des Tempels und des Landes, ohne dass ein expliziter Abschluss genannt wird.[56] Hierzu passt, dass in Ez 40–48 insgesamt sparsamer und nüchterner mit visionären Darstellungsmitteln umgegangen wird als in den anderen beiden großen Visionen des *Ezechielbuches* und auch der Thronwagen bei der Beschreibung der Rückkehr des כבוד Jahwes keine Erwähnung findet.

Des Weiteren fällt auf, dass der neue Tempel im Vergleich zum Ersten Tempel nahezu leer ist. Begegnet Ezechiel bei seiner Führung durch den Ersten

---

50 Hiebel, *Ezekiel's Vision Accounts*, 210.
51 Vgl. Rudnig, *Heilig und Profan*, 244–268; Konkel, „Die zweite Tempelvision," 161; Hiebel, *Ezekiel's Vision Accounts*, 210–213.
52 Vgl. Rudnig, *Heilig und Profan*, 57.92–93.339.
53 Rudnig, „»Ist denn Jahwe nicht auf dem Zion?«," 279.
54 Vgl. Rudnig, „»Ist denn Jahwe nicht auf dem Zion?«," 279.
55 Vgl. auch Ez 3,12–15.
56 Vgl. Zimmerli, *Ezechiel 1–24*, 41*; Rudnig, *Heilig und Profan*, 57; Konkel, „Die zweite Tempelvision," 161.

Tempel zahlreichen Menschen[57] sowie Götzenbildern, auf den Wänden einge-
ritzten Abbildungen von Tieren und sogar Kultgeräten,[58] sieht er während der
zweiten Tempelvision niemanden außer dem Mann mit dem Messrohr, keine
wirkliche Tempelausstattung und auch nur eine sehr spärliche Wanddekoration;[59] darüber hinaus überrascht es, dass bei diesem Tempelbau keine kostbaren
Rohstoffe wie Gold oder Edelsteine erwähnt werden, wie es sonst bei Tempelbeschreibungen im Alten Orient, Ugarit oder antiken Judentum üblich ist.[60] Dies
ist, wie Rudnig bereits bemerkt hat, insbesondere im Vergleich mit der Darstellung der Stiftshütte (Ex 25–31; 35–40) und des salomonischen Tempels (1 Kön
6–8; 2 Chr 3–7) bemerkenswert, „[...] denn sie legen gerade Wert auf eine reiche
Ausstattung des Heiligtums (z. B. Ex 26,1ff par 36,8ff; I Reg 6,1ff; II Chr 3,1–14)
wie auf die einzelnen kultischen Vorrichtungen (Ex 25,10ff.23ff.31ff etc.;
I Reg 7,13ff; II Chr 3,15–17; 4,1ff).“[61]

Als einzige Dekorationselemente des neuen Tempels werden כרובים ותמרים
„Cherubim und Palmen" genannt (Ez 41,18–20.25). Im Gegensatz zum Wandschmuck des salomonischen Tempels werden diese auffälliger Weise jedoch
nicht als „Schnitzereien" oder „Reliefzeichnungen" charakterisiert (מקלעת, פתוח
bzw. מקחה; vgl. 1 Kön 6,29.32.35). Stattdessen wird von ihnen nur sehr abstrakt
und allgemein gesagt, dass sie an den Wänden und Türen „angebracht seien"
(עשה Qal passiv). Hierdurch erscheinen sie weniger als Ergebnis menschlicher
Handwerkskunst, wie es beim Wandschmuck in 1 Kön 6 der Fall ist, sondern
vielmehr als Bild gewordener Ausdruck der mit Gott verbundenen Lebensfülle
und Fruchtbarkeit. Dies ist umso bemerkenswerter, als einer der oben genannten Termini aus der Beschreibung des salomonischen Tempels abgesehen von
1 Kön 6,35 nur noch im *Ezechielbuch* bezeugt ist. In Ez 8,10 und 23,14 ist jeweils
die Wendung מחקה על־הקיר zu finden, die vermutlich in Analogie zu den
Wand- und Türschnitzereien in 1 Kön 6 im Sinne einer aufwendigen Reliefarbeit
verstanden werden kann.[62] In beiden Kontexten des *Ezechielbuches* ist diese
aber im Gegensatz zur Dekoration des salomonischen Tempels eindeutig negativ konnotiert, da sie als Menschenwerk zur Abgötterei verführt. Nach Ez 23,14
treibt Oholiba – Sinnbild für das treulose Juda – große Hurerei, indem sie sich
Reliefzeichnungen von hübschen kasdäischen Männern anschaut und so sehr
nach ihnen verlangt, dass sie Boten nach Babylon schickt und sich so von Jah-

---

57 Ez 8,11.14.16.
58 Ez 8,3.5.10.11.12.14.
59 Hiebel, *Ezekiel's Vision Accounts*, 198–199. Vgl. auch Rudnig, *Heilig und Profan*, 38.
60 Vgl. Rudnig, *Heilig und Profan*, 38; Podella, *Das Lichtkleid JHWHs*, 205.
61 Rudnig, *Heilig und Profan*, 38.
62 Vgl. Ringgren, Art. חקק, 150.

we abkehrt; die in Ez 8,10 erwähnten Ritzbilder, die Teil der Gräuel sind, mit denen Israel das Heiligtum verunreinigt, können auf Grund der einzigartigen Stichwortverbindung gewissermaßen als pejorative Umkehrung des von Menschen angefertigten Wandschmuckes im salomonischen Tempel[63] und zugleich als negatives Gegenstück zur schlichten Dekoration und Ausstattung des neuen Tempels in Ez 40–48 gesehen werden.

Auf diese Weise schließt sich der Kreis: Die reiche, positiv konnotierte Dekoration und Ausstattung des salomonischen Tempels (1 Kön 6) wird in der ersten Tempelvision Ezechiels (Ez 8–11) in ein Negativ gewandelt und innerhalb der zweiten Tempelvision (Ez 40–48) nahezu völlig obsolet. Gemäß der Tempeltheologie des *Ezechielbuches* bedarf das Gotteshaus im Prinzip keines Schmuckes mehr, da das Entscheidende, das den Tempel letztendlich zum Wohnort der Gottheit und Ort der Lebensfülle macht, die Präsenz von Jahwes כבוד ist. Folglich kann der neue Tempel, durch den Ezechiel nach Ez 40–42 geführt wird, bis zum Wiedereinzug seines כבוד in Ez 43,1–10 auch nur so gut wie leer sein – die gesamte Aufmerksamkeit der Tempelbeschreibung ist damit auf die Rückkehr der göttlichen Gegenwart in sein Heiligtum ausgerichtet.[64] Demgegenüber erhält von Menschen angefertigter Wandschmuck innerhalb der *Ezechiel*-Theologie einen deutlich negativen Beigeschmack. Als Bestandteil der Gräuel, mit denen Israel das Heiligtum verunreinigt (Ez 8,10), bzw. als Objekt der Begierde, die Juda von Jahwe abkehren lässt (Ez 23,14), ist er Mitauslöser und Mitursache für Gottes Zorn und Gericht über Israel (vgl. Ez 9,1–11 bzw. 23,22–35). Der Tempel der ersten Vision (Ez 8–11) ist folglich mit den „falschen Dingen" gefüllt.

Alles in allem gibt das *Ezechielbuch* in seinen beiden eng aufeinander bezogenen Tempelvisionen damit eine markante Gegenüberstellung zu erkennen. Der Tempel der ersten Vision (Ez 8–11) ist von kultischer Verunreinigung geprägt, die nicht nur eine negative Ausgestaltung und Ausstattung des Gebäudes in sich birgt, sondern auch den Auszug von Jahwes כבוד sowie die Vernichtung des Heiligtums und des Volkes provoziert. Demgegenüber kann der neue Tempel in Ezechiels zweiter Vision (Ez 40–48) auf Grund seiner kultischen und räumlichen Reinheit als der rechte Ort für die heilvolle Gegenwart der Gottheit erachtet werden. Hierbei bieten die beiden Tempelvisionen auffällige Parallelen beispielsweise beim Führungsweg Ezechiels oder beim Ort des Auszugs bzw. Einzugs des כבוד, aber auch charakteristische Kontraste wie zum Beispiel bei der Beschreibung des Inneren oder in Fragen der kultischen Reinheit. Schaut man nun von hier aus auf Henochs Vision von den beiden Häusern (1 Hen 14,8–25), so scheint

---

[63] Nur in diesen beiden Texten wird nämlich das Wort מחקה im Zusammenhang mit der Beschreibung des Tempelwandschmuckes (Cherubim, Palmen, usw.) verwendet.
[64] Vgl. auch Rudnig, *Heilig und Profan*, 132; Hiebel, *Ezekiel's Vision Accounts*, 198–199.

die Tempeltheologie des *Ezechielbuches* mit ihrer klaren Gegenüberstellung des ersten (salomonischen) und zweiten (neuen) Tempels bereits bei einer ersten flüchtigen Betrachtung einen direkten traditionsgeschichtlichen Vorläufer für diese Passage des *Wächterbuches* darzustellen – dort wie hier werden ein defizitäres und ein ideales Heiligtum einander gegenübergestellt und mit der Frage nach der Anwesenheit des göttlichen כבוד korreliert. Aber wie genau ist das Verhältnis von Henochs Traum über die beiden Häuser zu den zwei Tempelvisionen *Ezechiels* (Ez 8–11; 40–48) einzuschätzen?

4.2.2 Die Gegenüberstellung zweier Tempelentwürfe in *Ezechiel* und 1 Hen 14

In den bisherigen traditions- und formgeschichtlichen Untersuchungen wurde Henochs Vision von den beiden Häusern (1 Hen 14,8–25) insbesondere vor dem Hintergrund von Ezechiels Berufungsvision (Ez 1,1–3,15) gelesen und gedeutet.[65] Diese böte mit ihrer Beschreibung der Entrückung und Berufung des Propheten sowie der Vision des göttlichen Cherubim-Thrones einen wesentlichen traditionsgeschichtlichen Vorläufer für diese Passage des *Wächterbuches*; demgegenüber wurde der Blick nur dann auf die beiden Tempelvisionen des *Ezechielbuches* (Ez 8–11; 40–48) gerichtet, wenn die Führung bzw. Bewegung des Protagonisten durch das Gotteshaus und die generelle Vorstellung des idealen göttlichen Wohnortes näher beleuchtet werden sollten.[66] Insgesamt scheint man aber davon auszugehen, dass die Traditionen, die im *Ezechielbuch* zur Sprache kommen, in Henochs Traumbericht deutlich weiterentwickelt und modifiziert wurden.[67] In diesem Zusammenhang nennt beispielsweise Nickelsburg in seinem Kommentar zum *Wächterbuch* vier wesentliche Punkte, in denen Henochs Vision der beiden Häuser vom *Ezechielbuch* abweicht oder darüber hinausgeht; so unterscheiden sich die beiden Werke seines Erachtens insbesondere mit Blick auf den Ort der Theophanie und des Visionsgeschehens, das Ausmaß des Visionsinhaltes und das Verhalten des Protagonisten:[68]

1) Während Ezechiel gemäß Ez 1 am Fluss Kebar, also auf Erden, dem Thronwagen begegne und dort auch alles weitere Visionsgeschehen stattfinde,

---

65 Vgl. hierzu beispielsweise Himmelfarb, *Ascent to Heaven*, 9–20; Nickelsburg, „Enoch, Levi, and Peter," 576–582; Nickelsburg, *1 Enoch 1*, 259–266; Kvanvig, „Henoch und der Menschensohn," 104–113.

66 Vgl. beispielsweise Himmelfarb, *Ascent to Heaven*, 13; Nickelsburg, *1 Enoch 1*, 259–260.

67 Vgl. beispielsweise Nickelsburg, „Enoch, Levi, and Peter," 576–582; Nickelsburg, *1 Enoch 1*, 259.

68 Vgl. hierzu und für das Folgende Nickelsburg, *1 Enoch 1*, 259. Vgl. auch generell Himmelfarb, *Ascent to Heaven*, 9–20, und Nickelsburg, „Enoch, Levi, and Peter," 576–582.

werde Henoch in 1 Hen 14,8 in den Himmel entrückt, wo er anschließend den himmlischen Tempel und Thron Gottes sehe. 2) Des Weiteren sehe der Prophet in seiner Berufungsvision nur die Cherubim, den beweglichen Thronwagen und die darauf thronende Gottheit. Für Henoch stellten diese Dinge vielmehr den Endpunkt seiner Vision dar; vorher durchschreite und erblicke er im Gegensatz zu Ezechiel noch verschiedene Teile der himmlischen Tempelstruktur. Henochs Vision sei somit nicht nur eine Schau des göttlichen Thrones, sondern auch eine des göttlichen Tempels. 3) Ferner stellen die beiden Protagonisten laut Nickelsburg zwei völlig unterschiedliche Charaktere dar. Sei Ezechiel vor allem passiv und reagiere allenfalls auf das Geschaute, spiele Henoch eine sehr aktive Rolle, indem er sich selbständig durch die Tempelstruktur bewege und das Geschaute auch körperlich wahrnehme und erlebe. Anders als Ezechiel sei er folglich subjektiv in das Geschehen einbezogen.[69] 4) Bei seinem vierten Punkt weitet Nickelsburg erstmals seinen Blick auf das gesamte *Ezechielbuch* und setzt Henochs aktive und subjektive Beteiligung, die sich so in keiner Berufungsvision finde, zu den beiden Tempelvisionen Ezechiels (Ez 8–11; 40–48) in Beziehung:[70]

> It does, however, have a counterpart in Ezekiel 40–48 and its twin vision in Ezekiel 8–11, where the prophet is brought to Jerusalem to preach and to witness God's abandonment of the temple. The counterpart to Ezekiel's new temple in Jerusalem, where the glory of the Lord will again reside, is in this text the heavenly temple, where the Great Glory is enthroned. Enoch is not whisked off to an earthly temple; he is summoned and taken to heaven. Moreover, although this happens by means of divinely controlled elements, once he is in heaven, he proceeds unaccompanied to the divine throne room. Although the accompanying angel is omnipresent in our author's prototype (Ezekiel 40–48), he is notably lacking in the present text.[71]

Auch hier unterscheide sich das *Wächterbuch* vom *Ezechielbuch* im Wesentlichen darin, dass Henoch in den Himmel und nicht wie der Prophet zu einem irdischen Ort entrückt würde, es sich in seiner Vision also um den himmlischen Tempel und nicht um den irdischen in Jerusalem handle. Darüber hinaus falle auf, dass Henoch anders als Ezechiel keine Führungsvision erlebe, sondern allein und unbegleitet zum himmlischen Thron gelange.

Nickelsburgs Punkte sind, wie auch der nachfolgende traditionsgeschichtliche Vergleich zeigen wird, nicht unproblematisch. So zieht er bei seinem Vergleich bemerkenswerterweise in drei der vier Fälle lediglich Ez 1–2 als Referenz-

---

69 Vgl. hierzu auch Nickelsburg, „Enoch, Levi, and Peter," 580.
70 Vgl. hierzu auch Nickelsburg, „Enoch, Levi, and Peter," 580–581.
71 Nickelsburg, *1 Enoch 1*, 259. Vgl. hierzu auch Nickelsburg, „Enoch, Levi, and Peter," 581–582.

größe heran, obwohl der Tempel in diesen Kapiteln im Unterschied zu den beiden Tempelvisionen Ezechiels (Ez 8–11; 40–48) kein einziges Mal erwähnt wird. Weitete man den Blick von vornherein auf alle großen Visionen des *Ezechielbuches* aus, so wäre der umfangreichere Visionsinhalt Henochs gegenüber Ez 1–2 weniger markant, da die Tempelvisionen Ezechiels sowohl die Schau des Heiligtums als auch der Gottheit beinhalten. Dies ist umso auffälliger, als gerade in diesen beiden Visionen jeweils eine Tempelstruktur mehr oder weniger detailliert beschrieben und durch das enge, buchübergreifende Beziehungsgeflecht, in dem diese beiden Visionen stehen, einander markant gegenübergestellt werden. Und gerade eine Beschreibung der Tempelstruktur vermisste Nickelsburg ja bei seinem Vergleich von Henochs Traum mit Ez 1–2. Damit greift die Behauptung, 1 Hen 14 gehe mit seinem Visionsinhalt weit über die visionären Ezechieltraditionen hinaus, eigentlich zu kurz, da diese mehr als nur Ez 1–2 umfassen. Die unterschiedlichen Orte der Visionsgeschehen und die verschiedenen Charaktere der Protagonisten lassen sich demgegenüber nicht pauschal bestreiten, müssten meines Erachtens aber auch differenzierter betrachtet werden. Dies soll nun innerhalb eines ausführlichen traditionsgeschichtlichen Vergleichs von Henochs Vision der beiden Häuser mit den visionären Ezechieltraditionen (mit Fokus auf den beiden Tempelvisionen) geschehen.

Henochs und Ezechiels Tempelvisionen (1 Hen 14,8–25 bzw. Ez 8–11; 40–48) sind bereits über die allgemeine Tempelthematik und Schau des göttlichen כבוד miteinander verbunden. Darüber hinaus lassen sich aber auch mit Blick auf zahlreiche Details interessante Berührungspunkte finden wie zum Beispiel in der Gegenüberstellung zweier Tempelentwürfe. Im Folgenden sollen daher zunächst die Gemeinsamkeiten, aber auch die Modifikationen und Unterschiede beider Visionskomplexe näher beleuchtet werden, bevor anschließend der Frage nach dem Verhältnis beider Tempeltraditionen nachgegangen wird.

Allen voran zeichnen sich die Visionsberichte dadurch aus, dass es sich bei ihnen um visionäre Entrückungsgeschehen handelt. Ezechiels Tempelvisionen (Ez 8–11; 40–48) werden wie bereits Ezechiels Berufungsvision (Ez 1,3) und die Vision der Totengebeine (Ez 37,1) zunächst durch das Kommen der Hand Jahwes auf den Propheten eingeleitet,[72] woraufhin eine göttlich gewirkte Ortsveränderung des Propheten[73] folgt (Ez 8,1–3; 40,1–2). Diese Geschehnisse sind in beiden Fällen als מראות אלהים „göttliche Gesichte" charakterisiert (Ez 8,3; 40,2).[74] Während in Ez 8–11 die רוח Ezechiels Ortsveränderung sowohl auf dem Hin- als auch auf dem Rückweg bewirkt (Ez 8,3; 11,1.24.), lässt sich die unbekannte

---

72 Ez 8,1: היתה עלי יד־יהוה bzw. 40,1: ותפל עלי שם יד אדני יהוה.

73 בוא Hif'il mit Ezechiel als Akkusativobjekt.

74 Vgl. auch Ez 1,1.

Macht, die Ezechiel in seiner zweiten Tempelvision nach Jerusalem bringt, nur durch den Kontext als Jahwe bestimmen (Ez 40,1.2).[75] Bei seiner zweiten Tempelvision erfährt der Prophet jedoch später im Zusammenhang mit dem Wiedereinzug des כבוד eine geistgewirkte Ortsveränderung (Ez 43,5), insgesamt wird aber keine Rückkehr beschrieben. Ebenso werden Henochs Einzelvisionen jeweils als ὅρασις bzw. ራእይ „Vision" überschrieben (1 Hen 14,8.14b)[76] und qualifizieren damit das Nachfolgende wie schon bei *Ezechiel* als Erlebnis einer transzendenten Wirklichkeit. In Entsprechung zum Auftakt von Ezechiels erster Tempelvision (Ez 8,3)[77] wird Henoch gemäß 1 Hen 14,8 ebenfalls in einer Vision gleich zu Beginn von einer äußeren Kraft entrückt:

וישלח תבנית יד ויקחני בציצת ראשי **ותשא אתי רוח** בין־הארץ ובין השמים **ותבא אתי** ירושלמה **במראות אלהים** אל־פתח שער הפנימית הפונה צפונה אשר־שם מושב סמל הקנאה המקנה:

Und er streckte etwas wie eine Hand aus und ergriff mich bei meinen Haaren, und **Geist/ Wind hob mich empor** zwischen Himmel und Erde und **brachte mich in göttlichen Gesichten** nach Jerusalem, zum Eingang des innersten Tors, das nach Norden gerichtet ist, wo der Ort des Bilds der Eifersucht ist, das Eifersucht weckt. (Ez 8,3)

---

75 Vgl. Rudnig, *Heilig und Profan*, 55–56.

76 Das aramäische Äquivalent zu ὅρασις bzw. ራእይ ist in 1 Hen 14,8 und 14,14b nicht erhalten geblieben und im Kontext von Henochs Traumbericht nicht sicher erschließbar. Einerseits wird ὅρασις bzw. ራእይ in 1 Hen 14,1 in Entsprechung zu חלם „Traum" verwendet, andererseits in 1 Hen 14,4 in Entsprechung zu חזוה „Vision". Schließlich wird in 1 Hen 13,8 auch חזיון „Vision(en?)" mit ὅρασις Pl. bzw. ራእይ Sg. wiedergegeben, wobei in den Versionen dieses Verses „Traum" (ὄνειρος Pl. bzw. ሕልም Sg.) und „Vision" (ὅρασις Pl. bzw. ራእይ Pl.) offensichtlich differenziert werden (dieser Teil des Verses ist im Aramäischen aber nicht erhalten geblieben). Bemerkenswerterweise findet חזוה „Vision" in 1 Hen 13,10 keine Entsprechungen in GrPan und Aeth!

Hinzu kommt die generelle Schwierigkeit, dass diese beiden aramäischen Begriffe in hellenistischer Zeit semantisch vermutlich nicht mehr scharf voneinander abgegrenzt wurden und somit austauschbar verwendet werden konnten (vgl. DiTommaso, Art. חלם, 989). Ob dies aber auch die Wortwahl bei der Übersetzung ins Griechische beeinflusste, ist dagegen eine andere Frage. Zumindest scheinen sowohl *LXX-Daniel* als auch *TH-Daniel* entsprechend der aramäischen bzw. hebräischen Vorlage zu differenzieren. Insgesamt lässt sich daher nicht mit Sicherheit sagen, welches aramäische Lexem 1 Hen 14,8 und 14,14b zu lesen war, was aber auch angesichts der vermutlich schwammigen Differenzierung nicht unbedingt von Bedeutung ist.

77 Vgl. hierzu auch Nickelsburg, *1 Enoch 1*, 262, und Ez 3,12.14; 11,1.24; 43,5, wo sich in den Beschreibungen des Entrückungsgeschehens zum Teil derselbe Wortlaut findet. Bei diesen Stellen handelt es sich im Gegensatz zu Ez 8,3 aber jeweils nicht um das konkrete Auftaktgeschehen einer Vision, zumal hier auch das markante מראות אלהים fehlt. Daher ist Ez 8,3 für den obigen Vergleich vorzuziehen. Auffälliger Weise erfährt Ezechiel in seiner Berufungsvision (Ez 1,1–3,15) kein explizites Entrückungsgeschehen (siehe auch unten).

‎[ ] לִי זְעָקִין וזִיקִין וב[ ] לְעֵלָא **וְאוֹבְלוּנִי** וְאֵע֗[לוּ]נִי בֹ[ ]

καὶ ἐμοὶ ἐφ' ὁράσει οὕτως ἐδείχθη· ἰδοὺ νεφέλαι ἐν τῇ ὁράσει ἐκάλουν, καὶ ὁμίχλαι με
ἐφώνουν, καὶ διαδρομαὶ τῶν ἀστέρων καὶ διαστραπαί με κατεσπούδαζον καὶ ἐθορύβαζόν
με, **καὶ ἄνεμοι ἐν τῇ ὁράσει μου** ἐξεπέτασάν με καὶ **ἐπῆράν με ἄνω καὶ εἰσήνεγκάν με**
εἰς τὸν οὐρανόν.

ወሊተ፡ ራእይ፡ ከመዝ፡ አስተርአየኒ፡ ናሁ፡ ደመናት፡ በራእይ፡ ይጼውዑኒ፡ ወጊሜ፡ ይጼውዑኒ፡ ወፋጻት፡
ከዋክብት፡ ወመባርቅት፡ ያጉጕኡኒ፡ ወያጽዕቁኒ፡ ወነፋሳት፡ በራዕይ፡ ያስርሩኒ፡ ወያጉጕኡኒ፡ ወአነሥኡኒ፡
ላዕለ፡ ወስተ፡ ሰማይ።

Und mir wurde in einer Vision Folgendes gezeigt: Siehe, Wolken riefen in der Vision und
Nebel rief mich und der Lauf der Sterne und Blitze trieben mich zur Eile und beunruhigten
mich und **Winde** machten mich **in meiner Vision** fliegen und **hoben mich empor nach
oben und brachten mich** hinein in den Himmel.[78]

Die Parallelen dieser beiden Entrückungsbeschreibungen sind bemerkenswert.
In beiden Fällen wird der Protagonist während einer Vision von einer externen
Kraft emporgehoben und zum Ort seiner Schauung gebracht. Dass bei der רוח
in Ez 8,3, die im Zusammenhang mit Ezechiels Entrückung häufig mit „Geist"
übersetzt wird,[79] generell auch die Bedeutung „Wind" mitschwingt bzw. möglich ist,[80] unterstreicht hierbei die Analogie beider Entrückungsvorgänge. Henoch wird nämlich von Winden emporgehoben und in den Himmel gebracht –
die Übersetzungen ἄνεμοι (GrPan) bzw. ነፋሳት (Aeth) gehen hierbei vermutlich
auf das aramäische Wort רוח zurück,[81] wodurch ursprünglich eine direkte
Stichwortverbindung zwischen beiden Werken existiert haben könnte.[82] Anders
als beim Propheten in Ez 8,3 ist bei Henoch jedoch nicht nur eine רוח allein,
sondern letztendlich ein ganzes Kollektiv an Naturgewalten an seiner Entrückung in den Himmel beteiligt, die als sichtbare Außenseite der Gottheit fungieren. Damit unterscheidet sich Henochs Entrückung aber auch markant von den
Geschehnissen während Ezechiels Berufungsvision (Ez 1,1–3,15): Dort sind
Sturmwind, Wolke und flackerndes Feuer nämlich Bestandteile des Geschauten, nicht aber Motoren einer göttlich gewirkten Ortsveränderung.[83] Diese ist
durch das Kommen der Hand Jahwes in Ez 1,3b allenfalls implizit als solche
erkennbar, könnte jedoch retrospektiv durch die Beschreibung von Ezechiels

---

78 Übersetzung folgt GrPan, da Aram zu fragmentarisch ist und Aeth auch Auslassungen bzw.
Textänderungen aufweist.
79 Vgl. beispielsweise die Zürcher Bibel (²2008), 1148.
80 Vgl. hierzu auch die Übersetzung in der revidierten Lutherübersetzung (2016), 827, und bei
Greenberg, *Ezechiel 1–20*, 194 bzw. seinen Kommentar zu Ez 3,12, 98–99.
81 Das aramäische Äquivalent ist nicht erhalten geblieben.
82 Vgl. hierzu auch Ego, „Denkbilder für Gottes Einzigkeit," 164; Ego, „Henochs Reise," 114.
83 Vgl. Ez 1,4aα: ‎וָאֵרֶא וְהִנֵּה רוּחַ סְעָרָה בָּאָה מִן־הַצָּפוֹן עָנָן גָּדוֹל וְאֵשׁ מִתְלַקַּחַת.

Rückkehr zum Fluss Kebar mit Hilfe der רוּחַ in Ez 3,12–15 vielleicht so veranschlagt werden.[84] Genau genommen beinhaltet der Visionsbeginn (Ez 1,1–3) somit im Gegensatz zu den anderen Visionsberichten keinen konkreten Entrückungsvorgang, sondern markiert das Nachfolgende lediglich als göttlich gewirkte Schauungen. Damit steht die Beschreibung von Henochs Entrückung in 1 Hen 14,8 dem Auftaktgeschehen in Ezechiels erster Tempelvision (Ez 8–11) sehr viel näher als den anderen Visionsschilderungen des *Ezechielbuches*, denn nur hier wird der Prophet zu Beginn seiner Vision von einer רוּחַ zwischen Erde und Himmel emporgehoben und an einen anderen Ort gebracht.

Insgesamt wird Henochs Entrückungsvorgang mittels der Naturphänomene nicht nur spektakulärer als Ezechiels Ortsveränderungen beschrieben. Er findet anders als bei den Visionen Ezechiels auch nur einmal explizit statt.[85] Dies liegt vermutlich in den unterschiedlichen Schauplätzen und Kontextualisierungen der Gesichte begründet. Ezechiels Visionen sind über das gesamte Buch verteilt und erzeugen vor allem über ihre gemeinsame Visionsterminologie und inhaltlichen Schlüsselmotive ein das gesamte Werk übergreifendes Beziehungsgeflecht. Hierbei befindet sich der Prophet ursprünglich jeweils am Fluss Kebar in der Gola und wird innerhalb seiner Tempelvisionen nach Jerusalem gebracht. Aber auch wenn Ezechiel wörtlich genommen auf Erden bleibt, um einen konkreten, den Menschen bekannten Ort zu schauen, handelt es sich bei diesem letztendlich doch um eine andere Realität, die Teil eines transzendenten Geschehens ist. Während dies in der ersten Tempelvision (Ez 8–11) weniger deutlich wird – dort wird lediglich erwähnt, dass die רוּחַ den Propheten zwischen Erde und Himmel (בֵּין־הָאָרֶץ וּבֵין הַשָּׁמַיִם) hebt, um ihn auf diese Weise nach Jerusalem zu bringen[86] –, wird das Heiligtum in der zweiten Tempelvision (Ez 40–48) auf einem הַר גָּבֹהַּ מְאֹד „sehr hohen Berg" (Ez 40,2) lokalisiert. Auf

---

84 Mit Blick auf die Endfassung der Berufungsvision verwundert es, dass der Prophet nach Ez 3,12–15 zu den Exilierten zurückkehrt, obwohl er nach Ez 1,1 eigentlich schon dort ist und es in diesem Visionsbericht im Gegensatz zu den anderen großen Visionen keinen Hinweis auf eine anfängliche Ortsveränderung gibt. Dies lässt prinzipiell vermuten, dass dieser Visionsbericht redaktionell gewachsen ist. Vgl. hierzu zum Beispiel die konkreteren Ausführungen zur inhaltlichen Spannung zwischen Einleitung und Abschluss der Berufungsvision bei Hiebel, *Ezekiel's Vision Accounts*, 68–69.

85 In diesem Zusammenhang könnte man natürlich auf Henochs kosmische Reisen in 1 Hen 17–19.21–36 verweisen, bei denen Henoch an verschiedene Orte der Welt gebracht wird (1 Hen 17,1–4) oder geht/kommt (so bei seinen restlichen Reiseschilderungen). Diese finden aber nicht innerhalb einer Vision statt, sondern real und auf horizontaler Ebene. Daher können sie im Gegensatz zu 1 Hen 14,8–25 eigentlich nicht als visionäres Entrückungsgeschehen verstanden werden und fallen damit aus dem Vergleich mit Ezechiels Visionsschilderungen heraus.

86 Vgl. Ez 8,3.

diese Weise wird der neue Tempel mit der mythischen Vorstellung des Gottesberges korreliert, wonach „der Berg als Schnittstelle zwischen Himmel und Erde sowie Königssitz des Gottes"[87] zu verstehen ist.[88] Obgleich Jahwe gemäß der *Ezechiel*-Theologie vom Jerusalemer Tempel unabhängig gedacht wird und die Präsenz seines כבוד im irdischen Heiligtum gewissermaßen konditioniert ist, wird dem Tempel durch diese Verortung generell das Potenzial zugeschrieben, Ort göttlicher Sphäre und dadurch in theologischer Perspektive mehr als nur bloß irdisch sein zu können. Dies demonstriert dann spätestens auch der konkrete Wiedereinzug des göttlichen כבוד in den neuen Tempel (Ez 43,1–7). Trotz der prinzipiellen Kultkritik ist damit die Vorstellung eines himmlischen Wohnortes der Gottheit für *Ezechiel* vermutlich undenkbar.

Demgegenüber wird Henoch mittels der Naturgewalten von der Erde aus explizit in den Himmel entrückt (1 Hen 14,8) und sieht dort während zweier Einzelvisionen zwei unterschiedliche Häuser (1 Hen 14,8–14a und 14,14b–25). Die beiden Einzelvisionen stehen hierbei direkt nebeneinander und sind inhaltlich so eng aufeinander bezogen, dass sie als ein gemeinsamer Visionskomplex verstanden werden können. Dies macht für Henoch ein zweites Entrückungsgeschehen innerhalb dieses Visionskomplexes von vornherein überflüssig. Wie ist aber Henochs Entrückung in den Himmel zu verstehen? Impliziert diese auch eine reale räumliche Lokalisierung der beiden Häuser im Himmel? Oder wäre dies vor dem visionären Hintergrund von 1 Hen 14,8–25 zu wörtlich gedacht? Zunächst einmal gibt die Entrückung in den Himmel zu verstehen, dass sich das Geschaute für Henoch so nicht auf Erden befindet und als Bestandteil der Vision auch Teil einer transzendenten Wirklichkeit ist – gemäß der Henochfiktion kann es ja noch keinen irdischen Tempel in Jerusalem geben.[89] Des Weiteren verdeutlicht die antithetisch ausgerichtete Beschreibung der beiden Häuser, dass Henoch in seiner Vision zwei sich widersprechende Tempelentwürfe sieht, die als Sinnbilder für ein defizitäres irdisches und ein ideales himmlisches Heiligtum erachtet werden können. Hierbei können die Naturphänomene, die an Henochs Entrückung beteiligt sind und als sichtbare Außenseite der Gottheit agieren, bereits als ein erster direkter Verweis auf das zweite Haus und insbesondere auf die Schau der Herrlichkeit Gottes verstanden werden. Dem ersten Haus ist demgegenüber von vornherein nur ein Abbildcharakter eigen – dort

---

87 Rudnig, *Heilig und Profan*, 40.

88 Vgl. hierzu zum Beispiel auch Ps 48,2–3 und insgesamt Rudnig, *Heilig und Profan*, 40.

89 Vgl. auch Suter, „Temples and the Temple," 197: „[...], for the early Enoch tradition as for much of the apocalyptic literature, Israel is still in exile. Access to the presence of the sacred must therefore deal with the absence of the abode of God on earth."

sind diese Naturphänomene nämlich nur abgebildet und somit nicht tatsächlich anwesend.

Dass beide Häuser nun aber während derselben Himmelsreise geschaut werden, ist vermutlich der Tatsache geschuldet, dass diese Himmelsreise weit mehr als nur eine bloße Ortsveränderung impliziert. So erlangt Henoch wie auch schon Ezechiel mittels der Entrückung Zugang und Einblick in eine transzendente Wirklichkeit, in der die Grenzen zwischen Himmel und Erde gewissermaßen aufgehoben sind und die aus theologischen Gründen den einzigen adäquaten Ort für eine Tempelvision darstellt. Während Ezechiel beide, also sowohl den kultisch verunreinigten, von Gottes כבוד verlassenen salomonischen Tempel (Ez 8–11) als auch den neuen, idealen und mit Gottes כבוד erfüllten Tempel (Ez 40–48) im visionär geschauten Jerusalem sieht, können die beiden Tempelentwürfe in Henochs Vision auf Grund seiner expliziten Entrückung in den Himmel im Prinzip auch nur außerweltlich lokalisiert sein. Dies bedeutet allerdings nicht, dass der Visionsinhalt in keinerlei Beziehung zur irdischen Realität steht. Das Gesehene hat nicht nur einen verbindlichen Anspruch für die irdische Wirklichkeit, sondern kann auch irdische Gegebenheiten oder Geschehnisse visionär vorwegnehmen oder thematisieren. So können der Abbildcharakter und die implizite irdische Konnotation, die in der Beschreibung des ersten Hauses mitschwingen, meines Erachtens als ein deutlicher Hinweis darauf verstanden werden, dass in der transzendenten Wirklichkeit, der Henoch in seiner Vision begegnet, explizit auf den irdischen Tempel Bezug genommen wird. Das Nebeneinander der beiden Häuser in Henochs Vision stellt daher nicht notwendigerweise ein Spannungsmoment oder einen Widerspruch dar, sondern betont vielmehr die Kritik am gegenwärtigen irdischen Tempel.

Die genauere Betrachtung von Ezechiels und Henochs Visionsanfängen zeigt überdies auf, dass Nickelsburgs Beobachtung zu den unterschiedlichen Orten der Visionsgeschehen eigentlich zu kurz greift. So betonte er, dass Henoch im Gegensatz zu Ezechiel nicht an einen irdischen Ort, sondern zu einem himmlischen Tempel entrückt würde.[90] Mit dieser pauschalen Differenzierung ignoriert Nickelsburg aber, dass die כבוד-Theologie des *Ezechielbuches* anders als das *Wächterbuch* an der Vorstellung von Jahwes irdischer Präsenz festhält, ein Umzug der Gottheit in den Himmel also unvorstellbar ist und der irdische Tempel damit (immer noch) als göttliche Sphäre verstanden werden muss. Demgemäß wird Ezechiel nicht an einen bloß irdischen Ort entrückt, sondern wie Henoch zum eigentlichen Wohnort der Gottheit. Nur ist der wahre Tempel bei Henoch nicht in einer idealisierten Zukunft, sondern im Himmel zu finden,

---

90 Vgl. Nickelsburg, *1 Enoch 1*, 259, bzw. siehe oben.

wo er als positives Gegenstück zum defizitären irdischen Tempel existiert. Infolgedessen ist der Unterschied zwischen den Visionsgeschehen streng genommen nicht im Ort der Tempelvisionen, sondern in der gesamten Tempeltheologie zu suchen.

Insgesamt hat der Vergleich der Visionsanfänge auffällige Parallelen von Henochs Traumbericht insbesondere zu Ezechiels erster Tempelvision aufgezeigt. Wie Ezechiel in Ez 8,3 wird Henoch in 1 Hen 14,8 in seiner Vision von Winden emporgehoben und an einen anderen Ort gebracht. Diese Ähnlichkeit ist umso bemerkenswerter, als die Entrückung des Propheten in den anderen Visionsberichten des *Ezechielbuches* entweder knapper bzw. überhaupt nicht geschildert wird[91] oder sie dort gar nicht als Visionseinstieg fungiert.[92] Ferner haben beide Protagonisten gemein, dass sie während ihres konkreten visionären Entrückungsgeschehens absolut passiv sind, sie also nicht selbst den Ortswechsel veranlassen, sondern dieser von der Gottheit gewirkt ist. Abgesehen von diesen Entsprechungen gibt es natürlich Unterschiede in den Details und vor allem in der Ausschmückung der Entrückungsgeschehen. Während Ezechiels Ortsveränderung verhältnismäßig nüchtern und kurz beschrieben wird, erlebt Henoch ein Ereignis, das im Prinzip einer Gewittertheophanie gleichkommt. Des Weiteren erinnert die Tatsache, dass in Henochs Traumbericht keine konkrete Rückkehr- bzw. Abschlussnotiz zu finden ist und Henochs Vision somit in der Theophanie und Mahnrede an die Wächter stehen bleibt, eher an die zweite Tempelvision Ezechiels (Ez 40–48). Auch hier findet sich im Gegensatz zur ersten Tempelvision keine Beschreibung einer Rückkehr; vielmehr verweilt Ezechiels zweite Schauung und damit das gesamte *Ezechielbuch* in der Vision des neuen Tempels und des Landes. Ist Henochs Traumbericht damit ebenfalls (ursprünglich) nicht auf Fortsetzung angelegt (gewesen), sondern will sich als Höhepunkt und finale Konkretion einer möglicherweise kürzeren Fassung des *Wächterbuches* verstanden wissen? Oder ist dieser Sachverhalt ganz anders einzuschätzen? Diese Fragen können nicht im Rahmen dieses traditionsgeschichtlichen Vergleiches geklärt werden, sondern nur im Horizont einer Untersuchung des gesamten *Wächterbuches*, sodass sie an dieser Stelle zunächst einmal unbeantwortet bleiben müssen.[93]

Aber nicht nur mit Blick auf den Visionsauftakt lohnt sich ein Vergleich dieser beiden Werke. Sowohl Ezechiels Tempelvisionen als auch Henochs Vision von den beiden Häusern bieten mit ihrem Inhalt jeweils eine Beschreibung zweier Tempelzustände, die vor allem von einer antithetischen Gegenüberstel-

---

91 So in Ez 1,1–3 und 40,1–2.
92 So in Ez 3,12–15; 11,1.24 und 43,5.
93 Siehe hierzu Kapitel 5 dieser Arbeit (326–358).

lung geprägt ist. In beiden Fällen wird diese Gegenüberstellung mit Hilfe der Architektur und Ausstattung der Tempel sowie der Frage nach An- bzw. Abwesenheit der göttlichen Herrlichkeit zur Darstellung gebracht. Hierbei stehen der negativ charakterisierte salomonische Tempel (Ez 8–11) und das erste, freudlose und leere Haus in Henochs Vision (1 Hen 14,8–14a) sowie der neue Tempel (Ez 40–48) und das zweite Haus, das voller Herrlichkeit und in Allem außergewöhnlich ist (1 Hen 14,14b–25), in einem direkten Analogieverhältnis. Der salomonische Tempel (Ez 8–11) ist auf Grund der Gräueltaten Israels kultisch absolut verunreinigt. Das Gotteshaus ist voller Abscheulichkeiten, an den Wänden befinden sich allerlei Ritzzeichnungen von Kriechtieren und Scheusalen und das gesamte Volk übt sich im Götzendienst. Dies provoziert die Vernichtung des Tempels und des Volkes sowie den Auszug des göttlichen כבוד, wobei das todbringende Feuer und Gericht von dem Ort ausgehen, an dem eigentlich Gottesnähe und Heil zu erwarten wäre, dem Allerheiligsten.

Ebenso ist das erste Haus in Henochs Vision (1 Hen 14,8–14a), das zwar auf den ersten Blick dem Wohnsitz Gottes ähnelt, auf Grund des paradoxen und angsterregenden Charakters seiner Materialen und seines Inneren negativ zu verstehen. Bei der Laufbahn der Sterne und den Blitzen sowie den Cherubim handelt es sich lediglich um Abbildungen, wodurch es im Vergleich mit dem zweiten Haus, wo diese Phänomene real anwesend sind, als bloße Nachbildung des wahren Tempels erscheint. Ebenso sind Schnee, Eis und Feuer im ersten Haus nicht Ausdruck von Reinheit und Transzendenz, sondern von Zerstörung und Gericht. Die Gleichzeitigkeit von Hitze und Kälte und die Abwesenheit von Lebensfreude im Inneren des Hauses machen es schließlich zu einem Ort der Lebensfeindlichkeit und damit der Gottesferne. In beiden Fällen sind die Gebäude somit durch eine negativ konnotierte Ausgestaltung und die Abwesenheit der göttlichen Herrlichkeit charakterisiert und stehen eng mit Gericht und Vernichtung in Verbindung. Der jeweilige negative Charakter dieser zwei Tempelentwürfe wird durch die Reaktionen beider Protagonisten unterstrichen. Fällt der Prophet auf das vernichtende Gericht Jahwes hin mit einem verzweifelten Aufschrei nieder und hält Fürbitte für den Rest Israels, (Ez 9,8; 11,13),[94] wird auch Henoch von einer enormen Angstreaktion gepackt und fällt zu Boden, allerdings ohne Fürbitte zu halten (1 Hen 14,9.13b.14a).

Andererseits fällt auf, dass es in Henochs Traumbericht anders als im *Ezechielbuch* keine wirkliche Begründung oder Wertung mit Blick auf den negativ bewerteten Tempelentwurf gibt. In Ez 8–11 werden mehrere kultische Vergehen beschrieben, die in der Jahwerede als Gräueltaten deklariert werden und das

---

94 Vgl. Greenberg, *Ezechiel 1–20*, 235–236; Zimmerli, *Ezechiel 1–24*, 229.

göttlichen Gericht hervorrufen. Auf der einen Seite werden damit das Handeln des Volkes explizit negativ bewertet und eindeutige Ursachen für die Zerstörung des salomonischen Tempels benannt; auf der anderen Seite bietet *Ezechiel* so eine Art chronologische Beschreibung, wie es zu diesem defizitären, unglückbringenden Zustand des Gotteshauses gekommen ist. Demgegenüber kommt der negative Charakter des ersten Hauses aus Henochs Vision nur implizit und im Wesentlichen durch die Gegenüberstellung mit dem zweiten Haus zum Ausdruck, da der Traumbericht selbst kaum über eine statische Zustandsbeschreibung der Häuser hinausgeht. Lediglich Henochs aktives Hindurchschreiten von außen nach innen bietet ein bewegendes Moment, das die Profanität und Betretbarkeit des Ortes zu erkennen gibt. Insgesamt erinnert dieses Hindurchschreiten an Ezechiels Führung durch die beiden Tempel, die ebenfalls jeweils außen beginnt und im Tempelinneren endet – bei Henoch allerdings bleibt dieses bewegende Moment im gesamten Traumbericht auf das erste Haus beschränkt. Auch wenn Ezechiel während seiner beiden Tempelvisionen nahezu gänzlich passiv ist, betritt er auch einmal selbst aktiv einen Innenbereich des salomonischen Tempels, als er sich die Gräueltaten des Volkes ansehen soll (Ez 8,9–10). Dementsprechend ist bei beiden Protagonisten ein aktives Verhalten belegt und mit einer gewissen Profanität und Gottesferne des zu betretenden Ortes verbunden, obgleich bei Henoch sehr viel ausgeprägter als bei Ezechiel.

In ähnlicher Weise entsprechen sich *Ezechiels* neuer Tempel (Ez 40–48) und das zweite Haus in Henochs Vision (1 Hen 14,14b–25). Beide Tempelentwürfe sind durch die Anwesenheit der Herrlichkeit Gottes und die damit verbundene Reinheit charakterisiert,[95] worauf der jeweilige Protagonist mit einer Prostration reagiert (Ez 43,3; 1 Hen 14,24–25). Dieses Niederfallen ist gewissermaßen die einzige eigene Handlung der sonst vollkommen passiven Akteure. Wird Ezechiel zwar noch durch die Tempelanlage geführt (Ez 40–42), ist Henoch während der Vision des zweiten Hauses gänzlich passiv und rutscht in eine absolute Beobachterrolle. Hierdurch kann er die Herrlichkeit Gottes, die im zweiten Haus thront, nur von Ferne schauen und den allerheiligsten Bereich wie auch schon Ezechiel nicht betreten.[96] Dies unterstreicht insgesamt die Unerreichbarkeit und Heiligkeit des göttlichen Wohnortes.[97] In beiden Heiligtümern entspringt überdies ein Tempelstrom.[98] Während dieser in *Ezechiel* unter der Schwelle des Hau-

---

95 Vgl. Ez 43,1–12 bzw. 1 Hen 14,16.18–21.
96 Vgl. Ez 41,3–4.
97 Vgl. zu *Ezechiel* auch wieder den Zweck der Architektur des neuen Tempels, להבדיל בין הקדש לחל „zwischen Heilig und Profan zu scheiden" (Ez 42,20b).
98 Vgl. Ez 47,1–12 bzw. 1 Hen 14,19.

ses hervorgeht und dem gesamten Land heilendes Wasser bringt, sind es in 1 Hen 14,19 Ströme von flammendem Feuer, die unterhalb des göttlichen Thrones hervorkommen, über deren Verlauf und Wirkung jedoch nichts Konkretes gesagt wird.

Allerdings fallen auch hier einige Unterschiede zwischen den Tempelkonzepten auf. War der salomonische Tempel (Ez 8–11) noch voller verwerflicher Wanddekoration und Menschen, die dem Götzendienst nachgingen, besticht der neue Tempel (Ez 40–48) durch seine Leere und seine karge Ausstattung sowie durch fehlendes kostbares Baumaterial und Personal. Lediglich an den Wänden des neuen Tempels sind Cherubim und Palmen angebracht. Bei den zwei Häusern, die Henoch in seiner Vision sieht, scheint es genau umgekehrt zu sein. Das erste Haus ist nahezu leer; Henoch sieht abgesehen von den Abbildungen der Sterne, Blitze und Cherubim auf den Wänden nichts und niemanden und empfindet im Inneren des Hauses ein paradoxes, lebensfeindliches Klima. Demgegenüber befindet sich im zweiten Haus der Thron, auf dem die große Herrlichkeit thront und der von einer immensen Zahl an Engeln und Heiligen umgeben ist. Hierbei erscheinen die Cherubim, die Laufbahn der Sterne und Blitze als lebendige Umhüllung der Gottheit, die den himmlischen Tempel wie funkelnde Edelsteine ausschmücken.

Aber auch hier gilt es, wieder die gesamten Tempeltheologien zu bedenken. So kann der neue Tempel, durch den Ezechiel nach Ez 40–42 geführt wird, gewissermaßen noch als irdischer Rohbau erachtet werden, der selbst mit dem Wiedereinzug des göttlichen כבוד in Ez 43,1–12 noch nicht in den „laufenden Tempelbetrieb" genommen wird – stattdessen schließt an die Beschreibung des Tempels und des Wiedereinzuges eine ganze Reihe von Satzungen an, die den Kult, das Personal und die Verteilung des Landes zukünftig regeln sollen. Streng genommen ist der neue Tempel im *Ezechielbuch* damit noch im Werden. Im Vergleich dazu zeigt Henochs Vision vom zweiten Haus eine Momentaufnahme des himmlischen Tempels, wie er sich gerade im „vollen Betrieb" befindet. Dementsprechend ist auch das Engelpersonal bereits anwesend. Auch der konkrete Ort des Tempels – im Himmel oder auf Erden – bringt tempeltheologische Implikationen mit sich. Während im gesamten *Ezechielbuch* eine kritische Haltung gegenüber menschengemachten Dingen deutlich wird, die eine positive Konnotation von jedweder Dekoration in einem irdischen Tempel nahezu unmöglich macht, ist das zweite Haus in Henochs Traumbericht dank seiner Lokalisierung im Himmel im Grunde bereits auf natürliche Weise ausgeschmückt. Das eine Haus verzichtet folglich wegen seiner irdischen Lage auf möglichen Wandschmuck, das andere Haus bedarf seiner auf Grund der himmlischen Lage nicht. Einen Sonderfall stellen hierbei die Cherubim dar, die jeweils in beiden Tempelentwürfen beider Werke zu finden sind. Dabei fällt auf, dass Ez 8–11 im

Gegensatz zu den anderen drei Tempelbeschreibungen vermutlich drei unterschiedliche Vorstellungen von Cherubim kennt. So muss wahrscheinlich zwischen den lebendigen Wesen, die sich außerhalb des Heiligtums befinden und mit den Wesen in Ez 1 identifiziert werden,[99] der Ausstattung (Statuen bzw. Ornamente) innerhalb des Heiligtums[100] und einer späteren Mischform, die die beiden ersten Konzepte kombiniert,[101] differenziert werden.[102] Bemerkenswerterweise kennt Ez 40–48 dagegen nur eine Cherubim-Ornamentik (41,18–25) – lebendige Cherubim-Wesen finden wie auch der gesamte Thronwagen in der Beschreibung des neuen Tempels keinerlei Erwähnung. Bei den beiden Häusern in Henochs Vision scheint es erneut genau umgekehrt zu sein. Während es sich bei den Cherubim im ersten Haus wahrscheinlich um Abbildungen handelt (1 Hen 14,11), liegt es beim zweiten Haus sicherlich nahe, in Analogie zu den Himmelsphänomenen an reale Wesen zu denken (1 Hen 14,18). Somit spielen auch bei der Ausgestaltung des Tempelinneren und der Vorstellung von den Cherubim die Lokalisierung des Heiligtums (irdisch/himmlisch) und die gesamte dahinter stehende Tempeltheologie eine wesentliche Rolle.

Schließlich fällt beim Vergleich der beiden Werke auf, dass die Gegenüberstellung des defizitären und idealen Heiligtums in beiden Fällen überwiegend implizit über gemeinsame Schlüsselmotive und Terminologie zum Ausdruck gebracht wird. Diese beschränkt sich in beiden Fällen nicht nur auf die allgemeine Tempelthematik und das Visionsvokabular, sondern äußert sich auch in der Struktur der Visionsbeschreibung und der Frage nach der göttlichen Präsenz. Wird bei *Ezechiel* auf diese Weise lediglich ein implizites buchübergreifendes Beziehungsgeflecht erzeugt, wodurch der salomonische Tempel in Ez 8–11 und der neue Tempel in Ez 40–48 als negativ und positiv ausformulierte Entsprechungen zueinander erscheinen, werden die beiden Häuser im *Wächterbuch* darüber hinaus auch ein einziges Mal in explizites Verhältnis gesetzt, wodurch ihre Stellung zueinander geklärt und ein eindeutiger Überbietungsgedanke ausformuliert wird (vgl. 1 Hen 14,15). Eine solche ausdrückliche Bezugnahme ist so im *Ezechielbuch* nicht zu finden, ist dort aber auch nicht notwendig. Beide Tempelvisionen bieten nämlich Begründungen bzw. Wertungen mit Blick auf den jeweiligen Tempelzustand und die Problematik der Gottespräsenz, sodass die Beziehung dieser beiden Tempelentwürfe von vornherein geklärt ist, ohne dass ihr Verhältnis zueinander noch artikuliert werden müsste. Dies ist im *Wächterbuch* wiederum nicht der Fall. Die beiden Einzelvisionen Henochs stel-

---

99 Vgl. Ez 10,1.3.5.9.15.16.18.19.20; 11,22.
100 Vgl. Ez 9,3; 10,2.4.6.7.
101 Vgl. Ez 10,7.8.
102 So Hiebel, *Ezekiel's Vision Accounts*, 104–108.

len vielmehr knappe Momentaufnahmen dar, ohne dass hierbei eine bewertende oder erklärende Metaebene erreicht wird. Stattdessen wird lediglich knapp beschrieben, was Henoch sieht und erlebt.

4.2.3 Fazit

Der traditionsgeschichtliche Vergleich von Henochs Vision mit den Tempelvisionen Ezechiels hat bemerkenswerte Parallelen aufgezeigt, die weit über die allgemeine Tempelthematik und die Gegenüberstellung eines defizitären und eines idealen Heiligtums hinausgehen. Beide Protagonisten werden im Rahmen eines visionären Geschehens mit Hilfe einer äußeren Kraft an den Ort der göttlichen Wohnstätte entrückt und bekommen auf diese Weise Einblick in eine transzendente Wirklichkeit, die für Normalsterbliche ansonsten unerreichbar ist. Hierbei findet Henochs Entrückungsgeschehen (1 Hen 14,8) die größte Entsprechung im Visionsbeginn von Ezechiels erster Tempelvision (Ez 8–11), wo der Prophet von einer רוח zwischen Erde und Himmel emporgehoben und nach Jerusalem gebracht wird (Ez 8,3). Beiden Protagonisten ist zudem gemein, dass sie überwiegend passiv sind und jeweils in ähnlicher Weise auf das Gesehene reagieren.[103] Sowohl in Ez 8,3 als auch in 1 Hen 14,8 ist der Ortswechsel nicht vom Protagonisten selbst veranlasst, sondern göttlich gewirkt. Während Ezechiel aber in beiden Visionen durch die Tempelanlagen geführt wird, hängt Henochs Verhalten vom jeweiligen Haus und folglich von der göttlichen Präsenz ab. Kann Henoch das erste Haus wegen der Profanität mühelos betreten (wie Ezechiel den salomonischen Tempel in Ez 8,9–10!), nimmt er während der Vision des zweiten Hauses eine statische Beobachterrolle ein. Ebenso reagieren beide Akteure in ähnlicher Weise auf das Geschaute. Zieht das defizitäre Heiligtum und das damit verbundene göttliche Gericht bei beiden ein verzweifeltes Niederfallen nach sich (Ez 9,8; 11,13; 1 Hen 14,9.13b.14a), können sie beim Anblick der Herrlichkeit Gottes im idealen Heiligtum nur mit einer ehrfürchtigen Prostration antworten (Ez 43,3; 1 Hen 14,24–25).

Schaut man auf die jeweils dargestellten Gotteshäuser, fällt auf, dass in beiden Werken ein negativ und ein positiv konnotierter Tempelentwurf einander gegenübergestellt werden. Diese Gegenüberstellungen hängen jeweils eng mit der Frage nach der göttlichen Präsenz und der Frage nach der Angemessenheit bzw. Reinheit des Ortes zusammen. Wurde der salomonische Tempel (Ez 8–11) vom Volk Israel kultisch verunreinigt, sodass der göttliche כבוד zum Auszug

---

103 Gegen Nickelsburg, *1 Enoch 1*, 259.

aus seinem Heiligtum provoziert wurde, kann das erste Haus in Henochs Vision (1 Hen 14,8–14a) nur als defizitäres und lebensfeindliches Abbild erachtet werden, das als göttlicher Wohnort ungeeignet ist. Bemerkenswerterweise stehen beide negativ konnotierten Tempelentwürfe mit Feuer in Verbindung, das als Ausdruck des göttlichen Gerichts und als Vernichtungselement erscheint (vgl. Ez 10,2.6.7; 1 Hen 14,9.10.12.13). In beiden Fällen ist das erste Heiligtum somit Ausgangsort des Gerichts[104] und von unheilvoller Abwesenheit göttlicher Präsenz gekennzeichnet. Dagegen kann der zweite Tempelentwurf in beiden Werken als der wahre und angemessene Wohnort der Gottheit erachtet werden. So ist der neue Tempel *Ezechiels* (Ez 40–48) von kultischer Reinheit und Heiligkeit geprägt sowie von allem Profanen abgesondert, sodass der כבוד Gottes für immer dort wohnen möchte und den Tempel mit Hilfe des Tempelstroms zum Ausgangsort für Segen und Heil werden lässt. Gleichermaßen ist das zweite Haus in Henochs Traumbericht (1 Hen 14,14b–25) in allem außergewöhnlich an Herrlichkeit, Pracht und Größe und beherbergt den göttlichen Thron. Hierbei kann der Protagonist sowohl bei *Ezechiel* als auch beim *Wächterbuch* das Allerheiligste nicht betreten.

Auf diese Weise wird in beiden Werken eine massive Kultkritik geäußert. Einerseits zeigt sich in Bezug auf die Ausgestaltung des Inneren und die Wanddekoration in beiden Fällen eine gewisse Ablehnung von menschengemachten Dingen. So ist das Heiligtum in Ezechiels erster Tempelvision (Ez 8–11) voller Götzenbilder und Ritzzeichnungen, mit denen das Volk Israel das Gotteshaus kultisch verunreinigt. Ebenso demonstriert das erste Haus in Henochs Vision die Unzulänglichkeiten von Abbildungen, da diese lediglich imitieren, was im wahren Wohnort der Gottheit real anwesend ist. Demgegenüber weichen der neue Tempel in Ez 40–48 und das zweite Haus in 1 Hen 14,14b–25 nicht nur von diesen beiden ersten Tempelentwürfen, sondern auch von den Beschreibungen der Stiftshütte und des salomonischen Tempels mit Blick auf die Ausstattung und Ausgestaltung deutlich ab. Dort finden sich nämlich weder eine reiche Ausgestaltung des Inneren noch kostbare Materialien. *Ezechiels* neuer Tempel besticht vielmehr durch seine Leere und seinen Fokus auf den Wiedereinzug des כבוד Jahwes, während das zweite Haus im *Wächterbuch* als lebendiger Himmel erscheint, in dem die Natur- und Himmelsphänomene als göttliche Umhüllung und somit als natürlicher Tempelschmuck fungieren.

Andererseits wird in diesen beiden Tempeltheologien die Vorstellung von einer bedingungslosen Gegenwart Jahwes in seinem irdischen Tempel rigoros kritisiert. Aber gerade in dieser tempeltheologischen Kritik gehen die beiden

---

104 Vgl. hierzu auch Jes 6 und Steck, „Bemerkungen zu Jesaja 6," 149–170 (insbesondere 157 Fußnote 22).

Werke auch am meisten auseinander. Die כבוד-Theologie des *Ezechielbuches* einerseits hält prinzipiell an der Idee eines irdischen Wohntempels der Gottheit fest, vermeidet aber die Vorstellung, dass Jahwes Gegenwart an sein Heiligtum gebunden ist. Stattdessen wird sie nun vom Jerusalemer Tempel unabhängig gedacht und gilt nicht mehr bedingungslos. Henochs Traumbericht andererseits demonstriert das Auseinanderbrechen der traditionellen Vorstellung einer direkten Korrespondenz zwischen dem idealen Heiligtum und seinem irdischen Abbild in Jerusalem, die den Umzug der Gottheit in seinen himmlischen Tempel zur Folge hat. Aus dem jeweiligen tempeltheologischen Grundprinzip resultiert auch der unterschiedliche Entrückungsort. Während nach *Ezechiel* nur das irdische Jerusalem als göttlicher Wohnort vorstellbar ist, sodass der Prophet dorthin entrückt wird, kann es für Henoch auf Grund der Kritik am Zweiten Tempel in Jerusalem nur in den Himmel gehen.

Hinzu kommt noch ein weiterer markanter Unterschied. So fällt auf, dass Henochs Vision von den beiden Häusern im Vergleich mit beiden doch sehr ausführlichen und komplexen Tempelvisionen Ezechiels wie eine kurze Momentaufnahme erscheint, in der weder beschrieben wird, wie es zu den unterschiedlichen Tempelzuständen gekommen ist, noch die Bedeutung der beiden Häuser in irgendeiner Weise erklärt wird. Vielmehr wird das Wesen der beiden Häuser im *Wächterbuch* nur implizit und vor allem durch ihre Gegenüberstellung offenbar, sodass sie anders als die Tempelvisionen im *Ezechielbuch* nicht für sich gelesen oder verstanden werden können. Der hierfür bedeutsame und markante Überbietungsgedanke wiederum, durch den die beiden Häuser in Henochs Vision ein einziges Mal in ein explizites Verhältnis gesetzt werden, ist dem gesamten *Ezechielbuch* fremd und scheint stattdessen dem *Haggaibuch* entlehnt zu sein.

Der traditionsgeschichtliche Vergleich von Henochs Vision der beiden Häuser mit den Tempelvisionen des *Ezechielbuches* bestärkt damit erneut die Annahme, dass es sich in Henochs Traumbericht um zwei unterschiedliche Tempelentwürfe handelt, die als einander gegenübergestellt gedacht werden müssen. Hierfür sprechen nicht nur die auffälligen Parallelen in der generellen kultkritischen Gegenüberstellung eines negativen und eines positiven Tempelentwurfs und im Entrückungsgeschehen des Protagonisten, sondern auch zahlreiche Ähnlichkeiten in den Details wie beispielsweise in der lebensfeindlichen Konnotation des ersten Tempelentwurfs oder in der Ablehnung von menschengemachten Abbildungen. Demgegenüber tritt auch eine wesentliche Differenz mit Blick auf den Kern der jeweiligen Tempeltheologie in Erscheinung: Während in *Ezechiel* an der Vorstellung einer irdischen Wohnstatt Jahwes festgehalten wird, gibt es im *Wächterbuch* wegen der Unzulänglichkeiten des irdischen Tempels nur die Option eines himmlischen Heiligtums als wahren Wohnort der Gottheit.

Dies wird insbesondere durch den Überbietungsgedanken zum Ausdruck gebracht, in dem Henochs Vision eine auffällige Übereinstimmung mit der Tempeltheologie *Haggais* aufweist.

Nichtsdestotrotz legt es der hier vorgelegte traditionsgeschichtliche Vergleich nahe, insbesondere in den Tempelvisionen des *Ezechielbuches* (Ez 8–11; 40–48) und weniger in Ezechiels Berufungsvision (Ez 1,1–3,15) einen direkten traditionsgeschichtlichen Vorläufer für Henoch Vision von den zwei Häusern zu sehen. Anders als bei der Tempeltheologie *Haggais* haben diese beiden Visionskomplexe auch gemein, dass der Gedanke von der Selbigkeit und Kontinuität des Heiligtums keine Rolle spielt. Stand für *Haggai* eher die Herrlichkeit des Heiligtums und weniger der Tempel an sich im Fokus der Gegenüberstellung, werden sowohl in *Ezechiel* als auch im *Wächterbuch* zwei Tempelkonzepte jeweils insgesamt kontrastiert, wodurch der negative Entwurf als Ganzer und nicht nur dessen Zustand kritisiert wird. Ezechiels Tempelvisionen demonstrieren damit, dass die Vorstellung von einer Gegenüberstellung zweier Tempel, wie sie in Henochs Vision ausformuliert wird, als solche kein neuer Gedanke ist, sondern insbesondere durch ihre Kontextualisierung im Himmel die vorliegenden Traditionen modifiziert. Dies wird teilweise auch in anderen Henochtraditionen ersichtlich, die nun als Nächstes für einen genauen traditionsgeschichtlichen Vergleich herangezogen werden sollen.

4.3 Möglichkeiten und Grenzen eines irdischen Heiligtums – Die *Tierapokalypse*

4.3.1 Der Tempel in der *Tierapokalypse* (1 Hen 85–90)

Das *Buch der Traumvisionen* (1 Hen 83–90) besteht insgesamt aus zwei Visionen, die Henoch vor der Hochzeit mit seiner Frau Edna offenbart wurden und von denen er später seinem Sohn Metuschelach berichtet.[105] Während die erste der beiden Visionen verhältnismäßig kurz ist und das kommende Sintflutgericht beinhaltet (1 Hen 83–84), wird Henoch in der zweiten Vision, der sogenannten *Tierapokalypse* (1 Hen 85–90) die gesamte Geschichte Israels offenbart. Diese beginnt mit der Erschaffung Adams, schildert die Geschichte des Volkes vermutlich bis in die Zeit von Judas Makkabäus[106] und schließt mit einer Beschreibung

---

105 Vgl. 1 Hen 83,1–2.
106 In der Regel wird angenommen, dass in 1 Hen 90,9–19 die makkabäischen Kriege und insbesondere Judas Makkabäus Feldzüge gegen die Völker beschrieben werden. Hierbei ist aber umstritten, ob diese Passage ursprünglich einheitlich ist (so zum Beispiel Tiller, *Animal*

der Endzeit ab. Die in der Forschung übliche Bezeichnung dieser Vision als *Tierapokalypse* verdankt sich der Tatsache, dass die menschlichen Akteure als Tiere dargestellt werden. Die Endfassung des Werkes wird in der Regel in die Mitte des 2. Jahrhunderts vor Christus datiert.[107]

Wie das *Wächterbuch* (1 Hen 1–36) wurde die *Tierapokalypse* (1 Hen 85–90) ursprünglich auf Aramäisch verfasst, dann ins Griechische und aus dem Griechischen schließlich ins Altäthiopische übersetzt[108] und liegt daher in drei unterschiedlichen, zum Teil nur sehr fragmentarisch erhaltenen Fassungen vor. So wurden unter den Handschriften vom Toten Meer Fragmente von vier verschiedenen aramäischen Schriftrollen gefunden (4Q204, 4Q205, 4Q206 und 4Q207), die aus paläographischen Gründen gegen Ende des 2. bzw. in das 1. Jahrhundert vor Christus datiert werden und vor allem Passagen aus der Mitte des Werkes bieten.[109] Mit Blick auf den aramäischen Befund ist bemerkenswert, dass die *Tierapokalypse* in allen diesen Handschriften abgesehen von 4Q207 vor allem oder ausschließlich zusammen mit dem *Wächterbuch* zu finden ist.[110] Lässt sich daraus schließen, dass diese beiden Werke schon früh, wenn nicht

---

Apocalypse, 70–79) oder aber nachträglich aktualisiert wurde (so beispielsweise Nickelsburg, *1 Enoch 1*, 360–361.396–398).

107 Für diese Datierung und eine Diskussion der damit verbundenen Problematik siehe vor allem Nickelsburg, *1 Enoch 1*, 360–361.396–398; bzw. Fußnote 106 in diesem Kapitel (250).

108 Für eine ausführliche Darstellung der Überlieferungsgeschichte der Textsammlung *1 Henoch* siehe vor allem Kapitel 2.3 dieser Arbeit (insbesondere 90–94).

109 Konkret werden 4Q204 und 4Q205 von Milik in das letzte Drittel des 1. Jahrhunderts vor Christus datiert (vgl. Milik, *The Books of Enoch*, 178.217) und bezeugen vor allem Passagen aus 1 Hen 89 (4Q204 f4 = 1 Hen 89,31–36; 4Q205 f2i = 1 Hen 89,11–14; 4Q205 f2ii = 1 Hen 89,29–31; 4Q205 f2iii = 1 Hen 89,43–44). 4Q206 ist nach Milik ein wenig älter als die beiden erstgenannten Handschriften (erste Hälfte des 1. Jahrhunderts vor Christus; vgl. Milik, *The Books of Enoch*, 225) und bietet ebenso Fragmente aus diesem Textbereich (4Q206 f5i = 1 Hen 88,3–89,6; 4Q206 f5ii = 1 Hen 89,7–16; 4Q206 f5iii = 1 Hen 89,27–30). Bei 4Q207 handelt es sich schließlich um die älteste Handschrift, die von Milik zwischen 150–125 vor Christus verortet wird und damit gewissermaßen auch den *terminus ad quem* für die Abfassung der *Tierapokalypse* darstellt. Das einzige Fragment dieses Manuskripts beinhaltet eine aramäische Fassung von 1 Hen 86,1–3. Zur aramäischen Fassung der *Tierapokalypse* bzw. des *Buches der Traumvisionen* insgesamt vgl. auch Milik, *The Books of Enoch*, 178–184.217.225–227.244; Uhlig, *Das äthiopische Henochbuch*, 480–481, und Tiller, *Animal Apocalypse*, 127–129.

110 So bezeugen 4Q205 und 4Q206 abgesehen von der *Tierapokalypse* ebenso Teile des *Wächterbuches* (1 Hen 1–36), während 4Q204 neben dem *Wächterbuch* (1 Hen 1–36) auch noch Fragmente von *Henochs Epistel* (1 Hen 91–105) und der *Geburt Noachs* (1 Hen 106–107) bietet. Zur Diskussion, ob 4Q204 und 4Q206 Teile aus dem *Buch der Giganten* enthalten, siehe die Ausführungen zu den aramäischen Handschriften in Kapitel 2.1 dieser Arbeit (insbesondere 35–44 bzw. Fußnote 5 [35]). Von 4Q207 schließlich ist lediglich ein einziges Fragment erhalten geblieben.

sogar von Anfang an in einem engen Zusammenhang standen bzw. gesehen wurden? Diese Annahme könnte von der Tatsache gestützt werden, dass das *Wächterbuch* vermutlich eine wesentliche Quelle für die urgeschichtlichen Traditionen darstellt, die in der *Tierapokalypse* verwendet werden.[111] Sofern es sich also bei diesem Befund nicht um einen historischen Zufall handelt, legt das Zeugnis der aramäischen Handschriften insbesondere unter Berücksichtigung der rezeptionsgeschichtlichen Perspektive nahe, gerade diese beiden Werke aus der Henochtradition miteinander ins Gespräch zu bringen und in traditionsgeschichtlicher Hinsicht zu vergleichen.

Von der griechischen Fassung der *Tierapokalypse* ist insgesamt am wenigsten überliefert. Der einzige griechische Textzeuge, Codex Vaticanus Graecus 1809, stammt vom Ende des 10. Jahrhunderts nach Christus und bietet eine Sammlung von Exzerpten verschiedener Werke, worunter sich auch ein Auszug aus der *Tierapokalypse* findet.[112] Dieser Auszug beinhaltet die Schilderung der Geschichte Israels in etwa von der Richterzeit bis zum Tempelbau und entspricht 1 Hen 89,42–49. Es ist wahrscheinlich, dass dieser Auszug aus einer älteren Sammlung von Exzerpten entnommen und nicht von einer vollständigen (griechischen) Kopie des *Buches der Traumvisionen* abgeschrieben wurde.[113] Da die *Tierapokalypse* bzw. das *Buch der Traumvisionen* wie das *Wächterbuch* in der äthiopischen Kirche nur als Teil von *1 Henoch* überliefert wurde, ist der Befund der altäthiopischen Fassung der *Tierapokalypse* identisch mit demjenigen des *Wächterbuches*, das heißt, auch hier liegen vereinfacht gesagt eine ältere und eine jüngere Textrezension vor; die altäthiopische Fassung kann insgesamt als eine recht wörtliche Übersetzung erachtet werden.[114] Auf Grund der zum Teil vereinfachenden bzw. irreführenden Übersetzungen in der altäthiopischen Fassung und des geringen Umfangs der aramäischen Fragmente können jedoch einige Fragen und Probleme, speziell mit Blick auf die verwendete Bildsprache des Werkes, nur schwer oder unter Vorbehalt beantwortet werden. Dies

---

111 Vgl. hierzu exemplarisch Tiller, *Animal Apocalypse*, 83–96, und Nickelsburg, *1 Enoch 1*, 359–360.

112 Vgl. hierzu und für das Folgende Larson, *The Translation of Enoch*, 160–163. Zu Papyrus Oxyrhynchus 2069, bei dem diskutiert wird, ob es sich um einen griechischen Zeugen für 1 Hen 77,7–78,1; 78,8; 85,10–86,2; 87,1–3 handelt, siehe vor allem die Ausführungen bei Larson, *The Translation of Enoch*, 179–188, und Kapitel 2.2 dieser Arbeit (insbesondere 55 Fußnote 150). Nach Larson, *ebd.*, ist diese Identifikation auf Grund des problematischen Charakters der Fragmente stark zu bezweifeln, sodass dieser Papyrus im Rahmen dieser Arbeit nicht berücksichtigt wird.

113 Larson, *The Translation of Enoch*, 163.

114 Siehe hierzu ausführlich vor allem Tiller, *Animal Apocalypse*, 127–138, und die Ausführungen zu den altäthiopischen Handschriften in Kapitel 2.3 dieser Arbeit (insbesondere 90–94).

wird insbesondere in der nachfolgenden Diskussion der Tempelvorstellungen in der *Tierapokalypse* deutlich werden.

Die *Tierapokalypse* bietet eine umfassende Schilderung der Geschichte Israels, die mit der Erschaffung des ersten Menschen beginnt und mit einem Ausblick auf die eschatologische Heilszeit endet. Die Geschichtsschilderung unterliegt hierbei mehreren Parametern: Zum einen werden die menschlichen Akteure generell als Tiere,[115] die guten Engel als Menschen, die abtrünnigen aber als Sterne oder Hirten dargestellt; zum anderen findet sich mit Blick auf die Tier-Bildsprache eine Differenzierung in domestizierte (zum Beispiel Bullen, Schafe = Israel) und wilde Tiere (zum Beispiel Esel, Wildschweine, Wölfe = Fremdvölker)[116], nach Farben (weiß = Gerechtigkeit, schwarz = Sünde, rot wie Blut(?)[117]) sowie nach der Fähigkeit, zu sehen (Blindheit = Apostasie; offene Augen = Gottesfurcht).[118] Bemerkenswerter Weise tritt die Gottheit erstmals mit dem Werden des Volkes Israel in Erscheinung.[119] Als die zwölf Schafe, die vom ersten Schaf (Jakob) gezeugt wurden (1 Hen 89,12) und in Ägypten zu einem großen Volk heranwuchsen (1 Hen 89,14), und als die Wölfe (die Ägypter) begannen, die Schafe zu unterdrücken und auszurotten, erscheint der Herr der Schafe[120] (= Gott) in Reaktion auf das Flehen und Bitten der Schafe zum ersten Mal im Verlauf der Geschichte und veranlasst ihre Befreiung von den Wölfen (1 Hen 89,15–27). Dass die Gottheit in der *Tierapokalypse* damit im Wesentlichen als der Gott des Volkes Israel erscheint, wird vor allem an dieser Gottesbezeichnung ersichtlich. Auch wenn sie die ganze Weltgeschichte bestimmt, wird die Gottheit in der gesamten *Tierapokalypse* durchweg als „Herr der Schafe" bezeichnet und ist damit stets durch

---

115 Die einzigen beiden Ausnahmen, die zwar anfangs als Tiere beschrieben, dann aber zu einem Menschen werden, sind Noach (1 Hen 89,1) und Mose (1 Hen 89,36).

116 Für eine Diskussion und Identifikation der wilden Tiere siehe exemplarisch Olson, *A New Reading*, 121–143.

117 Die Deutung der roten Farbe ist im Gegensatz zu weiß und schwarz mit Blick auf die gesamte *Tierapokalypse* nicht einfach. Während die rote Farbe bei Abel (1 Hen 85,3–4) wahrscheinlich auf seinen blutigen Tod hinweist (vgl. Tiller, *Animal Apocalypse*, 226), ist bei den Söhnen Noachs unklar, ob die unterschiedlichen Farben überhaupt eine Bedeutung haben und möglicherweise einfach nur eine Analogie mit Blick auf die Anfänge des nachsintflutlichen Zeitalters und der vorsintflutlichen Menschheitsgeschichte erzeugen sollen. Vgl. hierzu die Diskussion bei Tiller, *Animal Apocalypse*, 267–268. Demgegenüber geht Olsons Deutung in eine leicht andere Richtung (Olson, *A New Reading*, 1): „white, black, and red, standing for elect, non-elect, and neutral humanity."

118 Vgl. Dimant, *From Enoch to Tobit*, 93.

119 Vgl. Tiller, *Animal Apocalypse*, 49; Dimant, *From Enoch to Tobit*, 102; Assefa, *L'Apocalypse des animaux*, 240.

120 מרא ענא (4Q204 f4,4 = 1 Hen 89,33); ὁ κύριος τῶν προβάτων (Codex Vaticanus Graecus 1809; 1 Hen 89,42); አግዚአ፡ አበጐ፡ (zum Beispiel 1 Hen 89,15).

sein exklusives Verhältnis zu den Schafen, das heißt Israel, charakterisiert.[121] Dieses exklusive Verhältnis findet in der Befreiung der Schafe von den Wölfen, dem Exodusgeschehen sein konstituierendes Ereignis und, wie sich nachher zeigen wird, zunächst im Bau des sogenannten Hauses durch Mose (1 Hen 89,36), schließlich aber in der Errichtung eines eschatologischen neuen Hauses durch den Herrn der Schafe selbst (1 Hen 90,28–38) sein heilsgeschichtliches Ziel.[122]

---

121 Vgl. auch Dimant, *From Enoch to Tobit*, 102; Assefa, *L'Apocalypse des animaux*, 242.244. Das Schweigen über den Herrn der Schafe in der Urgeschichte und Vätererzählung ist merkwürdig. Während beispielsweise Dimant, *From Enoch to Tobit*, 102, annimmt, dass der Verfasser der *Tierapokalypse* sich der Präsenz Gottes in diesem Zeitalter sicher sei, da es sich bei den Tieren dieses Zeitraums um domestizierte, also reine, gottverbundene Tiere handle und somit indirekt auf Gott verwiesen werde, vermutet Assefa, *L'Apocalypse des animaux*, 242, darin ein narratives Interesse des Autors; seiner Meinung nach solle auf diese Weise Neugierde beim Leser erzeugt werden: „L'auteur nous cache le personnage Dieu tout en nous racontant des événements qui relèvent du créateur."

Auffälliger Weise entspricht dieses Schweigen über die Gottheit in der Urgeschichte und Vätererzählung der *Tierapokalypse* der gestaffelten Offenbarung des Gottesnamens in P (vgl. Berner, *Exoduserzählung*, 157). Während in der priesterschriftlichen Darstellung der Urgeschichte die Gottheit allgemein mit אלהים „Elohim", später in der Vätererzählung dann mit אל שדי „El Schaddaj" bezeichnet wird, kommt es erst in Ex 3 bzw. Ex 6 zur Offenbarung des Jahwe-Namens (יהוה) an Mose. Damit erscheint der Herr der Schafe wie Jahwe zum ersten Mal im Zusammenhang mit dem Exodusgeschehen, das als *das* konstitutive Ereignis für die Beziehung Jahwes zu seinem Volkes angesehen werden kann: „Eine Erkenntnis JHWHs als des aus der ägyptischen Knechtschaft Herausführenden kann es vor dem Exodus naturgemäß ebensowenig geben wie ein Bundesverhältnis zwischen dem so charakterisierten JHWH und den Israeliten. Die Annahme der Israeliten zu JHWHs Volk und damit die Inkraftsetzung des mit den Vätern aufgerichteten Bundes ereignet sich vielmehr im Vollzug der Herausführung ([Ex] 6,6.7a) als Akt der performativen Wesenskundgabe der Gottheit. Mit der kultischen Einwohnung JHWHs inmitten seines Volkes ([Ex] 29,45 f.) findet der heilsgeschichtliche Bogen sein Ziel" (Berner, *Exoduserzählung*, 157). Damit kann das anfängliche Schweigen über den Herrn der Schafe in der *Tierapokalypse* gleichermaßen theologisch erklärt werden: Indem das Wesen des Herrn der Schafe untrennbar mit den Schafen als seinem Volk und folglich mit dem Exodus als dem konstituierendem Ereignis seiner Beziehung zu ihnen verbunden ist, kann es vorher nicht zu einer Offenbarung seines wahren Namens und Wesens kommen – erst das Exodusgeschehen macht die Gottheit zum Herrn der Schafe. Der Herr der Schafe ist damit immer auch ein Herr der Befreiung und Herausführung seiner Schafe aus Ägypten (vgl. auch Ex 20,2; Dtn 5,6).

122 Vgl. Ex 29,45–46:

ושכנתי בתוך בני ישׂראל והייתי להם לאלהים:
וידעו כי אני יהוה אלהיהם אשר הוצאתי אתם מארץ מצרים לשׁכני בתוכם אני יהוה אלהיהם:

Und ich will unter den Israeliten wohnen und ihr Gott sein.
Und sie sollen erkennen, dass ich der HERR, ihr Gott, bin, der sie aus dem Land Ägypten herausgeführt hat, um in ihrer Mitte zu wohnen, ich, der HERR, ihr Gott.

Die Frage nach dem Tempel bzw. der Tempelkonzeption der *Tierapokalypse* ist nicht leicht zu beantworten. Dies liegt zum einen an der Bildsprache des Werkes, die grundsätzlich einer Entschlüsselung bedarf und diese wiederum durch die Tatsache erschwert wird, dass die für die Tempelthematik relevanten Passagen nahezu nur in der altäthiopischen Fassung existieren. Infolgedessen kann von vorherein nur gemutmaßt werden, welche Termini ursprünglich im Aramäischen beispielsweise für den himmlischen Wohnsitz Gottes, den irdischen Tempel oder für Jerusalem verwendet wurden. Zum anderen erschwert die Problematik, dass die göttliche Präsenz nicht mit einem einzelnen, ganz bestimmten Ort verbunden und nicht durch eine bestimmte Art und Weise der Präsenz charakterisiert ist, die Erfassung der tempeltheologischen Konzeption der *Tierapokalypse*. In der folgenden Betrachtung muss daher nach zweierlei Arten von Orten Ausschau gehalten werden: einerseits nach Orten, die als Tempel beschrieben oder terminologisch als solcher benannt werden, andererseits nach solchen Orten, die durch göttliche Präsenz charakterisiert sind. Dementsprechend sind drei Begriffsfelder zu untersuchen: der „Turm" (ማኅፈድ), das „Haus" (ቤት) und der himmlische Aufenthaltsort des Herrn der Schafe (ጸርሕ፡ ሎዑል፡ bzw. አብያተ፡ እግዚአ፡ አባግዕ፡).[123] Hierbei spielt noch ein weiterer Faktor eine wesentliche Rolle: die Beziehung zwischen Israel und ihrem Gott, die, wie sich zeigen wird, nicht im irdischen Tempel und Kult ihren Idealzustand findet, sondern in der Vorstellung des mosaischen Wüstenheiligtums.[124]

Die konkrete Identifizierung insbesondere von Haus und Turm und ihrem Verhältnis zueinander stellt den Leser der *Tierapokalypse* von Anfang an vor Probleme, auch, weil diese Bilder offensichtlich nicht entsprechend der in anderen antiken jüdischen Texten üblichen Bedeutung verwendet werden. So denkt man bei „Haus" sofort an die Stiftshütte oder den Tempel, doch passt dabei der „Turm" nicht ins Bild. Bei genauer Lektüre der *Tierapokalypse* zeigt sich sehr schnell, dass die erste Assoziation nicht stimmen kann. Während es mit Blick auf den Turm wissenschaftlicher Konsens ist, dass es sich nur um das Bild für

---

123 Hierbei gilt es auf sprachlicher Ebene stets zu berücksichtigen, dass diese Begriffe in sich schillernd sein können oder die ursprüngliche aramäische Terminologie nicht notwendigerweise eins zu eins wiedergeben müssen. Dass nämlich in der altäthiopischen Fassung ursprüngliche oder als solche erscheinende Synonyme durchaus in ein Wort zusammengefasst sein können, wodurch eine originäre terminologische Nuancierung oder gar Differenzierung nivelliert worden sein könnte, zeigt das Beispiel des Schaf-Wortfeldes: Während im Aramäischen zwischen עו די דכר (4Q205 f2i,26 = 1 Hen 89,12), אמר (zum Beispiel 4Q204 f4,4 = 1 Hen 89,32) bzw. אמרין (4Q205 f2i,29 = 1 Hen 89,14) und עו (zum Beispiel 4Q204 f4,5 = 1 Hen 89,33) unterschieden wird, findet sich in der altäthiopischen Version hierfür stets በግዕ (sg.) bzw. አባግዕ (pl.). Vgl. hierzu auch Tiller, *Animal Apocalypse*, 275.
124 Vgl. hierzu auch Tiller, *Animal Apocalypse*, 36.

Tab. 4: Übersicht über die Belegstellen der fraglichen Begriffe

	ማኅፈድ „Turm"	ቤት „Haus"	Himmlischer Aufenthaltsort
1 Hen 87,3	Turm, höher als die Erde		
1 Hen 89,16			ጽርሕ፡ልዑል፡ „hohe Wohnung"
1 Hen 89,36		ein Haus	
1 Hen 89,40		jenes Haus	
1 Hen 89,50	hoher Turm auf dem Haus	jenes Haus, groß und weit	
1 Hen 89,51		jenes ihr Haus	
1 Hen 89,54	sein Turm	das Haus des Herrn	
1 Hen 89,56	ihr Turm	jenes ihr Haus	
1 Hen 89,66	jener Turm	jenes Haus	
1 Hen 89,67	der Turm	Haus der Schafe/ jenes Haus	
1 Hen 89,72		dieses Haus	
1 Hen 89,73	jener Turm, hoch genannt		
1 Hen 89,76			አብያተ፡እግዚአ፡አባግዕ „Wohnungen des Herrn der Schafe"
1 Hen 90,26		jenes Haus	
1 Hen 90,28		jenes alte Haus	
1 Hen 90,29		neues Haus, größer + höher	
1 Hen 90,33		jenes Haus/sein Haus	
1 Hen 90,34		sein Haus/jenes Haus	
1 Hen 90,36		jenes Haus, groß und weit	

den Tempel handeln kann,[125] bleibt beim Haus auf Grund eines vermeintlichen Wandels des Bildes im Verlauf der Geschichtsschilderung bis zuletzt unklar, was genau darunter zu verstehen ist, sodass auch in der Forschung verschiedene Interpretationen vorgeschlagen wurden. Ist man beim ersten Beleg noch geteilter Meinung und deutet das Haus entweder als „Stiftshütte"[126] oder als „Wüstenlager"[127], wird es an den anderen Stellen einmütig als Bild für Jerusalem bzw. das Neue Jerusalem bestimmt.[128] Diese Deutungen setzen damit nicht nur einen erheblichen Bedeutungswandel im Bild des Hauses innerhalb der *Tierapokalypse* voraus, sondern greifen meines Erachtens auch insofern zu kurz, als sie von der Existenz einer eindeutig zu bestimmenden „realen" Entsprechung zu dem Bild ausgehen und darin weniger eine theologische Konzeption sehen, die den Ort bestmöglicher Beziehung zwischen Gott und Volk darstellt. Wie diese Konzeption jedoch konkret zu fassen ist, lässt sich nur anhand des Textes selbst klären. Darum ist zunächst eine genaue interne Textbetrachtung auf der Bildebene der *Tierapokalypse* notwendig, bevor es zu einer Interpretation bzw. Identifizierung der beiden Bilder „Haus" und „Turm" kommen kann.

Im Folgenden sollen die fraglichen Termini ähnlich wie bei Tiller[129] weder entsprechend der chronologischen noch der narrativen Reihenfolge betrachtet werden, sondern vielmehr unter dem Gesichtspunkt der Klarheit und Verständlichkeit.[130] Daher soll als erstes diejenige Passage betrachtet werden, in der „Haus" und „Turm" als zwei voneinander unterschiedene Konstrukte gemeinsam erwähnt werden, womit auf den Bau des ersten Tempels und die Einsetzung des Kultes unter König Salomo[131] Bezug genommen wird (1 Hen 89,50):

---

125 Vgl. Dillmann, *Das Buch Henoch*, 257; Milik, *The Books of Enoch*, 43; VanderKam, *Enoch and the Growth*, 169; Black, *The Book of Enoch*, 261; Nickelsburg, *1 Enoch 1*, 374; Olson, *A New Reading*, 157; Tiller, *Animal Apocalypse*, 248–250; Dimant, *From Enoch to Tobit*, 96.122; Assefa, *L'Apocalypse des animaux*, 295.

126 Vgl. Dillmann, *Das Buch Henoch*, 261; Charles, *The Book of Enoch*, 194; Black, *The Book of Enoch*, 267; Nickelsburg, *1 Enoch 1*, 381–382; Knibb, „Temple and Cult," 376; Dimant, *From Enoch to Tobit*, 126–127.133; Assefa, *L'Apocalypse des animaux*, 291–293.

127 Vgl. Tiller, *Animal Apocalypse*, 43; Olson, *A New Reading*, 174.177.

128 Vgl. Dillmann, *Das Buch Henoch*, 262.284; Charles, *The Book of Enoch*, 198.214; Black, *The Book of Enoch*, 269.278; Tiller; *Animal Apocalypse*, 37.45–47; Nickelsburg, *1 Enoch 1*, 384.404–406; Dimant, *From Enoch to Tobit*, 127.131–136; Olson, *A New Reading*, 180.225–227; Assefa, *L'Apocalypse des animaux*, 291–304.

129 Vgl. hierzu das Kapitel „The Temple and Associated Images" in Tiller, *Animal Apocalypse*, 36–51.

130 Vgl. Tiller, *Animal Apocalypse*, 36. Vgl. so auch Dimant, *From Enoch to Tobit*, 121.

131 Vgl. 1 Hen 89,48b.

ወዝኩ፡ ቤት፡ ኮነ፡ ዓቢየ፡ ወርሒበ፡ ወተሐንፀ፡ ለእልኩ፡ አባግዕ፡ ማኅፈድ፡ ነዋህ፡ ዲበ፡ ዝኩ፡ ቤት፡ ወማኅፈደ፡ ነዋኀ፡
ወዓቢይ፡ ተሐንፀ፡ ዲበ፡ ዝኩ፡ ቤት፡ ለእግዚአ፡ አባግዕ፡ ወተትሕተ፡ ዝኩ፡ ቤት፡ ወማኅፈድሰ፡ ተለዓለ፡ ወኮነ፡ ነዋኀ፡
ወእግዚአ፡ አባግዕ፡ ቆመ፡ ዲበ፡ ውእቱ፡ ማኅፈድ፡ ወማዕደ፡ ምልዕተ፡ አቅረቡ፡ በቅድሜሁ።[132]

Und jenes Haus war groß und weit, und es war für jene Schafe gebaut; ein hoher Turm
war auf jenem Hause, und der große und hohe Turm auf jenem Haus war für den Herrn
der Schafe gebaut. Und jenes Haus war niedrig, aber der Turm war erhaben und hoch;
und der Herr der Schafe stand auf jenem Turm, und einen vollen Tisch setzte man vor
ihn.[133]

Die Ferndeixis (ዝኩ፡ ቤት፡ „jenes Haus") lässt vermuten, dass das „Haus" bereits
vor den Tagen Salomos existierte und nun ausgebaut und vergrößert sowie explizit von einem „großen und hohen Turm" unterschieden wird, auf dem der
Herr der Schafe steht.[134] Tatsächlich besteht das Haus seit Mose. Dieser hat,
nachdem er Mensch geworden war, als erster dem Herrn der Schafe ein Haus
gebaut und alle Schafe darin stehen lassen (1 Hen 89,36).[135] Als die Schafe
schließlich in das Land Kanaan einziehen und es in Besitz nehmen, ist auch
jenes Haus (ውእቱ፡ ቤት፡), das Mose gebaut hat, unter ihnen im gelobten Land
(1 Hen 89,40). Bis hierher handelt es sich um ein einfaches Haus, bei dem weder
der Aspekt der Größe bzw. Höhe eine Rolle spielt noch eine Differenzierung in
zwei unterschiedliche Gebäude (Haus – Turm) stattgefunden hat. Vielmehr stehen der Erbauer (Mose), der Adressat (der Herr der Schafe) und die „Bewohner"
des Hauses (Schafe) im Mittelpunkt. Dies ändert sich unter König Salomo
(1 Hen 89,50). Es fällt auf, dass nun das Haus für die Schafe, der Turm hingegen
für den Herrn der Schafe gebaut ist, der Turm das Haus in seiner Höhe überbietet und überdies ein Kult („ein voller Tisch") initiiert wurde.[136] Es stellt sich

---

132 Text: Knibb, *The Ethiopic Book of Enoch*, 1:314–315.

133 Die Übersetzung des Verses ist auf Grund des stark verderbten Textes unsicher, wobei
das Hauptproblem vor allem in der Bewertung des Verhältnisses von Langversion und Kurzver-
sion liegt (Dittographie versus Haplographie). Vgl. hierzu die Anmerkungen zur Stelle bei Uhlig, *Das äthiopische Henochbuch*, 692; Nickelsburg, *1 Enoch 1*, 369–370; Tiller, *Animal Apocalypse*, 312–314; Olson, *A New Reading*, 179. Daran anschließend könnte die Frage gestellt
werden, ob hier ein oder zwei Türme beschrieben werden („ein hoher Turm" gegenüber „der
große und hohe Turm"). So kommentiert Tiller, *Animal Apocalypse*, 312, den ersten Turm-Beleg
dieses Verses folgendermaßen: „This tower (as opposed to the "tall and large tower") seems
to represent the palace buildings built by David and Solomon (2 Sam 5:11; 7:2; 1 Kgs 7:1–12), but
that is against the consistent symbolism of the *An. Apoc.* where tower consistently represents
a temple. It is not mentioned again in the *An. Apoc.* and is probably an interpolation."
134 Vgl. auch Tiller, *Animal Apocalypse*, 43; Dimant, *From Enoch to Tobit*, 127.
135 ወሪኢኩ፡ በህየ፡ ራእየ፡ እስከ፡ ውእቱ፡ በግዕ፡ ኮነ፡ ብእሴ፡ ወሐነፀ፡ ቤተ፡ ለእግዚአ፡ አባግዕ፡ ወለኮሎሙ፡ አባግዕ፡
አቀሞሙ፡ በውእቱ፡ ቤት፡ (Text: Knibb, *The Ethiopic Book of Enoch*, 1:308–309).
136 Für die Deutung des vollen Tisches als Bild für den Kult vgl. zum Beispiel Tiller, *Animal
Apocalypse*, 314; Dimant, *From Enoch to Tobit*, 121.

auch die Frage, wie das Stehen des Herrn der Schafe auf dem Turm zu deuten ist.

Wie schon beim Haus taucht auch das Bild des Turmes in 1 Hen 89,50 nicht zum ersten Mal innerhalb der Geschichtsschilderung der *Tierapokalypse* auf. So wird bereits im Zusammenhang mit der Beschreibung von Henochs Entrückung in 1 Hen 87,2–4 ebenfalls ein hoher Turm erwähnt, der ebenfalls durch den Gedanken einer Überbietung gekennzeichnet ist. Nachdem Henoch in seiner Vision den Fall der Wächter, ihre Vermischung mit den Menschen, die Geburt der Riesen und die anschließende Gewalt und Zerstörung auf Erden beobachtet hat (1 Hen 86,1–87,1), wird er von drei Engeln emporgehoben und an einen hohen Ort gebracht, von wo aus sie ihm einen hohen Turm zeigen, der alle Hügel überragt (1 Hen 87,3). Anders als bei dem Turm in 1 Hen 89,50 wird hier aber weder erwähnt, für wen er gebaut ist, noch, dass er gebaut wurde. Dass diese Fragen an dieser Stelle fehl am Platz sind, wird spätestens bei der Auslegung von 1 Hen 87,3 deutlich. Denn in Entsprechung zum Auftakt von Ezechiels zweiter Tempelvision (Ez 40,2) bekommt Henoch, nachdem er entrückt worden ist, ebenfalls das ideale Heiligtum gezeigt:[137]

---

137 Auch wenn man sich überwiegend darin sicher ist, dass in dieser Passage in irgendeiner Weise der himmlische Tempel beschrieben wird, gehen die Forschungsmeinungen mit Blick auf die Details teilweise stark auseinander (vgl. hierzu und für das Folgende die Diskussion von 1 Hen 87,3 bei Tiller, *Animal Apocalypse*, 248–250). Die Problematik beginnt bereits bei der Deutung von Henochs Entrückung: Geht es hierbei um Henochs 300-jährigen Aufenthalt bei den Engeln (so zum Beispiel VanderKam, *Enoch and the Growth*, 169), um seine endgültige Entrückung ins Paradies (so zum Beispiel Dillmann, *Das Buch Henoch*, 257; Tiller, *Animal Apocalypse*, 248; Nickelsburg, *1 Enoch 1*, 374; Olson, *A New Reading*, 157) oder vielmehr um eine visionäre Himmelsreise, mit deren Hilfe Henoch nicht mehr und nicht weniger als eine Art Panoramasicht auf die historischen Ereignisse erlangt (so zum Beispiel Black, *The Book of Enoch*, 261; Dimant, *From Enoch to Tobit*, 96.122; Assefa, *L'Apocalypse des animaux*, 107)? Hierbei stellt sich auch die Frage, wie der hohe Ort und der hohe Turm konkret zu identifizieren sind und in welchem Verhältnis sie stehen. Während Charles 1 Hen 87,3 noch verhältnismäßig pauschal deutet und der hohe Turm seines Erachtens das Paradies versinnbildliche (vgl. Charles, *The Book of Enoch*, 188), interpretieren ihn Dimant und Assefa in Analogie zu den anderen Belegen von ማኅፈደ (1 Hen 89,50.72–73) als Tempel, wobei es sich hier auf Grund der Lokalisierung an einem hohen Ort um den himmlischen Tempel handeln müsse (vgl. Dimant, *From Enoch to Tobit*, 96.122; Assefa, *L'Apocalypse des animaux*, 295). Beide gehen dabei aber nicht näher darauf ein, wie das Verhältnis von dem hohen Ort und dem Turm bzw. der hohe Ort generell zu verstehen ist. Stattdessen scheinen sie vermutlich die Gottesberg-Tradition vorauszusetzen, gemäß der sich der Tempel an einem höher gelegenen Ort befindet. Letzteres halten auch Black und VanderKam für möglich. So resümiert VanderKam (VanderKam, *Enoch and the Growth*, 169): „Elsewhere in the AA the word *tower* refers to the first and second temples (89:50, 54, 56, 66, 67, 73). If the word has a similar meaning here, then one would have the first reference to Enoch's presence at a sanctuary removed from human society and ready access." Demgegenüber ist für Black der hohe Ort, also der hohe Turm in erster Linie ein

במראות אלהים הביאני אל־ארץ ישראל ויניחני אל־הר גבה מאד ועליו כמבנה־עיר מנגב:

In göttlichen Gesichten brachte er mich in das Land Israel, und auf einem sehr hohen Berg ließ er mich nieder, und darauf war, im Süden, etwas wie der Bau einer Stadt. (Ez 40,2)

ወእሙንቱ፡ ፫እለ፡ ወፅኡ፡ ድኃረ፡ አኃዙኒ፡ በእዴየ፡ ወአንሥኡኒ፡ እምትውልደ፡ ምድር፡ ወዓልአሉኒ፡ ዲበ፡ መኮነ፡ ነዋህ፡ ወአርአዩኒ፡ ማኃፈደ፡ ነዋኃ፡ እምድር፡ ወኮነ፡ ሕፀፀ፡ ኮሉ፡ አውግር።[138]

Und jene drei, die zuletzt hervorgekommen waren, fassten mich bei meiner Hand und hoben mich von den Geschlechtern der Erde weg und brachten mich hinauf an einen hohen Ort; und sie zeigten mir einen Turm, höher als die Erde, und alle Hügel waren niedriger. (1 Hen 87,3)

Wie der Prophet im *Ezechielbuch* wird Henoch in seiner Vision an einen Ort gebracht, der sich durch seine Höhe als Schnittstelle zwischen Himmel und Erde und damit als Gottesberg auszeichnet[139] und einen Blick auf ein Gebäude ermöglicht, für das auf Grund dieser Lage kein menschlicher Erbauer in Frage kommen kann. Während bei *Ezechiel* eine ausführliche Beschreibung des neuen, idealen Tempels folgt (Ez 40–42), die genauer erklärt, was mit dem stadtartigen Bau (כמבנה־עיר) in Ez 40,2 gemeint ist, wird die Aussage über den sogenannten Turm in der *Tierapokalypse* lediglich durch die Betonung seiner Überhöhung konkretisiert und zugleich in die Nähe eines weiteren prophetischen Ausspruchs gerückt:

והיה באחרית הימים נכון יהיה הר בית־יהוה בראש ההרים ונשא מגבעות

Und in fernen Tagen wird der Berg des Hauses des HERRN fest gegründet sein, der höchste Gipfel der Berge, und erhoben über die Hügel. (Jes 2,2a par. Mi 4,1a)

Die Parallelen zwischen 1 Hen 87,3 und Jes 2,2a par. Mi 4,1a sind bemerkenswert. In beiden Fällen befindet sich das Bauwerk an einem exponierten Ort, der höher

---

Aussichtspunkt auf die Geschichte Israels (Black, *The Book of Enoch*, 261): „What the Judaean author is concerned to describe is a lofty place, a tower high above the earth, which would supply a vantage point from which Enoch (later to be joined by Elijah) could obtain a panoramic view of the unfolding history of Israel, and first of all of the punishment and destruction of the giants (v. 4). Since the 'tower' is used later to symbolise the Temple, we may also think here of a heavenly sanctuary to which Enoch is led (so Dillmann, 257)." Nach Nickelsburg, Olson und Tiller kann aber nicht nur der hohe Turm identifiziert werden, sondern auch der hohe Ort. Henoch wird ihrer Meinung nach ins Paradies entrückt, der sich auf dem Gottesberg befindet und von wo aus er den himmlischen Tempel Gottes gezeigt bekommt (vgl. Nickelsburg, *1 Enoch 1*, 374; Olson, *A New Reading*, 157; Tiller, *Animal Apocalypse*, 248–250). Für Dillmann und Milik schließlich sind hierbei das Paradies und das göttliche Heiligtum genau genommen ein und derselbe Ort (vgl. Dillmann, *Das Buch Henoch*, 257; Milik, *The Books of Enoch*, 43).
138 Text: Knibb, *The Ethiopic Book of Enoch*, 1:293–294.
139 Zum Berg als Gottesberg vgl. auch Ps 15,1; 24,3; 48,2–3; 87,1; 99,9; Ez 28,14.16; 43,12.

als alle Hügel ist und als der höchste Ort auf Erden erscheint. Der Gedanke der Überhöhung und Erhabenheit bestimmt diesen exponierten Ort jeweils als Tempelberg näher und illustriert wie bereits in Ez 40,2 die mythische Vorstellung des Gottesberges.[140] Vor diesem Hintergrund erscheint der Turm in 1 Hen 87,3 folglich eindeutig als Bild für das ideale Heiligtum Gottes und ist damit insgesamt positiv konnotiert. Jedoch gibt es einen wesentlichen Unterschied. Während in Jes 2,1–5 par. Mi 4,1–5 ein Tempel beschrieben wird, der als für Menschen erreichbar gedacht wird,[141] wird Henoch explizit von den Geschlechtern der Erde weg an einen hohen Ort gebracht und sieht ein Heiligtum, das höher als die Erde ist. Dieser Ort ist damit für Menschen (abgesehen von Henoch) völlig unerreichbar und kann daher auch von keinem Menschen erbaut sein. Der Turm kann demgemäß als Inventar des Himmels erachtet werden. Einerseits bedarf der Turm daher keiner Widmung (für Gott), andererseits umfasst Gott mehr als den Turm, nämlich den gesamten Himmel.[142] Dies wird insbesondere an denjenigen Stellen im weiteren Verlauf der Geschichtsschilderung der *Tierapokalypse* deutlich, die die Vorstellung eines himmlischen bzw. oben gelegenen Aufenthaltsortes des Herrn der Schafe voraussetzen, ohne diesen mit dem Turm in 1 Hen 87,3 in Beziehung zu setzen oder ihn überhaupt irgendwie zu konkretisieren. Vielmehr heißt es dort nur lapidar, dass der Herr der Schafe aus seiner hohen Wohnung herabstieg (נחת/ወረደ[143] + እምጽርኅ፡ ልዑል፡ ; 1 Hen 89,16[144]) bzw. das Buch über die siebzig Hirten nach oben gebracht und in den Häusern des Herrn der Schafe verlesen wird (አዕረገ + ገቢ፡ አብያተ፡ እግዚአ፡ አባግዕ፡ ; 1 Hen 89,76[145]).[146] Demnach wird der Herr der Schafe als Gott des Himmels vorgestellt.

---

140 Vgl. Rudnig, *Heilig und Profan*, 40. In Jes 2,2a par. Mi 4,1a wird diese Überhöhung und Erhabenheit aber erst für die Zukunft erwartet (vgl. באחרית הימים „in fernen Tagen").

141 Vgl. hierzu insbesondere die Beschreibung der sogenannten Völkerwallfahrt in Jes 2,2b–3a par. Mi 4,1b–2a.

142 In diesem Zusammenhang muss berücksichtigt werden, dass die Gottheit als Protagonist der *Tierapokalypse* noch nicht eingeführt wurde und daher nicht explizit als „Bewohner" oder „Besitzer" des Turmes genannt werden kann. Dies ist aber auf Grund des Charakters des Turmes und seiner Lage auch gar nicht notwendig.

143 In 4Q206 f4ii,21 ist nur das Verb mit vorausgehendem עד „bis dass" erhalten geblieben.

144 Vgl. auch 1 Hen 90,14: „[...] er stieg herab (ወረደ) zur Hilfe jenes Bockes" (der Text ist verderbt, sodass das konkrete Subjekt zu ወረደ unklar bleiben muss; vgl. hierzu exemplarisch Uhlig, *Das äthiopische Henochbuch*, 699 Anmerkung zur Stelle; Tiller, *Animal Apocalypse*, 360–361).

145 Auch hier bieten die verschiedenen Textzeugen unterschiedliche Varianten. Vgl. hierzu exemplarisch Uhlig, *Das äthiopische Henochbuch*, 696 Anmerkung zur Stelle; Tiller, *Animal Apocalypse*, 342. Vgl. auch 1 Hen 89,70: „[...] und er brachte das ganze Buch zu dem Herrn der Schafe hinauf (ወያዕርግ) [...]" bzw. 1 Hen 90,14: „[...] bis jener Mann kam, der die Namen der Hirten aufschrieb und hinaufbrachte (ወያዕርግ) vor den Herrn der Schafe [...]." Zur Idee des Abstiegs aus dem Himmel siehe auch Dan 4,10.20; 4Q381 f69,5a (vgl. Ex 19,20; 34,5; Neh 9,13); 4Q530 2ii + 6–12,16 (vgl. Dan 7,13).

146 Vgl. auch Nickelsburg, *1 Enoch 1*, 379.

Schaut man nun von 1 Hen 87,3 wieder auf 1 Hen 89,50, fällt auf, dass der salomonische Turm in 1 Hen 89,50 – anders als das Haus, das von Mose gebaut und unter Salomo vergrößert wurde – mit dem ersten Turm von 1 Hen 87,3 in keinem Kontinuitätsverhältnis steht, sondern offensichtlich etwas Anderes ist und dieses himmlische Urbild kopieren und auf der Erde realisieren will. Dies wird jedoch kritisch gesehen. Als Kopie des himmlischen Zustandes zeichnet sich der salomonische Turm ebenfalls durch eine unvergleichliche Höhe und Größe aus, die den Kontrast und die Andersartigkeit des Turmes im Vergleich zum niedrigen Haus betont; wie das ideale Heiligtum auf einem Berg liegt, höher als alle Hügel und abgesondert vom Rest der Welt, so steht der Herr der Schafe nun an einem irdischen Ort, der höher liegt als alles andere und abgesondert von seinen Schafen ist.[147] Auch wenn der Turm in der *Tierapokalypse* generell als ein positiv konnotiertes Bild verwendet wird, wird in 1 Hen 89,50 mit Blick auf den Turm als Ergänzung zum Haus in Nachbildung des himmlischen Heiligtumes eine gewisse Ambivalenz zum Ausdruck gebracht, die vor dem Hintergrund der Nathanverheißung (2 Sam 7) deutlichere Konturen gewinnt.[148]

Nachdem David König über ganz Israel geworden ist und die Lade nach Jerusalem, seiner neuen Hauptstadt, überführt hat (2 Sam 5–6), teilt er dem Propheten Nathan seinen Wunsch mit, einen Tempel für die Lade Jahwes bauen zu wollen (2 Sam 7,2). Erst ermutigt Nathan David in seiner Absicht (2 Sam 7,3). In der darauffolgenden Nacht ergeht jedoch das Wort Jahwes an den Propheten, in dem einerseits Davids Wunsch zurückgewiesen wird (2 Sam 7,4–7), andererseits dem König mit Blick auf sein Haus und seine Königsherrschaft ewige Dauer verheißen wird (2 Sam 7,8–17). Im Zusammenhang mit dieser Heilsverheißung wird Davids Wunsch nach einem Tempel für Jahwe schließlich nicht mehr abgewiesen, sondern nur noch aufgeschoben.[149] Sein Nachkomme (Salomo) darf dem Namen Jahwes einen Tempel bauen (2 Sam 7,12–13). Für das Verständnis von 1 Hen 89,50 sind es vor allem nachfolgende Aspekte der Nathanverheißung, die aufschlussreich und erhellend sein können.

Zunächst einmal fällt auf, dass der Bau des Tempels im Wesentlichen aus dem Vergleich zum Königspalast motiviert ist. Während David in einem Haus aus Zedern wohnt, wohnt die Lade Jahwes lediglich unter einer Zeltbahn (2 Sam 7,2). Für den König kann es daher nicht sein, dass Jahwe im Gegensatz zu ihm keinen Palast hat. „Der Tempel erscheint als Repräsentationsbau JHWHs, der hinter dem

---

147 Tiller, *Animal Apocalypse*, 38.
148 Zur Ambivalenz eines irdischen Heiligtums vgl. auch die späteren Zusätze in Salomos Tempelweihgebet (1 Kön 8).
149 Vgl. Rudnig, „König ohne Tempel," 441.

König nicht zurückstehen darf. Gott und König treten als Konkurrenten auf."[150] Des Weiteren kommt es in der Zurückweisung von Davids Wunsch nach einem Haus für Jahwe zunächst zu einer harschen Kritik, wenn nicht sogar Ablehnung der Idee eines irdischen Wohntempels, an dem die Gottheit als permanent präsent vorgestellt wird:[151]

כי לא ישבתי בבית למיום העלתי את־בני ישראל ממצרים ועד היום הזה ואהיה מתהלך באהל ובמשכן:
בכל אשר־התהלכתי בכל־בני ישראל הדבר דברתי את־אחד שבטי ישראל אשר צויתי לרעות את־עמי את־ישראל לאמר למה לא־בניתם לי בית ארזים:

Habe ich doch in keinem Haus gewohnt seit dem Tag, an dem ich die Israeliten aus Ägypten heraufgeführt habe, bis auf den heutigen Tag, sondern ich bin umhergezogen in Zelt und Wohnstatt.
In der ganzen Zeit, die ich mit allen Israeliten umhergezogen bin, habe ich je zu einem einzigen der Stämme Israels, dem ich geboten hatte, mein Volk, Israel, zu weiden, gesagt: Warum habt ihr mir nicht ein Haus aus Zedernholz gebaut? (2 Sam 7,6–7)

Seit dem Exodus, so heißt es in diesen beiden Versen der Gottesrede, ist Jahwe mit seinem Volk „in Zelt und Wohnstatt"[152] umhergezogen und wohnte in keinem Haus und hat bis auf den heutigen Tag auch niemandem damit beauftragt, ihm ein Haus zu bauen. Bisher war folglich kein Tempel notwendig, wenn diese beiden Verse nicht sogar einen gewissen Vorbehalt gegenüber dem Gedanken artikulieren, dass Jahwe überhaupt an einen irdischen Ort gebunden sein könnte, da das Wohnen in einem Haus eine Einengung und Festlegung bedeutete.[153] Während David unter diesen Gesichtspunkten der Tempelbau noch verboten wurde, wird seinem Nachkommen schließlich im Rahmen der Heilsverheißungen der Bau eines Hauses für Jahwe gestattet (2 Sam 7,13). Hierbei werden jedoch die zuvor geäußerten Einwände nicht einfach ignoriert, sondern fließen gewissermaßen in die nun vorgestellte Konzeption der göttlichen Präsenz im Heiligtum mit ein. Die Vorstellung von Jahwes Präsenz wird nämlich insofern relativiert, als das Haus nicht für ihn, sondern für seinen Namen gebaut wird (הוא יבנה־בית לשמי); auf diese Weise bleibt die Souveränität und Handlungsfreiheit der Gottheit gewahrt.[154] Der Bau des Tempels wird damit letztendlich unter Vorbehalt akzeptiert, auch wenn er ursprünglich unter David noch verboten war.

---

150 Rudnig, „König ohne Tempel," 437.
151 Vgl. Rudnig, „König ohne Tempel," 438–439.
152 So übersetzt Rudnig, „König ohne Tempel," 438, die Wendung באהל ובמשכן.
153 Vgl. Rudnig, „König ohne Tempel," 438–439.
154 Vgl. Rudnig, „»Ist denn Jahwe nicht auf dem Zion?«," 281–282; Rudnig, „König ohne Tempel," 438–439.

Der Bau des Turmes in 1 Hen 89,50 erscheint vor dem Hintergrund der Nathanverheißung wie eine Kompromisslösung. Auch wenn er als Abbild des
himmlischen Zustandes erachtet werden kann und damit an sich positiv zu verstehen ist, ist der irdische Turm mit Blick auf die Existenz des Hauses und den
mosaischen Zustand während der Wüstenwanderung wie der salomonische
Tempel in der Deutung der Nathanverheißung nicht nur nicht notwendig, sondern sogar eigentlich unerwünscht, da das Haus allein genügt. In der mosaischen Zeit standen der Herr der Schafe und die Schafe über das von Mose gebaute Haus miteinander in Beziehung, indem das Haus für den Herrn der
Schafe gebaut war und die Schafe in das Haus gestellt wurden. Demgegenüber
tritt der Turm in 1 Hen 89,50 nicht nur in Konkurrenz zu dem Konzept des Hauses, sondern auch und vor allem in Konkurrenz zum himmlischen Turm, indem
er ihn gewissermaßen überflüssig zu machen scheint. Der salomonische Turm
erscheint nun als Repräsentationsbau des Herrn der Schafe, das dem Haus für
die Schafe mehr als ebenbürtig ist. Er überbietet es und schafft damit zugleich
eine neue Art von Distanz zwischen der Gottheit und seinem Volk. Zwar kommt
es in der *Tierapokalypse* nicht wie in der Nathanverheißung mit Hilfe der Ex-
odus-Thematik zu einer expliziten Kritik an der Vorstellung eines irdischen
Wohntempels. Jedoch wird implizit über die Beibehaltung des Bildes vom Haus
und die Differenzierung zwischen Haus und Turm deutlich gemacht, dass sich
nun die Art der göttlichen Präsenz sowie der Charakter der Beziehung zwischen
Schafen und Herrn der Schafe geändert haben.[155] Wie Jahwe gemäß 2 Sam 7,6–7
seit dem Exodus in keinem Haus gewohnt hat und stattdessen mit dem Volk
in Zelt und Wohnstatt umherzog, hatte der Herr der Schafe entsprechend der
Geschichtsschilderung der *Tierapokalypse* bis zu seinem Stehen auf dem Turm
ebenfalls keine feste Bleibe unter den Schafen – es wird wohl berichtet, wie er
während der Wüstenzeit zu den Schafen herabsteigt, sie weidet, mit ihnen mit-
zieht und sie führt,[156] aber nicht, dass er unter ihnen wohnt.[157] Die Analogie
zur Nathanverheißung scheint sich folglich auch in Bezug auf die Vorstellung
der göttlichen Präsenz im Heiligtum fortzusetzen. Wie die Namenstheologie in
2 Sam 7,13 die persönliche Gegenwart Jahwes im Tempel relativiert, demonstriert auch das Stehen des Herrn der Schafe auf dem Turm eine gewisse Relativierung seiner Präsenz im Haus und wahrt zugleich, wie sich im weiteren Verlauf der Geschichtsschilderung der *Tierapokalypse* zeigt, dessen Souveränität

---

155 Vgl. Tiller, *Animal Apocalypse*, 38.
156 Vgl. 1 Hen 89,16.22.24.28. Mit dem Auftreten Moses wird das Führen der Schafe zunächst
durch Mose selbst, dann durch die ihm nachfolgenden Richter und Könige übernommen (vgl.
1 Hen 89,37–39.41.45–46.48).
157 Vgl. Tiller, *Animal Apocalypse*, 38.

und Handlungsfreiheit. Damit reflektiert 1 Hen 89,50 insgesamt die Ambivalenz, die 2 Sam 7 vorgibt. Der salomonische Tempel wird insofern akzeptiert, als er Abbild des himmlischen Ideals ist, impliziert aber zugleich eine gewisse Kritik an der Idee eines irdischen Wohntempels der Gottheit und wird sich als Prinzip im Verlauf der weiteren Geschichte Israels irdisch nicht bewähren, sondern selbst *ad absurdum* geführt.

Denn bereits kurze Zeit später verlassen die Schafe erst ihr Haus (1 Hen 89,51), dann nicht nur das Haus, sondern auch den Turm des Herrn der Schafe und irren ab (1 Hen 89,54); infolgedessen gibt der Herr der Schafe einerseits die Schafe preis, andererseits verlässt auch er selbst ihr Haus und ihren Turm (1 Hen 89,55–56).[158] Durch den Wechsel der Suffixe – ማኅፈ „sein Turm" in 1 Hen 89,54 gegenüber ማኅፈዶሙ „ihr Turm" in 1 Hen 89,56 – wird mehr und mehr Distanz zwischen dem Herrn der Schafe und seinem Heiligtum geschaffen, die schließlich dazu führt, dass der Turm nicht mehr länger als Gottes Tempel erachtet werden kann und er zusammen mit dem Haus der Zerstörung preisgegeben wird (1 Hen 89,66).[159] Die Beziehung zwischen dem Herrn der Schafe und den Schafen, die das von Mose gebaute Haus ursprünglich begründet hatte, ist in Folge der irdischen Realisierung des Turmes sukzessive brüchig geworden. Der Wiederaufbau des Hauses und des Turmes nach der Rückkehr aus dem Exil kann auf Grund der andauernden Apostasie der Schafe die Distanz zur Gottheit nicht überwinden (1 Hen 89,73). Anders als der erste Turm, dem salomonischen Tempel, handelt es sich bei der nachexilischen Version nur um einen sogenannten hohen Turm, bei dem weder erwähnt wird, dass er für den Herrn der Schafe gebaut wurde, noch, dass dieser auf dem Turm steht.[160] Selbst der Tisch, der jetzt nicht mehr vor dem Herrn der Schafe (so in 1 Hen 89,50), sondern bloß vor dem Turm errichtet wird, ist voll von unreinem Brot. Der zweite Tempel wird folglich im Gegensatz zum salomonischen Tempel explizit kritisiert, indem ihm die für einen Turm notwendige Eigenschaft der Höhe, also, Heiligtum Gottes sein zu können, gänzlich abgesprochen wird. Dass das Bild des Turmes nach diesem sozusagen missglücktem zweiten Versuch nicht mehr erwähnt wird, zeigt, dass das Konzept, das himmlische Heiligtum irdisch zu realisieren, auf Grund der Sünde des Volkes nicht mehr tragbar ist.[161] Demgegenüber steht aber das Konzept des Hauses, das nun noch kurz beleuchtet werden soll.

---

158 Zur Frage nach den unterschiedlichen Suffixen und dem Verhältnis von 1 Hen 89,51 zu 1 Hen 89,54 vgl. exemplarisch Tiller, *Animal Apocalypse*, 318.320–322.

159 Vgl. Tiller, *Animal Apocalypse*, 320.

160 Vgl. Dimant, *From Enoch to Tobit*, 123.

161 Vgl. hierzu auch Olson, *A New Reading*, 59.

Das Bild des Hauses, das im Gegensatz zum Turm nicht präexistent ist, sondern erst unter Mose eingeführt wird und damit zunächst einmal ein „rein irdisches" Konzept ist, hängt sehr viel enger als der Turm mit der Idee des Volkes Israel zusammen. Kaum ist es von Mose gebaut, werden bereits die Schafe hineingestellt (1 Hen 89,36), es weilt unter den Schafen im lieblichen Land (1 Hen 89,40) und teilt das Schicksal der beiden irdischen Türme (1 Hen 89,50.72–73). Aber anders als der Turm, der sich irdisch nicht bewährt hat, wird in der *Tierapokalypse* die Idee eines eschatologischen neuen Hauses entworfen, das das bisherige, alte Haus ersetzt und es mit Blick auf seine Größe und Höhe überbietet, aber konzeptionell zugleich auf den mosaischen Zustand zurückgreift (1 Hen 90,28–38). Vom Herrn der Schafe am Ort des alten Hauses gebaut, hat es wie das ursprünglich von Mose errichtete Exemplar keinen Turm und es finden darin wieder alle Schafe Platz. Damit vereint das eschatologische Haus diejenigen Eigenschaften, die bisher dem Haus einerseits[162] und dem Turm andererseits[163] zugesprochen wurden.[164]

Während man sich in der Forschung darin einig ist, dass ቤት „Haus" in 1 Hen 89,50 für Jerusalem und in 1 Hen 90,28–38 für das Neue Jerusalem steht,[165] stellt die Interpretation von 1 Hen 89,36 vor große Schwierigkeiten. So spricht sich die Mehrheit zwar für die Deutung des Hauses als „Stiftshütte" („tabernacle") aus; sie muss aber zugleich einräumen, dass die Stiftshütte in diesem Fall in ihrer Bedeutung über das wörtliche Verständnis hinausgehe und nicht nur den Wohnort Gottes, sondern auch den Ort der kultischen Versammlung Israels bezeichne wie auch Jerusalem in der *Tierapokalypse* vor allem als Tempelstadt zu verstehen sei.[166] Lediglich Tiller und im Anschluss an ihn Olson gehen davon aus, dass hier das „Wüstenlager" („desert camp") gemeint sei, da mit Blick auf das Haus in 1 Hen 89,36 keine für den Kult typische Sprache verwendet werde.[167]

---

162 Haus als Versammlungsort der Schafe (vgl. 1 Hen 89,36).
163 Höhe und Größe des Turmes als Ausdruck der Gottbezogenheit (vgl. 1 Hen 87,3; 89,50).
164 Vgl. Nickelsburg, *1 Enoch 1*, 404.
165 Vgl. Dillmann, *Das Buch Henoch*, 262.284; Charles, *The Book of Enoch*, 198.214; Black, *The Book of Enoch*, 269.278; Tiller; *Animal Apocalypse*, 37.45–47; Nickelsburg, *1 Enoch 1*, 384.404–406; Dimant, *From Enoch to Tobit*, 127.131–136; Olson, *A New Reading*, 180.225–227; Assefa, *L'Apocalypse des animaux*, 291–304.
166 Vgl. hierzu insbesondere Dimant, *From Enoch to Tobit*, 126–127.133. Vgl. auch Dillmann, *Das Buch Henoch*, 261; Charles, *The Book of Enoch*, 194; Black, *The Book of Enoch*, 267; Nickelsburg, *1 Enoch 1*, 381–382; Knibb, „Temple and Cult," 375–376; Assefa, *L'Apocalypse des animaux*, 291–293.
167 Vgl. Tiller, *Animal Apocalypse*, 43; Olson, *A New Reading*, 174.177.

In diesem Zusammenhang wird auf Grundlage von 4Q204 f4,10[168] (= 1 Hen 89,36) auch diskutiert, wie das aramäische Äquivalent zum altäthiopischen ቤት „Haus" gelautet haben könnte. Der aramäische Text, der leider genau an der entscheidenden Stelle abbricht, bietet möglichweise Reste eines מ.[169] Während Milik diese Reste zu [שכן]מ im Sinne von „Stiftshütte" ergänzt,[170] hält beispielsweise Tiller ein ursprüngliches [דר]מ „Wohnung, Wohnstätte" für wahrscheinlicher.[171] Abgesehen von der generellen Problematik, dass die Lesung von מ in 4Q204 f4,10 nicht mit absoluter Sicherheit geklärt werden kann,[172] erwecken die Ergänzungen sowohl von Milik als auch von Tiller den Verdacht, stark von der jeweiligen Interpretation abhängig zu sein.[173] Miliks Ergänzung erscheint zunächst einmal nicht ganz so abwegig vor dem Hintergrund von Esra 7,15 und dem Befund in den Targumim, wo das hebräische אהל im Sinne von „Zeltheiligtum" häufig mit dem aramäischen משכן wiedergegeben wird.[174] Dieser Befund bezeugt eine enge Beziehung des aramäischen Lemmas zum Exodus bzw. dem Wohnort Gottes in der Wüste. Dennoch ist sie mit Blick auf die gesamte *Tierapokalypse* und insbesondere die weiteren Belegstellen für ቤት „Haus" unwahrscheinlich.[175] So müsste man in der aramäischen Fassung der *Tierapo-*

---

168 = 4Q204 frg. 15,10 bei Drawnel, *Qumran Cave 4*, 194.271–274.

169 Vgl. Milik, *The Books of Enoch*, 206: „The trace of the last letter in this line would make a Mem [שכן]מ more likely than a Beth [יא]ב." Vgl. hierzu auch Tiller, *Animal Apocalypse*, 41 Fußnote 48, und Drawnel, *Qumran Cave 4*, 273 Anmerkung zur Stelle.

170 Vgl. Milik, *The Books of Enoch*, 205: [שכן]מ ועבד והוא אנוש אתהפך דֹן [א]מֹרֹ[א א „that sheep was changed and become a man and made a Tabernacle." Vgl. so auch Black, *The Book of Enoch*, 368.

171 Vgl. Tiller, *Animal Apocalypse*, 41.128 (Fußnote 6).178. So auch Drawnel, *Qumran Cave 4*, 272–273, im Anschluss an Tiller.

172 Auf dem Photo von 4Q204 f4 ist am Ende von Zeile 10 nur ein Vertikalstrich zu erkennen, der mit Blick auf die Linkskrümmung und die untere Spitze eher einem typischen מ entspricht, da beim ב der Vertikalstrich einerseits eher nach rechts gekrümmt und der Horizontalstrich andererseits in der Regel nicht ganz so „abschüssig" ist. Es gibt aber auch Ausnahmen, sodass es nicht sicher ein מ sein muss! Gleichermaßen könnte es auch, wie bereits Tiller, *Animal Apocalypse*, 41 Fußnote 48, anmerkte, ein כ, פ, ט oder נ sein.

173 Ganz unabhängig davon, dass sowohl Uhlig, *Das äthiopische Henochbuch*, 689, als auch Tiller, *Animal Apocalypse*, 41, Miliks Ergänzung dafür kritisieren, dass sie „[...] die symbolische Redeweise verließe" (so Uhlig, ebd.). Tillers zweiter Kritikpunkt, dass Miliks Ergänzung das altäthiopische ቤት nicht erkläre, ist meines Erachtens jedoch nicht zwingend. So könnte dem altäthiopischen ቤት ein griechisches οἶκος zu Grunde gelegen haben, was beispielsweise in der griechischen Fassung von Hiob 18,21 wiederum als Übersetzung von Hebräisch משכן (pl.) verwendet wird (auch wenn οἶκος als Übersetzung von משכן ansonsten eher unüblich ist).

174 Vgl. zum Beispiel Tg. Ps.-J. bzw. Tg. Neof. zu Ex 26,1.7.15; Lev 1,1; vgl. auch 4Q156 f2,4 (= Targum zu Lev 16,20).

175 Sofern man nicht annimmt, dass die aramäische Vorlage bei den anderen Belegen anders lautete.

kalypse entweder einen enormen Bedeutungswandel des Wortes innerhalb des Werkes annehmen, was angesichts der ausgeprägten Bildsprache jedoch ungewöhnlich wäre und zudem voraussetzte, dass die Übersetzer diesen Wandel nicht erkannten oder vielleicht nivellierten, oder aber eine andere aramäische Vorlage für die weiteren Belegstellen vermuten, wobei es im Laufe des Überlieferungsprozesses zu einer Harmonisierung der unterschiedlichen Begriffe gekommen sein müsste. Beides scheint mir jedoch sehr unwahrscheinlich.

Ebenso ist Tillers Vorschlag nicht ganz unproblematisch. Tillers Kritik an Miliks Ergänzung kann ebenso gegen ihn selbst gewendet werden. Auch Tillers Vorschlag verlässt die Bildsprache der *Tierapokalypse* und erklärt nicht, warum im Altäthiopischen ቤት „Haus" zu lesen ist[176] – sofern er nicht unausgesprochen von einer Harmonisierung unterschiedlicher aramäischer Begriffe im Laufe der Überlieferung ausgeht.[177] Wenn Tiller nämlich resümiert: „The reason for choosing "house" (מדר) as a sign now becomes clear. It represents the place that God has provided for Israel to dwell."[178] Dann bleibt er mit seiner Interpretation des „Hauses" in 1 Hen 89,36 als „Wüstenlager" im Grunde auf der konkreten semantischen Ebene von מדר, da mit diesem Wort generell ein dauerhafter Aufenthalts- und Wohnort bezeichnet wird.[179] Damit steht es aber auf wörtlicher Ebene der aramäischen Fassung, sofern man nicht ein Wortspiel annehmen möchte, in gewisser Spannung zu den beiden vorausgehenden Versen (1 Hen 89,34.35), in denen ein Derivat derselben Wurzel (דור), nämlich דיר

---

176 So wird das aramäische מדור „Aufenthaltsort, Wohnung" in den griechischen Versionen von Daniel entweder mit κατοικητήριον „Wohnort, Aufenthaltsort" (Dan 2,11 [LXX]) oder κατοικία „Wohnung, Ansiedlung" (Dan 2,11; 4,25.32; 5,21 [TH]) übersetzt, was in der altäthiopischen Fassung, die wahrscheinlich Dan (TH) folgt (vgl. Löfgren, *Äthiopische Übersetzung*, 89), mit ኀድረት „Wohnung" bzw. verbal konstruiert mit ኀደረ „sitzen, wohnen" wiedergegeben wird. Für die weiteren Belege von מדור (Handschriften vom Toten Meer, Targumim) ist weder eine griechische noch altäthiopische Übersetzung vorhanden, sodass hier nicht geprüft werden kann, ob es in anderen Werken als Daniel möglicherweise im Sinne von „Haus" verstanden und übertragen wurde.

177 Dies suggeriert er zumindest in einer Fußnote, in der eine weitere Möglichkeit zur Ergänzung des מ in 4Q204 f4,10 (= 1 Hen 89,36) thematisiert und indirekt postuliert, dass in der aramäischen Vorlage von 1 Hen 89,50 בית zu lesen war (Tiller, *Animal Apocalypse*, 41 Fußnote 50): „There is another possibility, that I mention only because it could completely invalidate all speculation about the relationship between the desert camp and Jerusalem: מ[שרי] ("camp"; [...]) would fit the present context well but would not translate well into Greek either as οἶκος ("house") or its cognates, or as μονή ("apartment, quarters"). In order to account for the Ethiopic text, one might have to suppose that it had been harmonized with the text of 89.50, where the original Aramaic text was not משרי but בית ("house")." So ähnlich auch Black, *The Book of Enoch*, 269.

178 Tiller, *Animal Apocalypse*, 45.

179 Vgl. Gzella, Art. דור, 197–201.

„Hürde, Stall",[180] nicht nur entsprechend der in der *Tierapokalypse* verwendeten Bildsprache verwendet wird, sondern auch den rechten Ort, also gewissermaßen das Wüstenlager, bezeichnet, an den die Schafe nach ihrem Abfall während der Wüstenwanderung zurückkehren (1 Hen 89,32–35). Nach dem Bau des Hauses durch Mose werden diese Schafhürden aber nicht mehr erwähnt.

Auch wenn Tiller bei seiner Deutung des „Hauses" als Wüstenlager insofern eine qualitative Weiterentwicklung gegenüber den Schafhürden annimmt, als das Haus, das Mose baute und in das er die Schafe stellte, der Ort des israelitischen Lebens innerhalb der Richtlinien der mosaischen Gesetzgebung sei,[181] greift seine Interpretation meines Erachtens zu kurz. Das „Haus" in 1 Hen 89,36 ist auf Grund der expliziten Gründung durch Mose sowie der ausdrücklichen Widmung für den Herrn der Schafe gegenüber den „Schafhürden" in 1 Hen 89,34.35 offensichtlich mehr als nur ein Fortschritt in legislativer Hinsicht und markiert vielmehr einen signifikanten und wesentlichen Wandel in der Beziehung zwischen den Schafen und dem Herrn der Schafe.

Für die aramäische Fassung von 1 Hen 89,36 lässt sich schließlich festhalten, dass Tillers Rekonstruktionsvorschlag letztendlich wie Miliks Ergänzung im Prinzip möglich, aber gleichermaßen hypothetisch ist. Sowohl משכן als auch מדר erklären meines Erachtens schwerlich, warum in der altäthiopischen Version ቤት „Haus" zu lesen ist, zumal die einzigen Anhaltspunkte für diese Rekonstruktionen ein nicht eindeutig zu klärender Buchstabenrest sowie ein gewisses (theologisches) Unbehagen gegenüber der Annahme sind, dass in der aramäischen Fassung von 1 Hen 89,36 tatsächlich בי gestanden haben könnte. Dies soll jedoch kein Plädoyer für ein ursprüngliches בי sein, sondern vielmehr verdeutlichen, dass diese Frage letzten Endes nicht mit Sicherheit beantwortet werden kann und die altäthiopische Version damit die einzig sichere Ausgangsbasis für eine umfassende Interpretation ist und bleibt.

Darüber hinaus stellt sich die Frage, ob es überhaupt dem Interesse der *Tierapokalypse* entspricht, für das Bild des Hauses eine eindeutige „reale" Entsprechung zu finden und darin nicht vielmehr eine Konzeption zu sehen, der die Verfasser der *Tierapokalypse* einfach den Vorzug gegenüber dem Tempel gegeben haben, da sie mit Blick auf ihren Idealzustand im Gegensatz zur Idee des Turmes von vornherein irdisch begründet wurde und daher in Zukunft auch wieder diesen Idealzustand mit Hilfe des Herrn der Schafe erreichen kann. Denn während die irdische Version des Turmes von Anfang an nur Abbild des Urbil-

---

180 לדירהון (4Q204 f4,6 = 1 Hen 89,34) bzw. לדירי̇ה̇[ין] (4Q204 f4,8 = 1 Hen 89,35). In der altäthiopischen Fassung ist an beiden Stellen ዐፀድ (pl.) generell „umgrenztes/abgegrenztes Gebiet", konkret auch „Schafstall, -hürde" zu finden.
181 Tiller, *Animal Apocalypse*, 45.

des ist, ist das Haus, von Moses gebaut und dem Herrn der Schafe gewidmet, der erste beziehungsstiftende Ort im Verlauf der Geschichtsschilderung der *Tierapokalypse* und schließt damit konzeptionell an die Vorstellung des mosaischen Wüstenheiligtums der Priesterschrift an. Die Alternative, dass die Gottheit entweder im Heiligtum oder im Volk gegenwärtig ist, ist dort nämlich obsolet geworden:

ועשו לי מקדש ושכנתי בתוכם:

Und sie sollen mir ein Heiligtum errichten, und ich will in ihrer Mitte wohnen. (Ex 25,8)

וקדשתי את־אהל מועד ואת־המזבח ואת־אהרן ואת־בניו אקדש לכהן לי:
ושכנתי בתוך בני ישראל והייתי להם לאלהים:
וידעו כי אני יהוה אלהיהם אשר הוצאתי אתם מארץ מצרים לשכני בתוכם אני יהוה אלהיהם:

Und ich will das Zelt der Begegnung und den Altar heiligen, und Aaron und seine Söhne will ich heiligen, damit sie mir als Priester dienen. Und ich will unter den Israeliten wohnen und ihr Gott sein. Und sie sollen erkennen, dass ich der HERR, ihr Gott, bin, der sie aus dem Land Ägypten herausgeführt hat, um in ihrer Mitte zu wohnen, ich, der HERR, ihr Gott. (Ex 29,44–46)

Den Wandel in der Vorstellung der göttlichen Gegenwart, wie er an diesen beiden Stellen des *Exodusbuches* mit Blick auf das mosaische Wüstenheiligtum deutlich wird,[182] kommentiert Porzig folgendermaßen:

JHWH ist der Gott Israels, und Israel das Volk JHWHs (Dtn 26), so wohnt JHWH inmitten seines Volkes (am zentralen Heiligtum), und das Volk versammelt sich (wie am Sinai [...]) um seinen Gott als Zentrum. Heiligtum und Erwählung des Volks sind stets aufeinander bezogen.[183]

Der Verfasser der *Tierapokalypse* scheint genau an diese „Alternativlosigkeit" (im positiven Sinne) mit Blick auf die Präsenz der Gottheit und seine Bindung an das Volk, wie sie in der Priesterschrift zum Ausdruck gebracht wird, anzuknüpfen und mit Hilfe des Begriffes „Haus" die kollektive Dimension des mosaischen Wüstenheiligtums auszudrücken bzw. zu betonen. Das Haus soll also weder das Wüstenlager noch die Stiftshütte jeweils für sich bezeichnen, sondern vielmehr der Tatsache Ausdruck verleihen, dass das, was dem Heiligen gewidmet ist, und die Schafe in der mosaischen Zeit nicht voneinander losgelöst gedacht werden können. Erst dieses tragbare Heiligtum ist (im Gegensatz zu den Schafhürden) imstande, die Beziehung des Herrn der Schafe während der Wüstenwanderung zu seinen Schafen zu garantieren; das eine kann folglich nicht

---

182 Vgl. hierzu auch Ez 43,6–7a und 43,7b–9.
183 Porzig, „Schechina," 2.3.

gegen das andere ausgespielt werden.[184] Dieses Verständnis des Hauses als kollektiv gedachtes Wüstenheiligtum im Sinne der Priesterschrift berücksichtigte einerseits die theologische Weiterentwicklung gegenüber dem Bild der Schafhürden in 1 Hen 89,34–35, andererseits wäre es nicht primär auf eine legislative[185] oder kultische[186] Deutung der Anwesenheit der Schafe im Haus angewiesen, da es in erster Linie um das beziehungsstiftende Moment des Hauses geht. Dieses bedarf natürlich der kultischen Reinheit und der Gottesfurcht, da andernfalls die Schafe blind abirren und nicht mehr in das Haus hineingehen,[187] zielt jedoch noch viel mehr auf das exklusive Verhältnis zwischen der Gottheit und seinem Volk, wie es insbesondere in der Gottesbezeichnung der *Tierapokalypse* (מרא ענא „Herr der Schafe") deutlich wird, die ja auch erst mit dem Exodus überhaupt in Erscheinung tritt.

Dieses Verständnis von ቤት „Haus" als kollektiv gedachtes mosaisches Wüstenheiligtum ließe sich auch auf 1 Hen 89,50 und 1 Hen 90,28–38 anwenden. Wenn unter Salomo (1 Hen 89,50) das Haus vergrößert, mit einem Turm für den Herrn der Schafe versehen sowie den Schafen allein gewidmet wird, kommt es (noch) nicht zu einer Auflösung dieser Beziehung, sondern zunächst einmal nur zu einer Konkurrenz zwischen dem mosaischen Wüstenheiligtum als Zelt der Begegnung (= Haus) und dem salomonischen Tempel (= Turm). Diese Konkurrenz kann als ein Reflex auf die Ambivalenz in der Geschichte Israels erachtet werden, wie sie beispielsweise in 2 Sam 7 artikuliert wird und die danach fragen lässt, was nach David und dem Tempelbau unter Salomo mit dem mosaischen Wüstenheiligtum passiert ist. Bis David bestehen in der Darstellung der *Samuelbücher* ja Wüstenheiligtum und Tempel nebeneinander, ab Salomo verschwindet das Wüstenheiligtum plötzlich, und genau das könnte der Anlass für die Differenzierung von Haus = Wüstenheiligtum als Ort der Beziehung und Begegnung von Gott mit seinem Volk und Turm = Tempel sein.

Gemäß der *Tierapokalypse* schafft die irdische Einführung des Tempels gewissermaßen Distanz, wenn auch noch nicht in einem eindeutig negativen Sinne. Erst, wenn die Schafe das Haus und den Turm verlassen und der Herr der

---

184 Vgl. hierzu auch Drawnel, *Qumran Cave 4*, 279: „One should note, however, against Tiller, that neither the Aramaic text nor the Ethiopic says that what Moses actually built was a desert camp. The place where God and the sheep stay may all be construed as a sanctuary. The main idea is obvious, though: there is a dwelling place built by Moses where God dwells and where the Israelites can stay. Any distinction between the camp and the sanctuary implied by modern exegetes is not anchored in the text."
185 So Tiller, *Animal Apocalypse*, 45.
186 So vor allem Dimant, *From Enoch to Tobit*, 126–127, und im Anschluss an Dimant Assefa, *L'Apocalypse des animaux*, 291–293.
187 Vgl. zum Beispiel 1 Hen 89,67.

Schafe beides preisgibt, kommt es zu einem Bruch, der nur durch die Gottheit selbst wieder behoben werden kann, indem sie ein neues Haus stiftet. Dass sich das Haus unter Salomo und im eschatologischen Zeitalter an der Stelle Jerusalems befindet, wäre dann vor allem den Fakten der Geschichte Israels geschuldet. Des Weiteren befände sich im eschatologischen Haus, indem es konzeptionell auf den mosaischen Zustand als Ort bestmöglicher Beziehung zurückgreift und als eine Wiederherstellung des mosaischen Wüstenheiligtums gedeutet werden kann, kein Tempel im Sinne eines salomonischen Tempels,[188] der als Abbild des himmlischen Ideals intendiert war.[189] So zeigte nämlich die Geschichte Israels entsprechend der Schilderungen der *Tierapokalypse*, dass sich ein irdischer Tempel als Abbild des himmlischen Heiligtums nicht bewährt habe und man daher keinen Tempel auf Erden brauche. Demgegenüber ist anzunehmen, dass der Turm im Himmel, also das himmlische Heiligtum Gottes (vgl. 1 Hen 87,3), eschatologisch bestehen bleibt, nur interessiert dieser nicht mehr, da es nun um den irdischen Idealzustand und insbesondere um die ideale Beziehung des Volkes Israels zu seinem Gott geht, die sich in Entsprechung zur Priesterschrift im mosaischen Wüstenheiligtum realisiert.

Insgesamt wird in der *Tierapokalypse* auf diese Weise eine Tempelskepsis deutlich, die zwar das Konzept an sich nicht in Frage stellt, dafür aber dessen irdische Realisierung. Der Turm, der im Rahmen der Geschichtsschilderung dieses Werkes als Bild für den Tempel dient, ist als himmlisches Ideal zunächst positiv konnotiert. So wird Henoch an einen für Menschen ansonsten unerreichbaren Ort entrückt, an dem er das alles Irdische überbietende ideale Heiligtum sieht (1 Hen 87,3). Unter Salomo kann das nun irdisch realisierte Abbild dieses himmlischen Urbildes als Kompromisslösung erachtet werden, das an sich nicht notwendig wäre, dennoch (zumindest vorläufig) die Akzeptanz des Herrn der Schafe erfährt, die in seinem Stehen auf dem Turm Ausdruck findet (1 Hen 89,50). Demgegenüber wird der Zweite Tempel harsch kritisiert, indem ihm die Fähigkeit, Heiligtum Gottes sein zu können, prinzipiell abgesprochen wird: Es sei nämlich nur ein sogenannter, aber kein faktisch hoher Turm

---

188 Vgl. hierzu auch Tiller, *Animal Apocalypse*, 46–47. Dagegen geht Dimant, *From Enoch to Tobit*, 98, davon aus, dass es sich bei dem eschatologischen Haus um einen neuen Tempel handelt. Für Nickelsburg, *1 Enoch 1*, 405, und Knibb, „Temple and Cult," 376, schließlich kann diese Frage nicht eindeutig geklärt werden.

189 Inwiefern der Herr der Schafe im eschatologischen Haus tatsächlich anwesend ist (1 Hen 90,29), ist textkritisch nicht eindeutig zu klären. Während vor allem die älteren Handschriften (Aeth I) von der Anwesenheit der Schafe im Haus sprechen (ወኮሎሙ፡ አባግዕ፡ ማእከላ፡), lesen einige jüngeren Textzeugen (Aeth II) stattdessen ወእግዚአ፡ አባግዕ፡ ማእከላ፡ „und der Herr der Schafe war darinnen". Zur Diskussion beider Lesarten vgl. exemplarisch Tiller, *Animal Apocalypse*, 376–377.

(1 Hen 89,73). Auf Grund der Sünde der Schafe ist das Konzept des Turmes als irdische Abbildung des Himmels offensichtlich nicht mehr tragbar, sodass grundsätzlich auf den mosaischen Zustand als das einzig Adäquate zurückgegriffen wird.

Die irdische Realisierung des Turmes wirkt sich darüber hinaus bedeutend auf das beziehungsstiftende Moment des Hauses aus. War das Haus unter Mose dem Herrn der Schafe gewidmet und durch die Anwesenheit der Schafe geprägt, hat die Einführung des Turmes für den Herrn der Schafe unter Salomo und die Umwidmung des Hauses für die Schafe eine Relativierung der göttlichen Präsenz im Haus und damit eine gewisse Distanzierung des Herrn der Schafe zu seinem Volk zur Folge. Genau das ist die Konkurrenz zwischen dem Wüstenheiligtum und dem Tempel, die in den *Samuelbüchern* nicht ausgeglichen wird, aber in der *Tierapokalypse* mit der Unterscheidung zwischen Haus und Turm. Aus dieser Relativierung und Distanzierung erwächst im Verlauf der weiteren Geschichte ein Bruch dieser Beziehung, da einerseits die Schafe abirren und das Haus verlassen, andererseits der Herr der Schafe Turm und Haus verlässt und damit alles preisgibt. Der Wiederaufbau des Hauses und des Turmes im Anschluss an die Exilszeit kann diesen Bruch nicht wieder kitten, ist selbst von Anfang an auf Grund der Sünde und Verblendung der Erbauer zum Scheitern verdammt. Erst die eschatologische Errichtung eines neuen Hauses durch den Herrn der Schafe ist hierzu in der Lage. Damit wird deutlich, dass in der *Tierapokalypse* insofern an dem „klassischen Verständnis" des Hauses festgehalten wird, als dieses Bild immer noch *den* idealen Ort der Gottesbeziehung bezeichnet, nur kommt es hierbei zu einer bedeutsamen Modifikation: Das Haus bezeichnet nicht mehr den Tempel im Sinne des klassischen Gebäudes, das Abbild des himmlischen Urbildes ist, sondern ist von vornherein ein rein irdisch begründeter Ort, an dem das, das dem Heiligen gewidmet ist, und das Volk idealiter nicht voneinander losgelöst gedacht werden können. Damit kann das Haus in der *Tierapokalypse* in Analogie zur Priesterschrift als kollektiv gedachtes mosaisches Wüstenheiligtum verstanden werden, das vermutlich unter Einfluss der Tempelstadttheologie des *Ezechielbuches* (Ez 43) als Wohnort der Schafe neu definiert wurde.

4.3.2 Konsequenzen der Tempelkritik: 1 Hen 85–90 und 1 Hen 14 im Vergleich

Blickt man nun von der *Tierapokalypse* wieder zurück auf das *Wächterbuch* und insbesondere auf Henochs Vision von den beiden Häusern (1 Hen 14,8–25), so bieten sich vor allem zwei Vergleichspunkte an: ein inhaltlicher und ein ideologischer. Auf der einen Seite wird in 1 Hen 87,2–4 mit der Schilderung von Henochs Entrückung und dem himmlischen Heiligtum gewissermaßen ein stark verkürzter Parallelbericht zu Henochs Häuservision in 1 Hen 14,8–25 formuliert. Dieser Bericht ist chronologisch ebenfalls zwischen dem Abstieg der Wächter auf die Erde (1 Hen 86,1–87,1) und ihrer anschließenden Bestrafung und der Flut (1 Hen 88,1–89,9) zu finden und präsentiert damit wie schon das *Wächterbuch* eine andere, umgekehrte Erzählfolge als die entsprechende Darstellung in der *Genesis* (vgl. Gen 5,24; 6,1–4). Auf der anderen Seite teilen beide Werke eine bemerkenswerte Skepsis gegenüber einer irdischen Realisierung des idealen himmlischen Heiligtums; während diese Skepsis im *Wächterbuch* durch eine direkte Gegenüberstellung zweier Tempelvorstellungen punktuell ausformuliert wird, wird sie in der *Tierapokalypse* mit Hilfe der gesamten Geschichtsschilderung und ihrer impliziten Wertung ausbuchstabiert. Im Folgenden soll zunächst ein genauerer Blick auf die beiden Parallelberichte in 1 Hen 14 und 1 Hen 87 geworfen werden, bevor dann die Tempelkonzeptionen beider Werke im Ganzen nebeneinander gestellt und miteinander verglichen werden.

Abgesehen von derselben kontextuellen bzw. chronologischen Einbettung von Henochs Entrückungsgeschehen lassen sich zwischen 1 Hen 14,8–25 und 1 Hen 87,2–4 trotz der Kürze des zweiten Berichtes weitere Gemeinsamkeiten, jedoch auch markante Unterschiede finden. So wird Henoch in beiden Entrückungsgeschehen während einer Vision (በራእይ; 1 Hen 14,8; 1 Hen 87,2) wie auch schon der Prophet Ezechiel von einer externen Kraft emporgehoben (አንሥኡኒ „sie hoben mich empor“; 1 Hen 14,8; 1 Hen 87,3) und nach oben an einen anderen Ort gebracht (ላዕለ፡ ውስተ፡ ሰማይ፡ „nach oben in den Himmel“ [14,8] bzw. አልዐሉኒ፡ ዲበ፡ መካን፡ ነዋኅ፡ „sie brachten mich hinauf an einen hohen Ort" [1 Hen 87,3]). Während es sich bei dieser externen Kraft in 1 Hen 14,8 um verschiedene Wetter- und Naturerscheinungen handelt, die, obgleich hier als eigenständig handelnde, wenn auch unwesenhafte Phänomene dargestellt, als sichtbare Außenseite Gottes auf Erden agieren, wird Henoch in 1 Hen 87,3 von drei himmlischen Wesen in menschlicher Erscheinung bei der Hand genommen (vgl. 1 Hen 87,2: ወዮኡ፡ እምሰማይ፡ ከመ፡ አምሳለ፡ ሰብእ፡ ጸዓዳ፡ „es kamen vom Himmel [Wesen] wie weißen Menschen gleich").[190] Die Charakterisierung als menschenähnlich sowie mit der Farbe Weiß lässt diese Wesen als gerecht und Gott nah erscheinen und unterscheidet sie damit eindeutig von den Wesen, die in der *Tierapokalypse* zuvor genannt werden und ebenfalls vom Himmel kommen: die Sterne, die vom Himmel fielen und Unglück über die Erde brachten (1 Hen 86,3–87,1).[191] Indem der Verfasser der *Tierapokalypse* die externe Kraft, die Henoch

---

190 Zur menschlichen Erscheinung himmlischer Wesen vgl. zum Beispiel auch Dan 7,13 und Black, *The Book of Enoch*, 260; Nickelsburg, *1 Enoch 1*, 374.
191 Vgl. Nickelsburg, *1 Enoch 1*, 374.

entrückt, personifiziert und vom Himmel her kommen lässt, geht er einen deutlichen Schritt weiter als der Verfasser des *Wächterbuches*. Das gesamte Geschehen zielt anders als im *Wächterbuch* nicht nur auf eine Entrückung in die himmlische Sphäre, sondern nimmt dort auch seinen Ausgang; bei den Wesen, die Henoch emporheben, handelt es sich weniger um „bloße" Natur- und Wetterphänomene, die Gottes Handeln indirekt erfahrbar machen, sondern um Wesen, die der Gottheit am nächsten stehen. Auf diese Weise steht die Schilderung von Henochs Entrückung in 1 Hen 87,3 dem Bericht der *Genesis* wieder sehr viel näher als 1 Hen 14,8 – immerhin könnte האלהים in Gen 5,24a auch im Sinne von „Engel" (pl.) gedeutet werden.[192]

Des Weiteren wird in beiden Visionsschilderungen von einem bzw. zwei Gebäude(n) berichtet, die jeweils eng mit dem Gedanken einer Überbietung zusammenhängen. In Henochs Vision, wie sie im *Wächterbuch* beschrieben wird, sieht der Patriarch zwei unterschiedliche Häuser, die über ihre Größe direkt miteinander ins Verhältnis gesetzt werden. Das erste Haus entspricht zwar visuell dem Wohnsitz Gottes, aber seine Bestandteile und sein Inneres sind auf Grund ihres paradoxen und angsterregenden Charakters negativ zu verstehen und machen es zu einem Ort der Lebensfeindlichkeit und Gottesferne (vgl. insbesondere 1 Hen 14,13). Demgegenüber erscheint das zweite Haus, das größer als das erste Haus und in allem außergewöhnlich ist (1 Hen 14,15.16), als der wahre Ort der göttlichen Herrlichkeit (1 Hen 14,20). Als ideales Heiligtum ist es dem ersten Haus als bloßes Abbild überlegen. Die Visionen des *Wächterbuches* bieten somit zwei gegensätzliche Entwürfe des Tempels, die mit Hilfe des Überbietungsgedankens zueinander ins Verhältnis gesetzt werden: ein defizitäres irdisches Abbild und das ideale himmlische Heiligtum.

Demgegenüber sieht der Patriarch gemäß dem Bericht der *Tierapokalypse* lediglich ein Gebäude, einen hohen Turm, das heißt ein Heiligtum, der alles Irdische überragt und auf Grund seiner Lage als Inventar des Himmels erachtet werden kann. Indem der Turm höher als die Erde ist und alle Hügel niedriger sind, wird an dieser Stelle ebenfalls implizit ausgesagt, dass jede irdische Entsprechung von diesem Turm übertroffen wird und nicht an ihn heranreicht. Explizit wird dies jedoch erst im weiteren Verlauf der Geschichtsschilderung deutlich, wenn unter Salomo ein hoher Turm eingeführt wird, der als irdische Realisierung des himmlischen Zustandes zunächst positiv gemeint ist, sich aber nicht bewährt und im Folgenden gänzlich verworfen wird. In beiden Werken wird folglich mit Hilfe des Überbietungsgedankens die irdische Realisierung als Abbild gegenüber dem himmlischen Heiligtum als seinem Ideal relativiert bzw.

---

192 So explizit zum Beispiel Jub 4,21. Vgl. hierzu auch die griechische Übersetzung von אלהים mit ἄγγελος (sg. oder pl.) in Ps 8,6; 97,7; 138,1. Vgl. VanderKam, *Enoch and the Growth*, 31.44.

kommt es in beiden Fällen zu einer Auflösung des direkten Korrespondenzverhältnisses von himmlischem Ideal und irdischem Abbild, wenn auch in der *Tierapokalypse* erst sukzessive im Verlauf der gesamten Geschichtsschilderung.

Ein auffälliger Unterschied zwischen beiden Entrückungsberichten findet
sich allerdings in Bezug auf die Präsenz der Gottheit im Heiligtum. Gipfelt Henochs Vision des himmlischen Heiligtums im *Wächterbuch* in der Schau der
thronenden Gottheit, die von zahlreichen Engeln umgeben ist und Henoch
schließlich anredet (1 Hen 14,18.20.22.24), wird im Bericht der *Tierapokalypse*
lediglich der hohe Turm genannt, ohne dass auf die Anwesenheit des Herrn der
Schafe oder irgendwelcher anderen (himmlischen) Wesen näher eingegangen
wird. Vielmehr noch fällt auf, dass die Gottheit zu diesem Zeitpunkt der Geschichtsschilderung noch nicht einmal erwähnt wurde, sondern erst im Verlauf
der Exoduserzählung als Protagonist eingeführt wird. Dass dieser Turm dennoch als das ideale göttliche Heiligtum erachtet werden kann, wird lediglich
auf Grund seines Charakters und seiner Lage ersichtlich. Dennoch wird Henoch
auch in der Visionsschilderung der *Tierapokalypse* abschließend angesprochen.
Eines der himmlischen Wesen, die ihn an diesen hohen Ort gebracht haben,
fordert ihn auf, dort zu bleiben, bis dass das Gericht über die Wächter und
Riesen vollzogen ist.[193]

Zum Schluss noch ein kurzer Blick auf das Verhalten des Patriarchen während des Entrückungsgeschehens: Wird Henoch im *Wächterbuch* zunächst sehr
aktiv, später dann vor allem passiv beschrieben, indem er das erste Gebäude,
das er sieht, betritt (1 Hen 14,9–14a), beim zweiten Haus aber im Wesentlichen
eine Beobachterrolle einnimmt (1 Hen 14,14b–25), ist der Patriarch gemäß der
Darstellung der *Tierapokalypse* ausschließlich passiv (1 Hen 87,2–4). Er wird von
den drei himmlischen Wesen bei der Hand genommen, an den hohen Ort gebracht und bekommt einen hohen Turm gezeigt. Damit entspricht sich Henochs
jeweiliges Verhalten mit Blick auf das ideale Heiligtum, da er in beiden Fällen
eine statische Beobachterrolle einnimmt, wodurch sein aktives Agieren mit
Blick auf das erste Haus umso auffälliger und merkwürdiger wird. Jedoch wird
ebenso hier wie schon im Vergleich zu Ezechiels Tempelvisionen deutlich, dass
das Verhalten des Protagonisten im Grunde ein Spiegel der Heiligkeit oder aber
auch der Profanität des jeweiligen Ortes ist.

---

193 Damit kann, zumindest unter synchroner Betrachtungsweise des *Wächterbuches*, gefragt
werden, inwiefern es einen weiteren Unterschied mit Blick auf die Intention von Henochs jeweiligem Entrückungsgeschehen gibt. Da diese Frage allerdings bei beiden Werken nicht eindeutig beantwortet werden kann (für die *Tierapokalypse* siehe exemplarisch Fußnote 137 dieses Kapitels [259–260], für das *Wächterbuch* siehe Kapitel 5.2 dieser Arbeit [337–349]), stünde
ein darauf aufbauender Vergleich auf unsicherer Grundlage und wird hier daher nicht weiter
verfolgt.

Die Ergebnisse dieses Vergleichs unterstreichen die Vermutung, dass das *Wächterbuch* wahrscheinlich neben der *Genesis* und dem *Ezechielbuch* eine der wichtigsten Quellen für die Schilderung von Henochs Entrückung in der *Tierapokalypse* darstellt.[194] In den Parallelberichten wird der Patriarch beide Male nach dem Fall der Wächter während einer Vision von einer äußeren Kraft an einen hohen Ort gebracht und sieht dort den himmlischen Tempel. Hierbei fällt auf, dass in der *Tierapokalypse* in diesem Zusammenhang anders als in Henochs Visionsbericht in 1 Hen 14,8–25 lediglich ein Gebäude erwähnt sowie die Frage nach der Präsenz der Gottheit nicht explizit zur Sprache gebracht wird. Beides lässt sich jedoch, wie sich gleich zeigen wird, auf die allgemeinen (tempel-)theologischen Unterschiede zwischen diesen beiden Werken zurückführen.

Die allgemeine Skepsis in beiden Werken gegenüber einer irdischen Realisierung des himmlischen Heiligtums klang bereits mehrfach im Vergleich der beiden Parallelberichte von Henochs Entrückung an. Sowohl im *Wächterbuch* als auch in der *Tierapokalypse* kommt es zu einer Auflösung des Korrespondenzverhältnisses von himmlischem Idealheiligtum und irdischem Abbild. Während diese Auflösung in 1 Hen 14,8–25 mittels eines direkten Vergleiches zweier Häuser erfolgt, die als gegensätzliche Tempelentwürfe interpretiert werden können, zeigt in der *Tierapokalypse* erst der Verlauf der Geschichte, dass sich der Turm (= Tempel) auf Erden nicht bewähren wird. Zunächst als Zugeständnis unter Salomo eingeführt, die mit einer gewissen Relativierung der göttlichen Präsenz einhergeht, demonstriert die Charakterisierung des Zweiten Tempels, dass die Idee eines Tempels auf Erden auf Grund der Sünde des Volkes nicht tragbar ist.

Mit Blick auf das eschatologische Ideal, wie es in 1 Hen 90,28–38 gezeichnet wird, deutet sich jedoch ein markanter Unterschied zwischen den Tempelkonzeptionen dieser beiden Werke an. Im Rückgriff auf den mosaischen Zustand baut der Herr der Schafe nun selbst ein neues Haus, das das alte ersetzt und in dem alle Schafe Platz finden, bei dem aber ein Tempel, wie er unter Salomo eingeführt wurde, offensichtlich fehlt. Vielmehr steht das Bild des Hauses für das künftige mosaische Wüstenheiligtum, bei dem sich die Beziehung Gottes zu seinem Volk wie im Exodus bestmöglich realisiert, sodass die Gottheit und sein Volk auch eschatologisch an diesem kollektiv gedachten Ort nicht voneinander losgelöst gedacht werden können. Der Tempelgedanke allgemein und das ideale himmlische Heiligtum im Besonderen geraten auf diese Weise zugunsten des Volkes und seiner Beziehung zur Gottheit stark in den Hintergrund, wenn nicht sogar in Vergessenheit. Oder überspitzt gesagt: Der Beziehungsgedanke steht in der *Tierapokalypse* über der Tempelidee; der Herr der Schafe ist im Wesent-

---

194 Dagegen weniger optimistisch Tiller, *Animal Apocalypse*, 87: „Enoch's ascent to the high hill itself corresponds in general to chapters 14–16 but without any close parallels."

lichen ein Gott der Beziehung zu seinem Volk, der zur Realisierung dieser Beziehung keines irdischen Tempels bedarf bzw. war diese Beziehung nur im mosaischen Wüstenheiligtum realisiert und soll sich so auch wieder realisieren.[195]

Im Gegensatz dazu scheint die Idee der Erwählung des Volkes Israel bzw. ein solcher Beziehungsgedanke, wie er in der *Tierapokalypse* zur Sprache kommt, im *Wächterbuch* nicht präsent zu sein. Die Gottheit wird stattdessen als Schöpfer des Kosmos und distanzierter Universalherrscher charakterisiert, der „[...] in der für Menschen im Normalfall unzugänglichen himmlischen Sphäre zu Hause [ist]"[196] und niemanden favorisiert, sondern alle gleichermaßen richtet.[197] Demnach ist das Volk Israel als Teil der gesamten Menschheit Teil der göttlichen Gesamtschöpfung: „Wird differenziert, dann nicht nach Maßstäben einer politischen oder ethnischen Gesellschaftsstruktur, sondern gemäß dem Verhältnis zu Gott (Gerechte vs. Frevler)."[198] Der Gott des *Wächterbuches* wohnt damit anders als in der *Tierapokalypse* nur in seinem himmlischen Heiligtum. Entsprechend dieser Theologie bedarf er als distanzierter und absoluter Herrscher auch weder eines anderen (irdischen) Aufenthaltsortes noch irgendwelcher „beziehungsbildenden Maßnahmen" – letzteres ist vielmehr Aufgabe seiner Schöpfung und wird vor allem durch das Einhalten der göttlichen Ordnung realisiert.[199]

4.3.3 Fazit

Insgesamt zeigt der Vergleich, dass die Tempelkonzeptionen dieser beiden Werke stark mit dem jeweiligen Gottesbild zusammenhängen. Auch wenn im *Wächterbuch* und der *Tierapokalypse* die generelle Skepsis gegenüber einer irdischen Realisierung des Tempels als Abbild des himmlischen Ideals geteilt und damit die Korrespondenz zwischen diesen aufgelöst wird, wird in jedem Werk jeweils abhängig vom Gottesbild ein Alternativkonzept entworfen, um den „Verlust" des irdischen Tempels zu kompensieren. Für den unnahbaren Universalherrscher, wie die Gottheit im *Wächterbuch* dargestellt wird, gibt es nur das ideale

---

195 Vgl. hierzu insbesondere auch das *Jubiläenbuch*: Dieses Werk bietet nämlich ebenso ein streng geordnetes Weltbild, dessen Nabel der ewige Bund zwischen Gott und Israel ist. Durch die Erwählung steht Israel den anderen Völkern gegenüber in einer privilegierten Stellung und Gott nicht auf der Seite der Loyalen, sondern auf der seines Erstgeborenen. Vgl. Hanneken, *The Subversion of the Apocalypses*, 117–118; Bachmann, *Die Welt im Ausnahmezustand*, 123.
196 Bachmann, *Die Welt im Ausnahmezustand*, 113.
197 Vgl. Bachmann, *Die Welt im Ausnahmezustand*, 110–124.
198 Bachmann, *Die Welt im Ausnahmezustand*, 118.
199 Vgl. Bachmann, *Die Welt im Ausnahmezustand*, 124–131.

himmlische Heiligtum als Ort seines Thrones. Jeglicher irdischer Versuch, das Haus Gottes zu kopieren oder einen Ort der Begegnung zu schaffen, ist, wie das erste Haus in Henochs Vision zeigt (1 Hen 14,8–14a), damit von vornherein aussichtslos und defizitär, da er weder an die Herrlichkeit des wahren Tempels herankommt noch in der Lage ist, Gott überhaupt zu fassen bzw. ihn an einen irdischen Ort zu binden. In der Geschichtsschilderung der *Tierapokalypse* wird zwar auch deutlich, dass ein irdischer Tempel grundsätzlich inadäquat ist, nur zieht die Gottheit deshalb nicht gleich gänzlich in den Himmel um. Im Rückgriff auf den mosaischen Zustand wird eine irdische Alternative zum irdischen Tempel entworfen, die ähnlich wie der neue Tempel in Ez 40–48 eschatologisch realisiert werden soll und ähnlich wie die Verheißung in Ez 43,7–9 sowohl eine ewige Beziehung zwischen Gott und Volk stiftet als auch mit einer vollkommenen Gerechtigkeit und Gottesfurcht des Volkes einhergeht. Damit wird die Idee des Tempels gegenüber dem Beziehungsgedanken, der in der Vorstellung des mosaischen Wüstenheiligtums realisiert wird, annähernd obsolet.

Der traditionsgeschichtliche Vergleich zwischen dem *Wächterbuch* und der *Tierapokalypse* demonstriert somit, dass, auch wenn in diesen beiden Werken die allgemeine Skepsis gegenüber einer irdischen Realisierung des Tempels geteilt wird, die daraus gezogenen Konsequenzen doch recht unterschiedlich sein können und von dem dahinter stehenden Gottesbild abhängen. Für die Verfasser des *Wächterbuches* ist der Umzug der Gottheit in den Himmel die einzig adäquate Lösung, da für sie als distanzierter Universalherrscher nichts Irdisches angemessen sein könnte. In der *Tierapokalypse* wird stattdessen nach einer irdischen Alternative gesucht, die weiterhin und unabhängig vom Tempel die Beziehung zum Volk garantieren kann. Dies spiegelt sich auch im jeweiligen Bericht von Henochs Entrückung. Henochs Schau in 1 Hen 14,8–25 gipfelt in der Darstellung der unerreichbaren und unbeschreiblichen Gottheit, deren himmlisches Heiligtum alles Irdische überbietet und zugleich eine ewige Realität beschreibt. Demgegenüber bleibt der in 1 Hen 87,3 beschriebene Turm im Himmel, wo sich Henoch vorübergehend aufhält, eschatologisch zwar bestehen, nur interessiert er nicht mehr, da es in der *Tierapokalypse* um den irdischen Idealzustand geht.[200] Dies ändert jedoch nichts an der rezeptionsgeschichtlichen Bedeutung, die 1 Hen 14,8–25 im Einzelnen und das *Wächterbuch* im Allgemeinen für den Parallelbericht in der *Tierapokalypse* einnimmt – Ähnliches lässt sich auch bei einem weiteren Entrückungsbericht aus der Henochtradition feststellen, der jetzt im Folgenden genauer betrachtet werden soll.

---

200 Vgl. hierzu auch 1 Hen 90,31, wonach Henoch von den drei Wesen, die ihn schon gemäß 1 Hen 87,3 bei der Hand nahmen, nun in das neue Haus unter die Schafe gebracht wird.

4.4 Etwas wie ein Haus aus Hagelsteinen und Feuer – Die *Bilderreden*

4.4.1 Henochs Himmelsreise(n) in den *Bilderreden* (1 Hen 37–71)

Die *Bilderreden* (1 Hen 37–71) stellen mit Blick auf Datierung und Ursprung das am meisten diskutierte Werk der Henochtraditionen dar. Die Unsicherheit geht vor allem darauf zurück, dass dieses Werk im Gegensatz zu den anderen Henoch-Schriften lediglich in der altäthiopischen Fassung als Teil von *1 Henoch* überliefert ist, es hierfür also weder aramäische noch griechische Textzeugen gibt und auch explizite Bezugnahmen in anderen frühen jüdischen oder christlichen Werken eher selten, wenn überhaupt zu finden sind. Infolgedessen gibt es Datierungsvorschläge, die vom 1. Jahrhundert vor Christus bis ins 3. Jahrhundert nach Christus reichen, sowie verschiedene Mutmaßungen darüber, ob es jüdischen oder doch eher christlichen Ursprungs sei.[201] Damit hängen auch eng die Fragen zusammen, in welcher Sprache einerseits die *Bilderreden* ursprünglich verfasst worden sind[202] und in welcher Sprache und Form andererseits die möglicherweise verwendeten Quellen wie beispielsweise das *Wächterbuch* dem

---

201 Für eine Diskussion der einzelnen Anhaltspunkte und der verschiedenen Datierungsvorschläge siehe exemplarisch Suter, „Enoch in Sheol," 415–443, und Nickelsburg/VanderKam, *1 Enoch 2*, 58–63 (für eine Übersicht der Literatur zur Datierungsfrage und Verfasserfrage vgl. insbesondere *ebd.*, 58–59 Fußnote 110, sowie Uhlig, *Das äthiopische Henochbuch*, 574).

So nimmt beispielsweise Milik, *The Books of Enoch*, 91–92 an, dass es sich um ein christliches Werk handle, das etwa 270 nach Christus entstanden sein könnte. Milik begründet seine Vermutung u. a. damit, dass es weder in einer semitischen Sprache noch in Griechisch unter den Handschriften vom Toten Meer bezeugt sei, es den Text der *LXX* verwende, auf das Neue Testament, insbesondere auf die Evangelien, Bezug nehme, es im Gegensatz zu den anderen Werken der Henochtradition in keinem christlichen Werk aus der Zeit zwischen dem 1. und 4. Jahrhundert zitiert werde und darüber hinaus eine große Nähe zu den *Sibyllinischen Orakeln* aufweise. Dem hält Knibb, „The Date of the Parables of Enoch," 143–160, entgegen, dass Miliks Schlussfolgerungen nicht zwingend seien – die Abwesenheit unter den Texten vom Toten Meer sowie die fehlenden Zitate in frühen christlichen Werken könnten auch für eine jüdische Komposition sprechen, die nach der Zerstörung Qumrans, also gegen Ende des 1. Jahrhunderts nach Christus verfasst worden sei. Darüber hinaus spräche gegen eine solche Datierung und gegen eine christliche Herkunft, dass es keine eindeutigen Hinweise auf Jesus und sein Leben gäbe, sowie der eher jüdische Charakter des Inhalts und die Eigentümlichkeiten der Sprache, die auf ein semitisches Original hindeuteten. Schließlich datieren Nickelsburg/VanderKam, *1 Enoch 2*, 58–63, die *Bilderreden* zwischen 40 vor Christus und 70 nach Christus, insbesondere auf Grund der Parallelen zu *4 Esra* und des Zeugnisses des Neuen Testaments und der *Weisheit Salomos*.

202 Für eine kurze Übersicht der bisherigen Vorschläge bzw. eine Diskussion der Möglichkeiten vgl. exemplarisch Nickelsburg/VanderKam, *1 Enoch 2*, 30–34.

Verfasser von 1 Hen 37–71 vorgelegen haben.[203] Waren die *Bilderreden* anfangs auf Hebräisch oder Aramäisch? Wurde das Werk ins Griechische übersetzt, was wiederum die Vorlage für die altäthiopische Fassung war?

Auch wenn es im Zusammenhang mit den anderen Henochtraditionen naheläge, für die *Bilderreden* ebenfalls ein aramäisches Original anzunehmen, das von einem jüdischen Autor etwa um die Zeitenwende verfasst wurde,[204] können mit Blick auf die Originalsprache, die Abfassungszeit und die Verfasserschaft letztendlich keine sicheren Antworten gegeben werden.[205] Für den nachfolgenden Vergleich genügen jedoch eine relative Chronologie sowie eine Verortung der *Bilderreden* in etwa denselben traditionsgeschichtlichen Kontext wie das *Wächterbuch*. Stattdessen ist es eher von Bedeutung, zu klären, in welchem Verhältnis diese beiden Werke zueinander stehen bzw. inwiefern vorausgesetzt werden kann, dass das *Wächterbuch* in den *Bilderreden* rezipiert worden ist. Aber auch diese Fragen sind umstritten. Während häufig eine direkte Abhängigkeit der *Bilderreden* vom *Wächterbuch* postuliert wird – 1 Hen 37–71 seien nicht nur eine Fortsetzung von 1 Hen 1–36, bei der die Struktur des älteren Werkes übernommen wurde, sondern gewissermaßen auch eine Reinterpretation bzw. Überarbeitung (mancher Themen und Vorstellungen) des *Wächterbuches*[206] –,

---

203 Vgl. Stuckenbruck, „The Parables of Enoch," 67.69. Nach Milik, *The Books of Enoch*, 91, beispielsweise lagen dem Verfasser der *Bilderreden* die anderen Werke aus der Henochtradition, insbesondere das *Wächterbuch*, in griechischer Fassung vor. Dies wird zum Beispiel von Black, *The Book of Enoch*, 184–185, jedoch stark bestritten, da die in der altäthiopischen Fassung gespiegelte Syntax und Ausdrucksweise der *Bilderreden* sowie die Anspielungen auf andere antike jüdische Texte eher auf ein semitisches Original hindeuteten, sodass auch die verarbeiteten Quellen und Traditionen in einer semitischen Sprache vorgelegen haben müssten.
204 Während zum Beispiel Knibb, *The Ethiopic Book of Enoch*, 2:7, mit Blick auf die ursprüngliche Fassung der *Bilderreden* sehr vorsichtig ist und sich nicht festlegen möchte, ob sie auf Hebräisch oder Aramäisch verfasst worden seien, sind sich Nickelsburg/VanderKam, *1 Enoch 2*, 32, sicher, dass die Originalsprache dieses Werkes wie bei den anderen Henochtraditionen Aramäisch sein müsse: „The parallels with the Book of the Watchers (composed in Aramaic) are many, close, and impressive, to the point that one can see the Book of Parables as a reformulation of corresponding material in the Book of the Watchers [...]. Moreover, the development of the corpus in other, contemporary Enoch material (the Book of the Luminaries [which may be even earlier than the final redaction of the Book of the Watchers], the Animal Apocalypse, the Epistle of Enoch, the story of Noah's birth) is all in Aramaic and not in Hebrew."
Zu dieser Datierung, Originalsprache und Verfasserschaft vgl. auch Suter, *Tradition and Composition*, 23.32; Uhlig, *Das äthiopische Henochbuch*, 574–575; Black, „The Messianism of the Parables," 161–168; Walck, *The Son of Man*, 15–23.
205 Vgl. auch Dimant, *From Enoch to Tobit*, 142.
206 Vgl. so beispielsweise Milik, *The Books of Enoch*, 90–91; Black, *The Book of Enoch*, 184–185; Knibb, „Structure and Composition," 124–142; VanderKam, „The Book of Parabels within the Enoch Tradition," 84–91; Nickelsburg/VanderKam, *1 Enoch 2*, 55–57.

gibt es vereinzelt auch kritische Stimmen, nach denen die Ähnlichkeiten zwischen diesen beiden Werken nicht notwendigerweise auf eine direkte textliche Abhängigkeit zurückzuführen sind, sondern darauf, dass jeweils dieselben Stoffe bzw. Traditionen verarbeitet worden sind.[207]

Die Bezeichnung der sogenannten *Bilderreden*, die eigentlich mit dem Titel ራእይ፡ ዘርእየ፡ ካልእ፡ „die zweite Vision, die er sah" eingeleitet werden und damit den Eindruck erwecken, an eine frühere, erste Vision Henochs anzuschließen (vgl. 1 Hen 1,2[208]),[209] geht auf 1 Hen 37,5 zurück, wonach Henoch drei Bilderreden empfing, die er der gesamten Menschheit verkündet:

ወኮኑ፡ ብየ፡ ፫ምሳሌ፡ ወአነ፡ አንሣእኩ፡ እንዘ፡ እብሎሙ፡ ለእለ፡ የሐድሩ፡ ዲበ፡ የብስ።[210]

Und mir wurden drei Bilderreden zuteil, und ich hob an und sprach zu denen, die auf dem Festland wohnen.

Tatsächlich folgen auf die Einleitung des Werkes in 1 Hen 37,1–5 drei „Bilderreden" (ምሳሌ[211]), die jeweils mit Hilfe einer Überschrift und einer Schlussformel klar voneinander getrennt werden (1 Hen 38,1–44,1; 45,1–57,3; 58,1–69,25).[212] Inhaltlich handeln diese drei Reden vor allem vom zukünftigen Gericht, bei dem die Erwählten gerettet und die Gottlosen bestraft werden, und bieten Beschreibungen von Orten, die Henoch während seiner Reise mit den Engeln offenbart wurden.[213] Daneben spielt insbesondere in der zweiten und dritten Bilderrede die Gestalt des Menschensohns bzw. des Erwählten als Erlöserfigur eine bedeutende Rolle. Die beiden letzten Kapitel (1 Hen 70,1–71,17) klappen nach dem

---

207 Vgl. zum Beispiel Tigchelaar, „Remarks on Transmission and Traditions," 100–109, in Reaktion auf VanderKam, „The Book of Parabels within the Enoch Tradition," 81–99.

208 1 Hen 1,2: „Und es antwortete und sprach Henoch, ein gerechter Mann, dessen Augen von Gott geöffnet worden waren, und er sah eine Vision (ራእየ) des Heiligen im Himmel, die mir die Engel zeigten. Und von ihnen hörte ich alles, und ich verstand, was ich sah. Aber nicht für dieses Geschlecht, sondern für das ferne, das kommen wird."

209 Vgl. Knibb, „Structure and Composition," 124; Nickelsburg/VanderKam, *1 Enoch 2*, 11.

210 Text: Knibb, *The Ethiopic Book of Enoch*, 1:109.

211 Zur Bedeutung und Übersetzung von ምሳሌ vgl. exemplarisch den Exkurs bei Nickelsburg/VanderKam, *1 Enoch 2*, 92–94.

212 Die erste Bilderrede weicht insofern vom Muster der beiden nachfolgenden ab, als einerseits die Überschrift lediglich aus der Bezeichnung ምሳሌ፡ ቀዳሚ፡ „erste Bilderrede" besteht und nicht wie in 1 Hen 45,1 und 58,1 noch eine kurze Beschreibung ihres Inhaltes bietet und andererseits kein Kolophon am Ende hat, sofern man 1 Hen 43,4 nicht als solches deuten möchte.

213 Für eine Beschreibung des Inhalts und der Struktur vgl. exemplarisch Knibb, „Structure and Composition," 124–142; Nickelsburg, „Discerning the Structure(s)," 23–47, und Nickelsburg/VanderKam, *1 Enoch 2*, 10–30.

expliziten Schluss der dritten Bilderrede in 1 Hen 69,25 etwas nach und bieten eine letzte Beschreibung der Entrückung Henochs, bei der es schließlich zu einer Identifikation des Patriarchen mit der Figur des Menschensohns kommt. Insgesamt und insbesondere mit Blick auf die beiden letzten Kapitel wird die Frage nach der Einheitlichkeit des Werkes diskutiert, wobei 1 Hen 70–71 zuweilen als sekundär ausgeschieden wird.[214]

Auch wenn die *Bilderreden* aus zahlreichen Visionen bestehen, in denen für Menschen normalerweise unerreichbare Orte beschrieben werden, kommt es nur in 1 Hen 70–71 zu einer ausführlichen Darstellung eines Entrückungsgeschehens, bei dem Henoch nicht nur das Haupt der Tage, sondern offensichtlich auch das himmlische Heiligtum sieht.[215] Lediglich in 1 Hen 39,3 sowie im expliziten Rekurs hierauf in 1 Hen 52,1 wird sonst noch knapp geschildert, wie Henoch nach dem sogenannten Fall der Wächter von (einer Wolke und[216]) einem Sturmwind von der Erde gerissen und ans Ende der Himmel gesetzt wird (vgl. 1 Hen 14,8![217]). Das Ende der Himmel kann hierbei als der Ort seiner zukünftigen Visionen verstanden werden, wie sie in den nachfolgenden drei Bilderreden berichtet werden.[218] Jedoch erblickt der Patriarch in der ersten Vision nach dieser offensichtlich real[219] stattfindenden Entrückung weder die Gottheit noch den himmlischen Thronsaal, sondern zunächst einmal die Wohnungen der Heiligen und die Ruheorte der Gerechten, die in Gemeinschaft mit den Engeln leben, sowie den Erwählten, worauf er mit einem Lobpreis reagiert (1 Hen 39,4–14). Bemerkenswert ist Henochs Wunsch, an diesem visionär erblickten Ort wohnen

---

214 Für die Diskussion generell vgl. Beer, „Das Buch Henoch," 227–228; Sjöberg, *Menschensohn*, 1–39 ; Uhlig, *Das äthiopische Henochbuch*, 573–575; Knibb, „Structure and Composition," 128.139–141; Nickelsburg/VanderKam, *1 Enoch 2*, 330–332; Walck, *The Son of Man*, 23–30.135–137.

215 Vgl. hierzu vor allem auch 1 Hen 46,1–8 und 1 Hen 60,1–6, wobei die letztere Passage in der Regel als eine Vision Noachs angesehen wird. 1 Hen 46,1–8 bietet die Schilderung einer Vision vom Haupt der Tage und dem Menschensohn, bei dem aber nicht der Thron der Herrlichkeit erwähnt wird; in 1 Hen 60,1–6 hingegen sind das Haupt der Tage sowie der Thron der Herrlichkeit, jedoch nicht der Menschensohn Gegenstand des Visionsberichtes. Vgl. auch 1 Hen 47,3.

216 So vor allem Aeth II.

217 Vgl. auch Black, *The Book of Enoch*, 197; Himmelfarb, *Ascent to Heaven*, 59; Nickelsburg/VanderKam, *1 Enoch 2*, 109.

218 Für diese Deutung siehe vor allem 1 Hen 52,1: „Und nach jenen Tagen an jenem Ort, wo ich alle Visionen über das, was verborgen ist, gesehen hatte – ich war nämlich durch einen Wirbelwind hinweggerissen worden, und man hatte mich nach Westen gebracht." Vgl. Nickelsburg/VanderKam, *1 Enoch 2*, 109.

219 So Dillmann, *Das Buch Henoch*, 144; Charles, *The Book of Enoch*, 74 Anmerkung zur Stelle.

zu wollen, der zugleich mit seiner Gewissheit einhergeht, dass der Herr der Geister dies für ihn auch so vorherbestimmt hat (1 Hen 39,8). Auf diese Weise ist von Anfang klar, dass Henochs endgültige Entrückung auf die Gemeinschaft mit den Engeln und Gerechten hinausläuft (vgl. 1 Hen 70–71!).[220] Insgesamt ist 1 Hen 39,3 ein typischer Entrückungsbericht, demnach Henoch analog zur „Urfassung" in Gen 5,24 noch vor seinem Lebensende in die himmlische Welt versetzt wird. Im Gegensatz zu den bisher betrachteten Entrückungsschilderungen in 1 Hen 14,8 und 1 Hen 87,3 ist dieses Mal allerdings auch die Nähe zur Beschreibung von Elijahs Himmelfahrt bemerkenswert, welcher ebenfalls während eines realen Geschehens mit Hilfe eines Sturmwindes (סערה) in den Himmel emporgebracht wird (2 Kön 2,1.11; vgl. auch Sir 48,9.12).[221]

Anders als die kurze Notiz in 1 Hen 39,3, wo auch der Ort, an den Henoch gelangt, nicht näher beschrieben wird, kommt es in den beiden letzten Kapiteln der *Bilderreden* (1 Hen 70–71) scheinbar nicht nur zu mehreren Entrückungsvorgängen,[222] sondern auch zu einer Beschreibung der Orte sowie der verschiedenen Dinge und Wesen, die der Patriarch jeweils dort sieht. Auf Grund zahlreicher Doppelungen, aber auch inhaltlicher Spannungen drängt sich die Frage auf, wie sich die einzelnen Abschnitte (70,1–2; 70,3–4; 71,1–4 und 71,5–17[223]) zueinander verhalten.[224] Handelt es sich um mehr oder weniger ausführliche Parallelberichte ein und desselben Ereignisses, die sich gegenseitig ergänzen,[225] oder werden vielmehr einzelne Phasen von Henochs endgültiger Entrückung der Reihe nach dargestellt?[226] Walck nimmt beispielsweise an, dass in 1 Hen 70–71 in Analogie

---

220 Vgl. Himmelfarb, *Ascent to Heaven*, 59; Schäfer, *Origins of Jewish Mysticism*, 72. In gewisser Weise wird diese Gemeinschaft mit den Engeln bereits im gemeinsamen Gotteslob, also durch Henochs Teilnahme an der himmlischen Liturgie vorweggenommen (1 Hen 39,9–13). Vgl. Himmelfarb, *Ascent to Heaven*, 60.

221 Vgl. auch Dillmann, *Das Buch Henoch*, 144; Charles, *The Book of Enoch*, 74 Anmerkung zur Stelle; Black, *The Book of Enoch*, 197; Uhlig, *Das äthiopische Henochbuch*, 595; Nickelsburg/VanderKam, *1 Enoch 2*, 109.

222 Vgl. 1 Hen 70,1.2.3; 1 Hen 71,1.5.

223 Diese Einteilung ergibt sich einerseits durch den Wechsel der dritten Person Singular (70,1–2) zur ersten Person Singular (70,3–4), der durch die Setzung von Temporalangaben betont wird (1 Hen 70,1: ወኮነ፡ እምድኅረዝ፡ „Und danach geschah es"; 1 Hen 70,3: ወእምይእቲ፡ ዕለት፡ „Und von jenem Tag an"), andererseits durch mehrfache und dadurch nahezu redundante Aussage von Henochs Entrückung (1 Hen 70,1: ተለዕለ፡ ስሙ፡ „sein Name wurde erhoben"; 1 Hen 71,1: ተትከስት፡ መንፈስየ፡ „mein Geist wurde entrückt"; 1 Hen 71,5: ወከሠቶ፡ መንፈስየ፡ „und er entrückte meinen Geist" [= Aeth I]).

224 Vgl. Sjöberg, *Menschensohn*, 161.

225 Vgl. so zum Beispiel mit Blick auf 1 Hen 71,1–4 und 1 Hen 71,5–17 Charles, *The Book of Enoch*, 142; Nickelsburg/VanderKam, *1 Enoch 2*, 325.

226 Vgl. so zum Beispiel Sjöberg, *Menschensohn*, 161–164; VanderKam, „Righteous One," 178.

zum *Wächterbuch* (1 Hen 12; 14) zwei Entrückungsgeschehen beschrieben werden, die als Wiederaufnahme dieser älteren Traditionen angesehen werden können, jedoch nicht notwendigerweise in entsprechend chronologischer Reihenfolge; hierbei bestünde die jeweils zweite Entrückung aus zwei Phasen:[227]

> The accounts of the second ascent are contained in chapters 14 and 71, and in each chapter two stages are discernible. In chapter 14, the two stages are described in terms of the seer seeing two houses, while in chapter 71 the seer is described as being translated (*takabta*) both in 71:1 and in 71:5, and as being taken to the heavens (*samāyāt*) in 71:1 and to the heaven of heavens (*samāya samāyāt*) in 71:5. The pattern of proceeding from the first house to the second house in chapter 14 is matched in chapter 71 by the destination first being merely the heavens and then being a second or higher level of the heaven of heavens.[228]

Nach Walck korrespondieren folglich die beiden Häuser in Henochs Traumbericht (1 Hen 14,10.15) mit den beiden Entrückungen in die unterschiedlichen Himmelssphären („Himmel" und „Himmel der Himmel"; 1 Hen 71,1.5).[229] Darüber hinaus finden sich seiner Meinung nach weitere Entsprechungen zum Beispiel mit Blick auf die Verwendung der Elemente Schnee und Feuer, das Verhalten und die Reaktion Henochs, den Thron und die Gottheit, die Anwesenheit der Engel sowie den generellen Eindruck der Pracht und Außergewöhnlichkeit. Neben der Tatsache, dass viele der Ähnlichkeiten in den beiden Berichten nicht in der parallelen Entrückungsphase, sondern in der gegenüberliegenden zu finden seien, gebe es auch einige Unterschiede wie etwa hinsichtlich des Urhebers der Entrückung, der Art und Weise und der Bezug der Elemente Feuer und Schnee in der Beschreibung, der Ausführlichkeit in der Darstellung des Thrones, der Benennung der Engel oder Bezeichnung der Gottheit. Diese seien jedoch darauf zurückzuführen, dass der Verfasser der *Bilderreden* genau, aber konzis auf seine Vorlage im *Wächterbuch* anspiele und diese zugleich auf Grund seines anders gearteten Interesses signifikant ändere.

Aber wird Walck mit seiner Deutung von 1 Hen 70–71 als Schilderung zweier Entrückungsgeschehen, bei denen das zweite in Analogie zu 1 Hen 14,8–25 aus zwei Phasen bestehen soll, wirklich dem Text gerecht? Lässt sich in 1 Hen 71 tatsächlich eine Doppelstufigkeit finden, die mit den beiden Häusern aus He-

---

227 Walck, *The Son of Man*, 139–140. So sieht er folgendes Korrespondenzverhältnis:
  Erste Entrückung: 1 Hen 12 = 1 Hen 70;
  Zweite Entrückung: 1 Hen 14 = 1 Hen 71;
    Erste Phase: 1 Hen 14,8–14 = 1 Hen 71,1–4;
    Zweite Phase: 1 Hen 14,15–25 = 1 Hen 71,5–17.
228 Walck, *The Son of Man*, 141.
229 Vgl. hierfür und für das Folgende Walck, *The Son of Man*, 141–144.

nochs Traumbericht erklärt werden kann? Zur Beantwortung dieser Fragen bedarf es einer genaueren Textbetrachtung sowie der Klärung des primären Bezugspunktes von 1 Hen 71 – hierfür kommen neben 1 Hen 14,8–25 sowohl Passagen innerhalb der *Bilderreden* selbst (zum Beispiel 1 Hen 46,1–2; 47,3; 60,1–3) als auch Dan 7,9–14 in Anbetracht. Auf Grund des Fokus dieser Arbeit wird der Schwerpunkt auf der Beschreibung des Entrückungsgeschehens in 1 Hen 71 liegen.[230]

Während 1 Hen 70 häufig als Henochs reale Versetzung ins Paradies gedeutet wird,[231] die gewissermaßen seinen in 1 Hen 39,8 geäußerten Wunsch realisiert[232] und bei deren Beschreibung ähnliche Traditionen wie in 1 Hen 12,1–2 anklingen, wird die doppelstufige Himmelsreise des Patriarchen in 1 Hen 71 in der Regel sogleich vor dem Hintergrund vor 1 Hen 14 gedeutet, ohne dass hierbei auf die interne Textstruktur und die intertextuellen Querbezüge innerhalb der *Bilderreden* eingegangen wird. Denn bei genauerer Betrachtung zeigt sich, dass es sich bei 1 Hen 71 um eine bunte Zusammenstellung und Ausgestaltung verschiedener Stoffe und Traditionen handelt, die bereits Bestandteil von Henochs vorangehenden Visionen der *Bilderreden* waren. Oder anders gesagt: Henoch sieht und erlebt nun real und in Wirklichkeit, was ihm einst vor seiner endgültigen Entrückung visionär gezeigt wurde.

Nach der temporalen Angabe ወኮነ፡ እምድኅረ፡ ከመ፡ „und danach geschah es, dass" in 1 Hen 71,1, die als betonter Neueinsatz einen gewissen Einschnitt markiert, zugleich jedoch das Folgende als Fortsetzung des Vorangehenden kennzeichnet, wird berichtet, wie Henochs Geist entrückt wird und in den Himmel emporsteigt. Auch wenn durch das erste Verb (ከበት), das hier verwendet wird, die Beschreibungen von Henochs Entrückung in Gen 5,24 und 1 Hen 12,1 anklingen,[233] expliziert erst das zweite Satzglied im Parallelismus, wohin Henochs Geist konkret gelangt (ወተዐርገ፡ ውስተ፡ ሰማያት፡). Damit beantwortet 1 Hen 71,1 an-

---

230 Für eine genauere Betrachtung von 1 Hen 70 sei an dieser Stelle daher auf die einschlägige Kommentarliteratur verwiesen.
231 So zum Beispiel Dillmann, *Das Buch Henoch*, 215; Beer, „Das Buch Henoch," 277–278; Sjöberg, *Menschensohn*, 147–148.164; Uhlig, *Das äthiopische Henochbuch*, 631; VanderKam, „Righteous One," 178. Dagegen interpretiert Charles, *The Book of Enoch*, 141–142, 1 Hen 70 als endgültige Entrückung Henochs, die chronologisch gesehen nach den Visionen in 1 Hen 71 stattfindet. Nickelsburg/VanderKam, *1 Enoch 2*, 322, unterteilen 1 Hen 70 schließlich und deuten V. 1–2 als endgültige Entrückung Henochs, V. 3–4 hingegen als seine Versetzung ins Paradies. Für eine Diskussion der textkritischen Probleme in 1 Hen 70 vgl. exemplarisch Nickelsburg/VanderKam, *1 Enoch 2*, 315–319, und Walck, *The Son of* Man, 130–133.
232 Vgl. hierzu auch 1 Hen 60,8.
233 ከበት steht dort aber in Entsprechung zu unterschiedlichen griechischen Lemmata (1 Hen 12,1: λαμβάνω; Gen 5,24 [vgl. auch Hebr 11,5]: μετατίθημι).

ders als die eben genannten Stellen nicht nur die Frage, wo sich Henoch nach seiner Entrückung eigentlich befindet, sondern steht auch den Entrückungsschilderungen in 1 Hen 14,8; 39,3 und 87,3 sehr viel näher, die ebenfalls erwähnen, dass der Patriarch nun an einen exponierten Ort kommt. Das erste, das Henoch im Himmel erblickt, sind die Kinder der heiligen Engel,[234] die nahezu eine gottgleiche Erscheinung haben. Ihre weißen Gewänder und die Helligkeit ihres Angesichts, die dem Schnee gleicht, erinnern wie die Feuerflammen und Feuerströme an die Darstellungen der Gottheit und ihres Thronsaals in Dan 7,9–10a und 1 Hen 14,19–20, mit dem wesentlichen Unterschied, dass die dort verwendeten Charakteristika zur Beschreibung der göttlichen Erscheinung hier in 1 Hen 71,1–2 offensichtlich auf die Engel übertragen worden sind:[235]

ወርኢኩ፡ እስከ፡ አንበሩ፡ መናብርተ፡ ወነበረ፡ ብሉየ፡ መዋዕል፡ ወልብሱ፡ ጸዐዳ፡ ከመ፡ በረድ፡ ወሥዕርተ፡ርእሱ፡ ከመ፡ ፀምር፡ (ንጹሕ)መመንበሩኒ፡ እሳት፡ ዘይነድድ፡ ወሰረገላቲሁኒ፡ አፍሓም፡ ዘያበብብ።ወፈለገ፡ እሳት፡ ይውሕዝ፡ ቅድሜሁ፤ [236]

Und ich schaute, bis dass sie Throne aufstellten und der Alte an Tagen setzte sich und sein Gewand war weiß wie Schnee und die Haare seines Kopfes waren wie (reine) Wolle und sein Thron wiederum flammendes Feuer und seine Räder glühende Kohlen. Und ein Feuerstrom ergoss sich vor ihm. (Dan 7,9–10a)

ወእምታሕተ፡ መንበሩ፡ ዓቢይ፡ ይወፅእ፡ አፍላገ፡ እሳት፡ ዘይነድድ፡ ወኢይክሉ፡ ርኢየ፡ ወዐቢየ፡ ስብሐት፡ ይነብር፡ ላዕሌሁ፡ ወፀፋሰ፡ ዘይበርህ፡ እምፀሐይ፡ ወይጸዐዱ፡ እምኵሉ፡ በረድ።

Und unterhalb des Thrones kamen Ströme von flammendem Feuer hervor und man vermochte nicht, hinzuschauen. Und die große Herrlichkeit saß darauf, und ihr Gewand aber war leuchtender als die Sonne und weißer als aller Schnee. (1 Hen 14,19–20)[237]

ርኢክዎሙ፡ ለውሉዶሙ፡ ለመላእክት፡ ቅዱሳን፡ ይከይዱ፡ ዲበ፡ ላህበ፡ እሳት፡ ወአልባሲሆሙ፡ ጸዐዳ፡ ዓጽፎሙኒ፡ ወብርሃነ፡ ገጾሙ፡ ከመ፡ በረድ፡ ወርኢኩ፡ ክልኤተ፡ አፍላገ፡ እሳት፡ ወብርሃነ፡ ዝኩ፡ እሳት፡ ከመ፡ ያክንት፡ ያበርህ፡ [238]

Ich sah die Kinder der heiligen Engel, wie sie auf Feuerflammen traten, und ihre Gewänder waren weiß, ihre Kleidung wiederum und das Licht ihres Angesichts waren wie Schnee. Und ich sah zwei Feuerströme, und das Licht jenes Feuers strahlte wie Hyazinth. (1 Hen 71,1b–2a)

---

234 Mit den „Kindern der heiligen Engel" sind möglicherweise in Anlehnung an Gen 6,2 (בני אלהים) Engel gemeint. Vgl. Dillmann, *Das Buch Henoch*, 217; Charles, *The Book of Enoch*, 142; Black, *The Book of Enoch*, 246; Nickelsburg/VanderKam, *1 Enoch 2*, 324.

235 Vgl. Black, *The Book of Enoch*, 251; Schäfer, *Origins of Jewish Mysticism*, 74; Nickelsburg/VanderKam, *1 Enoch 2*, 324. Vgl. auch Dan 10,5–6 und Gruenwald, *Apocalyptic and Merkavah Mysticism*, 82.

236 Text: Löfgren, *Äthiopische Übersetzung*, 50.

237 Text und Übersetzung folgt EMML 7584.

238 Text: Knibb, *The Ethiopic Book of Enoch*, 1:209–210.

Die Frage nach dem konkreten Abhängigkeitsverhältnis, die bereits mit Blick auf Dan 7 und 1 Hen 14 kontrovers diskutiert wird,[239] ist auch hier auf Grund der auffallenden Ähnlichkeiten zwischen diesen drei Beschreibungen schwer zu beantworten, zumal das *Wächterbuch* wie auch *Daniel* in den *Bilderreden* rezipiert werden, also beide Werke als wesentliche Referenztexte für dieses spätere Werk der Henochtradition angesehen werden müssen. Relevanter als die Frage nach der Abhängigkeit ist die Deutung der Übertragung der göttlichen Charakteristika auf die Engel, insbesondere in Hinsicht auf die prompte Prostration des Protagonisten vor dem Herrn der Geister. Diese ist nämlich insofern merkwürdig, als die Gottheit oder ihr Thron vorher nicht erwähnt werden und eine Aufrichtung des Patriarchen durch den Erzengel Michael direkt anschließt, der ihm daraufhin alle Geheimnisse zeigt (ኵሉ፡ ኅቡአት፡ ; 1 Hen 71,2b–4). Auf den ersten Blick könnte man meinen, Henoch hätte scheinbar mehr Interesse an den Engeln als an der Gottheit und zollte mit seinem Niederfallen daher ihnen und nicht dem Herrn der Geister seinen Respekt[240] – immerhin ist sein Verhalten vor dem Hintergrund der gesamten *Bilderreden* verwunderlich. So stimmt der Patriarch bei der Schau der Engel nicht wie etwa in 1 Hen 39,9–14 in deren Lobpreis ein oder fällt auf Grund des Anblickes der Gottheit, die auf dem Thron der Herrlichkeit sitzt, auf sein Angesicht, wie es zum Beispiel bei Noach in 1 Hen 60,3–4 der Fall ist.[241] Oder ist dem Ganzen vielmehr ein metonymischer Charakter eigen wie beispielsweise in Jes 6,1b, wo der Saum des göttlichen Gewandes subtil und implizit auf den im Tempel Thronenden verweist? Für den Verweischarakter dieser Szene spräche, dass in 1 Hen 60,3–4 auf Noachs Niederfallen in Reaktion auf die thronende Gottheit ebenfalls seine Aufrichtung durch einen der heiligen Engel[242] sowie die Offenbarung der Geheimnisse der Welt (ዘኅቡእ፡ „das, was im Verborgenen ist"; 1 Hen 60,11–23) folgen.[243]

---

239 Vgl. zum Beispiel Kvanvig, „Henoch und der Menschensohn," 101–133; Kvanvig, „Throne Visions and Monsters," 249–272; Stokes, „The Throne Visions," 340–358; Trotter, „The Tradition of the Throne Vision," 451–466; Davis Bledsoe, „Throne Theophanies, Dream Visions, And Righteous(?) Seers," 81–96.

240 So zum Beispiel Schäfer, *Origins of Jewish Mysticism*, 74–75. Vgl. hierzu auch Dan 10.

241 Vgl. auch 1 Hen 14,24–25.

242 Vgl. andererseits aber auch 1 Hen 65,4–9: Noach fällt in Folge einer großen Erschütterung der Erde und einer Himmelstimme auf sein Angesicht und wird daraufhin von Henoch bei der Hand gefasst und aufgerichtet, sodass das Bild des Niederfallens insgesamt auch als Reaktion auf das göttliche Gericht und weniger auf die Schau des göttlichen Thrones gedeutet werden könnte.

243 Die Offenbarung von Geheimnissen bzw. der Dinge, die im Verborgenen sind, an Henoch ist ein gängiges Bild in den *Bilderreden* (vgl. zum Beispiel 1 Hen 41,1–9; 52,1–9) und steht in starkem Kontrast zu der Mitteilung der Geheimnisse durch die sogenannten gefallenen Engel (vgl. zum Beispiel 1 Hen 65,6–8).

Im Anschluss an die sehr knapp geschilderte kosmische Rundreise, bei der Henoch bis an die Enden der Himmel und die Ausgangsorte der Sterne und Lichter[244] geführt wird (1 Hen 71,4), kommt es zu einer erneuten Entrückungsnotiz, wonach Henoch in den Himmel der Himmel gelangt (1 Hen 71,5).[245] Abgesehen von der Tatsache, dass hier im Gegensatz zu dem ersten Entrückungsvorgang in 1 Hen 71,1 nur ein Verb, nämlich ሐለፈ, zur Beschreibung des gesamten Geschehens verwendet wird, also nicht explizit erwähnt wird, dass Henochs Geist emporsteigt (ዐርገ), scheint der Patriarch nun auch an einen anderen, höher gelegenen Ort zu gelangen – zumindest wird die Wendung „Himmel der Himmel" häufig im Sinne des höchsten Himmels interpretiert, der oberhalb von dem in 1 Hen 71,1 erwähnten Himmel liege,[246] wenn auf diese Weise nicht sogar eine Mehrzahl von Himmeln zum Ausdruck gebracht werden soll.[247] Der Ausdruck ሰማየ፡ሰማያት፡ „Himmel der Himmel", der sich so auch zu Beginn von Noachs Thronsaalvision in 1 Hen 60,1 findet,[248] geht wahrscheinlich auf die hebräische Wendung שְׁמֵי הַשָּׁמַיִם zurück, welche lediglich sieben Mal in antiken jüdischen Texten belegt ist.[249] Diese Wendung zielt dort semantisch jedoch

---

244 Damit sind wahrscheinlich Sonne und Mond gemeint (vgl. Gen 1,14, wo in der altäthiopischen Fassung ebenfalls ብርሃናት verwendet wird).

245 Für die textkritische Problematik dieses Verses vgl. exemplarisch Uhlig, *Das äthiopische Henochbuch*, 632 Anmerkung zur Stelle; Black, *The Book of Enoch*, 251; Nickelsburg/VanderKam, *1 Enoch 2*, 321 Anmerkungen zur Stelle.

246 Vgl. zum Beispiel Dillmann, *Das Buch Henoch*, 217–218; Sjöberg, *Menschensohn*, 162; VanderKam, „Righteous One," 178; Himmelfarb, *Ascent to Heaven*, 60; Nickelsburg/VanderKam, *1 Enoch 2*, 325; Walck, *The Son of Man*, 141.

247 Vgl. zum Beispiel Bietenhard, *Die himmlische Welt*, 11; Gruenwald, *Apocalyptic and Merkavah Mysticism*, 81; Schmid, „Himmelsgott," 138–140. Wright, *The Early History of Heaven*, 140–142, macht diese Mehrstufigkeit des Himmels in 1 Hen 71 aber nicht an der konkreten Wendung, sondern vielmehr am Kontext fest: „The phrase "highest heaven" [sic!] is the equivalent of the Hebrew phrase שמים עליונים (highest heaven) and is of little significance because the plural is the standard form for heaven in Hebrew and Aramaic and does not necessarily indicate multiple heavens. However, there are additional indicators in the passage that suggest that a multiple-heaven schema may underlie this passage" (*ebd.*, 140). Henoch erlebe seiner Meinung nach nämlich eine zweistufige Entrückung, die eine Auslegung der Phrase שמי השמים „Himmel der Himmel" sei, sodass der „Himmel" in 1 Hen 71,1 als unterster Teil des Himmels, die „Himmel der Himmel" hingegen als höchster Himmel interpretiert werden können.

248 Demgegenüber finden sich in den *Bilderreden* auch die Wendungen ልዑል፡ሰማይት፡ „der hohe Himmel" (1 Hen 39,1 [Abstieg der Wächter]; vgl. 1 Hen 12,3; 15,3) und መላዕልት፡ሰማይት፡ „oben im Himmel" (1 Hen 47,2.3 [Aufstieg des Gebetes der Gerechten]; 61,6.8.12 [Gericht der Gerechten]). In diesen Fällen geht es jedoch nicht um eine Einteilung des Himmels, sondern darum, die Opposition und Distanz zwischen Himmel und Erde zu betonen. Vgl. auch Nickelsburg, *1 Enoch 1*, 271.

249 Vgl. Dtn 10,14; Ps 68,34; 148,4; Neh 9,6; 1 Kön 8,27; 2 Chr 2,5; 6,18. Auf Aramäisch ist diese Wendung nicht bezeugt, sie steht vermutlich aber im Hintergrund von 1 Hen 1,4 (GrPan)

nicht auf eine Mehrzahl von Himmeln oder gar Einteilung des Himmels, ist also weniger als Umschreibung für einen höheren oder höchsten Himmel zu verstehen, sondern soll vielmehr eine gewisse Intensität und Unermesslichkeit des Himmels zum Ausdruck bringen.[250] Die Deutung von ሰማየ፡ ሰማያት፡ „Himmel der Himmel" als höchsten Teil der himmlischen Sphäre wäre damit in semantischer Hinsicht eigentlich nicht haltbar, sofern man hier nicht eine wesentliche Weiterentwicklung in der Himmelsauffassung gegenüber der bisherigen Verwendungsweise dieser Wendung in den anderen antiken jüdischen Texten oder eine kontextuelle Umdeutung annehmen möchte.

Die offensichtliche Nähe von 1 Hen 71 zu Noachs Thronsaalvision in 1 Hen 60[251] sowie die generelle Bezugnahme der *Bilderreden* auf 1 Hen 1 erwecken darüber hinaus den Eindruck, dass auch hier ein älterer Traditionsstoff rezipiert wurde. So sieht Noach gemäß 1 Hen 60,1–2 nach dem Erzittern des Himmels der Himmel und der Erschütterung der Engel, tausendmal tausend und zehntausendmal zehntausend, das Haupt der Tage auf dem Thron der Herrlichkeit sitzen. Die Vision wendet sich folglich vom Allgemeinen zum Konkreten, wobei mit Hilfe der Wendung ሰማየ፡ ሰማያት፡ „Himmel der Himmel" von Anfang an die Umfassendheit und Universalität der geschauten Erschütterung zum Ausdruck gebracht wird. Eine ähnliche Klimax, wenn auch nicht im Gerichtskontext, lässt sich in 1 Hen 71,5–17 ausmachen. Henoch gelangt in den Himmel der Himmel und sieht zunächst ein Haus, umgeben von zahlreichen Engeln, und schließlich die Gottheit, die ihn anspricht und zum Menschensohn ernennt.

---

und natürlich hier in 1 Hen 71,5 sowie in 1 Hen 60,1, sofern diese Passagen der *Bilderreden* so in Aramäisch verfasst worden sind.

250 Vgl. Bartelmus, „*šāmajim* – Himmel," 89; Houtman, *Der Himmel*, 338–341. So erklärt Houtman, *ebd.*, 341, diesen Ausdruck folgendermaßen: „[...] in שמי השמים hat השמים vielleicht die Funktion eines *epexegetischen Genitivs*, der zum Ziel hat, die Eigenschaften von שמים in nachdrücklicher Weise in den Vordergrund zu stellen (vgl. GK § 128p): *der himmlische Himmel*, nämlich der unermeßliche, sich bis in die endlosen Weiten erstreckende Himmel, der Himmel mit all seinen majestätischen Eigenschaften, welche den Himmel zum Himmel machen" (Hervorhebungen im Original).

Dagegen interpretiert Schmid, „Himmelsgott," 138–140, diese Wendung als Ausdruck der Vorstellung von einer Mehrzahl von Himmeln, die insgesamt auf mesopotamische Traditionen zurückgehe.

251 Neben den oben bereits genannten Anklängen von 1 Hen 71,1–4 zu 1 Hen 60,3–4 lassen sich auch Parallelen zwischen 71,7–8 und 60,1–2 sowie zwischen 71,11 und 60,3 ausmachen. Mit Blick auf die Beschreibung der Engel und Henochs Lobpreis finden sich darüber hinaus bemerkenswerte Parallelen zu 1 Hen 40,1–10 und 1 Hen 61,6–13. Dazu im Folgenden mehr.

Demgegenüber findet sich in 1 Hen 1,3b–4 (GrPan[252]) eine gewisse Gleichsetzung des Himmels der Himmel mit der göttlichen Wohnstatt:

καὶ ἐξελεύσεται ὁ ἅγιός μου ὁ μέγας **ἐκ τῆς κατοικήσεως αὐτοῦ**, καὶ ὁ θεὸς τοῦ αἰῶνος ἐπὶ γῆν πατήσει ἐπὶ τὸ Σεινὰ ὄρος καὶ φανήσεται ἐκ τῆς παρεμβολῆς αὐτοῦ, καὶ φανήσεται ἐν τῇ δυνάμει τῆς ἰσχύος αὐτοῦ **ἀπὸ τοῦ οὐρανοῦ τῶν οὐρανῶ**.

Es wird der Heilige und Große heraustreten **aus seiner Wohnstätte** und der Gott der Welt, und von dort[253] wird er auf den Berg Sinai treten, und er wird erscheinen mit seinen Heerscharen, und er wird erscheinen in der Stärke seiner Macht[254] **vom Himmel der Himmel.**[255]

Der „Himmel der Himmel" erscheint über den Parallelismus als der Ort göttlicher Residenz und Herrschaft, sollte jedoch nicht als Umschreibung für die eigentliche Wohnung der Gottheit im Himmel missverstanden werden.[256] Sowohl die Gegenüberstellung von „Berg Sinai", der hier als Schnittstelle zwischen Himmel und Erde erscheint, und „Himmel der Himmel" als auch die Begleitung der Gottheit durch seine Heerscharen, die wohl kaum im höchsten Himmel bzw. der Wohnung Gottes zuhause sind, zeigen vielmehr, dass der Himmel hier in seiner Totalität gemeint sein muss.[257] Ähnliches ist somit auch in 1 Hen 71,5 anzunehmen. Henoch gelangt in den Himmel, wo er das Haus umgeben von zahlreichen Engeln und schließlich die Gottheit sieht. Hierbei können das Haus wie auch der Thron der Herrlichkeit als Inventar des Himmels erachtet werden, das den Himmel als Ort göttlicher Herrschaft und Residenz qualifiziert, aber nicht mit ihm identisch ist.[258] Dass dieser Himmel der Himmel daher nicht not-

---

252 Aeth liest in 1 Hen 1,4b lediglich ወይስተርእ፡በኀይ፡ኃይሉ፡እምሰማይ፡ (vermutlich Haplographie durch Homoioteleuton; vgl. Nickelsburg, *1 Enoch 1*, 142 Anmerkung zur Stelle).

253 Übersetzung folgt hier Aeth, da die Lesart von GrPan („auf die Erde") möglicherweise eine redundante Glosse darstellt. Vgl. Black, *The Book of Enoch*, 106; Nickelsburg, *1 Enoch 1*, 142 Anmerkung zur Stelle.

254 Nickelsburg, *1 Enoch 1*, 142 übersetzt in Entsprechung zu den vorangehenden „Heerscharen" mit „with his army" und denkt hierbei insgesamt an die Erscheinung Gottes mit seiner gesamten himmlischen Streitmacht. Vgl. ebd., 145. Black, *The Book of Enoch*, 25, sieht den Parallelismus stattdessen zwischen ἐκ τῆς κατοικήσεως αὐτοῦ und ἐκ τῆς παρεμβολῆς αὐτοῦ und gibt diesen Teil des Verses daher mit „And he shall appear from his camp, And reveal himself in the power of his might from the highest heaven" wieder.

255 Übersetzung nach Uhlig, *Das äthiopische Henochbuch*, 507–508, teilweise entsprechend GrPan ergänzt.

256 Vgl. Houtman, *Der Himmel*, 338–342.350.

257 Vgl. hierzu Neh 9,6 sowie Houtman, *Der Himmel*, 340. Vgl. auch Wright, *The Early History of Heaven*, 251 Fußnote 4.

258 Vgl. hierzu auch 1 Hen 87,3.

wendigerweise als oberhalb von dem in 1 Hen 71,1 erwähnten Himmel gedacht werden muss, zeigen zudem zwei weitere Beobachtungen.

Einerseits lässt sich 1 Hen 71,5 problemlos als inhaltliche Weiterführung, wenn nicht sogar Ausführung von 1 Hen 71,1–4 lesen. So fällt auf, dass hier im Gegensatz zu 1 Hen 71,1 nicht explizit von einem Aufstieg (ዐርገ) des Geistes Henochs, sondern lediglich von seiner Entrückung (ኀበተ) die Rede ist, die nach der knapp geschilderten Reise durch den Kosmos in 1 Hen 71,3–4 thematisch in gewisser Weise wieder auf den alten Erzählzusammenhang zurücklenkt. Dieser inhaltliche Anschluss wird durch die auf die Entrückung direkt folgende Aussage in 1 Hen 71,5 unterstrichen, wonach Henoch ሰማየ፡ ማእከለ፡ ዝኩ፡ ብርሃን፡ „dort inmitten jenes Lichtes" etwas erblickt. Während ሰማየ፡ leicht auf den „Himmel der Himmel" bezogen werden kann, stellt sich bei ማእከለ፡ ዝኩ፡ ብርሃን፡ sogleich die Frage, auf welches Licht hier mittels der Ferndeixis verwiesen wird. Während diese Aussage nach Dillmann einfach voraussetze, dass hier an dem von Henoch erblickten Ort alles Licht sei, es also keines konkreten Bezugspunktes bedarf,[259] wird sie von Charles als eine das ሰማየ፡ erklärende Glosse gestrichen[260] und von Nickelsburg/VanderKam schließlich nach 1 Hen 71,6a versetzt.[261] Lediglich Black versucht, die Ferndeixis zu erklären. Seiner Meinung nach sei ብርሃን kollektiv zu verstehen und auf die Gestirne und Lichter aus 1 Hen 71,4 zu beziehen.[262]

Jedoch gibt es eine weitere, sehr viel näher liegende Möglichkeit, die weder das Deutungsproblem dieser Phrase mittels einer Streichung oder Umstellung umgeht noch ein kollektives Verständnis des expliziten Singulars zur Interpretationsvoraussetzung macht. Der Patriarch sieht nämlich bereits in 1 Hen 71,2 ein außergewöhnliches Licht, das ebenfalls eng mit dem Auftreten des Feuers zusammenhängt sowie die Prostration des Protagonisten zur Folge hat (vgl. 1 Hen 71,11!). Während in 1 Hen 71,2 allerdings nicht genauer erklärt wird, wie das Niederfallen vor dem Herrn der Geister mit dem Anblick des strahlenden Lichtes in Verbindung steht, folgt in 1 Hen 71,5–11 eine ausführliche Schilderung der Dinge und Wesen, die Henoch inmitten jenes Lichtes sieht und die erklären, was konkret sein anschließendes Niederfallen hervorruft. Damit kann ማእከለ፡ ዝኩ፡ ብርሃን፡ „inmitten jenes Lichtes" höchstwahrscheinlich als literarische Wiederaufnahme erachtet werden, die über die Stichwortaufnahme (ብርሃን) sowie das Deiktikon (ዝኩ) auf den Anfang des gesamten Entrückungsberichtes ver-

---

259 Vgl. Dillmann, *Das Buch Henoch*, 218.
260 Vgl. Charles, *The Book of Enoch*, 143.
261 Vgl. Nickelsburg/VanderKam, *1 Enoch 2*, 320–321 (siehe Übersetzung und Anmerkung zur Stelle).
262 Vgl. Black, *The Book of Enoch*, 251.

weist und damit das Folgende als dessen Fortführung, wenn nicht sogar als dessen Ausführung verstehen lassen will.

Andererseits findet sich im Folgenden kein weiterer Hinweis darauf, dass es sich beim „Himmel der Himmel" um den höchsten Teil der himmlischen Sphäre handeln könnte. Vielmehr folgt eine umfassende Schilderung des Hauses und insbesondere der himmlischen Wesen und der Gottheit, die Material aus früheren Beschreibungen der Engel und des Thronsaals in der *Bilderreden* (1 Hen 40,1–10; 60,1–4; 61,6–13) kombiniert. In diesem Zusammenhang werden auch መላእክት፡ ቅዱሳን፡ እለ፡ መልዕልተ፡ ሰማያት፡ „die heiligen Engel, die oben in den Himmeln sind" (1 Hen 71,8) erwähnt, eine Wendung, die sehr stark an 1 Hen 61,6.8.12 erinnert. Durch diese explizite Rezeption früherer Stoffe aus den vorangehenden Visionen erscheint das nun von Henoch Erlebte und Gesehene als dazu kongruent, das heißt, dass die Himmel auch hier insgesamt zwar als hoch oben gedacht werden, sie jedoch nicht prinzipiell aus unterschiedliche Sphären bestehen.

Alles in allem ist es bereits auf Basis dieser internen Textanalyse von 1 Hen 71,1–4 und 71,5 sehr fraglich geworden, dass 1 Hen 71 insgesamt einen zweistufigen Entrückungsbericht des Patriarchen bietet. Sowohl die engen inhaltlichen Bezugnahmen von 1 Hen 71,5 auf den Anfang des Kapitels als auch die Semantik der Phrase ሰማየ፡ ሰማያት፡ „Himmel der Himmel" deuten eher darauf hin, dass 1 Hen 71,5–17 komplementär zu 1 Hen 71,1–4 zu verstehen ist und in diesen beiden Passagen demnach weniger unterschiedliche Phasen ein und derselben Entrückung geschildert werden, als vielmehr ein und dieselbe Entrückung in unterschiedlicher Ausführlichkeit.[263] Hierbei stellt das von Henoch erblickte Licht einen wesentlichen Konnex zwischen diesen beiden Passagen her. Während in 1 Hen 71,2 lediglich auf die Erscheinung des Lichtes jenes Feuers eingegangen und nicht weiter erklärt wird, warum der Patriarch daraufhin niederfällt, kommt es in 1 Hen 71,5–11 zu einer ausführlichen Darstellung dessen, was sich im Licht befindet, nämlich das himmlischen Haus sowie die Gottheit inmitten ihres himmlischen Hofstaates. Auf diese Weise wird im zweiten Teil des Kapitels auf der Endtextebene retrospektiv explizit, was in 1 Hen 71,1–4 nur implizit angedeutet wurde.

Inmitten jenes Lichtes erblickt Henoch „etwas, das wie aus Hagelsteinen erbaut war, und zwischen jenen Steinen lebendige Feuerzungen" (1 Hen 71,5b), so die Übersetzung von Uhlig.[264] Dagegen interpretieren sowohl Black als auch

---

263 Vgl. auch Charles, *The Book of Enoch*, 142; Nickelsburg/VanderKam, *1 Enoch 2*, 325. Dagegen zum Beispiel Sjöberg, *Menschensohn*, 161–163; Walck, *The Early History of Heaven*, 140–141.
264 Uhlig, *Das äthiopische Henochbuch*, 632. So ähnlich auch Dillmann, *Das Buch Henoch*, 41; Beer, „Das Buch Henoch," 277; Flemming, *Das Buch Henoch*, 91; Charles, *The Book of*

Nickelsburg/VanderKam das schwierig zu übersetzende ከመ፡ ቡቱ፡ als Schreibfehler und emendieren es zu ከመ፡ ቤተ፡ „etwas wie ein Haus"; beide begründen ihre Emendation im Wesentlichen mit 1 Hen 71,6a, wo auf Grund der deiktischen Formulierung ውእቱ፡ ቤተ፡ „jenes Haus" eine frühere Erwähnung des Hauses vorausgesetzt sein müsse.[265] Auch wenn keiner der altäthiopischen Textzeugen diese Emendation attestiert, liegt sie nicht nur mit Blick auf die interne Textlogik nahe, sondern auch wegen des dahinterstehenden Referenztextes (1 Hen 14,8–25), der hier paraphrasiert wurde.[266] Obwohl der genaue Wortlaut mit einer gewissen Unsicherheit verbunden bleibt, fällt auf, dass das, was Henoch hier erblickt, infolge der Vergleichspartikel ከመ „wie" von vornherein eigentlich nur indirekt und annähernd beschrieben wird. Henoch sieht etwas wie ein Haus, gebaut aus Hagelsteinen, zwischen denen sich Feuerzungen befinden. Auf diese Weise rückt wie bereits in 1 Hen 71,1–2 sogleich der visuelle Charakter der Elemente Hagel/Schnee und Feuer, weniger ihre körperliche Wahrnehmung in den Vordergrund. Im Folgenden (1 Hen 71,6–9) wird das Aussehen des Hauses selbst nicht weiter entfaltet. Stattdessen kommt es zu einer ausführlichen Schilderung dessen, was das Haus umgibt bzw. dort ein- und ausgeht. Zunächst benennt der Patriarch das Feuer und die Feuerströme, die das Haus auf allen vier Seiten umgeben,[267] dann unzählige Engel, worunter sich auch die vier Erzengel befinden. Hierbei handelt es sich vor allem um Versatzstücke aus den Engelbeschreibungen in 1 Hen 40,1–10; 60,1–3 und 61,6–13 sowie Dan 7,9–10.[268]

Vor diesem Hintergrund fallen jedoch zwei Dinge auf. Zum einen umgeben die Feuerströme und Engelscharen in 1 Hen 71,6–9 das Haus, während sie in den Referenztexten ausnahmslos in direkter Beziehung zur Gottheit und zum

---

265 Vgl. Black, *The Book of Enoch*, 251; Nickelsburg/VanderKam, *1 Enoch 2*, 321 Anmerkung zur Stelle.

266 Für eine genaue Analyse des Verhältnisses von 1 Hen 71,5 zu 1 Hen 14,8–25 siehe den Vergleich später in diesem Kapitel.

267 Bei den Feuerströmen an allen vier Seiten des Hauses klingt abgesehen von Dan 7,10 einerseits die Vorstellung der vier Paradiesströme an (Gen 2,10–14; vgl. auch Nickelsburg/VanderKam, *1 Enoch 2*, 326), andererseits aber auch 1 Hen 40,2, wonach der Herr der Geister auf seinen vier Seiten von den vier Erzengeln umgeben ist (vgl. auch Ez 1,5).

268 Für „Serafim, Cherubim und Ofanim" (71,7) vgl. 61,10; „die, die nicht schlafen" (71,7) vgl. 39,12.13; 40,2; 61,12; „Thron seiner Herrlichkeit" (71,7) vgl. u. a. 47,3; 60,2; 61,8; Dan 7,9; „Engel, die nicht zu zählen waren" (71,8.9) vgl. 40,1; „Tausende von Tausenden und Zehntausende von Zehntausende" (71,8) vgl. 40,1; 60,1; Dan 7,10; „Michael, Rafael, Gabriel und Fanuel" (71,8.9) vgl. 40,9; 54,6; „die heiligen Engel, die oben im Himmel sind" vgl. 61,6.8.10.12. Vgl. auch Nickelsburg/VanderKam, *1 Enoch 2*, 325–326.

göttlichen Thron stehen bzw. diese umgeben.[269] Wie ist dieser Wechsel zu verstehen? Verweist das Haus auf diese Weise bereits implizit auf die Schau der Gottheit, wie sie im Folgenden (1 Hen 71,10) geschildert wird? Oder soll dadurch zunächst eine gewisse Distanz zur bzw. Unfassbarkeit der Gottheit erzeugt werden, die erst mit dem Auftreten des Hauptes der Tage und der Anrede Henochs aufgehoben wird? Zum anderen wird der „Thron seiner Herrlichkeit"[270] in der Aufzählung der Engel nur kurz am Rande erwähnt, um das Wesen der Serafim, Cherubim und Ofanim näher zu beleuchten (1 Hen 71,7). Der Thron selbst wird hierbei nicht beschrieben und spielt auch später bei der Beschreibung des Hauptes der Tage in 1 Hen 71,10 keine Rolle. Dies ist umso bemerkenswerter, als das Sitzen auf dem Thron „ein konstitutives Element der Jahwevision"[271] darstellt[272] und so auch mehrfach in den *Bilderreden* zu finden ist, wenn auch sehr häufig mit dem Erwählten/Menschensohn als dem Thronenden.[273] Demgegenüber wird von dem Thron seiner Herrlichkeit in 1 Hen 71,7 lediglich gesagt, dass ihn die Serafim, Cherubim und Ofanim bewachen,[274] jedoch nicht, wie er aussieht oder wer auf ihm thront. Warum tritt der göttliche Thron auf einmal so sehr in den Hintergrund? Wird seine Rolle in 1 Hen 71,5–11 vom Haus übernommen?

Im Anschluss an die Engel wird als vorläufige Klimax von Henochs Himmelsreise das ርእሰ፡ መዋዕል፡ „Haupt der Tage" beschrieben (1 Hen 71,10).[275] Auch wenn ähnliche Darstellungen der Gottheit bereits in der zweiten und dritten Bilderrede des Werkes zu finden sind, welche ebenfalls auf Dan 7,9 zurückgehen und hier im Hintergrund stehen, muss auch bei 1 Hen 71,10 ein direkter Einfluss des *Danielbuches* angenommen werden. So wird in 1 Hen 47,3 und 60,2 lediglich erwähnt, dass das Haupt der Tage auf dem Thron der Herrlichkeit sitzt, sein Äußeres spielt in diesen Beschreibungen aber keine Rolle. Demgegenüber wird

---

269 Vgl. 1 Hen 40,1–2; 60,2; Dan 7,10. Vgl. auch 1 Hen 14,22–23.

270 Zur Vorstellung vom „Thron der Herrlichkeit" generell in den antiken jüdischen Texten und insbesondere in den *Bilderreden* siehe Theisohn, *Der auserwählte Richter*, 68–81.

271 Theisohn, *Der auserwählte Richter*, 82.

272 Vgl. zum Beispiel 1 Kön 22,19; 2 Chr 18,18; Jes 6,1; Ez 1,26; Dan 7,9.

273 Vgl. 1 Hen 47,3; 60,2; in Verbindung mit dem Erwählten/Menschensohn vgl. 1 Hen 45,3; 51,3; 55,4; 61,8; 62,2.3.5; 69,27.29.

274 Dass der Thron der Herrlichkeit von Engeln bewacht wird (ዐቀበ), kommt in den *Bilderreden* so nicht weiter vor. Stattdessen wird in den Aussagen über den Thron der Herrlichkeit ausnahmslos das Verb ነበረ „sitzen" verwendet. Siehe hierzu die Übersicht bei Theisohn, *Der auserwählte Richter*, 70.

275 Für eine Diskussion der Frage nach dem ursprünglichen Wortlaut dieser Gottesbezeichnung und des terminologischen Wechsels mit Blick auf Dan 7,9 (ብሉየ፡ መዋዕል፡ „ein Alter an Tagen") vgl. exemplarisch Black, *The Book of Enoch*, 192–193; Walck, *The Son of Man*, 54–58.

in 1 Hen 46,1 zwar auf das Aussehen seines Hauptes eingegangen, jedoch nicht auf sein Gewand, wie es in 1 Hen 71,10 und Dan 7,9 der Fall ist. Dennoch stellt 1 Hen 46,1 höchstwahrscheinlich die Spenderstelle für den ersten Teil der Schilderung des göttlichen Aussehens in 1 Hen 71,10 dar. Bereits hier werden nämlich die beiden Bilder für die weiße Farbe von Gewand und Haar aus Dan 7,9 zu einem Bild kombiniert und auf das Haupt der Gottheit bezogen:[276]

חזה הוית עד די כרסון רמיו ועתיק יומין יתב לבושה כתלג **חור** ושער **ראשה כעמר** נקא

ወርእኩ፡ እስከ፡ አንበሩ፡ መናብርተ፡ ወነበረ፡ ብሉየ፡ መዋዕል፡ ወልብሱ፡ ጸዐዳ፡ ከመ፡ በረድ፡ ወሥዕርተ፡ ርእሱ፡ ከመ፡ ፀምር፡ (ንጹሕ፡)[277]

Ich schaute, bis dass Throne aufgestellt wurden, und ein **Alter an Tagen** setzte sich. Sein Gewand war **weiß** wie Schnee und das Haar **seines Hauptes** wie reine **Wolle**. (Dan 7,9abα)[278]

ወበህየ፡ ርኢኩ፡ ዘሎቱ፡ ርእሰ፡ መዋዕል፡ ወርእሱ፡ ከመ፡ ፀምር፡ ፀዐዳ፡ [279]

Und dort sah ich einen, der ein **Haupt der Tage** (= betagtes Haupt) hatte, und **sein Haupt** war **weiß wie Wolle**. (1 Hen 46,1a)

ወምስሌሆሙ፡ ርእሰ፡ መዋዕል፡ ወርእሱ፡ ከመ፡ ፀምር፡ ፀዐዳ፡ ወንጹሕ፡ ወልብሱ፡ ዘኢይትረገም፡ ።[280]

Und mit ihnen war **das Haupt der Tage**, und **sein Haupt war weiß** und rein **wie Wolle**, und sein Gewand war nicht zu beschreiben. (1 Hen 71,10)

In der Beschreibung der Gottheit in 1 Hen 71,10 wird damit der kombinierte, jedoch verkürzte Vergleich mit Blick auf das Aussehen des Haupts aus 1 Hen 46,1

---

276 Vgl. Theisohn, *Der auserwählte Richter*, 16; Walck, *The Son of Man*, 58.149. Diese Kombination der beiden Bilder für die weiße Farbe von Gewand und Haar in 1 Hen 46,1 findet sich jedoch in gewisser Weise bereits in manchen Zeugen der LXX-Fassung des *Danielbuches* (Pap 967 + 88-Syh), wo sich gegenüber der aramäischen Fassung sowie der TH-Version eine leichte Textumstellung in der Beschreibung der Gottheit feststellen lässt und welche wahrscheinlich auch Textgrundlage für Off 1,14 war (vgl. auch 1 Hen 106,2.10): ἐθεώρουν ἕως ὅτε θρόνοι ἐτέθησαν, καὶ παλαιὸς ἡμερῶν ἐκάθητο ἔχων περιβολὴν ὡσεὶ χιόνα, καὶ τὸ τρίχωμα τῆς κεφαλῆς αὐτοῦ ὡσεὶ ἔριον **λευκὸν** καθαρόν „Ich schaute, bis dass Throne aufgestellt wurden; und ein Alter an Tagen saß da, er hatte einen Umhang wie Schnee und das Haar seines Hauptes wie reine weiße Wolle" (Dan 7,9abα). Ob diese griechische Fassung jedoch auch für den Wortlaut von 1 Hen 46,1 verantwortlich ist, ist eine andere Frage, die hier nicht beantwortet werden kann.
277 Text (Altäthiopisch): Löfgren, *Äthiopische Übersetzung*, 50.
278 Übersetzung folgt der aramäischen Fassung.
279 Text: Knibb, *The Ethiopic Book of Enoch*, 1:128.
280 Text: Knibb, *The Ethiopic Book of Enoch*, 1:212 (nach Mehrheit der Handschriften korrigiert).

übernommen und offensichtlich vor dem Hintergrund von Dan 7,9 um die Elemente der Reinheit (ወንጹሕ፡) und des Gewandes (ወልብሱ፡ ዘኢይትረጐም፨) ergänzt, wobei es ebenfalls zu einer Umkehrung in der Reihenfolge der dargestellten Merkmale kam.[281] Insgesamt fällt dabei auf, dass das *Danielbuch* hier wie bereits bei der Gottesbezeichnung ርእስ፡ መዋዕል፡ „Haupt der Tage" nicht wörtlich zitiert, sondern vielmehr darauf angespielt wird, also in den *Bilderreden* eine sehr ähnliche Sprache wie in diesem Prophetenbuch zu finden ist;[282] auch wenn also von einer Rezeption des *Danielbuches* in den *Bilderreden* allgemein und in 1 Hen 71 im Besonderen ausgegangen werden kann, zeigt doch die leicht veränderte Terminologie, dass der Verfasser der *Bilderreden* sehr frei mit seinen Quellen umgegangen ist – eine Beobachtung, die bei der nachfolgenden Bewertung des Verhältnisses von 1 Hen 71 zu 1 Hen 14 unbedingt berücksichtigt werden muss.

Im Anschluss an die Beschreibung der Gottheit erfolgt die Reaktion des Protagonisten (1 Hen 71,11–12), die wiederum stark an Noachs Reaktion auf seine Thronsaalvision in 1 Hen 60,3 einerseits sowie an den Lobpreis der Engel in 1 Hen 39,7–12 und in 1 Hen 61[283] andererseits erinnert.[284] Während Noach jedoch auf Grund der Gerichtstheophanie zunächst von Furcht und Zittern ergriffen wird und infolgedessen aus schierer Angst auf sein Angesicht niederfällt,[285] seine Reaktion also doch sehr negativ konnotiert ist, ist Henochs Prostration in 1 Hen 71,11 Antwort auf die Schau der Gottheit,[286] auf die er wie bereits in seiner ersten Vision (1 Hen 39,9–11) mit Gotteslob reagiert. Durch das Gotteslob partizipiert der Patriarch implizit an der Gemeinschaft mit den Engeln und wird Teil der himmlischen Liturgie, wie sie in 1 Hen 61,6–13 geschildert wird. Dort spielen neben der Aufzählung zahlreicher Engelgruppen sowie der repetitiven Verwendung der Verben des Lobens (ስብሕ), Preisens (ባረክ) und Erhöhens (አለዐለ) insbesondere die Bilder der Kraft/Macht (ኃይል) und des einstimmigen Gotteslobes (ቃል፡ አሐዱ፡) eine bedeutende Rolle[287] und stehen offensichtlich auch im Hintergrund von 1 Hen 71,11–12, wie 1 Hen 61,6–7 exemplarisch veranschaulicht:

---

281 In Dan 7,9 werden erst das Gewand und dann das Haupthaar beschrieben, während in 1 Hen 71,10 zunächst das Haupt und dann das Gewand genannt werden. Vgl. auch Nickelsburg/VanderKam, *1 Enoch 2*, 327; Walck, *The Son of Man*, 149. Die Unbeschreiblichkeit des göttlichen Gewandes in 1 Hen 71,10 erinnert an 1 Hen 14,16, wo Henoch von der Herrlichkeit und Pracht des zweiten Hauses insgesamt so beeindruckt ist, dass er nicht in der Lage ist, davon zu berichten.

282 Vgl. Suter, *Composition and Tradition*, 40.136; Nickelsburg/VanderKam, *1 Enoch 2*, 155.

283 Insbesondere 1 Hen 61,7.9.11.12.

284 Vgl. auch Nickelsburg/VanderKam, *1 Enoch 2*, 327.

285 Vgl. Dan 10,8; 1 Hen 1,5–7; 14,13b–14a sowie 1 Hen 65,4.

286 Vgl. auch Ezechiels Reaktion auf die Erscheinung der Herrlichkeit Jahwes in Ez 1,28; 3,23–24; 43,3; 44,4.

287 Vgl. Nickelsburg/VanderKam, *1 Enoch 2*, 248,

ወነሥኡ፡ ትእዘዘ፡ እለ፡ በመልዕልተ፡ ሰማያት፡ ኩሎሙ፡ ወኃይል፡ ወቃል፡ ፩፡ ወብርሃን፡ ፭ከመ፡ እሳት። ወለውእቱ፡ መቅድመ፡ ቃል፡ ይባርክዎ፡ ወያሌዕልዎ፡ ወይሴብሑ፡ በጥበብ፡ ወይጠብቡ፡ በነገር፡ ወበመንፈሰ፡ ሕይወት።²⁸⁸

Und alle, welche oben im Himmel sind, erhielten Befehl und **Macht** und **eine Stimme** und ein Licht wie Feuer. Und jenen **priesen** sie vor einem (jeden) Wort, und sie **erhöhten** und **lobten** ihn mit Weisheit, und sie waren weise in der Rede und im Geist des Lebens. (1 Hen 61,6–7)

ወወደቁ፡ በገጽየ፡ ወኮሎ፡ ሥጋየ፡ ተመስወ፡ ወመንፈስየ፡ ተወለጠ፡ ወጸራኅኩ፡ በቃል፡ ዐቢይ፡ በመንፈሰ፡ ኃይል፡ ወባረኩ፡ ወሰባሕኩዎ፡ ወዓለዓልኩ፡ ወእለ፡ በረከታት፡ እለ፡ ወፅአ፡ እምአፉየ፡ ኮና፡ ሥሙራተ፡ በቅድመ፡ ዝኩ፡ ርእሰ፡ መዋዕል።²⁸⁹

Und ich fiel auf mein Angesicht, und mein ganzer Leib schmolz dahin, und mein Geist wurde verwandelt, und ich schrie mit großer **Stimme**, mit dem Geist der **Kraft**, und ich **pries** und **verherrlichte** und **erhöhte**. Und jene Lobpreisungen, die aus meinem Mund hervorkamen, waren wohlgefällig vor jenem Haupt der Tage. (1 Hen 71,11–12)

Nach dem Niederfallen und Verwandeln seiner Person stimmt der Patriarch entsprechend der Engel kraftvoll in das Gotteslob ein und wird im Folgenden vom Haupt der Tage angesprochen und zum Menschensohn ernannt (1 Hen 71,13–17).²⁹⁰

Insgesamt erscheint die Darstellung von Henochs Himmelsreise in 1 Hen 71 damit vor allem als Relektüre der *Bilderreden* (insbesondere 1 Hen 40; 46; 60; 61) sowie der Thronsaalvision des *Danielbuches* (Dan 7,9–14). Der Eindruck einer Doppelstufigkeit, den die zweifache Erwähnung einer Entrückung Henochs sowie die scheinbar unterschiedlichen Zielorte („Himmel" in 1 Hen 71,1 bzw. „Himmel der Himmel" in 1 Hen 71,5) erwecken, kann im Wesentlichen auf eine literarische Wiederaufnahme von 1 Hen 71,1–2 in 1 Hen 71,5 zurückgeführt werden. So kommt es über die Bilder der Entrückung (ከበተ), des Himmels (ሰማያት፡ bzw. ሰማየ፡ ሰማያት፡) und des Lichtes (ብርሃን) zu einer Verklammerung beider Entrückungsschilderungen, wodurch mit 1 Hen 71,5 nach Henochs knapp skizzierter kosmischer Reise in 1 Hen 71,3–4 nicht nur wieder auf den ursprünglichen Erzählzusammenhang zurückgelenkt wird, sondern der zweite Entrückungsbericht auch als detailliertere Ausführung der ersten Darstellung erscheint. Denn erst in 1 Hen 71,5–12 wird in gewisser Weise dargelegt, warum der Anblick des

---

288 Text: Knibb, *The Ethiopic Book of Enoch*, 1:172–173.
289 Text: Knibb, *The Ethiopic Book of Enoch*, 1:212–213.
290 Da der Fokus des nachfolgenden Vergleichs mit 1 Hen 14,8–25 vor allem auf der Häuser-Thematik liegen soll, bedarf es an dieser Stelle keiner detaillierteren Betrachtung dieser viel diskutierten Passage. Vielmehr sei hier auf die zahlreiche Sekundärliteratur verwiesen, die sich ausführlich mit dem Ende von Henochs Himmelsreise und der Identifikation als Menschensohn beschäftigt.

Lichtes in 1 Hen 71,2 unmittelbar die Prostration Henochs vor dem Haupt der Tage evoziert.

Jedoch können diese beiden Traditionen ein wesentliches Element, das Henoch nach seiner Entrückung erblickt, nicht erklären: das Haus, das aus Hagelsteinen und Feuerzungen erbaut ist (1 Hen 71,5) und *den* Bezugspunkt für alles Weitere in der Beschreibung dessen darstellt, was der Patriarch im Himmel sieht (1 Hen 71,6–9). Denn sowohl Daniels Thronsaalvision als auch der vorausgehende Teil der *Bilderreden* kommen völlig ohne das Bild des Hauses (= Tempels) aus, egal, ob himmlisch oder irdisch gedacht.[291] Darüber hinaus geht mit dem Bild des Hauses in 1 Hen 71 eine auffallend positive Konnotation des Feuers einher, die sich anderweitig so nicht in den *Bilderreden* finden lässt.[292] Zwar könnte diese von der Darstellung des Thrones im *Danielbuch* provoziert worden sein. Da sie aber hier doch so eng mit der Vorstellung des Hauses zusammenhängt, muss geprüft werden, ob sie nicht erst in diesem Zusammenhang in den Text kam. Folglich kann das Haus aus Hagelsteinen und Feuer als ein wichtiges Indiz gedeutet werden, dass in 1 Hen 71 noch ein weiterer Text im Blick sein muss, nämlich 1 Hen 14,8–25. Daher soll nun, nachdem vorangehend die primären Bezugspunkte von 1 Hen 71 – die *Bilderreden* selbst und *Daniel* – geklärt wurden und für die Erklärung der Häuser-Thematik nicht in Betracht kamen, ein genauerer Blick auf den Einfluss von Henochs Traumbericht im *Wächterbuch* (1 Hen 14,8–25) auf die Beschreibung von Henochs Himmelsreise in den *Bilderreden* (1 Hen 71) geworfen und der Frage nach ihrem konkreten Verhältnis nachgegangen werden. In diesem Zusammenhang soll ebenfalls untersucht werden, inwiefern die Hinzufügung des zweiten Entrückungsberichtes (1 Hen 71,5–17), die den ersten Entrückungsbericht (1 Hen 71,1–4) inhaltlich weiter- bzw. ausführt, als ein Reflex auf die zwei Häuser in Henochs Traumbericht

---

291 In den *Bilderreden* finden sich lediglich die Wendungen አብያተ፡ ምስጥሩበ፡ ዚአሁ፡ „die Häuser seiner Gemeindeversammlung" (1 Hen 46,8) bzw. ቤተ፡ ምስጥግቡ፡ ዚአሁ፡ „das Haus seiner Gemeindeversammlung" (1 Hen 53,6) [vgl. auch 1 Hen 38,1; 62,8]. Letzteres interpretiert Dillmann, *Das Buch Henoch*, 170, zwar als dasjenige Versammlungshaus, das womöglich den eschatologischen Tempel meint (vgl. 1 Hen 90,29). Insgesamt ist jedoch eher davon auszugehen, dass diese beiden Wendungen menschliche Orte religiöser Gemeinschaft (Synagogen?) umschreiben. Vgl. Charles, *The Book of Enoch*, 105; Black, *The Book of Enoch*, 209; Nickelsburg/VanderKam, *1 Enoch 2*, 161.
292 Abgesehen von dem Vergleich in 1 Hen 61,6 und dem Bildwort in 1 Hen 39,7, wo das Feuer positiv konnotiert ist, erscheint es immer als Gerichtswerkzeug für die Frevler (1 Hen 54,1.6; 67,7.13) oder in einem negativ konnotierten Bildwort (1 Hen 48,9; 52,6). In den Thronsaalvisionen der *Bilderreden* spielt es anders als in Dan 7,9–14 absolut keine Rolle. Daher ist es umso auffälliger, dass das reale, lebendige Feuer in 1 Hen 71 auf einmal so eng mit der Schau der Gottheit verbunden ist.

(1 Hen 14,8–25) angesehen werden kann oder doch vielmehr aus internen Gründen erwachsen ist.

4.4.2 Die Rezeption von 1 Hen 14,8–25 in 1 Hen 71

Das, was Henoch gemäß 1 Hen 71,5 in jenem Licht erblickt, kann nur als eine eindeutige Anspielung auf 1 Hen 14,8–25 verstanden werden. Hierbei fallen bereits vor einem konkreten Vergleich zwei Dinge auf. Zum einen wird in 1 Hen 71,5–9 anders als in 1 Hen 14,8–25 lediglich ein einziges Haus erwähnt, bei dem weder der Aspekt der Größe noch ein Vergleich mit einer anderen Entität eine Rolle spielt; zum anderen werden die Beschreibungen der beiden Häuser und ihrer einzelnen Bestandteile radikal zusammengefasst und modifiziert, sodass nicht eines der beiden Häuser allein aus 1 Hen 14 als das konkrete Vorbild für die Darstellung in 1 Hen 71 erachtet werden kann. Dies wird gleich zu Beginn deutlich, als Henoch nach seiner Entrückung schildert, was er in jenem Licht erblickt:

ወርኢኩ፥ በህየ፥ ማዕከለ፥ ዝኩ፥ ብርሃን፥ ከመ፥ ቤት²⁹³፥ ዘትነደቅ፥ እምዕብን፥ አስሐትያ፥ ወማዕከለ፥ እሙንቱ፥ አዕባን፥ ልሳናት፥ እሳት፥ ሕያው፨²⁹⁴

Und ich sah dort inmitten jenes Lichtes etwas wie ein Haus,²⁹⁵ das aus Hagelsteinen erbaut war, und zwischen jenen Steinen lebendige Feuerzungen. (1 Hen 71,5b)

Das, was Henoch hier erblickt, findet sich so wortwörtlich nicht in 1 Hen 14,8–25, sondern stellt vielmehr eine Kombination einzelner Elemente aus den Beschreibungen der beiden Häuser dar. Bereits die Vergleichspartikel ከመ, wodurch der gesamten Darstellung von Anfang an ein indirekter, annähernder Charakter eigen ist und insbesondere die visuelle Dimension des Hauses in den Vordergrund gerückt wird,²⁹⁶ wird im Bericht des *Wächterbuches* nie mit Blick auf ein Haus insgesamt verwendet, sondern ist dort stets auf einzelne Bestandteile bezogen. Zunächst einmal begegnet man der Vergleichspartikel „wie" in der Charakterisierung der Decke des ersten Hauses als Abbild des Alls (1 Hen 14,11), die auf diese Weise gegenüber der Decke des zweiten Hauses, wo die Laufbahn der Sterne und Blitze tatsächlich existieren (1 Hen 14,17), lediglich als Nachbildung der himmlischen Realität erscheint. Der Vergleich drückt hier

---

293 በቱ፥ zu ቤተ፥ emendiert. Vgl. Black, *The Book of Enoch*, 251; Nickelsburg/VanderKam, *1 Enoch 2*, 321 Anmerkung zur Stelle. Siehe auch oben.
294 Text: Knibb, *The Ethiopic Book of Enoch*, 1:210–211.
295 Übersetzung folgt dem emendierten Text. Siehe Fußnote 293.
296 Siehe hierzu bereits die Textanalyse von 1 Hen 71,5 oben.

folglich mehr die Unzulänglichkeit als Unbeschreiblichkeit aus und kann daher wohl kaum die Aussage in 1 Hen 71,5 inspiriert haben. Überdies ist eine zweite Stelle im Traumbericht des *Wächterbuches* sehr viel aufschlussreicher. So wird nämlich das Aussehen des Thrones in 1 Hen 14,18 ebenfalls über einen Vergleich mit eindrucksstarken Elementen – አስሐትያ „Reif/Schnee/Hagel" und ፀሐይ፡ ዘያበርህ፡ „die Sonne, die leuchtet" – umschrieben, bei dem es weniger um ihre körperliche Wahrnehmung als vielmehr um ihren visuellen Eindruck geht. Der Vergleich bringt über das Aussehen von Reif und Sonne nicht nur die Reinheit und Erhabenheit des Thrones zum Ausdruck, sondern demonstriert als solcher auch eine gewisse Unfassbarkeit und Unbeschreiblichkeit seines Erscheinungsbildes. Beides kann auch für das in 1 Hen 71,5 beschriebene Haus geltend gemacht werden, das mittels des visuell ausgerichteten Vergleichs gewissermaßen die Rolle des Thrones aus 1 Hen 14 übernimmt und nicht mehr nur den Thron mit seiner Gottheit, sondern die gesamte nachfolgende Beschreibung des himmlischen Ortes unter den Vorbehalt der Transzendenz stellt.

Ebenso wird über keines der beiden Häuser im *Wächterbuch* in einem einzigen Satz ausgesagt, dass es zugleich aus Hagelsteinen und Feuer besteht. Während das zweite Haus von vornherein und gänzlich nur aus ልሳናት፡ እሳት፡ „Feuerzungen" erbaut ist (1 Hen 14,15.17), ist das erste Haus zunächst einmal aus አእባነ፡ በረድ፡ „Hagelsteinen" (1 Hen 14,10), wobei später mit Blick auf seine Wände noch gesagt wird, dass diese von እሳት፡ ዘይነድድ፡ „Feuer, das flammt" umgeben seien (1 Hen 14,12). Allerdings wird das erste Element, das Henoch in seiner Vision erblickt, das heißt die Außenmauer des ersten Hauses, dem Haus in 1 Hen 71,5 vergleichbar beschrieben. So nähert sich Henoch ጥቅም፡ ዘሕንጹት፡ በአእባነ፡ በረድ፡ ወልሳነ፡ እሳት፡ ያከውዶ፡ „einer Mauer, die aus Hagelsteinen erbaut ist und eine Feuerzunge umgab sie" (1 Hen 14,9). Die feinen Unterschiede in der verwendeten Terminologie können hierbei entweder auf den Übersetzungsprozess zurückgehen oder aber auch, wie sich schon bei der Rezeption des *Danielbuches* feststellen ließ, auf einen sehr freien Umgang mit der Quelle.[297] Damit ist bemerkenswerterweise sowohl in Henochs Traumbericht (1 Hen 14,8–25) als auch in der Schilderung von Henochs Himmelsreise in 1 Hen 71,5 dasjenige, das

---

[297] Natürlich könnte man in 1 Hen 71,5 bei der Wendung ዕብነ፡ አስሐትያ፡ „Hagelsteine" einen Anklang an die Thronbeschreibung aus Henochs Traumbericht (1 Hen 14,18) vermuten, wonach das Aussehen des Thrones wie አስሐትያ፡ „Reif" sei, der Verfasser von Henochs Himmelsreise in seiner Beschreibung des Hauses also bewusst auf das Erscheinungsbild des Thrones zurückgriff, um die Darstellungen der beiden Häuser von vornherein zu verbinden und die negative Konnotation des ersten Hauses zu nivellieren. Allerdings bleibt diese Vermutung auf Grund der Überlieferungslage und der Tatsache, dass diese Stichwortverbindung lediglich in der Zweitübersetzung zu verifizieren ist, doch sehr gewagt.

der Patriarch als erstes sieht, hinsichtlich seiner Bausubstanz mit einem Paradox behaftet. Während dieses Paradox der Baumaterialien im *Wächterbuch* jedoch nicht aufgelöst, sondern vielmehr noch in der folgenden Beschreibung der einzelnen Bestandteile des ersten Hauses bekräftigt wird, sodass der Protagonist schließlich im ersten Haus lebensfeindlicher Hitze und Kälte zugleich ausgesetzt ist (1 Hen 14,13), ist in 1 Hen 71,5 auf Grund der Vergleichspartikel vornherein klar, dass die beiden gegensätzlichen Elemente nur unter ihrem visuellen Aspekt zu betrachten sind, wo ihnen letztendlich dieselbe Stoßrichtung zugeschrieben werden kann. Damit wird das Haus in 1 Hen 71,5 terminologisch zwar entsprechend dem ersten Haus und insbesondere seiner Außenmauer dargestellt, jedoch steht es konzeptionell dem zweiten Haus und vor allem dem göttlichen Thron näher, der mit Blick auf seine visuelle Erscheinung ähnlich charakterisiert wird. Von diesem heißt es, dass ራእዩ፡ ከመ፡ አስሐትይ፡ ወከቢቡ፡ ከመ፡ ፀሐይ፡ ዘያበርህ፡ „sein Aussehen wie Reif war und sein Umkreis wie die Sonne, die leuchtet" (1 Hen 14,18).

Darüber hinaus fällt auf, dass das Haus in 1 Hen 71 anders als die beiden Häuser in 1 Hen 14 nicht weiter in Bezug auf seine einzelnen Bestandteile wie Wände, Decke oder Boden und deren Materialien konkretisiert wird, sondern sogleich auf das Feuer und die Engelgruppen eingegangen wird, die das Haus umgeben (1 Hen 71,6–9). Im Vergleich zu der hier im Hintergrund stehenden Stelle in Henochs Traumbericht, wonach die thronende Gottheit von Feuer und unzähligen Engeln umringt wird (1 Hen 14,22–23), ist es allerdings zu erstaunlichen Modifikationen gekommen. Zum einen sieht Henoch nun sehr viel mehr Engel als in 1 Hen 14,22–23, welche darüber hinaus sowohl individuell als auch entsprechend ihrer Gattungen beim Namen genannt werden.[298] Zum anderen ist nicht mehr die große Herrlichkeit auf ihrem Thron Bezugspunkt der Feuerströme und Engelscharen, sondern das Haus an sich, das auf diese Weise erneut wesentliche Züge des göttlichen Thrones übernimmt. Bei der Darstellung der Engelscharen hat sich der Verfasser jedoch, wie oben bereits gezeigt wurde, durch und durch der Sprache der *Bilderreden* selbst bedient (vgl. 1 Hen 40; 60; 61), sodass nur die rigorose Ausrichtung der Feuerströme und Engel auf das Haus erklärungsbedürftig bleibt. Diese stellt gegenüber dem *Wächterbuch* ebenfalls eine wesentliche Modifikation dar und hängt offensichtlich eng mit dem neuen Verständnis des Hauses in den *Bilderreden* zusammen. So erscheint das Bild des Hauses in 1 Hen 71 mehr und mehr als *pars pro toto* für den gesamten himmlischen Wohnort der Gottheit und seines Hofstaates, bei dem es im Gegensatz zur Darstellung im *Wächterbuch* keiner weiteren architektonischen Differenzierungen bedarf.

---

298 Vgl. auch Walck, *The Son of Man*, 143.

Diese Konzentration auf das Konzept des Hauses könnte auch dafür verantwortlich sein, dass der göttliche Thron in 1 Hen 71 gegenüber Henochs Vision von den beiden Häusern in 1 Hen 14 marginalisiert wurde. Stellten der Thron und seine Beschreibung in 1 Hen 14,18–19 ein konstitutives Element für die himmlische Thronsaalerfahrung des Protagonisten dar, wird er in 1 Hen 71,7 nur beiläufig erwähnt, ohne dass näher auf ihn oder sein Aussehen eingegangen wird.[299] Vielmehr heißt es lediglich, dass ihn die Serafim, Cherubim und Ofanim bewachen; wer auf ihm thront, wird anders als in 1 Hen 14,20 nicht ausdrücklich gesagt und kann allenfalls indirekt beantwortet werden. Dies ist umso merkwürdiger, als die Beschreibung der Gottheit nicht wie in 1 Hen 14,20 direkt an die Erwähnung des Thrones anschließt, sondern erst noch weitere Engelgruppen genannt werden, bevor Henoch das Haupt der Tage erblickt. Diese untergeordnete Rolle des Thrones in 1 Hen 71,5–17 gibt ebenfalls einen Hinweis, welche Quelle als mögliche Spenderstelle für die positive Konnotation des Feuers im Blick ist. Da die *Bilderreden* selbst nicht in Frage kommen und in Dan 7,9–14 die Erscheinung des Feuers eng mit dem Thron verbunden ist, liegt es nahe, die Beschreibung der beiden Häuser in Henochs Traumbericht als wesentlichen Spendertext anzusehen. Obgleich die positive Wahrnehmung des Feuers auch hier insbesondere mit der Darstellung des Thrones und der Gottheit verbunden ist, wird über die generelle Verwendung des Feuers als Bauelement bei beiden Häuser, wenn auch teils positiv, teils negativ konnotiert, eine Brücke zum ausschließlich positiv besetzten Gebrauch in 1 Hen 71,5–9 geschlagen. Demnach geht neben dem Bild des Hauses vermutlich auch die positiv besetzte Verwendung des Feuers auf 1 Hen 14 zurück.

Während im *Wächterbuch* die Ausführungen über die Gottheit und ihr Aussehen direkt an die Beschreibung des Thrones anschließen (1 Hen 14,20–21) und die Schilderung über die Feuerströme und Engel nach sich ziehen (1 Hen 14,22–23), kann das Haupt der Tage und seine Erscheinung als das letzte Element in der Darstellung des himmlischen Entrückungsortes in 1 Hen 71 erachtet werden. Hierauf folgen nur noch die Reaktion des Protagonisten sowie seine abschließende Anrede durch die Gottheit. Abgesehen von den unterschiedlichen Gottesbezeichnungen[300] wird das Haupt der Tage in 1 Hen 71,10 anders als in 1 Hen 14,20 nicht explizit auf seinem Thron verortet.[301] Vielmehr wird es inmitten der vorher aufgezählten Engelgruppen lokalisiert (ምስሌሆሙ፥) und sogleich in Hinsicht auf sein Aussehen näherbestimmt, das sich von dem Anblick der großen Herrlichkeit in 1 Hen 14,20 signifikant unterscheidet. Findet sich dort

---

299 Vgl. auch Walck, *The Son of Man*, 142.
300 Vgl. Walck, *The Son of Man*, 143.
301 Anders Walck, *The Son of Man*, 142.

nur eine Beschreibung des göttlichen Gewandes, das sehr ähnlich wie der Thron in 1 Hen 14,18 charakterisiert wird, bietet die Darstellung der göttlichen Erscheinung in 1 Hen 71,10 zwei Elemente – Haupt und Gewand –, die insbesondere vor dem Hintergrund von 1 Hen 46,1 und Dan 7,9 erklärt werden können. Mit Blick auf die konkrete Vorstellung der Gottheit ist es damit im Gegensatz zum Bild des Hauses eher unwahrscheinlich, dass Henochs Traumbericht in 1 Hen 14–16 hierfür den direkten traditionsgeschichtlichen Vorläufer darstellt. Dies scheint auch bei dem folgenden Vergleichspunkt, der Reaktion Henochs auf die Erscheinung der Gottheit, so zu sein.

In beiden Werken heißt es im Anschluss an die Beschreibung der himmlischen Szenerie, dass Henoch auf sein Angesicht niederfällt (1 Hen 14,24 [GrPan]; 1 Hen 71,11), was eine typische Reaktion auf eine Theophanie darstellt.[302] Während im *Wächterbuch* darüber hinaus nur kurz gesagt wird, dass der Patriarch hierbei zitterte, bevor er direkt von der Gottheit angesprochen und aufgerichtet wird (1 Hen 14,24–25), wird sein Ergehen bzw. Verhalten in der Darstellung von 1 Hen 71,11–12 weiter ausgeführt, wobei erneut Elemente aus früheren Kapiteln der *Bilderreden* aufgegriffen und verarbeitet werden. So zeigte sich, dass Henoch ähnlich wie Noach stark körperlich auf die Gotteserscheinung reagiert (1 Hen 60,3) und in Entsprechung zu den Engeln in den himmlischen Lobpreis einstimmt (vgl. 1 Hen 39,7–12; 61,6–13). Erst dann tritt das Haupt der Tage auf den Patriarchen zu und spricht ihn als Menschensohn an (1 Hen 71,13–17). Jedoch ist hier anders als in 1 Hen 14,25 und 1 Hen 71,3 (vgl. 1 Hen 60,4) von einer Aufrichtung des Protagonisten nicht die Rede. Wie schon bei der Beschreibung der Gottheit erklärt die Darstellung des *Wächterbuches* auch hier nicht die Details im Verhalten des Protagonisten. Zwar wird Henoch in beiden Werken als passiver Beobachter charakterisiert, der in Reaktion auf die Gottheit niederfällt. Doch abgesehen von diesen ganz allgemeinen Analogien, die sich beispielsweise auch bei Ezechiel finden lassen, können keine weiteren Indizien benannt werden, die eine detaillierte Rezeption des *Wächterbuches* in Blick auf diesen Sachverhalt wahrscheinlich machen.

Der bisherige Vergleich der beiden Schilderungen von der Himmelsreise Henochs konzentrierte sich vor allem auf einzelne Elemente wie das Haus, den Thron oder die Erscheinung der Gottheit. Hier und da kamen bereits strukturelle Unterschiede wie die Ausführlichkeit der Darstellung oder die Reihenfolge der beschriebenen Elemente zur Sprache. Im Folgenden sollen diese Beobachtungen systematisiert und gebündelt werden, bevor es zu einer abschließendes Beurteilung des Verhältnisses von Henochs Himmelsreise in den *Bilderreden* zum

---

302 Vgl. zum Beispiel Gen 17,3; Lev 9,24; Ez 1,28; 3,23; 43,3–4.

Traumbericht in 1 Hen 14,8–25 kommen soll. Hierbei wird sich zeigen, dass diese Passage des *Wächterbuches* als Spendertext für das Bild des Hauses erachtet werden kann, wobei es zu wesentlichen Modifikationen entsprechend der Theologie der *Bilderreden* gekommen ist. Bei den weiteren Elementen, bei denen die Ähnlichkeiten sehr allgemein sind, legt es sich hingegen nahe, die *Bilderreden* selbst und zum Teil auch Dan 7,9–14 als wesentliche Quellen zu erachten.

Der erste konzeptionelle Unterschied hängt eng mit der Positionierung bzw. Kontextualisierung der Entrückungsberichte in dem jeweiligen Werk zusammen. So beschreibt Henochs Traumbericht in 1 Hen 14,8–25 ein visionäres Entrückungsgeschehen, das auf der Endtextebene des gesamten *Wächterbuches* als Auftakt der kosmischen Reisen des Patriarchen (1 Hen 17–19; 21–36) fungiert, auch wenn diese im Gegensatz zu 1 Hen 14–16 real stattzufinden scheinen. Demgegenüber findet sich Henochs Himmelsreise in 1 Hen 71 ganz am Ende der *Bilderreden* und kann gewissermaßen als Klimax[303] und reale Konkretion der vorangehenden Bilderreden erachtet werden, in denen er bereits visionär unter anderem das Haupt der Tage erblickt hatte.[304] Während das Geschehen in 1 Hen 14 damit als visionär geschaute, temporäre Himmelsreise erscheint, die der Wissensvermittlung und Autorisierung Henochs gegenüber den Wächtern und Menschen dient, liegt der Zweck in 1 Hen 71 vor allem in der Erhöhung Henochs zum Menschensohn, wobei offen bleibt, wie es mit Henoch danach weitergeht – die konkrete, eigentlich endgültige Antwort hierauf schien bereits in 1 Hen 70 gegeben worden zu sein. Dies ändert jedoch nichts an der Tatsache, dass Henoch in beiden Fällen an den himmlischen Wohnort der Gottheit gelangt, der weit entfernt von der bewohnten Erde liegt und somit für Menschen normalerweise unerreichbar ist. Dennoch steht in Hinsicht auf die Verortung der Himmelsreise im Leben Henochs die Beschreibung seiner temporären Entrückung in 1 Hen 39,3, die als Auftaktgeschehen seiner nachfolgenden Visionen angesehen werden kann, derjenigen in 1 Hen 14,8–25 sehr viel näher als der Bericht in 1 Hen 71, der im Gegensatz zu den beiden anderen Passagen offensichtlich Henochs endgültiges Schicksal beschreibt.

Des Weiteren bieten beide Werke bei der Beschreibung der Elemente eine unterschiedliche Reihenfolge.[305] Während im *Wächterbuch*[306] zunächst das

---

303 Vgl. hierzu auch Black, „The Messianism of the Parables," 165.

304 Nach Dillmann, *Das Buch Henoch*, 217, handelt es sich bei 1 Hen 71 jedoch ebenfalls um etwas visionär Erlebtes.

305 Beide Werke unterscheiden sich nicht nur untereinander, sondern jeweils auch mit Blick auf die Reihenfolge, die in Dan 7,9–14 geboten wird (Gottheit + Aussehen, Thron und schließlich die umgebenden Feuerströme und Engel).

306 Die dargestellte Reihenfolge beschränkt sich auf das zweite Haus, da nur hier die thronende Gottheit mit den umgebenden Feuerströmen und Engelscharen beschrieben werden.

Haus und seine einzelnen Bestandteile, dann der Thron und die große Herrlichkeit mit ihrem Gewand als vorläufigem Höhepunkt und schließlich die sie umgebenden Feuer- und Engelscharen genannt werden, findet sich in 1 Hen 71,5–17 ebenfalls zu Beginn eine knappe Schilderung des Hauses, an die sich jedoch eine ausführliche Beschreibung der Feuerströme und Engel anschließt, die das Haus umgeben, bevor zuletzt die Gottheit und ihr Aussehen dargestellt werden.[307] Bei dieser Klimax, die eindeutig auf die Schau der Gottheit hinausläuft, wird der Thron nur im Zusammenhang mit den Engeln kurz am Rande erwähnt; er steht folglich wie auch die Feuerströme in keinerlei Beziehung zur später genannten Gottheit – in Hen 14,18–23 sind die Feuerströme, der Thron und die Gottheit hingegen als ein eng zusammenhängender Komplex zu verstehen.

Insgesamt fällt auf, dass das Haus, das jeweils eng mit dem Feuer in Beziehung steht, in beiden Darstellungen jeweils als erstes Element genannt wird, wenn auch in sehr unterschiedlicher Ausführlichkeit. Danach hören die strukturellen Gemeinsamkeiten auf. 1 Hen 14 erweckt den Eindruck, dass Henoch von außen nach innen in das Haus hinein schaut und alles erwähnt, was er erblickt, sei es ein Teil des Gebäudes, sei es ein himmlisches Wesen. 1 Hen 71,5–17 bietet hingegen nahezu einen Frontalanblick auf das Haus, bei dem der Schwerpunkt mehr auf den himmlischen Wesen als auf etwaige Gebäude oder Strukturen liegt. Diese Unterschiede könnten darauf hindeuten, dass Henochs Traumbericht im *Wächterbuch* die Schilderung der Himmelsreise im letzten Kapitel der *Bilderreden* in struktureller Hinsicht kaum beeinflusst hat, da sich abgesehen vom Haus, das der Patriarch in beiden Fällen als erstes Element nach seiner Entrückung erblickt, sowohl die Reihenfolge als auch der Fokus der weiteren beschriebenen Elemente in den beiden Werken unterscheiden und mit Blick auf 1 Hen 71,5–17 eher buchintern erklärt werden können.

4.4.3 Fazit

Alles in allem hat die Textanalyse von 1 Hen 71 und der Vergleich mit Henochs Vision von den beiden Häusern in 1 Hen 14,8–25 gezeigt, dass der Einfluss dieser Passage des *Wächterbuches* auf das letzte Kapitel der *Bilderreden* insgesamt geringer einzuschätzen ist, als in der Forschung bisher vermutet wurde. Zwar geht die generelle Vorstellung des Hauses in 1 Hen 71,5–9 auf die Schilderung der beiden Häuser in Henochs Traumbericht zurück, jedoch wurde sie sehr frei und oberflächlich rezipiert, wobei es zu wesentlichen Modifikationen kam. So

---

307 Die Endposition der Gottheit in der Beschreibung der himmlischen Szenerie könnte vielleicht aus Noachs Thronsaalvision (1 Hen 60) übernommen worden sein.

kann die Aussage, dass Henoch „etwas wie ein Haus, das aus Hagelsteinen erbaut war, und zwischen jenen Steinen lebendige Feuerzungen" (1 Hen 71,5) als
eine Zusammenfassung der gesamten Beschreibung beider Häuser in 1 Hen 14,8–
25 erachtet werden, bei der einzelne Elemente, die ursprünglich die beiden Häuser voneinander unterschieden haben, kombiniert wurden. So wird das Haus in
1 Hen 71,5 zwar terminologisch entsprechend dem ersten Haus bzw. dem ersten
Element seiner Vision, der Außenmauer des ersten Hauses beschrieben
(1 Hen 14,9), in theologischer Hinsicht allerdings stimmt es vielmehr mit dem
zweiten Haus überein. Indem in 1 Hen 71,5 die Vergleichspartikel ħℴℴ der gesamten Schilderung vom Haus vorangestellt ist, wird von Anfang eine ausschließlich visuelle Wahrnehmung der Elemente Schnee/Hagel und Feuer hervorgerufen. Daneben wurden bestimmte Charakteristika, die in 1 Hen 14,18–23 eng mit
dem Thron und der auf ihr sitzenden Gottheit verbunden sind, auf das Haus in
1 Hen 71,6–9 übertragen, sodass das Haus in der Darstellung der *Bilderreden*
insgesamt mehr und mehr in die Rolle des göttlichen Thrones rückt und wie
dieser in 1 Hen 14,18–23 nun von zahlreichen Feuerströmen und Engelscharen
umgeben ist. Im Umkehrschluss kommt es auf diese Weise zu einer gewissen
Marginalisierung des Thrones in 1 Hen 71,5–17.

Abgesehen davon, dass die ausführliche und differenzierte Beschreibung
der beiden Häuser in 1 Hen 14,8–25 in 1 Hen 71,5 auf eine einzelne Aussage über
das Haus an sich konzentriert wurde, fällt vor allem auf, dass im abschließenden Kapitel der *Bilderreden* nur noch von einem einzige Haus die Rede ist. Kann
daraus geschlussfolgert werden, dass der Verfasser von 1 Hen 71,5–17 die beiden
Häuser in Henochs Traumbericht (1 Hen 14–16) doch als einen Tempelkomplex
wahrgenommen hat, also für ihn die beiden Häuser unterschiedliche Teile ein
und desselben Gebäudes dargestellt haben? Oder zeigen seine rigorose Zusammenfassung und Kombination der einzelnen Elemente, bei der immerhin derselbe Oberbegriff (ቤት „Haus") verwendet worden ist, dass der Autor die Problematik hinsichtlich der Gegenüberstellung der beiden Häuser als unterschiedliche
Tempelentwürfe in 1 Hen 14,8–25 durchaus erkannte, sie jedoch mit Hilfe seiner
Neufassung zu nivellieren versuchte oder einfach schlichtweg ignorierte?

Tatsächlich spricht Einiges dafür, dass der Verfasser von 1 Hen 71,5–17 die
Gegenüberstellung der beiden Tempelvorstellungen im *Wächterbuch* wahrnahm
und sie in seiner freien Neufassung von 1 Hen 14,8–25 bewusst auflöste. Indem
er Elemente aus den Beschreibungen beider Häuser und insbesondere den ersten Gegenstand, den Henoch in seiner Vision erblickt, terminologisch zwar auf-
greift, sie jedoch konzeptionell entsprechend dem zweiten Haus bzw. streng genommen nur in Analogie zum göttlichen Thron darstellt, wird jedes negative
Moment im Charakter des ersten Hauses in Henochs Traumbericht (1 Hen 14,9–
14a) in der Rezeption positiv übermalt. Hierbei demonstriert die bewusste, fast

wörtliche Anspielung auf die Charakterisierung der Außenmauer in 1 Hen 14,9, dass 1 Hen 71,5[–17] für Henochs gesamte Vision in 1 Hen 14–16, die der Verfasser bei seinen Lesern sicherlich als bekannt voraussetzen konnte,[308] eine neue Lesung bzw. eine ausschließlich positive Deutung anbietet. Mittels der Übertragung der Charakteristika des Thrones auf das Haus kommt es überdies zu einer Steigerung in der Transzendenz des göttlichen Wohnortes, der in seinen Details nicht (mehr) erfassbar ist. Vielmehr interessieren diese Details im Gegensatz zu etwa den Engelscharen nicht mehr.

Die Tatsache, dass der Begriff betə „Haus" als Bezeichnung für den göttlichen Wohnort in 1 Hen 71,5–17 wortwörtlich aus seiner Vorlage übernommen wurde, zeigt schließlich, dass das letzte Kapitel der *Bilderreden* in dieser Hinsicht terminologisch auf derselben Ebene wie 1 Hen 14,8–25 verstanden werden muss, betə „Haus" folglich in beiden Werken analog verwendet wird. Andernfalls hätten beide Häuser aus 1 Hen 14 als unterschiedliche Bestandteile eines Tempelkonzeptes irgendwie in 1 Hen 71 aufgegriffen und in diesem Sinne kenntlich gemacht werden müssen. Denn bezeichnete betə „Haus" im *Wächterbuch* jeweils ein Gebäudeteil, wäre hier in 1 Hen 71 die Frage, welches von beiden überhaupt gemeint sei. Sofern man nicht einen wesentlichen Bedeutungswandel dieses Lemmas annehmen möchte, kann die Art und Weise dieser Rezeption des Hauses in 1 Hen 71,5–17 als Bestätigung für die Interpretation der beiden Häuser in 1 Hen 14,8–25 als zwei unterschiedlicher Tempelentwürfe erachtet werden. In beiden Werken wird betə „Haus" als Bezeichnung für den göttlichen Wohnort verwendet und je nach Kontext positiv oder negativ näherbestimmt. Da das erste Haus in Henochs Traumbericht (1 Hen 14,9–14a) als Abbild des zweiten Hauses nur als defizitär erachtet werden kann, kommt damit für 1 Hen 71, wie oben bereits gezeigt, nur das zweite Haus als der wahre Ort der göttlichen Herrlichkeit (1 Hen 14,14b–25) als Anknüpfungspunkt in Frage.

Abgesehen von der Vorstellung des Hauses als des himmlischen Wohnortes der Gottheit halten sich die konkreten Entsprechungen von 1 Hen 71,5–17 zu Henochs Traumbericht in 1 Hen 14,8–25 sehr in Grenzen. Zwar lassen sich noch weitere Elemente wie beispielsweise die Feuerströme, Engel, der Thron, die Gottheit und ihr Aussehen oder das Niederfallen des Protagonisten nennen, die in beiden Werken zu finden sind. Allerdings stellen diese zunächst einmal ganz typische Bestandteile einer Theophanieschilderung dar, die so ebenfalls in den Visionen des *Daniel-* oder *Ezechielbuches* vorkommen. Des Weiteren lassen sich in diesen beiden Entrückungsberichten auffallende Unterschiede sowohl in der Ausführlichkeit der Beschreibung als auch in der Reihenfolge der genannten

---

308 Für das *Wächterbuch* insgesamt vgl. Himmelfarb, *Ascent to Heaven*, 59.

Elemente feststellen, zumal Einiges mit Blick auf seine Ausgestaltung in auffallender Nähe zu anderen Passagen innerhalb der *Bilderreden* steht und mit diesen besser erklärt werden kann. Daraus kann geschlossen werden, dass der Verfasser von 1 Hen 71,5–17 sehr genau, wenn auch prägnant auf das Bild des Hauses im *Wächterbuch* anspielte und dieses Bild erheblich modifiziert in sein Konzept einpasste, sich darüber hinaus jedoch nicht sehr viel von der Gesamtdarstellung in 1 Hen 14,8–25 beeinflussen ließ.

In Bezug auf das gesamte letzte Kapitel der *Bilderreden* und die Frage nach dem Verhältnis von 1 Hen 71,1–4 und 71,5–17 kann die Bedeutung von 1 Hen 14,8–25 als noch geringer eingeschätzt werden. Die angenommene Doppelstufigkeit, die nach Walck in 1 Hen 71,1–4 und 71,5–17 zu finden und seines Erachtens in Reaktion auf die beiden Häuser in Henochs Traumbericht entstanden sei,[309] ist nicht vorhanden. So zeigte sich zum einen, dass die Interpretation von ሰማየ፡ ሰማያት፡ „Himmel der Himmel" in 1 Hen 71,5 als dem höchsten Teil des Himmels, der oberhalb von dem in 1 Hen 71,1 erwähnten Himmel liegen solle, semantisch nicht haltbar ist und der fragliche Ausdruck vielmehr den Himmel an sich in seiner Totalität und Universalität bezeichnet. Zum anderen demonstrieren die engen Stichwortverbindungen zwischen 1 Hen 71,1–2 und 1 Hen 71,5 sowie der erklärende Charakter von 1 Hen 71,5–11 gegenüber 1 Hen 71,2, dass sich 1 Hen 71,5–17 im Wesentlichen komplementär zu 1 Hen 71,1–4 verhält und folglich als literarische Fortführung, wenn nicht sogar Ausführung des Kapitelanfangs zu verstehen ist. Inwiefern diese Fortführung textintern oder aber durch den Inhalt von Henochs Traumbericht (1 Hen 14–16) insgesamt ausgelöst wurde, lässt sich meines Erachtens nicht mit Sicherheit sagen. So ist merkwürdig, dass sich in 1 Hen 71,1–4 keine eindeutigen Bezüge oder Anspielungen auf 1 Hen 14,8–25 finden lassen und Henochs gesamte Vision von den beiden Häusern nur sehr oberflächlich sowie offensichtlich nicht als primärer Referenztext rezipiert wurde. Insbesondere die Art und Weise, wie die Zwei-Häuser-Thematik in 1 Hen 71,5 aufgenommen wurde, macht deutlich, dass der Verfasser des letzten Kapitels der *Bilderreden* eigentlich kein Interesse an der konkreten theologischen Problematik und Aussage von 1 Hen 14,8–25 hatte.

Abschließend kann somit festgehalten werden, dass der Verfasser von 1 Hen 71 Henochs Vision von den beiden Häusern (1 Hen 14,8–25) sicherlich kannte und darauf eindeutig anspielte. Jedoch beschränkt sich diese Bezugnahme insbesondere auf das Bild des Hauses in seiner Gesamtheit, das in seiner Darstellung entscheidend gekürzt und mit Blick auf seine Bedeutung für seinen neuen Kontext erheblich modifiziert wurde. So wird in 1 Hen 71,5–9 nur ein

---

309 Vgl. Walck, *The Son of Man*, 139–144, bzw. siehe oben.

einziges Haus aufgegriffen, das wesentliche Züge aus der Darstellung des Thrones in 1 Hen 14,18–23 übernimmt und verdeutlicht, dass die beiden Häuser in Henochs Traumbericht nicht als unterschiedliche Bestandteile eines zwei- oder dreiteiligen Tempelkomplexes, sondern vielmehr als zwei gegensätzliche Entwürfe des Tempels zu verstehen sind. Allerdings stellt 1 Hen 14 nicht den primären Bezugspunkt für 1 Hen 71 dar; dieser ist vielmehr in den *Bilderreden* selbst sowie im Dan 7 zu suchen. Insgesamt kann 1 Hen 71 damit als Relektüre der *Bilderreden* und *Daniel* unter Berücksichtigung von 1 Hen 14 erachtet werden, wobei es insbesondere mit Blick auf die beiden externen Werke zu markanten terminologischen und inhaltlichen Änderungen kam.

4.5 Der religionsgeschichtliche Kontext

Für das gesamte *Wächterbuch* nimmt die Forschung an, dass in diesem Werk wahrscheinlich verschiedene Stoffe aus unterschiedlichen antiken Kulturen verarbeitet worden sind.[310] Hierbei stellt sich die Frage, ob diese Traditionen jüdischen Ursprungs sind oder aus den umliegenden Kulturen kommen. Ein allgemeiner Konsens über die konkrete Herkunft der Stoffe ist bisher jedoch nicht erreicht. Während sich solche Untersuchungen vor allem auf die Figur des Patriarchen, die Geographie, die in den kosmischen Reisen erkennbar wird (1 Hen 17–19; 21–36), oder die Totenreichsvorstellung in 1 Hen 22 konzentrieren, wurde ein religionsgeschichtlicher Vergleich bei der Beschreibung des himmlischen Tempels in 1 Hen 14,8–25 auf Grund der vermuteten jüdischen Parallelen offensichtlich nicht für notwendig gehalten. Zumindest schienen die Struktur und das Aussehen der beiden Häuser mit Texten wie etwa 1 Kön 6 oder den Visionen des *Ezechielbuches* (insbesondere Ez 1–3; 40–48) hinreichend erklärt werden zu können. Selbst die Textanalyse und Interpretation von Henochs Vision der beiden Häuser, die in dieser Arbeit vorgelegt wurde und eine völlig neue Ausgangslage für die traditions- und religionsgeschichtliche Fragestellung schafft, legen eine Suche nach nicht-jüdischen Analogien zur Erklärung dieser Passage zunächst nicht unbedingt nahe, da die Beschreibungen der beiden Häuser und insbesondere ihre Gegenüberstellung wie gezeigt in der Tempeltheologie *Haggais* sowie den Tempelvisionen des *Ezechielbuches* (Ez 8–11; 40–48) ihre direkten traditionsgeschichtlichen Vorläufer finden.

Sucht man dennoch in der Sekundärliteratur nach möglichen religionsgeschichtlichen Entsprechungen aus den umliegenden Kulturen, stößt man kaum

---

310 Vgl. hierzu ausführlich und mit Literaturhinweisen Kapitel 1.1 dieser Arbeit (insbesondere 7–8).

auf einschlägige Parallelen zu Henochs Vision der beiden Häuser. Zwar werden hin und wieder Analogien zur Thronsaalvorstellung oder allgemein dem Tempelkonzept genannt;[311] hierbei handelt es sich überwiegend um mesopotamische Quellen, die jedoch keine Entsprechungen zu der markanten Gegenüberstellung der beiden Tempelentwürfe in 1 Hen 14,8–25 aufweisen. Auch in antiken griechischen und ägyptischen Quellen haben sich nach eigenen Recherchen keine einschlägigen Parallelen finden lassen.[312]

Im Folgenden soll angesichts dieser Sachlage der Versuch unternommen werden, Henochs Vision von den zwei Häusern religionsgeschichtlich zu kontextualisieren. Es wird gefragt, in welchem Maße die Darstellung der beiden Häuser in 1 Hen 14,8–25 an antike nicht-jüdische Tempeltraditionen anschließt und wie sie in ihrem historischen interkulturellen Rahmen einzuordnen ist. Der Fokus wird aus den oben genannten Gründen auf den mesopotamischen Quellen liegen. In einem ersten Schritt sollen einige relevante tempeltheologische Grundgedanken des Alten Orients im Dialog mit Henochs Traumbericht knapp betrachtet werden, bevor in einem zweiten Schritt die Bauinschriften des assyrischen Königs Tukultī-Ninurta I. (ca. 1243–1207 vor Christus[313]) im Ištar-Tempel in Aššur (A.0.78.11–16[314]) als konkretes Vergleichsmaterial für den im *Wächterbuch* ausformulierten Überbietungsgedanken diskutiert werden.[315] Hierbei wird sich zeigen, dass sich die Beschreibung der beiden Häuser in vielerlei Hinsicht durchaus sehr gut in die geistige Umwelt der umliegenden Kulturen einordnen lässt.

---

311 Vgl. zum Beispiel das Etana-Epos, „Adapa und der Südwind" oder „Unterweltsvision eines assyrischen Kronprinzen".

312 Für diese Recherchen wurden Hinweise in der bisherigen Forschungsliteratur überprüft, Einführungsliteratur und Überblicksdarstellungen zu mesopotamischen, griechischen und ägyptischen Tempelvorstellungen konsultiert sowie Experten der jeweiligen Fachbereiche nach einschlägigen Parallelen befragt. In diesem Zusammenhang danke ich Claus Ambos, Heinz-Günther Nesselrath und Daniel Werning für ihre freundliche Auskunft.

313 Vgl. Grayson, *Assyrian Rulers*, 1:4. Für eine knappe Darstellung von Tukultī-Ninurta I. und weiterführende Sekundärliteratur vgl. Streck, „Tukultī-Ninurta I.," 176–178.

314 Grayson, *Assyrian Rulers*, 1:253–263; A.0.78.11–16 = Nr. 7–12 bei Weidner, *Inschriften*, 14–21.

315 Die Auswahl der mesopotamischen Quellen basiert im Wesentlichen auf einer eigenen Durchsicht von fachspezifischer Sekundärliteratur, die sich mit mesopotamischen Tempeln, insbesondere in theologischer Hinsicht, beschäftigt, sowie von akkadischen Lexika, Wörterbüchern und den gängigen Datenbanken im Internet. Während für die allgemeine altorientalische Tempeltheologie zahlreiche Texte vorliegen, von denen im Nachfolgenden eine Auswahl präsentiert wird, wurde bei diesen Recherchen ein Überbietungsgedanke, der mit der Aussage in Henochs Vision vergleichbar ist, lediglich in den Bauinschriften des assyrischen Königs Tukultī-Ninurta I. gefunden. Möglicherweise gibt es jedoch noch weitere altorientalische Quellen, in denen ein ähnlicher Überbietungsgedanke ausformuliert wird, nur entziehen sich diese meiner Kenntnis.

4.5.1 Altorientalische Tempeltraditionen

Gemäß dem altorientalischen Denken ist der Tempel nicht nur Zentrum des Kosmos und Wohnsitz der Götter, sondern wurde auch von den Göttern selbst in mythischer Urzeit im Zusammenhang mit der Erschaffung der Welt und Menschheit erbaut;[316] „daher war der Grundplan eines Heiligtumes seit alters her vorgegeben und galt als das Ebenbild kosmischer Lokalitäten wie dem Apsû, dem zwischen Himmel und Erde befindlichen Ešarra oder dem Sternenhimmel."[317] Während es zum Beispiel im sumerischen Mythos *Enkis Reise nach Nippur*[318] die Gottheit Enki selbst ist, der sich sein eigenes Heiligtum aus reichlich Silber, Gold und Lapislazuli erbaut (Z. 4–12[319]), errichten die Götter im akkadischen Schöpfungsmythos *Enūma eliš*[320] für ihren Götterkönig Marduk einen Palast, nachdem dieser die Chaosmacht Tiamat bekämpfte, aus ihr die Welt formte und mit der Schöpfung der Menschheit eine andauernde Versorgung der Götter garantierte (Tafel VI, 45–69). Auf die Sicherstellung der Versorgung und den Bau des Tempels folgt schließlich der Einzug der Götter in den „Wohnsitz der Herzensfreude"[321]. Der Tempel, der in Form der Ziqqurrat als Band zwischen Himmel und Erde vorgestellt wird,[322] erscheint auf diese Weise „als Konzentrationspunkt göttlicher Wirksamkeit auf Erden"[323]; Gottheit und Tempel sind folglich von Anfang an nicht voneinander losgelöst denkbar.[324]

Bei einer genauer Betrachtung von *Enkis Reise nach Nippur* fällt auf, dass in der detaillierten Beschreibung des urzeitlichen Tempelbaus durch Enki zahl-

---

316 Vgl. hierzu und für das Folgende vor allem Ambos, *Mesopotamische Baurituale*, 47–61; Ambos, „Rituale beim Abriß und Wiederaufbau," 19–31; Löhnert, „Das Bild des Tempels," 263–282; Maul, „Das Haus des Götterkönigs," 311–324; Sallaberger, „Tempel," 13:519–524.
317 Ambos, *Mesopotamische Baurituale*, 48. Vgl. auch Maul, „Das Haus des Götterkönigs," 314.
318 Für eine Textausgabe mit Auflistung der Textzeugen und eine kommentierte Übersetzung siehe zum Beispiel Ceccarelli, „Enkis Reise nach Nippur," 89–118.
319 Zählung entsprechend dem Komposittext von Ceccarelli, „Enkis Reise nach Nippur," 89–118.
320 Für eine Einführung in das Werk, eine Textausgabe mit Auflistung der Textzeugen und eine Übersetzung mit ausführlichem Kommentar siehe zum Beispiel Lambert, *Babylonian Creation Myths*, insbesondere 3–144; 439–492.
321 *parak ḫūd libbi* (K 2000+ etc. Z. 63–64 [in Ambos, *Mesopotamische Baurituale*, Kapitel II.C.2., 162–163]) bzw. *šubat ṭub libbi* (zum Beispiel CT 13, 35–38 etc. Z. 16.19–20 [in Ambos, *Mesopotamische Baurituale*, Kapitel II.E.2., 202–203]; Eḫulḫul-Zylinder Text 1 i 9 par. 11 i 9; 11 ii 19; Text 1 ii 59 par. 11 ii 59 [in Schaudig, *Inschriften*, Text 2.12., 416.420.423]). Vgl. Ambos, *Mesopotamische Baurituale*, 51–52.
322 Vgl. hierzu insbesondere die Bezeichnung DUR-AN-KI für den Tempel in Nippur.
323 Sallaberger, „Tempel," 13:521.
324 Vgl. Sallaberger, „Tempel," 13:520.

reiche Bestandteile des Hauses genannt werden, wie etwa die kostbaren Baumaterialien (Gold, Silber, Lapislazuli; Z.6–7; 11–12), das Ziegelwerk, die Rohrmat-
tenschichten, die Dachbalken oder das Fundament (Z. 14–15; 20–32), und im
Inneren des Hauses auch ein erhabener Thron verortet wird (Z. 42). Insgesamt
ist Enkis Tempel von Erhabenheit (Z. 58; 61) und Überfluss (Z. 50) charakterisiert
und steht auf dem Abzu als dem reinen und lebensspendenden Ort gegründet
(Z. 33; 44; 51). Bemerkenswert ist auch die Darstellung der Tor- und Türeingänge
als starke und furchteinflößende Raubtiere, die Unheil und Gefahr abzuwehren
vermögen und das Innere schützend bewachen (Z. 26–27; 31–32).[325]

Es lassen sich ohne Weiteres einige Parallelen zwischen der Beschreibung
von Enkis Tempel und Henochs Vision der beiden Häuser feststellen. In beiden
Werken liegt der Schwerpunkt in der Schilderung vor allem auf der Architektur
und Ausgestaltung der Häuser, wobei in beiden Fällen näher auf die einzelnen
Baumaterialien und Hauselemente sowie das Innere des Tempels eingegangen
und schließlich die Erhabenheit des göttlichen Wohnsitzes betont wird. Während jedoch in Henochs Traumbericht zwei unterschiedliche Häuser beschrieben werden, wird nach *Enkis Reise nach Nippur* nur ein einziges Haus als Heiligtum für Enki erschaffen, bei dem keine weitere Untergliederung in Haupthalle
oder Allerheiligsten vollzogen wird. Zusammen mit dessen Erhabenheit, Überfluss und der Tatsache, dass es durch den Thron eindeutig als Enkis Wohnsitz
definiert ist, lässt sich insbesondere zwischen Enkis Heiligtum und dem zweiten
Haus aus Henochs Vision, das den wahren Wohnort der Gottheit darstellt, eine
markante typologische Entsprechung entdecken. Demgegenüber erscheint das
erste Haus in 1 Hen 14,8–14a als Ort ohne Lebensfreude gewissermaßen als Negativ zum mythischen Bild des altorientalischen Tempels als „Wohnsitz der Herzensfreude".

Mit Blick auf das ursprüngliche, von den Göttern selbst in mythischer Urzeit
erbaute Heiligtum gilt der vom Menschen erbaute Tempel als Wiederherstellung
dieses Urbildes, die sich strikt an den von den Göttern vorgegebenen Grundplan
zu halten hatte.[326] Auf diese Weise kommt der wesentliche altorientalische Gedanke von der Kontinuität und Selbigkeit des Heiligtums zum Ausdruck, der im
Rahmen einer Renovierung mit Hilfe des *kalu*-Rituals gewahrt wurde. Dabei
wurde ein Ziegel des alten Tempels als *pars pro toto* im neuen Heiligtum wieder-
verwendet, um die Identität der beiden Gebäude sicherzustellen.[327] Änderungen
des Bauplanes oder gar eine Neugestaltung des Tempels zogen, wenn sie nicht

---

325 Vgl. Löhnert, „Das Bild des Tempels," 271–273.
326 Vgl. Ambos, *Mesopotamische Baurituale*, 47–50; Ambos, „Rituale beim Abriß und Wiederaufbau," 22.
327 Ambos, „Rituale beim Abriß und Wiederaufbau," 26–27.

ausdrücklich von der Gottheit erwünscht bzw. genehmigt worden waren, ebenso wie die Vernachlässigung des Tempels den göttlichen Zorn nach sich, da sie einen Eingriff in die kosmische Ordnung bzw. eine Verletzung dieser darstellten.[328] So schildert beispielsweise der nachfolgende akkadische Bericht des Königs Nabonid (555–539 vor Christus) über die Instandsetzung des Tempels in Sippar, welche Konsequenzen die Ignoranz des früheren Königs Nebukadnezar gegenüber dem göttlichen Grundplan mit Blick auf den Tempel hatte:

> Ebabbar, sein Tempel, welcher in Sippar (gelegen), den Nabû-kudurrī-uṣur, ein König früherer Zeit, gebaut und dessen alte Gründung er gesucht, aber nicht gefunden hat – diesen Tempel hat er (dann aber trotzdem) gebaut und daher sanken (schon) nach 45 Jahren die Mauern dieses Tempels um. Ich wurde beunruhigt, geriet in Furcht, bekam Herzklopfen und mein Gesicht war tief betrübt, bis daß ich Šamaš hinausgeführt (und) in einem anderen Tempel habe wohnen lassen. (Eḫulḫul-Zylinder Text 11 ii 47–54)[329]

Bemerkenswert ist die große Angst Nabonids in Reaktion auf das Einstürzen des Tempels, das im Wesentlichen Ausdruck des göttlichen Zornes war und auch den Auszug der Gottheit aus dem Tempel sowie diverse Klagerituale nach sich zog.[330] Die Rituale sollten hierbei die gestörte Beziehung zwischen der Gottheit und den Menschen sowie den Tempel als „Wohnsitz der Herzensfreude" wiederherstellen.[331]

Noch viel drastischer ist die späte jungbabylonische Schilderung auf dem Kyros-Zylinder,[332] in der König Kyros (559–530 vor Christus) seinem Vorgänger Nabonid nicht nur Ignoranz gegenüber dem göttlichen Grundplan, sondern vor allem den frevelhaften Versuch einer Nachahmung des Tempels (tamšīli É.SAG.ÍL) an einem anderen Ort und einen gottlosen Kult vorwirft (Z. 4–8).[333] Dass dem Tempel oder der Tempelstadt ein gewisser Abbildcharakter eigen ist, ist im altorientalischen Denken zunächst einmal nichts Ungewöhnliches. So gelten mesopotamische Tempelbauten als Ebenbild des Kosmos bzw. bestimmter kosmischer

---

328 Vgl. Ambos, *Mesopotamische Baurituale*, 48–50; 52–57; Ambos, „Rituale beim Abriß und Wiederaufbau," 23–25.

329 Übersetzung: Schaudig, *Inschriften*, 438; für den Text siehe *ebd.*, 422.

330 Vgl. Ambos, *Mesopotamische Baurituale*, 54; Ambos, „Rituale beim Abriß und Wiederaufbau," 23–24.

331 Vgl. Ambos, „Rituale beim Abriß und Wiederaufbau," 24.

332 Für eine Textausgabe und Übersetzung siehe zum Beispiel Schaudig, *Inschriften*, 550–556.

333 Ein ähnlicher Vorwurf findet sich zum Beispiel auch in Chronik 20 Z. 18–21 (Grayson, *Chronicles*, 153–154): Sargon habe, indem er eine Nachbildung (miḫru(m)) von Babylon habe bauen lassen, den Untergang des Reiches Akkad hervorgerufen. Zur altorientalischen Hauptstadttheologie insgesamt vgl. Blanco Wißmann, «Er tat das Rechte...», 69–71.

Orte und können daher beispielsweise als *tamšīl šamāmī* „Abbild des Himmels"[334], *ana šamāmī mašil* „dem Himmel ähnlich"[335] oder mit Blick auf Esagila als *tamšīl Ešarra* „Ebenbild des Ešarra (einer kosmischen Region zwischen Himmel und Erde)"[336] bezeichnet werden.[337] Der Tempel als Ebenbild repräsentiert folglich die himmlische Realität auf Erden. Jedoch ist das, was Nabonid gemäß dem Kyros-Zylinder baut, nicht ein Ebenbild des Kosmos, das heißt Esagila selbst, sondern gewissermaßen ein Duplikat dieses Ebenbildes und widerspricht damit der kosmischen Ordnung, die von den Göttern begründet wurde.

Das unerlaubte Nachahmen des einzigartigen Esagilas und das böse Agieren Nabonids ruft die Klage des Volkes und den Zorn Marduks hervor, der zur Rettung seines Volkes Kyros als König erwählt (Z. 9–14) und mit dessen Hilfe den Frieden und den rechten Kult in Babylon wieder ermöglicht (Z. 22–34). Vor dem Hintergrund des *Enūma eliš* erscheinen die Befreiung Babylons und die Rückkehr der Götter zur wiederhergestellten „Wohnung (ihrer) Herzensfreude" (Z. 34) nahezu als Wiederholung der Rettung der Götter durch Marduk während der mythischen Urzeit. Ebenso auffällig ist die markante Gegenüberstellung des negativ bewerteten Tempels und Kultes unter Nabonid und des positiv konnotierten Gotteshauses und Kultes unter Kyros. Als Abbild (*tamšīlu(m)*) des wahren Tempels (nicht des Kosmos!) kann das Gotteshaus, das Nabonid errichtete, gegenüber der tatsächlichen „Wohnung der Herzensfreude" nur schlecht und defizitär sein – wie auch das erste Haus in Henochs Vision! Dieses wird zwar im Gegensatz zum Bauwerk Nabonids nicht explizit als Abbild bezeichnet, erscheint aber als solches über den Vergleich mit dem zweiten Haus. Zwar erweckt das erste Haus mittels der Vergleichspartikel „wie" zunächst einmal den Eindruck, entsprechend dem altorientalischen Denken Abbild des Kosmos zu sein. Jedoch deutet die Gegenüberstellung zum zweiten Haus darauf hin, dass die übliche Vorstellung, der Tempel repräsentiere als Abbild die himmlische Realität, in Henochs Vision zugunsten der Unterscheidung Abbild = erstes Haus und Realität = zweites Haus aufgegeben wurde. Denn das zweite Haus ist nicht nur größer als das erste, auch sind die Himmelsphänomene und die thronende

---

334 So werden die Heiligtümer des Esagilas nach einem Bericht von Assurbanipal bezeichnet. Zitiert nach Ambos, *Mesopotamische Baurituale*, 48.

335 Vgl. zum Beispiel VAT 3847, insbesondere die ersten beiden Zeilen (Text und Übersetzung nach Köcher, „Ein spätbabylonischer Hymnus auf den Tempel Ezida in Borsippa," 236–240):

URU.BÁR.SÍB.KI *a-na šá-ma-mi ki ma-š*[il]   Wie gleicht doch Borsippa dem Himmel!
šin-na-at šá É.ŠÁR.RA *šá-qu-ú* É.ZU.DA   Ein Ebenbild von Ešarra ist das hohe Ezida!

336 Zitiert nach Ambos, *Mesopotamische Baurituale*, 48.

337 Vgl. Ambos, *Mesopotamische Baurituale*, 48 (mit weiteren Beispielen). Für weitere Beispiele siehe auch den Wörterbucheintrag zu *tamšīlu* Bedeutung 2.a) in CAD 18:148–149.

Gottheit nur dort real anwesend, während sie im ersten Haus bloß abgebildet sind bzw. mit Blick auf den Thron und die Gottheit gänzlich fehlen.

Beide Texte entsprechen sich somit in der generellen kultkritischen Gegen-überstellung eines negativen und eines positiven Tempelentwurfs, die eng mit der Frage nach der Anwesenheit bzw. Abwesenheit der Gottheiten verbunden ist. So wird im Kyros-Zylinder beschrieben, wie Nabonids Agieren zum absolu-ten Ausnahmezustand führt. Die Götter verlassen ihre Wohnung, ihre Abwesen-heit bedeutet das Ende des Tempels und zieht das ganze Land und Volk in Mitleidenschaft (Z. 9–11). Ebenso handelt es sich bei dem ersten Haus in Henochs Vision um einen lebensfeindlichen Ort, der in tempeltheologischer Hinsicht auf Grund des fehlenden Thrones und der abwesenden Lebensfreude gleichermaßen als Ausnahmezustand gedeutet werden kann. Der Wiederein-zug der Götter in den „Wohnsitz (ihrer) Herzensfreude" unter Kyros bzw. die Anwesenheit der großen Herrlichkeit im zweiten Haus entspricht demgegen-über dem mythisch begründeten Idealzustand. Allerdings wird im *Wächter-buch* die grundlegende altorientalische Idee vom irdischen Tempel als Eben-bild des Himmels und/oder anderer kosmischer Bereiche, das heißt die Vorstellung einer direkten Korrespondenz von himmlischer Realität und seinem irdischen Abbild, radikal aufgebrochen, was mit einer völligen Transzendierung der Gottheit einhergeht. Während die Abwesenheit der Götter im irdischen Tem-pel entsprechend der Vorstellungswelt des Kyros-Zylinders noch einen reversi-blen Ausnahmezustand darstellte, ist sie für das *Wächterbuch* gewissermaßen die Regel; die Idee einer irdischen Wohnstatt der Gottheit wurde durch die Vorstel-lung von Gott als dem Schöpfer des gesamten Kosmos und dem distanzierten Universalherrscher, der in einer unerreichbaren himmlischen Sphäre residiert, vollständig ersetzt.

Aber nicht nur der Einsturz eines Tempels und die damit verbundene Abwe-senheit der Gottheit konnte große Angst hervorrufen. So wird in dem akkadi-schen Text *Unterweltsvision eines assyrischen Kronprinzen*[338], der nur auf einer einzigen Tontafel aus dem 7. Jahrhundert vor Christus überliefert ist[339] und von Kvanvig in die Diskussion von Dan 7 eingebracht wurde,[340] eine eindrückliche Schreckensreaktion des Visionärs infolge des Anblickes von Nergal und seinem Thron beschrieben (Z. 13–15 [Rückseite]). Kvanvig selbst geht hierbei jedoch we-

---

338 = VAT 10057. Für eine Textausgabe und Übersetzung siehe zum Beispiel Livingstone, *Court Poetry*, 68–76.

339 Vgl. von Soden, „Die Unterweltsvision," 1–3.

340 Vgl. Kvanvig, *Roots of Apocalyptic*, 389–441 (Übersetzung und Beschreibung der Unter-weltsvision); 442–459 (Vergleich mit Dan 7); 536–555 (die Unterweltsvision als Hintergrund von Dan 7).

niger auf das Motiv der Angst oder die Frage nach dem Verhältnis von 1 Hen 14 zu diesem akkadischen Visionstext ein – seines Erachtens ist 1 Hen 14 im Wesentlichen von Ez 1 abhängig, während Dan 7 sowohl von 1 Hen 14 als auch von der *Unterweltsvision eines assyrischen Kronprinzen* beeinflusst wurde.[341] Während der Verfasser von Dan 7 seine Vision vom Menschensohn vor dem Hintergrund der visionären Bildsprache des entrückten Henochs entwickelt habe, der vornehmlich als Weiser dargestellt werde, habe er die königlichen Charakteristika für seine Menschensohn-Figur aus der *Unterweltsvision* übernommen.[342] Kvanvig sieht daher keine Notwendigkeit, Henochs Traumbericht mit der *Unterweltsvision* in Hinsicht auf die Angstreaktion zu vergleichen.

Dagegen betrachtet Hartenstein in seiner Untersuchung zur Gerichtspräsenz Gottes im Heiligtum in Jes 6 diesen akkadischen Text und insbesondere die Schreckensreaktion genauer.[343] Hierbei arbeitet er sowohl inhaltliche wie auch strukturelle Ähnlichkeiten zwischen Jes 6 und der *Unterweltsvision* heraus.[344] Einerseits fühle sich der Protagonist in beiden Texten auf Grund der Begegnung mit der Gottheit dem Tode nahe,[345] entgehe diesem jedoch, da ein übermenschliches Wesen seinetwegen rettend eingreife;[346] andererseits folge auf eine zuständliche, bildhafte Beschreibung des göttlichen Heiligtums zunächst eine Aussage über die Fülle dieses Ortes,[347] dann eine Angstreaktion des Protagonisten[348] und schließlich das Eingreifen des übermenschlichen Wesens sowie eine ausführliche Kommunikation. Allerdings gebe es einen wesentlichen Unterschied mit Blick auf die Ausrichtung des Zornes und Gerichtes der jeweili-

---

341 Vgl. Kvanvig, „Henoch und der Menschensohn," 101–133; Kvanvig, „Throne Visions and Monsters," 249–272; Kvanvig, *Roots of Apocalyptic*, 536–558; 558–571. Zur Problematisierung von Kvanvigs These siehe exemplarisch Collins, *Daniel*, 284–286. Nach Collins seien die Ähnlichkeiten zwischen Dan 7 und der *Unterweltsvision eines assyrischen Kronprinzen* auf so allgemeine Charakteristika begrenzt, dass es seines Erachtens keinen Grund gebe, eine Beziehung zwischen diesen beiden Werken anzunehmen. „Formally, the Akkadian vision is of great interest for the background of early Jewish apocalypses but is more relevant to the otherworldly journeys of Enoch than to the symbolic vision of Daniel" (*ebd.*, 284).
342 Vgl. Kvanvig, *Roots of Apocalyptic*, 564.
343 Vgl. Hartenstein, *Die Unzugänglichkeit Gottes*, 205–216.
344 Vgl. hierfür und für das Folgende insbesondere Hartenstein, *Die Unzugänglichkeit Gottes*, 212–213.
345 Jes 6,1–5; Unterweltsvision Z. 11–15 [Rückseite].
346 Jes 6,6–7; Unterweltsvision Z. 16–17 [Rückseite].
347 Hartenstein, *Die Unzugänglichkeit Gottes*, 210, hebt hervor, dass der Wohnort des Unterweltsgottes Nergal eindeutige Züge eines Heiligtums trage, die vor allem durch die Aussage, die Unterwelt sei voll (*malû(m)*) von „Furchtbarkeit" bzw. „Schrecken(sglanz)" (*puluḫtu(m)*; Z. 13 [Rückseite]), relative Nähe zu den Fülle-Aussagen in Jes 6,1b.3b.4b aufweise.
348 Jes 6,5; Unterweltsvision Z. 14 [Rückseite].

gen Gottheit. Konzentriere sich das Gericht in Jes 6 auf das Volk Israel, gelte Nergals Zorn und Todesbefehl ganz allein dem Visionär, der sich vielleicht unerlaubterweise im Totenreich aufhalte.[349] Insgesamt scheinen in beiden Werken folglich ähnliche, für die Levante allerdings typische Tempel- und Thronsaalvorstellungen verarbeitet worden zu sein, wobei eine direkte Kenntnis der *Unterweltsvision* beim Verfasser von Jes 6 nach Hartenstein sehr unwahrscheinlich sei.[350]

Für Henochs Vision von den beiden Häusern (1 Hen 14,8–25) lässt sich meines Erachtens Vergleichbares feststellen. Auch hier lassen sich inhaltliche und strukturelle Ähnlichkeiten finden, die einen gemeinsamen traditionsgeschichtlichen Horizont der beiden Werke bezeugen, aber auch nicht mehr. Hierbei sticht vor allem der Zusammenhang von lebensfeindlichem Raum und ausgeprägter Angst ins Auge:

> The nether world was full of terror; a mighty silence lay before the crown prince [...]. He took me by my forelock and pulled me in front of him. I looked at him and my bones shivered! His grimly luminescent splendour overwhelmed me, I kissed the feet of his great divinity and knelt down. Then I stood up, while he looked at me, shaking his head. (*Unterweltvision* Z. 13–14 [Rückseite])[351]

> Und ich ging hinein in jenes Haus und es war heiß wie Feuer und kalt wie Eis und keine Lebensfreude war in ihm. Furcht bedeckte mich und Beben ergriff mich. Und wie ich erschüttert war und zitterte, fiel ich [auf mein Angesicht]. (1 Hen 14,13–14a)[352]

Beide Visionäre erleben im Innenraum eines als Heiligtum erscheinenden Ortes pure Angst, die vom Gerichtshandeln und dem Zorn der Gottheit ausgelöst wird. Während es sich in der *Unterweltsvision* jedoch eindeutig um den Wohnbereich und Herrschersitz des Unterweltsgottes Nergal handelt, das Heiligtum folglich auch mit einem Thron ausgestattet und neben der Gottheit ebenso ihr Hofstaat anwesend ist, sieht Henoch im ersten Haus nichts und niemanden und auch der Gedanke des Gerichtes und des Zornes wird nur indirekt über negative Konnotation der Bauelemente und die Abwesenheit von Lebensfreude zum Ausdruck gebracht. Infolgedessen erscheint das Haus, das Henoch in seiner Vision als erstes sieht, zwar äußerlich einem Gotteshaus sehr ähnlich, ist jedoch nur ein defizitäres Abbild des wahren Tempels und somit ein Ort der Gottesferne und Lebensfeindlichkeit – damit entspricht es jedoch in gewisser Weise der Vorstellung des Totenreiches! Alle weiteren Parallelen zwischen Henochs Traum-

---

349 Vgl. Hartenstein, *Die Unzugänglichkeit Gottes*, 210–211.
350 Vgl. Hartenstein, *Die Unzugänglichkeit Gottes*, 213, insbesondere auch Fußnote 731.
351 Übersetzung: Livingstone, *Court Poetry*, 72.
352 Übersetzung folgt Aeth.

bericht und der *Unterweltsvision* wie beispielsweise die thronende Gottheit mit dem sie umgebendem Hofstaat[353] oder die Anrede des Visionärs durch die Gottheit[354] finden sich im Gegensatz zur Angstreaktion nicht nur erst beim zweiten Haus, sondern sind auch von sehr allgemeiner Natur. Daher sollten die Zusammenhänge zwischen diesen beiden Werken auf Grund der doch sehr unterschiedlichen Charakteristika in ihrer jeweiligen Ausgestaltung und Intention insgesamt nicht überbetont werden.

In den bisherigen Ausführungen zum religionsgeschichtlichen Kontext von Henochs Vision der beiden Häuser wurde deutlich, dass zahlreiche Elemente in 1 Hen 14,8–25 an gängige altorientalische Vorstellungs- und Wissensbestände anknüpfen, aber auch wesentliche Modifikationen zu finden sind. Der sumerische Mythos *Enkis Reise nach Nippur* bietet Vergleichsmaterial zur ausführlichen Beschreibung der Architektur und Ausgestaltung eines Tempels, während der Kyros-Zylinder als religionsgeschichtliche Parallele für die Gegenüberstellung eines positiv und eines negativ konnotierten Tempelentwurfes in Frage kommt. Vor dem Hintergrund des mythischen Bildes vom Tempel als „Wohnsitz der Herzensfreude" und „Konzentrationspunkt göttlicher Wirksamkeit auf Erden" erscheint das erste Haus in Henochs Vision auf Grund der Abwesenheit von Lebensfreude, Thron und Gottheit als Gegenbild zum wahren Wohnort der Gottheit (das zweite Haus), wobei in diesem Zusammenhang auch signifikante Modifikationen auffallen. So wurde der altorientalische Gedanke von der Kontinuität des irdischen Tempels zum mythischen Urbild und von der Korrespondenz zwischen dem irdischen Abbild und der himmlischen Realität in Henochs Vision von den beiden Häusern offensichtlich gänzlich verworfen. Andererseits fand sich bisher für den Überbietungsgedanken in 1 Hen 14,15 kein religionsgeschichtlicher Vorläufer. Zwar zeigte bereits der traditionsgeschichtliche Vergleich mit *Haggai*, dass diese Passage des *Wächterbuches* sehr wahrscheinlich in einem engen theologie- und geistesgeschichtlichen Zusammenhang mit diesem Prophetenbuch steht und in Abhängigkeit von der Tempelproklamation in Hag 2,9a entstanden sein könnte. Die nachfolgende Betrachtung der Bauinschriften des assyrischen Königs Tukultī-Ninurta I. im Ištar-Tempel in Aššur wird allerdings zeigen, dass auch der Überbietungsgedanke, wie er in Hag 2,9a und 1 Hen 14,15 ausformuliert wird, in religionsgeschichtlicher Hinsicht nichts wirklich Neues ist.

---

353 Unterweltsvision Z. 11–12 [Rückseite]; 1 Hen 14,18–23.
354 Unterweltsvision Z. 15.18–28 [Rückseite]; 1 Hen 14,24; 15,1–16,4.

4.5.2 Die Bauinschriften von Tukultī-Ninurta I.

Mit der 37-jährigen Herrschaft des Königs Tukultī-Ninurta I. (ca. 1243–1207 vor Christus), dessen Regentschaft durch seine zahlreichen Bauinschriften gut bezeugt ist, erreichte die Macht Aššurs ihren ersten Höhepunkt.[355] Der Sohn von Salmanassar I. agierte während seiner Regierungszeit an drei politischen Fronten (Qumānu und Šubartu; Hethiter; Babylonien), wobei insbesondere der Sieg über Babylon von großer politischer Bedeutung war. Seine Herrschaft war von einer neuen Machtfülle und gesteigerter religiöser sowie profaner Bautätigkeit geprägt. Einerseits zerstörte er die Mauern Babylons, „entführte" die Marduk-Statue und löste den dortigen Marduk-Tempel auf, andererseits errichtete er zahlreiche neue Bauwerke überwiegend in Aššur, gründete eine neue Hauptstadt (Kār-Tukultī-Ninurta) und baute dort ebenfalls einen neuen Tempel für den Reichsgott Aššur. Schließlich wurde Tukultī-Ninurta I. von einem seiner Söhne gestürzt und in seiner neuen Hauptstadt Kār-Tukultī-Ninurta ermordet.

Als Tukultī-Ninurta I. die Königsherrschaft über Aššur antrat, muss der Ištar-Tempel in Aššur offensichtlich stark renovierungsbedürftig gewesen sein.[356] Zumindest verweist er in seinen zahlreichen Bauinschriften auf den baufälligen Zustand des älteren Tempels, den seine Vorfahren vor Jahrhunderten gebaut hatten und dessen verfallenen Bau er nun beseitigte.[357] Darüber hinaus schien der König ursprünglich geplant zu haben, den alten Tempel am bisherigen Ort wieder zu errichten. Dies lassen jedenfalls die älteren seiner Bauinschriften (A.0.78.11) vermuten, die wahrscheinlich am Anfang seiner Regentschaft und noch vor dem Tempelneubau angefertigt und später in den Fundamenten des neuen Tempels verlegt worden waren. Dort weist er lediglich darauf hin, dass er den neuen Tempel sehr viel größer als den früheren und so schön wie die Wohnung des Himmels machte (Z. 46–49), jedoch nicht, dass er den Tempel an einem anderen Ort, das heißt südöstlich vom bisherigen Standort, und mit einem anderen Grundplan errichten wollte. Auf den grundlegenden Neubau des Tempels wird erst in einem späteren Nachtrag, der nur auf einem einzigen der zehn Exemplare der älteren Bauinschrift (A.0.78.11) angebracht wurde und die Z. 33–34 des ursprünglichen Textes ersetzen sollte, kurz hingewiesen:

---

355 Vgl. hierzu und für das Folgende vor allem von Soden, *Herrscher im Alten Orient*, 68–74; Klengel, „Tukulti-Ninurta I.," 67–77; Streck, „Tukulti-Ninurta I.," 14:176–178.

356 Vgl. hierfür und für das Folgende vor allem Weidner, *Inschriften*, 14–21 (insbesondere 15.18), und Meinhold, *Ištar in Aššur*, 29–46 (insbesondere 33–35).

357 A.0.78.11 Z. 15–38 (= Nr. 7 Z. 15–35 bei Weidner, *Inschriften*, 14–18), und A.0.78.13 Z. 24–30 (= Nr. 9 Z. 24–30 bei Weidner, *Inschriften*, 18). Die ältere Inschrift A.0.78.11 ist insgesamt in zehn Exemplaren erhalten, die jüngere Inschrift A.0.78.13 nur in einem Exemplar.

Zu dieser Zeit, am Anfang meiner Königsherrschaft, verlangte Ištar, meine Herrin, von mir einen anderen Tempel, der heiliger wäre als ihr vorheriger Tempel; und den alten Tempel, den Wohnsitz Ištars, meiner Herrin, der früher (ihr) einziger Tempel gewesen, als einzelner zur Wohnung Ištars errichtet und an dessen Vorderseite kein *šaḫūru* gebaut war (– dessen baufälligen Zustand beseitigte ich. ...). (A.0.78.11 Z. 82–86 [Exemplar 1])[358]

Im Gegensatz zu seinen anderen Bauinschriften, in denen der desolate Zustand des alten Tempels als Begründung für den Neubau angeführt wird, rechtfertigt Tukultī-Ninurta I. die grundlegende Neugestaltung in diesem Nachtrag damit, dass die Göttin Ištar dies ausdrücklich so gewollt habe.[359] Mit Blick auf Henochs Vision von den beiden Häusern ist bemerkenswert, dass dieser neue Tempel nicht unbedingt ein Wiedererrichten des alten Tempels im Sinne einer Wiederherstellung eines schon einmal vorhanden gewesenen Bauwerkes ist. Vielmehr stellt es ein gänzlich neues, anderes Bauwerk (É *šá-na-a*) dar, das sich vom bisherigen nicht nur unterscheidet, sondern dieses auch überbietet, indem es heiliger als der vorherige Bau ist (*šá el maḫ-ri-i* É.AN.NA-*šá qu-šu-du*). Erst in einer jüngeren Bauinschrift[360] wird dann auf die ausdrückliche Verlegung des Tempelstandortes hingewiesen und teilweise ausformuliert, in welcher Hinsicht sich der Neubau von seinem Vorgängerbau unterscheidet:

Seinen (des alten Tempels D) baufälligen Zustand beseitigte ich. Seinen Baugrund verlegte ich. An einem anderen Ort legte ich (den neuen Tempel) an. Viel größer als zuvor machte ich ihn. Ein *šaḫūru*-Gebäude(teil) und hohe Türme errichtete ich zusätzlich. Diesen Tempel vollendete ich von seinen Grundmauern bis zu seinen Zinnen. In ihm errichtete ich ein hohes Postament, ein ehrfurchtgebietendes Heiligtum, als Wohnstätte Ištars, meiner Herrin. Und meine Bauurkunden legte ich nieder. (A.0.78.13 Z. 30–50)[361]

Neben der Verlegung des Tempelstandortes fällt insbesondere der Hinweis auf die Vergrößerung des Tempels gegenüber seinem Vorgängerbau ins Auge (*ma-*

---

358 Übersetzung: Meinhold, *Ištar in Aššur*, 34. Nach Meinhold, *ebd.*, sei dieser Nachtrag im Gegensatz zu der sorgfältig angefertigten Inschrift „recht unbeholfen angebracht", was verdeutliche, dass der komplette Neubau ursprünglich offensichtlich nicht geplant gewesen sei, sondern eher überraschend kam.

359 Vgl. auch Ambos, *Mesopotamische Baurituale*, 48; Ambos, „Rituale beim Abriß und Wiederaufbau," 25.

360 Das jüngere Datum von A.0.78.13 gegenüber A.0.78.11 begründet Meinhold, *Ištar in Aššur*, 35, folgendermaßen: „Die Inschrift ist im Vergleich zu den Bauurkunden aus den Fundamenten jünger. Jene stammen ausdrücklich vom Beginn der Regierungszeit Tukultī-Ninurtas I. Am Anfang dieser Inschrift stehen aber zahlreiche Epitheta, die wortgewaltig die gewachsene Macht des Königs preisen und auf verschiedene militärische Erfolge seit Regierungsbeginn Bezug nehmen, wie zum Beispiel auf Siege über Subartu und die Nairi-Länder. Außerdem ist beschrieben, wie zuerst der Tempelbau fertiggestellt und danach das Postament angelegt wurde." Vgl. auch Weidner, *Inschriften*, 18.

361 = Nr. 9 Z. 30–50 bei Weidner, *Inschriften*, 18. Übersetzung: Meinhold, *Ištar in Aššur*, 34–35.

di-iš el maḫ-ri-i ú-šá-te-er, Z. 35–36). Allerdings findet sich eine ähnliche Aussage bereits in der älteren Bauinschrift (*šá el maḫ-ri-i qud-me-šá šu-tu-ru e-pu-uš-ma*, A.0.78.11 Z. 46–49), sodass anzunehmen ist, dass die Vergrößerung des Tempels gegenüber dem alten Heiligtum für Tukultī-Ninurta I. von vornherein ein wesentliches Anliegen war, die notwendigen Voraussetzungen hierfür jedoch erst durch die neue Lage ermöglicht wurden.[362] Dies ändert aber nichts daran, dass Tukultī-Ninurtas I. Neubau insgesamt gemäß der Beschreibung der jüngeren Bauinschrift den alten Tempel nicht nur ideell, sondern auch substantiell überbietet, wenn dies ursprünglich so vielleicht auch nicht geplant war.[363]

Auch wenn anzunehmen ist, dass die Bauinschriften Tukultī-Ninurtas I. inhaltlich nicht der altorientalischen Vorstellung von der Kontinuität und Selbigkeit eines Tempels widersprechen – zumindest deutet der Hinweis auf den ausdrücklichen göttlichen Willen zum Neubau darauf hin, dass der neue Tempel in Einklang zum mythischen Grundplan der Gottheit verstanden wurde –, findet sich in ihnen, insbesondere in dem Nachtrag zur älteren Bauinschrift, ein expliziter Überbietungsgedanke, wonach der Neubau als heiliger bzw. sehr viel größer als der alte Tempel befunden wurde. Dieser Überbietungsgedanke baut auffälliger Weise ähnlich wie in *Haggai* auf einem Vergleich eines früheren Tempels, eines desolaten Zwischenzustandes und eines neuen, sehr viel herrlicheren Bauwerkes auf, welche in ein eindeutiges temporales Verhältnis zueinander gesetzt werden. Darüber hinaus impliziert dieser Gedanke sowohl in den Bauinschriften Tukultī-Ninurtas I. als auch in den beiden antiken jüdischen Werken eine wesenhafte Verschiedenheit der einander gegenübergestellten Tempelentwürfe, die sowohl qualitative als auch quantitative Dimensionen umfasst. Hierbei fällt auf, dass zwar der Neubau in dem Nachtrag zu den Bauinschriften Tukultī-Ninurtas I. eine theologische Begründung findet, der alte Tempel jedoch theologisch nur indirekt über seinen desolaten Zustand bewertet wird. So ist der baufällige Tempel entsprechend dem altorientalischen Denken gewissermaßen synonym zur Abwesenheit der Leben und Segen bringenden Gottheit. Inwiefern dies aber auch als Ausdruck des göttlichen Zornes erachtet werden kann, scheint in den Bauinschriften gegenüber den Taten des Königs nicht von Interesse zu sein – zumindest wird weder eine angsterfüllte Reaktion des Herrschers noch eine negative Beurteilung seiner Vorgänger geschildert, die Aufschluss über den göttlichen Zorn im Zusammenhang mit dem baufälligen Zustand des Tempels geben könnte. Während der Fokus der Bauinschriften damit vor allem auf dem neuen Tempel und seiner neuen Größe liegt, sodass auch

---

362 Vgl. auch Meinhold, *Ištar in Aššur*, 35.
363 Zu den wenigen substantiellen Vergrößerungen des neuen Tempels, die den Bauinschriften zu entnehmen sind, vgl. Meinhold, *Ištar in Aššur*, 35–36.

über seinen Vorgängerbau nicht mehr gesagt werden muss, als dass er baufällig sei, bedarf der Überbietungsgedanke im *Wächterbuch* einer gleichgewichtigen Beschreibung der architektonischen Details beider Häuser, um überhaupt den Urbild-Abbild-Charakter der beiden Tempelentwürfe sowie das Auseinanderfallen der traditionellen Vorstellung von der Kontinuität und Korrespondenz veranschaulichen zu können. Hieraus folgt auch, dass in 1 Hen 14 gegenüber den Bauinschriften des Königs von Aššur wie schon gegenüber *Haggai* jedwede temporale Differenzierung der unterschiedlichen Tempelentwürfe obsolet wird.

Alles in allem steht die Tempeltheologie *Haggais* den Bauinschriften Tukultī-Ninurtas I. damit eigentlich sehr viel näher als Henochs Vision von den beiden Häusern. Anders als im *Wächterbuch* wird der Überbietungsgedanke in diesen beiden Traditionen nämlich vor allem temporal eingebettet und steht in einem engen Zusammenhang mit dem Gedanken der Kontinuität und Korrespondenz des irdischen Tempels zu seinem mythischen Urbild. Hierbei tritt in beiden Fällen eine ausführliche Beschreibung der Architektur und Ausgestaltung der Tempel vor der zeitlichen Verhältnisbestimmung und dem Überbietungsverhältnis als solches deutlich zurück. Demgegenüber gewinnt die Gegenüberstellung der beiden Häuser im *Wächterbuch* ein bemerkenswertes Profil. Die gegenüber den akkadischen Bauinschriften und dem prophetischen Werk neue Kontextualisierung bzw. Stoßrichtung des Überbietungsgedankens in Henochs Vision führt zu einer Kritik an etwas, das sowohl im altorientalischen als auch offensichtlich lange im antiken jüdischen Denken eine Selbstverständlichkeit war: die Vorstellung von der Korrespondenz vom mythischen Urbild und seinem irdischen Abbild. Der irdische Tempel wird stattdessen nicht mehr nur kritisiert oder zeitweilig für inadäquat erklärt, sondern nun gänzlich in Frage gestellt. In tempeltheologischer Hinsicht kommt es im *Wächterbuch* auf diese Weise zu einer radikalen Infragestellung und Innovation der bisherigen Tradition. Nichtsdestotrotz ist anzunehmen, dass der Überbietungsgedanke, wie er in Henochs Traumbericht ausformuliert wird, auf genau solche traditions- und religionsgeschichtliche Vorläufer wie Hag 2,9a oder die Bauinschriften Tukultī-Ninurtas I. zurückgeht. Gerade diese Traditionen könnten nämlich mit ihren tempeltheologischen Spitzenaussagen bzw. ihrer Ausformulierung eines solchen Überbietungsverhältnisses den Weg für den radikalen Bruch bereitet haben, wie er in der Tempeltheologie des *Wächterbuches* vollzogen wurde.

4.5.3 Fazit

Die exemplarische religionsgeschichtliche Kontextualisierung von Henochs Vision von den beiden Häusern insbesondere vor dem Hintergrund der altorientalischen Vorstellungswelt hat verdeutlicht, dass diese Passage des *Wächterbuches* in vielen einzelnen Punkten an ältere mesopotamische Traditionen und Wissensbestände anschließt, wenn auch teilweise unter erheblicher Modifikation. So wurde beispielsweise bei der Betrachtung des sumerischen Mythos *Enkis Reise nach Nippur* deutlich, dass die Gegenüberstellung zweier Häuser im Zusammenhang mit einer detaillierten Beschreibung der Architektur und Ausgestaltung des Wohnsitzes einer Gottheit ungewöhnlich und folglich erklärungsbedürftig ist. Während Enkis Tempel als Wohnsitz der Herzensfreude von Erhabenheit, Überfluss und Leben gekennzeichnet ist und damit in typologischer Hinsicht einen guten religionsgeschichtlichen Vorläufer für die Beschreibung des zweiten Hauses in Henochs Vision darstellt, erscheint das erste Haus in 1 Hen 14,8–14a vor diesem sumerischen Mythos implizit als krasses Gegenbild zum mythischen Urbild des altorientalischen Tempels.

Dieser Eindruck hat sich im Vergleich mit dem Kyros-Zylinder und den Bauinschriften Tukultī-Ninurtas I. noch erhärtet, wo sich ebenfalls markante Gegenüberstellungen zweier Tempelentwürfe finden. Stehen sich im Kyros-Zylinder eine positive und eine negative Bewertung des Tempels gegenüber, die eng mit der Frage nach der An- bzw. Abwesenheit der Gottheit im Heiligtum zusammenhängt, wird in den Bauinschriften Tukultī-Ninurtas I. ein Überbietungsgedanke ausformuliert, nach dem der Neubau des Königs als heiliger und sehr viel größer als sein Vorgängerbau charakterisiert wird. Auffälliger Weise ähnelt dieser Befund den Ergebnissen der vorangehenden traditionsgeschichtlichen Betrachtung von Henochs Traumbericht. So bieten die Tempelvisionen des *Ezechielbuches* einerseits ebenfalls eine ausgeprägte Gegenüberstellung eines positiv und eines negativ konnotierten Tempels, wie es auch im Kyros-Zylinder zu finden ist. Andererseits entspricht der Überbietungsgedanke, wie er in Hag 2,9a zum Ausdruck gebracht wird, den tempeltheologischen Aussagen der Bauinschriften von Tukultī-Ninurta I. Alles in allem bedeutet dies jedoch nicht, dass Henochs Vision von den beiden Häusern in irgendeiner Weise genau von diesen mesopotamischen Quellen literarisch abhängig wäre. Vielmehr scheinen die genannten Texte dieselben Vorstellungs- und Wissensbestände zu reflektieren, wie sie auch in dieser Passage des *Wächterbuches* verarbeitet worden sind.

Vor diesem traditions- und religionsgeschichtlichen Hintergrund erweist es sich damit erneut als sehr wahrscheinlich, dass die beiden Häuser, die Henoch in seiner Vision erblickt, als zwei entgegengesetzte Tempelentwürfe zu verstehen sind und nicht unterschiedliche Teile eines einzigen großen Tempelkomplexes darstellen. Während das erste Haus als inadäquates Abbild und Ort der Gottesferne dem mythischen Urbild vom Tempel als Wohnsitz der Herzensfreude und des Überflusses widerspricht, erscheint das zweite Haus hingegen als identisch mit genau diesem Urbild. Damit kommt es jedoch zugleich zu einer radikalen Verwerfung althergebrachter tempeltheologischer Traditionen, die von einer Korrespondenz des irdischen Tempels als Abbild des Kosmos mit der himmlischen Realität ausgehen, sowie zu einer völligen Transzendierung der Gottheit, die ihren vollständigen und irreversiblen Umzug in den Himmel nach sich zieht. Dass die Vorstellung von der Gottheit als einem distanzierten Universalherrscher allerdings nicht immer als ganz unproblematisch wahrgenommen wurde, verdeutlicht bereits die Art und Weise, wie das *Wächterbuch* in der *Tierapokalypse* rezipiert worden ist. So bietet dieses spätere Werk der Henochtradition eine ganz andere Alternative zur klassischen Vorstellung vom Tempel und stellt wieder viel mehr den Beziehungsgedanken zum Volk in den Vordergrund. Damit wird dem transzendenten Gott wieder eine gewisse Art von irdischer Präsenz ermöglicht, wie sie in 1 Hen 14 nicht mehr denkbar war.

5 Henochs Vision von den zwei Häusern im Horizont des Traumberichtes (1 Hen 14–16) und des *Wächterbuches* (1 Hen 1–36)

Henochs Traumbericht im Besonderen (1 Hen 14–16) und das *Wächterbuch* im Allgemeinen (1 Hen 1–36) weisen nicht nur auf Grund der unterschiedlichen sprachlichen Fassungen zahlreiche Textvarianten in der Darbietung des Stoffes auf, sondern setzen sich auch aus verschiedenen Stoffen und Traditionen zusammen. Bereits auf den ersten Blick fällt eine grobe inhaltliche Zweiteilung des antiken jüdischen Werkes auf, bei der 1 Hen 12–16 gewissermaßen als Scharnierstück fungiert. Auf der einen Seite steht der Mythos von den Wächtern (1 Hen 6–11), auf der anderen Seite die Erzählung von Henoch und seinen kosmischen Reisen (1 Hen 17–19; 21–36), wobei nur in 1 Hen 12–16 das Schicksal der Wächter mit der Figur des Henoch als Vermittler zwischen Himmel und Erde und als positiver Gegenentwurf zu den abtrünnigen Engeln explizit verbunden wird. Auch im Detail lassen sich verschiedene Schwerpunkte und unterschiedliche Vorstellungen ausmachen. So hat zum Beispiel die Beobachtung, dass in der Erzählung vom sogenannten Fall der Wächter in 1 Hen 6–11 zwei unterschiedliche Engel als Protagonisten auftreten, zu zahlreichen Hypothesen geführt, in denen unterschiedliche Traditionsstränge, wenn nicht sogar Quellen differenziert worden sind.[1] Demgegenüber wurde Henochs Vision von den beiden Häusern (1 Hen 14,8–25), obgleich sie sowohl im Traumbericht als auch im gesamten *Wächterbuch* doch sehr den Eindruck eines Fremdkörpers erweckt, hinsichtlich der Frage nach ihrer literarkritischen und redaktionsgeschichtlichen Einordnung bisher wenig thematisiert. In der Regel wird sie als integraler Bestandteil nicht nur des Traumberichtes (1 Hen 14–16), sondern auch des gesamten Scharnierstückes 1 Hen 12–16 angesehen, wobei selten diskutiert wird, welche (zusätzliche) Funktion die ausführliche Schau der beiden Häuser im Gegensatz zu einer klassischen Thronsaalvision für den Verlauf der Gesamterzählung haben könnte.[2]

Insgesamt besteht ein relativer Konsens darin, dass es sich bei dem *Wächterbuch* um ein mehrschichtiges und komplex gewachsenes Werk handelt, in dem

---

1 Vgl. hierzu exemplarisch Bhayro, *The Shemihazah and Asael Narrative*, 11–20, der in Diskussion mit früheren Modellen fünf unterschiedliche literarische Strata für 1 Hen 6–11 glaubt ausmachen zu können.
2 Eine der wenigen Ausnahmen, die die Problematik und Bedeutung der Vision von der beiden Häusern im Zusammenhang mit dem Traumbericht als Antwort auf die Bittschrift der Wächter näher thematisiert, ist Tigchelaar, *Prophets of Old*, 184.

https://doi.org/10.1515/9783110710366-005

verschiedene Traditionen und Stoffe verarbeitet worden sind;[3] jedoch herrscht Uneinigkeit darüber, wie und in welcher Reihenfolge diese Traditionen und Stoffe zusammengewachsen sind bzw. zusammengestellt wurden.[4] Die Frage nach der konkreten Entstehungsgeschichte des *Wächterbuches* ist damit immer noch offen. Im Folgenden sollen zunächst einige bisherige Modelle exemplarisch skizziert werden,[5] bevor eigene Beobachtungen zur Kontextualisierung von Henochs Vision von den beiden Häusern (1 Hen 14,8–25) im Traumbericht (1 Hen 14–16) und im gesamten *Wächterbuch* (1 Hen 1–36) sowie zu einer möglichen Entwicklungsgeschichte dieses antiken jüdischen Werkes präsentiert werden. Hierbei wird weder Vollständigkeit noch Ausführlichkeit angestrebt. Stattdessen soll es darum gehen, Henochs Vision von den beiden Häusern mit Blick auf ihre literarische Einbettung so weit zu plausibilisieren, dass verständlich wird, wie und warum diese Vision an diese Stelle des *Wächterbuches* gelangt ist.

5.1 Bisherige Modelle zur Entstehung des *Wächterbuches*

Während Dillmann noch davon ausging, dass es sich bei *1 Henoch* insgesamt mehr oder weniger um das Werk eines einzelnen Verfassers handle, bei dem es lediglich kleinere spätere Zusätze wie etwa die Erzählung von den Wächtern (1 Hen 6–16) gebe,[6] stellt *1 Henoch* für Charles und Beer ein paar Jahrzehnte später bereits eine Sammlung verschiedener Textblöcke dar, die von einem abschließenden Redaktor in ihre jetzige Form gebracht wurde.[7] Beide unterscheiden auf der Gesamtebene drei Hauptschichten, welche wiederum aus unterschiedlichen Traditionen gespeist sein können. Neben den Passagen, die einem früheren Noachbuch entnommen seien (1 Hen 6–11; 60; 65–69,25; 106.107),

---

3 Vgl. zum Beispiel Charles, *The Book of Enoch*, xlvi; 1.27–28; Milik, *The Books of Enoch*, 22–41; Newsom, „The Development of 1 Enoch 6–19," 310–329; VanderKam, *Enoch and the Growth*, 110–140; Himmelfarb, *Ascent to Heaven*, 103–104; Tigchelaar, *Prophets of Old*, 152–164; Nickelsburg, *1 Enoch 1*, 21–36; 165–172; Dimant, *From Enoch to Tobit*, 73–89.

4 Vgl. Bachmann, *Die Welt im Ausnahmezustand*, 14.

5 Vgl. hierzu vor allem Bachmann, *Die Welt im Ausnahmezustand*, 9–14, die unter anderen als Grundlage und Orientierungspunkt für die nachfolgende Skizzierung der bisherigen Modelle dient. Vgl. hierzu auch den Überblick bei Wright, *The Origin of Evil Spirits*, 29–37.

6 Vgl. Dillmann, *Das Buch Henoch*, VI–VIII. Nach Dillmann, *ebd.*, könne 1 Hen 6–16 als einer der sogenannten geschichtlichen Zusätze erachtet werden und sei „an die Stelle eines ausgeworfenen Abschnittes" eingefügt worden. Neben den geschichtlichen Zusätzen gibt es seiner Meinung nach auch noch weitere wie etwa die noachischen Zusätze (zum Beispiel 10,1–3; vgl. *ebd.*, XXXVIII).

7 Vgl. hierzu und für das Folgende Charles, *The Book of Enoch*, xlvi–lvi; Beer, „Das Buch Henoch," 224–232.

müssen ihrer Meinung nach auch die *Bilderreden* (1 Hen 37–71*) vom restlichen Werk unterschieden werden. Bemerkenswerterweise differenzieren schon Charles und Beer in Bezug auf 1 Hen 6–11 zwei unterschiedliche Traditionsstränge, die anhand der beiden Protagonisten Shemihaza und Asael voneinander abgegrenzt werden können. Beim *Wächterbuch* (1 Hen 1–36) seien, abgesehen von dem noachischen Stück (1 Hen 6–11), vier weitere separate Blöcke auszumachen. In 1 Hen 12–16 werde Henochs Entrückung und Visionen beschrieben, die weder explizit nach vorne mit 1 Hen 6–11 noch nach hinten mit 1 Hen 17–36 verknüpft seien. 1 Hen 17–36 können als zwei unterschiedliche Reiseberichte erachtet werden (1 Hen 17–19 und 1 Hen 20–36), die sich durch Form und Inhalt zwar voneinander abheben, jedoch große Ähnlichkeiten aufweisen. Hierbei sei, so Charles, insbesondere 1 Hen 17–19 von der griechischen Vorstellungswelt beeinflusst worden.[8] Schließlich sei 1 Hen 1–5 als Einleitung für das gesamte Werk an den Anfang von *1 Henoch* gestellt worden.[9]

Da Charles den Endredaktor weniger als Bearbeiter denn vielmehr als Sammler begreift, der das Material zuweilen willkürlich zusammenstellt oder gar durcheinanderbringt,[10] scheut er nicht davor zurück, Verse oder ganze Passagen umzustellen. So sind die Visionen in 1 Hen 12–16 seines Erachtens nur in einer fragmentarischen Form und nicht in ihrer ursprünglichen Reihenfolge erhalten geblieben.[11] 1 Hen 14,1 müsse als Überschrift an den Anfang gestellt werden, wobei einige Verse, die einmal direkt an diese Überschrift angeschlossen haben, verloren gegangen seien. Hierauf folgen dann 13,1–2.3; 12,3; 13,4–10; 14,2–16,2 und 12,4–6 (mit 16,3–4 als Dublette); die Verse 12,1–2 seien schließlich sekundär hinzugefügt worden. Dass die Rekonstruktion dieser „ursprünglichen Reihenfolge" von 1 Hen 12–16 nicht von den ältesten Textzeugen, den aramäischen Fragmenten vom Toten Meer, bestätigt wird, kann zwar nicht als Gegenargument zu Charles' Umstellungshypothese angeführt werden, da diese vermutlich bereits den Text des *Wächterbuches* in seiner finalen Fassung bezeugen; jedoch hat sich im Zusammenhang mit der Entdeckung der Handschriften vom Toten Meer entsprechend dem allgemeinen Forschungstrend, wie er sich auch in der Pentateuch- und Prophetenanalyse feststellen lässt, die generelle hermeneutische Herangehensweise bzw. die Haltung zu solchen rigoro-

---

8 Vgl. Charles, *The Book of Enoch*, xlviii.

9 Folglich ergibt sich für Charles und Beer folgende Struktur:
1 Hen 6–11 → 1 Hen 12–16 → 1 Hen 17–19 → 1 Hen 20–36 → 1 Hen 1–5.

10 Vgl. Tigchelaar, *Prophets of Old*, 153–154.

11 Vgl. hierzu und für das Folgende Charles, *The Book of Enoch*, xlvii–xlviii.27. Andere Passagen, bei denen nach Charles ebenfalls Umstellungen zu finden sind, seien 1 Hen 78–80 und 91–94.

sen Textumstellungen, wie sie in Charles' Ansatz deutlich wird, bedeutend geändert.[12]

Während Charles und Beer das *Wächterbuch* nämlich noch als Sammlung verschiedener Textblöcke sowie als Bestandteil von *1 Henoch* ansahen,[13] versteht nun Milik das *Wächterbuch* als Werk eines judäischen Autors aus dem 3. Jahrhundert vor Christus, der eine ältere schriftliche Quelle, die sogenannte Henochvision (= 1 Hen 6–19) ohne große Veränderungen aufgriff und diese in zwei Schritten erweiterte.[14] Einerseits ersetzte er die vier Erzengel aus 1 Hen 9,1; 10,1.4 und 11 durch eine neue Liste von sieben Erzengeln (= 1 Hen 20) und erarbeitete für die Reisebeschreibung durch den Westen (1 Hen 17–19) eine eschatologisch ausgerichtete Neufassung (= 1 Hen 21–25); andererseits fügte er 1 Hen 1–5 und 1 Hen 26–36 neu hinzu und offenbart vor allem in diesen Passagen Details über seine Person und die Abfassungszeit seines Werkes. Die ältere schriftliche Quelle, 1 Hen 6–19, sei ursprünglich ebenfalls von einem einzigen Autor verfasst worden, der geschickt und versiert zwei unterschiedliche Teile – einen objektiven, historischen Teil (1 Hen 6–13) und eine Art Brief bzw. Anklageschrift (1 Hen 14–19) – mit Hilfe diverser stilistischer Mittel miteinander verwob.[15] In diesem Zusammenhang geht Milik auch davon aus, dass Gen 6,1–4 eine Zusammenfassung dieser Henochvision (1 Hen 6–19) sei.[16] Auf Basis des

---

12 Vgl. Tigchelaar, *Prophets of Old*, 153–154. Vgl. auch Bachmann, *Die Welt im Ausnahmezustand*, 10.

13 So ähnlich später jedoch auch noch VanderKam, *Enoch and the Growth*, 110–140: „There is some reason for regarding the BW as a collection of several originally independent units which an editor has amalgamated into a passable literary unity" (*ebd.*, 110).

14 Vgl. hierzu und für das Folgende Milik, *The Books of Enoch*, 22–41 (insbesondere 25–26; 33–41). In ähnlicher Weise geht auch Himmelfarb, *Ascent to Heaven*, 103–104, davon aus, dass das *Wächterbuch* im Wesentlichen das Werk zweier unterschiedlicher Autoren sei: So habe ein erster Autor die Wächtererzählung in 1 Hen 6–11 als Grundlage genommen und um Henochs Fürbitte (1 Hen 12–16) und seine erste Reiseschilderung (1 Hen 17–19) erweitert; ein zweiter Autor sei dagegen für die Einleitung in 1 Hen 1–5 und den zweiten Reisebericht (1 Hen 20–36) verantwortlich gewesen, wobei letzteres eine Erweiterung von 1 Hen 17–19 darstelle.

15 Vgl. Milik, *The Books of Enoch*, 33–35.

16 Vgl. Milik, *The Books of Enoch*, 30–32. Miliks These wird so oder in ähnlicher Weise bis heute immer wieder vertreten (vgl. zum Beispiel Witte, *Die biblische Urgeschichte*, 293–297; Kvanvig, *Primeval History*, 382–395). Ebenso geht beispielsweise Davies, *On the Origins of Judaism*, 120–129, davon aus, dass Gen 6,1–4 nicht der Ausgangspunkt der Wächtererzählung in 1 Hen 6–11 sei. Anders als Milik vermutet er aber, dass Gen 6,1–4 nicht direkt auf das *Wächterbuch*, sondern auf einen älteren Mythos vom himmlischen Abstieg zurückgreife: „But we can conclude that the myth in the *Book of the Watchers* is not elaborated from Genesis but represents a combination of versions of a story of heavenly descent that is older, and older than the Yahwist, who has retained elements of it but in radically revised forms" (*ebd.*, 126). Milik und Davies ignorieren damit jedoch die starke intertextuelle Einbettung von Gen 6,1–4 in die

aramäischen Handschriftenbefundes postuliert Milik überdies, dass *1 Henoch* bereits im 1. Jahrhundert vor Christus in einer aramäischen Fassung in Form eines Pentateuchs existierte, wobei allerdings das *Buch der Giganten* zunächst an Stelle der *Bilderreden* gestanden habe und erst im Laufe der Überlieferung durch die *Bilderreden* ersetzt worden sei.[17] So gewagt und strittig Miliks Thesen zum *Wächterbuch* auch sein mögen, steht sein Ansatz, wie Tigchelaar bemerkt, exemplarisch für einen markanten Richtungswechsel, der die Henochforschung bis heute bestimmt: „Milik's approach represents a fairly common tendency to reject the view that we are dealing with independent units, and to regard the book as the result of a process of incorporation of older units by authors who added new material."[18] Auch in der Erforschung der Henochtraditionen hält somit der Wechsel von der Fragmenten- oder Quellenhypothese zur Fortschreibungshypothese (Redaktionsgeschichte) Einzug. Das *Wächterbuch* wird folglich als literarisches Werk eines Autors bzw. Redaktors verstanden, bei dem die einzelnen Passagen mehr oder weniger zueinander in Beziehung stehen bzw. mit einem bestimmten Ziel miteinander verbunden worden sind. Wird es bei Milik allerdings noch wie bei seinen Vorgängern „als eine aus relativ großen Textblöcken zusammengebaute Größe"[19] erachtet, werden anschließend zum Teil doch sehr viel feiner ausdifferenzierte Wachstumsmodelle vorgeschlagen, auch wenn diese häufig auf eine bestimmte Passage des Gesamtwerkes beschränkt bleiben.

So hat insbesondere der sogenannte Wächtermythos (1 Hen 6–11), teilweise im Kontext der nachfolgenden Kapitel, größere Aufmerksamkeit erfahren und wurde oftmals als ein eigenständiger, von der Henoch-Erzählung unabhängiger Textblock erachtet, der entweder wahrscheinlich relativ früh oder aber von einem späteren[20] Redaktor in das *Wächterbuch* eingefügt wurde.[21] Dies wird da-

---

Urgeschichte (Gen 1–11) und den eigenen theologischen Gehalt dieser Passage, der sich von der Stoßrichtung des Wächtermythos in 1 Hen 1–36 doch sehr unterscheidet. Gen 6,1–4 ist eher als schriftgelehrte Fortschreibung innerhalb der Urgeschichte denn als Wiedergabe eines älteren Mythos zu betrachten (vgl. hierzu exemplarisch Bührer, „Göttersöhne und Menschentöchter," 495–515, und Rudnig-Zelt, „Warum heiraten Göttersöhne Menschentöchter?," 15–27). Des Weiteren zeigen Studien wie die von Wright, *The Origin of Evil Spirits* (insbesondere 97–168) oder Drawnel, „The Reception of Genesis 6:1–4 in 1 Enoch 6–7," 461–483, sehr deutlich, dass Gen 6,1–4 vielmehr die Grundlage für das *Wächterbuch* sein muss und dort vor allem in negativer Weise interpretiert wird.

17 Vgl. Milik, *The Books of Enoch*, 4.58.
18 Tigchelaar, *Prophets of Old*, 155.
19 Bachmann, *Die Welt im Ausnahmezustand*, 11.
20 So vor allem Dimant; vgl. Dimant, *From Enoch to Tobit*, 76.
21 Vgl. hierzu und für das Folgende zum Beispiel Hanson, „Rebellion in Heaven," 195–233; Nickelsburg, „Apocalyptic and Myth," 383–405; Molenberg, „A Study of the Roles," 136–146; Dimant, *From Enoch to Tobit*, 73–89; Bhayro, *The Shemihazah and Asael Narrative*, 11–20.

mit begründet, dass Henoch als Protagonist in 1 Hen 6–11 nicht erwähnt werde, die Ein- bzw. Überleitung in 1 Hen 12,1 in sehr merkwürdiger Weise die nachfolgende Erzählung mit dem Vorangehenden verbinde und der Tod der Riesen in 1 Hen 6–11 anders interpretiert werde als in 1 Hen 12–16.[22] Darüber hinaus falle auf, dass 1 Hen 6–11 in einem sehr engen Verhältnis zu Gen 6,1–14 bzw. Gen 6–9 stehe, wenn es nicht sogar als eine Art Midrasch oder Neufassung dieser Passage der *Genesis* erachtet werden müsse,[23] während die nachfolgenden Kapitel (1 Hen 12–16) bzw. das gesamte *Wächterbuch* eher frei mit dem sogenannten biblischen Material umginge oder darauf anspiele. Mit Blick auf die Entstehungsgeschichte von 1 Hen 6–11 wird in der Regel angenommen, dass die Shemihaza-Erzählung die Grundschicht darstelle, welche um ein oder zwei Schichten (Asael-Erzählung; Motiv der Wissensvermittlung) erweitert worden sei.

Während sich diese Untersuchungen im Wesentlichen auf den Wächtermythos (1 Hen 6–11) beschränken, stellt Newsoms Betrachtung von 1 Hen 6–19 nach Milik einen der ersten Versuche einer umfassenderen, wenn auch noch nicht vollständigen literarkritischen und redaktionsgeschichtlichen Analyse des *Wächterbuches* dar.[24] Newsom geht, wie Milik, insgesamt von größeren Textblöcken aus und sieht in 1 Hen 6–11* eine ursprünglich von der Henochtradition unabhängige Einheit, die lediglich die Shemihaza-Erzählung und das Thema der Vermischung der Wächter mit den Menschenfrauen beinhaltete. An diesen Kern sei zunächst die überwiegend einheitliche Tradition von Henochs himmlischen Reisen (1 Hen 12,1–6 + 13,3–16,1) als Fortsetzung verfasst worden, in der nicht nur die Wächtererzählung aufgegriffen werde, sondern teilweise auch Übereinstimmungen im Wortlaut zu 1 Hen 6–11* zu finden seien. In Reaktion auf die Darstellung Henochs als Wissensvermittler sei die Asael-Erzählung in 1 Hen 6–11* eingefügt sowie 1 Hen 12–16* unter dem Aspekt der Verurteilung der falschen Lehre der Wächter (1 Hen 13,1–2 + 16,2–3) überarbeitet worden. Schließlich sei 1 Hen 17–19 von einem Redaktor an 1 Hen 12–16 gehängt worden, um ein positives Gegengewicht zum Wissen, das durch die Wächter vermittelt wurde, zu schaffen. Die Struktur und Funktion dieser Passage ließe sich vor allem als „tour of the royal dominion"[25] erklären, die darauf ziele, die Macht und Kontrolle der Gottheit zu demonstrieren, und große Ähnlichkeiten zur antiken altorientalischen Diplomatie aufweise. Für Newsom ist Henochs Traum-

---

22 Vgl. hierzu exemplarisch Newsom, „The Development of 1 Enoch 6–19," 312.315.

23 Vgl. so zum Beispiel Dimant, *From Enoch to Tobit*, 73–89. Dimant, *ebd.*, geht sogar davon aus, dass es sich bei 1 Hen 6–11 sehr wahrscheinlich um einen Auszug aus bzw. eine Übersetzung einer hebräischen Quelle handle.

24 Vgl. hierzu und für das Folgende Newsom, „The Development of 1 Enoch 6–19," 310–329.

25 Newsom, „The Development of 1 Enoch 6–19," 325.

bericht (1 Hen 14–16) wie in den bisherigen Entwürfen nicht nur im Wesentlichen einheitlich, sondern auch ein integraler Bestandteil des Gesamtkomplexes 1 Hen 12–16.

Erstmals mit der Untersuchung von Tigchelaar wurde der Versuch unternommen, das Textwachstum des gesamten *Wächterbuches* differenzierter zu betrachten.[26] Ähnlich wie bei früheren Ansätzen vermutet Tigchelaar, dass es sich bei 1 Hen 6–19 um eine redaktionelle Einheit handle, die aus verschiedenen, ursprünglich vermutlich voneinander unabhängigen Textblöcken bestehe.[27] So habe 1 Hen 6–11 als eine bereits existierende, von der Henochtradition unabhängige Einheit vorgelegen und sei sehr wahrscheinlich das Ergebnis eines einzelnen Autors, der verschiedene Traditionen zu einem literarischen Ganzen verbunden habe, und weniger das Resultat eines sukzessiven Hinzufügens und Interpolierens unterschiedlicher Stoffe. 1 Hen 12–16 setze zwar eine ähnliche Erzählung wie in 1 Hen 6–11 voraus, sodass diese Kapitel durchaus als Fortsetzung der Wächtererzählung verfasst worden sein könnten. In diesem Fall müsste der Verfasser von 1 Hen 12–16 die Wächtererzählung in 1 Hen 6–11 allerdings sehr frei und selektiv aufgegriffen haben.[28] Jedoch sei es genauso gut möglich, dass 1 Hen 12–16 in seinem Kern ein ursprünglich eigenständiges Stück gewesen sei, das erst von einem späteren Redaktor an 1 Hen 6–11 angefügt wurde. Letzteres ließe der Übergangsvers 1 Hen 12,1 vermuten, der eventuell als „editorial addition to an earlier form of 12–16 in order to join the two sections" konzipiert sein könnte. In diesem Zusammenhang seien wahrscheinlich auch die Passagen über die Weitergabe der Geheimnisse (1 Hen 13,1–2 und 1 Hen 16,2–3[4]) eingefügt worden.

1 Hen 17–19 sei schließlich als Abschluss der redaktionellen Einheit 1 Hen 6–19 angefügt worden, stamme aber von einem anderen Verfasser als 1 Hen 12–16[29] und bestehe aus drei unterschiedlichen Abschnitten (17,1–18,5; 18,6–16; 19). Diese stünden wiederum in einem komplexen Verhältnis zu 1 Hen 21–25. So seien 1 Hen 18,6–16 und 1 Hen 21–25 literarische Ausführungen einer gemeinsamen Tradition über die Geographie des Westens, während 1 Hen 19 wahrscheinlich von 1 Hen 21 beeinflusst worden sei.[30] Die beiden Passagen 1 Hen 17–19 und

---

26 So die Einschätzung von Bachmann, *Die Welt im Ausnahmezustand*, 11–12.

27 Vgl. hierzu und für das Folgende Tigchelaar, *Prophets of Old*, 155–213.

28 Tigchelaar, *Prophets of Old*, 156, wendet sich hier explizit gegen die von Newsom angenommene Wechselbeziehung zwischen 1 Hen 6–11 und 1 Hen 12–16: „But the verses referred to only agree to some extent, and these agreements are outweighed by the divergences (discussed by Newsom at greater length)."

29 Gegen Milik, vgl. Tigchelaar, *Prophets of Old*, 157.

30 Diese Beeinflussung beschränkt sich möglicherweise auf die Identifikation des Engels mit Uriel; vgl. Tigchelaar, *Prophets of Old*, 160 Fußnote 25.

1 Hen 21–25 seien somit literarisch nicht direkt oder in einer bestimmten Richtung voneinander abhängig. In diesem Zusammenhang stelle 1 Hen 20 vermutlich eine sekundäre Hinzufügung dar, die den narrativen Ablauf unterbreche. Hiervon abgesehen falle der zweite Reisebericht strukturell in zwei unterschiedliche Teile, eine visionäre Reiseschilderung (1 Hen 21–32) vom Westen (1 Hen 21–25) über die Mitte der Erde (1 Hen 26–27) zum Osten (1 Hen 28–32) sowie einen Bericht über Henochs Rundreise an den Enden der Welt (1 Hen 33–36). Während 1 Hen 21–32, obgleich in sich wahrscheinlich ebenfalls nicht einheitlich, auf Grund seiner durchkomponierten Gesamtstruktur als Ganzes einem Verfasser zugeschrieben werden könne, habe 1 Hen 33–36 niemals als eigenständiges Stück existiert, sondern sei zusammen mit 1 Hen 1–5 Bestandteil der Endredaktion des Werkes.

Mit Blick auf die Einbettung von Henochs Traumbericht (1 Hen 14–16) bemerkt Tigchelaar mehrere Eigentümlichkeiten, die seines Erachtens die prinzipielle Frage in den Raum stellen, inwiefern diese auf die Nachlässigkeit des Autors oder Redaktors zurückgehen oder vielmehr beabsichtigt seien.[31] So sei auffällig, dass der Traumbericht an die Wächter nicht wirklich in die Erzählung eingebettet sei, sondern diese als Ausführung von 1 Hen 13,8 vielmehr abschließe. Diese Positionierung habe überdies zur Folge, dass Henochs Thronsaalvision, die als Einleitung der Berufung des Protagonisten durch Gott fungiere, als Bestandteil des Berichtes an die Wächter erscheine. Während die Beschreibung einer himmlischen Vision vor einem menschlichen Publikum der Wissensvermittlung und Autorisierung des Visionärs diene, wirke sie im Falle der Wächter eher überflüssig, da diese den Himmel bereits kennen und Henoch selbst beauftragt haben, für sie vor Gott zu treten – an Henochs Autorität bestehe somit von Anfang an überhaupt kein Zweifel.[32] Darüber hinaus sei der Traumbericht selbst nicht einheitlich. Abgesehen von der redaktionellen Glosse im Zuge der Verknüpfung mit der Wächtererzählung (1 Hen 16,2–3[4]) handle es sich bei 1 Hen 15,8–16,1 um eine sekundäre ätiologische Erweiterung über das Wesen der bösen Geister, die vermutlich von der vorangehenden Beschreibung des Wesens der Wächter (1 Hen 15,4–7) provoziert worden sei.

---

31 Vgl. hierzu und für das Folgende Tigchelaar, *Prophets of Old*, 183–213 (insbesondere 183–186).

32 Tigchelaar, *Prophets of Old*, 184–186, nennt in diesem Zusammenhang noch zwei weitere Auffälligkeiten: So fragt er nach der Bedeutung des Plurals der Visionen in 1 Hen 13,8.10 mit Blick auf die eine Vision, die im Traumbericht in 1 Hen 14–16 geschildert werde, und problematisiert das Postulat der Schriftlichkeit in der Überschrift des Traumberichtes 1 Hen 14,1, die seiner Meinung nach sekundär sein müsse, da der Kontext eher den Eindruck einer mündlichen Berichterstattung vermittle.

Auch wenn Tigchelaar hier und da konkrete Vorschläge zu einem möglichen Wachstum des *Wächterbuches* oder einzelner Passagen vorlegt, stellen seine Ausführungen insgesamt doch vor allem Problematisierungen und schwierig
zu deutende Beobachtungen dar, die, obgleich sie nicht immer zu einer eindeutigen Lösung führen, in jedem Fall demonstrieren, dass die Entstehungsgeschichte des *Wächterbuches* sehr viel komplexer gewesen sein muss, als es die
früheren literarkritischen und redaktionsgeschichtlichen Modelle suggerieren.[33]
Daher ist es umso bemerkenswerter, dass Tigchelaars Arbeit bisher kaum rezipiert wurde.[34]

Gegenüber den bisher vorgestellten Wachstumsmodellen, die nach dem
Fund der aramäischen Fragmente entwickelt wurden, stellt der rezenteste Gesamtentwurf zum Textwachstum des Wächterbuches von Nickelsburg einen
Rückschritt dar, insofern die Genese wieder im Horizont der gesamten Henochtradition entworfen wird.[35] So postuliert er in seinem Kommentar zu *1 Henoch*
auf Basis des aramäischen Handschriftenbefundes (insbesondere 4Q201 und
4Q204) und der äthiopischen Tradition, dass sich der grundlegende Inhalt und
die literarische Form von *1 Henoch* von einer ursprünglichen Sammlung von
Schriften ableiten lasse, die als ein „Enochic testament" konzipiert worden sei-
en.[36] Nickelsburg vermutet, dass der Kern dieses Testamentes im *Wächterbuch* (1 Hen 1–36*) zu finden sei, bei dem anfangs noch die Einleitung (1 Hen 1–
5) und wahrscheinlich auch die Wächtererzählung (1 Hen 6–11) gefehlt haben.
Zu dieser Vorform des Testamentes rechnet er ebenfalls 1 Hen 81,1–3, das anfänglich direkt an 1 Hen 1–36* angeschlossen habe, und weiteres testamentari-
sches Material, das nun im *Astronomischen Buch* (1 Hen 81,5–82,3) und *Henochs Epistel* (1 Hen 91–94; 104–105) zu finden sei. In einem weiteren Schritt sei
1 Hen 1–5 als Einleitung dieser Vorform des Testamentes hinzugefügt worden.

Die Erweiterung dieses Materials zu einem „full-blown Enochic testament"
habe in vormakkabäischer Zeit und im 2. Jahrhundert vor Christus stattgefunden.[37] Hierfür sei das bereits vorhandene Material des Testamentes in mehreren

---

33 Vgl. Bachmann, *Die Welt im Ausnahmezustand*, 12.

34 Bachmann, *Die Welt im Ausnahmezustand*, 12 Fußnote 40, vermutete den Grund für die
geringe Rezeption aber gerade in dieser Komplexität des Modells und der Problematisierungen.
Ein weiterer Grund könnte meines Erachtens sein, dass eben auch Antworten bzw. wenigstens
der Versuch einer Lösung für diese Problematisierungen fehlen.

35 Vgl. hierzu und für das Folgende insbesondere Nickelsburg, *1 Enoch 1*, 21–36.165–172.229–
232. Für eine kritische Zusammenfassung bzw. Einschätzung von Nickelsburgs Wachstumsmodell vgl. auch Reed, „The Textual Identity," 279–296 (insbesondere 286–287); Knibb, „Interpreting the Book of Enoch," 77–90, oder Collins, „An Enochic Testament?," 373–378.

36 Nickelsburg, *1 Enoch 1*, 23.

37 Nickelsburg, *1 Enoch 1*, 25.

Schritten vervollständigt und um weitere Passagen ergänzt worden (unter anderem um das *Buch der Traumvisionen* [1 Hen 83–90], die restlichen Passagen von *Henochs Epistel* [1 Hen 92–105] und die Schilderung von der Geburt Noachs [1 Hen 106–107]). Die letzte Phase der Entwicklung, nämlich die vom aramäischen Testament zum *Äthiopischen Henochbuch*, begann mit der Verdichtung des *Astronomischen Buches* und seiner Positionierung hinter dem *Wächterbuch*. In diesem Zusammenhang sei 1 Hen 81,1–82,4 von seiner ursprünglichen Position am Ende des *Wächterbuches* an seine jetzige Stelle im *Astronomischen Buch* versetzt worden, woraufhin in einem weiteren Schritt die Einfügung der *Bilderreden* zwischen 1 Hen 1–36 und 1 Hen 72–82 sowie der Nachtrag in 1 Hen 108 gefolgt sei. Insgesamt besteht Nickelsburgs Wachstumsmodell damit nicht nur aus zahlreichen hypothetischen Phasen und literarischen Umstellungen, sondern setzt auch voraus, dass der ursprüngliche Kern von *1 Henoch* ein zusammenhängendes, in sich stimmiges Ganzes war, das durch spätere Redaktoren teilweise auseinandergerissen, durcheinander gebracht und verderbt wurde. Darüber hinaus können das *Buch der Traumvisionen* und *Henochs Epistel* entsprechend seiner Rekonstruktion niemals als eigenständige Werke existiert haben, da sie seines Erachtens sukzessive an das entstehende Testament gefügt worden seien.[38]

Beim *Wächterbuch*, dem postulierten Kern des Testamentes, beobachtet Nickelsburg zwar durchaus Unstimmigkeiten und redaktionelle Entwicklungen in den einzelnen Untereinheiten (1 Hen 1–5; 6–11; 12–16; 17–19; 20–36). Jedoch ist er sich unsicher, ob 1 Hen 1–36 überhaupt jemals als ein eigenständiges Werk existiert habe,[39] sodass er weder das *Wächterbuch* als eine literarische Einheit für sich literarkritisch und redaktionsgeschichtlich analysiert, noch die einzelnen Untereinheiten mit Blick auf das Textwachstum in ein stimmiges Verhältnis bringt.[40] Einerseits vermutet er beispielsweise, dass die Shemihaza-Erzählung in 1 Hen 6–11 das älteste Element des *Wächterbuches* sei und in 1 Hen 12–16 nicht nur vorausgesetzt, sondern auch literarisch aufgegriffen bzw. verarbeitet worden sei; andererseits nimmt er an, dass 1 Hen 6–11 womöglich noch nicht Teil der Vorform des Testamentes gewesen und das *Wächterbuch* durch das Hinzufügen von Material an 1 Hen 12–16 gewachsen sei.[41] In vielen Details wie etwa der Differenzierung zwischen der Shemihaza-Erzählung und dem Asael-Material in 1 Hen 6–11 oder den Interpolationen in 1 Hen 12–16, die den Aspekt

---

38 Vgl. Reed, „The Textual Identity," 286–288.
39 Vgl. Nickelsburg, *1 Enoch 1*, 25.
40 Vgl. Reed, „The Textual Identity," 291; Collins, „An Enochic Testament?," 374.
41 Vgl. Nickelsburg, *1 Enoch 1*, 24–25.229–232, und auch Knibb, „Interpreting the Book of Enoch," 88–89.

der unerlaubten Weitergabe der Geheimnisse einbringen (1 Hen 13,1–2; 16,2–4), schließt sich Nickelsburgs früheren Untersuchungen an und weist sie unterschiedlichen Strata zu, die er jeweils vor einem historischen und zeitlichen Hintergrund verortet. Abgesehen von den beiden eben genannten Interpolationen sei der gesamte Block 1 Hen 12–16 als ein einheitliches Ganzes verfasst worden, wobei Henochs Traumbericht (1 Hen 14–16) die inhaltliche Klimax dieser gesamten Passage darstelle, da hier zum ersten Mal detailliert ausgesprochen werde, worauf vorher nur angespielt wurde.[42] Insbesondere im Gegenüber zu der differenzierten Studie von Tigchelaar wirkt Nickelsburgs Modell zum Textwachstum des *Wächterbuches* und der damit verbundenen Komplexität doch wieder stark vereinfachend.

Dieser kurze Abriss ausgewählter Forschungsmodelle zur Entwicklungsgeschichte des *Wächterbuches* (1 Hen 1–36) zeigt, dass man sich die Genese häufig noch in sehr groben, einfachen Zügen vorstellt und es mit Blick auf das Wachstum des Textes, insbesondere in den Details, noch sehr viele offene Fragen gibt. So besteht immer noch kein Konsens darüber, ob die einzelnen Unterschiede und Schwerpunkte, wie sie etwa in 1 Hen 6–11 in Hinsicht auf die beiden Protagonisten Shemihaza und Asael deutlich werden, unterschiedlichen literarischen Strata oder aber verschiedenen Traditionen zuzuordnen sind. Uneinigkeit herrscht ebenfalls hinsichtlich dem konkreten Verhältnis der Wächtererzählung in 1 Hen 6–11 zu den sogenannten Scharnierkapiteln 1 Hen 12–16 (und zu den Reiseschilderungen in 1 Hen 17–19) – wird in 1 Hen 12–16 eine literarische Fassung von 1 Hen 6–11 vorausgesetzt[43] oder sind in beiden Passagen jeweils voneinander unabhängig dieselben Traditionen verarbeitet worden? Darüber hinaus scheint noch immer die Frage nach dem (ursprünglichen) Gesamtumfang des *Wächterbuches* und dem Verhältnis der einzelnen Henochtraditionen zueinander im Raum zu stehen, die insbesondere durch Nickelsburgs Theorie neuerlich ins Zentrum gerückt worden ist.[44] Damit eng verbun-

---

42 Vgl. Nickelsburg, *1 Enoch 1*, 230.254. In diesem Zusammenhang fällt auf bzw. verwundert es, dass Nickelsburg in seinem Kommentar auf die Beobachtungen, Problematisierungen und Anfragen zum Textwachstum, die Tigchelaar in seiner Dissertation diskutiert, in keinerlei Weise eingeht, sondern gewissermaßen wieder wie die älteren Entwürfe von größeren einheitlichen Textblöcken ausgeht, die sukzessiv zusammengebracht wurden. Einzeluntersuchungen zu bestimmten Passagen wie beispielsweise Wackers Dissertation zu 1 Hen 22 (Wacker, *Weltordnung und Gericht* [1982]) zeigen jedoch, dass das Textwachstum des *Wächterbuches* insgesamt doch als sehr viel komplexer eingeschätzt werden muss. Vgl. Bachmann, *Die Welt im Ausnahmezustand*, 12 Fußnote 41.
43 Oder gar andersherum, das heißt, in 1 Hen 6–11 wird eine literarische Fassung von 1 Hen 12–16 vorausgesetzt?
44 Vgl. Bachmann, *Die Welt im Ausnahmezustand*, 14.

den ist das Problem, ob 1 Hen 1–5 als Einleitung lediglich zum *Wächterbuch* oder aber zu einer größeren Sammlung von Henochtraditionen verfasst worden ist. Hier bietet Tigchelaar den einzigen Gesamtentwurf, bei dem ein einfaches Textwachstum des *Wächterbuches* durch zahlreiche Textbeobachtungen und Anfragen prinzipiell problematisiert wird. Ungeachtet der bereits oben angesprochenen Schwierigkeiten im Detail,[45] stellt das Modell von Tigchelaar doch den geeignetsten Ausgangspunkt für die folgende Kontextualisierung von Henochs Traumbericht (1 Hen 14–16) dar. Insbesondere Tigchelaars Anfragen zur Einbettung und Einheitlichkeit von 1 Hen 14–16 lassen sich durch weitere Beobachtungen am Text bekräftigen.

5.2 Die Häuservision (1 Hen 14,8–25) als vorgegebenes Traditionsstück?

Die Einbettung und Kontextualisierung von Henochs Vision von den beiden Häusern (1 Hen 14,8–25) sowohl innerhalb des Traumberichtes (1 Hen 14–16) als auch innerhalb des gesamten *Wächterbuches* (1 Hen 1–36) werfen in mehrfacher Hinsicht Fragen und Probleme auf. So verwundert bereits die Positionierung im unmittelbaren Nahkontext. Einerseits stellt die ausführliche Schau der beiden Häuser gegenüber einer klassischen Thronsaalvision, die insbesondere der Autorisierung des Visionärs dient,[46] ein Plus dar und wirkt damit als Bestandteil der Urteilsverkündung an die Wächter überflüssig;[47] andererseits wird innerhalb von 1 Hen 14,8–25 weder implizit noch explizit eine Verbindung zur Wächtererzählung hergestellt – erst in der Rahmung der Häuservision durch die Einleitung (1 Hen 14,1–7) und den Redeteil, der auf die Visionsschilderung folgt (1 Hen 15,1–16,4), wird die Wächterthematik aufgegriffen und ausdrücklich mit Henoch als Protagonisten verbunden.[48] Wie bereits in 1 Hen 12–13 wird der Patriarch in dieser Rahmung als positiver Gegenentwurf zu den Wächtern skizziert, der in diesen Scharnierkapiteln weniger um seiner selbst willen, denn vielmehr als Reaktion auf die Krise, die die Wächter herbeigeführt haben, eingeführt wird.[49]

---

45 Wie beispielsweise das Wachstum des zweiten Reiseberichtes. Vgl. Bachmann, *Die Welt im Ausnahmezustand*, 12.

46 Vgl. Tigchelaar, *Prophets of Old*, 184 bzw. oben, und VanderKam, *Enoch and the Growth*, 134.

47 Vgl. Tigchelaar, *Prophets of Old*, 184 bzw. oben, und Rowland, *The Open Heaven*, 242.

48 Vgl. auch Schäfer, *Origins of Jewish Mysticism*, 64.

49 Vgl. Collins, „The Apocalyptic Technique, 96–97.

Neben der fehlenden Erwähnung der Wächter fällt ebenfalls auf, dass die himmlische Welt in der Vision von den beiden Häusern ganz anders als im restlichen Traumbericht charakterisiert wird. Im Redeteil wird der Himmel als hoch, heilig und ewig beschrieben (τὸν οὐρανὸν τὸν ὑψηλὸν τὸν ἅγιον τοῦ αἰῶνος bzw. ሰማየ፡ ልዑለ፡ ወቅዱስ፡ ዘለዓለም፡ 1 Hen 15,3; vgl. 1 Hen 12,4!)[50] und der Erde als Wohnort allen Fleisches explizit gegenübergestellt (1 Hen 15,7–8.10; vgl. auch 1 Hen 14,5; 16,2.3). Auf diese Weise wird eine vertikale Distanz zwischen der himmlischen Welt und den Menschen bzw. der irdischen Realität zum Ausdruck gebracht, wobei der Himmel vor allem als Wohnort der geistigen Wesen sowie als Teil des Kosmos und weniger als unzugängliche Residenzstätte und Machtbereich der Gottheit in den Vordergrund rückt. Hiervon scheint das, was Henoch gemäß 1 Hen 14,8–25 sieht, nicht Teil zu sein. Zwar wird der Patriarch laut 1 Hen 14,8 explizit in den Himmel emporgehoben; jedoch wird im weiteren Verlauf der Visionen von den beiden Häusern kein weiteres Mal auf den Himmel Bezug genommen, und auch die Attribute, die mit dem zweiten Haus als dem wahren Wohnort der Gottheit und seinem Inventar in Zusammenhang gebracht werden, sind ganz andere als die, die in der Rahmung des Traumberichtes und im restlichen *Wächterbuch* in Bezug auf den Himmel verwendet werden. Das zweite Haus, das generell außergewöhnlich und unbeschreiblich ist (1 Hen 14,16), wird mit demselben Vokabular charakterisiert, das in der Vision von den beiden Häusern ebenfalls auf die Gottheit bezogen ist (1 Hen 14,20–21).[51] Die Beschreibung scheint entsprechend primär dazu zu dienen, die Wesensgleichheit zwischen dem zweiten Haus und Gott herauszustellen. Dem untergeordnet ist die Wahrnehmung des zweiten Hauses als himmlische Sphäre, die durch die reale Anwesenheit der meteorologischen Phänomene hervorgerufen wird.[52]

Schaut man auf die direkte Einbettung von Henochs Vision der beiden Häuser (1 Hen 14,8–25) im Traumbericht selbst (1 Hen 14–16) und insbesondere auf die Übergänge am Anfang und Ende der Visionsschilderung, fallen einerseits der unvermittelte Auftakt der Häuservision in 1 Hen 14,8 gegenüber 1 Hen 14,1–7 auf.[53] Andererseits ist der Anschluss von 1 Hen 15,1–16,4 an 1 Hen 14,24–25

---

50 Vgl. hierzu auch 1 Hen 9,1.2.10.

51 Das sind δόξα/ስብሓት „Herrlichkeit", τιμή/ክብር „Pracht" und μεγαλωσύνη/ዕበይ „Größe". Vgl. auch 1 Hen 22,14; 25,3.7; 27,2.3.7 sowie Dtn 5,24.

52 Im *Wächterbuch* ist abgesehen von 1 Hen 14,8–25 nur noch an einer weiteren Stelle die Rede von einem Haus, nämlich in 1 Hen 25,5, wo es um die eschatologische Pflanzung des Baumes des Lebens an einen heiligen Ort, bei dem Haus des Herrn (ἐν τόπῳ ἁγίῳ παρὰ τὸ οἶκο τοῦ θεοῦ / ውስተ፡ መካን፡ ቅዱስ፡ መንገለ፡ ቤተ፡ ለእግዚአ፡) geht. Bei diesem Ort handelt es sich vermutlich um Jerusalem bzw. um den dortigen Tempel, der auffälliger Weise ausschließlich durch das Attribut der Heiligkeit qualifiziert ist.

53 Vgl. Rowland, *The Open Heaven*, 241.

ebenfalls sehr auffällig, zumal sich auch 1 Hen 14,24b und 1 Hen 15,1b inhaltlich doppeln. 1 Hen 14,1–7 beinhaltet abgesehen von der Überschrift und Einleitung des Traumberichtes (14,1–3) im Wesentlichen Henochs Verkündigung von Gottes Urteil mit der Ablehnung der Bittschrift der Wächter (14,4–7), bei der er selbst die Wächter direkt anspricht. Diese Verkündigung kann daher als inhaltliche Ausführung von 1 Hen 13,8.10 erachtet werden.[54] Demgegenüber scheint 1 Hen 14,8 nahezu unvorbereitet eine Beschreibung eines konkreten visionären Erlebnisses einzuführen, das inhaltlich mit dem Vorangehenden nichts zu tun hat.[55] Auf diese Weise kommt es zu einem Perspektivwechsel, indem nicht mehr die Wächter, die sich nun auf Erden befinden, und ihre Verurteilung im Fokus stehen, sondern zwei unterschiedliche Häuser, die einander explizit gegenübergestellt werden und die als Autorisierung des bereits verkündigten Urteils in 1 Hen 14,4–7 eigentlich zu spät kommen.

Die Übergangsverse 1 Hen 14,24–15,1 am Ende der Häuservision haben nicht nur zu unterschiedlichen Einschätzungen geführt, wo genau die Visionsschilderung aufhört und der Redeteil anfängt,[56] sondern erwecken auch den Eindruck, in dieser Zusammenstellung literarisch nicht einheitlich zu sein. Nachdem Henoch auf die Gottesschau mit einer Prostration reagiert, wird er von der Gottheit direkt angesprochen: πρόσελθε ὧδε, Ἐνώχ, καὶ τὸν λόγον μου ἄκουσον „Komm hierher, Henoch, und höre mein Wort" (1 Hen 14,24b).[57] Daraufhin wird der Patriarch aufgerichtet, zur Tür des Hauses gebracht (1 Hen 14,25) und erneut von der Gottheit angeredet, wobei Henoch auffälliger Weise ein zweites Mal aufgefordert wird, herzukommen und zu hören: πρόσελθε ὧδε, καὶ τῆς φωνῆς μου ἄκουσον „Komm hierher, Henoch, und höre auf meine Stimme" (1 Hen 15,1). Diese Abfolge – Niederfallen, erste Anrede, Aufrichtung, erneute Anrede – ist an sich nichts Ungewöhnliches und findet sich in ähnlicher Weise beispielsweise auch in Ez 1,28–2,3; Dan 8,15–19 oder 10,9–12. Auffällig sind allerdings weitere Details in 1 Hen 15,1[–3]. Zunächst einmal setzt 1 Hen 15,1 mit der Wendung Καὶ ἀποκριθεὶς εἶπέν μοι ወአውሥአኒ፡ ወይቤለኒ፡ „Und er antwortete (und) sprach zu mir" ein. Aber worauf antwortet die Gottheit? In den Reiseschilderungen des *Wächterbuches*, die natürlich jünger als der Traumbericht sein können, stellt diese

---

54 Vgl. Tigchelaar, *Prophets of Old*, 183.
55 Inwiefern die Visionsschilderung von den beiden Häusern in 1 Hen 14,8 unvorbereitet eingeführt wird, soll weiter unten im Zusammenhang mit dem Verhältnis des Traumberichtes zu den vorangehenden Kapitel (insbesondere 1 Hen 9–11 und 12–13) diskutiert werden.
56 Siehe hierzu die Diskussion in Kapitel 3.1 dieser Arbeit (160–162).
57 Aeth weicht an dieser Stelle leicht von GrPan ab und liest ቅረብ፡ ዝየ፡ ሄኖክ፡ ወላቃልየ፡ ቅዱስ፡ „Komm hierher, Henoch, und zu meinem heiligen Wort". Hierbei handelt es sich aber vermutlich um eine fehlerhafte Übertragung. Vgl. exemplarisch Uhlig, *Das äthiopische Henochbuch*, 541 Anmerkung zur Stelle.

Wendung in der Regel eine Reaktion auf eine Bemerkung oder Anfrage Henochs dar und leitet einen klärenden Kommentar bzw. die Antwort einer der Erzengel auf die gestellte Frage ein.[58] An dieser Stelle des Traumberichts geht allerdings weder eine Bemerkung noch Frage Henochs voran. Möglicherweise lässt sich dieses Problem jedoch mit einer weiteren Beobachtung zu 1 Hen 15,1 und den direkt anschließenden Versen 1 Hen 15,2–3 klären.

Betrachtet man den Traumbericht (1 Hen 14–16) insgesamt, fällt eine deutliche inhaltliche Zweiteilung auf, die sich einerseits durch die Wächterthematik in der Rahmung (1 Hen 14,1–7 und 15,1–16,4) und andererseits durch die Schilderung der Häuservision im Korpus (1 Hen 14,8–25) ergibt. Während die Visionsschilderung sowohl vom Inhalt als auch vom Wortfeld her etwas gänzlich Neues präsentiert, das sich vor allem an prophetischer Literatur wie beispielsweise *Haggai* oder *Ezechiel* orientiert, lassen sich in der Rahmung auf Grund der Wächterthematik nicht nur ein von 1 Hen 9–11 und 1 Hen 12–13 her bekanntes Wortfeld feststellen, sondern auch zahlreiche lexikalische Parallelen und Anspielungen, wenn nicht sogar Wiederaufnahmen.[59] Hierbei weist 1 Hen 15,1–3 insbesondere zu 1 Hen 12,3–4 (vgl. auch 1 Hen 9,8–9) eine große Nähe auf:[60]

> Und ich, Henoch, pries den großen Herrn und den König der Welt; und siehe, die Wächter riefen mich, Henoch den Schreiber, und sie sprachen zu mir: „Henoch, du Schreiber der Gerechtigkeit, geh, verkündige den Wächtern des Himmels, die den hohen Himmel, die heilige ewige Stätte, verlassen haben und sich mit Frauen verderbt und getan haben, wie es die Menschenkinder tun, und sich Frauen genommen und sich in großes Verderben gestürzt haben auf Erden." (1 Hen 12,3–4)[61]

> Und er [scil. Gott] antwortete und sprach zu mir, (und) ich hörte auf seine Stimme: „Fürchte dich nicht, Henoch, gerechter Mann und Schreiber der Gerechtigkeit. Komm hierher und höre auf meine Stimme! Und gehe, sage den Wächtern des Himmels, die dich geschickt haben, um für sie zu bitten: »Es geziemt euch, für die Menschen zu bitten, und nicht den Menschen für euch. Warum habt ihr den hohen, heiligen und ewigen Himmel verlassen und mit den Frauen geschlafen und euch mit den Menschentöchtern verunreinigt und euch Frauen genommen und wie die Menschenkinder gehandelt und Riesensöhne gezeugt?«" (1 Hen 15,1–3)[62]

---

58 Vgl. 1 Hen 21,9; 22,3.7.9; 23,4: 24,6; 25,2.3; 32,6; Vgl. auch 1 Hen 6,4, wo auf diese Weise die Reaktion der Wächter auf eine Äußerung Shemihazas eingeführt wird.

59 Vgl. hierzu auch Newsom „The Development of 1 Enoch 6–19," 315; Reed, „Heavenly Ascent," 59–61. Vorsichtiger schätzt dagegen Tigchelaar, *Prophets of Old*, 156, diesen Befund ein (siehe oben).

60 Der Einfachheit halber und des Umfangs wegen wird im Folgenden nur die Übersetzung zitiert.

61 Übersetzung folgt Aeth.

62 Übersetzung folgt Aeth.

In beiden Passagen wird Henoch als Schreiber der Gerechtigkeit angesprochen und aufgefordert, zu den Wächtern zu gehen und diese zu tadeln; darauf folgt jeweils eine Beschreibung der Vergehen der Wächter, die nahezu parallel aufgebaut ist. Sie werden beschuldigt, den Himmel verlassen, sich Menschenfrauen genommen und wie Menschenkinder gehandelt zu haben.[63] In 1 Hen 12 reden allerdings die Wächter, mit denen Henoch alles tat, was er in den Tagen seines Lebens machte (12,2), den Patriarchen an und verkünden nach der kurzen Beschreibung der Vergehen der Wächter sogleich das Urteil über sie (12,5–6). Im Vergleich dazu ist es in 1 Hen 15,1 Gott, der in seiner Anrede mit der Wiederholung der beiden Imperative πρόσελθε/ፕረብ und ἄκουσον/ስማዕ (vgl. 14,24b) die nachfolgende Rede mit der vorangehenden Visionserfahrung verknüpft und mit dem Thema des Bittens (15,2) zugleich einen neuen Aspekt gegenüber 1 Hen 12,3–6 einbringt. So werden die Wächter darauf hingewiesen, dass es eigentlich ihre Aufgabe sei, für die Menschen zu bitten, und nicht die Aufgabe der Menschen (in diesem Fall Henochs), für sie zu bitten.[64] Aber auch für diesen neuen Aspekt findet sich im Vorangehenden ein Anknüpfungspunkt.

Die Aussage, dass die Wächter Henoch geschickt haben, um für sie zu bitten (15,2; vgl. 16,2!), greift gedanklich vermutlich wie bereits 1 Hen 14,4.7 die Erzählung auf, die dem Traumbericht direkt vorangeht (1 Hen 13). Hiernach bitten die Wächter den Patriarchen im Anschluss an die erste Verkündung ihrer Verurteilung und Bestrafung, für sie eine Bittschrift zu verfassen und diese für sie vor Gott zu bringen – sie selbst können es nämlich nicht mehr tun (13,4–5).[65] Henoch kommt ihrem Gesuch nach, verfasst für sie eine Bittschrift und liest sie vor, woraufhin er im Traum das Strafgericht über die Wächter (erneut) offenbart bekommt (13,6–8). Wurde die Ablehnung der Bittschrift in der Einleitung des Traumberichtes in 14,4.7 in der Rede Henochs an die Wächter noch explizit thematisiert, in der der Patriarch den Inhalt seiner Gerichtsvision referiert, stellt das Motiv des Bittens am Anfang der Gottesrede an Henoch vor allem eine Näherbestimmung der Wächter als die Adressaten der folgenden Urteilsverkündigung sowie den ersten Kritikpunkt an ihrem Handeln dar. Wenn auch die Bittschrift auf diese Weise nur implizit abgelehnt wird, kann die Näherbestimmung der Wächter als ein expliziter Rückgriff auf 1 Hen 13,4.6–7 erachtet werden, der

---

63 Vgl. hierzu insbesondere Reed, „Heavenly Ascent," 59–61.

64 Der Idealfall (Engel bitten für die Menschen) findet sich in 1 Hen 9 ausgeführt, wo die Erzengel die Klage der Menschen vor Gott bringen und ihn zu einer Reaktion bewegen.

65 Sowohl in 1 Hen 13 als auch in 1 Hen 15,2 (16,2) werden in diesem Zusammenhang das Wortfeld ἐρωτάω bzw. ሰአለ „fragen, bitten" (13,4; 15,2; 16,2) / ἐρώτησις bzw. ስእለት „Frage, Bitte" (13,4.6; 14,4.7) verwendet, das möglichweise auf ein aramäisches בעה bzw. בעו zurückgeht (vgl. 4Q204 f1vi,13.18).

die nachfolgende Gottesrede als eine direkte Reaktion und Antwort auf das Gnadengesuch der Wächter erscheinen lässt.[66]

In der Einleitung der Gottesrede in 1 Hen 15,1–3 finden sich somit drei Bezugspunkte, die das Gottesurteil in dreierlei Richtung verknüpfen. Zunächst wird in 1 Hen 15,1–3 die Rede der Engel aus 1 Hen 12,4–6 sowohl inhaltlich als auch strukturell aufgegriffen, wobei sie nun im Anschluss an die Thronsaalvision Gott in den Mund gelegt wird. Auf diese Weise wird das Gerichtsurteil nicht nur wiederholt, sondern ebenfalls in seiner Autorität gesteigert. Des Weiteren wird mit dem Thema des Bittens auf das Interventionsbestreben der Wächter in 1 Hen 13,4–7 Bezug genommen, sodass die Gottesrede als Reaktion auf das Bittgesuch der Wächter erscheint, das diese nach der ersten Verurteilungsverkündung mit Hilfe von Henoch vorbrachten. Damit stellt das Gerichtsurteil weniger eine bloße Wiederholung der Botschaft der Engel in 1 Hen 12 dar, denn vielmehr die endgültige Antwort Gottes, die er Henoch als seinem Mandatar auf Erden nun persönlich mitteilt. Vielleicht hat diese Konnotation der Gottesrede als Antwort auf das Gesuch der Wächter auch zu dem auffälligen Anschluss Καὶ ἀποκριθεὶς εἶπέν μοι ወእው፡ሥእነ፡ ወይቤለነ፡ „Und er antwortete (und) sprach zu mir" in 1 Hen 15,1 geführt, der sich vor dem Hintergrund der Häuservision mit ihrem Abschluss in der Prostration und Aufrichtung Henochs nur schwerlich erklären lässt. Schließlich hat die Wiederaufnahme der beiden Imperative πρόσελθε/ቅረብ und ἄκουσον/ስማዕ aus 1 Hen 14,24b in 1 Hen 15,1b eine enge Verzahnung der Visionsschilderung Henochs mit der anschließenden Gottesrede zur Folge. Indem die Gottheit, die nun selbst die Verurteilung der Wächter verkündet, vorangehend als transzendenter Universalherrscher und Richter beschrieben wird, kommt es gegenüber der Gottesrede in 1 Hen 10 zu einer Betonung des universalen, endgültigen Charakters des Gottesurteils.

Alles in allem legen diese Beobachtungen zur Einbettung von Henochs Vision der beiden Häuser (1 Hen 14,8–25) im Traumbericht (1 Hen 14–16) die Vermutung nahe, dass die Visionsschilderung sowie die beiden Rahmenteile (1 Hen 14,1–7 und 15,1–16,4) literarisch nicht auf derselben Ebene zu verorten sind und erst sukzessive an 1 Hen 12–13 angefügt wurden.[67] Aber handelt es sich bei 1 Hen 14,8–25 um ein vorgegebenes Traditionsstück, das mit Hilfe der beiden Rahmenteile in die Wächtererzählung eingegliedert und möglicherweise umgedeutet wurde, oder vielmehr um eine kontextbezogene Einschreibung, sodass sich auch ein älterer

---

66 Vgl. hierzu auch 1 Hen 10,1, wonach die Gottheit endlich auf das Blutvergießen und dem Klagen der Erde und der Menschen reagiert.

67 Für eine Einheitlichkeit von 1 Hen 14–16 plädieren beispielsweise Newsom, „The Development of 1 Enoch 6–19," 310–329; Himmelfarb, *Ascent to Heaven*, 103; Schäfer, *Origins of Jewish Mysticism*, 64.

Übergang zwischen 1 Hen 14,1–7 und 15,1–16,4 nachweisen lassen müsste? Und was wäre dann der Sinn ihrer Ergänzung an dieser Stelle? Darüber hinaus stellt sich die Frage, in welchem Verhältnis die beiden Rahmenteile zueinander stehen, da die Gottesrede in 1 Hen 15,1–16,4 Henochs Urteilsverkündigung in 1 Hen 14,1–7 streng genommen entbehrlich macht.[68]

Insgesamt spricht einiges dafür, dass es sich bei der Häuservision (1 Hen 14,8–25) um ein vorgegebenes Traditionsstück handelt, das wahrscheinlich ohne redaktionelle Eingriffe an diese Stelle des Traumberichtes eingefügt wur-de[69] und von Anfang an von der anschließenden Gottesrede (1 Hen 15,1–16,4) vorausgesetzt wird. Diese Annahme wird im Wesentlichen von vier Beobachtungen gestützt. 1) Wie oben bereits erwähnt, unterscheidet sich Henochs Vision von den beiden Häusern in 1 Hen 14,8–25 von den beiden Rahmenteilen des Traumberichtes nicht nur darin, dass die Wächter in der Visionsschilderung kein einziges Mal erwähnt werden, sondern auch mit Blick auf die verwendeten Referenztexte bzw. Traditionen. Während die beiden Rahmenteile in einem engen Verhältnis zu den beiden vorangehenden Kapiteln 1 Hen 12–13 stehen, diese teilweise wörtlich rezipieren und gedanklich weiterentwickeln, schöpft die Häuservision insbesondere aus den Tempeltraditionen, wie sie vor allem in der nachexilischen Prophetie ausformuliert werden. Bezüge zu *Genesis* oder der Wächtererzählung werden hier vergeblich gesucht. Setzt die Rahmung folglich die Verbindung der Wächtererzählung mit dem Schicksal Henochs in 1 Hen 12–13 voraus, kann die Vision der beiden Häuser ganz unabhängig von diesem Kontext gelesen werden.

2) Des Weiteren lässt sich kein älterer Übergang zwischen 1 Hen 14,1–7 und 15,1–16,4 feststellen. Der Anfang des Traumberichtes (1 Hen 14,1–7) erscheint als Rede Henochs an die Wächter, in der die Rolle des Patriarchen als Tadler der Engel schöpfungstheologisch begründet und damit in außergewöhnlicher Weise autorisiert wird. Hierbei wird die Gottheit lediglich in der Überschrift und Einleitung in 1 Hen 14,1–3 erwähnt, die beide keinen direkten Anknüpfungs-punkt für eine direkte Gottesrede bieten. Daher kann die Gottheit nur über die Visionsschilderung in 1 Hen 14,8–25 als konkretes Subjekt der Rede in 1 Hen 15,1–16,4 bestimmt werden, wie es auch im Verlauf der gesamten Rede inhaltlich vorausgesetzt wird.[70] Fehlte aber die Häuservision mit der Thron-saalszenerie, bliebe auch unklar, wer genau in 1 Hen 15,1–16,4 den Patriarchen anspricht. In diesem Zusammenhang fällt ebenfalls auf, dass sich der Fokus

---

68 Vgl. hierzu auch Rowland, *The Open Heaven*, 242.

69 Vgl. auch Dean-Otting, *Heavenly Journeys*, 41.

70 Vgl. hierzu 1 Hen 15,5.7, wo eindeutig vorausgesetzt wird, dass Gott als der Schöpfer der Welt und nicht Henoch als der Mensch und Mandatar Gottes auf Erden redet.

in der Gottesrede im Vergleich zu der Kritik an den Wächtern in den einleitenden Worten Henochs im Traumbericht (1 Hen 14,1–7) und in 1 Hen 12–13 leicht verschoben hat. Während in 1 Hen 12–13 und 1 Hen 14,1–7 vor allem betont wurde, dass die Wächter den Himmel verlassen und wie Menschen gehandelt, sie also die göttliche Ordnung übertreten haben und dieses Verhalten ihre Bestrafung sowie die Vernichtung ihrer Nachkommen zur Folge haben soll,[71] wird in der Gottesrede in 1 Hen 15,1–16,4 über diese Aspekte hinaus auch auf das Wesen und die Natur der Wächter (1 Hen 15,4–7) und der bösen Geister (15,8–16,1) eingegangen.[72] Impliziert dieser Fokuswechsel möglicherweise auch, dass die beiden Rahmenteile des Traumberichtes literarisch nicht auf derselben Ebene verortet werden können und 1 Hen 15,1–16,4 erst im Zusammenhang mit 1 Hen 14,8–25 an 1 Hen 14,1–7 angefügt worden ist?

Was das Wesen der Wächter angeht, scheint es, als ob die in 1 Hen 15,3 genannten Eigenschaften des Himmels in 1 Hen 15,4[73] größtenteils auf die Wächter übertragen worden sind: καὶ ὑμεῖς ἦτε ἅγιοι καὶ πνεύμα(τα) ζῶντα αἰώνια ወአንትሙሰ፡ ቅዱሳን፡ ወመንፈሳዊያን፡ ሕያዋነ፡ ሕይወት፡ ዘለዓለም፡ „und ihr wart heilig und ewig lebende Geister". Wie der Himmel waren auch die Wächter ursprünglich durch Heiligkeit und Ewigkeit charakterisiert und hatten als geistige Wesen im Himmel ihre Wohnung,[74] sodass sie einst dem Irdischen und seiner sterblichen Bewohner kategorial gegenüberstanden.[75] Die Beschreibung ihres ursprünglichen Wesens demonstriert folglich in ganz neuer Weise die Schwere ihres Vergehens, während die Ausführungen über die bösen Geister in 1 Hen 15,8–16,1 offensichtlich den Ursprung und die Existenz dieser unheilvollen Wesen zur Zeit des Verfassers erklären sollen.[76] Das abrupt eingeführte und mit Blick auf das gesamte *Wächterbuch* gänzliche neue Thema[77] sowie der ätiologische Ge-

---

71 Vgl. Tigchelaar, *Prophets of Old*, 193.

72 Vgl. Tigchelaar, *Prophets of Old*, 203–204.

73 Vgl. 1 Hen 15,6.

74 Vgl. 1 Hen 15,7.

75 Vgl. auch Nickelsburg, *1 Enoch 1*, 271–272.

76 Vgl. 1 Hen 16,1 und Tigchelaar, *Prophets of Old*, 204. Für eine Diskussion der fragwürdigen Herkunft und des problematischen Charakters der Riesen und der damit zusammenhängenden bösen Geister vgl. exemplarisch Stuckenbruck, „Theological Anthropology," 16–35. Für eine mögliche Erklärung der bösen Geister vor dem altorientalischen Hintergrund vgl. zum Beispiel Drawnel, „The Mesopotamian Background," 14–38.

77 Im *Wächterbuch* werden abgesehen von 1 Hen 15,8–16,1 und 1 Hen 19,1, wo möglicherweise auf die Beschreibung im Traumbericht zurückgegriffen wird (vgl. auch Nickelsburg, *1 Enoch 1*, 287), nirgendwo sonst böse Geister erwähnt, die ihr Unwesen auf Erden treiben. Während in 1 Hen 10,15 und 13,6 wahrscheinlich die Wächter als Geister (oder Seelen? vgl. hierzu die Varianten in den einzelnen Textzeugen!) bezeichnet werden, ist in 1 Hen 20,3.6 sowie 1 Hen 22 vom Geist der Menschen die Rede.

samtcharakter von 1 Hen 15,8–16,1 legen den Verdacht nahe, dass es sich bei dieser Passage, wie bereits Tigchelaar vorgeschlagen hatte,[78] um eine nachträgliche Ergänzung handeln könnte. Diese Vermutung lässt sich meines Erachtens durch die nächste Beobachtung zum Traumbericht stützen.

3) Betrachtet man das Verhältnis der einzelnen Passagen des Traumberichtes zueinander, fällt auf, dass sich gedankliche Weiterentwicklungen sowie mögliche Querbezüge immer nur in eine Richtung feststellen lassen. So kann die Vision von Henochs Entrückung in 1 Hen 14,8–25 als Reaktion auf das Verbot der Rückkehr der Wächter in den Himmel in 1 Hen 14,5 erachtet werden, da sie mit Henoch einen positiven Gegenentwurf zu den herabgestiegenen Wächtern entwickelt, der sich im Gegensatz zu den Wächtern in seiner Aufgabe der Fürbitte als würdig erweist. Da sich jedoch innerhalb der Häuservision, wie bereits mehrfach hervorgehoben wurde, keinerlei Bezüge zur Wächtererzählung oder der damit verwobenen Vermittlungsrolle Henochs finden, ist zu vermuten, dass der Visionsschilderung in 1 Hen 14,8–25 diese Funktion wahrscheinlich erst sekundär zugeschrieben wurde.

Demgegenüber wird in der Gottesrede in 1 Hen 15,1–16,4 die kategoriale Gegenüberstellung der beiden Häuser im Sinne eines himmlischen Urbildes und eines irdischen Abbildes aus 1 Hen 14,8–25 über das Stichwort des Hauses bzw. der Wohnstatt explizit aufgegriffen und auf die Geister des Himmels und der Erde übertragen. Wie für die Gottheit gibt es auch für die Geister nur die eine ideale, der Schöpfungsordnung entsprechende Wohnung, die sich im Himmel befindet (1 Hen 15,7.10).[79] Diesen himmlischen Geistern und ihrer himmlischen Wohnung sind die bösen Geister gegenübergestellt, die aus den Riesen, den rechtswidrigen Nachkommen der Wächter, hervorgegangen sind und ihr Unwesen auf Erden treiben (1 Hen 15,8). Als lebensfeindliches Prinzip, das auf Erden seinen Ursprung nahm und der Schöpfungsordnung widerspricht, stellen ihre Existenz und Wohnstatt auf Erden das Negativ zu den von Gott geschaffenen himmlischen Geistern und ihrer Wohnung im Himmel dar. Die beiden Häuser aus Henochs Vision (1 Hen 14,8–25) werden damit innerhalb der erweiterten Wächtererzählung zum Paradigma und zur Folie für die Bestimmung des Verhältnisses von dem, was der göttlichen Schöpfungsordnung entspricht, und dessen Perversion.

---

78 Vgl. Tigchelaar, *Prophets of Old*, 190.

79 Eine ähnliche kategoriale Gegenüberstellung der himmlischen und irdischen Welt findet sich beispielsweise auch in Ps 115,3.16, wonach Gott auf Erden nur noch mit Blick auf seine Wirkmächtigkeit, jedoch nicht mehr mit Blick auf seine Präsenz wahrnehmbar ist. Dies hat nicht nur eine Übereignung der Erde an die Menschen zur Folge, sondern schafft ebenfalls eine große Distanz zwischen Gott und Mensch, bzw. dem Himmlischen und dem Irdischen.

4) Schließlich erweckt 1 Hen 13,6–10 den Eindruck, dass der Spannungsbogen der Wächtererzählung an sein Ende gelangt ist; der Verweis auf die Vision des Strafgerichtes autorisiert Henoch in neuer, absoluter Weise und lässt das Gericht und die Bestrafung der Wächter als endgültig und unumstößlich erscheinen.[80] Der nachfolgende Traumbericht (1 Hen 14–16), der Henoch erneut autorisiert und die Ablehnung der Bittschrift noch einmal ausführlich ausformuliert, klappt dementsprechend nach.[81] Jedoch lässt sich mit 1 Hen 13,8 sowohl für den Traumbericht insgesamt (1 Hen 14–16) als auch für die Häuservision im Einzelnen (1 Hen 14,8–25) ein expliziter Anknüpfungspunkt ausmachen, der mit der Erwähnung der [כחה]או דרגוז חזיון „Vision des Zorns der Züchtigung"[82] bzw. der ὁράσεις ὀργῇ ራእይ፡ መቅሠፍት፡ „Vision(en) des Strafgerichtes" nachträglich eine detailliertere Ausarbeitung des Visionsinhaltes provoziert haben könnte. Die Überschrift des Traumberichtes in 1 Hen 14,1 hat mittels Wiederaufnahme wesentlicher Stichwörter aus 1 Hen 13,10 beide Passagen wahrscheinlich sekundär miteinander verknüpft[83] und Henochs Amt als Schreiber der Gerechtigkeit betont ausformuliert.[84] Dies erklärt allerdings noch nicht, warum eine so ausführliche Vision von zwei unterschiedlichen Häusern in den Traumbericht eingebettet wurde. Meines Erachtens könnte der Auslöser hierfür ebenfalls in 1 Hen 13,8 gelegen haben, wenn auch nur die aramäische Fassung darauf hindeutet.[85] So heißt es in 4Q204 f1vi,3b–4 (= 1 Hen 13,8a; inklusive der von Milik vorgeschlagenen Ergänzungen[86]):

---

80 Vgl. Ego, „Denkbilder für Gottes Einzigkeit," 163.

81 Vgl. Ego, „Denkbilder für Gottes Einzigkeit," 163.

82 = 4Q204 f1vi,5.

83 In der aramäischen Fassung von 1 Hen 13,10 und 1 Hen 14,1 ist im Wesentlichen nur die Wendung קושטא מלי „Worte der Wahrheit" erhalten geblieben (4Q204 f1vi,8 bzw. f1vi,9). Demgegenüber zeigen die griechische und altäthiopische Fassung, dass ursprünglich vermutlich weitere Stichwortverbindungen zwischen diesen beiden Versen vorgelegen haben:

13,10: ἐνώπιον αὐτῶν καὶ ἀνήγγειλα αὐτοῖς πάσας τὰς **ὁράσεις** ἃς εἶδον κατὰ τοὺς ὕπνους, καὶ ἠρξάμην λαλεῖν τοὺς **λόγους τῆς δικαιοσύνης**, ἐλέγχων τοὺς ἐγρηγόρους τοῦ **οὐρανοῦ**

ወተናገርኩ፡ በቅድሜሆሙ፡ ኵሎ፡ ራእያተ፡ ዘርኢኩ፡ በንዋምየ፡ ወወጠንኩ፡ እትናገር፡ ወኪ፡ ቃላተ፡ ጽድቅ፡ ወዘለፍኩ፡ ለትጉሃን፡ ሰማይ፡

14,1: Βίβλος **λόγων δικαιοσύνης** καὶ ἐλέγξεως ἐγρηγόρων τῶν ἀπὸ τοῦ αἰῶνος, κατὰ τὴν ἐντολὴν τοῦ ἁγίου τοῦ μεγάλου ἐν ταύτῃ τῇ **ὁράσει**

መጽሐፈ፡ ቃለ፡ ጽድቅ፡ ወለፈ፡ ትጉሃን፡ እለ፡ እምዓለም፡ በከመ፡ አዘዘ፡ ቅዱስ፡ ወዐቢይ፡ በዛቲ፡ ራእይ፡

84 Vgl. hierzu auch Tigchelaar, *Prophets of Old*, 183–186.

85 4Q204 f1vi,3–4, wo der Anfang von 1 Hen 13,8 gestanden haben müsste, bietet an dieser Stelle im Gegensatz zu GrPan und Aeth einen längeren Text.

86 Milik, *The Books of Enoch*, 193.

[והא חלמין עלי נחתו וחזיון עלי נפל[ו עד ד[י נטלת] לשכני עיני לתרעי ה[יכל שמיא]

[Und siehe, Träume stiegen auf mich herab und Visionen fielen auf mich,] bis da[ss ich anhob] meine Augenlider zu den Toren des Pa[lastes des Himmels]

Ungeachtet der Ergänzungen ist in dieser aramäischen Fassung davon die Rede, dass Henoch, nachdem Träume und Visionen auf ihn gekommen waren, seine Augenlider auf irgendwelche Tore richtet, bevor er die Vision des Strafgerichtes über die Wächter sieht (4Q204 f1vi,5 = 1 Hen 13,8b). Zwar kann nur gemutmaßt werden, welches *nomen rectum* in dieser Zeile auf תרעי folgte.[87] Meines Erachtens gibt aber bereits das *nomen regens* durch seine Erwähnung am Beginn der Visionserfahrung einen Hinweis darauf, welche Vorstellungen mit dieser Aussage mitschwingen könnten. Im *Wächterbuch* selbst finden sich abgesehen von diesem Beleg zwei weitere Stellen, an denen das Wort תרע „Tor" bzw. das entsprechende griechische und altäthiopische Äquivalent πύλη und አንቀጸ belegt ist. Sowohl in 1 Hen 9,2 als auch in 1 Hen 9,10 geht es um das Geschrei der Erde bzw. die Klage der toten Menschen, die עד תרעי שמיא „bis zu den Toren des Himmels" dringen.[88]

---

87 Der erste, teilweise noch erhaltene Buchstabe des *nomen rectum* scheint mit Milik, *The Books of Enoch*, 193, tatsächlich am ehesten ein ה zu sein (vgl. auch Drawnel, *Qumran Cave 4*, 226). Miliks Ergänzung zu ה[יכל, die auf einer ähnlichen Beschreibung im *Testament Levis* basiert (vgl. seine Anmerkung zur Stelle *ebd.*, 196), ist damit prinzipiell denkbar und wird auch davon gestützt, dass der Gesamtausdruck תרעי היכל so ähnlich beispielsweise auch in Tg Ez 8,16 oder Tg 1 Kön 6,33 zu finden ist (an beiden Stellen steht תרע היכל in Entsprechung zu MT היכל פתח). Beyer, *Die aramäischen Texte*, 239, liest dagegen לתרעי שׁ[מיא] (vermutlich in Anlehnung an 4Q201 f1vi,10 = 1 Hen 9,2), was meines Erachtens paläographisch unmöglich ist.

Tatsächlich bieten die Levitraditionen, wenngleich auch sicherlich jünger als das *Wächterbuch* und daher allenfalls rezeptionsgeschichtlich interessant, bemerkenswerte Parallelen zu 1 Hen 13,8. Einerseits wird in 4Q213a f2,13–18 (*ALD*) ein sehr ähnliches Visionserlebnis beschrieben, wo Levi zu Beginn seiner Vision ebenfalls Tore erblickt – in diesem Fall תרעי שמיא „die Tore des Himmels". Auch wenn Drawnel, *An Aramaic Wisdom Text*, 227, eine direkte literarische Abhängigkeit zwischen 4Q213a f2,13–18 und 1 Hen 13,8 eher für unwahrscheinlich hält, deuten die Ähnlichkeiten zwischen diesen beiden Passagen seines Erachtens daraufhin, dass sich der Verfasser von *ALD* bewusst auf die henochischen Visionstraditionen stützte und sie für seine Zwecke anpasste.

Andererseits wird in der zweiten Visionsschilderung im *Testament Levi* (5,1) neben den Toren des Himmels auch ein Heiligtum erwähnt, in dem sich die thronende Gottheit befindet: Καὶ ἤνοιξέ μοι ὁ ἄγγελος τὰ πύλας τοῦ οὐρανοῦ· καὶ εἶδον τὸν ναὸν τὸν ἄγιον, καὶ ἐπὶ θρόνου δόξης τὸν ὕψιστον „Und der Engel öffnete mir die Tore des Himmels und ich sah den heiligen Tempel und auf dem Thron der Herrlichkeit den Höchsten." Obgleich beide Belege Miliks Ergänzungsvorschlag nicht bestätigen können, zeigen sie dennoch, dass Tore einem Visionär generell Einblick in eine andere, transzendente Welt ermöglichen.

88 Die oben zitierte Wendung ist auf Aramäisch nur für 1 Hen 9,2 bezeugt und stellt eine Kombination von 4Q201 f1vi,10 und 4Q202 f1iii,10 dar.

Während in 1 Hen 9 mit Hilfe dieser Wendung zum Ausdruck gebracht wird, dass die irdischen Folgen der Wächtertaten auch in der himmlischen Welt wahrgenommen werden, scheinen die Tore in 1 Hen 13,8 Henoch in seinem Traum gewissermaßen Einblick in die himmlische Welt zu geben, die, so lässt immerhin der Begriff תרע „Tor" vermuten, wahrscheinlich im Sinne eines himmlischen Palastes oder Heiligtums vorgestellt wurde und in der auch die Gottheit gegenwärtig ist.[89] Auch wenn mit Blick auf 1 Hen 13,8 nicht mit absoluter Sicherheit gesagt werden kann,[90] dass diese Vorstellungen an dieser Stelle anklingen, könnten die Tore dennoch für den Ergänzer, der möglicherweise für die Hinzufügung von 1 Hen 14,8–25 verantwortlich ist, der Auslöser für eine ausführliche Beschreibung der himmlischen Welt gewesen sein.

Insgesamt legen diese Beobachtungen meines Erachtens ein sukzessives Wachstum des Traumberichtes (1 Hen 14–16) nahe, bei dem zunächst 1 Hen 14,2–7 als inhaltliche Ausführung von 1 Hen 13,8–10 in Anlehnung an 1 Hen 12–13 hinzugefügt wurde. In einem weiterem Schritt könnten die Häuservision in 1 Hen 14,8–25 als vorgegebenes Traditionsstück sowie die Gottesrede in 1 Hen 15,1–16,4*, vermutlich noch ohne die Ausführungen über die bösen Geister in 1 Hen 15,8–16,1 und über die Weitergabe der Geheimnisse in 1 Hen 16,2–3,[91] zusammen mit der Überschrift 1 Hen 14,1 angefügt worden sein. Für Letzteres sprächen zumindest die Querbezüge zwischen 1 Hen 14,1 und 1 Hen 15,1, die insbesondere Henoch in seiner Tätigkeit als Schreiber der Gerechtigkeit hervorheben, sowie die expliziten Stichwortverbindungen beider Stellen zu 1 Hen 13,10 und 1 Hen 12,3–4. Schließlich könnte die Ätiologie der bösen Geister in 1 Hen 15,8–16,1 als Weiterführung und Betonung der Folgen, die das Herabsteigen der Wächter für die Menschheit mit sich gebracht haben, zusammen mit der Wiederaufnahme der Wächterthematik, die den Aspekt des Geheimnisverrates

---

89 Diese Vermutung ließe sich möglicherweise mit der Schilderung von Jakobs Traum zu Bethel (Gen 28,11–22) stützen: Nachdem Jakob im Traum die Himmelsleiter und Jahwe sah, bezeichnet er den Ort nach dem Erwachen als בית אלהים „Haus Gottes" und שער השמים „Tor des Himmels" (Gen 28,17), womit er den Ort als Zugang zur göttlichen Welt qualifiziert. Vgl. hierzu auch die Bezeichnung Babylons im *Enūma eliš*, Tafel V, 129, als *bāb ili* „Tor der Götter" bzw. *bitāti ili rabûti* „Häuser der großen Götter". Vgl. insgesamt auch Koch, *Gottes himmlische Wohnstatt*, 69–85.

90 Hinzu kommt, dass Miliks Ergänzung die Lücke, die auf ה[folgt, mit Blick auf לתרעי ה] die anzunehmende Kolumnenbreite nicht gänzlich füllt, sodass die aramäische Fassung von 1 Hen 13,8a ursprünglich möglicherweise noch einen viel längeren Text als GrPan und Aeth bot (sofern dort nicht ein *vacat* stand).

91 Vgl. Newsom, „The Development of 1 Enoch 6–19," 319.321; Tigchelaar, *Prophets of Old*, 183.190.

nun auch in die Gottesrede einbringt (1 Hen 16,2–3),[92] in den Traumbericht eingearbeitet worden sein.

Während Henochs Vision von den beiden Häusern (1 Hen 14,8–25) für sich
betrachtet zunächst einmal als eine vehemente Kritik am irdischen Tempel
gedeutet werden kann,[93] die die Tempelkritik *Ezechiels* nicht nur fortführt,
sondern auch aktualisiert und modifiziert,[94] fungiert sie mit Blick auf die
nachfolgende Gottesrede (1 Hen 15,1–16,4) als Prototyp und Hintergrundfolie
für Ausführungen über das Wesen der Wächter und insbesondere der bösen
Geister. Wie es für die Gottheit nur die eine adäquate Wohnung im Himmel
(das zweite Haus) gibt, kann es auch für die geistigen Wesen, die Wächter, auf
Grund ihrer natürlichen Veranlagung nur einen angemessenen Lebensraum
geben, der ihnen entsprechend der Schöpfungsordnung zugedacht wurde. Indem sie aber den Himmel verlassen und wie Menschen gehandelt haben, haben sie ein irdisches und defizitäres Abbild ihrer Selbst, nämlich die bösen
Geister, und ihrer Wohnstätte erzeugt, was insgesamt als eine Perversion ihres
ursprüngliches Wesen erachtet werden kann. Auf diese Weise gelten die kategoriale Gegenüberstellung der himmlischen und irdischen Welt und die damit
verbundene Distanz zwischen der Gottheit und den Menschen auch für die
himmlischen Wesen, die der Gottheit untergeordnet sind, sodass die Sünde
der Wächter in der Gottesrede vor allem als Verlust ihres ursprünglichen Wesens und Übertretung der Grenzen erscheint, die Gott mit seiner Schöpfungsordnung gesetzt hat.[95]

5.3 Weitere Überlegungen zum Textwachstum des *Wächterbuches*

Setzen die beiden Rahmenteile des Traumberichtes (1 Hen 14,1–7; 15,1–16,4) die
beiden vorangehenden Kapitel 1 Hen 12–13, in denen die Wächtererzählung
erstmals mit dem Schicksal Henochs verknüpft wird, ganz sicher voraus, ist
das konkrete Verhältnis der sogenannten Scharnierkapitel insgesamt (1 Hen 12–
13.14–16) zu der Wächtererzählung in 1 Hen 6–11 in der bisherigen Forschung
stark umstritten. In diesem Zusammenhang wird eine Reihe an Beobachtungen
diskutiert, die häufig als Hinweise auf ein entweder älteres oder jüngeres Ent-

---

92 Vgl. hierzu insbesondere die Wiederaufnahme von 1 Hen 15,2 in 1 Hen 16,2!
93 Anders Himmelfarb, *Ascent to Heaven*, 103: „This revelation is meaningless without the
narrative context." Vgl. auch Schäfer, *Origins of Jewish Mysticism*, 64.
94 Vgl. Schäfer, *Origins of Jewish Mysticism*, 66.
95 Vgl. hierzu auch Tigchelaar, *Prophets of Old*, 193.

stehungsdatum des Wächtermythos bzw. auf eine Abhängigkeit in die eine oder in die andere Richtung interpretiert werden. So fällt beispielsweise auf, dass 1 Hen 6–11 anders als 1 Hen 12–16 in enger Beziehung zu Gen 6,1–4 bzw. Gen 6–9 steht und überspitzt gesagt als eine Neufassung dieser Passage der *Genesis* erachtet werden kann, während 1 Hen 12–16 abgesehen von der Entrückungsnotiz in Gen 5,24 ohne explizite Schriftbezüge auszukommen scheint.[96]

Des Weiteren lassen sich einige Unstimmigkeiten zwischen 1 Hen 12–16 und 1 Hen 6–11 ausmachen. Auch wenn in der jetzigen Form des Textes von 1 Hen 12–16 eine ähnliche Erzählung des Wächtermythos vorausgesetzt wird, wie sie in 1 Hen 6–11 vorliegt, stellt sich auf Grund der freien und selektiven Rezeption des Materials sowie der Tatsache, dass der Wächterstoff mit einem anderen Fokus und neuen Akzenten wiedergegeben wird, die Frage, ob der Verfasser von 1 Hen 12–16 (bzw. 1 Hen 12–13) tatsächlich 1 Hen 6–11 vor sich liegen hatte oder vielmehr nur den dahinter stehenden Stoff kannte.[97] Beispielsweise taucht Henoch in der Wächtererzählung in 1 Hen 6–11 als Protagonist nirgends auf, während er in 1 Hen 12–16 auf einmal die Rolle übernimmt, die in 1 Hen 6–11 die Erzengel innehatten. Nun soll nämlich der Patriarch den Wächtern die Verurteilung und Bestrafung verkünden, was gemäß 1 Hen 10 Rafaels, Gabriels und Michaels Aufgabe war.[98] Zudem fällt auf, dass das Fehlverhalten der Wächter in 1 Hen 6–11 insbesondere im Begehren der Menschenfrauen und in der Vermittlung von problematischem Wissen gesehen wird, wobei sich die Darstellung beinahe mehr auf die Folgen dieses Fehlverhaltens (die Riesen) für die Menschen und die Erde sowie auf die Bestrafung der Wächter als auf die Sünde selbst konzentriert. Demgegenüber wird in 1 Hen 12–16 das Übertreten der göttlichen Schöpfungsordnung und der damit verbundenen Grenzen, das heißt das Wesen der Sünde, betont, indem die Wächter angeklagt werden, den Himmel verlassen und wie Menschen gehandelt zu haben.[99] Lediglich mit der Erweiterung über das Wesen der bösen Geister (1 Hen 15,8–16,1) kommen auch die Konsequenzen des Fehlverhaltens der Wächter für die Menschen nachträglich zur Sprache.

Dennoch ist es meines Erachtens unwahrscheinlich, dass 1 Hen 12–16 unabhängig von 1 Hen 6–11 entstanden sein könnte. Abgesehen von der Tatsache,

---

96 Vgl. zum Beispiel Dimant, *From Enoch to Tobit*, 73–89.

97 Vgl. zum Beispiel Tigchelaar, *Prophets of Old*, 156–157.

98 Vgl. insbesondere 1 Hen 10,4.9.11. Vgl. Dillmann, *Das Buch Henoch*, 103; Dean-Otting, *Heavenly Journeys*, 44; VanderKam, *Enoch and the Growth*, 130; Tigchelaar, *Prophets of Old*, 166.183; Ego, „Henochs Reise," 112.

99 Vgl. Newsom, „The Development of 1 Enoch 6–19," 315–316; Tigchelaar, *Prophets of Old*, 178.193–194.

dass die Annahme einer gemeinsamen Wächtertradition im Hintergrund, auf die beide Textpassagen voneinander unabhängig zurückgegriffen haben sollen, sehr viel hypothetischer als ein direktes Abhängigkeitsverhältnis ist, scheint 1 Hen 12–13 von vornherein als Fortsetzung und Weiterentwicklung von 1 Hen 6–11 verfasst worden zu sein. Auch wenn die Wächtererzählung in 1 Hen 12–13 aufgegriffen und in eine neue Richtung ausgearbeitet wird, sodass Henoch als Gegenentwurf zu den Wächtern erscheint,[100] stellt diese Wiederaufnahme keine Neuerzählung dar, die 1 Hen 6–11 überflüssig macht und daher für sich gelesen werden könnte.[101] Vielmehr reagiert sie auf das abrupte Ende von 1 Hen 6–11, das durch das Fehlen der endgültigen Bestrafung der Wächter bzw. eines Berichtes, wie die Erzengel ihre Aufträge erledigen, hervorgerufen wird. Indem 1 Hen 12–13 die Wächtergeschichte in Verbindung mit der Figur des Patriarchen weiterspinnt, „henochisiert" sie den gesamten Wächterstoff und bringt die Erzählung endlich zu einem Abschluss.[102] Der Patriarch führt nicht nur die Aufträge der Erzengel dadurch aus, dass er im Gegensatz zu den Erzengeln tatsächlich zu den Wächtern geht und diesen ihre Verurteilung verkündigt (1 Hen 13,1.3), sondern übernimmt auch die Mittlerrolle zwischen der himmlischen und irdischen Welt, die ursprünglich nur den Engeln zugedacht war. Auf diese Weise kann 1 Hen 12–13 ebenfalls als eine explizite Auslegung der kurzen, kryptischen Notiz zu Henoch in Gen 5,24 erachtet werden.

Der Kern des *Wächterbuches* liegt somit in der Wächtergeschichte 1 Hen 6–11. In der Erzählung, die Gen 6,1–4 bzw. Gen 6–9 auslegt, sind vermutlich zwei unterschiedliche Traditionen miteinander verschmolzen.[103] Auf der einen Seite steht die Geschichte um Shemihaza und die Gruppe der Engel, die sich ihm angeschlossen haben, auf der anderen Seite die Tradition um Asael, bei der es sich wahrscheinlich auch um eine Ergänzungsschicht handeln könnte. 1 Hen 6–9 bietet eine Ätiologie der Präsenz des Bösen und der Sünde in der gegenwärtigen Welt, bei der das Handeln und Ergehen der Wächter exemplarisch für das Missachten der göttlichen Ordnung und der damit verbundenen Strafe steht, die mit der Reaktion der Erzengel und der Gottheit in 1 Hen 10–11 veranschaulicht wird. Während der Asael-Stoff das Element der Vermittlung von negativem Wissen ver-

---

100 Vgl. hierzu VanderKam, *Enoch and the Growth*, 133.

101 Gegen Nickelsburg, *1 Enoch 1*, 229–232, der in 1 Hen 12–16 eine Art Kommentar zu 1 Hen 6–11 sieht: „In reiterating the message of 6–11, the author of this section also reinterprets those chapters" (*ebd.*, 229). Vgl. hierzu auch Bachmann, *Die Welt im Ausnahmezustand*, 76 Fußnote 32.

102 Vgl. auch Beer, „Das Buch Henoch," 225; Bachmann, *Die Welt im Ausnahmezustand*, 38.

103 So im Anschluss an die bisherige Forschung. Vgl. exemplarisch Tigchelaar, *Prophets of Old*, 167–182; Dimant, *From Enoch to Tobit*, 73–89, bzw. siehe die Diskussion bisheriger Modelle am Anfang dieses Kapitels.

stärkt, wird mit der Erweiterung um das Henoch-Material in 1 Hen 12–13.14–16 die Wächtererzählung zu Ende gebracht und ein positiver Gegenentwurf insbesondere mit Blick auf die Wächter und ihrem Wissenstransfer entwickelt.

Während der Anschluss von Henochs Traumbericht (1 Hen 14–16) nach vorne an 1 Hen 12–13 sowie die Verknüpfung der Scharnierkapitel 1 Hen 12–16 mit der Wächtererzählung in 1 Hen 6–11 gut erklärt werden können, lässt sich nach hinten mit Blick auf das Verhältnis von Henochs Traumbericht zur Beschreibung seiner kosmische Reisen eine Reihe anderer Probleme und Unterschiede feststellen, die erneut die Frage nach der redaktionellen Einbettung der Visionsschilderung in 1 Hen 14,8–25 aufwerfen.[104] Gemäß 1 Hen 14,8–25 wird Henoch innerhalb einer Vision in den Himmel entrückt und erblickt mit dem zweiten Haus den wahren Wohnsitz der Gottheit. Hierbei fällt auf, dass Henoch während seines visionären Geschehens von keinem Engel begleitet wird und ebenso kein Deuteengel auftritt, die Gottheit vielmehr selbst direkt mit dem Patriarchen kommuniziert. Der gesamte Traumbericht stilisiert Henoch als Gegenentwurf zu den Wächtern und als Mittler zwischen der himmlischen und irdischen Welt, sodass seine Vision von den beiden Häusern als Teil der Gerichtsbotschaft Gottes an die Wächter erscheint. Demgegenüber reist der Patriarch nach 1 Hen 17–19.21–36 nicht im Traum, sondern tatsächlich umher, wobei er sich nur horizontal bewegt. Obwohl Henoch bei seinen Reisen alle möglichen Orte der Welt und die Enden des Kosmos besucht, wird in 1 Hen 17–19.21–36 keine einzige Himmelsreise beschrieben.[105] Anders als bei seiner visionären Himmelsreise in 1 Hen 14,8–25 wird der Patriarch bei seinen kosmischen Reisen stets von einem der Erzengel begleitet, die ihm seine Fragen beantworten und das Gesehene erklären. Die Gottheit tritt hierbei allenfalls indirekt, beispielsweise als Gegenstand des Gotteslobes, auf.

Liegt der Fokus in der Erzählung in 1 Hen 6–11 ganz auf den Wächtern, deren Schicksal innerhalb der Scharnierkapitel 1 Hen 12–16 mit der Figur des

---

104 Vgl. hierzu und für das Folgende zum Beispiel auch Dillmann, *Das Buch Henoch*, 114; Beer, „Das Buch Henoch," 227; Dimant, *From Enoch to Tobit*, 41–44; Coblentz Bautch, *Study of the Geography*, 17–23.41–44. Auch wenn nachfolgend relativ pauschal von Henochs Reiseberichten die Rede ist, bedeutet dies nicht, dass 1 Hen 17–19 und 1 Hen 21–36 als einheitliche Größen erachtet werden. Bereits in der Diskussion der bisherigen Wachstumsmodelle wurde deutlich, dass auch für die Berichte über die kosmischen Reisen des Patriarchen ein komplexes Textwachstum anzunehmen ist, dem auf Grund des Fokus dieser Arbeit jedoch nicht im Detail nachgegangen werden kann. Daher sei an dieser Stelle vor allem auf die hierfür spezifische Forschungsliteratur verwiesen. Ebenso ist wahrscheinlich die Engelliste in 1 Hen 20 eine spätere Ergänzung, die vermutlich als Gegenstück zu 1 Hen 6,7–8 (Liste der Wächter) konzipiert und im Zusammenhang mit dem zweiten Reisebericht (1 Hen 21–36) ins *Wächterbuch* gekommen ist. Aber auch hierfür sei auf die entsprechende Sekundärliteratur verwiesen.
105 Vgl. Coblentz Bautch, *Study of the Geography*, 8–9.

Patriarchen verbunden wird, konzentrieren sich die Reiseberichte 1 Hen 17–19.21–36 auf die Orte, die Henoch besucht, wobei die Wächter nahezu gänzlich in den Hintergrund treten und keine aktive Rolle mehr spielen. Diese inhaltliche Gegenüberstellung spiegelt sich im schroffen Übergang von 1 Hen 16,4 zu 1 Hen 17,1, der auf eine literarische Naht hindeuten könnte.[106] Einerseits verharrt das Ende der Wächtererzählung im abschließenden Gerichtsurteil der Gottesrede, ohne dass die Ausführung der Bestrafung explizit zur Sprache gebracht wird oder Henochs anstehende Reisen in irgendeiner Weise vorbereitet werden. Andererseits setzt 1 Hen 17,1 mit καὶ παραλαβόντες με εἴς τινα τόπον ἀπήγαγον „Und indem sie mich nahmen, brachten sie mich an einen gewissen Ort“ bzw. ወነሥኡኒ፡ ውስተ፡ አሐዱ፡ መካን፡ „Und sie nahmen mich (hinweg) an einen Ort“ sehr unvermittelt ein, ohne dass im Weiteren irgendein Hinweis oder Rückbezug auf die vorangehende Vision, die Häuser oder die Gottesrede zu finden ist. Damit kann 1 Hen 17,1 schwerlich als eigenständige, in sich verständliche Einleitung der Reiseschilderungen erachtet werden.[107] Stattdessen stellt sich die Frage, wer Henoch von wo aus an diesen neuen Ort bringt.[108] Lässt sich ein anderer Anknüpfungspunkt als 1 Hen 16,4 oder gar ein älterer Übergang nach vorne feststellen, der darauf hinweist, dass der erste Reisebericht in 1 Hen 17–19 von vornherein als Fortschreibung der Wächtererzählung komponiert wurde?[109] Oder handelt es sich bei 1 Hen 17–19 um eine ursprünglich eigenständige Henochtradition, die zunächst in einer so nicht mehr erhaltenen Form unabhängig von der Wächtererzählung zirkulierte und später von einem Redaktor bearbeitet und an 1 Hen 6–16 angefügt wurde? Letzteres vermutet beispielsweise Coblentz Bautch:

> It seems likely that the text as it now stands is the result of a later redactor awkwardly trying to adapt an independent Enochic tradition to the growing narrative. In this scenario, the author/redactor, while trying to honor the source, simply omits some of an original introduction which no longer would fit the new context following 1 Enoch 16. In fact, Enoch's visit to the heavenly temple in 1 Enoch 14–16 may have offered the redactor the most plausible point in the text for relocating chapters 17–19.[110]

---

106 Vgl. hierfür und für das Folgende insbesondere Nickelsburg, *1 Enoch 1*, 278; Coblentz Bautch, *Study of the Geography*, 18–19.
107 Vgl. auch Dillmann, *Das Buch Henoch*, 114; Nickelsburg, *1 Enoch 1*, 278.
108 In diesem Zusammenhang fällt auf, dass das unbekannte Subjekt nur ganz am Anfang der Reiseberichte als Urheber von Henochs Ortsveränderungen auftritt (1 Hen 17,1–4) und der Patriarch ab 1 Hen 17,5 immer selbst von einem Ort zum nächsten gelangt, er also von einer passiven in eine aktive Rolle wechselt.
109 So zum Beispiel Tigchelaar, *Prophets of Old*, 157.
110 Coblentz Bautch, *Study of the Geography*, 23. Vgl. auch Nickelsburg, *1 Enoch 1*, 278.

Neben Coblentz Bautchs Vermutung, dass die ursprüngliche Einleitung des ersten Reiseberichtes verloren gegangen und 1 Hen 17,1 nachträglich mit 1 Hen 14–16 verknüpft worden sei,[111] gibt es aber auch Vorschläge für alternative Bezugspunkte, mit deren Hilfe die Urheber und der Ausgangspunkt von Henochs Ortsveränderung erklärt werden sollen. Während etwa Dillmann 1 Hen 12,1–2 zur Diskussion stellt und vermutet, dass Henochs Reisen vor seiner Sendung zu den Wächtern (1 Hen 12,3–13,10) stattfanden,[112] können sich Newsom und Nickelsburg vorstellen, dass 1 Hen 17,1 gedanklich an das Ende von Henochs Visionsschilderung anschließt (1 Hen 14,22–25) und es die Engel sind, die Henoch dort in der Nähe des Thrones sieht bzw. die ihn nach seiner Prostration aufrichten und ihn nun an einen anderen Ort bringen.[113]

Die vorgeschlagenen Anknüpfungspunkte nennen zwar jeweils ein Subjekt, mit dem der Handlungsträger in 1 Hen 17,1 möglicherweise identifiziert werden könnte. Meines Erachtens ist es jedoch unwahrscheinlich, dass 1 Hen 17,1 direkt auf diese Stellen zu beziehen ist oder gar, wie Coblentz Bautch annimmt, ursprünglich überhaupt keinen direkten Referenzpunkt in 1 Hen 12–16 hatte. So beschreibt 1 Hen 12,1–2 eine Ortsveränderung des Patriarchen, ohne das konkrete Subjekt zu nennen, und hat für alles, was Henoch nachfolgend erlebt und tut, zur Prämisse, dass es gemeinsam mit den Engeln und Heiligen geschah, sodass diese gut Henochs spätere Ortsveränderung veranlasst haben könnten. Dennoch kann diese Passage nicht als konkreter Ausgangspunkt für 1 Hen 17,1 erachtet werden, da die Erzählung nachfolgend in 1 Hen 12,3–13,10 nicht in dieser Szene verharrt, sondern mit Blick auf die Protagonisten sowie den Schauplatz inhaltlich voranschreitet. Selbst wenn die Reisen, wie Dillmann vermutet, wahrscheinlich vor Henochs Sendung zu den Wächtern (1 Hen 12,3–13,10) einzuordnen wären und gedanklich an 1 Hen 12,2 anschlössen, wäre zu erwarten, dass in 1 Hen 17,1 explizite Querbezüge oder Stichwortverbindungen zu finden wären, die dem Leser einen klaren Hinweis darauf böten, dass die folgenden Reiseberichte als Fortsetzung zu Henochs Entrückungsgeschehen gedacht werden müssten. Dies ist jedoch nicht der Fall.

---

111 Vgl. auch Dillmann, *Das Buch Henoch*, 114, und Nickelsburg, *1 Enoch 1*, 281, für die ein versehentliches Wegfallen der ursprünglichen Einleitung eine Möglichkeit darstellt, den abrupten Beginn in 1 Hen 17,1 zu erklären.

112 Vgl. Dillmann, *Das Buch Henoch*, 114. Coblentz Bautch, *Study of the Geography*, 43 hält Dillmanns Vorschlag jedoch für unwahrscheinlich: „Although this hypothetical reconstruction could offer the identity of Enoch's companions, it would lack clarity with regard to the passage's setting and the purpose of Enoch's travels."

113 Vgl. Newsom, „The Development of 1 Enoch 6–19," 322; Nickelsburg, *1 Enoch 1*, 281. Vgl. auch Wacker, *Weltordnung und Gericht*, 295–296.

Im Vergleich dazu steht 1 Hen 14,22–25 zwar im unmittelbaren Vorkontext von 1 Hen 17,1, ist aber aus anderen Gründen problematisch. Anders als in 1 Hen 12,1–2, wo das Entrückungsgeschehen wie die Reisen real stattfindet und Henoch und die Engel explizit zueinander in Beziehung gesetzt werden, sind die Engel in 1 Hen 14,22–25 Gegenstand von Henochs Vision und auf den göttlichen Thron im himmlischen Tempel, nicht aber auf den Patriarchen bezogen. Hierbei ist textkritisch völlig unsicher, ob Henoch in 1 Hen 14,25 überhaupt durch einen Engel oder nicht vielmehr durch die Gottheit aufgerichtet wird.[114] In 1 Hen 17,1 wird aber vorausgesetzt, dass das Subjekt von Henochs Ortsveränderung real und auf Erden agiert – handelte es sich um die Engel aus Henochs Visionsschilderung, würde dieser Orts- und Szenenwechsel sowohl für die Engel als auch für den Patriarchen jedoch nicht vorbereitet und käme für den Leser sehr unvermittelt.

Meines Erachtens gibt es allerdings noch eine andere Möglichkeit, die mit Blick auf die Bestimmung des Subjekts in gewisser Weise an die Überlegung von Dillmann anschließt. Bedenkt man, dass Henochs Traumbericht in 1 Hen 14–16 die Vision des Strafgerichtes in 1 Hen 13,8 inhaltlich ausführt und im Gegensatz zum restlichen *Wächterbuch* ein visionäres Erlebnis beschreibt, das der Patriarch gemäß 1 Hen 13,10 den Wächtern mitteilt, dann stellt 1 Hen 13,9–10 in narrativer Hinsicht die Ausgangssituation für die Ortsveränderung in 1 Hen 17,1 dar. Henoch befindet sich bei den Wächtern in Ubelseya'el, verkündet ihnen dort seine Visionen und die Worte der Gerechtigkeit, die in 1 Hen 14–16 in Form des Traumberichtes ausformuliert werden. Im Anschluss daran wird er vermutlich von den Engeln, mit denen er seit seiner Entrückung in 1 Hen 12,1–2 in Kontakt steht, an einen anderen Ort gebracht. Wenn 1 Hen 17,1 tatsächlich an 1 Hen 13,9–10 anknüpft, erscheint auch der Übergang von der erweiterten Wächtererzählung in 1 Hen 12–13 zu den Reiseberichten in 1 Hen 17–19.21–36 als weniger schroff, da sich die Reisen des Patriarchen als sinngemäße Fortsetzung seiner Entrückung und Sendung zu den Wächtern lesen lassen, wie sie in 1 Hen 12–13 berichtet werden. Eine gesonderte Einleitung für die Reisen wäre folglich überflüssig.

Wenn nun aber die Reiseberichte sukzessive als Fortschreibungen von 1 Hen 12–13 verfasst worden sind, die diesen Vorkontext narrativ und mit Anspielungen voraussetzen[115] und mit Henochs wahrem und gutem Wissen ein positives Gegenstück zur Offenbarung der verwerflichen Geheimnissen der Wächter

---

114 Die Annahme von Newsom, „The Development of 1 Enoch 6–19," 322, dass Henoch durch einen Engel aufgerichtet wird, der ihn dann später auch in 1 Hen 17,1 an den anderen Ort bringt, wird nur von GrPan gestützt, der an dieser Stelle einen Zusatz gegenüber Aeth aufweist.
115 Vgl. hierzu beispielsweise den wiederholten Aufgriff der Wächtererzählung in 1 Hen 18,13–19,2; 21,1–10.

entwickeln,[116] wie ist dann der Traumbericht (1 Hen 14–16), der den Reiseberichten in Form und Inhalt widerspricht, in diesen Zusammenhang einzuordnen? Im Prinzip gibt es zwei Möglichkeiten: Zum einen könnten die Reiseberichte ursprünglich direkt an die beiden Scharnierkapitel 1 Hen 12–13 angeschlossen haben und als unmittelbare Fortsetzung und Gegenentwurf zu der Wächtererzählung verfasst worden sein; der Traumbericht wäre dann erst später schrittweise als Ausführung von 1 Hen 13,8 eingefügt worden, um das Urteil über die Wächter göttlich zu legitimieren und Henochs Offenbarungsrolle mit Blick auf seine Reisen mittels einer Berufungsvision zu initiieren. Der schroffe Bruch zwischen 1 Hen 16,4 und 1 Hen 17,1 wäre dann erst sekundär durch diesen Einschub entstanden. Zum anderen könnte der Traumbericht bereits Teil der erweiterten Wächtererzählung gewesen sein, als die Reiseberichte sukzessive an 1 Hen 6–11.12–16 angefügt worden sind. Dass 1 Hen 14–16 die narrative Logik von 1 Hen 12–13 und 1 Hen 17–19.21–36 widerspricht, wäre hierbei offensichtlich nicht als Störung empfunden worden.

Auch wenn diese Frage nicht mit absoluter Sicherheit beantwortet werden kann, spricht meines Erachtens einiges für die erste Möglichkeit. Während die Wächtererzählung (1 Hen 6–11) mit der Erweiterung in 1 Hen 12–13 und die Reiseberichte (1 Hen 17–19.21–36) eine deutliche Nähe zur Urgeschichte der *Genesis* aufweisen und Passagen wie Gen 2–3; 5,22–24 und 6–9 wiederholt auslegen,[117] lässt sich im Traumbericht (1 Hen 14–16) eine ganz andere Ausrichtung feststellen. Können die beiden Rahmenteile (1 Hen 14,1–7 und 15,1–16,4) gewissermaßen als innerhenochische Schriftauslegung erachtet werden, orientiert sich Henochs Vision von den beiden Häusern (1 Hen 14,8–25) in traditionsgeschichtlicher Hinsicht insbesondere an Tempelvorstellungen nachexilischer Propheten. Des Weiteren fallen, wie bereits dargestellt, die formalen Unterschiede zwischen Henochs Traumbericht und den nachfolgenden Reiseschilderungen auf,[118] die 1 Hen 17–19.21–36 in eine gewisse Nähe zum älteren *Astronomischen Buch* rücken, während Henochs Vision formal gesehen eher mit dem jüngeren *Buch der Traumvisionen* in Verbindung gebracht werden kann. Folglich ist anzunehmen, dass 1 Hen 6–11 den Kern des *Wächterbuches* darstellt, der zunächst um die henochisierte Wächtererzählung 1 Hen 12–13 und die Reiseschilderungen 1 Hen 17–36 ergänzt wurde. Vermutlich wurde der Traumbericht 1 Hen 14–16

---

116 Vgl. auch Collins, „The Apocalyptic Technique," 101.
117 Vgl. Wacker, *Weltordnung und Gericht*, 304–305; Pomykala, „A Scripture Profile," 263–284; Piovanelli, „Sitting by the Waters of Dan," 271–274.
118 Während Henoch in 1 Hen 14,8–25 innerhalb einer Vision vertikal und allein in den Himmel entrückt wird, wo er auf die thronende Gottheit stößt, finden seine Reisen in 1 Hen 17–19.21–36 real, auf horizontaler Ebene und in Begleitung eines Erzengels statt.

erst später zwischen 1 Hen 6–13 und 1 Hen 17–36 geschaltet. Hierbei ist unklar, in welchem Umfang die Reiseschilderungen zu diesem Zeitpunkt vorlagen, ob die Erzengelliste 1 Hen 20 bereits Bestandteil dieses Komplexes war[119] und ob 1 Hen 1–5 als Einleitung für das gesamte Werk schon vorangeschaltet wurde oder nicht. Auf Grund der anderen, völlig neuen Ausrichtung und Themen des Traumberichtes, die im *Wächterbuch* anderweitig nicht aufgegriffen werden, wäre es nämlich denkbar, dass nicht die Einleitung in 1 Hen 1–5, sondern der Traumbericht in seiner finalen Gestalt (1 Hen 14–16) und insbesondere die Ätiologie der bösen Geister (1 Hen 15,8–16,1) sowie die Ausführungen zum Geheimnisverrat (1 Hen 16,2–3) den jüngsten Bestandteil des *Wächterbuches* darstellen.[120] Wie dem auch genau sein mag, so zeigen diese Beobachtungen jedenfalls, dass es sich bei den Reiseberichten wahrscheinlich weniger um ursprünglich unabhängige Traditionen handelt, die erst von einem späteren Redaktor an die erweiterte Wächtererzählung angefügt wurden, sondern vielmehr um sukzessive Fortschreibungen, die ein positives Gegengewicht zu dem negativen Handeln und Wissen der Wächter schaffen sollen.

5.4 Fazit

Abschließend lässt sich auf Basis der vorangehenden Beobachtungen festhalten, dass sich der erste Eindruck bestätigt hat und die Entstehungsgeschichte des *Wächterbuches* sehr viel komplexer gewesen sein dürfte, als vielfach angenommen.[121] Bereits im Traumbericht (1 Hen 14–16) lassen sich zahlreiche Hinweise finden, die auf ein sukzessives Textwachstum des Gesamtwerkes hindeuten. So scheinen 1 Hen 14–16 literarisch nicht einheitlich und erst sekundär als Auslegung von 1 Hen 13,8 an 1 Hen 12–13 angefügt worden zu sein. Hierbei befinden sich die beiden Rahmenteile 1 Hen 14,1–7 und 15,1–16,4 vermutlich in einem engen Abhängigkeitsverhältnis zu den beiden vorangehenden Kapiteln, während Henochs Vision von den beiden Häusern (1 Hen 14,8–25) sowohl inhaltlich als auch formal prophetischen Tempelvorstellungen nahesteht und

---

119 Auf Grund des Fokus dieser Arbeit konnte die konkrete Entstehungsgeschichte der Reiseberichte 1 Hen 17–19.21–36 und der Erzengelliste 1 Hen 20 nicht analysiert werden.
120 Vgl. hierzu die Ausführungen in Kapitel 5.2 dieser Arbeit (344–345, insbesondere Fußnote 77).
121 Vgl. hierzu auch den in paläographischer, orthographischer, linguistischer und kodikologischer Hinsicht inkongruenten Charakter von 4Q201, der möglicherweise ebenfalls auf zahlreiche redaktionelle Wachstumsstufen des *Wächterbuches* hindeuten könnte. Vgl. die Beschreibung und Diskussion von 4Q201 in Kapitel 2.1 dieser Arbeit (38–44).

wahrscheinlich ein vorgegebenes Traditionsstück darstellt, das erst sekundär in die henochisierte Wächtererzählung eingearbeitet wurde. Die Häuserthematik, die für sich gesehen eine vehemente Tempelkritik transportiert, wird in der Gottesrede in 1 Hen 15,1–16,4 als Paradigma und Folie für die Verhältnisbestimmung himmlischer und irdischer Wesen innerhalb der göttlichen Schöpfungsordnung aufgegriffen und hat vermutlich auch die nachträglichen Ausführungen über die bösen Geister (1 Hen 15,8–16,1) provoziert.

Insgesamt legt sich damit auch ein sukzessives Textwachstum des *Wächterbuches* nahe, wobei der Kern des Werkes am ehesten in der Wächtererzählung in 1 Hen 6–11 zu suchen ist. An diesen Kern wurden zunächst 1 Hen 12–16 sowie die beiden Reiseberichte 1 Hen 17–19 und 1 Hen 21–36 mit der Erzengelliste in 1 Hen 20 nacheinander als Fortschreibungen angefügt und schließlich mit 1 Hen 1–5 als Einleitung für das gesamte Werk versehen. In diesem Zusammenhang bleibt allerdings unklar, ob der erste Reisebericht in 1 Hen 17–19 bzw. eine frühere Fassung hiervon ursprünglich direkt an 1 Hen 12–13 anschloss und erst später durch die Erweiterung um den Traumbericht an seine jetzige Position gelangte oder von vornherein die Gesamtfassung der henochisierten Wächterzählung in 1 Hen 12–16 voraussetzte. Gleichwohl fungiert der Traumbericht mit Blick auf die Reiseschilderungen der nachfolgenden Kapitel im Sinne einer Berufungsvision und Initiation der außergewöhnlichen Offenbarungsrolle Henochs. Darüber hinaus könnte die vorliegende Analyse den bisherigen Forschungskonsens in Frage stellen, dass die Einleitung in 1 Hen 1–5 notwendigerweise als der jüngste Teil des *Wächterbuches* erachtet werden muss. Gleichermaßen könnte auch der Traumbericht in seiner endgültigen Gestalt (1 Hen 14–16) jüngstes Stratum der Entstehungsgeschichte sein. Angesichts der vielen weiteren offenen Fragen zur Genese dieses Werkes erscheint eine ausführliche und detaillierte literarkritische und redaktionsgeschichtliche Analyse des *Wächterbuches*, die der komplexen Wachstumsgeschichte Rechnung trägt, alles in allem immer noch als ein wissenschaftliches Desiderat.

6 Zusammenfassung und Ausblick

ברוכים אתם ליהוה עשׂה שׁמים וארץ:
השׁמים שׁמים ליהוה והארץ נתן לבני־אדם:

Gesegnet seid ihr vom HERRN, der Himmel und Erde gemacht hat.
Der Himmel ist der Himmel des HERRN, aber die Erde hat er den Menschenkindern gegeben. (Ps 115,15–16)

Mit diesen beiden Versen veranschaulicht der Verfasser von Ps 115, der vermutlich in die nachexilische Zeit (ca. 4. Jahrhundert vor Christus) zu datieren ist,[1] die kategoriale Gegenüberstellung des Schöpfers Jahwe, der als unnahbarer und transzendenter Universalherrscher exklusiv im für die Menschen unzugänglichen Himmel thront, und der Erde, die er geschaffen und den Menschen als Lebensraum anvertraut hat; die Gottheit selbst ist auf der Erde im Geschaffenen und Gegebenen nicht zu finden und somit auch materiell nicht ab- oder nachbildbar.[2] Dass Jahwe irdisch nicht sichtbar bzw. bildhaft präsent ist, impliziert allerdings nicht, dass er nicht wirkt.[3] Durch seinen Segen handelt er in der Welt wirkmächtig und erfahrbar (Ps 115,3.12–15; vgl. Gen 1,28–29), worauf die Menschen nur mit Gotteslob reagieren können (Ps 115,18).[4] Demgegenüber handelt es sich bei den auf Erden sichtbaren Götterbildern um ohnmächtiges und funktionsloses Menschenwerk, „[...] denn, so kann man im Psalmenduktus ergänzen (s. V. 3 f.8), sie sind Geschöpfe der Geschöpfe des Schöpfers."[5] Damit wird der Repräsentations- und Einwohnungsgedanke der Kultbilder, das heißt die Vorstellung, dass die Gottheit im Kultbild zugänglich und wirkmächtig anwesend ist, bewusst ignoriert und die Wirkmächtigkeit der Gottheit von der materiellen Sichtbarkeit völlig losgelöst.[6] Auf die Frage, wo Jahwe denn sei (vgl. Ps 115,2), bleibt für den Verfasser von Ps 115 daher nur eine Antwort: אלהינו בשׁמים „Unser Gott ist im Himmel" (Ps 115,3a).[7]

Für Henochs Vision von den zwei Häusern (1 Hen 14,8–25) lässt sich eine ganz ähnliche Theologie veranschlagen, die allerdings, wie die vorliegende Untersuchung gezeigt hat, noch einen Schritt weiter als Ps 115 geht. So wird nicht

---

1 Vgl. Leuenberger, „Wo hockt Gott?," 259; Hossfeld/Zenger, *Psalmen 101–150*, 281.
2 Vgl. Assmann, „In Bilder verstrickt," 87–88; Leuenberger, „Wo hockt Gott?," 264–266; Hossfeld/Zenger, *Psalmen 101–150*, 282–283.289.
3 Vgl. Leuenberger, „Wo hockt Gott?," 266; Hossfeld/Zenger, *Psalmen 101–150*, 283.
4 Vgl. Leuenberger, „Wo hockt Gott?," 265–266; Hossfeld/Zenger, *Psalmen 101–150*, 286–287.
5 Leuenberger, „Wo hockt Gott?," 268.
6 Vgl. Leuenberger, „Wo hockt Gott?," 268–269; Hossfeld/Zenger, *Psalmen 101–150*, 280.
7 Vgl. auch 1 Kön 8,30.32.34 und öfter.

https://doi.org/10.1515/9783110710366-006

mehr nur über die Gottheit und den Möglichkeiten und Grenzen ihrer irdischen Sichtbarkeit und Wirkmächtigkeit nachgedacht, was in Ps 115 noch in einer rigorosen Götzenbilderpolemik mündete, sondern vor allem auch darüber, welche Konsequenzen ein solches transzendentes Gottesbild für die Konzeption des Tempels nach sich zieht: Wenn Gott nun im Himmel wohnt, wie verhält es sich dann mit seinem Wohnort? Für den Verfasser der Häuservision kann diese Frage gewissermaßen analog zur Götterbilderthematik in Ps 115 beantwortet werden. Wie die göttliche Wirkmächtigkeit von der sichtbaren Präsenz auf der Erde, das heißt dem Kultbild, losgelöst gedacht werden muss und die Gottheit exklusiv im Himmel wohnt, muss auch die Vorstellung, dass der irdische Tempel die himmlische Realität repräsentiere und in einem direkten Korrespondenzverhältnis zum himmlischen Urbild stehe, aufgegeben werden. Wie ein Götzenbild ist nämlich auch der irdische Tempel ein Menschenwerk, „ein Geschöpf der Geschöpfe des Schöpfers", und somit als defizitäres Abbild dem wahren Wohnort der Gottheit im Himmel unterlegen.

Auf diese Weise wird die kategoriale Gegenüberstellung von Schöpfergott und Schöpfung im *Wächterbuch* auf die Tempelthematik ausgeweitet und mit Hilfe einer komplexen kontrastierenden Beschreibung zweier Häuser zum Ausdruck gebracht. Hierbei fällt auf, dass in der Charakterisierung der beiden Häuser häufig dieselben Begriffe und Wendungen, jedoch mit gegensätzlichen Konnotationen verwendet werden und damit die inhaltliche Gegenüberstellung ebenso auf formal-sprachlicher Ebene manifestieren, wie es beispielweise auch in 1 Kön 22,1–28 bei der Gegenüberstellung des irdischen Thronrates von Achab und Jehoschafat (1 Kön 22,10–12) und des himmlischen Thronrates Jahwes (1 Kön 22,19–22) der Fall ist.[8] Die beiden Thronsaalszenen in 1 Kön 22 werden ebenfalls sowohl inhaltlich als auch sprachlich-formal gegenübergestellt und formulieren so den „Gegensatz zwischen menschlichem und göttlichem Planen" bzw. „wahrer und falscher Prophetie" aus.[9] Wenn damit auch der Vergleichspunkt und die Stoßrichtung in 1 Kön 22 andere als im *Wächterbuch* sind, vermag dieser Text gegenüber Ps 115 einen ganz neuen Aspekt bei Henochs Häuservision zu beleuchten. So kann 1 Hen 14,8–25 wie 1 Kön 22,19–22 in traditionsgeschichtlicher Hinsicht zwar auch im Sinne einer klassischen Thronsaalvision wie zum Beispiel Jes 6 oder Ez 1–3 gedeutet werden; allerdings geht es in diesen beiden Visionsschilderungen weniger um eine bloße Legitimation des Protagonisten wie in den beiden eben genannten prophetischen Werken, sondern vielmehr um die bewusste Gegenüberstellung von irdischem und himmlischem Thron bzw. Tempel und den damit verbundenen theologischen Konsequenzen.[10]

---

8 Vgl. hierzu und für das Folgende Behrens, *Prophetische Visionsschilderungen*, 174–182.

9 Behrens, *Prophetische Visionsschilderungen*, 180.

10 Vgl. Behrens, *Prophetische Visionsschilderungen*, 182.

Diese kurze intertextuelle Betrachtung von Henochs Häuservision (1 Hen 14,8–25) im Horizont von Ps 115 und 1 Kön 22 beleuchtet noch einmal zwei Aspekte – nämlich die Folgen eines transzendenten Gottesbildes für den irdischen Kult sowie die Funktion einer kontrastierenden Visionsschilderung in ihrem direkten Nahkontext – von einer neuen Seite und zeigt dabei erneut auf, wie sehr die Vorstellungen und Traditionen in Henochs Visionsschilderung an ihre geistige Entstehungswelt, dem antiken Judentum der exilisch-nachexilischen Zeit, anknüpfen und daher eine intertextuelle Lesart des *Wächterbuches* unbedingt nahelegen. Im Mittelpunkt dieser Arbeit, die von Anfang an als eine solche intertextuell ausgerichtete Untersuchung angelegt war, stand somit auch die Frage, warum in 1 Hen 14,8–25 zwei unterschiedliche Häuser erwähnt und in dieser detaillierten Weise dargestellt werden *und* vor welchem traditionsgeschichtlichen oder schriftgelehrten Hintergrund diese Passage des *Wächterbuches* erklärt werden kann. Wie die forschungsgeschichtlichen Überblicke in dieser Arbeit veranschaulichten,[11] wurde Henochs Häuservision in der bisherigen Forschung im Gegensatz zu anderen Passagen des *Wächterbuches* zwar relativ häufig untersucht und auch immer mal wieder in den Dialog mit anderen antiken Texten gebracht. Jedoch lag der Fokus hierbei vor allem auf dem Entrückungsgeschehen und der Thronsaalszene; für die ausführliche Beschreibung der beiden Häuser wurden hingegen kaum überzeugende traditionsgeschichtliche und schriftgelehrte Vorlagen oder Parallelen gefunden. Im Folgenden sollen daher die Ergebnisse dieser Arbeit gebündelt und insbesondere den Fragen nachgegangen werden, wie das *Wächterbuch* in tempeltheologischer Hinsicht innerhalb des antiken Judentums zu verorten ist und welche Rückschlüsse sich möglicherweise auf Basis von Henochs Häuservision (1 Hen 14,8–25) bzw. seines Traumberichtes (1 Hen 14–16) auf das Verhältnis von Schriftauslegung und Traditionsverarbeitung im gesamten *Wächterbuch* (1 Hen 1–36) ziehen lassen.

6.1 Ergebnis dieser Arbeit

Die hier vorgelegte Untersuchung zum *Wächterbuch* (1 Hen 1–36) konzentrierte sich auf eine Passage, der innerhalb der Endfassung dieses antiken jüdischen Werkes eine bedeutsame Scharnierfunktion zukommt. Als Teil der Übergangskapitel 1 Hen 12–16, die den Mythos der Wächter (1 Hen 6–11) erstmals mit der Geschichte des Patriarchen verbinden und den Auftakt für Henochs Reiseberichte (1 Hen 17–36) darstellen, kann Henochs Vision von den zwei Häusern

---

11 Vgl. Kapitel 1.1 (6–16), Kapitel 3.3 (177–185) sowie die Einleitung für Kapitel 4 dieser Arbeit (215–220).

(1 Hen 14,8–25) im Rahmen des Traumberichtes (1 Hen 14–16) gewissermaßen als Höhepunkt und inhaltliche Konkretion von Henochs Entrückungsgeschehen erachtet werden, wie es zum ersten Mal in Gen 5,22–24 angedeutet wird. Denn nur innerhalb dieses visionären Geschehens erlangt der Patriarch Einblicke in eine transzendente Welt und vor allem in den göttlichen Thronsaal, wo die Gottheit zum ersten und einzigen Mal im *Wächterbuch* direkt mit ihm kommuniziert (vgl. insbesondere 1 Hen 15,1–16,4). Der Untersuchung dieser Passage lagen zwei unterschiedliche Problemstellungen zu Grunde:

Einerseits wurde darüber nachgedacht, auf welcher Textgrundlage eine Arbeit zum *Wächterbuch* aufbauen kann. Eine genaue Betrachtung der Quellenlage verdeutlichte die Komplexität und die Schwierigkeiten der Überlieferungsgeschichte dieses Werkes und legte generell eine synoptische Herangehensweise an die unterschiedlichen Textzeugen nahe. Es zeigte sich nämlich, dass es weder einen Textzeugen gibt, der den Anforderungen und Erwartungen an eine verlässliche Textgrundlage gerecht wird, noch ein aus allen Zeugen erstellter Mischtext infrage kommen kann, da dieser je nach Textpassage auf ganz unterschiedlichen Zeugen sowie der subjektiven Meinung des Editors basierte und somit eine inhomogene, ahistorische Grundlage darstellte. Mit Hilfe der synoptischen Herangehensweise kann das tatsächliche Textzeugnis des *Wächterbuches* viel besser in seiner Vielfalt wahrgenommen und gewürdigt sowie auch verhindert werden, dass das tatsächliche Zeugnis der Handschriften mit einem willkürlich rekonstruierten Text verwechselt wird. Folglich kann auch nur eine solche Herangehensweise, die sich permanent mit dem heterogenen Quellenbefund und der komplexen Überlieferungsgeschichte mit den unterschiedlichen historischen und theologischen Kontextualisierungen der Textzeugen auseinandersetzt, Grundlage und Voraussetzung einer detaillierten Analyse des Inhaltes und der Entstehungsgeschichte des *Wächterbuches* sein. Daher wurde im Rahmen dieser Arbeit für die Passage, die in dieser Untersuchung inhaltlich relevant werden sollte (1 Hen 14–16), eine neue Edition und annotierte Übersetzung der aramäischen, griechischen (nur GrPan) und altäthiopischen Fassung angefertigt und eine Gesamtsynopse der Versionen erstellt.

Andererseits stand Henochs Vision von den zwei Häusern (1 Hen 14,8–25) mit Blick auf die Bedeutung der ausführlichen Beschreibung der beiden Häuser und die Frage nach dem Verhältnis von Schriftauslegung und verarbeiteten Traditionen im Fokus dieser Arbeit und wurde infolgedessen auf unterschiedlichen Ebenen untersucht. Zunächst einmal brachte die Textanalyse eine auffällige Zweiteilung der Visionsschilderung zutage. Es lassen sich zwei Einzelvisionen abgrenzen, die jeweils durch eine Visionseinleitung eröffnet (1 Hen 14,8 bzw. 14,14b) und eine Reaktion Henochs abgeschlossen werden (1 Hen 14,13b–14a bzw. 14,24–25). Darüber hinaus sind die Beschreibungen der beiden Häuser, ihres Inneren und des jeweiligen Verhaltens des Protagonisten strukturell parallel aufgebaut. Beide Gebäude werden als בי „Haus" bezeichnet und hinsichtlich des Fußbodens, der Decke, der Tür, der Baumaterialen und dem, was Henoch in ihnen vorfindet, beschrieben, wobei sie nur über die Größe miteinander in Beziehung gesetzt werden und markante Gegensätze in den Details aufweisen. Während dem ersten Haus ein grundsätzlicher Abbildcharakter eigen und es von lebensfeindlichen Zügen und Umständen sowie absoluter Leere geprägt ist, erscheint das zweite Haus als wahrer Kosmos und Wohnort der Gottheit, der durch und durch von Herrlichkeit, Pracht und Größe bestimmt ist und im Gegensatz zum ersten Haus von Henoch nicht betreten und auch nur indirekt bzw. annähernd beschrieben werden kann. Diese unterschiedlichen Erscheinungsbilder der beiden Häuser spiegeln sich ebenfalls in Henochs Verhalten und Reaktionen, wobei vor allem der Gegensatz von seiner enormen Angstreaktion beim ersten Haus und seiner ehrfurchtsvollen Proskynese beim zweiten Haus hervorstechen.

Diese Beobachtungen legen insgesamt den Schluss nahe, Henochs Häuservision entgegen der bisherigen Forschungsmeinung nicht als zwei unterschiedliche Gebäudeteile eines einzigen Tempelkomplexes, sondern vielmehr als zwei sich widersprechende Tempelentwürfe zu interpretieren. Mit Hilfe der ausführlichen, kontrastierenden Beschreibung der beiden Häuser erscheint das erste Haus als defizitäres Abbild und Negativ zum zweiten Haus sowie als Ort der Lebensfeindlichkeit und Gottesferne, während das zweite Haus als das ideale Heiligtum im Himmel zu verstehen ist. Auf diese Weise demonstriert die Häuservision eine rigorose Kritik am Zweiten Tempel in Jerusalem sowie ein Aufgeben der Idee, dass das himmlische Urbild und das irdische Abbild des Tempels miteinander korrespondieren. Diese Deutung wird vor allem auch durch den Überbietungsgedanken in 1 Hen 14,15 gestützt, der eine absolute Überlegenheit des zweiten Hauses gegenüber dem ersten Haus demonstriert und wahrscheinlich der Tempeltheologie des Propheten *Haggai* entlehnt wurde.

Diese neue Interpretation von Henochs Häuservision lässt sich sowohl mit Blick auf mögliche traditionsgeschichtliche und schriftgelehrte Vorlagen als auch in rezeptions- und religionsgeschichtlicher Perspektive bekräftigen. Einerseits ist zu vermuten, dass der Überbietungsgedanke in 1 Hen 14,15, wie eben bereits erwähnt, in der Tempeltheologie *Haggais* seine direkten Wurzeln hat. Nur in diesen beiden antiken jüdischen Werken wird mit Hilfe derselben Begriffe (גדול bzw. רב jeweils in Kombination mit der Präposition מן) eine solche tempeltheologische Spitzenaussage ausformuliert, in der zwei unterschiedliche Tempelzustände bzw. Tempel (כבוד הבית in Hag 2,9a bzw. בי in 1 Hen 14,10.15) in ein explizites Überbietungsverhältnis zueinander gesetzt werden. Dieses Überbietungsverhältnis korreliert in beiden Werken eng mit der Frage nach der

Ab- bzw. Anwesenheit der Herrlichkeit Gottes. Trotz dieser Analogie im Überbietungsgedanken gibt es einen bemerkenswerten Unterschied. Während in *Haggai* von einer Selbigkeit und Kontinuität des Tempels ausgegangen wird, sodass nicht der Tempel selbst, sondern vielmehr sein jeweiliger Zustand die konkrete Vergleichsgröße für den Überbietungsgedanken darstellt, werden im *Wächterbuch* zwei unterschiedliche Tempel – der irdische und der himmlische – einander entgegengesetzt.

Ein ausführlicher Vergleich mit den Tempelvisionen des *Ezechielbuches* (Ez 8–11; 40–48) zeigte andererseits, dass es auch für die detaillierte Gegenüberstellung eines defizitären und eines idealen Heiligtums eine traditionsgeschichtliche Parallele, wenn nicht sogar eine direkte Vorlage, gibt. Sowohl in *Ezechiel* als auch im *Wächterbuch* wird der Protagonist innerhalb eines visionären Geschehens von einer göttlich gewirkten Kraft an einen anderen Ort gebracht und bekommt zwei unterschiedliche Tempel gezeigt. Auffällig ist hierbei vor allem die Nähe zwischen Ez 8,3 und 1 Hen 14,8 in der Beschreibung des Entrückungsgeschehens sowie generell im Verhalten der beiden Protagonisten. So reagieren beide beispielsweise beim Anblick des defizitären Tempels und des damit verbundenen göttlichen Gerichtes mit verzweifeltem Niederfallen (Ez 9,8; 11,13; 1 Hen 14,9.13b.14a), während die Herrlichkeit Gottes im idealen Heiligtum eine ehrfürchtige Prostration provoziert (Ez 43,3; 1 Hen 14,24–25). Darüber hinaus ist die Gegenüberstellung der beiden Tempel in beiden Werken von der Frage nach der Ab- bzw. Anwesenheit der göttlichen Herrlichkeit und der kultischen Angemessenheit des Ortes bestimmt. In Ez 8–11 veranlasst die kultische Verunreinigung des Salomonischen Tempels den Auszug der Herrlichkeit Jahwes sowie die Zerstörung des Heiligtums und die Vernichtung des Volkes, während der neue Tempel (Ez 40–48) durch kultische Reinheit und Heiligkeit geprägt ist und durch die Anwesenheit der göttlichen Herrlichkeit zur Quelle von Leben und Segen wird. Ebenso ist das erste Haus in Henochs Vision (1 Hen 14,8–14a) durch seinen Abbildcharakter und den lebensfeindlichen Umständen ein Negativ zum idealen Heiligtum, dem zweiten Haus (1 Hen 14,14b–25), in dem wie in Ez 40–48 die göttliche Herrlichkeit sowie die heilvollen Tempelströme anwesend sind. Auch wenn beiden Werken damit eine explizite Kultkritik eigen ist, die sich beispielsweise in der Ablehnung von menschengemachten Abbildungen im Tempel und von der Vorstellung der bedingungslosen Gegenwart der Gottheit äußert, findet sich auch hier ein bemerkenswerter Unterschied. Während im *Ezechielbuch* nichtsdestotrotz an der Idee eines irdischen Wohntempels festgehalten und mit Hilfe der כבוד-Theologie lediglich die Vorstellung, dass die Gottheit an ihr irdisches Heiligtum gebunden ist, aufgebrochen wird, geht die Tempelkonzeption im *Wächterbuch* einen signifikanten Schritt weiter und bricht gänzlich mit der Vorstellung eines irdischen Wohntempels. Stattdessen wohnt die Gottheit im Himmel, und zwar nur dort.

Aber nicht nur der Vergleich mit den traditionsgeschichtlichen bzw. schriftgelehrten Vorlagen von Henochs Häuservision, sondern auch die Betrachtung jüngerer Werke, die in einem sehr engen Verhältnis zum *Wächterbuch* stehen und in denen 1 Hen 14,8–25 rezipiert wurde, stützt die Deutung der beiden Häuser als zwei entgegengesetzte Tempelentwürfe. Für den rezeptionsgeschichtlichen Vergleich kamen insbesondere zwei jüngere Werke aus der Henochtradition in Frage, die sehr wahrscheinlich in demselben Entstehungskontext wie das *Wächterbuch* verfasst worden sind und in vielen Punkten dieselben Traditionen und Vorstellungsbestände verarbeitet haben oder reflektieren. Für den Vergleich der Häuservision des *Wächterbuches* (1 Hen 1–36) mit der Tempeltheologie der *Tierapokalypse* (1 Hen 85–90) boten sich ein inhaltlicher und ein ideologischer Vergleichspunkt an. Einerseits findet sich in der Beschreibung von Henochs Entrückung in 1 Hen 87,2–4 ein kurzer, jedoch analoger Parallelbericht zu 1 Hen 14,8–25, der sowohl in chronologischer als auch in kontextueller Hinsicht dieselbe Einbettung wie im *Wächterbuch* aufweist. Während der Patriarch gemäß 1 Hen 14,8–25 allerdings zwei unterschiedliche Häuser sieht, wobei das zweite Haus das erste überbietet und die gesamte Vision in der Schau Gottes mündet, erblickt er nach 1 Hen 87,2–4 lediglich ein Gebäude, das alles Irdische überbietet und bei dem die göttliche Präsenz auf Grund der Gesamttheologie des Werkes (noch) keine Rolle spielt. Andererseits teilen beide Werke eine generelle Skepsis gegenüber einer irdischen Verwirklichung des himmlischen Tempels, wobei es in beiden Fällen zu einer Auflösung der Urbild-Abbild-Korrespondenz kommt. Jedoch führt die Vorstellung von der Erwählung des Volkes Israel in der *Tierapokalypse* zu einer alternativen Konzeption. Anstelle des Tempels soll die Beziehung zwischen der Gottheit und seinem Volk hier über das Konzept des mosaischen Wüstenheiligtums realisiert werden. Demgegenüber hält der Verfasser von Henochs Vision im *Wächterbuch* an dem Bild Gottes als Schöpfer des Kosmos und distanziertem Universalherrscher um jeden Preis fest, der folglich weder eines irdischen Wohnortes noch einer Begegnungsstätte mit den Menschen bedarf. Die Tatsache, dass im *Wächterbuch* und in der *Tierapokalypse* gänzlich unterschiedliche Gottesbilder vertreten werden, obwohl beide Werke dieselben Traditionen um Henochs Entrückung und die kategoriale Kritik an einer irdischen Realisierung des Tempels teilen, unterstreicht überdies, dass die unterschiedlichen Henochtraditionen mit Blick auf ihr theologisches Profil nicht vorschnell miteinander gleichgesetzt werden dürfen.

Der Vergleich mit den *Bilderreden* (1 Hen 37–71) konzentrierte sich auf die Frage, in welcher Weise 1 Hen 14,8–25 in 1 Hen 71 rezipiert worden ist. Hierbei stellte sich heraus, dass der Einfluss von Henochs Häuservision (1 Hen 14,8–25) auf die Entrückungsschilderung in 1 Hen 71 insgesamt doch als sehr viel geringer einzuschätzen ist, als in der Forschung bisher angenommen wurde. So orientiert sich diese Passage der *Bilderreden* primär an der Thronsaalszene des *Danielbuches* (Dan 7) und an inhaltlich ähnlichen Schilderungen in den *Bilderreden* selbst. Lediglich die Beschreibung der beiden Häuser wird aus dem *Wächterbuch* aufgegriffen, wobei die ausführliche, kontrastierende Darstellung allerdings stark verkürzt und auf ein Haus als himmlischer Wohnort der Gottheit reduziert wird. Hierbei beschränkt sich der Verfasser auf die visuellen Aspekte der beiden Häuser in 1 Hen 14,8–25 und ignoriert sowohl die physische Qualität der Elemente Schnee und Feuer, die eine negative körperliche Wahrnehmung evozieren, als auch die enorme Angstreaktion des Protagonisten. Der Autor von 1 Hen 71,5–17 ließ sich damit insgesamt von den Details der Häuservision des *Wächterbuches* kaum beeinflussen, sondern passte diese unter erheblicher Modifikation in sein eigenes Konzept ein. So beschreibt er nur ein einziges Haus, das mit demselben Begriff bezeichnet wird wie die beiden Häuser in 1 Hen 14,8–25 und wofür er Charakteristika beider Häuser und des Thrones miteinander kombiniert. Des Weiteren fällt auf, dass diejenigen Elemente, die im *Wächterbuch* negativ konnotiert sind, in der Neufassung der *Bilderreden* schlichtweg ignoriert oder auf die visuellen Aspekte, die positiv verstanden werden können, reduziert werden. Diese Art und Weise der Rezeption von 1 Hen 14,8–25 in diesem jüngeren Werk der Henochtradition legt folglich ebenfalls nahe, dass die beiden Häuser in 1 Hen 14,8–25 nicht als unterschiedliche Bestandteile eines großen Tempelkomplexes, sondern als eine Gegenüberstellung des defizitären irdischen Tempels und des idealen himmlischen Heiligtums zu verstehen sind.

Die Gegenüberstellung mit diesen antiken jüdischen Werken demonstriert insgesamt, dass Henochs Häuservision in zahlreichen Punkten Vorstellungen und Traditionen widerspiegelt, die auch in anderen Werken seiner geistigen Entstehungswelt zu finden sind, jedoch mit dem Bruch in der Korrespondenz von irdischem und himmlischen Heiligtum eine wesentliche tempeltheologische Innovation einführt, die sich in der Rezeption des Textes auf Grund der damit einhergehenden absoluten Transzendierung der Gottheit zum Teil als theologisch problematisch herausstellte (*Tierapokalypse*) oder weitere theologische Modifikationen wie eine enorme Betonung der Mittlerrolle der Engelwesen mit sich brachte (*Bilderreden*). Bei der exemplarischen religionsgeschichtlichen Kontextualisierung dieser Passage, die sich ausschließlich auf mesopotamische Quellen konzentrierte, ließ sich mit Blick auf die tempeltheologischen Vorstellungs- und Wissensbestände ein ähnlicher Befund feststellen. Vor dem Hintergrund verschiedener sumerischer und akkadischer Texte wie *Enkis Reise nach Nippur*, dem Kyros-Zylinder und den Bauinschriften Tukultī-Ninurtas I. wurde deutlich, dass die kontrastierende Gegenüberstellung der beiden Häuser in Henochs Vision kaum im Sinne eines Tempelkomplexes gedeutet werden kann. Wird ein Tempel in seiner Architektur und Ausgestaltung ausführlich beschrieben, wie es beispielsweise bei Enkis Tempel in *Enkis Reise nach Nippur* der Fall ist, besteht er nur aus einem einzigen Haus und ist als Wohnsitz der Herzensfreude durch Leben, Überfluss und Erhabenheit charakterisiert – Eigenschaften, die dem ersten Haus in Henochs Vision fehlen und mit der Vorstellung von der Anwesenheit der Gottheit einhergehen, wie es etwa im Kyros-Zylinder beschrieben wird. In diesem späten jungbabylonischen Text werden ein defizitärer und idealer Tempel einander gegenübergestellt, die zugleich Sinnbild für die destruktive Abwesenheit der Götter einerseits und ihre heilvolle Anwesenheit andererseits sind. Demgegenüber findet sich in den Bauinschriften Tukultī-Ninurtas I. eine religionsgeschichtliche Parallele für den Überbietungsgedanken, wie er auch in Hag 2,9a ausformuliert wird. Insgesamt demonstrieren die altorientalischen Beispiele ebenso wie die antiken jüdischen Parallelen, wie sehr in der Häuservision in 1 Hen 14,8–25 bekannte Vorstellungen und Traditionen aus der direkten Umwelt reflektiert werden und zugleich radikal mit ihnen gebrochen wird, indem die Vorstellung der Korrespondenz von irdischem und himmlischen Heiligtum als nicht mehr adäquat erachtet und folglich aufgegeben wird.

In einem abschließenden Schritt wurde die Einbettung von Henochs Vision von den zwei Häusern (1 Hen 14,8–25) innerhalb des Traumberichtes (1 Hen 14–16) und des gesamten *Wächterbuches* (1 Hen 1–36) untersucht und anhand dieser Kontextualisierung eine mögliche Entstehungsgeschichte dieses Werkes rekonstruiert. Hierbei wurde deutlich, dass der Kern des Werkes wahrscheinlich in 1 Hen 6–11 zu suchen ist, wo in Auseinandersetzung mit Gen 6–9 die Traditionen um die beiden Wächterengel Shemihaza und Asael verarbeitet wurden. An diesen Kern wurde sukzessive zunächst die Erzählung um Henoch als direkter Gegenentwurf zu den Wächtern (1 Hen 12–13.14–16) angefügt und er wurde im Weiteren um die Reiseberichte (1 Hen 17–19.21–36), die Liste der Erzengel (1 Hen 20) und die Einleitung des Werkes (1 Hen 1–5) erweitert. Hierbei könnten die Reiseberichte (1 Hen 17–19.21–36) ursprünglich möglicherweise direkt an 1 Hen 12–13 angeschlossen haben und erst sekundär durch die Einfügung des Traumberichtes 1 Hen 14–16 nach hinten gerückt sein. Hierfür spräche zumindest die Tatsache, dass sich die Reisen des Patriarchen als sinngemäße Fortsetzung seiner Entrückung und Sendung zu den Wächtern in 1 Hen 12–13 lesen lassen und der Traumbericht diesen Zusammenhang sowohl inhaltlich als auch formal doch sehr schroff unterbricht.

Darüber hinaus zeigte sich, dass der Traumbericht (1 Hen 14–16) literarisch ebenfalls nicht einheitlich ist, sondern erst nach und nach als Fortschreibung von 1 Hen 13,8–10 verfasst wurde. Während die beiden Rahmenteile 1 Hen 14,1–7 und 1 Hen 15,1–16,4 die Verbindung der Wächtererzählung mit dem Henoch-Material in 1 Hen 12–13 nicht nur voraussetzen, sondern auch inhaltlich und sprachlich aufgreifen und fortschreiben, schöpft Henochs Vision von den zwei

Häusern (1 Hen 14,8–25) vor allem aus der prophetischen Literatur und führt mit der Gegenüberstellung zweier Tempelentwürfe ein gänzlich neues Thema ein. An dieses Thema wird allerdings in der nachfolgenden Gottesrede (1 Hen 15,1–16,4) insofern angeknüpft, als die Gegenüberstellung der beiden Häuser zum Vorbild und zur Hintergrundfolie für die Verhältnisbestimmung der himmlischen und irdischen Wesen innerhalb der Schöpfungsordnung Gottes wird und damit vermutlich die spätere Ergänzung über das Wesen der bösen Geister (1 Hen 15,8–16,1) veranlasst hat. Damit ist anzunehmen, dass zunächst 1 Hen 14,2–7 als inhaltliche Ausführung von 1 Hen 13,8–10 angefügt und nachträglich um die Häuservision 1 Hen 14,8–25 als vorgegebenes Traditionsstück und die Gottesrede 1 Hen 15,1–16,4 erweitert wurde. Hierbei stellen die Überschrift 1 Hen 14,1 sowie die Ausführungen über die bösen Geister 1 Hen 15,8–16,1 und über die Geheimnisse in 1 Hen 16,2–3 vermutlich die jüngsten Elemente des Traumberichtes dar, die wahrscheinlich erst im Zuge der Endredaktion von 1 Hen 14–16 hinzugefügt wurden. Alles in allem wurde damit deutlich, dass das *Wächterbuch* eine sehr komplexe Entstehungsgeschichte haben muss, deren konkrete Erforschung noch stets als Forschungslücke erachtet werden kann.

6.2 Die Tempeltheologie des *Wächterbuches* im Horizont des antiken Judentums

Nach der Katastrophe von 587/586 vor Christus werden im antiken Judentum unterschiedliche Konzeptionen und Strategien entwickelt, den Verlust des Ersten Tempels in Jerusalem zu verarbeiten.[12] In manchen Texten wird an der Zionstheologie festgehalten,[13] in anderen die Gegenwart Gottes im irdischen Tempel konditioniert oder mit Hilfe der Namens- und Herrlichkeits-Theologie relativiert.[14] Hierbei dienen die Konditionierung und Modifizierung der göttlichen Gegenwart im Tempel im Wesentlichen der Wahrung der Souveränität und Geschichtsmacht Jahwes; im Umkehrschluss bedeutet dies, dass die Tempelzerstörung nun vor allem den Menschen und ihrem misslichen Verhalten zur Last gelegt wird.[15] Schließlich gibt es auch kritische Positionen, die die Idee einer irdischen Wohnstatt Gottes völlig ablehnen und Jahwes Tempel al-

---

12 Vgl. hierzu und für das Folgende exemplarisch Gäckle, *Allgemeines Priestertum*, 142–177, und Rudnig, „»Ist denn Jahwe nicht auf dem Zion?«," 267–286.

13 Vgl. zum Beispiel Ex 25,8; 29,45–46; Sach 8,3.

14 Vgl. zum Beispiel 1 Kön 6,12–13; Ez 43,7b–9; Dtn 12,11; Ez 11,23–25; 43,1–9.

15 Vgl. Rudnig, „»Ist denn Jahwe nicht auf dem Zion?«," 279–282.

leinig im Himmel verorten;[16] umso transzendenter die Gottheit wird, umso weniger ist vorstellbar, dass sie an einem irdischen Ort wohnen oder an diesen gebunden sein könnte.[17]

In Folge dieser unterschiedlichen Kompensationsversuche hat auch der Zweite Tempel (ca. 520/515 vor Christus – 70 nach Christus) sowohl positive als auch negative Uminterpretationen erfahren. Während er einerseits beispielsweise als Bethaus[18] oder Versammlungsort des Volkes[19] wahrgenommen wird, löst er andererseits Enttäuschung und Ernüchterung aus, da er nicht an seinen Vorgänger, dem Salomonischen Tempel, herankommt.[20] Wird der Zweite Tempel in Jerusalem kritisiert, so scheint es vor allem zwei Stoßrichtungen zu geben: Entweder wird er als Ganzes wegen seiner Unzulänglichkeit und Mangelhaftigkeit gegenüber dem Salomonischen oder himmlischen Tempel abgelehnt oder es wird seine kultische Verunreinigung durch die Priesterschaft und das Volk moniert, wodurch die Institution an sich nicht in Frage gestellt wird, sondern lediglich die Art und Weise, wie der Kultbetrieb ausgeführt wird.[21]

So unterschiedlich diese exilisch-nachexilischen Tempelkonzeptionen mit ihren Kritikpunkten am irdischen Heiligtum auch sein mögen, kann eine Mehrzahl von ihnen dennoch als Versuch gedeutet werden, angesichts und trotz der negativen Erfahrungen von Ohnmacht, Unzulänglichkeit oder Verunreinigung an der prinzipiellen Vorstellung eines irdischen Tempels festzuhalten, die eine göttliche Gegenwart auf der Erde in irgendeiner Weise möglich macht.[22] Hierbei wird die Erfüllung der Hoffnungen auf einen Tempelneubau bzw. eine Wiederherstellung des Idealzustandes, eine kultische Reinheit des Heiligtums sowie eine endgültige Präsenz der Gottheit häufig für die eschatologische Heilszeit erwartet.[23] Ebenfalls bei den Werken, die in dieser Arbeit zum Vergleich herangezogen wurden, findet sich überwiegend eine solche eschatologische Hoffnung. Sowohl in *Haggai* und *Ezechiel* als auch später in der *Tierapokalypse* wird trotz aller Vorbehalte gegenüber dem gegenwärtigen Zustand des Tempels in Jerusalem zukünftig ein neues, vollkommenes Heiligtum auf der Erde ersehnt,

---

16 Vgl. zum Beispiel 1 Kön 8,30.32.34; Jes 66.
17 Vgl. Rudnig, „»Ist denn Jahwe nicht auf dem Zion?«," 282.
18 Vgl. zum Beispiel 1 Kön 8,30.33.35; Jes 56,6–8.
19 Vgl. zum Beispiel Luk 2,25.37.41; 24,53; Act 2,5; 3,1–2.
20 Vgl. zum Beispiel Esra 3,10–13; Hag 2,3.
21 Vgl. Gäckle, *Allgemeines Priestertum*, 172.175–177.
22 Vgl. Rudnig, „»Ist denn Jahwe nicht auf dem Zion?«," 284.
23 Vgl. zum Beispiel das *Tobitbuch* (Tob 13–14); die *Zehnwochenapokalypse* (1 Hen 93,1–10; 91,11–17) oder das *Jubiläenbuch* (Jub 1,17.27–28.29). Vgl. insgesamt Gäckle, *Allgemeines Priestertum*, 172, und auch Joel 4; Mi 4; Zef 3,16–17.

das eine Beziehung zwischen Gott und Volk sowie ein göttliches Heilshandeln von neuem ermöglicht.

Demgegenüber erscheint Henochs Vision von den zwei Häusern (1 Hen 14,8–25) im Horizont des nachexilischen Judentums als eine der radikalsten Kritiken am irdischen Tempel. Indem die Vorstellung von der Korrespondenz zwischen dem himmlischen Urbild und seinem irdischen Abbild gänzlich aufgebrochen wird und das himmlische Heiligtum als der einzig mögliche Wohnort eines absolut transzendenten Universalherrschers erscheint, wird eine irdische Wohnstatt und Präsenz der Gottheit prinzipiell unmöglich. Wenn die Gottheit nun aber auf Grund des defizitären Zustandes des irdischen Tempels ein für alle Mal in den Himmel zieht, stellt sich angesichts der Krise, die die Wächter verursacht haben, die Frage, wie ein heilvolles und geschichtsmächtiges Handeln der Gottheit auf der Erde dennoch möglich ist. Im Rahmen des Traumberichtes (1 Hen 14–16) ist es vor allem Henoch, der als Mittler zwischen der irdischen und himmlischen Welt auftritt und das göttliche Gerichtsurteil verkündigt. Vor dem Hintergrund der finalen Fassung des Werkes wird jedoch auch hier deutlich, dass Gott die Schöpfung zwar so angelegt hatte, dass alle Wesen frei und entsprechend ihrer Ordnung leben können und für alle Ordnungsbrüche mögliche Strafmaßnahmen wie beispielsweise die Gefängnisorte einkalkuliert wurden.[24] Dennoch wird die Gegenwart insgesamt als eine unheilvolle Zeit, als „eine Welt im Ausnahmezustand"[25] wahrgenommen, in der die Schöpfung nicht ihrer ursprünglichen Ordnung entspricht und die die Hoffnung auf ein göttliches Endgericht mit umfassendem Segen für die Gerechten und der Verurteilung der Frevler nährt.[26] Diese Hoffnung steht nach 1 Hen 24–25 im Zusammenhang mit einem neuen Jerusalem und einem neuen Heiligtum, wo auch die ursprüngliche Schöpfungsordnung wiederhergestellt sein wird.[27]

Alles in allem ist bemerkenswert, dass Henochs Vision von den zwei Häusern vor allem an der älteren prophetischen Kritik am irdischen Tempel anschließt, die insbesondere die Unzulänglichkeit und Mangelhaftigkeit des Heiligtums gegenüber dem Vorgängerbau oder dem himmlischen Wohnort der Gottheit betont, während die Kritik am Kultbetrieb, die eine Verunreinigung des Tempels beanstandet, aber nicht das Heiligtum selbst in Frage stellt, eher aus priesterlich orientierten Kreisen zu kommen scheint und vor allem in jüngeren Werken des antiken Judentums zu finden ist.[28] Der ausnahmslosen Kritik am

---

24 Vgl. Wacker, *Weltordnung und Gericht*, 297–301; Bachmann, *Die Welt im Ausnahmezustand*, 113–114.123.

25 Bachmann, *Die Welt im Ausnahmezustand*, 258.

26 Vgl. 1 Hen 1,3–9; 10,6.12; 25,3–6. Vgl. auch Wacker, *Weltordnung und Gericht*, 302–308.

27 Vgl. Bachmann, *Die Welt im Ausnahmezustand*, 88–96.

28 Vgl. Gäckle, *Allgemeines Priestertum*, 175–177.

irdischen Tempel entspricht die Vorstellung Gottes als transzendentem Universalherrscher, der über allem Irdischen steht, und das prophetische Auftreten Henochs, der als Schreiber der Gerechtigkeit (1 Hen 12,4; 15,1) den Wächtern die Gerichtsbotschaft übermittelt (1 Hen 14,3) sowie den Menschen die Segensnachricht verkündet (1 Hen 1,1–2) und damit insgesamt als Offenbarer göttlichen Wissens hervortritt.[29] Demgegenüber demonstriert die Hoffnung, dass sich dieses doch sehr distanzierte Verhältnis zwischen Universalherrscher und Schöpfung zumindest für alle Gerechten eschatologisch aufhebt, indem die Gottheit herabkommen und die Erde mit Gutem heimsuchen wird (1 Hen 25,3), eine implizite Relativierung der Tempelkritik der Häuservision innerhalb der Gesamtfassung des *Wächterbuches*. Die Folgen dieser radikalen Tempelkritik scheinen somit langfristig zu radikal für das Gottesbild gewesen zu sein.

6.3 Das *Wächterbuch* zwischen Schriftauslegung und Traditionsverarbeitung

Auch wenn sich das *Wächterbuch* selbst in seiner finalen Fassung als eine göttliche Offenbarung präsentiert, die Henoch innerhalb einer Vision empfing (1 Hen 1,2), knüpft das Gesamtwerk explizit an zwei Traditionen an, die bereits in kurzer, rätselhafter Weise in *Genesis* zur Sprache gebracht werden. Während der Wächtermythos auf die Geschichte von den Göttersöhnen und Menschentöchtern (vgl. Gen 6,1–4) zurückgeht, können die Erzählungen über den Patriarchen Henoch gewissermaßen als Auslegung und Fortschreibung der Entrückungsnotiz in Gen 5,22–24 erachtet werden. Aber nicht nur diese beiden Passagen dieses hebräischen Werkes werden rezipiert. Im *Wächterbuch* finden sich zahlreiche Anspielungen und Wiederaufnahmen der ganzen Urgeschichte der *Genesis*, wobei vor allem Themen und Traditionen von den Schöpfungsberichten bis hin zur Fluterzählung aufgegriffen und weiterverarbeitet werden (Gen 1–9).[30] Auf diese Weise kann das *Wächterbuch* im Vergleich zur *Genesis* nicht nur als eine detailliertere oder ergänzende Erzählung mancher Passagen der Urgeschichte erachtet werden, sondern bietet teilweise auch einen ganz

---

29 Vgl. Bachmann, *Die Welt im Ausnahmezustand*, 139.234–235. Vgl. hierzu auch die Einleitung des *Wächterbuches* (1 Hen 1,1–3), in der Henoch mit seiner Segensrede durch Anspielung auf Dtn 33,1 und Num 24,3–4 in die Tradition zweier großer Propheten – Mose und Bileam – gestellt wird; vgl. Pomykala, „A Scripture Profile," 265.
30 Zum Verhältnis des *Wächterbuches* bzw. einzelner Passagen zur *Genesis* vgl. zum Beispiel Dimant, *From Enoch to Tobit*, 73–89; Piovanelli, „Sitting by the Waters of Dan," 271–274; Pomykala, „A Scripture Profile," 263–284; Wacker, *Weltordnung und Gericht*, 304–305.

neuen Blickwinkel auf die bisherige Darstellung dieser Traditionen.[31] Neben dieser positiven Rezeption der *Genesis* in Rahmen der Wächter- und Henocherzählung finden sich zum Beispiel in den Einleitungskapiteln des Werkes (1 Hen 1–5) direkte oder indirekte Bezüge auf andere Textpassagen des Pentateuchs (zum Beispiel Dtn 28,18–20; 33,1–3; Num 6,24–26; 24,15–17).[32] Insgesamt zeigen diese Bezugnahmen jedoch, dass häufig sehr frei und kreativ mit den rezipierten Vorlagen umgegangen worden ist, sodass der konkrete Bezugstext nicht immer eindeutig bestimmt werden kann.[33]

Im Zusammenhang mit dieser Fragestellung hat sich Henochs Vision von den zwei Häusern (1 Hen 14,8–25) als ein gutes Beispiel für die Rezeption von insbesondere prophetischen Texten und Traditionen herausgestellt. Die traditionsgeschichtliche Verortung einzelner Aussagen dieser Visionsschilderung sowie der gesamten Passage verdeutlichte, dass die Häuservision generell an zahlreiche traditionelle Vorstellungs- und Wissensbestände des antiken Judentums der exilisch-nachexilischen Zeit anknüpft und sie in kreativer, innovativer Weise verarbeitet. Die Beschreibung der beiden Häuser und die damit verbundene Tempelkonzeption des *Wächterbuches* nehmen wahrscheinlich auf den Überbietungsgedanken aus *Haggai* und das Bild der Gegenüberstellung eines defizitären und eines idealen Heiligtums aus *Ezechiel* Bezug, indem wesentliche Schlagwörter und vor allem markante Wendungen aus diesen Vorlagen aufgegriffen und aktualisiert werden. Daneben vermochten weitere Intertexte wie etwa Sach 2,8–9 oder Jer 10,13 par. 51,16 einzelne Aussagen wie die Fülle an Naturphänomenen, die Henochs Entrückung veranlassen (1 Hen 14,8), oder die Mauerlosigkeit des zweiten Hauses, das als himmlischer Tempel gedeutet werden kann (1 Hen 14,14b–25), zu erhellen, auch wenn hierbei nicht mit Sicherheit gesagt werden kann, ob diese beiden Texte tatsächlich im Hintergrund der Abfassung von Henochs Häuservision standen.

Während mit Hilfe dieser prophetischen Texte die Vorstellungs- und Wissensbestände veranschaulicht werden konnten, die die Visionsschilderung von den zwei Häusern maßgeblich mitgeprägt haben, scheint die Einarbeitung der Häuservision in den Traumbericht wie die gesamte Abfassung des Traumberichtes aus dem *Wächterbuch* selbst heraus motiviert worden zu sein. So kann die Notiz von Henochs Strafvision in 1 Hen 13,8–10 als der direkte Auslöser erachtet werden, der sukzessive ausgelegt und erweitert wurde. Insgesamt geht die Entstehung und Kontextualisierung der Häuservision jedoch auf ein Zusammenspiel

---

31 Vgl. Piovanelli, „Sitting by the Waters of Dan," 272.

32 Vgl. Nickelsburg, *1 Enoch 1*, 135–164; Pomykala, „A Scripture Profile," 264–266.

33 Vgl. Pomykala, „A Scripture Profile," 281–284; Wacker, *Weltordnung und Gericht*, 305 Fußnote 61.

textexterner und textinterner Motivationen zurück:[34] Die Wahrnehmung der Mangelhaftigkeit und Unzulänglichkeit des Zweiten Tempels in Jerusalem, die eine bestimmte Deutung der Lebenswelt des Verfassers zum Ausdruck bringt, kann als textexterner Anstoß für die Abfassung von 1 Hen 14,8–25 erachtet werden, wobei diese Deutung der Lebenswelt textintern mit Hilfe der Aktualisierung und Fortschreibung prophetischer Referenztexte vollzogen und in Reaktion auf die Leerstelle in 1 Hen 13,8–10 in die Textwelt des *Wächterbuches* eingebettet wurde.

Vor dem Hintergrund der Häuservision erscheint das gesamte *Wächterbuch* damit nicht nur als eine Neufassung bzw. ausführliche Fortschreibung der *Genesis*-Traditionen um die Göttersöhne (Gen 6,1–4) und den Patriarchen Henoch (Gen 5,22–24), sondern ebenfalls als schriftgelehrte Traditionsliteratur, die sowohl traditionelle Werte und Ansichten vertritt als auch an traditionelle Vorstellungs- und Wissensbestände des antiken Judentums anknüpft, auch wenn sich das Werk zugleich mit seiner Auswahl an Themen und Stoffen, in seiner konkreten Ausgestaltung sowie in seiner theologischen Zielsetzung häufig als doch sehr unkonventionell, innovativ und ungewöhnlich präsentiert.[35] Oder, wie Wacker resümiert:

> Für die Apokalypse Hen 1–36 mit ihren prophetischen wie weisheitlichen, priesterlich-gelehrten wie auch liturgischen Traditionen folgt daraus, daß sie ihren traditions-geschichtlichen Ort nicht in irgendeinem Randbereich, sondern „gleichsam im Zentrum der alttestamentlichen Traditionsbildung" hat.[36]

6.4 Ausblick

Die vorliegende Untersuchung hat gezeigt, dass es sich bei Henochs Vision von den zwei Häusern (1 Hen 14,8–25) um einen der radikalsten tempelkritischen Texte des antiken Judentums handelt. Entgegen der bisherigen Forschungsmeinung, die die Visionsschilderung im Sinne eines Tempelkomplexes interpretier-

---

34 Für diese Terminologie und Differenzierung vgl. Bührer, „Schriftgelehrte Fortschreibungs- und Auslegungsprozesse," 5–6. Nach Bührer, *ebd.*, orientiert sich „textextern" „im weitesten Sinne an der Lebenswelt der Autoren und Rezipienten" und „textintern" „im weitesten Sinne an der Textwelt der Autoren und Rezipienten".

35 Vgl. auch Bachmann, *Die Welt im Ausnahmezustand*, 261–262; Bachmann, „The Book of the Watchers," 23.

36 Wacker, *Weltordnung und Gericht*, 306, die in diesem Zusammenhang Gese, „Anfang und Ende," 40, zitiert, der mit dieser Aussage die traditionsgeschichtliche Einordnung von *Sacharja* charakterisiert.

te, wurde deutlich, dass das erste Haus als ein Ort der Gottesferne und Freudlosigkeit Symbol für das defizitäre irdische Heiligtum in Jerusalem ist und den „Tempel des Todes" darstellt. Demgegenüber erweist sich nur das zweite Haus als wahrer Kosmos und Wohnort der Gottheit und somit als das ideale himmlische Heiligtum. Auch wenn sich diese Arbeit damit nur auf eine ganz bestimmte Passage des *Wächterbuches* konzentrierte, konnte sie hoffentlich veranschaulichen, wie sinnvoll und fruchtbar eine synoptische Herangehensweise an das disparate Textzeugnis und eine Würdigung dieses Werkes als eine eigenständige literarische Größe des antiken Judentums ist. Auf diese Weise demonstriert sie allerdings zugleich, dass die Erforschung des *Wächterbuches* in vielen Dingen noch sehr am Anfang steht und dieses Werk bislang noch viel zu wenig im Dialog mit anderen antiken jüdischen Texten und als Teil des antiken Judentums zur Zeit des Zweiten Tempels studiert und untersucht wurde.

7 Literaturverzeichnis

Die verwendeten Abkürzungen von Reihen, Handbüchern, Zeitschriften etc. folgen *The SBL Handbook of Style: For Ancient Near Eastern, Biblical, and Early Christian Studies*, ed. Patrick H. Alexander et al.; Peabody: Hendrickson Publishers, 1999.

Adler, William, *Time Immemorial. Archaic History and its Sources in Christian Chronography from Julius Africanus to George Syncellus* (Dumbarton Oaks Studies 26; Washington, D.C.: Dumbarton Oaks Research Library and Collection, 1989).

Adler, William, und Paul Tuffin, *The Chronography of George Synkellos. A Byzantine Chronicle of Universal History from the Creation. Translated with an Introduction and Notes* (Oxford: Oxford University Press, 2002).

Ambos, Claus, *Mesopotamische Baurituale aus dem 1. Jahrtausend v. Chr. Mit einem Beitrag von Aaron Schmitt* (Dresden: ISLET, 2004).

Ambos, Claus, „Rituale beim Abriß und Wiederaufbau eines Tempels," in: *Tempel im Alten Orient. 7. internationales Colloquium der Deutschen Orient-Gesellschaft, München 2009* (ed. Kai Kaniuth et alii; CDOG 7; Wiesbaden: Harrassowitz, 2013); 19–31.

Asale, Bruk A., *1 Enoch in Jude and in the EOTC Canon. Developing a Proper Understanding of Second Temple Period Literature (STL) in Ethiopian Churches for a Better Understanding of Each Other and Mutual Cooperation* (unveröffentlichte Dissertation; University of KwaZulu-Natal 2015); abrufbar unter: https://researchspace.ukzn.ac.za/bitstream/handle/10413/12232/Asale_Bruk_Ayele_2015.pdf?sequence=1&isAllowed=y (zuletzt abgerufen am 29. 11. 2016).

Asale, Bruk A., „The Ethiopic Orthodox Tewahedo Church Canon of Scriptures: Neither Open nor Closed," *The Bible Translator* 67/2 (2016): 202–222.

Assefa, Daniel, *L'Apocalypse des animaux (1 Hen 85–90): une propagande militaire?* (JSJS 120; Leiden: Brill, 2007).

Assmann, Jan, *Ägypten – Theologie und Frömmigkeit einer frühen Hochkultur* (Urban-Taschenbücher 366; Stuttgart: Kohlhammer, 1984).

Assmann, Jan, „In Bilder verstrickt. Bildkult, Idolatrie und Kosmotheismus in der Antike," in: *Metapher und Wirklichkeit. Die Logik der Bildhaftigkeit im Reden von Gott, Mensch und Natur. Dietrich Ritschl zum 70. Geburtstag* (ed. Reinhold Bernhardt; Göttingen: Vandenhoeck & Ruprecht, 1999); 73–88.

Bachmann, Veronika, *Die Welt im Ausnahmezustand. Eine Untersuchung zu Aussagegehalt und Theologie des Wächterbuches (1 Hen 1–36)* (BZAW 409; Berlin: De Gruyter, 2009).

Bachmann, Veronika, „The Book of the Watchers (1 Enoch 1–36): An Anti-Mosaic, Non-Mosaic, or even Pro-Mosaic Writing?," *Journal of Hebrew Scriptures* 11 (2011): 2–23.

Bagnoud, Marie, „P.Gen. inv. 187: un texte apocalyptique apocryphe inédit," *MH* 73 (2016): 129–153.

Barr, James, Rezension von Józef T. Milik, *The Books of Enoch. Aramaic Fragments of Qumran Cave 4. JTS* 29/2 (1978): 517–530.

Barr, James, „Aramaic-Greek Notes on the Book of Enoch (I; II)," *JSS* 23 (1978): 184–198; *JSS* 24 (1979): 179–192.

Bartelmus, Rüdiger, „*šāmajim* – Himmel. Semantische und traditionsgeschichtliche Aspekte," in: *Das biblische Weltbild und seine altorientalischen Kontexte* (ed. Bernd Janowski und Beate Ego; FAT 32; Tübingen: Mohr Siebeck, 2001); 87–124.

https://doi.org/10.1515/9783110710366-007

Baynes, Leslie, „*Enoch* and *Jubilees* in the Canon of the Ethiopian Orthodox Church,"
in: *A Teacher for All Generations. Essays in Honor of James C. VanderKam.*
Vol. 2 (ed. Eric F. Mason, Kelley Coblentz Bautch, Angela Kim Harkins und Daniel A.
Machiela; JSJSup 153; Leiden: Brill, 2012); 799–818.

Becker, Uwe, *Exegese des Alten Testaments. Ein Methoden- und Arbeitsbuch* (UTB 2664;
Tübingen: Mohr Siebeck, 2005).

Bedenbender, Andreas, *Der Gott der Welt tritt auf den Sinai. Entstehung, Entwicklung und
Funktionsweise der frühjüdischen Apokalyptik* (ANTZ 8; Berlin: Institut Kirche und
Judentum, 2000).

Bedenbender, Andreas, „The Place of Torah in the Early Enoch Literature," in: *The Early
Enoch Literature* (ed. Gabriele Bocchacini und John J. Collins; JSJSup 121; Leiden: Brill,
2007); 65–79.

Beer, Georg, „Das Buch Henoch," in: *Die Apokryphen und Pseudepigraphen des Alten
Testaments. Bd. 2: Die Pseudepigraphen des Alten Testaments* (ed. Emil Kautzsch;
Tübingen: Mohr, 1900); 217–310.

Behrens, Achim, *Prophetische Visionsschilderungen im Alten Testament. Sprachliche
Eigenarten, Funktion und Geschichte einer Gattung* (AOAT 292; Münster: Ugarit-Verlag,
2002).

Ben-Dov, Jonathan, *Head of all Years. Astronomy and Calendars at Qumran in their Ancient
Context* (STDJ 78; Leiden: Brill, 2008).

Ben-Dov, Jonathan, „Scientific Writings in Aramaic and Hebrew at Qumran: Translation and
Concealment," in: *Aramaica Qumranica. Proceedings of the Conference on the Aramaic
Texts from Qumran at Aix-en-Provence; 30 June – 2 July 2008* (ed. Katell Berthelot und
Daniel Stoekl Ben Ezra; STDJ 94; Leiden: Brill, 2010); 379–399.

Ben-Dov, Jonathan, Rezension von George W. E. Nickelsburg und James C. VanderKam,
1 Enoch 2. A Commentary on the Book of 1 Enoch Chapters 37–82. DSD 20 (2013): 143–
148.

Bensly, Robert L., „The Book of Enoch," *The Academy* 43.1083 (Feb. 11, 1893): 130.

Berger, Klaus, Rezension von Michael A. Knibb, *The Ethiopic Book of Enoch. A New Edition in
the Light of the Aramaic Dead Sea Fragments. JSJ* 11 (1980): 100–109.

Berlejung, Angelika, „Geschichte und Religionsgeschichte des antiken Israel," in:
Grundinformation Altes Testament (ed. Jan C. Gertz; Göttingen: Vandenhoeck &
Ruprecht, 2009³); 59–192.

Berner, Christoph, *Die Exoduserzählung. Das literarische Werden einer Ursprungslegende
Israels* (FAT 73; Tübingen: Mohr Siebeck, 2010).

Beyer, Klaus, *Die aramäischen Texte vom Toten Meer samt den Inschriften aus Palästina,
dem Testament Levis aus der Kairoer Genisa, der Fastenrolle und den alten
talmudischen Zitaten* (Bd. 1; Göttingen: Vandenhoeck & Ruprecht, 1984).

Bhayro, Siam, *The Shemihaza and Asael Narrative of 1 Enoch 6–11. Introduction, Text,
Translation and Commentary with Reference to Ancient Near Eastern and Biblical
Antecedents* (AOAT 322; Münster: Ugarit-Verlag, 2005).

Biberger, Bernd, „Unbefriedigende Gegenwart und ideale Zukunft. Gesamtisraelitische
Heilsperspektiven in den letzten Worten Tobits (Tob 14)," *BZ* 55 (2011): 265–280.

Bietenhard, Hans, *Die himmlische Welt im Urchristentum und Spätenjudentum* (WUNT 2;
Tübingen: Mohr Siebeck, 1951).

Black, Matthew, *Apocalypsis Henochi Graece. Fragmenta pseudepigraphorum quae
supersunt graeca. Una cum historicorum et auctorum judaeorum hellenistarum
fragmentis* (PVTG 3; Leiden: 1970).

Black, Matthew, „The Fragments of the Aramaic Enoch from Qumran," in: *La Littérature Juive entre Tenach et Mischna. Quelques Problèmes* (ed. Willem C. Unnik; RechBib 9; Leiden: Brill, 1974); 15–28.

Black, Matthew, *The Book of Enoch or 1 Enoch. A New English Edition with Commentary and Textual Notes* (SVTP 7; Leiden: Brill, 1985).

Black, Matthew, „The Messianism of the Parables of Enoch. Their Date and Contribution to Christological Origins," in: *The Messiah. Developments in Earliest Judaism and Christianity. The First Princeton Symposium on Judaism and Christian Origins* (ed. James H. Charlesworth; Minneapolis: Fortress Press, 1992); 145–168.

Blanco Wißmann, Felipe, *«Er tat das Rechte…». Beurteilungskriterien und Deuteronomismus in 1Kön 12–2Kön 25* (AThANT 93; Zürich: Theologischer Verlag, 2008).

Boccaccini, Gabriele, *Beyond the Essene Hypothesis. The Parting of the Ways Between Qumran and Enochic Judaism* (Grand Rapids: Eerdmans, 1998).

Boccaccini, Gabriele, *Roots of Rabbinic Judaism. An Intellectual History, from Ezekiel to Daniel* (Grand Rapids: Eerdmans, 2002).

Borger, Rykle, „Die Beschwörungsserie Bīt mēseri und die Himmelfahrt Henochs," *JNES* 33 (1974): 183–196.

Bouriant, Urbain, „Fragments grecs du Livre d'Énoch," *Mémoires publiés par les membres de la mission archéologique française au Caire* 9:1 (Paris: Leroux, 1892): 91–147.

Brooke, George J., „The Ten Temples in the Dead Sea Scrolls," in: *Temple and Worship in Biblical Israel* (ed. John Day; JSOTSup 422; London: Clark International, 2005); 417–434.

Brooke, George J., „Between Scroll and Codex? Reconsidering the Qumran Opisthographs," in: *On Stone and Scroll. Essays in Honour of Graham Ivor Davies* (ed. James K. Aitken, Katharine J. Dell und Brian A. Mastin; BZAW 420; Berlin: De Gruyter, 2011); 123–138.

Brooke, George J., „The Qumran Scrolls and the Demise of the Distinction Between Higher and Lower Criticism," in: *Reading the Dead Sea Scrolls. Essays in Method* (ed. George J. Brooke; SBLEJL 39; Atlanta: Society of Biblical Literature, 2013); 1–17.

Bührer, Walter, „Göttersöhne und Menschentöchter: Gen 6,1–4 als innerbiblische Schriftauslegung," *ZAW* 123 (2011): 495–515.

Bührer, Walter, „Schriftgelehrte Fortschreibungs- und Auslegungsprozesse. Ein Vorschlag und zugleich eine Einführung in den vorliegenden Band," in: *Schriftgelehrte Fortschreibungs- und Auslegungsprozesse. Textarbeit im Pentateuch, in Qumran, Ägypten und Mesopotamien* (ed. Walter Bührer; FAT II/108; Tübingen: Mohr Siebeck, 2019); 1–12.

Caquot, André, „I Henoch," in: *La Bible. Écrits intertestamentaires* (ed. André Dupont-Sommer und Marc Philonenko; Paris: Éditions Gallimard, 1987); 463–625.

Ceccarelli, Manuel, „Enkis Reise nach Nippur," in: *Altorientalische Studien zu Ehren von Pascal Attinger. mu-ni u₄ ul-li₂-a-aš ĝa₂-ĝa₂-de₃* (ed. Catherine Mittermayer und Sabine Ecklin; OBO 256; Fribourg: Academic Press; Göttingen: Vandenhoeck & Ruprecht, 2012); 89–118.

Charles, Robert H., *The Ethiopic Version of the Book of Enoch. Together with the Fragmentary Greek and Latin Version* (Anecdota Oxoniensia: Texts Documents, and Extracts Chiefly from Manuscripts in the Bodlein and Other Oxford Libraries 11; Oxford: Clarendon Press, 1906).

Charles, Robert H., *The Book of Enoch, or 1 Enoch. Translated from the Editor's Ethiopic Text, and Edited with the Introduction Notes and Indexes of the First Edition Wholly Recast Enlarged and Rewritten; Together with a Reprint from the Editor's Text of the Greek Fragments* (Oxford: Clarendon Press, 1912).

Coblentz Bautch, Kelley, *A Study of the Geography of 1 Enoch 17–19. "No One Has Seen What I Have Seen"* (JSJSup 81; Leiden: Brill, 2003).

Coblentz Bautch, Kelley, „Decoration, Destruction and Debauchery: Reflections on 1 Enoch 8 in Light of 4QEn^b," *DSD* 15 (2008): 79–95.

Coblentz Bautch, Kelley, „The Heavenly Temple, the Prison in the Void and the Uninhabited Paradise: Otherworldly Sites in the *Book of the Watchers*," in: *Other Worlds and Their Relation to this World. Early Jewish and Ancient Christian Traditions* (ed. Tobias Nicklas; JSJSup 143; Leiden: Brill, 2010); 37–53.

Coblentz Bautch, Kelley, „Panopolitanus and Its Relationship to Other Greek Witnesses of the Book of the Watchers," in: *Wisdom poured out like water. Studies on Jewish and Christian antiquity in honor of Gabriele Boccaccini* (ed. J. Harold Ellens, Isaac W. Oliver, Jason von Ehrenkrook, James Waddell und Jason M. Zurawski; DCLS 38; Berlin: De Gruyter, 2018); 72–88.

Collins, John J., „The Apocalyptic Technique: Setting and Function in the Book of Watchers," *CBQ* 44/1 (1982): 91–111.

Collins, John J., *Daniel. A Commentary on the Book of Daniel* (Hermeneia; Minneapolis: Fortress Press, 1993).

Collins, John J., „An Enochic Testament? Comments on George Nickelsburg's Hermeneia Commentary," in: *George W. E. Nickelsburg in Perspective. An Ongoing Dialogue of Learning. Vol. 2* (ed. Jacob Neusner und Alan J. Avery-Peck; JSJSup 80; Leiden: Brill, 2003); 373–378.

Cook, Edward M., *Dictionary of Qumran Aramaic* (Winona Lake, Indiana: Eisenbrauns, 2015).

Cross, Frank M. Jr., „The Development of the Jewish Scripts," in: *The Bible and the Ancient Near East. Essays in Honor of William Foxwell Albright* (ed. G. Ernest Wright; London: Doubleday & Company, Inc., 1961); 133–202.

Davies, Philip R., *On the Origins of Judaism* (BibleWorld; London: Equinox, 2011).

Davis, Kipp, „Gleanings from the Cave of Wonders? Patterns of Correspondence in the Post-2002 Dead Sea Scrolls Fragments," 1–26, abrufbar unter: http://www.academia.edu/28619652/Gleanings_from_the_Cave_of_Wonders_Patterns_of_Correspondence_in_the_Post-2002_Dead_Sea_Scrolls_Fragments (zuletzt abgerufen am 23.11.2016).

Davis, Kipp, Ira Rabin, Ines Feldman, Myriam Krutzsch, Hasia Rimon, Årstein Justnes, Torleif Elgvin und Michaël Langlois, „Nine Dubious 'Dead Sea Scrolls' Fragments from the Twenty-First Century," *DSD* 24 (2017): 189–228.

Davis Bledsoe, Amanda, „Throne Theophanies, Dream Visions, And Righteous(?) Seers. Daniel, the *Book of Giants*, and *1 Enoch* Reconsidered," in: *Ancient Tales of Giants from Qumran and Turfan. Contexts, Traditions, and Influences* (ed. Matthew J. Goff, Loren T. Stuckenbruck und Enrico Morano; WUNT 360; Tübingen: Mohr Siebeck, 2016); 81–96.

Dean-Otting, Mary, *Heavenly Journeys. A Study of the Motif in Hellenistic Jewish Literature* (JudUm 8; Frankfurt am Main: Lang, 1984).

De Jong, Albert, „Iranian Connections in the Dead Sea Scrolls," in: *The Oxford Handbook of the Dead Sea Scrolls* (ed. Timothy H. Lim und John J. Collins; Oxford: Oxford University Press, 2010); 479–500.

De Jonge, Marinus, *Pseudepigrapha of the Old Testament as part of Christian literature. The Case of the Testament of the Twelve Patriarchs and the Greek Life of Adam and Eve* (SVTP 18; Leiden: Brill, 2003).

Die Bibel. Nach Martin Luthers Übersetzung. Lutherbibel revidiert 2017. Jubiläumsausgabe 500 Jahre Reformation mit Sonderseiten zu Martin Luthers Wirken als Reformator und

Bibelübersetzer (hrsg. von der Evangelischen Landeskirche in Deutschland; Stuttgart: Deutsche Bibelgesellschaft, 2016).

Dillmann, Chr. Fr. August, *Liber Henoch Aethiopice, ad quinque codicum fidem editus, cum variis lectionibus* (Leipzig: Vogel, 1851).

Dillmann, Chr. Fr. August, *Das Buch Henoch. Uebersetzt und erklärt* (Leipzig: Vogel, 1853).

Dillmann, Chr. Fr. August, „Über den neugefundenen griechischen Text des Henoch-Buches," *SPAW* 51 (1892): 1039–1054; *SPAW* 53 (1892): 1079–1092.

Dillmann, Chr. Fr. August, *Lexicon linguae Aethiopicae cum indice Latino. Adiectum est vocabularium Tigre dialecti septentrionalis compilatum a Werner Munzinger* (Unveränderter Neudruck der 1. Aufl. [1865], New York: F. Ungar, 1955).

Dimant, Devorah, *From Enoch to Tobit. Collected Studies in Ancient Jewish Literature* (FAT 114; Tübingen: Mohr Siebeck, 2017).

DiTommaso, Lorenzo, Art. חלם, in: *Theologisches Wörterbuch zu den Qumrantexten. Bd. 1* (ed. Martin Abegg, Heinz-Josef Fabry, Ulrich Dahmen und George J. Brooke; Stuttgart: Kohlhammer, 2011); 988–993.

Dix, Gregory H. „The Enochic Pentateuch," *JThS* 27 (1925): 29–42.

Drawnel, Henryk, *An Aramaic Wisdom Text from Qumran. A New Interpretation of the Levi Document* (JSJSup 86; Leiden: Brill, 2004).

Drawnel, Henryk, „The Mesopotamian Background of the Enochic Giants and Evil Spirits," *DSD* 21 (2014): 14–38.

Drawnel, Henryk, *Qumran Cave 4. The Aramaic Books of Enoch, 4Q201, 4Q202, 4Q204. 4Q205, 4Q206, 4Q207, 4Q212* (Oxford: Oxford University Press, 2019).

Drawnel, Henryk, „The Reception of Genesis 6:1–4 in 1 Enoch 6–7," in: *Stones, Tablets, and Scrolles. Periods of the Formation of the Bible* (ed. Peter Dubovský und Federico Giuntoli; Archeology and Bible 3; Tübingen: Mohr Siebeck, 2020); 461–483.

Edenburg, Cynthia, „Intertextuality, Literary Competence and the Question of Readership: Some Preliminary Observations," *JSOT* 35.2 (2010): 131–148.

Ego, Beate, *Im Himmel wie auf Erden. Studien zum Verhältnis von himmlischer und irdischer Welt im rabbinischen Judentum* (WUNT II/34; Tübingen: Mohr Siebeck, 1989).

Ego, Beate, „Denkbilder für Gottes Einzigkeit, Herrlichkeit und Richtermacht – Himmelsvorstellungen im antiken Judentum," in: *Der Himmel* (ed. Martin Ebner und Paul D. Hanson; JBTh 20; Neukirchen-Vluyn: Neukirchener Verlag, 2006); 151–188.

Ego, Beate, „Henochs Reise vor den Thron Gottes (1 Hen 14,8–16,4). Zur Funktion des Motivs der Himmelsreise im ‚Wächterbuch' (1 Hen 1–36)," in: *Apokalyptik und Qumran. Dritte Fachtagung zur Qumranforschung 2003 in der Katholischen Akademie Schwerte* (ed. Michael Becker und Jörg Frey; Einblicke 10; Paderborn: Bonifatius, 2007); 105–121.

Elgvin, Torleif, Kipp Davis und Michaël Langlois (eds.), *Gleanings from the Caves. Dead Sea Scrolls and Artefacts from the Schøyen Collection* (LSTS 71; London: Bloomsbury T&T Clark, 2016).

Erho, Ted M., „New Ethiopic witnesses to some Old Testament pseudepigrapha," *BSOAS* 76 (2013): 75–97.

Erho, Ted M., und Loren T. Stuckenbruck, „A Manuscript History of *Ethiopic Enoch*," *JSP* 23.2 (2013): 87–133.

Eshel, Esther, und Hanan Eshel, „New Fragments from Qumran: 4QGen^b, 4QIsa^b, 4Q226, 8QGen and XQpapEnoch," *DSD* 12 (2005): 134–157.

Esler, Philip F., *God's Court and Courtiers in the Book of the Watchers. Re-interpreting Heaven in 1 Enoch 1–36* (Eugen, Oregon: Cascade Books, 2017).

Fischer, Georg, *Jeremia 1–25* (HThKAT 33/1; Freiburg im Breisgau: Herder, 2005).

Fleischer, Gunther, „Das Buch Amos," in: *Das Buch Joel. Das Buch Amos* (ed. Ulrich Dahmen und Gunther Fleischer; NSK.AT 23/2; Stuttgart: Katholisches Bibelwerk, 2001); 117–292.

Flemming, Johannes, *Das Buch Henoch. Äthiopischer Text mit Einleitung und Commentar* (TUGAL 22,1 = N.F. 7,1; Leipzig: Hinrichs, 1902).

Flemming, Johannes, und Ludwig Rademacher, *Das Buch Henoch* (GCS 5; Leipzig: Hinrichs, 1901).

Flint, Peter W., „The Greek Fragments of Enoch from Qumran Cave 7," in: *Enoch and Qumran Origins. New Light on a Forgotten Connection* (ed. Gabriele Boccaccini; Grand Rapids: Eerdmans, 2005); 224–233.

Förg, Florian, *Die Ursprünge der alttestamentlichen Apokalyptik* (ABG 45; Leipzig: Evangelische Verlagsanstalt, 2013).

Frye, Richard N., „Qumran and Iran. The State of Studies," in: *Christianity, Judaism and other Greco-Roman Cults. Studies for Morton Smith at Sixty. Part Three: Judaism Before 70* (ed. Jacob Neusner; Leiden: Brill, 1975); 167–173.

Gäckle, Volker, *Allgemeines Priestertum. Zur Metaphorisierung des Priestertitels im Frühjudentum und Neuen Testament* (WUNT 331; Tübingen: Mohr Siebeck, 2014).

García Martínez, Florentino, *Qumran and Apocalyptic. Studies on the Aramaic texts from Qumran* (STDJ 9; Leiden: Brill, 1992).

García Martínez, Florentino, „Biblical Borderlines," in: *The People of the Dead Sea Scrolls. Their Writings, Beliefs and Practices* (ed. Florentino Gracía Martínez und Julio Trebolle Barrera; aus dem Spanischen übersetzt von Wilfred G. E. Watson; Leiden: Brill, 1995); 123–138.

García Martínez, Florentino, „Iranian Influences in Qumran?," in: *Qumranica Minora I. Qumran Origins and Apocalypticism* (ed. Eibert J. C. Tigchelaar; STDJ 63; Leiden: Brill, 2007); 227–241.

García Martínez, Florentino, und Eibert J. C. Tigchelaar, *The Dead Sea Scrolls Study Edition* (2 Bde. Leiden: Brill, 1997).

Gelzer, Heinrich, *Sextus Julius Africanus und die Byzantinische Chronographie* (2 Bde.; Leipzig: Hinrichs, 1880–85/98; Nachdr. Hildesheim: Gerstenberg, 1978).

Gese, Hartmut, „Anfang und Ende der Apokalyptik, dargestellt am Sacharjabuch," *ZThK* 70 (1973): 20–49.

Gesenius, Wilhelm, und Frants Buhl, *Hebräisches und aramäisches Handwörterbuch über das Alte Testament* (Unveränderter Neudruck der 17. Aufl. [1915], Berlin: Springer Verlag, 1962).

Gignac, Francis T., *A Grammar of the Greek Papyri of the Roman and Byzantine Periods* (2 Bde.; Testi e documenti per lo studio dell'antichità 55; Milano: Cisalpino-La Goliardica, 1976).

Glasson, T. Francis, *Greek Influence in Jewish Eschatology. With Special Reference to the Apocalypses and Pseudepigraphs* (London: SPCK, 1961).

Grayson, A. Kirk, *Assyrian and Babylonian Chronicles* (TCS 5; Locust Valley: Augustin, 1975).

Grayson, A. Kirk, *Assyrian Rulers of the Third and Second Millenia BC (to 1115 BC)* (RIMA 1; Toronto: University of Toronty Press, 1987).

Greenberg, Moshe, *Ezechiel 1–20* (aus der amerikanischen Originalausgabe übersetzt von Michael Konkel; HThKAT; Freiburg im Breisgau: Herder, 2001).

Grelot, Pierre, „La Géographie Mythique d'Hénoch et ses Sources Orientales," *RB* 65 (1958): 33–39.

Grenfell, Bernard P., und Arthur S. Hunt, *Catalogue général des antiquités égyptiennes du Musée du Caire, N^{OS} 10001–10869: Greek Papyri* (Oxford: University Press, 1903).

Gruenwald, Ithamar, *Apocalyptic and Merkavah Mysticism* (2. überarbeitete Ausgabe; AJEC 90; Leiden: Brill, 2014).

Gzella, Holger, Art. דבק, in: *Theologisches Wörterbuch zum Alten Testament. Bd. 9: Aramäisches Wörterbuch* (ed. Holger Gzella, Ingo Kottsieper, Helmer Ringgren, Gerhard J. Botterweck und Heinz-Josef Fabry; Stuttgart: Kohlhammer, 2016); 187–189.

Gzella, Holger, Art. דור, in: *Theologisches Wörterbuch zum Alten Testament. Bd. 9: Aramäisches Wörterbuch* (ed. Holger Gzella, Ingo Kottsieper, Helmer Ringgren, Gerhard J. Botterweck und Heinz-Josef Fabry; Stuttgart: Kohlhammer, 2016); 197–201.

Haile, Getatchew u. a., *A Catalogue of Ethiopian Manuscripts Microfilmed for the Ethiopian Manuscript Microfilm Library, Addis Ababa and for the Hill Monastic Manuscript Library, Collegeville. Vol. 7: Project numbers 2501–3000* (Collegeville, Minnesota: Hill Monastic Ms. Libr., St. John's Abbey and Univ., 1983).

Hallaschka, Martin, *Haggai und Sacharja 1–8. Eine redaktionsgeschichtliche Untersuchung* (BZAW 411; Berlin: De Gruyter, 2011).

Hanneken, Todd R., *The Subversion of the Apocalypses in the Book of Jubilees* (SBLEJL 34; Atlanta: Society of Biblical Literature, 2012).

Hanson, Paul D., „Rebellion in Heaven, Azazel, and Euhemeristic Heroes in 1 Enoch 6–11,“ *JBL* 96 (1977): 195–233.

Hartenstein, Friedhelm, „Wolkendunkel und Himmelsfeste. Zur Genese und Kosmologie der Vorstellung des himmlischen Heiligtums JHWHs,“ in: *Das biblische Weltbild und seine altorientalischen Kontexte* (ed. Bernd Janowski und Beate Ego; FAT 32; Tübingen: Mohr Siebeck, 1991); 125–179.

Hartenstein, Friedhelm, *Die Unzugänglichkeit Gottes im Heiligtum. Jesaja 6 und der Wohnort JHWHs in der Jerusalemer Kulttradition* (WMANT 75; Neukirchen-Vluyn: Neukirchener Verlag, 1997).

Hempel, Charlotte, „Pluralism and Authoritativeness: The Case of the S Tradition,“ in: *Authoritative Scriptures in Ancient Judaism* (ed. Mladen Popović; JSJSup 141; Leiden: Brill, 2010); 193–208.

Hiebel, Janina Maria, *Ezekiel's Vision Accounts as Interrelated Narratives. A Redaction-Critical and Theological Study* (BZAW 475; Berlin: De Gruyter, 2015).

Himmelfarb, Martha, *Ascent to Heaven in Jewish and Christian Apocalypses* (New York: Oxford University Press, 1993).

Himmelfarb, Martha, *A Kingdom of Priests. Ancestry and Merit in Ancient Judaism* (Jewish Culture and Contexts; Philadelphia: University of Pennsylvania Press, 2006).

Hossfeld, Frank-Lothar, und Erich Zenger, *Psalmen 101–150* (HThKAT; Freiburg im Breisgau: Herder, 2008).

Houtman, Cornelis, *Der Himmel im Alten Testament. Israels Weltbild und Weltanschauung* (OtSt 30; Leiden: Brill, 1993).

Hurvitz, Avi, *A Linguistic Study of the Relationship between the Priestly Source and the Book of Ezekiel. A New Approach to an old Problem* (CahRB 20; Paris: Gabalda, 1982).

Hurvitz, Avi, „Terms and Epithets Relating to the Jerusalem Temple Compound in the Book of Chronicles: The Linguistic Aspect,“ in: *Pomegranates and Golden Bells. Studies in Biblical, Jewish, and Near Eastern Ritual, Law, and Literature in Honor of Jacob Milgrom* (ed. David P. Wright; Winona Lake: Eisenbrauns, 1995); 165–183.

Hurvitz, Avi, *A Concise Lexicon of Late Biblical Hebrew. Linguistic Innovations in the Writings of the Second Temple Period* (VTSup 160; Leiden: Brill, 2014).

Isaac, Ephraim, „1 (Ethiopic Apocalypse of) Enoch. A New Translation and Introduction,“ in: *The Old Testament Pseudepigrapha. Vol. 1: Apocalyptic Literature and Testaments* (ed. James H. Charlesworth, New York: Doubleday, 1983); 5–89.

Isaac, Ephraim, „New Light upon the Book of Enoch from Newly-Found Ethiopic MSS,"
JAOS 103.2 (1983): 399–411.

Janowski, Bernd, „Der Himmel auf Erden. Zur kosmologischen Bedeutung des Tempels in
der Umwelt Israels," in: *Das biblische Weltbild und seine altorientalischen Kontexte*
(ed. Bernd Janowski und Beate Ego; FAT 32; Tübingen: Mohr Siebeck, 1991); 229–260.

Josephus, Flavius, *De Bello Judaico. Der Jüdische Krieg. Griechisch und Deutsch* (Band II,1:
Buch IV–V, hrsg. und mit einer Einleitung sowie mit Anmerkungen versehen von Otto
Michel und Otto Bauernfeind; München: Kösel, 1963).

Kedar-Kopfstein, Benjamin, Art. עֹז, *Theologisches Wörterbuch zum Alten Testament. Bd. 5:*
מרד – עֹזב (ed. Gerhard J. Botterweck und Heinz-Josef Fabry; 10 Bde.; Stuttgart:
Kohlhammer, 1986); 1093–1103.

Keel, Othmar, *Deine Blicke sind Tauben. Zur Metaphorik des Hohen Liedes* (SBS 114/115;
Stuttgart: Katholisches Bibelwerk, 1984).

Klengel, Horst, „Tukulti-Ninurta I., König von Assyrien," *Das Altertum* 7 (1961): 67–77.

Knibb, Michael A., *The Ethiopic Book of Enoch. A New Edition in the Light of the Aramaic
Dead Sea Fragments* (2 Bde.; Oxford: Clarendon Press, 1978).

Knibb, Michael A., *Translating the Bible. The Ethiopic Version of the Old Testament* (The
Schweich lectures of the British Academy 1995; Oxford: Oxford University Press, 1999).

Knibb, Michael A., „Christian Adoption and Transmission of Jewish Pseudepigrapha:
The Case of 1 Enoch," *JSJ* 32 (2001): 396–415.

Knibb, Michael A., „Temple and Cult in the Apocryphal and Pseudepigraphal Writings from
Before the Common Era," in: *Temple and Worship in Biblical Israel. Proceedings of the
Oxford Old Testament Seminar* (ed. John Day; OTS 422; London: T&T Clark, 2005);
401–416.

Knibb, Michael A., „Interpreting the Book of Enoch: Reflections on a Recently Published
Commentary," in: *Essays on the Book of Enoch and Other Jewish Texts and Traditions*
(ed. Michael A. Knibb; SVTP 22; Leiden: Brill, 2009); 77–90.

Knibb, Michael A., „The Book of Enoch or Books of Enoch? The Textual Evidence for 1 Enoch,"
in: *Essays on the Book of Enoch and Other Jewish Texts and Traditions* (ed. Michael A.
Knibb; SVTP 22; Leiden: Brill, 2009); 37–55.

Knibb, Michael A., „The Date of the *Parables of Enoch*: A Critical Review," in: *Essays on the
Book of Enoch and Other Jewish Texts and Traditions* (ed. Michael A. Knibb; SVTP 22;
Leiden: Brill, 2009); 143–160.

Knibb, Michael A., „The Structure and Composition of the *Parables of Enoch*," in: *Essays on
the Book of Enoch and Other Jewish Texts and Traditions* (ed. Michael A. Knibb; SVTP 22;
Leiden: Brill, 2009); 124–142.

Knibb, Michael A., „The Text-Critical Value of the Quotations from *1 Enoch* in Ethiopic
Writings," in: *Essays on the Book of Enoch and Other Jewish Texts and Traditions*
(ed. Michael A. Knibb; SVTP 22; Leiden: Brill, 2009); 176–187.

Koch, Christoph, *Gottes himmlische Wohnstatt. Transformationen im Verhältnis von Gott und
Himmel in tempeltheologischen Entwürfen des Alten Testaments in der Exilszeit* (FAT 119;
Tübingen: Mohr Siebeck, 2018).

Köcher, Franz, „Ein spätbabylonischer Hymnus auf den Tempel Ezida in Borsippa," *ZA* 53
(1959): 236–240.

Köckert, Matthias, „Die Theophanie des Wettergottes Jahwes in Psalm 18," in:
Kulturgeschichten. Altorientalische Studien für Volkert Haas zum 65. Geburtstag (ed.
Thomas Richter; Saarbrücken: Saarbrücker Druck und Verlag, 2001); 209–226.

Koehler, Ludwig, und Walter Baumgartner, *Hebräisches und Aramäisches Lexikon zum Alten Testament* (2 Bde.; Leiden: Brill, 2004).

Konkel, Michael, *Architektonik des Heiligen. Studien zur zweiten Tempelvision Ezechiels (Ez 40–48)* (BBB 129; Berlin: Philo, 2001).

Konkel, Michael, „Die zweite Tempelvision Ezechiels (Ez 40–48). Dimensionen eines Entwurfs," in: *Gottesstadt und Gottesgarten. Zu Geschichte und Theologie des Jerusalemer Tempels* (ed. Othmar Keel und Erich Zenger; QD 191; Freiburg im Breisgau: Herder, 2002); 154–179.

Kratz, Reinhard G., „Innerbiblische Exegese und Redaktionsgeschichte im Lichte empirischer Evidenz," in: *Das Judentum im Zeitalter des Zweiten Tempels* (ed. Reinhard G. Kratz; FAT 42; Tübingen: Mohr Siebeck, 2004); 126–156.

Kratz, Reinhard G., Annette Steudel und Ingo Kottsieper (eds.), *Hebräisches und Aramäisches Wörterbuch zu den Texten vom Toten Meer. Einschliesslich der Manuskripte aus der Kairoer Geniza. Bd. 1:* ב – א (Berlin: De Gruyter, 2017).

Kraus, Thomas J., „Bücherleihe im 4. Jh. n. Chr. P.Oxy. LXIII 4365 – ein Brief auf Papyrus und die gegenseitige Leihe von apokryph gewordener Literatur," *Biblos* 50, 2 (2001): 285–296.

Kraus, Thomas J., und Tobias Nicklas (eds.), *Das Petrusevangelium und die Petrusapokalypse. Die griechischen Fragmente mit deutscher und englischer Übersetzung* (GCS.NF 11; Neutestamentliche Apokryphen; Berlin, New York: De Gruyter, 2004).

Kraus, Wolfgang, und Martin Karrer (eds.), *Septuaginta Deutsch. Das griechische Alte Testament in deutscher Übersetzung* (Stuttgart: Deutsche Bibelgesellschaft, 2009).

Kronholm, Tryggve, Art. עָנָן, *Theologisches Wörterbuch zum Alten Testament. Bd. 6:* קום – עוז (ed. Gerhard J. Botterweck und Heinz-Josef Fabry; 10 Bde.; Stuttgart: Kohlhammer, 1989); 230–233.

Krüger, Thomas, „Überlegungen zur Bedeutung der Traditionsgeschichte für das Verständnis alttestamentlicher Texte und zur Weiterentwicklung der traditionsgeschichtlichen Methode," in: *Lesarten der Bibel. Untersuchungen zu einer Theorie der Exegese des Alten Testaments* (ed. Helmut Utzschneider und Erhard Blum; Stuttgart: Kohlhammer, 2006); 233–245.

Kuhn, Gottfried, „Beiträge zur Erklärung des Buches Henoch," *ZAW* 39 (1921): 240–275.

Kvanvig, Helge S., „Henoch und der Menschensohn. Das Verhältnis von Hen 14 zu Dan 7," *ST* 38 (1984): 101–133.

Kvanvig, Helge S., *Roots of Apocalyptic. The Mesopotamian Background of the Enoch Figure and of the Son of Man* (WMANT 61; Neukirchen-Vluyn: 1988).

Kvanvig, Helge S., „The Watcher story and Genesis in Intertextual Reading," *SJOT* 18 (2004): 163–183.

Kvanvig, Helge S., „Throne Visions and Monsters. The Encounter Between Danielic and Enochic Traditions," *ZAW* 117 (2005): 249–272.

Kvanvig, Helge S., *Primeval History. Babylonian, Biblical, and Enochic. An Intertextual Reading* (JSJSup 149; Leiden: Brill, 2011).

Lambdin, Thomas O., *Introduction to Classical Ethiopic* (HSS 24; Ann Arbor, Michigan: Scholars Press, 1978).

Lambert, Wilfred G., *Babylonian Creation Myths* (Mesopotamian Civilizations 16; Winona Lake: Eisenbrauns, 2013).

Langlois, Michaël, *Le premier manuscrit du Livre d'Hénoch. Étude épigraphique et philologique des fragments araméens de 4Q201 à Qumrân* (Lectio divina: Hors série; Paris: Les Éditions du Cerf, 2008).

Langlois, Michaël, „Livre d'Hénoch," in: *La Bibliothèque de Qumrân 1. Torah. Genèse. Édition bilingue des manuscrits* (ed. Katell Berthelot, Thierry Legrand und André Paul; Paris: Les Éditions du Cerf, 2008); 13–95.

Langlois, Michaël, „Un manuscrit araméen inédit du livre d'Hénoch et les versions anciennes de 1 Hénoch 7,4," *Semitica* 55 (2013): 101–116.

Larson, Erik W., *The Translation of Enoch. From Aramaic into Greek* (unveröffentlichte Dissertation; New York University, 1995).

Larson, Erik W., „The Relation between the Greek and Aramaic Texts of Enoch," in: *The Dead Sea Scrolls. Fifty Years after Their Discovery. Proceedings of the Jerusalem Congress, July 20–25, 1997* (ed. Lawrence H. Schiffman, Emanuel Tov, und James C. VanderKam; Jerusalem: Israel Exploration Society, 2000); 434–444.

Laurence, Richard, *Libri Enoch Prophetae Versio Aethiopica, quae seculi sub fini novissimi ex Abyssinia Britanniam advecta vix tandem litterato orbi innotuit* (Oxford: Typis Academicis, 1838).

Lemmelijn, Bénédicte, „Tekstkritiek en 'de Hebreeuwse tekst' van het Oude Testament," *Met Andere Woorden* 3/4 (2016): 15–24.

Leonhardt-Balzer, Jutta, „Philo and the Garden of Eden: an Exegete, his Text and his Tools," in: *Die Septuaginta – Orte und Intentionen. 5. Internationale Fachtagung veranstaltet von Septuaginta Deutsch (LXX.D), Wuppertal 24.–27. Juli 2014* (ed. Siegfried Kreuzer, Martin Meiser und Marcus Sigismund; WUNT 361; Tübingen: Mohr Siebeck, 2016); 244–257.

Leslau, Wolf, *Comparative Dictionary of Ge'ez (Classical Ethiopic). Ge'ez-English/English-Ge'ez with an index of the Semitic roots* (Wiesbaden: Harrassowitz, 1991).

Leuenberger, Martin, *Haggai* (HThKAT; Freiburg im Breisgau: Herder, 2015).

Leuenberger, Martin, „Wo hockt Gott? Gottesbild und Götterbildkritik in Ps 115," in: *Nächstenliebe und Gottesfurcht. Beiträge aus alttestamentlicher, semitistischer und altorientalischer Wissenschaft für Hans-Peter Mathys zum 65. Geburtstag* (ed. Hanna Jenni und Markus Saur; AOAT 439; Münster: Ugarit-Verlag, 2016); 259–272.

Levy, Jacob, *Chaldäisches Wörterbuch über die Targumim und einen grossen Theil des rabbinischen Schriftthums* (2 Bde., Leipzig: Verlag von Baumgärtner's Buchhandlung, Bd. 1: 1867, Bd. 2: 1868).

Liddell, Henry G., und Robert Scott, *A Greek-English Lexicon* (3 Bde.; Unveränderter Neudruck der 9. Aufl. [1940]; Oxford: Clarendon Press, 1990).

Livingstone, Alasdair, *Court Poetry and Literary Miscellanea* (SAA 3; Helsinki: Helsinki University Press, 1989).

Lods, Adolphe, *Le Livre d'Hénoch. Fragments grecs découverts à Akhmîm (Haute-Égypte). Publiés avec les variantes du texte éthiopien traduits et annotés* (Paris: Leroux, 1892).

Lods, Adolphe, „L'Évangile et l'Apocalypse de Pierre. Le texte grec du Livre d'Énoch," *Mémoires publiés par les membres de la mission archéologique française au Caire* 9:3 (Paris: Leroux, 1893): 217–235.

Löfgren, Oscar, *Die Äthiopische Übersetzung des Propheten Daniel. Nach Handschriften in Berlin, Cambridge, Frankfurt am Main, London, Oxford, Paris und Wien zum ersten Male herausgegeben und mit Einleitung und Kommentar versehen* (Paris: Geuthner, 1927).

Löhnert, Anne, „Das Bild des Tempels in der sumerischen Literatur," in: *Tempel im Alten Orient. 7. internationales Colloquium der Deutschen Orient-Gesellschaft, München 2009* (ed. Kai Kaniuth et alii; CDOG 7; Wiesbaden: Harrassowitz, 2013); 263–282.

Lux, Rüdiger, *Prophetie und Zweiter Tempel. Studien zu Haggai und Sacharja* (FAT 65; Tübingen: Mohr Siebeck, 2009).

Lynch, Matthew, *Monotheism and Institutions in the Book of Chronicles. Temple, Priesthood, and Kingship in Post-Exilic Perspective* (FAT II/64; Tübingen: Mohr Siebeck, 2014).

Lynch, Matthew, „Divine Supremacy and the Temple: 2 Chronicles 2 and the Fifth Book of Psalms," in: *Psalmen und Chronik* (ed. Friedhelm Hartenstein und Thomas Willi; FAT II/107; Tübingen: Mohr Siebeck, 2019); 323–342.

Maier, Johann, *Die Qumran-Essener. Die Texte vom Toten Meer. Band II: Die Texte der Höhle 4* (München: Reinhardt, 1960).

Maier, Johann, „Das Gefährdungsmotiv bei der Himmelsreise in der jüdischen Apokalyptik und 'Gnosis'," *Kairos* 5 (1963): 18–40.

Matusova, Ekaterina, „*1 Enoch* in the Context of Philo's Writings," in: *The Dead Sea Scrolls in Context. Integrating the Dead Sea Scrolls in the Study of Ancient Texts, Languages, and Cultures* (ed. Armin Lange, Emanuel Tov und Bennie H. Reynolds III.; VTSup 140; Leiden: Brill, 2011); 385–397.

Matusova, Ekaterina, „The Post-mortem Division of the Dead in 1 Enoch 22:1–13. Against the Background of the Greek Influnece Hypothesis," in: *Evil and Death. Conceptions of the Human in Biblical, Early Jewish, Greco-Roman and Egyptian Literature* (ed. Beate Ego und Ulrike Mittmann; DCLS 18; Berlin: De Gruyter, 2015); 149–177.

Maul, Stefan M., „Das Haus des Götterkönigs: Gedanken zur Konzeption überregionaler Heiligtümer im Alten Orient," in: *Tempel im Alten Orient. 7. internationales Colloquium der Deutschen Orient-Gesellschaft, München 2009* (ed. Kai Kaniuth et alii; CDOG 7; Wiesbaden: Harrassowitz, 2013); 311–324.

Meinhold, Wiebke, *Ištar in Aššur. Untersuchungen eines Lokalkultes von ca. 2500 bis 614 v. Chr.* (AOAT 367; Münster: Ugarit Verlag, 2009).

Milik, Józef T., „Fragments grecs du Livre d'Hénoch (P. Oxy. xvii 2069)," *ChrEg* 46 (1971): 321–343.

Milik, Józef T., „Problémes de la Littérature Hénochique à la Lumière des Fragments Araméens de Qumrân," *HTR* 64 (1971): 333–378.

Milik, Józef T., *The Books of Enoch. Aramaic Fragments of Qumrân Cave 4* (Oxford: Clarendon Press, 1976).

Minnen, Peter, van, „The Greek *Apocalypse of Peter*," in: *The Apocalypse of Peter* (ed. Jan N. Bremmer und István Czachesz; Studies on Early Christian Apocrypha 7; Leuven: Peeters, 2003); 15–39.

Molenberg, Corrie, „A Study of the Roles of Shemihaza and Asael in I Enoch 6–11," *JJS* 35 (1984): 136–146.

Morray-Jones, Christopher R. A., *A Transparent Illusion. The Dangerious Vision of Water in Hekhalot Mysticism. A Source-Critical and Tradition-Historical Inquiry* (JSJS 59; Leiden: Brill, 2002).

Mosshammer, Alden N. (ed.), *Georgii Syncelli Ecloga Chronographica* (Teubner; Leipzig: Teubner, 1984).

Muraoka, Takamitsu, *A Grammar of Qumran Aramaic* (ANES Suppl. 38; Leuven: Peeters, 2011).

Muro, Ernest A. Jr., „The Greek Fragments of Enoch from Qumran Cave 7 (7Q4, 7Q8, & 7Q12 = 7QEn gr = Enoch 103:3–4,7–8)," *RevQ* 18/2 (1997): 307–312.

Nebe, Gerhard-Wilhelm, „*7Q4* – Möglichkeit und Grenze einer Identifikation," *RevQ* 13 (1988): 629–633.

Neumann, Friederike, *Schriftgelehrte Hymnen. Gestalt, Theologie und Intention der Psalmen 145 und 146–150* (BZAW 491; Berlin: De Gruyter, 2016).

Newsom, Carol, „The Development of 1 Enoch 6–19: Cosmology and Judgment," *CBQ* 42 (1980): 310–329.

Newsom, Carol, *Songs of the Sabbath Sacrifice. A Critical Edition* (HSS 27; Atlanta, Ga.: Scholars Press, 1985).

Nickelsburg, George W. E., „Apocalyptic and Myth in 1 Enoch 6–11," *JBL* 96/3 (1977): 383–405.

Nickelsburg, George W. E., „Enoch, Levi, and Peter: Recipients of Revelation in Upper Galilee," *JBL* 100/4 (1981): 575–600.

Nickelsburg, George W. E., „Two Enochic Manuscripts: Unstudied Evidence for Egyptian Christianity," in: *Of Scribes and Scrolls. Studies on the Hebrew Bible, intertestamental Judaism, and Christian origin, presented to John Strugnell on the occasion of his sixtieth birthday* (ed. Harold W. Attridge und John J. Collins; CTSRR 5; Lanham: University Press of America, 1990); 251–260.

Nickelsburg, George W. E., *1 Enoch 1. A Commentary on the Book of 1 Enoch. Chapters 1–36, 81–108* (Hermeneia; Minneapolis: Fortress Press, 2001).

Nickelsburg, George W. E., „The Greek Fragments of 1 Enoch from Qumran Cave 7: An Unproven Identification," *RevQ* 21 (2004): 631–634.

Nickelsburg, George W. E., „Response: Context, Text, and Social Setting of the Apocalypse of Weeks," in: *Enoch and Qumran Origins. New Light on a Forgotten Connection* (ed. Gabriele Boccaccini; Grand Rapids: Eerdmans, 2005); 234–241.

Nickelsburg, George W. E., „Discerning the Structure(s) of the Enochic Book of Parables," in: *Enoch and the Messiah Son of Man. Revisiting the Book of Parables* (ed. Gabriele Bocchacini; Grand Rapids: Eerdmans, 2007); 23–47.

Nickelsburg, George W. E., „Enochic Wisdom and Its Relationship to the Mosaic Torah," in: *The Early Enoch Literature* (ed. Gabriele Bocchacini und John J. Collins; JSJSup 121; Leiden: Brill, 2007); 81–94.

Nickelsburg, George W. E., und James C. VanderKam, *1 Enoch 2. A Commentary on the Book of 1 Enoch. Chapters 37–82* (Hermeneia; Minneapolis: Fortress Press, 2012).

Olson, Daniel C., *A New Reading of the Animal Apocalypse of 1 Enoch. "All Nations Shall be Blessed". With a New Translation and Commentary* (SVTP 24; Leiden: Brill, 2013).

Ottosson, Magnus, Art. היכל, *Theologisches Wörterbuch zum Alten Testament. Bd. 2:* גלולים – חמץ (ed. Gerhard J. Botterweck und Heinz-Josef Fabry; 10 Bde.; Stuttgart: Kohlhammer, 1977); 408–415.

Piovanelli, Pierluigi, „Sulla *Vorlage* aramaica dell'Enoch etiopico," *Studi Classici e Orientali* 37 (1987): 545–594.

Piovanelli, Pierluigi, „Il Testo e le Traduzioni dell'Enoch Etiopo 1976–1987," *Henoch* 10 (1988): 85–95.

Piovanelli, Pierluigi, „'Sitting by the Waters of Dan,' or the 'Tricky Business' of Tracing the Social Profile of the Communities that Produced the Earliest Enochic Texts," in: *The Early Enoch Literature* (ed. Gabriele Bocchacini und John J. Collins; JSJSup 121; Leiden: Brill, 2007); 257–281.

Podella, Thomas, *Das Lichtkleid JHWHs. Untersuchungen zur Gestalthaftigkeit Gottes im Alten Testament und seiner altorientalischen Umwelt* (FAT 15; Tübingen: Mohr Siebeck, 1996).

Pomykala, Kenneth E., „A Scripture Profile of the Book of the Watchers," in: *The Quest for Context and Meaning. Studies in Biblical Intertextuality in Honor of James A. Sanders* (ed. Craig A. Evans und Shemaryahu Talmon; BibInt 28; Leiden: Brill, 1997); 263–284.

Popović, Mladen, „Networks of Scholars: The Transmission of Astronomical and Astrological Learning between Babylonians, Greeks and Jews," in: *Ancient Jewish Sciences and the History of Knowledge in Second Temple Literature* (ed. Jonathan Ben-Dov und Seth Sanders; New York: New York University Press, 2014); 153–193.

Popović, Mladen, „Ancient Jewish Cultural Encounters and a Case Study on Ezekiel," in: *Jewish Cultural Encounters in the Ancient Mediterranean and Near Eastern World* (ed. Mladen Popović; Myles Schoonover und Marijn Vandenberghe; JSJSup 178; Leiden: Brill, 2017); 1–12.

Popović, Mladen, „Multilingualism, Multiscripturalism, and Knowledge Transfer in the Dead Sea Scrolls and Graeco-Roman Judaea," in: *Sharing and hiding religious knowledge in early Judaism, Christianity, and Islam* (ed. Mladen Popović, Lautaro Roig Lanzillotta und Clare Elena Wilde; Judaism, Christianity, and Islam – Tension, Transmission, Transformation 10; Berlin: De Gruyter, 2018); 46–71.

Porzig, Peter Chr., „Schechina," in: *Das Wissenschaftliche Bibellexikon im Internet* (www.wibilex.de), 2018 (http://www.bibelwissenschaft.de/stichwort/26449/), (zuletzt abgerufen am 31. 01. 2019).

Puech, Émile, „Notes sur les fragments grecs du manuscrit 7Q4 1 = 1 Henoch 103 et 105," *RB* 103 (1996): 592–600.

Puech, Émile, „Sept fragments grecs de la lettre d'Hénoch (1 Hen 100, 103 et 105) dans la grotte 7 de Qummrân (= 7QHéngr)," *RevQ* 18/2 (1997): 313–323.

Puech, Émile, „Notes sur le manuscrit araméen *4Q201 = 4QHénoch^a*. Á propos d'un livre récent," *RevQ* 24 (2010): 627–649.

Puech, Émile, „La paléographie des manuscrits de la mer Morte," in: *The Caves of Qumran. Procedings of the International conference, Lugano 2014* (ed. Marcello Fidanzio; STDJ 118; Leiden: Brill, 2017); 96–105.

Reed, Annette Yoshiko, „The Textual Identity, Literary History, and Social Setting of 1 Enoch," *ARG* 5/1 (2003): 279–296.

Reed, Annette Yoshiko, „Heavenly Ascent, Angelic Descent, and the Transmission of Knowledge in 1 Enoch 6–16," in: *Heavenly Realms and Earthly Realities in Late Antique Religions* (ed. Ra'anan S. Boustand und Annette Yoshiko Reed; Cambridge: Cambridge University Press, 2004); 47–66.

Reed, Annette Yoshiko, *Fallen Angels and the History of Judaism and Christianity. The Reception of Enochic Literature* (Cambridge: Cambridge University Press, 2005).

Reiner, Erica et al., *The Assyrian Dictionary of the Oriental Institute of the University of Chicago* (Bd. 18: T; Chicago, Illinois: Oriental Institute, 2006).

Ringgren, Helmer, Art. חקק, in: *Theologisches Wörterbuch zum Alten Testament. Bd. 3:* יטר – חמר (ed. Gerhard J. Botterweck und Heinz-Josef Fabry; Stuttgart: Kohlhammer, 1982); 149–157.

Rowland, Christopher, *The Open Heaven. A Study of Apocalyptic in Judaism and Early Christianity* (London: SPCK, 1982).

Rudnig, Thilo A., *Heilig und Profan. Redaktionskritische Studien zu Ez 40–48* (BZAW 287; Berlin: De Gruyter, 2000).

Rudnig, Thilo A., „Ez 40–48. Die Vision vom neuen Tempel und der neuen Ordnung im Land übersetzt und erklärt," in: *Das Buch des Propheten Hesekiel (Ezechiel). Kapitel 20–48* (übersetzt und erklärt von Karl-Friedrich Pohlmann. Mit einem Beitrag von Thilo Alexander Rudnig; ATD 22,2; Göttingen: Vandenhoeck & Ruprecht, 2001); 527–631.

Rudnig, Thilo A., „»Ist denn Jahwe nicht auf dem Zion?« (Jer 8,19). Gottes Gegenwart im Heiligtum," *ZThK* 104 (2007): 267–286.

Rudnig, Thilo A., „König ohne Tempel. 2 Samuel 7 in Tradition und Redaktion," *VT* 61 (2011): 426–446.

Rudnig-Zelt, Susanne, „Warum heiraten Göttersöhne Menschentöchter? Zur Interpretation von Gen 6,1–4," in: *Fortgeschriebenes Gotteswort. Studien zu Geschichte, Theologie und Auslegung des Alten Testaments. Festschrift für Christoph Levin zum 70. Geburtstag* (ed. Reinhard Müller, Urmas Nõmmik und Juha Pakkala; Tübingen: Mohr Siebeck, 2020); 15–27.

Ruiten, Jacques T. A. G. M. van, „Eden and the Temple: The Rewriting of Genesis 2:4–3:24 in the *Book of Jubilees*," in: *Paradise Interpreted. Representations of Biblical Paradise in Judaism and Christianity* (ed. Gerard L. Luttikhuizen; TBN 2; Leiden: Brill, 1999); 63–94.

Ruiten, Jacques T. A. G. M. van, „Visions of the Temple in the *Book of Jubilees*," in: *Gemeinde ohne Tempel / Community without Temple. Zur Substituierung und Transformation des Jerusalemer Tempels und seines Kults im Alten Testament, antiken Judentum und frühes Christentum* (ed. Beate Ego, Armin Lange und Peter Pilhofer; WUNT 118; Tübingen: Mohr Siebeck, 1999); 215–227.

Ruiten, Jacques T. A. G. M. van, *Primaeval History Interpreted. The Rewriting of Genesis 1–11 in the Book of Jubilees* (JSJSup 66; Leiden: Brill, 2000).

Ruiten, Jacques T. A. G. M. van, „Nomadic Angels: Gen 6,1–4 and Reception History," in: *A Pillar of Cloud to Guide. Text-Critical, Redactional, and Linguistic Perspectives on the Old Testament in Honour of Marc Vervenne* (ed. Hans Ausloos und Bénédicte Lemmelijn; BETL 279; Leuven: Peeters, 2014); 247–276.

Sallaberger, Walther, „Tempel. A. I. a. Philologisch. In Mesopotamien. 3. Jt. bis 612 v. Chr.," in: *Reallexikon der Assyriologie und vorderasiatischen Archäologie. Bd. 13* (begründet von Erich Ebeling und Bruno Meissner; ed. Michael P. Streck et alii; Berlin: De Gruyter, 2013); 519–524.

Sanders, Seth L., *From Adapa to Enoch. Scribal Culture and Religious Vision in Judea and Babylon* (TSAJ 167; Tübingen: Mohr Siebeck, 2017).

Schäfer, Peter, *The Origins of Jewish Mysticism* (Tübingen: Mohr Siebeck, 2009).

Schaudig, Hanspeter, *Die Inschriften Nabonids von Babylon und Kyros' dem Großen samt den in ihrem Umfeld entstandenen Tendenzschriften. Textausgabe und Grammatik* (AOAT 256; Münster: Ugarit-Verlag, 2001).

Schmid, Konrad, „Himmelsgott, Weltgott und Schöpfer. »Gott« und »Himmel« in der Literatur der Zeit des Zweiten Tempels," in: *Der Himmel* (ed. Martin Ebner und Paul D. Hanson; JBTh 20; Neukirchen-Vluyn: Neukirchener Verlag, 2006); 111–148.

Schmid, Konrad, *Schriftgelehrte Traditionsliteratur. Fallstudien zur innerbiblischen Schriftauslegung im Alten Testament* (FAT 77; Tübingen: Mohr Siebeck, 2011).

Sjöberg, Erik, *Der Menschensohn im äthiopischen Henochbuch* (Acta Regiae Societatis Humaniorum Litterarum Lundensis 41; Lund: Gleerup, 1946).

Smend, Rudolf, *Die Weisheit des Jesus Sirach. Hebräisch und Deutsch. Mit einem hebräischen Glossar* (Berlin: Reimer, 1906).

Soden, Wolfram von, „Die Unterweltsvision eines assyrischen Kronprinzen. Nebst einigen Beobachtungen zur Vorgeschichte des Aḫiqar-Romans," *ZA* 43 (1936): 1–31.

Soden, Wolfram von, *Herrscher im Alten Orient* (Verständliche Wissenschaft 54; Berlin: Springer, 1954).

Sokoloff, Michael, „Notes on the Aramaic Fragments of Enoch from Qumran Cave 4," *Maarav* 1/2 (1978–79): 197–224.

Stadel, Christian, *Hebraismen in den aramäischen Texten vom Toten Meer* (Schriften der Hochschule für jüdische Studien Heidelberg 11; Heidelberg: Winter, 2008).

Steck, Odil Hannes, *Israel und das gewaltsame Geschick der Propheten. Untersuchungen zur Überlieferung des deuteronomistischen Geschichtsbildes im Alten Testament,*

Spätjudentum und Urchristentum (WMANT 23; Neukirchen-Vluyn: Neukirchener Verlag, 1967).

Steck, Odil Hannes, „Bemerkungen zu Jesaja 6," in: *Wahrnehmungen Gottes im Alten Testament. Gesammelte Studien* (ed. Odil Hannes Steck, TB 70; München: Kaiser, 1982); 149–170.

Steck, Odil Hannes, „Strömungen theologischer Tradition im Alten Israel," in: *Wahrnehmungen Gottes im Alten Testament. Gesammelte Studien* (ed. Odil Hannes Steck, TB 70; München: Kaiser, 1982); 291–317.

Steck, Odil Hannes, *Exegese des Alten Testaments. Leitfaden der Methodik. Ein Arbeitsbuch für Proseminare, Seminare und Vorlesungen* (Neukirchen: Neukirchener Verlag, 1989[12]).

Stokes, Ryan E., „The Throne Visions of Daniel 7, *1 Enoch* 14, and the Qumran *Book of Giants* (4Q530): An Analysis of Their Literary Relationship," *DSD* 15 (2008): 340–358.

Stone, Michael E., „The Book of Enoch and Judaism in the Third Century B.C.E.," *CBQ* 40/4 (1978): 479–492.

Streck, Michael P., „Tukultī-Ninurta I." in: *Reallexikon der Assyriologie und vorderasiatischen Archäologie* Bd. 14 (begründet von Erich Ebeling und Bruno Meissner; ed. Michael P. Streck et alii; Berlin: De Gruyter, 2014–2016); 176–178.

Stuckenbruck, Loren T., „*Revision of Aramaic–Greek and Greek–Aramaic Glossaries in* The Books of Enoch: Aramaic Fragments of Qumrân Cave 4 *by J. T. Milik*," *JJS* 41/1 (1990): 13–48.

Stuckenbruck, Loren T., „201 2–8. 4QEnoch[a] (Plate I)," in: *Cryptic Text and Miscellanea, Part 1. Qumran Cave 4, XXVI* (ed. Stephen J. Pfann et alii; DJD 36; Oxford: Clarendon Press, 2000); 3–7.

Stuckenbruck, Loren T., „203. 4QEnochGiants[a] ar (Plates I–II)," in: *Cryptic Text and Miscellanea, Part 1. Qumran Cave 4, XXVI* (ed. Stephen J. Pfann et alii; DJD 36; Oxford: Clarendon Press, 2000); 8–41.

Stuckenbruck, Loren T., „206 2–3. 4QEnochGiants[f] ar (Plate II)," in: *Cryptic Text and Miscellanea, Part 1. Qumran Cave 4, XXVI* (ed. Stephen J. Pfann et alii; DJD 36; Oxford: Clarendon Press, 2000); 42–48.

Stuckenbruck, Loren T., *1 Enoch 91–108* (CEJL; Berlin: De Gruyter, 2007).

Stuckenbruck, Loren T., „The Early Traditions Related to 1 Enoch from the Dead Sea Scrolls: An Overview and Assessment," in: *The Early Enoch Literature* (ed. Gabriele Bocchacini und John J. Collins; JSJSup 121; Leiden: Brill, 2007); 41–63.

Stuckenbruck, Loren T., „The Parables of Enoch according to George Nickelsburg and Michael Knibb: A Summary and Discussion of Some Remaining Questions," in: *Enoch and the Messiah Son of Man. Revisiting the Book of Parables* (ed. Gabriele Bocchacini; Grand Rapids: Eerdmans, 2007); 65–71.

Stuckenbruck, Loren T., „The *Book of Enoch*: Its Reception in Second Temple Jewish and in Christian Tradition," *EC* 4 (2013): 7–40.

Stuckenbruck, Loren T., „1 Enoch in Outline, Research, and Scholarship July 2014 (in German)," abrufbar unter: https://www.academia.edu/7820328/1_Enoch_in_Outline_Research_and_Scholarship_July_2014_in_German_ (zuletzt abgerufen am 06. 01. 2016).

Stuckenbruck, Loren T., *The Myth of Rebellious Angels. Studies in Second Temple Judaism and New Testament Texts* (WUNT 335; Tübingen: Mohr Siebeck, 2014).

Stuckenbruck, Loren T., „1 Enoch 1: A Comparison of Two Translations," in: *New Vistas on Early Judaism and Christianity. From Enoch to Montreal and Back* (ed. Lorenzo DiTommaso und Gerbern S. Oegema; Jewish and Christian Texts in Contexts and Related Studies 22; London/New York: Bloomsbury T&T Clark, 2016); 25–40.

Stuckenbruck, Loren T., „Theological Anthropology and the Enochic Book of Watchers (1 En. 6–16)," in: *Dust of the Ground and Breath of Life (Gen 2:7). The Problem of a Dualistic Anthropology in Early Judaism and Christianity* (ed. Jacques T. A. G. M. van Ruiten und Geurt H. van Kooten; TBN 20; Leiden: Brill, 2016); 16–35.

Stuckenbruck, Loren T., mit Ted M. Erho, „The *Book of Enoch* and the Ethiopian Manuscripts Tradition: New Data," in: *"Go Out and Study the Land" (Judges 18:2). Archeological, Historical and Textual Studies in Honor of Hanan Eshel* (ed. Aren M. Maeir, Jodi Magness und Lawrence H. Schiffman; JSJSup 148; Leiden: Brill, 2011); 257–267.

Stuckenbruck, Loren T., mit Ted M. Erho, „EMML 8400 and notes on the reading of *Hēnok* in Ethiopia," in: *Bible as Notepad. Tracing Annotations and Annotation Practices in Late Antique and Medieval Biblical Manuscripts* (ed. Liv Ingeborg Lied und Marilena Maniaci; ManBib 3; Berlin: De Gruyter, 2018); 125–129.

Suter, David W., *Tradition and Composition in the Parables of Enoch* (SBLDS 47; Missoula: Scholars Press, 1979).

Suter, David W., „Why Galilee? Galilean Regionalism in the Interpretation of 1 *Enoch* 6–16," *Henoch* 25 (2003): 167–212.

Suter, David W., „Enoch in Sheol: Updating the Dating of the Book of Parables," in: *Enoch and the Messiah Son of Man. Revisiting the Book of Parables* (ed. Gabriele Bocchacini; Grand Rapids: Eerdmans, 2007); 415–443.

Suter, David W., „Temples and the Temple in the Early Enoch tradition: Memory, Vision, and Expectation," in: *The Early Enoch Literature* (ed. Gabriele Bocchacini und John J. Collins; JSJSup 121; Leiden: Brill, 2007); 195–218.

Swete, Henry B., *The Psalms of Solomon. With the Greek Fragments of the Book of Enoch* (Cambridge: University Press, 1899).

Theisohn, Johannes, *Der auserwählte Richter. Untersuchungen zum traditionsgeschichtlichen Ort der Menschensohngestalt der Bilderreden des Äthiopischen Henoch* (SUNT 12; Göttingen: Vandenhoeck & Ruprecht, 1975).

Thiede, Carsten Peter, „Papyrologische Anfragen an 7Q5 im Umfeld antiker Handschriften," in: *Christen und Christliches in Qumran?* (ed. Bernhard Mayer; Regensburg: Verlag F. Pustet, 1992); 57–72.

Thiede, Carsten Peter, *The Earliest Gospel Manuscript? The Qumran Fragment 7Q5 and its Significance for New Testament Studies* ([Exeter?]: Paternoster Press, 1992).

Thiede, Carsten Peter, *The Dead Sea Scrolls and the Jewish Origins of Christianity* (New York: Palgrave, 2001).

Tigchelaar, Eibert J. C., *Prophets of Old & The Day of the End. Zechariah, the Book of Watchers & Apocalyptic* (OtSt 35; Leiden: Brill, 1996).

Tigchelaar, Eibert J. C., „Remarks on Transmission and Traditions in the Parables of Enoch: A Response to James VanderKam," in: *Enoch and the Messiah Son of Man. Revisiting the Book of Parables* (ed. Gabriele Bocchacini; Grand Rapids: Eerdmans, 2007); 100–109.

Tigchelaar, Eibert J. C., „Notes on 4Q206/206a, 4Q203–4Q204, and Two Unpublished Fragments (4Q59?)," *Meghillot* 5–6 (2008): 187–199.

Tigchelaar, Eibert J. C., „Post-2002 Dead Sea Scrolls Fishy Fragments – or Forgeries? On Provenance and Authenicity: Some Cases," (9. August 2016) 1–9; abrufbar unter: https://www.academia.edu/34610305/Post-2002_Dead_Sea_Scrolls_Fishy_Fragments_ or_Forgeries_On_Provenance_and_Authenticity_Some_Cases (zuletzt abgerufen am 22. 11. 2016).

Tigchelaar, Eibert J. C., „Gleaning from the Caves? Really? On the likelihood of Dead Sea Scrolls forgeries in The Schøyen Collection," (14. August 2016) 1–6; abrufbar unter:

https://www.academia.edu/34610306/Gleanings_from_the_Caves_Really_On_the_
likelihood_of_Dead_Sea_Scrolls_forgeries_in_The_Sch%C3%B8yen_Collection (zuletzt
abgerufen am 23.11. 2016).

Tiller, Patrick A., *A Commentary on the Animal Apocalypse of 1 Enoch* (SBLEJL 4; Atlanta,
Georgia: Scholars Press, 1993).

Tov, Emanuel, „338. 4QGenealogical List? (Plate XIX),“ in: *Cryptic Text and Miscellanea,
Part 1. Qumran Cave 4, XXVI* (ed. Stephen J. Pfann et alii; DJD 36; Oxford: Clarendon
Press, 2000); 290.

Tov, Emanuel, *Scribal Practices and Approaches Reflected in the Texts Found in the Judean
Desert* (STDJ 54; Leiden: Brill, 2004).

Trotter, Jonathan R., „The Tradition of the Throne Vision in the Second Temple Period: Daniel
7:9–10, *1 Enoch* 14:18–23, and the *Book of Giants* (4Q530),“ *RevQ* 99 (2012): 451–466.

Uhlig, Siegbert, *Das äthiopische Henochbuch* (JSHRZ V.6; Gütersloh: G. Mohn, 1984).

Uhlig, Siegbert, „Zur Überlieferungsgeschichte des äthiopischen Henochbuches,“ *OrChr* 69
(1985): 184–193.

Uhlig, Siegbert, *Äthiopische Paläographie* (ÄthFor 22; Stuttgart: Steiner, 1988).

Ullendorf, Edward, und Michael Knibb, Rezension von Józef T.Milik, *The Books of Enoch.
Aramaic Fragments of Qumran Cave 4. BSOAS* 40/3 (1977): 601–602.

VanderKam, James C., Rezension von Michael A. Knibb, *The Ethiopic Book of Enoch. A New
Edition in the Light of the Aramaic Dead Sea Fragments. JAOS* 101/3 (1981): 412–414.

VanderKam, James C., *Enoch and the Growth of an Apocalyptic Tradition* (CBQMS 16;
Washington DC: Catholic Biblical Association of America, 1984).

VanderKam, James C., „Righteous One, Messiah, Chosen One, and Son of Man in 1 Enoch 37–
71,“ in: *The Messiah. Developments in Earliest Judaism and Christianity* (ed. James H.
Charlesworth; Minneapolis: Fortress Press, 1992); 169–191.

VanderKam, James C., „The Interpretation of Genesis in 1 Enoch,“ in: *The Bible at Qumran.
Text, Shape, and Interpretation* (ed. Peter W. Flint; Studies in the Dead Sea Scrolls and
Related Literature; Grand Rapids: Eerdmans, 2001); 129–148.

VanderKam, James C., „Mapping Second Temple Judaism,“ in: *The Early Enoch Literature*
(ed. Gabriele Bocchacini und John J. Collins; JSJSup 121; Leiden: Brill, 2007); 1–20.

VanderKam, James C., „The Book of Parables within the Enoch Tradition,“ in: *Enoch and the
Messiah Son of Man. Revisiting the Book of Parables* (ed. Gabriele Bocchacini; Grand
Rapids: Eerdmans, 2007); 81–99.

VanderKam, James C., und William Adler, *The Jewish Apocalyptic Heritage in Early Christianity*
(CRINT 3/4; Assen: Van Gorcum, 1996).

Van Leeuwen, Raymond C., „Cosmos, Temple, House: Building and Wisdom in Ancient
Mesopotamia and Israel,“ in: *From the Foundations to the Crenellations. Essays on
Temple Building in the Ancient Near East and Hebrew Bible* (ed. Mark J. Boda und Jamie
Novotny; AOAT 366; Münster: Ugarit-Verlag, 2010); 299–321.

Wacker, Marie-Theres, *Weltordnung und Gericht. Studien zu 1 Henoch 22* (FB 45; Würzburg:
Echter Verlag, 1982).

Waerzeggers, Caroline, „Locating Contact in the Babylonian Exile: Some Reflections on
Tracing Judean-Babylonian Encounters in Cuneiform Texts,“ in: *Encounters by the Rivers
of Babylon. Scholarly Conversation Between Jews, Iranians and Babylonians in Antiquity*
(ed. Uri Gabbay und Shai Secunda; TSAJ 160; Tübingen: Mohr Siebeck, 2014); 131–146.

Walck, Leslie W., *The Son of Man in the Parables of Enoch and in Matthew* (JCT 9; New York:
Bloomsbury, 2011).

Weidner, Ernst, *Die Inschriften Tukulti-Ninurtas I. und seiner Nachfolger. Mit einem Beitrag von Heinrich Otten* (AfOB 12; Graz: Selbstverlag, 1959).

Weippert, Helga, *Schöpfer des Himmels und der Erde. Ein Beitrag zur Theologie des Jeremiabuches* (SBS 102; Stuttgart: Katholisches Bibelwerk, 1981).

Wise, Michael O., „Accident and Accidence: A Scribal View of Linguistic Dating of the Aramaic Scrolls from Qumran," in: *Thunder in Gemini and Other Essays on the History, Language and Literature of Second Temple Palestine* (ed. Michael O. Wise; JSPSup 15; Sheffield: JSOT Press, 1994); 103–151.

Witte, Markus, *Die biblische Urgeschichte. Redaktions- und theologiegeschichtliche Beobachtungen zu Genesis 1,1–11,26* (BZAW 265; Berlin: De Gruyter, 1998).

Wright, Archie T., *The Origin of Evil Spirits. The Reception of Genesis 6. 1–4 in Early Jewish Literature* (WUNT II/198; Tübingen: Mohr Siebeck, 2013[2]).

Wright, J. Edward, *The Early History of Heaven* (New York: Oxford University Press, 2000).

Yarchin, William, „Is there an Authoritative Shape for the Hebrew Book of Psalms? Profiling the Manuscripts of the Hebrew Psalter," RB 122 (2015): 355–370.

Zimmerli, Walther, *Ezechiel 1–24* (BKAT XIII/1; Neukirchen-Vluyn: Neukirchener Verlag des Erziehungsvereins, 1969).

Zürcher Bibel (hrsg. vom Kirchenrat der Evangelisch-reformierten Landeskirche des Kantons Zürich; Zürich: Genossenschaft Verlag der Zürcher Bibel, [2]2008).

8 Internetquellen und Bildmaterial

Das *Comprehensive Aramaic Lexicon:*
http://cal.huc.edu/

Photos folgender Handschriften aus der digitalen Sammlung *The Leon Levy Dead Sea Scrolls Digital Library (Israel Antiquities Authority):*
4Q202:
http://www.deadseascrolls.org.il/explore-the-archive/manuscript/4Q202-1
4Q204:
http://www.deadseascrolls.org.il/explore-the-archive/manuscript/4Q204-1
4Q205:
http://www.deadseascrolls.org.il/explore-the-archive/manuscript/4Q205-1
4Q206:
http://www.deadseascrolls.org.il/explore-the-archive/manuscript/4Q206-2

Photos des Codex Panopolitanus aus der digitalen Sammlung *Photographic Archive of Papyri in the Cairo Museum:*
http://ipap.csad.ox.ac.uk/AE/AE01.html

Photos folgender Handschriften aus der digitalen Sammlung *The Ethiopian Manuscript Microfilm Library* (EMML) = *The Hill Museum & Manuscript Library, Saint John's Abbey and University, Collegeville, Minnesota* (HMML):
[Zur Einsicht ist eine Registrierung auf https://www.vhmml.org/ erforderlich]
EMML 1768: https://www.vhmml.org/readingRoom/view/203599
EMML 2080: https://www.vhmml.org/readingRoom/view/203909
EMML 2436: https://www.vhmml.org/readingRoom/view/204265
EMML 6281: https://www.vhmml.org/readingRoom/view/200044
EMML 7584: https://www.vhmml.org/readingRoom/view/201115
EMML 8400: https://www.vhmml.org/readingRoom/view/201444
GG 151 (bei HMML unter dem Siglum GG 00151):
https://www.vhmml.org/readingRoom/view/138153

Mikrofilme aus der Sammlung der STAATSBIBLIOTHEK ZU BERLIN – Preußischer Kulturbesitz, Orientabteilung:
Tanasee 9 * sim (= EMML 8292; Aufnahmen von Ernst Hammerschmidt, Tanasee, Kebran, 1968; Katalog: VOHD 20,1, 9)

https://doi.org/10.1515/9783110710366-008

9 Stellenregister

(Kursive Seitenzahlen verweisen auf Einträge in den Fußnoten)

Altorientalische Quellen

Hebräische Bibel

https://doi.org/10.1515/9783110710366-009

15,22	*194*		10,13	166–167.*372*
18,38	*197*		par. 51,16	
22	360–361		36,22	*186*
22,1–28	360		36,30	*173.198*
22,10–12	360		51,34	*201*
22,19	*295*			
22,19–22	159.215.216.360		**Ezechiel**	
			1	177.181.197.215–217.246.317
2 Könige			1–2	234–236
2,1	284		1–3	15.19.213.310.360
2,11	166.284		1,1	*212.236.239*
25,9–10	*199*		1,1–3	239.*242*
			1,1–2,8a	161
Jesaja			1,1–3,15	227–228.234.*237*.238.250
1,18	*197*		1,3	228.236.238
2,1–5	261		1,4	165.166.*238*
2,2a	260.*261*		1,4–28	*199*
2,2b–3a	*261*		1,4–2,8a	165.*227*
6	213.216.*248*.317–318.360		1,5	*294*
6,1	*200.295*		1,5–26	*172*
6,1b	288.*317*		1,15	165
6,1–4	*205*		1,22	*170*.181–182
6,1–5	*317*		1,24	172
6,1–11	161		1,26	*170.295*
6,3b	*317*		1,27	165
6,4	*177*		1,28	*228.297.304*
6,4b	*317*		1,28–2,3	339
6,5	*317*		1,28b–2,2	160
6,6–7	*317*		2,9–3,9	*227*
13,13	*205*		3,12	*228.237*
19,16	*205*		3,12–15	228.231.239.242
24,18	*205*		3,14	*228.237*
29,6	*199*		3,22	*228*
30,27	*199*		3,23	*228.304*
30,30	*199*		3,23–24	*297*
33,14(–16)	*205*		8–11	15.*172*.215.216.217.227–250.
44,15	*197*			310.364
54,11	*170*		8,1	*228.236*
56,6–8	*369*		8,1–3	236
56,7	*208*		8,2	165.*229*
64,9–10	*199*		8,3	212.228–229.*232*.236–238.
64,10	*208*			*239*.242.247.364
66	*369*		8,4	*228*
66,1	*208*		8,5	*232*
66,15–16	*198*		8,5–18	229
			8,7	*229*
Jeremia			8,9–10	229.244.247
4,24	*205*			
10,10	*205*			

Septuaginta und andere Übersetzungen

Henochtraditionen

Christliche Werke und Schriftsteller

Rabbinische und jüdische Literatur

Sonstiges